Markus Knapp/Theo Kobusch (Hrsg.)

Querdenker

Markus Knapp/Theo Kobusch (Hrsg.)

Querdenker

Visionäre und Außenseiter
in Philosophie und Theologie

Wissenschaftliche Buchgesellschaft

Einbandgestaltung: Peter Lohse, Büttelborn.

Die Deutsche Bibliothek verzeichnet diese Publikation
in der Deutschen Nationalbibliografie;
detaillierte bibliografische Daten sind im Internet über
http://dnb.ddb.de abrufbar.

© 2005 by Wissenschaftliche Buchgesellschaft, Darmstadt
Gedruckt auf säurefreiem und alterungsbeständigem Papier
Printed in Germany

Besuchen Sie uns im Internet: www.wbg-darmstadt.de

ISBN 3-534-18385-1

Vorwort

Die vorliegenden Beiträge sind die überarbeiteten Vorträge, die im Rahmen der Ringvorlesung „Denker am Rande. Außenseiter, Ketzer und Querdenker im philosophisch-theologischen Diskurs" im WS 2003/2004 und im SS 2004 an der Ruhr-Universität in Bochum gehalten wurden. Ohne die Mitarbeit der Referenten hätte diese Vorlesungsreihe nicht realisiert werden können. Deswegen gebührt ihnen zuerst unser Dank. Zu besonderem Dank verpflichtet sind wir aber auch der Thyssen-Stiftung und der Ruhr-Universität Bochum für ihre großzügige finanzielle Unterstützung. Schließlich sagen wir Herrn Dr. Christian Heller Dank, der sich um die Erstellung der Druckvorlage in besonderer Weise verdient gemacht hat.

Bochum/Bonn, im November 2004   Markus Knapp
                                                                     Theo Kobusch

Inhaltsverzeichnis

Einleitung 9

JEREMIA
Georg Fischer
Ein Prophet im Streit mit Allen 14

DIOGENES VON SINOPE
Heinrich Niehues-Pröbsting
Der Philosoph als Außenseiter und der Außenseiter der Philosophie 24

GNOSIS
Christoph Markschies
Der religiöse Pluralismus und das antike Christentum – eine neue Deutung der Gnosis 36

ORIGENES UND PLOTIN
Eberhard Schockenhoff
Zwei unterschiedliche Denkwege am Ausgang der Antike 50

ARIUS
Thomas Böhm
Die Theologie des Arius: Zwischen Tradition und Innovation 61

PELAGIUS
Gisbert Greshake
Ein Theologe im Abseits und doch allgegenwärtig 72

JOHANNES SCOTTUS ERIUGENA
Johann Kreuzer
Von der Insel der Heiligen ins Zentrum der karolingischen Renaissance 84

SIGER VON BRABANT
Francois-Xavier Putallaz
Orthodoxie am Rande? 95

PETRUS JOHANNIS OLIVI
Theo Kobusch
Ein franziskanischer Querkopf 106

MARGUERITE PORETE
Irene Leicht
Alles und Nichts: Die Radikalität der Marguerite Porete 117

RAIMUNDUS LULLUS
Peter Walter
Erleuchtet – verrückt? 128

GIORDANO BRUNO
Thomas Leinkauf
Denken gegen Schule, Kirche und Hof. Eine Auswahl revolutionierender Thesen 139

JACOB BÖHME
Sibylle Rusterholz
Jacob Böhme als Ketzer und Querdenker 150

JOHN TOLAND
Gesine Palmer
Eine Entschuldigung für Mr. Toland in einem Brief an ihn selbst....................165

JOHANN GEORG HAMANN
Johannes von Lüpke
Weisheit im Widerspruch. Johann Georg Hamanns metakritische Philologie..................177

GEORG CHRISTOPH LICHTENBERG
Christiane Schildknecht
'Man muß etwas Neues machen, um etwas Neues zu sehen' Georg Christoph
Lichtenberg als philosophischer Außenseiter?..188

FRANZ XAVER VON BAADER
Peter Koslowski
Personalistische Theorie der Gesamtwirklichkeit und Dekonstruktion der
Systemphilosophie des Deutschen Idealismus...199

MAINE DE BIRAN
Rolf Kühn
Psychologie als Erste Philosophie..212

RALPH WALDO EMERSON
Dieter Schulz
Ein Denker zwischen Peripherie und Zentrum 223

MAX STIRNER
Carl-Friedrich Geyer
"Ich hab 'mein Sach' auf Nichts gestellt ..." 234

FRANZ OVERBECK
Markus Knapp
Künder des Finis Christianismi..246

MAURICE BLONDEL
Anton van Hooff
Die Wende vom Sein zum Handeln. Philosophieren im Labor des Lebens......................257

GUSTAV LANDAUER
Hanna Delf von Wolzogen
Prophet aus dem Geiste der Nüchternheit...266

SIMONE WEIL
Reiner Wimmer
Simone Weil, Feuergeist..278

GEORGES BATAILLE
Gregor Häfliger
Die Kunst und das Opfer...288

Verzeichnis der Autorinnen und Autoren 299

Einleitung

Was wären wir ohne die Denker am Rande, ohne die Außenseiter, Visionäre, Querdenker und Ketzer – genau das ist die Frage, die im Hintergrund dieses Buches steht. Dabei beschränken wir uns von vornherein auf den philosophisch-theologischen Kontext in der sicheren Überzeugung, daß solche Außenstehende in jeder Einzelwissenschaft auszumachen wären. Allerdings würden solche Randfiguren nur an der Grenze der jeweiligen Wissenschaft gemessen als randständig erscheinen. Hier aber soll es um Figuren gehen, die am Rande des Denkens überhaupt stehen. Wer so redet, setzt offenkundig so etwas wie einen mainstream des Denkens voraus, verglichen mit dem eine Position oder Denkhaltung als abseitig und gegebenenfalls als isoliert erscheint. Tatsächlich kann mit Blick auf die Geschichte des menschlichen Denkens die Existenz solcher mainstreams gar nicht geleugnet werden. Es sind etablierte Paradigmata, eingefahrene Bahnen, in denen das Denken größtenteils verläuft. Sie sind nicht naturgegeben, sondern vom Menschen gemacht. Wie die Epocheneinteilung der Geschichte sinnvoll, ja notwendig ist, weil der Mensch zäsurbedürftig ist, so sind auch für die historische Betrachtung des menschlichen Denkens mainstreams, d.h. Einschätzungen über das Bedeutende und Wichtige und Normale notwendig, weil der Mensch sich orientieren will. Der Preis solcher Orientierungsarbeit ist, daß Teile des Denkens so als abseits von der Heerstraße liegend, als querliegend, als ketzerhaft erscheinen können. Das treffliche Buch von B.Gräfrath, das nicht nur die fünf Außenseiter Karl Julius Weber, Ewald Gerhard Seeliger, Emanuel Lasker, Samuel Butler und Stanislaw Lem in längeren Porträts vorstellt, sondern auch eine Theorie des Außenseitertums entwickelt, hat die Ketzerproblematik, die traditionell eher eine theologische Sache war, nachhaltig ins philosophische Bewußtsein gehoben.[1] Was dieses Buch in intensiver Auseinandersetzung besonders mit der modernen Philosophie und den modernen Naturwissenschaften theoretisch entwickelt hat, das soll hier mit besonderem Blick auf die Geschichte des abendländischen Denkens an Beispielen veranschaulicht werden. Dabei kann es durchaus zu Verlagerungen kommen im Hinblick auf das, was mainstream und was Außenseitertum ist. So zählt B.Gräfrath z.B. auch Thomas von Aquin zu den philosophischen Außenseitern, der von den Fachphilosophen nicht ernsthaft rezipiert worden und schon bald nach seinem Tod ins „philosophische Abseits" geraten sei.[2] Indes wird man dies kaum aufrecht erhalten können. Zu offenkundig ist die Selbsteinbettung dieses Denkers in den breiten Strom des Aristotelismus, als daß man von einem Querdenker sprechen könnte. Zwar hat Thomas das aristotelische Denken erstmals in aller Breite in die Theologie aufgenommen, zwar hat er neue Methoden in Metaphysik und Ethik angewandt, aber nicht jeder Neuerer ist schon ein Querdenker oder Außenseiter. Zum Außenseitertum gehören – und das ist eine der Richtlinien für die vorliegende Auswahl – das Schwimmen gegen einen allgemeinen Strom und die relative Isolation in einem allgemeinen Denkraum. Gleichwohl kann es bei der Darstellung gegebenenfalls isolierter Außenseiterpositionen nicht darum gehen, irgendwelche Idiosynkrasien einzelner Autoren zur Sprache bringen zu wollen. Vielmehr stellen auch sie ein Allgemeines dar, indem sie den mainstream des Denkens in Frage stellen oder beeinflussen oder gar eine eigene Denkkultur begründen. Aus diesem Grund ist bei der Charakterisierung der Position des Außenseiters jeweils auch nach Möglichkeit ihre Wirkungsgeschichte mitberücksichtigt worden. Denn die Wirkungsgeschichte eines Denkens kann als Beweis seiner Anschlußfähigkeit und allgemeinen Akzeptabilität angesehen werden. So ergibt sich, daß der Querdenker zwar quer zum Denken seiner Zeit steht, der Außenseiter außerhalb der Koordinaten des Üblichen, der „Häretiker" eine „Schule" für sich bildet, der Ketzer (wie die

Sekte der Katharer) den Anspruch auf „Reinheit" erhebt, aber sie verkörpern alle ein Allgemeines, sie repräsentieren den Widerspruch gegen das Stromlinienförmige, sie sind eine Herausforderung der Orthodoxie, sie weisen den Anspruch der anderen auf das Monopol der Vernunft zurück und sind so selbst ein Beitrag zum Vernünftigen.[3]

Wer im einzelnen zu dieser Neugestaltung der Vernunft gehört, ist freilich eine umstrittene und umstreitbare Sache. Hier soll weder der Anspruch erhoben werden, eine vollzählige Sammlung der Querdenker und Außenseiter im abendländischen Denken zu präsentieren, noch gar eine innere Kontinuität solcher abseits liegenden Positionen zu konstruieren. Vielmehr ist der hier erhobene Anspruch vergleichsweise bescheiden. Von der Überzeugung ausgehend, daß es in jeder Epoche des Denkens, in jedem Abschnitt, in jedem Denkraum Außenseiter des Denkens und Querdenker gibt, die die Sache des Denkens entscheidend vorwärts gebracht haben, werden Schlüsselfiguren vorgestellt, die repräsentativ stehen für andere Denker wider den Strom aus demselben Denkraum. So etwa Jeremia für das Alte Testament. Neben Diogenes von Sinope, der das Querdenkertum innerhalb des griechischen Denkens repräsentiert, gibt es zweifellos andere Außenseiter, etwa Sokrates. Doch gilt in unserem Zusammenhang: je extremer die Beispiele, um so besser. Im Raum der christlichen Antike Querdenker aufzuspüren ist nicht schwer. Man braucht sich nur an die Verurteilungen auf den Konzilien zu halten bzw. an die massiven Gegnerschaften im orthodoxen Christentum. Eine der größten Herausforderungen für das frühe Christentum und zugleich eine der eklatantesten Abweichungen vom kirchlich-orthodoxen mainstream war die Gnosis, die aber immer ein latent vorhandenes Element im Christentum selbst bleiben sollte. Die Gegnerschaft zu einem Querdenkertum, wie es die Gnosis darstellt, ist jedoch noch keine Garantie dafür, nicht selbst auch als Außenseiter angesehen zu werden. Bestes Beispiel dafür ist Origenes. Er steht für das, was sozusagen im großen Stil neben der Hauptlinie lag, bzw. gelegen haben soll, denn diesem großen Unglücklichen, der neben Augustinus die gewaltigste Wirkungsgeschichte überhaupt hatte, wurden in den sog. origenistischen Streitigkeiten auch Dinge in die Schuhe geschoben, die er gar nicht zu verantworten hatte. Arius dagegen und Pelagius, jene Querdenker des 4. und 5. Jahrhunderts, der eine im Osten, der andere im Westen, sind die klassischen Repräsentanten des „Irrtums" auf verschiedenen Feldern der christlichen Philosophie, jener im Bereich der Trinitätslehre, dieser in der Willenslehre, aber ohne diese Irrtümer wären beide Lehren nicht zu dem gereift, als was sie Jahrhunderte später erscheinen. Auch vier Jahrhunderte später leuchtet das Licht eines weiteren irischen Außenseiters über das verkrustete patristisch-augustinische Denkfeld. Eriugena ist es, der in den dunklen Jahrhunderten zunächst einsam dasteht mit seinem Denken, aber später viele Freunde finden wird. Im Blick auf das scholastische Denken ist nicht mehr so ohne weiteres klar, wer zu den Außenseitern zu zählen ist. Zweifellos könnte man im 12. Jahrhundert an Figuren wie Wilhelm von Conches oder Abaelard denken, die sich gegenüber Anfeindungen aus verschiedenen Lagern durchsetzen mußten. Aber andererseits ist ihr Denken von einer breiten Woge einer ganzen Schule getragen – im Falle Wilhelms durch die Schule von Chartres bzw. der platonisierenden Genesisexegese, im Falle Abaelards durch das augustinische Denken –, daß von einer Außenseiterstellung nur mit Mühe gesprochen werden könnte. Dagegen fällt das Denken des Joachim von Fiore ganz aus dem Rahmen – und er hat Schule gemacht. Deswegen war seine geschichtstheologische Konzeption in der Reihe der Querdenker ursprünglich eingeplant und auch im Rahmen der Vorlesungsreihe vorgestellt worden. Auch bezogen auf die Zeit der Hochscholastik, wenn also der Prozeß der Aristotelesrezeption schon eingesetzt hat, ist schwer zu entscheiden, wer als Querdenker anzusehen sei. Siger von Brabant hat – quer zu allen zeitgenössischen Versuchen einer allgemeinen Theologisierung – auf das Eigenrecht der Philosophie gepocht, was ihm prompt bei der berühmten Verurteilung (1277) einiger seiner Sätze auch den Vorwurf einbrachte, daß es für die Philosophie zwei entgegengesetzte Wahrheiten gäbe. Doch die Hochscholastik hat auch Denker hervorgebracht, die quer zur aristotelischen Hochscholastik standen, allen voran die Mystik, für die repräsentativ steht Marguerite Porete, die Meister Eckhart beeinflußt hat. Es ist kein Zufall, daß in einem Band über die Querdenker die Mystik, bzw. mystiknahe Positionen besonders berücksichtigt werden, so neben Marguerite Porete auch J.Boehme, J.G.Hamann, Maine de Biran, G.Landauer und S.Weil. Denn die Mystik ist das programmierte Außenseitertum, der Widerspruch gegen die bloß theoretische Vernunft. Wenn das 19. Jahrhundert das als unphilosophisch verstand und einen künstlichen Gegensatz von Mystik und Philosophie konstruierte, verrät das nur seichte Borniertheit. Doch es war nicht nur die Mystik, die von der Linie der neuen Aristoteles-Mode abwich. Schon Bonaventura ging da eigene Wege. Einer seiner Schüler, Petrus Johannis Olivi, war es, der sich durch seine reflexionstheoretischen, ökonomischen, anthropologischen und geschichtstheoretischen Kapriolen außerhalb des allgemeinen Denkstromes stellte und sich auch an den Rand seines Ordens manövrierte. Wenn ein Autor von späteren Jahrhunderten voller Verachtung doctor phantasticus und zugleich voller Achtung und Ehrerbietung doctor illuminatus genannt und seine Terminologie schon in der Scholastik selbst als auffällig wahrgenommen wird, dann muß es mit ihm eine besondere Bewandtnis haben. Der Mallorciner Raimundus Lullus ist ein Sonderling, eine Art Paradiesvogel unter den scholastischen Autoren, aber er hat sich später Gehör verschafft. Die Verabschiedung der Scholastik im Sinne des Schularistotelismus gehörte gewissermaßen zum Programm der Renaissancephilosophie. Während die Auflehnung gegen das scholastische System sich in vielen Fällen, wie z.B. bei Petrarca, Marsilius Ficinus u.a., allein schon durch die Miteinbeziehung bisher vernachlässigter Epochen wie der Patristik oder des Neuplatonismus vollzog, sind die Thesen von G.Bruno in sich schlechthin revolutionär. Er steht deswegen hier für alle Nonkonformisten dieser Zeit. Montaigne wird trotzdem von einigen vermißt werden. Das ist ähnlich im Falle des Deismus, der die Aufklärungszeit einläutet. J.Tolands *Christianity not Mysterious* hat Europa aufgerüttelt. Aber J.Toland ist auch in anderer Hinsicht ein Außenseiter, sogar in der deistischen Bewegung selbst, so daß er in besonderer Weise geeignet erscheint, den Anspruch der Vernunft auch im Bereich des Religiösen zu repräsentieren. Auch die Aufklärungsbewegung bekam etwas Stromlinienförmiges. J.G.Hamann und G.Chr. Lichtenberg haben sich je auf ihre Weise – auch durch den Gebrauch alternativer Darstellungsformen – dem widersetzt. Hamann wird – quasi nebenbei – zum Fundamentalkritiker der Kantischen Philosophie, Lichtenberg nimmt Gedanken vorweg, die erst über 100 Jahre später im Zusammenhang der Platonrezeption F.Schlegels zur Geltung gebracht werden. Auch in einer Zeit, da die Ketzerverbrennungen nicht mehr stattfinden, da die Verurteilungen allmählich ihre Macht verlieren, gibt es Außenseiter des Denkens, Quertreiber, die schwer einzuordnen sind. Öffentliche Verurteilungen, Verbrennungen und andere Vernichtungsaktionen können nur als Indiz, nicht als Ursache des Außenseitertums betrachtet werden. Es ist das Denken selbst, das sich ins Abseits stellt. Im Falle der Bewegung des Deutschen Idealismus ist es das Denken F.von Baaders, das einerseits Anschluß findet an die Gedankengebäude Hegels und Schellings, andererseits aber mit verstärkter Bezugnahme auf die Tradition der Mystik sich aus diesem Strom des idealistischen Denkens herauskatapultiert. Zur Zeit des überall in Deutschland und sonstwo sich ausbreitenden Kantianismus und des Deutschen Idealismus macht sich in Frankreich ein Gegendenker bemerkbar, der auf Distanz zum zeitgenössischen Physiologismus ging, seinen Plotin und Fénelon wohl kannte und damit nicht hinterm Berge hielt: Maine de Biran, der der Phänomenologie den Weg bereitete. Wiederum ähnlich steht es mit dem Transzendentalismus R.W.Emersons, der ebenfalls das neuplatonische Denken aufgenommen und zugleich – quer zu allen Kantianismen und Idealismen – dem Nietzscheschen Denken den Boden bereitet hat. Zum Außenseiter kann man auch werden, indem der Grundgedanke einer allgemeinen Bewegung radikal zu Ende gedacht wird, so im Falle M.Stirners, der den kritischen Hegelianismus eines L.Feuerbach noch überbietet und so selbst unter den linkshegelianischen Intellektuellen in eine Außenseiterposition gerät. Nietzsche, der - inzwischen zum Klassiker avancierte - rebellische Querdenker par excellence hat so weite Schatten geworfen, daß man versucht ist, die Querdenker in seinem Schatten zu vergessen. Dazu gehört F.Overbeck, der sein Außenseitertum innerhalb der „modernen Theologie" zeitlebens auch selbst wahrgenommen hat. Zwar könnte man im Raum des katholischen Denkens auch schon mit gewissem Recht Figuren des 19. Jahrhunderts, wie A.Rosmini-Serbati oder V.Gioberti die Würde des Außenseiters zusprechen, aber schaut man genauer hin, so steht das augustinisch-kantisch-hegelsche Gemisch ihres Denkens doch nur quer zum angeordneten päpstlichen Thomismus. Aber innerhalb der nach der Jahrhundertwende immer stärker sich in Szene setzenden christlichen Philosophie etabliert sich das Denken eines Mannes, mit dem die neuscholastischen Zeitgenossen nichts anzufangen wissen. M.Blondels Werke, die, wie das Hauptwerk, z.T. schon in den neunziger Jahren des 19. Jahrhunderts abgefaßt wurden, haben die christliche Philosophie von außen angeregt. Durcheinandergewirbelt wurde währenddessen hierzulande das zweifellos bedeutende neukantianische oder idealistische Denken durch die Ideen des sog. Personalismus, der als philosophische Formation etwas Querdenkerhaftes hat. Mit M.Buber hatte engen Kontakt G.Landauer, der hier repräsentativ für eine neue Form der Mystik und ihrer Verbindung mit Sozialismus und Anarchismus steht. Von ähnlichem Kaliber ist S.Weils Werk, das durch die Verbindung von Platonismus und Sozialismus ein eigenes Gepräge erhält, so daß ihr Denken aus dem Gemisch des französischen Existentialismus, Hegelianismus und Marxismus der dreißiger und vierziger Jahre hervorsticht. Ähnliches gilt für die Position anderer Querdenker dieser Zeit – obwohl sie nicht eigens hier vorgestellt werden können - so etwa für das utopische Denken E.Blochs und insbesondere W.Benjamins, der, nicht zuletzt durch die jüdisch-messianischen Akzente, zur akademischen Philosophie ebenso quer steht wie zu den Hauptströmungen des damaligen Marxismus. Was das philosophische oder theologische Denken nach dem zweiten Weltkrieg angeht, so könnte man eigentlich mehrere Beispiele für am Rande stehende Figuren, für anregende Querdenker nennen, besonders aus dem französischsprachigen Bereich. G.Bataille, der M.Foucault und J.Derrida inspiriert hat, möge alle Querdenker repräsentieren, die nicht so wie die postmodernen Denker zum Zuge gekommen, sondern Außenseiter geblieben sind.

Die Querdenker, Außenseiter und Ketzer aller Zeiten waren immer unbequeme Zeitgenossen. In den meisten Fällen wurden sie sogar von den Schulen, von der Orthodoxie, von den Glaubenswächtern, die es auch in der Philosophie gibt, als eine Gefahr, als etwas Bedrohliches wahrgenommen. Diese Opposition gehört aber zum Sein der Querdenker. Sie soll hier nicht im Sinne postmoderner Vergleichgültigung eingeebnet werden. Andererseits aber scheint das Querdenker- und Außenseitertum, das Ketzerhafte und Häretische die Funktion des Visionären zu haben, das über die verkrusteten Grenzen des Schuldenkens hinaussieht und es langfristig verändert. Dieses Moment des Innovatorischen oder Befreienden oder Zukunftsweisenden der Außenseiterposition erscheint freilich erst in der das Ganze sehenden Retrospektive. Ist es nicht die Aufgabe vernünftiger Philosophie-, bzw. Theologiege–

schichtsschreibung, die das Geschäft der Eule der Minerva besonders ernst nimmt und erst am Abend den Tag der Philosophie Revue passieren läßt, die Bedeutung auch des abseits Liegenden ins Bewußtsein zu rufen?

[1] B.Gräfrath, Ketzer, Dilettanten und Genies. Grenzgänger der Philosophie, Hamburg 1993
[2] Ebd. 46
[3] Vgl. K.Rahner, Was ist Häresie?, in: Schriften zur Theologie 5 (1962) 527-576

GEORG FISCHER SJ, INNSBRUCK

Jeremia – ein Prophet im Streit mit Allen

"Höre nicht auf das Gelächter des Spotts,
nicht auf das Klingeln der Münzen,
steig ein in die Barke der Wahrheit
und steuere gegen den Strom!"
(Gretl Zottmann)

Dieser Teil eines Gedichts aus jüngerer Zeit verdeutlicht, wie sehr auch in der Gegenwart Ehrlichkeit und Geradheit *gegen die öffentliche Meinung oder die Mehrheit* stehen können. Das Phänomen, daß aufrechte Menschen dem Widerstand einer breiten Masse begegnen, ist nicht neu, sondern reicht weit in vorchristliche Zeit zurück.

Es ist anzunehmen, daß schon früh Einzelne sich mit ihrem Denken oder Handeln außerhalb der Gesellschaft gestellt haben und es so zur Abgrenzung der Gemeinschaft von ihnen gekommen ist. Doch finden sich, wohl aus mehreren Gründen, *kaum Zeugnisse* von solchen Vorgängen. Zum Einen erhielt die Einzelperson in früher Zeit eher wenig Beachtung; für den Bereich der Bibel wird erst spät, etwa *ab dem Exil* und danach, in verstärktem Maß *Rolle und Stellenwert des Individuums greifbar.*[1] Zum Anderen haben diese besonderen Menschen kaum traditionsbildend gewirkt; auch wenn sie eine eigene Position vertreten haben, ist sie uns nicht überliefert worden, sodaß wir nichts von ihnen wissen. Schließlich gibt es keine Gruppen, die deren Andenken bewahrt hätten; mag es solche Sonderwege Einzelner in noch früherer Zeit gegeben haben, so liegen sie jetzt unzugänglich hinter dem Schleier der Vergangenheit, ohne jede Erinnerung durch Andere.

Diese Lage ändert sich mit dem *Propheten Jeremia,* der die Reihe der Außenseiter[2] und Querdenker in diesem Buch eröffnet. Der Beginn mit ihm ist bezeichnend und aufschlußreich, weil sich in seiner Zeit eine große Wende in Palästina vollzieht. Zu ihr gehört, in der Folge des Untergangs Jerusalems und der davidischen Monarchie 587 v.Chr., eine radikale Infragestellung bis dahin tragender Werte, der politischen Leitung, des Tempels, der Rolle der Gesellschaft. Dieser *grundstürzende Wandel wird der Boden,* auf dem die Bedeutung Einzelner geschätzt werden kann, ihr Wirken in Schriften aufgezeichnet und ihre Erinnerung bei Kreisen von Anhängern weitergetragen wird. So gesehen ist der Einsatz mit Jeremia keineswegs überraschend, sondern Zeichen einer tiefgreifenden Veränderung, die die Geschichte der Menschheit geprägt hat und bis heute bestimmen sollte. Eine solche sich auch auf Randfiguren richtende Aufmerksamkeit gibt ein frühes Zeugnis von einer Haltung, die den *Wert jeder Person* achtet.

1) Leben und Werk Jeremias

Die Beschäftigung mit Jeremia stellt einen *Glücksfall* dar, weil alle Nachrichten über ihn durch das gleichnamige Buch im Alten Testament (dafür im Weiteren: Jer) vermittelt oder von diesem abhängig sind. Jer ist so wie ein Kanal, der die Verbindung zurück zum Propheten bildet und den Zugang zu ihm ermöglicht. Da alle sonstigen Überlieferungen über Jeremia sich auf Jer stützen, stehen wir vor der für die Untersuchung äußerst günstigen Lage, uns ganz *auf ein Buch konzentrieren* zu können, dem zur Erhebung des Bildes des Propheten in Allem der Vorrang gebührt und von daher die ausschließliche Befassung mit ihm erlaubt, ja sogar fordert.

Traditionellerweise setzen Abhandlungen über Jeremia mit dem Leben des Propheten ein und kommen von dort her zu seinem Buch, das als Bericht von seiner Tätigkeit, aber auch Weiterentwicklung dazu gesehen wird.[3] Das *Problem* mit diesem Zugang ist, daß er voraussetzt, was erst und nur durch das Buch beschrieben wird. Deshalb scheint es sowohl naheliegender als auch vom Vorgehen her sicherer zu sein, mit Jer zu beginnen und davon ausgehend nach dem Propheten zurückzufragen. Aus diesem Grund erfolgt die Präsentation der in der Überschrift genannten Hauptaspekte zu Jeremia in umgekehrter Reihenfolge.

a) ‚Werk‘: Die Forschungen der letzten Jahre weisen in die Richtung, daß Jer zu großen Teilen, wenn nicht insgesamt, eine *Schöpfung aus dem 4.Jh. v.Chr.* ist.[4] Damit wird der Abstand zum ‚historischen‘ Jeremia so groß, daß dieses Buch nicht mehr sein Werk sein kann; deswegen ist der Ausdruck zu Beginn des Absatzes auch in Anführungszeichen gesetzt, Zeichen dafür, daß die Beziehung zwischen Prophet und Buch nicht die eines Autors zu seinem Schriftstück spiegelt. Jer dagegen hat einen anderen - unbekannten - Verfasser, und es spricht Vieles dafür, daß dieser für das ganze Buch als Urheber verantwortlich ist. Jer gibt also nur vermittelnd, indirekt Zeugnis vom Auftreten des Propheten.

b) ‚Leben‘: Die oben geschilderte Nachrichtenlage über Jeremia läßt *Jer als einzige mögliche Quelle* für eine Rekonstruktion seiner Lebensdaten übrig. Nach der einen Seite fehlen bisher äußere Bezeugungen (z.B. Inschriften), nach der anderen Seite scheinen alle weiteren Notizen über ihn (sowohl in biblischen als auch außerbiblischen Schriften) entweder unmittelbar oder indirekt auf Jer zurückzugreifen, sodaß sie für eine unabhängige Darstellung seines Lebens ausscheiden.

Jer berichtet so viel von dem Propheten, dessen Namen es trägt, wie kein anderes prophetisches Buch. Dazu gehören u.a. die Beauftragung Jeremias in Jer 1, die ihm zugeschriebenen Klagen (die sogenannten ‚Bekenntnisse‘, das sind über Jer 11-20 verstreute Texte) und eine große Zahl von Auftritten (ab Jer 7, der ‚Tempelrede‘, auch lokalisiert). Der *Umfang an Informationen* über Jeremia und sein Wirken überschreitet um ein Mehrfaches das anderer Sprecher Gottes in der Bibel.

Doch mahnen einige Momente in Jer zur *Vorsicht* davor, diese Angaben leichthin und direkt als ‚Biographie‘ des Propheten zu verstehen. Zum Einen begegnen von Beginn an *idealisierende* Züge: Jeremias Auftreten erstreckt sich über 40 Jahre (Jer 1,2f, das entspricht 627-587 v.Chr.), einer mehrfach auch sonst verwendeten Zeitdauer.[5] Er wird noch vor der Empfängnis von Gott ‚erkannt‘ und als Einziger zum „Propheten für die Nationen" (Jer 1,5) bestimmt; damit reicht Gottes Beziehung zu ihm vor den Anfang seiner Existenz zurück, und seine Sendung beinhaltet universale Befugnisse. - Zum Anderen handelt es sich bei diesem Prophetenbild um die Darstellung einer *literarischen Gestalt*, in die Elemente aus der Abfassungszeit von Jer mit eingeflossen sind. In Jer erscheint Jeremia als Schlüsselfigur in den Vorgängen rund um den Untergang Jerusalems, der sogar von Königen kontaktiert wird; dagegen erwähnen ihn andere Texte darüber (wie 2 Kön 22-25) nicht einmal. So ist wohl damit zu rechnen, daß das von Jer vermittelte Porträt Jeremias durch spätere Interessen überformt ist. Aus diesem Grund wurde ‚Leben‘ (oben am Anfang von b) ebenfalls in Anführungszeichen gesetzt.

c) Fazit: Jeremias ‚Leben' ist also das Bild jener Figur, in dem ein Autor der langsam zu Ende gehenden Perserzeit seine Sicht der Gründe der nationalen Katastrophe von 587 wiedergibt. Im Abstand von ca. 200 Jahren nimmt er mittels Jer Stellung zu diesem wohl entscheidendsten Ereignis der Geschichte Israels. Dieser *doppelte Sitz im Leben* ist für das Verständnis von Prophet und Buch entscheidend. Einerseits handelt es sich, real, um eine Positionsnahme in den Auseinandersetzungen des 4. Jh. in Juda.[6] Andererseits projiziert der Autor diese Meinungsunterschiede zurück auf den um ca. 600 angesetzten Propheten Jeremia, in dessen ‚Leben' sich bereits ähnliche Konflikte spiegeln.[7] In der Darstellung Jeremias in Jer sind diese zwei Ebenen untrennbar verflochten, und es gilt, beide zu berücksichtigen.

d) Lebensbild: Im Wissen darum, daß ein Porträt Jeremias ausschließlich auf Rekonstruktionen und Extrapolationen aufgrund der Angaben von Jer beruht, seien mit aller Vorsicht einige Eckdaten genannt. *Geburt* ca. zwischen 650 und 640 v.Chr., rückgeschlossen aus dem Datum in Jer 1,2 (13. Jahr Joschijas, ungefähr 627), das wohl mit seiner *Bestellung* zum Propheten in 1,5ff zu identifizieren ist; dann eine zusehends sich steigernde Wirksamkeit unter folgenden Königen: *Jojakim* (609-598), zu Beginn seiner Regierung (Jer 26f), vor allem in seinem *vierten Jahr* (= 605, dem Datum der Schlacht bei Karkemisch und der Machtübernahme Nebukadnezzars im Neubabylonischen Reich; Jer 25; 36; 45); Jojakim möchte Jeremia wegen dessen Unheilsverkündigung gefangensetzen, was aber nicht gelingt (36,26); seine Auflehnung gegen den babylonischen König trifft seinen Sohn *Jojachin* (597), der nach drei Monaten vor Nebukadnezzar kapituliert, Jerusalem übergibt und mit einem großen Teil der Oberschicht ins Exil nach Babel ziehen muß (Jer 22,24-30; 24; 29); Jeremia ist voller Mitgefühl mit ihm und sieht in seinem Schicksal eine Wende, bei der das Gericht zu neuem Heil umschlägt; Jojachin stirbt in Babel irgendwann nach 560, ohne Nachfolger auf dem Davidsthron (52,31-34); in Jerusalem wurde statt ihm König sein Onkel *Zidkija* (597-587), der zwar wiederholt Jeremia kontaktiert (Jer 21 bis 37f), aber seine Botschaft nicht ernstnimmt und so Juda, vor allem aber die Bevölkerung von Jerusalem in die Katastrophe hineinführt; nach 18 Monaten Belagerung fällt es in die Hände der Truppen Nebukadnezzars und wird im Sommer 587 weitgehend zerstört (Jer 39; 52); nochmals wird ein Teil der Menschen nach Babel weggeführt, Andere gar getötet. In der Folgezeit, unter dem *Statthalter Gedalja* (vermutlich bis 582; Jer 40; 52,30), bleibt Jeremia im Land, und er plädiert sogar nach dessen Ermordung für ein Verweilen in der Heimat (Jer 41-43), wird aber wieder nicht gehört und zusammen mit seinem Vertrauten Baruch nach Ägypten verschleppt (43,5-7), wo sich seine Spur verliert. So ist mit seinem *Tod* dort um oder nach 580 zu rechnen.

Von seiner *Herkunft* her gehört Jeremia nach dem Incipit in 1,1 zur Priesterschaft von Anatot, einem Ort wenige Kilometer nordöstlich von Jerusalem. Sie geht möglicherweise auf Abjatar zurück, den von Salomo dorthin verstoßenen Priester (1 Kön 2,26f). Schon dies mag eine gewisse Distanz zur Tempeltheologie nahelegen; auf die Inhalte von Jeremias Verkündigung und sein näheres Geschick wird unten bei 2) weiter einzugehen sein.

e) Eine nur fiktive Konstruktion? - Auch wenn das Zeugnis über Jeremia ausschließlich aus seinem wesentlich später entstandenen Buch stammt, spricht doch Einiges dafür, nicht alles als frei erfunden anzusehen. Nach heutiger Erkenntnis decken sich die Darstellungen in Jer weitgehend mit dem, was anläßlich des Untergangs Jerusalems *als Realität* anzunehmen ist, so etwa die lange Belagerung, die hohen Verluste dabei, die Existenz oppositioneller Gruppen in jener Zeit, u.a. Auch weist das Bemühen um Präzision in Sprache und Angaben[8] in diese Richtung. So können wir rechnen, daß der Autor von Jer ein zutreffendes Bild der damaligen Epoche und des Propheten vermitteln wollte und sein Buch auch im Wesentlichen korrekt diese Verhältnisse wiedergibt.

Der doch etwas eigenartige Befund einer so späten Bezeugung, noch dazu bei dem die ganze Reihe eröffnenden Querdenker, ist zu bedenken. Mir scheint, daß sich darin *drei typische Züge* der in diesem Buch zu behandelnden Außenseiter zeigen. Zum Einen ist charakteristisch, daß Jeremia nicht zu seiner Zeit *Wertschätzung* erfahren hat, sondern erst *deutlich später*; im längeren Lauf der Geschichte ist ihm Gerechtigkeit widerfahren, und Verkennung hat sich in Anerkennung gewandelt. So bedarf es der Geduld und des Vertrauens, daß Recht übende Menschen die unter Umständen bis über den Tod hinaus andauernde Phase der Mißachtung und des Scheiterns ertragen können.

Zum Anderen macht gerade der Rückgriff auf diese Gestalt nach 200 Jahren sichtbar, wie *bleibend aktuell* ihre Botschaft und ihr Einsatz ist. Der doppelte Sitz im Leben besagt, daß die Anliegen Jeremias von früher auch unter anderen Umständen immer noch eine Ausstrahlung besitzen und beachtenswert sind.

Schließlich dürfte die bei Jeremia zu beobachtende Distanz zwischen Auftreten und Aufzeichnung auf einen grundsätzlichen Aspekt verweisen, daß bei diesen Personen der Vergangenheit unser Wissen über sie *immer vermittelt* ist, sei es durch die Sicht anderer Menschen, sei es durch ihre Werke, die ebenfalls nur indirekt Zeugnis geben von dem sie tragenden und erzeugenden Leben dahinter. Wir nähern uns allen diesen Querdenkern über das Medium der Sprache und ihre Konstruktionen.

2) Die Sonderposition Jeremias

"Weh mir meine Mutter, daß du mich geboren hast, einen Mann der Auseinandersetzung und einen Mann des Zanks mit dem ganzen Land!"
Diese an die eigene Mutter gerichtete Klage (Jer 15,10) bringt das Selbstverständnis Jeremias als eines mit Allen im Streit liegenden Menschen zum Ausdruck; sie hat auch den Titel dieses Beitrags inspiriert. Wie bei keinem anderen Propheten bestimmen *Konflikte mit seiner gesamten Umgebung* sein Leben; später wird ihm darin noch die Zeichnung der Gestalt Ijobs nahekommen.[9] Hier sollen in drei Schritten wesentliche Momente dieser besonderen Situation Jeremias in den Blick kommen, zunächst (a) ganz knapp die *Basis*, sozusagen das ‚Normale‘, von dem er sich abhebt, dann (b) seine *Eigenart*, vor allem durch Vergleich mit anderen Positionen, und (c) die *Konsequenzen* seines Sonderwegs, in Anfeindung und Leid.

a) Was ist ‚üblich‘ im Alten Testament? - Das AT besteht aus einer Vielzahl von Büchern, und alle Versuche, sie auf eine Botschaft zu reduzieren oder ‚die Mitte‘ von ihnen zu erheben, dürfen als gescheitert betrachtet werden. Die *Vielstimmigkeit*, die das Gesamt dieser Schriften auszeichnet, ist unreduzierbar und unaufgebbar.[10] Innerhalb dieser Vielfalt hat dann auch, wohl um 200 v.Chr., im Zuge des Abschlusses des Prophetenkanons, Jer Aufnahme in die entstehende, offiziell anerkannte Schriftensammlung gefunden - in einer Schicksalswende, wie sie wohl keinem der späteren Außenseiter zuteil wurde und ihm bis heute eine Verbreitung und Bekanntheit sichert, die die aller Nachfolgenden übertrifft. Trotz dessen, daß eine Einheit des AT nicht faßbar scheint, lassen sich einige Akzente erkennen. Dazu gehört als Erstes die *Vorordnung* und Priorität *der Tora*. Die Bücher Genesis bis Deuteronomium bilden die Grundlage, auf der die weiteren Bücher aufruhen. Außerdem weisen sie einen *inneren Zusammenhang* auf, der sie als miteinander verbunden erkennen läßt und der über die Vorderen Propheten (die Bücher Josua, Richter, Samuel und Könige)[11] weiterzieht bis zum gleichen Ende wie bei Jer, der Zerstörung Jerusalems. Auch vom *Umfang* her bilden die genannten Werke einen massiven Schwerpunkt, insofern sie in der Hebräischen Bibel nahezu

die Hälfte ausmachen. Vieles spricht dafür, daß diese große Komposition, von Genesis bis
Könige, bereits zur Abfassungszeit von Jer bestanden hat und daß Jer in Auseinandersetzung
damit als *Ergänzung und gelegentlich als Gegenstimme* dazu zu sehen ist. Zusätzlich scheint
Jer auf andere (Schrift-) Propheten zu reagieren; dies weist auf eine rege Diskussion im per-
serzeitlichen Juda hin, in dem verschiedene religiöse Gruppen ihre Positionen untereinander
und im Bezug auf die genannte gemeinsame Grundlage abzustecken versucht haben.

b) Eigenart von Jer: Es ist unmöglich, in diesem Rahmen die Besonderheiten des längsten Buches der Bibel entsprechend zu würdigen. Doch sollen hier und auch bei 4) *einige
Hauptpunkte* zur Sprache kommen, die die Sonderstellung von Jer ausmachen. Jer hebt sich
schon durch *seine Sprache* vielfach von anderen biblischen Büchern ab. Exklusive, nur bei
ihm zu findende Formulierungen sind u.a. ,Neuer Bund', ,mein Volk Israel und Juda', ,sich
der Wohnungen erbarmen', ,die Seele der Priester', ,tränken die Seele'.[12] Diese und andere
Wendungen lassen hinter Jer einen Autor erkennen, der sehr empfindsam ist und dem die
innere Einheit der ganzen Gemeinschaft sowie ein Vertiefen der geistlichen Dimension große
Anliegen sind. Er achtet auf innere Prozesse und möchte zusammenführen, was gebrochen
oder getrennt ist. Wohl am deutlichsten tritt die Eigenart von Jer durch *Vergleiche* hervor, vor
allem mit den Büchern, die ihm zeitlich vorausliegen, die es aufnimmt und auf die es reagiert
(s. zuvor bei a). Hier steht an erster Stelle die *Tora*. Einerseits bildet sie die selbstverständli-
che Voraussetzung für Jer (Schöpfungsaussagen, Prophetenbild, Gestalt des Mose, usw.).
Andererseits wagt Jer, über sie hinauszugehen. Einige Beispiele dafür: Die Heiligtumstexte am
Sinai geben der Bundeslade einen wichtigen Platz und hohe Bedeutung (Ex 25,10ff). Jer
3,16f ersetzt diesen Kultgegenstand durch ein neues Verständnis der Rolle Jerusalems.[13]
Waren die Gesetze am Sinai äußerlich auf Tafeln geschrieben (Ex 24,12; 34,1) und in der
Folge gebrochen worden, so verspricht Gott in Jer 31,33, sie innerlich auf das Herz zu
schreiben. Im Buch Deuteronomium nimmt die *religiöse Unterweisung* einen hohen Stellenwert ein (,lehren, lernen', z.B. Dtn 4,1.5.14). Jer 31,34 sieht ein Ende solcher menschlicher
Belehrung vor, weil alle unterschiedslos Gott persönlich kennen. Die Bestrafung für das
Abfallen einer ganzen Stadt (im Blick ist wohl Jerusalem) besteht nach Dtn 13,17 darin, daß
sie auf ewig ein Teil sein wird. In Umkehrung dazu wird in Jer 30,18 die Stadt wieder darauf
erbaut. Dtn 24,1-4 verbietet die Wiederannahme der *einmal entlassenen Frau*. In Jer 3,1-4,4
verstößt Gott selbst gegen dieses Gesetz, indem er der Gemeinschaft im Bild der untreu gewordenen und entlassenen Frau Umkehr und erneute Aufnahme anbietet. Diese Liste ließe
sich noch lange fortsetzen. Sie macht klar, daß Jer in bewußtem Rückgriff auf die Tora manche ihrer Härten mildert und einige ihrer Unzulänglichkeiten verbessert.

Bezüglich der *Vorderen Propheten* besteht weitgehende *Übereinstimmung*. Vor allem
die letzten Kapitel von 2 Könige sind mehrfach Basis für Jer, etwa bei den Verweisen auf
König Manasse und sein Tun (Jer 15,4; 19,3f.13) oder auf die Könige Jojakim und Zidkija,
deren negative Bewertungen (2 Kön 23,37; 24,19) hier in lang ausgeführten Erzählungen
verständlich gemacht werden (Jer 36-38, und öfter). Eine solche *Ausweitung* erfährt auch der
Statthalter Gedalja (Jer 40f, gegenüber 2 Kön 25,22-26). Die *Unterschiede* treten eindrücklich dort hervor, wo Jer von 2 Kön ,abschreibt', in der langen Parallele zu 2 Kön 24,18-25,30
in Jer 52. Dabei zeigt sich, daß Jer deutlich die heimliche, das Volk im Stich lassende Flucht
der Verantwortlichen benennt (in v7 zusätzlich die beiden Verben ,fliehen, hinausgehen');
das über sie hereinbrechende Gericht stärker schildert (v10 auch Tötung der Beamten; v11
Zidkijas Verwahrung); ausdrücklich den Tod der judäischen Könige erwähnt (v11 Tod Zidkijas; v34 Tod Jojachins, und damit das Ende der davidischen Monarchie, in Einklang mit
22,30) sowie den verlorengehenden Gegenständen des Tempels, besonders den Säulen, mehr

Beachtung widmet (v17-23). Wieder läßt sich ein Profil des Autors erkennen: Jer spricht *Schuld und ihre Folgen ungeschminkt* an und wagt, das Versagen der Könige und ihr Ende offenzulegen.

Jer ist das Buch der Bibel, das sich am meisten der Frage der ‚falschen Prophetie' widmet. Von daher gewinnt das Verhältnis zu den anderen Schriftpropheten vermehrte Bedeutung. Offenbar kennt Jer bereits Jesaja und Ezechiel als Bücher, dazu weite Teile des entstehenden Zwölfprophetenbuches. Gerade der *Vergleich mit der Komposition* der beiden anderen ‚großen' Propheten ist aufschlußreich. Das Buch *Jesaja* springt mittels der Brücke Jes 36-39 von der ‚assyrischen Zeit' in nachexilische Verhältnisse (Jes 40ff).[14] An der Stelle, wo die babylonische Einnahme Jerusalems 587 v.Chr. und der Untergang Judas zu berichten wäre, bringt Jesaja deren Errettung zur Zeit Hiskijas vor Sanherib 701, wohl gegen die Fakten. Einer solchen Ausblendung der in ihren Auswirkungen einschneidendsten Epoche israelitischer Geschichte – noch dazu unter fälschendem Verweis auf ein angeblich analoges Ereignis früher - stellt sich Jer entgegen und betont massiv, daß man *vor diesem Geschehen und seinen Wurzeln nicht die Augen verschließen darf. Ezechiel* reflektiert wie Jer die vergangene Schuld des Volkes, doch mit gänzlich anderem Ausgang, wie der Kontrast zwischen den Enden der beiden Bücher zeigt. In äußerst breiter Entfaltung schildern Ez 40-48 die Neukonstituierung der Gemeinschaft vom wieder errichteten Heiligtum als ihrem Zentrum her. *Gegen eine solche Hervorhebung von Tempel und Priesterschaft* zeigt Jer nahezu durchgängig und bis zum Ende hin dessen Mißbrauch bzw. deren Schwächen auf (Jer 52,13.24.27). Nach Jer kommt Heil nicht vom neuen Tempel, sondern nur von Gott. Zum Abschluß sei für die Sonderposition von Jer auf eine Erkenntnis von M. Weinfeld verwiesen, der ‚*geistliche Verwandlung'* als Kernelement des Buches wahrnahm.[15] Er bezieht sich damit auf ein sprachliches Muster, mit dem Jer traditionell geschätze Formen der Frömmigkeit neuen, sie überbietenden Ausdrucksweisen gegenüberstellt (3,16f; 7,22f; 16,14f; 31,29f.31-34). Aus ihnen sei nur die mittlere, in 23,7f gedoppelte Ansage aus 16,14f herausgegriffen: In Zukunft werden die Menschen bei ihrem Schwören sich nicht mehr auf den Exodus aus Ägypten (Ex 13-15) berufen, sondern auf die noch mehr Gottes überragendes Wirken zeigende Herausführung aus dem Exil. *Jer hat den Mut, Gott weit mehr als das Bisherige zuzutrauen.*

c) Angriffe auf Jeremia: Der *Leidensweg des Propheten* hat viele Facetten, und er wird so breit wie bei keinem anderen Berufskollegen dargestellt. Anhaltender Widerstand gegen seine Verkündigung bereitet inneren Schmerz, bis hin zur Infragestellung seiner Sendung (in den Konfessionen, besonders der letzten ab 20,7). Beim Durchgang durch Jer fallen als auslösende Schlüsselerfahrungen auf: das ‚Berufsverbot' in seiner Heimat Anatot (11,21); das Erleiden von Verfolgung und Schmach (15,15; 17,18); Festnahme und Folter (durch den Priester Paschhur, 20,2; erneute Aufforderung dazu durch Schemaja an den Priester Jojada in 29,26); Tötungsbegehren durch Priester, Propheten und Volk (26,8.11); in der Konfrontation mit dem Propheten Hananja lächerlich gemacht zu werden (28,1-11); Gefangensetzung (32,2; 33,1; länger geschildert ab 37,15 bis 38,28, mit der Gefahr, dabei zu verhungern: 38,9; Freilassung in 39,14); Verbrennen seiner Rolle und Befehl zur Festnahme (36,23.26); Verschleppung nach Ägypten, gegen seinen Willen und seine Anweisung (43,6); Ablehnung noch im letzten Dialog (44,15-19). Wiederholt versuchten offizielle Kreise, wie religiöse und politische Autoritäten (Priester und Propheten; Könige und Vornehme), die *unbequeme Stimme Jeremias* zum Schweigen zu bringen und sich seiner zu entledigen. Doch vermochten die genannten Drohungen und Tätlichkeiten nicht, ihn von seiner Sendung abzuhalten. Trotz all dieser Angriffe auf seine Botschaft und seine Person ist Jeremia *Gottes Auftrag treu geblieben* und hat ihn bis zum Letzten erfüllt.

3) Wirkungsgeschichte

"Das erste und wohl auch wichtigste Zeugnis für die Wirkungsgeschichte der Prophetie Jeremias ist das Prophetenbuch selber".[16] Die Gestalt des umstrittenen und leidenden Propheten wird später vielfach *Quelle der Inspiration und Orientierung*. Wie Jer auf andere Literatur zurückgegriffen hat, so findet nun auch er Aufnahme. Explizit erwähnen ihn 2 Chr 35,25; 36,12.21 im Zusammenhang mit Joschija und Jerusalems Untergang, Esra 1,1 in Verbindung mit der Anordnung des Kyrus, Dan 9,2 mit Bezug auf das Gotteswort von den "70 Jahren". Dazu kommen die Verweise auf ihn in Sir 49,7 und 2 Makk 2,1-8; 15,14f; an letzter Stelle ist aus ihm erneut - gegen die göttlichen Verbote in Jer 7,16; 11,14; 14,11 - ein Fürbitter und Helfer für sein Volk geworden. Noch weitreichender ist die *literarische Ausstrahlung*, die von Jer ausgeht. Dazu zählen neben den im obigen Absatz genannten Büchern wohl auch Sacharja, Ijob und eine ganze Reihe von Psalmen.[17] In der LXX werden die Klagelieder ebenfalls Jeremia zugeschrieben (im Vorwort vor Klgl 1,1); sein Einfluß zeigt sich weiters bei den griechischen Werken Baruch und Brief des Jeremia (Bar 6) sowie in den außerkanonischen Schriften *Paralipomena Ieremiae* und *Vitae prophetarum*. Dreimal wird Jeremia im NT erwähnt, immer bei Matthäus (Mt 2,17; 16,14; 27,9). Die mittlere Stelle zeigt, wie Jesus und sein Auftreten unter allen Propheten am ehesten mit Jeremia verbunden werden. Auf die *Kunstgeschichte* hat Jeremia auch anregend gewirkt. Abbildungen von ihm finden sich u.a. im Presbyterium von San Vitale in Ravenna (6. Jh.), in der Capella Sistina von Michelangelo und im Frauenmünster in Zürich von Marc Chagall. Unter den figürlichen Darstellungen sind die romanischen Statuen am Nordportal der Kathedrale von Chartres, in Moissac am Mittelpfeiler des Südportals sowie im Baptisterium von Parma beeindruckend. Der 1936/7 entstandene Roman "Höret die Stimme" von Franz Werfel setzt das biblische Buch äußerst getreu und einfühlend in eine stimmige, packende Erzählung um; er gehört zu den gelungensten Nachdichtungen biblischer Stoffe überhaupt.[18]

Dieser kurze Streifzug durch die Nachwirkungen Jeremias vermag ein wenig anzudeuten, wie aus der ihn zu Lebzeiten treffenden Ablehnung im Nachhinein *offizielle Anerkennung und hohe Wertschätzung* geworden sind. Das Festhalten seiner Botschaft in einem Buch, dessen Kanonisierung und die vielfache Aufnahme in späterer Zeit *machen aus dem Außenseiter einen Maßstab und Richtpunkt*. Wer wie er Anfechtung und Not ausgehalten hat, Verkanntwerden trotz eigener Aufrichtigkeit und Ehrlichkeit erdulden mußte, dessen Leben und Sendung erscheint den Nachfahren als modellhaft und überlieferungswürdig. Unter dieser Rücksicht ist die Beschäftigung mit Jeremia *Anstoß und Ermutigung*, nicht nur von ihm zu wissen, sondern *auch heute seine Werte zu leben*. In der Gegenwart unangenehme Wahrheiten zu sagen, die eigene Schuld nicht zu übersehen, bei Unrecht nicht zu schweigen, für Gott zu sprechen und zu leiden, wie es Jeremia zugeschrieben wird, das alles sind bisher noch nicht überholte Haltungen und die wichtigste Form von Wirkungsgeschichte.

4) Kritische Würdigung

Wie ist Jeremias *Auftreten einzuschätzen*? War er ein Provokateur, ein Streithahn, wie es das für den Titel verwendete Wort aus Jer 15,10 vermuten lassen könnte? War er jemand, der insgeheim das Unheil der Gemeinschaft anstrebte, wie es seine Gegner ihm vorhalten (38,4)? Oder ist er, wie seine Selbstbeschreibung nahelegt, als unschuldiges ‚Lamm' (11,19) Opfer feindlicher Angriffe geworden, obwohl er selber das Unglück nicht herbeiwünschte (17,16) und sogar Gutes über seine Verfolger redete (18,20)? Zur Klärung dieser Frage versuchen wir, (a) Jeremias Verkündigung zunächst aus der *Sicht seiner Zuhörer und evtl. Widersacher* wahrzunehmen[19] und (b) dann herauszustellen, *was ihn bewegte* und daran bleibend ist.

Berechtigte Ablehnung?

Unter vielerlei Rücksichten bedeutete das Auftreten Jeremias für die Hörer seiner Zeit eine Zumutung. Dazu gehört vor allem der *Anspruch*, er sei der von Gott und Mose versprochene, Letzterem gleiche Prophet (Dtn 18,18, aufgenommen in Jer 1,7.9), der diesen sogar noch durch seine universale Sendung (,für die Nationen', Jer 1,5.10) übertreffe. Eine solche Auffassung stellt den Vorrang der Tora in Frage und hebt Dtn 34,10 auf. Die Formulierungen von Jer wirken öfter *überzogen, zugespitzt.* Beispiele dafür sind: Nach Jer 5 gibt es in Jerusalem keinen einzigen Menschen, der Recht verwirklicht; Jer 24,2f enthält die einzige Opposition von ,sehr gut - sehr schlecht' in der Hebräischen Bibel. Eine stark negative Sicht kommt auch in den Ankündigungen des Unheils zum Vorschein, die ganz breiten Raum einnehmen und sich noch dazu häufig wiederholen. Manche Texte stellen sogar jede Aussicht auf Besserung als vergeblich dar (13,23; 17,1f.9), sodaß H. Weippert von ,anthropologischem Pessimismus' spricht.[20] Die Position Jeremias stand im Kontrast zur Meinung *anderer religiöser Autoritäten.* Die Mehrheit der Priester, Tora-Ausleger und Propheten sah den Zustand der Gesellschaft als grundlegend in Ordnung an (Stichwort שלום ,Friede, Heil', so in 4,10; 6,14; 14,13 ...),[21] und sie fand das Vertrauen des Volkes (18,18, im Unterschied zu Gottes Einschätzung: 2,8). Das erhoffte Gute, noch dazu von Vielen vermeintlich auch Wissenden bestätigt, traf auf offenere Ohren als die Sondermeinung Jeremias. Ein Kernpunkt dieser Differenzen zeigt sich bei der Einschätzung der *Beziehung mit Gott*, gefaßt im Schlüsselbegriff ברית ,Bund'. In Dtn 31,16.20 kündigte Mose dessen Bruch an. Ez 16,59 bestätigt dies, fährt aber gleich in v60 mit seiner Heilung fort. Nur Jer wagt, das Brechen des Bundes durch die gesamte Gemeinschaft ausführlich nachzuweisen (Jer 11, besonders v10) und diesen Zustand zwanzig Kapitel lang anhalten zu lassen. Diese Verletzung geht so tief, daß nur ein neuer Eingriff Gottes sie auffangen kann (erst in Jer 31,31-34). Ein weiterer massiver Anstoß für die Ablehnung Jeremias liegt in dessen Darstellung der *Rolle des Neubabylonischen Reiches.* Diese dominierende, erobernde Großmacht als Gottes Gerichtswerkzeug zu akzeptieren und ihren König Nebukadnezzar sogar als Gottes Diener anzusehen (Jer 25,9-11; 27,6-15) ist eine Provokation für Alle, die national denken und die eigene Selbständigkeit bewahren wollen. Daß Gott die eigenen Feinde beauftragt und wertschätzt, ist für solche Menschen kaum auszuhalten, entspricht aber Jeremias Sendung als Völkerprophet (1,5).

Auf der Basis damaliger Traditionen und Überzeugungen bedeutete Jeremias Verkündigung eine *radikale Infragestellung.* Sie richtet sich mit scharfen Worten gegen Eigeninteressen und eine kurzfristige, beschönigende Sicht der Verhältnisse. Dies kann zumindest teilweise seine Ablehnung verständlich machen. Jeremia hob sich deutlich ab von seinen prophetischen Berufskollegen und auch den Priestern damals. Seine *markante Andersartigkeit* war aber nicht von ihm selber gesucht, wie es auch seine bereits zitierte Klage (,,ein Mann der Auseinandersetzung und ein Mann des Zanks für das ganze Land", Jer 15,10; s. oben, eingangs von 2) deutlich macht. Die treibende Kraft für seinen Einsatz und der Grund für seine Verschiedenheit liegen nicht in einem persönlichen Interesse an Konflikten, sondern tiefer. Darauf ist abschließend einzugehen.

Jeremias Beitrag

Der Prophet aus Anatot und sein Buch ragen mehrfach heraus. In dieser Gestalt und ihrem Werk wird eine Persönlichkeit sichtbar, die in Gott verwurzelt ist, von ihm her eine über Andere hinausgehende Freiheit und Einsicht gewonnen hat und bereit ist, dafür mit dem eigenen Leben Zeugnis abzulegen. Was ihn auszeichnet, sei hier am Ende in drei Grundzügen prägnant zusammengefasst: (1) In Weiterführung zu Hosea vermittelt Jer noch tieferen Einblick in einen *leidenschaftlich bewegten Gott* (einmalig sind dabei "ewige Liebe" für ihn in 31,3 und ebenso "ich muß mich erbarmen" 31,20), der auch selber *leidet* (s. sein Weinen in 9,9; 14,17). Diese seine Zuwendung trägt auch durch das Gericht hindurch und schenkt, verbessert und verstärkt, neues Leben. (2) Jer wagt wie kein Anderer, die Abgründe des *Untergangs von 587* offen und in allen Facetten anzusehen, mit den kritischen Punkten, der eigenen Schuld, dem Versagen der Verantwortlichen usw. Er gewinnt so ein vertieftes Verständnis seiner Ursachen und vermag aufzuzeigen, wie Gott gerade darin einen Weg zum Heil öffnet. (3) Das Buch Jer sticht heraus durch eine alles Damalige sprengende intensive Verarbeitung anderer religiöser Literatur. Darin schreibt jemand, der innerlich und in hohem Maß diese Texte aufgenommen hat; wo er sich von ihnen abhebt, tragen ihn nicht primär der Wunsch nach Konfrontation, sondern stärker eine außergewöhnliche *geistige Weite und geistliche Anliegen*.[22] Jer möchte von Gott her Menschen verbinden und vermehrt auf ihn ausrichten. Die ihm dabei zuteil gewordene Ablehnung hat ihn oft zum Beten geführt, worin er ebenfalls Vorbild und Modell geworden ist. In diesem Sinn möge auch ein Gebet diese Darlegung beschließen:

> "This is my prayer to thee, my Lord ...
> Give me the strength never to disown the poor
> or bend my knees before insolent might."
> (Rabindranath Tagore, Gitanjali)

---

[1] Dafür zeugen u.a. jene Texte bei Ezechiel, die die individuelle Verantwortung betonen (z.B. Ez 14,12-20 und Kap. 18).

[2] Diese Bezeichnung für den Propheten Jeremia findet sich explizit bei C. SCHÄFER-LICHTENBERGER, Überlegungen zum Hintergrund und zur Entstehung von neuen Einsichten in der Prophetie Jeremias und Ezechiels, in: WuD 23 (1995), 23-42, hier 29f.

[3] So die bisher klassischen Darstellungen in den Kommentaren, sehr deutlich schon bei B. DUHM, Das Buch Jeremia, Tübingen 1901, bes. XIII-XVI.

[4] L. STULMAN, Order amid Chaos, Sheffield 1998, 169f; G. FISCHER, Jeremia/Jeremiabuch, in: RGG[4], 414-423, hier 421; mit persischer Zeit rechnet auch M.A. Sweeney, neben Anderen.

[5] Dtn 1,3 für Israels Aufenthalt in der Wüste; 1 Kön 2,11; 11,42 für die Regierungszeiten Davids und Salomos - diese 40 Jahre scheinen auch deswegen bewußt als ideale Frist gewählt worden zu sein, weil die Ereignisse in Jer 40-43 und das Datum von 52,30 (entspricht 582 v.Chr.) darüber hinausgehen.

[6] Das konnte konkret bedeuten, auf die vermutlich von Esra im Jahre 398 verkündete Tora zu reagieren, in Diskussion mit anderen prophetischen Gruppen (verbunden mit den Namen Jesaja, Ezechiel und dem werdenden Zwölfprophetenbuch) zu stehen sowie eine eigene Sicht

der gemeinschaftlichen Vergangenheit gegenüber der ,offiziellen' Darstellung (jener der Bücher Samuel, Könige) zu vertreten.

[7] Mit heutigen Mitteln ist kaum mehr möglich zu entscheiden, was zu Recht, also ,real', Erfahrung Jeremias war und was auf die Ebene des Fiktiven, des ihm im Nachhinein Zugeschriebenen gehört.

[8] Dies erhellt auch aus dem unten noch anzusprechenden Vergleich von 2 Kön 24f mit Jer 52, etwa in den Jahreszahlen für die Exilierungen (52,28-30), die kontrastierend zur sonstigen Zählung die babylonische Zeitrechnung voraussetzen.

[9] Ijob 3 dürfte gezielt auf Jer 20 zurückgreifen; s. dazu K. ENGLJÄHRINGER, Theologie im Streitgespräch. Studien zur Dynamik der Dialoge des Buches Ijob (SBS 198), Stuttgart 2003, 28-30.

[10] Zu Recht und wiederholt betont von E. ZENGER (Hg.), Einleitung in das Alte Testament, Stuttgart [5]2004, 19f.

[11] Seit M. Noth werden diese Bücher auch als ,deuteronomistisches Geschichtswerk' bezeichnet und zusammengefaßt; doch weisen vor allem Jos und Ri einen eigenen Charakter auf, der eine gesonderte Entstehung vermuten läßt.

[12] Alle diese Ausdrücke stammen aus dem Trostbüchlein (Jer 30f); es ist nur ein kleiner Teil der exklusiven Wendungen dort, und sie finden sich in großer Zahl auch sonst in Jer. - Jer ist ebenso in Stil und Form verschieden; ein Beispiel mag die nur bei ihm begegnende Dreifachfrage sein (2,14.31; 8,4f usw.), die jeweils auf die abschließende Warum-Frage zielt.

[13] H. UTZSCHNEIDER, Das Heiligtum und das Gesetz. Studien zur Bedeutung der sinaitischen Heiligtumstexte (Ex 25-40; Lev 8-9). (OBO 77), Freiburg 1988, 260-262.

[14] U. BERGES, *Das Buch Jesaja*. Komposition und Endgestalt (HBS 16), Freiburg 1998, 319.

[15] M. WEINFELD, Jeremiah and the spiritual metamorphosis of Israel, in: ZAW 88 (1976), 17-56.

[16] W. WERNER, *Das Buch Jeremia*. Kapitel 25-52 (NSK-AT 19/2), Stuttgart 2003, 197.

[17] Mit P.E. BONNARD, *Le Psautier selon Jérémie* (LD 26), Paris 1960, 235ff, rechne ich fast durchgehend mit einer Abhängigkeit der Psalmen von Jer, gegen die Auffassung von W.L. HOLLADAY, Indications of Jeremiah's Psalter, in: JBL 121 (2002), 245-261, der in den meisten Fällen die umgekehrte Richtung vermutet.

[18] S. dazu G. FISCHER, Werfel als Interpret. Zur Jeremia-Deutung in seinem Roman *Höret die Stimme*, in: *Religion - Literatur - Künste II: Ein Dialog* (Hg. P. Tschugnall), Anif/Salzburg 2002, 217-243.

[19] Gemäß dem Prinzip "*audiatur et altera pars*".

[20] H. WEIPPERT, Das Wort vom neuen Bund in Jer XXXI 31-34, in: VT 29 (1979), 336-351, hier 344.

[21] In diesem Zusammenhang eine interessante Beobachtung mit der doppelten שלום-Ansage (Jer 6,14; 8,11): Sie findet sich sonst nur in Jes 26,3; 57,19 und 1 Chr 12,19. Kritisiert Jer das Jesajabuch für seine oberflächliche, leichtfertige Heilsansagen?

[22] Z.B. in der Gleichwertigkeit von Frau und Mann, wie sie in den Gedichten des Trostbüchleins zum Ausdruck kommt, vgl. dazu B. BOZAK, Life ,Anew'. A Literary-Theological Study of Jer. 30-31 (AnBib 122), Rom 1991, vor allem 155-172; in der Betonung von Gottes Wort gegenüber allem menschlichen Sprechen sowie den oben (zu Beginn von 2b) genannten Wendungen.

HEINRICH NIEHUES-PRÖBSTING

Diogenes von Sinope – der Philosoph als Außenseiter und der Außenseiter der Philosophie

Die Geschichte der Philosophie verzeichnet Diogenes von Sinope, den Protokyniker, als eine der bekanntesten und populärsten Philosophengestalten der Antike. Dieser Ruhm verdankt sich nicht zuletzt seinem Außenseitertum, das ein doppeltes ist: *in* der Philosophie und *als* Philosophie. Man muß die beiden Aspekte, die für das neuzeitliche Philosophieverständnis leicht ineinander übergehen, auseinanderhalten, um Diogenes und seine Stellung in der antiken Philosophie adäquat zu begreifen. Er ist darin nicht nur Außenseiter, sondern auch typischer Repräsentant, eine exemplarische Gestalt - für die Stoiker eine von den wenigen historischen Persönlichkeiten, die belegen, daß der Weise nicht ein bloßes Ideal, sondern eine reale Möglichkeit darstellt. Und typisch ist Diogenes als Philosoph, weil er ein wesentliches Merkmal antiker Philosophie, nämlich ihr Außenseitertum, wie kein anderer mustergültig realisiert.[1] Charakteristische Züge, aufgrund derer Diogenes dem modernen Betrachter als Außenseiter erscheint, sind typische Merkmale des antiken Philosophen und gehören als solche zum Außenseitertum *der* Philosophie und nicht zu dem *in* der Philosophie. Es sind dies die Züge, die ihn mit der vielleicht typischsten Gestalt der antiken Philosophie, der des Sokrates, verbinden.

Niemand wird allein aus sich selbst heraus zum Außenseiter; er wird immer auch dazu gemacht. Der Außenseiter konstituiert sich stets im Blick der anderen. Das läßt sich exemplarisch daran zeigen, wie die Philosophie beziehungsweise der Philosoph zuerst Gestalt gewinnen, im Athen des fünften Jahrhunderts v. Chr. Der erste Philosoph, der in zeitgenössischer Literatur Gestalt annimmt, ist Sokrates, und diese erste Darstellung des Philosophen ist eine von außen, die ihn als Außenseiter zeichnet. In den „Wolken" des Aristophanes tritt Sokrates als die Personifikation all jener geistigen Neuerungen auf, die dem konservativen Athener Bürgersinn suspekt und schuldig am Verfall der Sitten erscheinen: jonische Naturspekulation und Aufklärung, sophistische Rhetorik und Jugendbildung, sokratische Dialektik. Aus der Gemeinde schließt sich der Philosoph mit seinen Anhängern aus durch die Leugnung der im tradierten Kult verehrten Götter sowie durch einen abweichenden Lebenswandel, der die Standards bürgerlichen Wohlstands negiert und die Öffentlichkeit scheut. In der Sprache des 18. Jahrhunderts, die den Ausdruck „Außenseiter" noch nicht kennt, ist Sokrates ein „Sonderling", jemand, der sich absondert – die Bezeichnung ist der semantische Vorläufer unseres „Außenseiters"[2].

Das Sokratesbild der „Wolken" hat die philosophische Sokratesliteratur, die sokratischen Dialoge, motiviert, deren durchgehende Intention es ist zu zeigen, daß Sokrates nicht so war, wie die Komödie ihn vorführt, also weder ein atheistischer Naturphilosoph noch ein sophistisch-rhetorischer Jugend- und Sittenverderber, sondern ein gerechter und loyaler Bürger Athens. Im Widerspruch zu Aristophanes stellt Platon seinen Sokrates als Gegenspieler der sophistischen Rhetorik dar; Philosophie und Sophistik treten auseinander und entsprechend Philosoph und Sophist, die bei Aristophanes noch eine Gestalt bilden. Da in diesem

Gegensatz die Rhetorik mit der herrschenden Meinung konform geht, bleibt der Philosoph der nonkonformistische Außenseiter. Für die rhetorische Sichtweise lebt er verkehrt, indem er Prinzipien verfolgt, die die Auffassung des *common sense* auf den Kopf stellen. Eben das hält Kallikles, der radikalste Repräsentant der Rhetorik in Platons „Gorgias", Sokrates entgegen: „Denn wenn du es ernstlich meinst und das wahr ist, was du sagst, so wäre ja wohl das menschliche Leben unter uns ganz verkehrt, und wir täten in allen Dingen das gerade Gegenteil, wie es scheint, von dem, was wir sollten."[3] Diese verkehrte Lebensweise und damit das Außenseitertum der Philosophie repräsentiert Diogenes in Reinkultur; er ist das bleibende Exempel dafür und darin ein typischer Philosoph, auch nachdem die Philosophie sich in ihren großen Schulen als Bildungsinstitution innerhalb der antiken Gesellschaft etabliert hat. „Ins Theater ging er, wenn die andern ihm daraus entgegenströmten, und, nach dem Grunde gefragt, sagte er: 'So halte ich es grundsätzlich in meiner ganzen Lebensführung.'"[4]

Bevor ich nun den Kynismus des Diogenes unter dem Aspekt des Außenseitertums in jener erwähnten doppelten Bedeutung ausführlicher darstelle, möchte ich eine historisch-kritische Bemerkung einfügen. Auch dabei ist der Vergleich mit Sokrates aufschlußreich. Unsere historischen Kenntnisse über diesen sind mehr als dürftig; er hat nichts Schriftliches hinterlassen, und das einzige gesicherte Faktum seiner Biographie ist der Prozeß im Jahre 399 v. Chr. mit der Verurteilung und der Hinrichtung. Alles andere ist literarische Überlieferung, bestehend aus sehr unterschiedlichen Sokratesbildern, deren Spektrum noch farbiger wäre, hätten wir auch die Varianten der Sokratiker, deren Schriften verloren sind, etwa die des Antisthenes.

Bei Diogenes ist die Lage, historisch-kritisch gesehen, noch trostloser. Von ihm besitzen wir nichts unanzweifelbar Authentisches, weder ein hinreichend beglaubigtes Zeugnis aus seinem Leben noch ein einziges authentisches Wort, denn die unter seinem Namen verzeichneten Schriften sind ihm schon in der Antike mehrfach alle abgesprochen worden. Historische Realität und Wirkungsgeschichte, die sich um die fragliche Existenz lange wenig gekümmert hat, sind gar nicht mehr voneinander zu scheiden. Die Gestalt des Diogenes ist – darin einem Mythos vergleichbar – immer schon in Rezeption übergegangen. Zu ihrem Verständnis empfiehlt es sich daher, ähnlich wie bei der Sokratesgestalt, statt nach der historischen Realität nach den literarischen Motiven zu fragen. Das ist jedenfalls aufschlußreicher als die vergebliche Suche nach der historischen Existenz.

Dabei orientiere ich mich an einem Platon zugeschriebenen Diktum, in dem Diogenes als „*Sokrates mainomenos*", als „rasender" oder „verrückt gewordener Sokrates" bezeichnet wird. Diogenes ist, literarisch gesehen, so etwas wie eine Konkurrenzfigur zur Gestalt des Sokrates, die er überbietet und verzerrt – letzteres vor allem in bezug auf den Platonischen Sokrates. Diogenes überbietet Sokrates; das sah schon die antike Philosophiegeschichtsschreibung so: „Und was manche als besonders charakteristisch für Sokrates anführen, das legt Diokles dem Diogenes bei."[5] Andererseits tritt Diogenes, wie eine Reihe markanter Anekdoten schildert, in Opposition zu Platon. Der Kynismus des Diogenes ist ein outrierter, antiplatonischer Sokratismus, der eine seiner drei wichtigsten Wurzeln in der Sophistik hat.

Diese kommt in der Erzählung zum Vorschein, die Diogenes' Bekehrung zur Philosophie berichtet. Die Erzählung, von der es in der Antike zahlreiche Varianten gab, die bei Diogenes Laertius heillos verwirrt sind, besagt, Diogenes sei der Sohn eines Bankiers gewesen und habe mit seinem Vater Münzfälschung begangen.[6] Daher habe er aus seiner Heimatstadt Sinope fliehen müssen. Er sei auf der Flucht nach Athen gelangt, wo er sich beharrlich Zugang zu dem Sokratiker Antisthenes verschafft habe, dessen Schüler er geworden sei. In manchen Varianten wird Diogenes von einem Orakel, an das er sich gewandt hatte, zu dem

Verbrechen veranlaßt. Der Spruch des Orakels hatte ihn aufgefordert, das staatliche Gesetz (*politikon nomisma*) umzuprägen (*paracharattein*). Nun hat diese Orakelvariante ihrerseits verschiedene Untervarianten: Einmal erfolgt der Spruch *vor* der Tat; Diogenes mißversteht ihn und prägt statt des Gesetzes die Münze (*nomisma*) um. Das andere Mal erhält er die Auskunft *nach* der Tat; er versteht den Spruch richtig und wird dadurch zum Philosophen, der in seiner Philosophie das Orakel erfüllt.

Der Umstand, daß Diogenes – direkt oder indirekt – durch das Orakel, d. h. durch göttlichen Spruch, zur Philosophie kommt, verbindet ihn mit Sokrates; manches spricht freilich dafür, die Anekdote als Parodie der Sokrateslegende zu lesen. Dagegen verweist der Orakelspruch mit seinem Inhalt auf die sophistische Herkunft des Kynismus. Er hat die typische orakelhafte Vieldeutigkeit, die vor allem in dem Wort „*nomisma*" liegt; doch ist auch das Verb „*paracharattein*" mehrdeutig. „*Nomisma*", von „*nomos*" abgeleitet, meint das Geltende – die Sitte und den Brauch, aber auch die geltende Münze. Diogenes ist der Philosoph, der mit seinem Kynismus die geltende Ordnung umprägt. „Solches lehrte er und handelte auch danach, indem er wirklich die Münze verfälschte dadurch, daß er weniger Gewicht legte auf die Vorschriften des Gesetzes als auf die der Natur."[7] Die „wirkliche Münzfälschung" des Diogenes ist die Umprägung des Gesetzes, die Geschichte von der Fälschung des Geldes dafür nur die Metapher. Als der metaphorische Charakter verkannt wurde, wurde Diogenes zum realen Münzfälscher. Ein Verbrechen, so lautete nun die Biographie, machte ihn zum *outlaw*, und als solcher kam er zur Philosophie. Das kynische Außenseitertum ist die Verarbeitung jener initialen Handlung, mit der Diogenes sich außerhalb der Gesellschaft gestellt hatte.

Er prägt das Gesetz um, indem er es durch die Natur ersetzt. „Dem Schicksal, sagte er, stelle ich den Mut, dem Gesetz die Natur, der Leidenschaft die Vernunft entgegen."[8] Nun ist die Antithese von *nomos* und *physis*, von Gesetz und Natur, ein typisches Produkt sophistischen Geistes und in der Sophistik als Topos allseits parat; in Platons „Nomoi" steht er für die allgemeine Grundauffassung der Sophisten, die damit die Jugend wie die Dichtung infizieren. Mit dem Hinweis auf das natürliche Verhalten der Hähne, die ihre Väter gewaltsam vom Hühnerhof vertreiben, rechtfertigt in den Aristophanischen „Wolken" der sophistisch instruierte Pheidippides, daß er den Vater schlägt: Das Gesetz, die Eltern zu achten, sei menschliche Satzung und als solches gegen die Natur. Von zynischen Argumentationen dieser Art waren die kynischen Tragödienparodien voll, die dem Diogenes zugeschrieben wurden. Da erscheint zum Beispiel Ödipus als ein unaufgeklärter Dummkopf, der sich den Verstoß gegen das konventionelle Tabu des Inzestes zu sehr zu Herzen nahm und sich dadurch ins Unglück stürzte. „Das hätte man vielleicht geheimhalten oder in Theben als gesetzlich erklären sollen. Statt dessen machte er es später aller Welt kund und rief, außer sich, laut, er sei zugleich Vater und Bruder derselben Kinder, Gatte und Sohn derselben Frau. Die Hähne regen sich über solche Beziehungen nicht auf, nicht die Hunde noch die Esel, nicht einmal die Perser, die doch als die vornehmsten in Asien gelten. Zudem blendete er sich selbst und irrte blind durch das Land, wie wenn er nicht auch sehend hätte umherziehen können."[9]

Die unverbildete Natur – das Beispiel der Tiere und Kinder – wird für Diogenes vorbildlich. Dabei wird auch die Scham als unnatürliche Konvention abgelehnt, und so kommt es zu den ebenso berühmten wie berüchtigten sexuellen Provokationen. Der Kyniker tut schamlos in aller Öffentlichkeit, was die Scham den Augen der anderen zu verbergen gebietet, und schließt sich damit aus der guten Gesellschaft aus, die sich von ihm mit Abscheu abwendet.

Der historische Hintergrund des Diogenes und seines Kynismus ist das vierte Jahrhundert v. Chr. mit seinen Erfahrungen der realen Umwälzungen der politischen Ordnung: die Unterwerfung der griechischen Stadtstaaten durch die Makedonen. Darauf stellt sich der Kyniker vorsorglich ein. Er nimmt die Umkehrung der Ordnung vorweg, um sich in den Umwälzungen zu behaupten und am Ende wieder richtig zu liegen. „Als Xeniades ihn fragte, wie er ihn begraben solle, sagte er: 'Auf dem Gesichte liegend!' Auf die Frage aber nach dem Grunde sagte er: 'Weil in kurzer Zeit das Untere zu oberst gekehrt werden wird.'"[10] Das ist ein treffliches Stück antiplatonischer Sokratik; sokratisch daran ist, daß der Philosoph über den Tod hinaus seine im Leben gewohnte Haltung fortsetzt und sich so noch im Tode selbst behauptet. Doch benötigt Diogenes dazu nicht, wie der Platonische Sokrates, das Jenseits und die Unsterblichkeit der Seele. Der Protokyniker erreicht die konsequente Vollstreckung seiner gegen alle traditionellen Werte und Sitten gerichteten, paradoxen Lebensform durch den unbedingten Willen zur Selbstbehauptung, den er gegen das allgemeine Schicksal durchsetzt: Quer zur allgemeinen Lage und provokativ die Sitte verletzend, liegt Diogenes am Ende wieder richtig.

Damit bin ich bei der zweiten Wurzel des Kynismus, dem Sokratismus. Der Kynismus hat das sokratische Gedankengut von Antisthenes übernommen, der vielfach selber als kynische Stifterfigur angesehen wird; schon bei ihm ist die Sokratik antiplatonisch: Antisthenes bestritt die platonischen Ideen und stand deswegen mit Platon im Streit. Dieses Gedankengut, das der Kynismus seinerseits an die Stoa weiter vermittelte, besteht in einer rigorosen Tugendethik und der Konzeption des autarken Weisen. „Die Tugend ist ausreichend zur Glückseligkeit" und „Der Weise ist sich selbst genug"; diese Lehrsätze des Antisthenes[11] werden zu kynischen wie stoischen Leitsätzen. Um autark zu werden, ist der Kyniker bestrebt, seine Bedürfnisse auf ein animalisches Minimum zu reduzieren, das die Natur ohne künstliche Verfeinerungen garantiert; er übt sich im Verzicht auf überflüssige und kulturell hochgezüchtete Genüsse. Nicht Prometheus, der Kulturstifter, sondern Herakles, der Held unermüdlicher Anstrengung, ist das mythologische Vorbild; Prometheus hat mit seiner Gabe die Menschen nur verweichlicht und verdorben. Die Autarkie ist aber auch ideell: die Unabhängigkeit von der Anerkennung und den Meinungen anderer; sie treibt der Kyniker bis zur Verachtung, wodurch er selber die Verachtung der anderen provoziert. Er ist ein Genie der Verachtung im aktiven wie im passiven Sinne des Wortes. In leiblicher wie in ideeller Hinsicht erfordert die Autarkie Zähigkeit und Stärke; der Kyniker erreicht sie durch Übung, *askesis*. Die kynische Askese ist also keine bloß leibliche Angelegenheit; sie kann zum Beispiel auch darin bestehen, Mißachtung, ja Verachtung ertragen zu lernen, und so benimmt sich der Kyniker übungshalber verächtlich, um Verachtung bewußt zu provozieren.

Nach der Tugendlehre des Antisthenes lebt Diogenes. Oder besser noch: Er lebt sie. Leben und Lehre sind nicht nur in Übereinstimmung; sie sind vollkommen eins. Es gibt neben dem Leben keine Lehre. Doch bedeutet der Verzicht auf die Theorie nicht auch Verzicht auf die Lehre; denn das Leben selber ist die Lehre, die im lebenden Exempel besteht. Deswegen nannte man den Kynismus auch „den kurzen Weg zur Tugend". „Longum iter est per praecepta, breve et efficax per exempla. (Lang ist der Weg über Belehrung, kurz und wirksam über Beispiele.)"[12]

Es ist kein Zufall, daß Diogenes neben Sokrates der anekdotenreichste Philosoph der Antike ist, dessen Anekdoten zu den bekanntesten und markantesten der antiken Philosophie – und nicht nur der antiken – zählen; man denke etwa an die Diogenes-Alexander-Anekdote, die Geschichten vom Faß oder an das Laternenmotiv. Die Anekdote ist die ideale Präsentation der typischen Kynikergestalt; sie reduziert die Worte auf knappe Bemerkungen und betont die Handlung wie die Situation. Sie zeigt mehr, als daß sie erklärt; sie überzeugt mehr durch die Tat, als daß sie durch Logik beweist.

Der Aspekt der literarischen Form führt zu einer dritten Wurzel, aus der neben der Sophistik und der Sokratik der Kynismus des Diogenes hervorgeht: eine literarische Wurzel, nämlich die Komödie. Auch unter diesem Aspekt ist Diogenes eine Konkurrenz- und Überbietungsfigur zu Sokrates. Der Kynismus vergröbert und verschärft die sokratische Ironie zu sarkastischem Spott und ist auch dadurch zum Zynismus disponiert. Man verkennt den Kynismus, wenn man ihn auf eine praktische Tugendlehre reduziert, wie es die Philosophiegeschichtsschreibung, die sich auf die dogmatischen Inhalte beschränkt, gewöhnlich tut. Er ist ebenso eine literarische Erscheinung, wofür der philologisch geschulte Nietzsche einen Blick hatte. In dieser Hinsicht ist das kynische Prinzip das *spoudaiogeloion*, die Vermischung von Scherz und Ernst. Darin lebt der Geist der alten Komödie samt ihrer Parrhesie fort, was der Kaiser Marc Aurel in einer Notiz zur Entwicklung der literarischen Formen konstatierte: „Nach der Tragödie aber wurde die alte Komödie eingeführt. Sie zeigte erzieherische Redefreiheit und erinnerte nicht unnütz gerade durch die offene Sprache an Bescheidenheit. Zu derartigem Zweck nahm auch Diogenes diese Dinge auf."[13] Im Kynismus liegt der Ursprung der Satire, wie sie vor allem Menipp von Gadara repräsentiert, der Begründer der „Menippea", die später Lukian, der größte Spötter der Spätantike, wiederbelebte und an die Neuzeit vermittelte.

Im Kynismus wird der Spott philosophieintern. Die Komödie hatte die Philosophie insgesamt lächerlich gemacht, ohne zwischen ihr und der Sophistik zu unterscheiden. Platon reklamierte den Spott in der Gestalt der Ironie für die Philosophie und ergoß ihn über die Sophisten als die Antiphilosophen schlechthin. Diogenes schließlich macht sich über Platon und seine Philosophie lustig. „Als Platon sich über seine Ideen vernehmen ließ und von einer Tischheit und einer Becherheit redete, sagte er: 'Was mich anlangt, Platon, sehe ich wohl einen Tisch und einen Becher, aber eine Tischheit und Becherheit nun und nimmermehr.' Darauf Platon: 'Sehr begreiflich; denn Augen, mit denen man Becher und Tisch sieht, hast du allerdings; aber Verstand, mit dem man Tischheit und Becherheit erschaut, hast du nicht.'" „Ein andermal begegnete er, getrocknete Feigen essend, dem Platon und sagte: 'Du kannst auch teilnehmen.' Und als jener zulangte und aß, sagte er: 'Teilnehmen, sagte ich, nicht aufessen.'". „Als Platon die Definition aufstellte, der Mensch ist ein federloses zweifüßiges Tier, und damit Beifall fand, rupfte er einem Hahn die Federn aus und brachte ihn in dessen Schule mit den Worten: 'Das ist Platons Mensch'; infolgedessen ward der Zusatz gemacht: mit platten Nägeln.'" (*platonychos* – eine Anspielung auf den Namen „Platon") Alle drei Anekdoten kritisieren in konkretistischem Sinne die Abstraktheit der platonischen Theorie; „hier wird ein existentialistischer Protest erhoben gegen ein essentialistisches Denken."[14] In dem Spott über die Theorie schlägt sich Diogenes auf die Seite des sogenannten gesunden Menschenverstandes, wie die kynische Version der Thales-Anekdote zeigt, in der der Protokyniker die Position der spottenden Magd einnimmt, die bei Platon die antiphilosophische, rhetorisch bestimmte Lebensform repräsentiert. Diogenes spricht „sein Befremden aus über die Grammatiker, die des Odysseus Fehler aufspürten, die ihrigen aber unbeachtet ließen, und daß die Musiker zwar die Saiten der Leier zum Einklang stimmten, ihre eigene Seelenverfassung aber dem Mißklang preisgäben. So schauten auch die Mathematiker nach Sonne und Mond, aber was ihnen vor den Füßen läge, das übersähen sie, und die Redner würden nicht müde, von dem zu sprechen, was recht sei, es aber zu tun, unterließen sie."[15]

Hier äußert sich ein zweites Motiv kynischer Philosophie- und Philosophenkritik. Neben der Nutzlosigkeit der reinen Theorie ist es vor allem die Diskrepanz von Lehre und Leben, an der Diogenes Anstoß nimmt. Mit seiner Kritik stellt sich Diogenes auf eine Position außerhalb eines Verständnisses, das die Philosophie auf die Theorie beschränkt; er wird zum Außenseiter rein theoretischer Philosophie, wie sie für die Neuzeit die wesentliche Form der Philosophie darstellt. Seine Kritik ist symptomatisch für das antike Philosophieverständnis und dessen Differenz zum neuzeitlichen. Kein antiker Philosoph hätte den Satz eines neuzeitlichen Moralphilosophen unterschrieben, der Wegweiser selber müsse den Weg nicht gehen, den er weist. Schon Kant hat in seinen Vorlesungen diese Differenz herausgestellt. Die „alten griechischen Philosophen", sagt er, seien „der wahren Idee des Philosophen weit getreuer geblieben, als in den neueren Zeiten geschehen, wo man den Philosophen als einen Vernunftkünstler antrifft." Und anschließend an die Darstellung des Diogenes fährt er fort: „Wir sehen doch aus allem, daß die Alten Beispiele von ihren Lehrern verlangten. Was uns anbelangt, wir verstehen Scherz und nehmen es dem Philosophen nicht übel, wenn er auch nicht so lebt wie lehrt."[16] Antikem Verständnis zufolge ist die Kritik des Diogenes eine solche aus dem Anspruch der Philosophie heraus, Lebensform gemäß der Lehre zu sein; sie ist philosophieimmanent. Die neuzeitliche Philosophie, die diesen Anspruch nicht mehr erhebt, setzt sich solcher Kritik nicht mehr aus; daher gibt es in der Neuzeit keine entsprechende Philosophensatire. In der nachantiken Zeit hat die Religion die Philosophie als Lebensform abgelöst, und deswegen sind es die Kleriker und überhaupt die Frommen, die den satirisch-kritischen Blick auf sich ziehen, der die Übereinstimmung von Lehre und Leben prüft.

Die drei Hauptaspekte: der sophistische, der komische und der sokratische, bestimmen die höchst ambivalente Rezeptions- und Wirkungsgeschichte von Diogenes-Gestalt und Kynismus. Je nach Primat eines Aspektes ist Diogenes entweder 1. eine ideale Philosophengestalt, ein Vorbild, mit dem man sich identifiziert und dem man nacheifert, oder 2. ein Narr oder Witzbold, eine Art Eulenspiegel der Philosophie, dessen Scherze man je nach Geschmack als weise oder degoutant empfindet; in dieser Hinsicht wird er vor allem im 18. Jahrhundert gern als Sprachrohr der Satire benutzt. Oder ist er 3. ein Verächter aller Konvention und Moral, der in Wort und Tat die sittlichen Überzeugungen und Grundlagen der Gesellschaft zersetzt. Oft verbinden sich die beiden letzten Aspekte – der komische und der moralkritische – zu dem, was dann den Zyniker in der modernen Bedeutung des Wortes ausmacht, der seit dem 19. Jahrhundert vom Kyniker sprachlich zunehmend unterschieden wird. Diese sprachliche Entwicklung zeigt, wie schwer es der Neuzeit fällt, die drei Aspekte zu einer Gestalt zu vereinen. Doch schon die spätere Antike hatte im Grunde dasselbe Problem; denn schon da finden wir regelmäßig die Gegenüberstellung eines reinen, idealen Kynismus und eines schmutzigen, obszönen, schmarotzerhaften; entsprechend ist der Kyniker entweder eine Art philosophischer Heiliger, ein Musterphilosoph, oder ein verächtlicher Parasit und zynischer Scharlatan.

Von den großen Schulen der hellenistischen Philosophie stand die Stoa, wie schon angedeutet, mit ihrer Ethik dem Kynismus sehr nahe; ihr Ursprung war zum guten Teil kynisch. Der antiken Philosophiegeschichtsschreibung zufolge war Zenon von Kition, der Gründer der Stoa, zuerst Schüler des Krates und damit Enkelschüler des Diogenes. Die Nähe zum Kynismus zeigte sich auch literarisch in den notorischen kynischen Schamlosigkeiten, nicht nur bei Zenon, von dessen „Politeia" es hieß, sie sei „auf dem Schwanze des Hundes geschrieben"[17]; sie hatte offensichtlich große Affinität zu einer kynischen „Politeia", die dem Diogenes zugeschrieben wurde. Späteren Stoikern waren die kynisierenden Passagen in den Schriften der

Gründerväter wohl peinlich, weswegen ein gewisser Athenodoros sie herausgeschnitten haben soll.

Ihrem kynischen Ursprung näherte sich die Stoa in ihrer letzten, kaiserzeitlichen Phase so sehr wieder an, daß man dafür, und vor allem für die Form der Diatribe, in der sie sich vornehmlich präsentierte, die Bezeichnung „kynisch-stoisch" geprägt hat. Bei Epiktet, dem bedeutendsten Vertreter dieses kynischen Stoizismus, gerät die Diatribe über den Kynismus zur Darstellung der wesentlichen Grundannahmen seiner Philosophie und des Ideals der inneren Freiheit.

Doch ist das Bild des Kynikers, das dabei entsteht, von dem üblichen, das Diogenes Laertius vermittelt, indem er die ältere Überlieferung ungefiltert weitergibt, so verschieden, daß Schopenhauer meinte, „dem Arrian" – Epiktets Eckermann – seien „die eigentlichen Grundgedanken des Kynismus ... ganz abhanden gekommen."[18] Bei Epiktet fehlt die aggressive, verletzende Seite der Schamlosigkeiten, der Verachtung und des Spotts; stattdessen wird dem Kynismus Frömmigkeit attestiert. Zu ihm kommt man, wie zur Philosophie überhaupt, nur durch göttliche Berufung. Der Kyniker handelt im göttlichen Auftrag; er ist ein Bote des Zeus.

So avanciert Diogenes zu einem der vornehmsten Heiligen im stoischen Kalender, und via stoischer Heiligsprechung findet er Aufnahme schließlich in die letzte Formation der antiken Philosophie, in der sich die verbliebenen philosophischen Kräfte versammeln, um sich gegen den sich abzeichnenden Untergang und die Konkurrenz des Christentums aufzubäumen, den Neuplatonismus. Bei dem neuplatonischen Kaiser Julian stehen die früheren sokratischen Antipoden Platon und Diogenes einträchtig beisammen. Sie beide gehören zu der *einen* Philosophie, die der Apostat gegen das bedrohlich erstarkende Christentum zu bewahren bemüht ist. Die sokratische Losung „Erkenne dich selbst", in der der spätere Platonismus den Ausgangspunkt der Philosophie sieht, und die kynische Münzumprägung sind aufeinander bezogen: Diese setzt jene voraus, jene hat diese zur Konsequenz. Beide bekunden den göttlichen Ursprung der Philosophie, die es nur als eine gibt; in sie geht auch der wahre Kynismus, der des Diogenes, ein.

Mit der spätantiken Idealisierung des Diogenes und seines Kynikertums geht regelmäßig die Ablehnung eines als entartet empfundenen Kynismus einher. Für Julian ist das zum einen ein literarischer, wie er sich in den kynischen Tragödienparodien manifestiert, von denen der Kaiser mit höchster Abscheu spricht: Sie sind ihm „der Gipfelpunkt aller Schamlosigkeit und Schlechtigkeit"[19]. Nicht anders wird in der Moderne, seit dem 19. Jahrhundert, der Zynismus angeprangert. Zum anderen ist es ein praktischer Kynismus, der als ordinär, schmutzig, ungebildet, parasitär empfunden wird und dem die alten Kyniker wie Diogenes und Krates als Ideale entgegengehalten werden. Gegen zeitgenössische Kyniker, die mit ihrem Auftreten den wahren Kynismus desavouieren, wenden sich Epiktet, Lukian, Julian und andere.

Der neuartige Kynismus tritt etwa gleichzeitig mit dem Christentum in Erscheinung und hat dazu – zumindest in den Augen von Lukian und Julian – eine Affinität, die ihn den Kritikern noch suspekter macht. Der Kyniker Peregrinus, auf den Lukian eine Satire von zynischer Schärfe verfaßt, hatte sich zeitweise einer christlichen Gemeinde angeschlossen; es ist wohl kein bloßer Zufall, daß sich das früheste außerchristliche Zeugnis für die Existenz einer christlichen Gemeinde in der satirischen Darstellung eines Kynikers befindet. Bei den „ungebildeten Hunden", gegen die Julian anschreibt, handelt es sich um christenfreundliche Kyniker, die sogar eine christlich inspirierte Kritik an den alten Kynikern üben. Solche „ungebildeten Hunde", ferner die Christen und schließlich die Epikureer, von denen es aber kaum noch welche gibt, sind in der Endphase der antiken Philosophie für deren Anhänger die Außenseiter, während die alten Kyniker, allen voran Diogenes, zur Ehre der philosophischen Altäre aufgestiegen sind.

Das Verhältnis des Christentums zum Kynismus manifestiert sich in der Übernahme kynischer Elemente und Formen sowie in expliziten Stellungnahmen. Zwar ist die These, daß Jesus dem Kynismus nahegestanden habe, ja sogar so etwas wie ein kynischer Weiser gewesen sei[20], kaum haltbar. Später aber gibt es durchaus Berührungspunkte und Einflüsse. Die kynische Lebensform wurde in manchen Punkten nachgeahmt. Dabei muß man bedenken, daß das Christentum gerade auf dem Gebiet der Lebensführung mit der antiken Philosophie, die immer zugleich Lebensform war, konkurrierte. Wenn auch im ganzen gesehen das Christentum den Sinn des Lebens anders als die antike Philosophie bestimmte, waren doch nicht selten konkrete Regeln und Verhaltensweisen den philosophischen Schulen und vor allem der jüngeren, zeitgleichen Stoa entlehnt. Der radikale Bruch mit der philosophischen Ethik erfolgte ja erst mit der Gnadenlehre des Augustinus. Für manche besonders strenge und extreme Auffassungen des christlichen Lebens, wie sie mönchische Bewegungen vertraten, konnte der stoisch gereinigte Kynismus mit seiner Askese und Bedürfnislosigkeit vorbildlich werden, ferner der Gleichmut, die Standhaftigkeit und der Freimut – die kynische Parrhesie – gegenüber den Mächtigen der Welt, die Verachtung von Ruhm und Ehre, der Verzicht auf gesellschaftliches Renommee, das Ertragen von Mißachtung und Verachtung. Ja, das Christentum hat in seiner Geschichte sogar Beispiele eines kynisch motivierten heiligen Narrentums.[21]

Unterschiedlich und ambivalent sind die christlichen Urteile über Diogenes und den Kynismus. Zwar werden die notorischen sexuellen Schamlosigkeiten einheitlich verdammt. Wo aber solche skandalösen Praktiken ignoriert werden, da kann das Urteil durchaus positiv sein. So hat der Kirchenvater Hieronymus seiner Schrift gegen Jovinian eine kurze Biographie des Diogenes eingefügt; dieses Portrait des Erzkynikers ist durchweg sympathisch und vorbildhaft gezeichnet. Diogenes ist „potentior rege Alexandro et naturae victor humanae" – er hat die menschliche Natur besiegt, wie er den König Alexander überwunden hat. Hieronymus' Darstellung des Diogenes ist für das ganze Mittelalter vorbildlich.[22] Hier ist der Protokyniker als Exempel vor allem mit jenen Anekdoten präsent, die seine Bedürfnislosigkeit demonstrieren, allen voran die Diogenes-Alexander-Anekdote.

Die neuzeitliche Moralistik macht aus dem Exempel Anschauungsmaterial ihres sezierenden und skeptischen Blicks auf den Menschen. Wenn Montaigne vom Menschen sagt, ihm sei als sein „eigenstes und eigentümlichstes Wesen nicht nur die Fähigkeit des Lachens, sondern ebenso die Lächerlichkeit gegeben"[23], so ist das die Ansicht einer kynischen Anthropologie, für die Montaigne sich auf Demokrit und Diogenes beruft. Am Beginn der Neuzeit figuriert Diogenes als Leitfigur einer moralistisch-skeptischen Anthropologie.

Jetzt erfreut sich das Laternenmotiv, das für kritische Menschenprüfung, im 18. Jahrhundert und darüber hinaus bis zu Nietzsche für Aufklärung steht, zunehmender Beliebtheit. Diogenes wird zu einer „Identifikationsfigur intellektueller Freiheit"[24]. Beispielhaft läßt sich das an Wielands Diogenes-Roman aufzeigen, in dem sich die reinste Idealisierung des Kynikers aus der Sicht der Aufklärung findet. Wieland schrieb das Buch 1769, als er, schon ein bekannter Literat, Professor für Philosophie in Erfurt geworden war. Er wollte damit zum einen thematisch der neuen Aufgabe entsprechen, für die er als Literat bisher nicht besonders disponiert war; er war ein Außenseiter der akademischen Philosophie. Zum anderen identifizierte er sich mit der Hauptfigur seines Romans. Der Unabhängigkeitswille, den diese ausdrückt, ist auch der des Autors, für den noch Programm ist, was er seinen Diogenes sagen läßt: „Ich gestehe also, daß ich vor vielen Jahren darauf studiert habe, 'wie ich mich so unabhängig machen könnte, als möglich wäre'". Nicht Auszug aus der Gesellschaft, wohl aber die permanente Möglichkeit zur Distanz: das ist es, was Wieland sucht und was er im Kynismus des Diogenes ideal vorgebildet findet; Kynismus als vorbeugendes Antidot gegen gesellschaftliche Vereinnahmung. Die Existenzweise des Kynikers wird zum Modell des modernen Intellektuellen. Wenn Wieland seinen Diogenes eingangs darauf reflektieren läßt, daß er in den Augen der Öffentlichkeit das Ansehen eines „Narren" und „Sonderlings" besitze, so weist das nicht nur zurück auf die Rolle des Hofnarren in älteren Zeiten, sondern auch voraus auf den Argwohn, den der moderne Intellektuelle in seiner Umgebung provoziert.

Wielands Diogenes-Roman hatte in Frankreich großen Erfolg, größeren als in Deutschland. Diderot schätzte es, Napoleon sprach den Autor bei dem Treffen in Erfurt 1807 darauf an. Die Diogenes-Rezeption in der französischen Aufklärung ist ein Kapitel für sich, aufschlußreich für die Epoche. Jeder der großen Aufklärer identifizierte sich bisweilen mit dem Protokyniker oder wurde damit – auch abwertend und schimpflich – identifiziert: Voltaire, D'Alembert, Diderot, Rousseau. Vor allem Rousseau erschien den Zeitgenossen als ein neuer Diogenes; für Kant ist er der „feine Diogenes". Die Parallele zu dem von ihm geschätzten Rousseau dürfte Kant mit dazu bewogen haben, in seinen Vorlesungen ein durchweg positives Bild des Kynikers vermittelt zu haben: „Diogenes hat vieles für sich. ... Seine Philosophie war der kürzeste Weg zur Glückseligkeit. Durch Genügsamkeit lebt man glücklich, indem man alles entbehren kann. Seine Philosophie war auch der kürzeste Weg zur Sittlichkeit, denn wenn man keine Bedürfnisse hat, so hat man auch keine Begierde, und dann stimmen unsere Handlungen mit der Moralität überein".[25]

Anderen Zeitgenossen dient der Vergleich mit Diogenes zur Herabsetzung Rousseaus. Für Friedrich d. Gr. wurde dieser durch seine Kynikernachfolge zum Außenseiter der Philosophengemeinde: Er hätte besser daran getan, als Märtyrer oder Säulenheiliger zu reüssieren. „Heutzutage aber wird man ihn nur noch als einen philosophischen Sonderling ansehen, der die Sekte des Diogenes nach zwei Jahrtausenden wieder zum Leben erweckt. Es verlohnt sich nicht, Gras zu fressen und sich mit allen zeitgenössischen Philosophen zu verfeinden."[26] Voltaire, an den Friedrich dies schrieb, variierte in seinen Briefen unablässig den Vergleich Rousseaus mit Diogenes und steigerte die damit intendierte Verachtung.

Die Aufklärer liebten den Selbstvergleich mit Diogenes als Ausdruck ihrer Unabhängigkeit und intellektuellen Freiheit. Sie setzten den Vergleich aber auch polemisch ein, um ihren vermeintlichen Renegaten zum Außenseiter zu stempeln. Und schließlich reflektierten sie in der Gestalt des Diogenes die Gefahr der Aufklärung, in den Zynismus auszuarten. Das geschieht bei Diderot in der Satire „Rameaus Neffe", die in der Geschichte der Kynismusrezeption eine herausragende Stellung einnimmt, weil hier die Kynismusrezeption in den modernen Zynismus übergeht.

Vertreten wird der Zynismus durch den Neffen Rameaus, der sich am Beginn ausdrücklich auf Diogenes bezieht. Nicht mit Sokrates, dem philosophischen Ideal der Aufklärer und namentlich Diderots, identifiziert er sich, sondern mit dem Kyniker. „Ich stünde lieber zwischen Diogenes und Phryne. Unverschämt bin ich wie der eine, und die andern besuch ich gern."[27] Wie Diogenes der „verrückte Sokrates", so ist der Neffe Rameaus der verrückte Rameau. Am Ende ist es dann der Erzähler, der sich auf Diogenes beruft, um dem zynischen Parasitentum des Neffen Widerpart zu bieten.

Was immer Diderots Satire sonst noch ist, sie ist vor allem ein Werk der Verachtung und über die Verächtlichkeit. Die Verachtung gilt den Gegnern der Aufklärung und der Philosophen sowie der Gesellschaft, in der diese Gegner verkehren. Der literarische Kunstgriff besteht darin, daß Diderot seine Verachtung sich aus der Perspektive der Amoral und Niedertracht, im Medium der personifizierten Verächtlichkeit, des Neffen, selbst aussprechen läßt. Der Neffe repräsentiert die Niedertracht und Verächtlichkeit dieser Gesellschaft in Reinkultur. Er unterscheidet sich jedoch von der Gesellschaft dadurch, daß er die Verächtlichkeit bewußt gewählt hat und sie offen reflektiert; dadurch macht er sich zum Außenseiter, und das macht ihn philosophisch interessant.

„Der Verlust unserer Vorurteile entschädigt uns für den Verlust unserer Unschuld", sagt der Neffe einmal. Mit allen Vorurteilen aufzuräumen hat sich die Aufklärung zum Ziel gesetzt. Im Neffen Rameaus begegnet sie der Kehrseite ihres Ideals. In ihm träumt sie ihren Alptraum, der ihren moralischen Optimismus untergräbt. Der Traum besagt, daß der völlig Aufgeklärte, von allen Vorurteilen restlos Befreite nicht die Verkörperung des reinen Humanitätsideals sei wie Wielands schöner Diogenes, sondern ein illusionsloser, abgebrühter, schmutziger Zyniker à la Rameau. Ist das an Wahnsinn grenzende Lachen des Zynikers, mit dem der Neffe sich behauptet und mit dem der Dialog endet, möglicherweise die Endstation der Aufklärung? Das ist die beunruhigende Frage, die der Dialog hinterläßt.

Diese Frage wird erneut von Nietzsche und seiner Parabel vom „tollen Menschen" aufgeworfen.[28] In einer grandiosen Übersteigerung hat Nietzsche das von der Aufklärung geliebte Laternenmotiv der Diogenes-Anekdote zur Formulierung seines Gedankens vom Tod Gottes verwendet und damit den moralkritischen Gestus des Kynikers, der am hellichten Tag mit angezündeter Laterne Menschen suchte, in einen religionskritisch-aufklärerischen überhöht: Der tolle Mensch sucht am hellen Vormittag mit angezündeter Laterne auf dem Marktplatz Gott. Das Publikum ist atheistisch aufgeklärt und quittiert den ironischen Gestus mit Gelächter, worauf der tolle Mensch den heiligen Ernst der Botschaft und ihre ernsten Konsequenzen verkündet: Die Menschen selbst haben Gott getötet und müssen daher selber zu Göttern werden. Dafür aber haben die Menschen kein Verständnis; unter den borniert Aufgeklärten ist der tolle Mensch ein Außenseiter, der über das Unverständnis wahnsinnig wird. Er zertrümmert seine Laterne: das Licht der Aufklärung erlischt, weil die Aufgeklärten blind für die Konsequenzen der Aufklärung sind. Es mutet geradezu gespenstisch an, wie Nietzsche mit seiner Aneignung der Kynikergestalt sein eigenes Schicksal präfiguriert. Gerade in der letzten Schaffensphase und vor seinem geistigen Zusammenbruch häufen sich bei ihm die Bekenntnisse zum „Cynismus" bis hin zu dessen Apotheose, wenn etwa die eigenen Bücher im Rückblick von „Ecce homo" kommentiert werden, sie erreichten an manchen Stellen „das Höchste, was auf Erden erreicht werden kann, den Cynismus".

Noch für Kant gehörte Diogenes zu jenen antiken Philosophen, von denen er sagt, daß sie „der wahren Idee des Philosophen weit getreuer geblieben" seien, „als in den neueren Zeiten geschehen ist, wo man den Philosophen als einen Vernunftkünstler antrifft."[29] Die antiken Philosophen, die so leben, wie sie lehren, vertreten die „Philosophie nach dem Weltbegriff". Die Philosophen der Aufklärung verstanden sich, wenn sie sich mit Diogenes verglichen, durchaus als Philosophen, als die sie sich bezeichneten; sie sahen sich wohl als gesellschaftliche, nicht aber als philosophische Außenseiter. Zum Außenseiter der Philosophie wird Diogenes definitiv erst da, wo das Philosophieverständnis der Aufklärer und Kants „Weltbegriff der Philosophie" verdrängt werden durch das, was Kant mit dem „Schulbegriff" bezeichnet: die Reduktion der Philosophie auf die Theorie und des Philosophen auf den „Vernunftkünstler". Das geschieht bei Hegel, der in den „Vorlesungen über die Geschichte

der Philosophie" über die „kynische Schule" lapidar urteilt: „Von derselben ist nichts Besonderes zu bemerken. Die Kyniker haben wenig philosophische Ausbildung, und zu einem
System, zu einer Wissenschaft haben sie es nicht gebracht".[30] Das aber bedeutet im Grunde
den Ausschluß aus der Geschichte der Philosophie, in der nur das wissenschaftliche und
systematische Denken Platz haben, nicht aber die individuelle Persönlichkeit und das Leben
der Philosophen.

Hegels Verbannung des Kynismus bleibt auch da noch bestehen, wo die Hegelsche Bewertung umgekehrt wird. Als Diogenes vor nunmehr zwanzig Jahren seine vorerst letzte,
spektakuläre Renaissance erlebte, in Peter Sloterdijks „Kritik der zynischen Vernunft", da
war er weniger der Philosoph als Außenseiter als vielmehr der Außenseiter der Philosophie,
auf den das Etikett eines „Philosophen" so wenig wie das eines „Forschers" oder „Wissen-
schaftlers" passen will.[31] Der Kynismus ist die „Antiphilosophie" zur systematischen Philosophie. Das aber ist durchweg positiv gemeint. Diogenes ist der Antipode finsterer Herren-
und Meisterdenker, die in ihren „Großtheorien" die humanen Tatsachen zynisch unterschla-
gen. Solchen „Wissenszynismus" kritisiert Diogenes von seiner Außenseiterposition aus mit
den kynischen Mitteln der Satire und leiblicher Pantomime.

Wieland hatte im 18. Jahrhundert seinen „Diogenes" noch als frisch ernannter Professor
der Philosophie geschrieben; er hatte damit seine literarische Produktion auf Philosophie
umgestellt. Der Autor der „Kritik der zynischen Vernunft" dagegen war, wie sein Musterky-
niker, ein Außenseiter der Philosophie, der allerdings mit der Anspielung auf die Kantischen
Hauptwerke unmißverständlich zu erkennen gab, wo er hinwollte: zu den Meisterdenkern
und Großtheoretikern, und der mit Platon und Heidegger – siehe die „Regeln für den Men-
schenpark" – inzwischen wie mit Seinesgleichen verkehrt.

---

[1] Treffend hat Raffael die Position des Diogenes in der antiken Philosophie erfaßt, indem er
ihn in der „Schule von Athen" exzentrisch und zentral zugleich darstellte. – Zum Folgenden
vgl. vom Vf.: Der Kynismus des Diogenes und der Begriff des Zynismus, 2. Auflage Frankfurt a.M. 1988 sowie „Die Kynismus-Rezeption der Moderne: Diogenes in der Aufklärung",
in: Goulet-Cazé, M.-O. und Goulet, R.: Le cynisme ancien et ses prolongements, Paris 1993.
[2] Noch Kierkegaard verwendet diesen deutschen Ausdruck für den Sokrates der „Wolken" im
„Begriff der Ironie". Wenn C.M. Wieland im 18. Jh. den Protagonisten seines Diogenes-
Romans zwar als einen „Sonderling" bezeichnet, der aber „ein so gutherziger, frohsinniger
und ... so vernünftiger Sonderling" sein soll, „als es jemahls einen gegeben hat", so bedeutet
diese Einschränkung, daß man seinerzeit mit dem Ausdruck eher die entgegengesetzten Prädikate verband. (Nachlass des Diogenes von Sinope, Sämtliche Werke, 13. Bd., Leipzig
1795, S. 29 f. Titel der Erstausgabe von 1770: Sokrates mainomenos oder die Dialogen des
Diogenes von Sinope)
[3] Gorgias 481c.
[4] Diogenes Laertius VI 64 (Leben und Meinungen berühmter Philosophen, dt. von O. Apelt,
Hamburg 1967) VI 64.
[5] Diogenes Laertius VI 103.
[6] Diogenes Laertius VI 20 f.
[7] Diogenes Laertius VI 71.
[8] Diogenes Laertius VI 38.

[9] Dion Chrysostomos 10, 29-30, Sämtliche Reden, Zürich/Stuttgart 1967, S. 172.

[10] Diogenes Laertius VI 31 f.

[11] Diogenes Laertius VI 11.

[12] Seneca, ad Lucilium 6,5.

[13] Wege zu sich selbst XI 6 (dt. von W. Theiler, Zürich 1951)

[14] Heinrich, Klaus: Antike Kyniker und Zynismus in der Gegenwart, in: Parmenides und Jona, Frankfurt a.M. 1966, S. 138.

[15] Diogenes Laertius VI 27 f.

[16] Vorlesungen über Philosophische Enzyklopädie, Berlin 1961, S. 34 f.

[17] Diogenes Laertius VII 4.

[18] Parerga und Paralipomena I 1, Zürcher Ausgabe Bd. VII, Zürich 1977, S. 68.

[19] Kaiser Julians Philosophische Werke, Leipzig 1908, S. 92-94.

[20] Mack, Burton: The Lost Gospel, San Francisco 1983.

[21] Vgl. dazu Largier, N.: Diogenes der Kyniker, Tübingen 1997, S. 376 ff., vor allem die Ausführungen zu der Figur des heiligen Narren Symeon.

[22] Ebd., S. 10.

[23] Über Demokrit und Heraklit, Essais, Zürich 1953, S. 293.

[24] Largier, S. 26.

[25] Eine Vorlesung Kants über Ethik, hg. von P. Menzer, Berlin 1924, S. 9.

[26] Voltaires Briefwechsel mit Friedrich dem Großen und Katharina II., Berlin 1944, S. 200.

[27] Diderot: Ästhetische Schriften, hg. von Fr. Bassenge, Frankfurt a.M. 1968, 2. Bd., S. 408.

[28] Die fröhliche Wissenschaft 125.

[29] Vorlesungen über Philosophische Enzyklopädie, S. 35.

[30] Vorlesungen über die Geschichte der Philosophie, hg. von G. Irrlitz, 1.Bd., Leipzig 1971, S. 685.

[31] Kritik der zynischen Vernunft, Frankfurt a. M. 1983, 2. Bd., S. 526 f.

CHRISTOPH MARKSCHIES

Der religiöse Pluralismus und das antike Christentum – eine neue Deutung der Gnosis[1]

„Der religiöse Pluralismus und das antike Christentum" – unter dieser Überschrift möchte ich versuchen, die hinsichtlich ihrer Deutung so umstrittene Bewegung der antiken Gnosis in ein Gesamtpanorama der antiken Religions- und Theologiegeschichte einzuzeichnen. Neu ist diese Deutung insofern, als sie dieses Panorama unter dem gerade recht verbreiteten Leitbegriff „Pluralismus" entwirft, weniger neu insofern, als derartige Versuche einer Einzeichnung mit Hilfe anderer Leitbegriffe oder Leitkategorien natürlich auch schon von anderen und klügeren Kollegen unternommen worden sind – ich nenne nur den 1993 verstorbenen Philosophen Hans Jonas – und auch viele Elemente meines Versuches längst von anderen beobachtet und untersucht worden sind.

Wir beginnen den Versuch, ein solches Gesamtpanorama der antiken Religions- und Theologiegeschichte zu skizzieren, freilich zunächst mit Bemerkungen über den Begriff „Pluralismus" und seine Deutung in der Gegenwart, genauer: bei zwei Philosophen der Gegenwart. Auf diese Weise schärfen wir nicht nur das begriffliche Instrumentarium unserer Analyse, sondern dokumentieren zugleich auch die unmittelbare Gegenwartsrelevanz von derartigen Ausflügen in die Vergangenheit des antiken Christentums. Die dabei gewonnenen Einsichten über den Stand der theoretischen Reflexion über „Pluralismus" in der Gegenwart werden wir dann in einem zweiten Abschnitt mit der kaiserzeitlichen römischen Antike sowohl christlicher wie paganer Prägung kontrastieren und in dieses Panorama die Gnosis einzeichnen. Ein sehr kurzer Schlußabschnitt ist der Frage gewidmet, ob man aus dem Neben- und Gegeneinander beider Bilder Schlüsse für die gegenwärtige Aufgabe der christlichen Kirchen ziehen kann.

1. „Pluralismus" in der Gegenwart

Einige prominente zeitgenössische Philosophen haben in den letzten Jahren versucht, unter dem Stichwort „Pluralismus" bzw. „Pluralität" die geistige Signatur unserer Gegenwart in Wissenschaft, Kultur und Gesellschaft zu beschreiben. Ich greife im folgenden zwei aus dieser Menge heraus, nämlich Wolfgang Welsch und Odo Marquard. Wir beginnen mit Welsch.

Der Jenaer Philosoph Wolfgang Welsch verwendet in seinem Standardwerk „Unsere postmoderne Moderne", das erstmals 1987 erschien, das Wort „Pluralität" als den „Schlüsselbegriff" der Postmoderne[2], näher als den „Fokus", als Brennpunkt, in dem sich „sämtliche als postmodern bekannt gewordene Topoi" zusammenfassen lassen. So sehen dies auch viele andere Philosophen und Soziologen. Peter L. Berger formulierte beispielsweise: „Modernität pluralisiert"[3]. Auch wenn es eine deutliche terminologische Verwirrung im Blick auf die nahe verwandten Begriffe „Pluralität" und „Pluralismus" gibt – die uns noch beschäftigen wird –, handelt es sich bei beiden Stichworten wohl um die verbreitetsten Ausdrücke, mit denen versucht wird, unsere unmittelbare Gegenwart auf den Begriff zu bringen, um zwei umfassende Deutungsbegriffe für die Gegenwart, wie einer meiner früheren Heidelberger Kollegen gesagt hat[4]. In gewisser Weise haben sie den Begriff „Säkularisierung" abgelöst[5]. Interessant nämlich für unsere Frage ist natürlich nicht das diffuse Phänomen von Vielfalt und Unübersichtlichkeit, sondern ihre theoretische Präsentation als *unhintergehbare Vielfalt*. Das betrifft nun nach Welsch *zum einen* die alten großen Erzählungen[6], also die klassischen Weltdeutungen der idealistischen Philosophie, die großen historischen und naturwissenschaftlichen Theorien – an ihre Stelle tritt eine unhintergehbare Vielfalt von Weltanschauungen, historischen und naturwissenschaftlichen Theorien. Aber auch die verschiedenen Lebensentwürfe und Sinnkonzepte von Individuen sind nicht mehr zu synthetisieren. Diese Vielfalt, die nach Welsch wie gesagt in der Architektur ebenso wie in der ganzen Kultur unhintergehbar ist, ist zugleich gerade hinsichtlich ihrer Unhintergehbarkeit umstritten: Einige Philosophen und Theologen versuchen nämlich – sehr zum Mißfallen des Jenaer Philosophen Welsch – doch noch eine letzte Einheit, auf die die ganze Vielfalt bezogen ist, wiederherzustellen oder wünschen es sich jedenfalls. Als Ersatz für eine verlorene Einheit – die man freilich nicht einmal als Verlust empfinden darf, weil man sonst vom Autor „nur" als modern und nicht als „postmodern" bezeichnet wird[7], empfiehlt Welsch in seinem Buch immer wieder den Dialog zwischen den vielen Ansätzen und Positionen, freilich so, daß der „dialogische Charakter nicht in einer definitiven Ganzheitssetzung erstickt wird"[8].

Diese weit verbreitete zeitgenössische Konzeption einer *unhintergehbaren* Pluralität bzw. eines *unhintergehbaren* Pluralismus als geistiger Signatur der Moderne hat natürlich unmittelbare Konsequenzen für die Rede von Gott und die Art und Weise, in der Religion in solchen Konzepten thematisiert wird. Zunächst einmal ergibt sich aus der Leitkategorie einer *unhintergehbaren* Pluralität bzw. eines *unhintergehbaren* Pluralismus, daß in der Theorie wie in der Wirklichkeit gegenwärtiger Gesellschaft verschiedene Gottesbilder und ebenso auch atheistische Konzepte im freien Dialog nebeneinander stehen, ohne von den entsprechenden Theoretikern des Pluralismus auf eine letzte Wahrheit und Einheit zurückgeführt zu werden. Verschiedene Philosophen ziehen aus ihrem Lob des Pluralismus die weitergehende Konsequenz, daß mit dem Zerbrechen der großen alten monistischen Konzepte nun auch der Monotheismus erledigt sei. An die Stelle des Monotheismus soll aus philosophischen Gründen wieder der Polytheismus treten. Am deutlichsten wird dieses Interesse bei dem Gießener Philosophen Odo Marquard, der bereits 1978 einen Text unter dem Titel „Lob des Polytheismus" veröffentlicht hat[9]. Seine grundlegende These zeigt, daß hier ein postmoderner Polemiker für unhintergehbare Vielfalt und gegen eine letzte sinnstiftende Einheit votiert. Sie lautet: „Bekömmlich ist Polymythie, schädlich ist Monomythie"[10]. Es reicht für unseren Zweck der Blick auf die conclusio dieses Beitrages, die uns den Titel gab, nämlich die Behauptung, daß der Monotheismus durch seine – um Marquards Begrifflichkeit aufzugreifen – ‚Liquidierung' von Polytheismus wie Polymythie gefährlich für Individuum wie Gesellschaft sei, weil er Individualisierung verhindere und damit Totalitarismus Vorschub leiste.

An dieser Stelle können wir unsere Tour d'horizon auch abbrechen, ohne die Thesen von Welsch und Marquard im Augenblick ausführlicher zu kommentieren – das soll ansatzweise in einem Schlußabschnitt geschehen: Es ist wohl mehr als deutlich geworden, daß man unter dem Stichwort „Pluralismus" tatsächlich die geistige Signatur unserer Gegenwart beschreiben kann – und das unabhängig davon, ob man diese Vielfalt für letztlich unhintergehbar hält oder an der Reduktion auf eine letzte Einheit festhält. Klar ist aber auch geworden, daß – jedenfalls für Theologen – die Frage, ob und wie jene Vielfalt letztlich auf eine Einheit zurückzuführen ist, das Schlüsselproblem jedes Pluralismus und so auch der theoretischen Reflexion über ihn darstellt. Eben jene Rückführung auf eine letzte Einheit ist aber philosophisch schwierig und ihre Berechtigung unter den gebildeten Zeitgenossen der Gegenwart mehr als umstritten. Soviel zur Gegenwart.

In einem zweiten Abschnitt meines Beitrags möchte ich nun *erstens* zeigen, daß man auch die geistige Signatur der Antike schon mit dem nämlichen Stichwort „Pluralismus" beschreiben konnte und sich auch damals schon Widerstand gegen eine Rückführung der religiösen Vielfalt auf eine letzte Einheit regte. *Zweitens* möchte ich – wenigstens ansatzweise – demonstrieren, daß die antike Gnosis einen Versuch darstellt, christliche Theologie durch entschlossene Pluralisierung zu modernisieren, missionarisch konkurrenzfähig zu machen, aber den schlechterdings entscheidenden Zusammenhang zwischen Pluralität und letzter Einheit nur unbefriedigend entfalten konnte.

2. „Pluralismus" in der kaiserzeitlichen Antike

Ich beginne diesen zweiten Abschnitt mit einer schlichten Beobachtung: Auch die Antike war, wie unsere Gesellschaft heute, durch eine beständig zunehmende Pluralisierung gekennzeichnet. Man kann das an vielen Beispielen deutlich machen, ich greife eines heraus und lenke die Aufmerksamkeit auf die zunehmende Präsenz nichtrömischer Kulte in Italien und Rom, die sich jeweils nicht auf Tempel und Kultstatuen beschränkte, sondern Lebens- und Kleidungsstile betraf, Sitten und Gebräuche in einem ganz umfassenden Sinne. So löste beispielsweise die Einführung des ägyptischen Isis-Kultes in Rom und Italien eine regelrechte Ägyptomania aus – in der Antike verwendete man das griechische Wort αἰγυπτιάζειν, um einen nicht aus Ägypten stammenden Menschen zu bezeichnen, der sich wie ein Ägypter verhielt. Die Einführung des ägyptischen Isis-Kultes begann schon längere Zeit vor Christi Geburt und natürlicherweise in den Hafenstädten, wo die Schiffe aus Ägypten anlegten: Puteoli, Pompeji und Ostia. Die Göttin, die in Ägypten als Gattin des Osiris und Mutter des Horus verehrt wurde, ist in Italien als *regina caeli*, als „Himmelskönigin", als *summa numinum*, „Höchste der Gottheiten", und *prima caelitum*, „Erste der Himmlischen", bezeichnet worden[11]. Bald wurde sie auch mit der alten römischen Göttin Venus in Verbindung gebracht und schließlich als die Vielfalt selbst bezeichnet: *una, quae est omnia*, „die eine, die alles ist"[12] – bereits hier, in einer schlichten Titulatur der Isis-Venus, wird deutlich, daß sich mit der religiösen Pluralisierung schon in der kaiserzeitlichen Antike zugleich auch das Problem der letzten Einheit stellte, auf die die bunte religiöse Vielfalt zurückgeführt werden sollte. Vor der gedanklichen Reduktion auf eine letzte Einheit stand aber die umfassende religiöse Pluralisierung: Neben Tempeln, privaten Heiligtümern und Statuen der Göttin Isis in Häusern und auf Straßen wurden die ägyptischen Obelisken, Dekorationen mit Lotusblumen und die kultische Rassel der Isis, das Sistrum, modern[13]. Nach einer Reihe von Gegenmaßnahmen in der späten Republik und der frühen Kaiserzeit, die uns hier nicht beschäftigen müssen, wurde die neue Pluralität der Kulte, die in Wahrheit natürlich auch zu einer Pluralisierung der Sitten und Gebräuche führte, unter Kaiser Claudius in der Mitte des ersten nachchristlichen Jahrhunderts als *sacrum publicum*, als öffentlicher Kult, anerkannt[14]. Einer der Gründe dafür war, wie man aus antiken Quellen rückschließen kann, die zunehmende öffentliche Plausibilität eines Glaubens an Isis[15]. Für das zweite Jahrhundert kann man direkt von einer religiösen wie kulturellen Ägyptenmode sprechen, selbst in der kaiserlichen Villa des Kaisers Hadrian in

Tivoli bei Rom wurden entsprechende kultische Anlagen, Statuen und ägyptisierende Örtlichkeiten aufgebaut (wobei durchaus unsicher ist, ob man dem Kaiser eine ‚ägyptisierende‘ Frömmigkeit unterstellen darf[16]). In dieser Zeit wurden auch andere sogenannte „orientalische Kulte" in Rom zunehmend heimisch[17]. Ich nenne nur Namen: Isis und Serapis, Cybele und Attis, Adonis und Atargatis, die Baalim bzw. Jupiter von Heliopolis, Damascus und Doliche – und natürlich ist das Christentum in bestimmter Hinsicht auch ein solcher Kult aus dem Osten, der sich in der Hauptstadt des Reiches verbreitet. Man könnte die zunehmende Pluralisierung durch Import östlicher Kultur in das Zentrum des römischen Reiches nun auch – wie einst Franz Cumont – an politischen Institutionen, der Entwicklung des Rechts, der Wissenschaft, Literatur, Sprache und Lebenskultur deutlich machen[18], uns interessiert jetzt mehr, wie die neue Vielfalt – Pluralität – in der Kaiserzeit gedanklich bewältigt wurde. Dabei beschränke ich mich aus naheliegenden Gründen auf die Religion und weite diesen Blick nicht auf das Gesamt der Kultur aus, konzentriere mich sogar noch weiter, nämlich auf die antiken Vorstellung von einem einzigen Gott und vielen anderen Göttern. Ich beginne mit einigen paganen Philosophen und komme dann zu christlichen Theologen.

2.1. Pluralismus in der paganen kaiserzeitlichen Antike

Zunächst einmal gibt eine ganze Anzahl von philosophischen Texten aus der frühen römischen Kaiserzeit, in denen die Vielfalt, also die Pluralität (oder eben der Pluralismus) selbst und seine Rückführung auf eine letzte Einheit zum Thema werden: Ich beschränke mich auf ein einziges *Beispiel*:

Viele platonische Philosophen der Kaiserzeit lehrten, daß an der Spitze ihrer Prinzipienlehre ein einziges oberstes Prinzip stünde, das als oberster Gott bezeichnet wurde, auch wenn neben ihm noch weitere Götter mit spezifischen Aufgaben existierten. Aus der Mitte des zweiten Jahrhunderts ist uns ein Schulhandbuch der platonischen Philosophie erhalten, der Διδασκαλικός des Albinus oder Alcinous. Der Autor, dessen präzise Identifikation aus vielerlei Gründen schwierig bleibt, kennt wie die meisten zeitgenössischen Platoniker *drei* ursprüngliche und letzte Prinzipien, die nicht auf andere zurückgeführt werden können: Zunächst die Materie oder ὕλη, sodann die geistigen Ideen aller Realitäten und schließlich Gott. Dieser oberste Gott ist – wie es im Text mit den klassischen Prädikaten der philosophischen Gotteslehre heißt – „ewig, unaussprechbar, in sich selbst vollkommen, d.h. in keiner Hinsicht irgendeiner Sache bedürftig, vollständig vollkommen, d.h. in jeder Hinsicht vollkommen, Gottheit, Essenz (οὐσιότης), Wahrheit, vollkommene Proportion, das Gute"[19]. Daneben gibt es nun aber „Götter", von denen gesagt wird, daß sie unabhängig von sinnlichen Wahrnehmungen – und damit dezidiert anders als die Menschen – denken, „rein und unvermischt"[20]. Weiter erfahren wir, daß diese ἄλλοι θεοί, diese anderen Götter, dem obersten Gott untergeordnet sind (τεταγμένοι ὑπὸ τούτῳ)[21] und irgendwie von ihm abstammen[22]. Auch wenn hier auf eine Formulierung Platos angespielt wird, in der eine spezifische Ordnung (τάξις) in der Schar der Götter vorausgesetzt wird[23], bleibt im Διδασκαλικός des Albinus/Alcinous reichlich unklar, wie sich die verschiedenen untergeordneten Götter zum einen unhintergehbaren ersten Prinzip, zum obersten Gott, verhalten. An die Stelle von präziser philosophischer Reflexion treten unklare Metaphern. Die Vielfalt der Götter ist in keiner Weise explizit auf eine letzte Einheit hin geordnet – und das ist besonders bemerkenswert, da den „Göttern" unter anderem die Aufgabe zugewiesen wird, die Menschen zu erschaffen. Dafür hat der Autor des Διδασκαλικός an einem anderen Punkt Klarheit geschaffen, nämlich im Blick auf die Ideen.

Er ordnet die Vielfalt der Ideen, also der „ewigen Vorbilder der Realitäten in der Natur"[24], auf
die letzte Einheit seines obersten Prinzips, auf Gott hin: „Im Blick auf Gott betrachtet, ist
aber die Idee sein Denken" (Ἔστι δὲ ἡ ἰδέα ὡς μὲν πρὸς θεὸν νόησις αὐτοῦ)[25]. Die Vielfalt der Ideen wird auf eine letzte Einheit zurückgeführt und als „Gedanken Gottes" eingeordnet – es reicht für unsere Zwecke an dieser Stelle der knappe Hinweis, daß diese systema-
tisierende Lesart der Ideenlehre Platos höchstwahrscheinlich auf einen unmittelbaren Plato-
Schüler zurückgeht und in der kaiserzeitlichen Antike weit verbreitet war – auch der jüdische
Denker Philo von Alexandrien vertritt sie. Zusammenfassend kann man also über den
Διδασκαλικός sagen, daß in unserem mittelplatonischen Schulhandbuch die Rückführung
der religiösen Pluralität von Göttern auf eine letzte Einheit noch nicht vollständig gelungen
ist, wohl aber im Blick auf die Ideen erste Ansätze dazu sichtbar sind. Konsistente Theorien
über den Bezug der Vielfalt der Götter auf die letzte Einheit, auf das göttliche Prinzip des
Einen, des τὸ Ἕν, wird erst die neuplatonische Philosophie ab der Mitte des dritten Jahrhunderts vorlegen. Das hat dann auch unmittelbare Folgen für den Umgang mit der faktischen
Pluralität von Göttern im antiken Polytheismus: Der Neuplatoniker Olympiodor kommen-
tierte in der zweiten Hälfte des sechsten Jahrhunderts den Ausruf „Bei der Hera" in einem
Dialog Platos so: „Denn auch wir wissen, daß der erste Grund aller Dinge ein einziger ist,
nämlich Gott. Daher kann es auch nicht viele erste Gründe geben"[26] und führte mit Hilfe einer
komplizierten Theorie zum Verhältnis von Einheit und Vielheit eine beliebige Göttin aus der
Ordnung der vielen Götter auf den einen einzigen Gott zurück. Aber damals war natürlich
auch längst das Christentum zur Staatsreligion geworden und hatte die pagane Philosophie in
ganz anderer Weise dazu herausgefordert, über die Reduktion von Pluralität auf letzte Einheit
nachzudenken.

Man könnte nun an vielen anderen Beispielen zeigen, wie kaiserzeitliche Denker versuchten, die faktische und stellenweise durchaus verwirrende Pluralität von Götterkulten und
Göttern gedanklich zu bewältigen. Der Eindruck bliebe aber stets derselbe: In den ersten
beiden Jahrhunderten ist der Versuch, diese faktische Pluralität auf eine gedachte Einheit zu
reduzieren, auf eine Einheit, die alle Gottesverehrung trotz ihrer vielfältigen Formen intendiert, viel schwächer ausgeprägt als im dritten und den folgenden Jahrhunderten bis zum
Ende der Antike. Im zweiten Jahrhundert nahm man beispielsweise unter platonischen Philosophen offenbar noch relativ ruhig hin, daß zwischen der faktisch vorhandenen Pluralität der
Götter und der letzten unhintergehbaren Einheit des obersten oder ersten Gottes ein tiefer
theoretischer Hiat klaffte. Erst im weiteren Verlauf der kaiserzeitlichen Antike verbreiteten
sich Konzepte und Gedanken vor allem in der Philosophie, aber auch in bestimmten Kulten,
diese Vielfalt auf eine letzte Einheit hinzuführen[27]. Eine ganz andere Frage ist, wie weit solche Gedankengänge bei den berühmten „einfachen Menschen", also nicht philosophisch
gebildeten Bevölkerungsschichten verbreitet waren, die wir hier vollkommen ausgeblendet
haben. Natürlich könnte man die Frage stellen, wie weit auch diese philosophisch nicht gebildeten Menschen Athena, Hera und Zeus bzw. Minerva, Juno und Jupiter auf eine letzte
göttliche Einheit zurückführten. Aber auf solche Frage ist nur sehr schwer zu antworten, da
kaum Quellen vorliegen. Jedenfalls wird man nicht ausschließen wollen, daß es hier das gab,
was die eingangs erwähnten Philosophen der Gegenwart im Blick auf die Religion heute
forderten: unhintergehbare Vielfalt oder eben irreduzible Pluralität in Gestalt eines harten und
unhintergehbaren (also irreduziblen) Polytheismus.

2.2. Pluralismus im kaiserzeitlichen Christentum

Wie läßt sich nun aber in diese Diskussion das Christentum, die christliche Theologie einzeichnen? Wie verhalten sich christliche Denker des zweiten Jahrhunderts zu den noch etwas unbeholfenen Versuchen der Philosophen, die faktische Vielfalt der Götter und das eine oberste Prinzip des ersten Gottes in Verbindung zu setzen?

Auf den ersten Blick scheint dieses Problem die christliche Theologie gar nicht zu betreffen. Es scheint ja vollkommen klar, daß die Christen an den einen einzigen Gott des Judentums glaubten und – jedenfalls im Blick auf die Gotteslehre – nicht dem allgemeinen antiken Polytheismus als einem mehr oder weniger irreduziblen Pluralismus anhingen. Die einschlägigen biblischen Belege für den strengen Monotheismus sind aus beiden Testamenten der Bibel schließlich schnell zusammengesammelt. Das Problem, wie sich die faktische Pluralität der Götter und das Einheit des obersten Prinzips zueinander verhalten, – so möchte man meinen – stellte sich für die christliche Theologie und Kirche in der römischen Kaiserzeit gar nicht, weil der jüdische Monotheismus ja niemals explizit in Frage gestellt wurde – jedenfalls nicht von christlichen Theologen. Freilich ist es auch hier in Wahrheit nicht so ganz einfach, wie es auf den ersten Blick scheint. Es gab nämlich mittelplatonische Philosophen, die der Ansicht waren, exakt jenes Problem, das wir im Διδασκαλικός des Albinus/Alcinous identifiziert hatten, das ungeklärte Verhältnis zwischen der Pluralität der Götter und der Einheit des obersten Gottes, präge auch die christliche Theologie. Der Mittelplatoniker Celsus, der selbst auch über das Verhältnis der vielen Götter zum einen einzigen Gott nachgedacht hat[28], ging mit seinen Vorwürfen noch ein Stück weiter und schrieb über die Christen:

„Wenn sie (die Christen) nun keinem anderen dienen würden außer dem einen einzigen Gott (sc. wie die Juden), so hätten sie vielleicht den anderen gegenüber eine unangreifbare Lehre; nun aber verehren sie diesen, der erst vor kurzem erschienen ist, ganz übermäßig und glauben trotzdem, sich nicht an Gott zu vergehen, wenn auch sein Diener verehrt werden würde".[29]

Der Mittelplatoniker Celsus warf also den Christen vor, mit ihrem Bekenntnis zur Gottheit Jesu Christi vom Monotheismus des Judentums abzufallen und eine unhintergehbare Vielheit von Göttern, eine irreduzible Pluralität zu eröffnen – schließlich repräsentierte die Zwei im kaiserzeitlichen Platonismus als ἀόριστος δυάς, als „unbegrenzte Zweiheit", die Vielheit. Wer also im Blick auf das oberste Prinzip anstelle der letzten Einheit eines einzigen ersten Gottes die unhintergehbare Zweiheit eines ersten Gottes und eines weiteren Gottes lehrte (wie die Christen in der Perspektive des Celsus), der unterschritt das zeitgenössische religionsphilosophische Reflexionsniveau beträchtlich, der etablierte einen törichten Kult auf törichten religionsphilosophischen Grundvoraussetzungen. Wir hatten am Beispiel des Διδασκαλικός, des mittelplatonischen Handbuches des Philosophen Albinus/Alcinous gesehen, daß diesem Denker die Rückführung der faktischen Pluralität des Göttlichen auf den obersten Gott nur sehr unvollkommen gelungen war. In der Perspektive des Celsus waren die Christen schon deswegen intellektuell überhaupt nicht satisfaktionsfähig, weil sie einen solchen Versuch der Rückführung nicht unternahmen, ja nicht einmal thetisch die letzte Einheit des Göttlichen so behaupteten, wie Albinus/Alcinous dies behauptet hatte.

Nun wissen wir, daß diese Perspektive des Celsus auf die zeitgenössische christliche Theologie des zweiten Jahrhunderts jedenfalls im Lichte unserer heutigen Textkenntnisse reichlich polemisch genannt werden muß. Im Gegenteil: Wie der mittelplatonische Philosoph Albinus/Alcinous und wie übrigens auch Celsus versuchten christliche Denker dieser Zeit, die faktische Pluralität eines Bekenntnisses zum einen Gott und zu seinem Sohn Jesus Christus gedanklich mit aller Energie auf eine letzte Einheit, auf das jüdische Bekenntnis zum εἷς θεός zurückzuführen. Es wäre nun leicht möglich, die ganze Geschichte der frühen christlichen Theologie in der römischen Kaiserzeit unter dieser Überschrift als einen Beitrag zum Problem einer letzten unhintergehbaren Einheit im Gottesgedanken zu entwickeln – aber dieses umfassende Projekt kann hier natürlich weder durchgeführt noch begonnen werden. Ich möchte vielmehr zeigen, daß die frühen christlichen Gnostiker exakt an diesem theoretischen Problem aller antiken Gotteslehre ansetzen, dazu ihren spezifischen Beitrag leisten und ihre ganze Bewegung im Lichte dieses Problems besser eingeordnet werden kann.

2.3. Pluralismus in der christlichen Gnosis der Kaiserzeit

Wir beginnen auch diesen Abschnitt wieder mit einem charakteristischen Beispiel für die christliche Gnosis. Der im gallischen Lyon wirkende Bischof Irenaeus überliefert in seinem fünfbändigen Werk „Gegen die Häresien", das er zu Beginn der achtziger Jahre des zweiten Jahrhunderts schrieb, einen nur mäßig bearbeiteten Originaltext der christlichen Gnosis[30]. Er schreibt ihn Schülern des stadtrömischen Theologen Ptolemaeus zu, so daß man den Originaltext, den Irenaeus zitiert und stellenweise bitter polemisch kommentiert, vorsichtig in das letzte Drittel des zweiten Jahrhunderts datieren darf[31]. In der Forschung ist es üblich geworden, diesen Text mit François Sagnard den „großen Systembericht" zu nennen, warum er nicht Ptolemaeus selbst, sondern seinen Schülern zuzuschreiben ist, habe ich anderswo ausführlicher begründet[32]. Der Text beschreibt, eingekleidet in die Form eines philosophischen Kunstmythos und also nach den Gesetzen mythologischer Rede, was diese Gruppe christlicher Theologen über die oberste Prinzipien lehrt. Präziser formuliert: Er beschreibt, wie das oberste Prinzip des einen ersten Gottes und die beiden nachgeordneten Prinzipien der geistigen Formen aller irdischen Realitäten, die Ideen, und die Materie – also die drei obersten Prinzipien der zeitgenössischen paganen Philosophie – untereinander zusammenhängen. Er tut dies nicht in der abstrakten Sprache eines theoretischen Handbuches wie der vorhin erwähnte Διδασκαλικός des Albinus/Alcinous, sondern in Form einer Geschichte von Geburt, Familienleben, Familientragödie und Familienzusammenführung. Wenn man diesen philosophischen Kunstmythos richtig interpretieren will, muß man sich klarmachen, daß alle diese Details – alles mythologische Reden von Personen und ihren Handlungen – zur mythologischen Einkleidung der philosophischen Lehre gehört, aber nicht zu dieser selbst[33]. Natürlich gibt es bei den obersten Prinzipien, wie wir bei Albinus/Alcinous gehört haben, weder Zeit noch Raum, entsprechend keine sinnliche Wahrnehmung, sondern nur zeitlose, abstrakte geistige Wirklichkeit. Natürlich reden diese christlichen Theologen nicht von Ideen – bis weit ins vierte Jahrhundert vermeiden selbst die christlichen Theologen, die sich dem Platonismus ganz weit öffnen, diesen Terminus[34]. Im Text des Irenaeus heißen die geistigen Realitäten, die allem irdischen und natürlichen Sein die Form geben, Äonen, „Ewigkeiten" – sie werden also mit einem biblisch belegten und für ihre Seinsweise charakteristischen Attribut bezeichnet. Daß diese Ewigkeiten oder Äonen im System der Schüler des Ptolemaeus die Stelle der Ideen vertreten, hat schon vor vielen Jahren der Tübinger Philologe und Philosoph Hans Krämer gesehen; daß auch hier diese geistigen Realitäten die Gedanken Gottes bilden, wird beispielsweise daran deutlich, daß sie im Text als τὸ πνευματικὸν πλήρωμα bezeichnet sind, als die geistige Fülle des vollkommenen obersten Gottes. Der christlich-gnostische

Text, den Irenaeus von den Schülern des Ptolemaeus überliefert, erzählt vom Zusammenhang der obersten Prinzipien nicht nur deswegen in einem Kunstmythos, weil diese spezifische Redeform über das an und für sich unaussprechliche oberste Prinzip schon Plato empfohlen hat. Diese Redeform dient in unserem Systementwurf auch noch dazu, zu den Schöpfungserzählungen der Bibel eine literarisch verwandte Vorgeschichte zu erzählen und diese kunstvoll gebaute Vorgeschichte über eine große Anzahl von Stichwortverknüpfungen an die biblischen Geschichten, insbesondere an den Beginn des Johannesevangeliums zu binden. Natürlich dachte kein christlicher Gnostiker, es gäbe in Raum und Zeit Figuren oder Personen namens Ἀρχή, Μονογενής oder Ἀλήθεια, vielmehr brachte man auf diese Weise zum Ausdruck, daß der eine Gott, Uranfang allen Seins, zugleich auch als die Wahrheit angesprochen werden konnte und diese geistige Realität Ursprung aller Wahrheit auf Erden war. Ich brauche an dieser Stelle nur ganz kurz anzudeuten, daß natürlich eine solche mythologische Erzählung einer Theorie, in der die faktische Pluralität im Göttlichen so prominent thematisiert war, für alle die paganen Gebildeten und Halbgebildeten höchst attraktiv war, weil sie der allgemeinen pluralen Signatur der kaiserzeitlichen religiösen Kultur in starkem Maße entsprach.

Inwiefern stellt dieses System aber nun einen Beitrag zur Lösung des schon mehrfach angesprochenen Problems dar, wie sich der eine oberste Gott und das christliche Bekenntnis zur Gottheit Jesu Christi verhalten? Er stellt insofern einen Beitrag dar, als er zeigt, daß die eine irdische Figur des Jesus von Nazareth über ein komplexes System von Entwicklungen mit dem obersten Gott verbunden ist. Immer wieder werden die „Ewigkeiten", die Äonen, die geistigen Realitäten aller irdischen Wirklichkeit mit Bezeichnungen versehen, die im Neuen Testament und besonders im Johannesevangelium für Christus vorbehalten sind: ἀρχή, μονογενής und ἀλήθεια, aber auch „Logos" und „Mensch", „Paraklet" und „Weisheit". Auf diese Weise wird deutlich, daß der irdische Jesus in irgendeiner Weise mit dem obersten Gott zusammenhängt, die Dualität des christlichen Bekenntnisses zu dem einen einzigen Gott und zu Jesus Christus als Gott auf die Realität eines einzigen obersten Prinzips reduziert werden kann.

Wenn man sich nun das ganze System dieser christlichen Gnostiker des zweiten Jahrhunderts vorführt, muß man auch hier – wie wir dies für den Διδασκαλικός des Albinus/Alcinous beobachtet hatten – konstatieren, daß die Rückführung der faktischen Pluralität göttlicher Entitäten unterschiedlich gut gelungen ist. Wie genau die verschiedenen Christusgestalten mit dem einen obersten Gott zusammenhängen, bleibt in den uns überlieferten Kunstmythen der christlichen Gnosis eher unklar (leider haben wir aber auch keine theoretischen Handbücher erhalten). Besser versteht man, wie die „Ewigkeiten", die geistigen Formen aller irdischen Wirklichkeiten, mit dem obersten Prinzip zusammenhängen: Sie sind seine Gedanken und entstehen wie im Neuplatonismus durch Emanation, also einen geistigen Vorgang des Heraustretens. Man wird auch den Eindruck nicht ganz los, daß der Versuch, diese Zusammenhänge als Kunstmythos, als Geschichte zu erzählen und möglichst viele biblische Begriffe zu integrieren, der Konsistenz und Klarheit der Theorie nicht eben gut getan hat: Die mythologischen Figuren entfalten ein Eigenleben, repräsentieren also Pluralität, die nur sehr mühsam und schwer gedanklich wieder auf die Einheit des obersten Prinzips zurückgeführt werden kann.

Freilich war dieses Problem, das christliche Gegner der Gnosis wie Irenaeus mit großer Schärfe ansprechen, auch den christlichen Gnostikern bewußt. Irenaeus überliefert ein eindrückliches Zeugnis für die Tatsache, daß das Problem christlichen Gnostikern bewußt war und sie darauf zu reagieren versuchten. Irenaeus faßt in seinem erwähnten Werk „Gegen die

Häresien" die Lehren eines „berühmten Lehrers" (ἐπιφανὴς διδάσκαλος) der christlichen
Gnosis zusammen – leider kennen wir seinen wirklichen Namen nicht und es würde jetzt
auch zu weit führen, die verschiedenen Identifikationsversuche aus der Sekundärliteratur zu
diskutieren[35]. Für uns wichtiger ist, wie der „berühmte Lehrer" durch bestimmte terminologische Weichenstellungen deutlicher zu machen versucht, daß die christliche Gnosis einen
Beitrag zu der Rückführung faktischer Pluralität im Göttlichen auf die Einheit des einen
einzigen Gottes zu leisten versucht: Der „berühmte Lehrer", von dem ich spreche, nennt den
obersten Gott „Einheit" oder „Einzigkeit" (μονότης). Wenn dann aber mit der „Einheit"
nochmals eine „Einheit" (ἑνότης) existiert, und diese gemeinsam als Anfang von allem wieder eine „Einheit" (μονάς) hervorbringen[36], dann wird durch die Sprachspielerei mit den
verschiedenen griechischen Begriffen für „Einheit" deutlich, daß in diesem System kein
polytheistischer „Götterschwarm"[37] verkündigt wird. Vielmehr ist ein striktes Bekenntnis zur
Einheit Gottes die Voraussetzung aller Theorien über die Entfaltung des Göttlichen. Freilich
ist auch in dieser Spielart der christlichen Gnosis Vielfalt und Einheit, Pluralität und Monismus, in einer wenig überzeugenden Weise synthetisiert. Wie exakt μονότης, „Einheit" oder
„Einzigkeit", ἑνότης und die μονάς zusammenhängen, wie die Vielfalt aus der Einheit hervorgeht, wird auch in dieser Spielart christlich-gnostischer Theologie nur im Modus der
Behauptung von Einheit gesagt, aber nie expliziert[38]. Die referierten systematischen Probleme
scheinen mir aber der Hauptgrund dafür, daß sich diese Form christlicher Theologie in der
Kirche nicht durchsetzen konnte, sondern durch die reflektierteren und ambitionierteren
Versuche eines Clemens oder Origenes abgelöst und verdrängt wurde, schließlich auch my-
thologisch verwilderte und dadurch weiter an Attraktivität verlor.

Man könnte nun ausführlich zeigen, daß die ganze Geschichte der Gotteslehre im folgenden dritten und vierten Jahrhundert als ein Versuch begriffen werden kann, es besser als
diese gnostischen Theologen zu machen. Allein, wir konzentrieren uns auf das Endergebnis
und versuchen zu dokumentieren, inwiefern hier das Problem des Verhältnisses von Einheit
und Vielheit in der Gotteslehre besser gelöst wurde als bei den gnostischen Theologen des
zweiten Jahrhunderts. Im Jahre 381 verabschiedete eine Nachsynode von Teilnehmern des
zweiten großen und allgemein akzeptierten Reichskonzils, das in der Hauptstadt Konstantinopel tagte, ein Synodalbekenntnis, in dem die rechtgläubige christliche Trinitätstheologie
nochmals normiert wurde[39]. Dabei bekannte man sich einerseits zur Einheit Gottes
(πιστεύειν εἰς τὸ ὄνομα τοῦ πατρὸς καὶ τοῦ υἱοῦ καὶ τοῦ ἁγίου πνεύματος, δηλαδὴ
θεότητος καὶ δυνάμεως καὶ οὐσίας μιᾶς ... πιστευομένης) und andererseits zur Pluralität
von drei Existenzweisen oder Personen Gottes (... ἐν τρισὶ τελειοτάτοις ὑποστάσεσιν,
ἤγουν τρισὶ τελείοις προσώποις) und hielt fest, daß man weder diese drei Besonderheiten
von Vater und Sohn „zusammenschütten" wolle und dadurch ihre Besonderheiten aufheben
wolle, noch den einen Gott in drei Wesen, Kräfte oder Substanzen „auseinanderschneiden"
wolle[40]. Diese Lösung unterscheidet sich von der vorhergehenden gnostischen Lösung dadurch, daß man nicht mehr die ganze Pluralität der antiken Götterlehre integrieren wollte: Es
sind nicht hundert göttliche Wesen integriert, sondern lediglich die drei Personen Vater, Sohn
und Heiliger Geist. Außerdem werden zwei in der zeitgenössischen Philosophie verwendete
Begriffe genommen und mit der Bedeutung „Substanz" bzw. „Existenzweise" differenziert,
wobei letzterer Begriff noch durch den Ausdruck „Person" präzisiert wird. Es liegt hier also
eine äußerst gebremste Rezeption des antiken Pluralismus vor, schon gar keine Rezeption
einer unhintergehbaren Vielheit, eines irreduziblen Pluralismus.

In einem letzten Abschnitt sollen nun noch ganz knapp einige Konsequenzen aus diesen wenigen, beispielhaften Beobachtungen zum christlichen Umgang mit antiken religiösen Pluralismus bzw. seiner theoretischen Reflexion gezogen werden.

3. Christentum und Pluralismus – einige abschließende Beobachtungen

Das Christentum hat, wie das Beispiel des Scheiterns der christlichen Gnosis zeigt, den antiken Pluralismus nur sehr zögerlich rezipiert, wer anders handelte – wir hatten als Beispiel die gnostischen Theologen studiert – wurde kritisiert und entstellte den aus dem Neuen Testament überkommenen Rahmen einer christlichen Theologie: An hundert göttliche Instanzen war im Neuen Testament gewiß noch nicht gedacht. Man kann sich dies auch noch einmal klarmachen, wenn man ein weiteres Mal die These des Neutestamentlers Ernst Käsemann vornimmt, wonach der neutestamentliche Kanon in seiner Vielfalt auch auf eine Vielfalt von Christentümern und Konfessionen führen würde. Käsemann geht, wie es der Titel sagt, von Beobachtungen zum Kanon des Neuen Testamentes aus: Natürlich gibt es eine Vielfalt von vier Evangelien und keine Einheit von einem einzigen Evangelium, natürlich gibt es in den Schriften des Neuen Testamentes dazu eine Vielfalt theologischer Perspektiven auf das Christusgeschehen. Auch die „erhaltene Jesus-Überlieferung läßt sich nicht auf einen Nenner bringen"[41], im Gegenteil: Wir bemerken bei sorgfältiger Lektüre des Neuen Testamentes, daß „Lehrgegensätze hart aufeinander prallen"[42]. Allerdings wird bei Käsemann trotz dieser richtigen Beobachtungen viel zu wenig deutlich, daß die angeblich so verschiedenen neutestamentlichen Traditionen – die Käsemann ein wenig wie unversöhnliche theologische Schulgegensätze der Neuzeit präsentiert – ein starkes Bewußtsein von der Einheit der christlichen Gemeinden untereinander, ja der Christen überhaupt untereinander und mit Christus selbst repräsentieren[43]. So gibt es hier Vielfalt, aber eben keine unhintergehbare Vielfalt, sondern die in dem einen Kanon des Neuen Testamentes als einer Einheit biblischer Bücher geordnete Vielfalt. Eine solche auf Einheit hin transparente Vielfalt sollte auch die christliche Kirche widerspiegeln – wobei ich als evangelischer Kirchenhistoriker gern zugestehe, daß mir gegenwärtig noch nicht recht deutlich ist, wie dieses Prinzip zwischen den beiden großen christlichen Konfessionen in Deutschland organisatorisch umgesetzt werden kann.

Außerdem dürfte deutlich sein, daß man bei der Diskussion der gegenwärtigen – früher postmodern genannten – Thesen über den Pluralismus als christliche Theologie (gleich welcher Konfession) außerordentlich vorsichtig sein muß. Das gilt zunächst einmal in terminologischer Hinsicht. Es ist wenig geholfen, wenn das Christentum (wie gegenwärtig von einigen klugen evangelischen Systematikern) als „Pluralismus aus Glauben" bezeichnet wird und – beispielsweise mit Bezug auf die eben zitierten Bemerkungen Käsemanns zur von Anfang an bestehenden Vielgestaltigkeit des Christentums auf die „Vielfalt der Glaubensgestalten" abgehoben wird[44]. Denn im Unterschied zu den eingangs referierten postmodernen Theorien von Pluralismus eines Wolfgang Welsch oder Odo Marquard wird ja ein christlicher Theologe kaum behaupten können, daß es sich um einen unhintergehbaren Pluralismus handelt, der nicht durch eine letzte Einheit gerahmt wäre. Und würde das behauptet, käme letztendlich ja wieder das Programm „Atheismus im Christentum" zu Ehren. Man muß vielmehr deutlicher sagen, als dies gegenwärtig gesagt wird: Das Christentum ist nur in einem begrenzten Grade pluralismusfähig[45] und das schon deswegen, weil der christliche Glaube ein umfassendes Wirklichkeitsverständnis einschließt, das mindestens letztlich auf eine Einheit hin tendiert[46]. Man könnte sich das leicht klarmachen, wenn man fragt, ob letztendlich in einer christlichen

Theologie eine unhintergehbare Pluralität von Wahrheiten denkbar sei – und diese Frage natürlich sofort verneinen muß[47]. Ob die Wahrheitsansprüche auf diese letztendliche Einheit der Wahrheit „stets nur in der Form persönlicher und insofern partikularer und pluraler Glaubensgewißheit" artikuliert werden können[48], ist dabei nicht besonders wichtig, denn mit dieser Beobachtung wird nicht der Nerv der Debatte um einen unhintergehbaren Pluralismus getroffen. Es scheint mir da doch ein wenig ehrlicher, wenn christliche Theologen auf der letztendlichen Einheit nicht nur im Bereich ihrer spezifischen religiösen Überzeugungen bestehen, sondern deren Bedeutung auch für die ganze Gesellschaft verständlich zu machen versuchen. Das könnte geschehen, indem zum Beispiel – wie jüngst durch Kardinal Lehmann – die Frage gestellt wird, ob „die Gewährleistung der Freiheit des Einzelnen auf die Dauer für den Staat möglich" bleibt, „ohne dass es ein einigendes Band gibt"?[49] Bei ihm fand ich auch die glückliche Formulierung einer „Dialektik von Pluralität und Einheit"[50]. In der Tat: Diese gilt es zu bewahren. Damit blieben wir auch bei den Anfängen des Christentums.

---

[1] Der Text des Vortrages wurde nicht nur im Rahmen der Ringvorlesung, sondern auch im Rahmen eines „Theologischen Abends" im Evangelischen Stift in Tübingen am 3. Juni 2002 vorgetragen. Für die Veröffentlichung wurde er um Fußnoten ergänzt.

[2] Welsch, Wolfgang: Unsere postmoderne Moderne (Acta humaniora), Weinheim 1987, XVII.

[3] Berger, Peter L.: Der Zwang zur Häresie. Religion in der pluralistischen Gesellschaft, Frankfurt 1980, 28.

[4] Schwöbel, Christoph: Art. Pluralismus II. Systematisch-theologisch, in: TRE XXVI (1996), (724-739) 724. 731; ders.: Religiöser Pluralismus als Signatur unserer Lebenswelt, in: Marquardt, Manfred (Hg.): Theologie in skeptischer Zeit (TSB 8), Stuttgart 1997, 40-66.

[5] So Schwöbel, Christoph: Die Wahrheit des Glaubens im religiös-weltanschaulichen Pluralismus, in: Kühn, Ulrich/Markert, Michael/Petzoldt, Matthias (Hgg.): Christlicher Wahrheitsanspruch zwischen Fundamentalismus und Pluralität. Texte der Theologischen Tage 1996, Leipzig 1998, (87-118) 90; Herms, Eilert: Pluralismus aus Prinzip, in: Bookhagen, Rainer u.a. (Hgg.): Vor Ort. Praktische Theologie in der Erprobung. FS zum 60. Geburtstag von Peter C. Bloth, Nürnberg 1991, 95-124.

[6] Vgl. bei Welsch: Unsere postmoderne Moderne (wie Anm. 2), 172 das Zitat aus Lyotard, Jean-François: Das postmoderne Wissen. Engelmann, Peter (Hg.): Ein Bericht (Edition Passagen 7), Wien [4]1999, 7-14: „In äußerster Vereinfachung kann man sagen: ‚Postmoderne' bedeute, daß man den Meta-Erzählungen keinen Glauben mehr schenkt". Eine theologische Auseinandersetzung mit dem französischen Philosophen versucht: Track, Joachim: Theologie am Ende – am Ende Theologie? Ein Gespräch mit Jean-François Lyotard, in: Luibl, Hans Jürgen (Hg.): Spurensuche im Grenzland. Postmoderne Theorien und protestantische Theologie (Passagen Philosophie), Wien 1996, 15-64.

[7] Welsch: Unsere postmoderne Moderne (wie Anm. 2), 176.

[8] Ebd., 126.

[9] Marquardt, Odo: Abschied vom Prinzipiellen. Philosophische Studien (RUB 7724), Stuttgart 2000 (= 1981), 91-116.

[10] Marquardt, Odo: Lob des Polytheismus, in: ders.: Abschied vom Prinzipiellen (wie Anm. 9), 98; zur Einordnung in die Postmoderne-Debatte vgl. Welsch: Unsere postmoderne Moderne (wie Anm. 2), 80-81.

[11] Es handelt sich um Titel, die Apul.: met. XI 2 und 5 belegt, aber nicht die griechischen Isis-Aretalogien, vgl. die instruktive Gegenüberstellung bei Takács, Sarolta A.: Art. Isis II. Griechenland und Rom, in: DNP V (1998), (1125-1132) 1127-1128.

[12] CIL VI 355 = Dessau, ILS II/1, Berlin 1955, nr. 4362, p. 177: *te tibi una quae es omnia, dea Isis, Arrius Balbinus*. Offenbar handelt es sich hier *nicht* um eine Tempel- sondern um eine Privatinschrift.

[13] Roullet, Anne: The Egyptian and Egyptianizing Monuments of Imperial Rome (EPRO 20), Leiden 1972; Arslan, Ermanno A. (Hg.): Iside. Il mito, il mistero, la magia, Mailand 1997.

[14] Vgl. die kurzgefaßte Darstellung bei Takács: Art. Isis II (wie Anm. 11), 1125-1132 und für die staatsrechtliche Anerkennung Barrett, Anthony A.: Caligula. The Coruption of Power, London/New Haven 1989, 220-221.

[15] Vgl. Cassius Dio XL 47,4 (Boissevain, Ursulus Ph. [Hg.]: Cassii Dionis Cocceiani: Historiarum Romanorum quae supersunt. Vol. 1, Berlin ²1955, 529,6-8): „Man glaubte nämlich in der Tat lange Zeit nicht an diese Götter, und selbst als sich ihre öffentliche Verehrung endlich durchgesetzt hatte, erhielten sie nur außerhalb des Pomeriums einen Platz, sich niederzulassen; οὐ γὰρ δὴ θεοὺς τούτους ἐπὶ πολὺ ἐνόμισαν, καὶ ὅτε γε καὶ ἐξενίκησεν ὥστε καὶ δημωσίᾳ αὐτοὺς σέβεσθαι, ἔξω τοῦ πωμηρίου σφᾶς ἱδρύσαντο.

[16] Kritisch: Adembri, Benedetta: Iside a Tivoli, in: Iside (wie Anm. 13), 326-331.

[17] Cumont, Franz: Die orientalischen Religionen im römischen Heidentum. Nach der vierten französischen Auflage unter Zugrundelegung der Übersetzung Gehrichs bearb. v. August Burckhardt-Brandenberg, Darmstadt ⁹1989 (= Leipzig ³1931).

[18] Ebd., 2-10.

[19] Albinus/Alcinous: did. 10,3 (CUFr 164,31-34 Whittaker/Louis).

[20] Albinus/Alcinous: did. 10,1 (CUFr 164,18 Whittaker/Louis).

[21] Albinus/Alcinous: did. 7,1 (CUFr 161,6 Whittaker/Louis).

[22] Albinus/Alcinous: did. 16,1 (CUFr 171,41 Whittaker/Louis): … τοῖς ἐκγόνοις θεοῖς.

[23] Plat.: Phaedr. 247 a.

[24] Albinus/Alcinous: did. 9,1 (CUFr 163,23-24 Whittaker/Louis) = Xenokrates: frgm. 30 (Heinze).

[25] Albinus/Alcinous: did. 9,1 (CUFr 163,14-15 Whittaker/Louis).

[26] Olymp.: in Plat. Georg. 4,3 (BiTeu 32,16-17 Westerink): καὶ γὰρ ἴσμεν καὶ ἡμεῖς ἕν τὸ πρῶτον αἴτιον τὸν θεόν, οὐδὲ γὰρ πολλὰ πρῶτα.

[27] West, Martin L.: Towards Monotheism, in: Athanassiadi, Polymnia/Frede, Michael (Hgg.): Pagan Monotheism in Late Antiquity, Oxford 1999, 21-40.

[28] Celsus war der Ansicht, im Kern würden alle Völker einen einzigen Gott verehren, freilich unter verschiedenen Namen (Or.: Cels. V 41 [GCS Origenes II, 45,2-13 Koetschau]).

[29] Or.: Cels. VIII 12 (GCS Origenes II, 229,10-15 Koetschau).

[30] Iren.: haer. I 1,1-8,5 (SC 264, 28,74-137,973 Rousseau/Doutreleau).

[31] Markschies, Christoph: New Research on Ptolemaeus Gnosticus, in: ZAC 4 (2000), 225-254, bes. 225-230.

[32] Markschies: New Research (wie Anm. 31), 225-230.

[33] Markschies, Christoph: Die Krise einer philosophischen Bibel-Theologie in der Alten Kirche, oder: Valentin und die valentinianische Gnosis zwischen philosophischer Bibelinterpretation und mythologischer Häresie, in: Markschies, Christoph/Böhlig, Alexander: Gnosis und

Manichäismus. Forschungen und Studien zu Valentin und Mani sowie zu den Bibliotheken von Nag Hammadi und Medinet Madi (BZNW 72), Berlin/New York 1994, 1-37.

[34] Baltes, Matthias: Art. Ideen (Ideenlehre), in: RAC XVII (1996), (213-246) 238f.

[35] Zur Identifikation des „berühmten Lehrers" vgl. den Kommentar bei Rousseau/Doutreleau, in SC 263, Paris 1979, 232 und Förster, Niclas: Marcus Magus. Kult, Lehre und Gemeindeleben einer valentinianischen Gnostikergruppe. Sammlung der Quellen und Kommentar (WUNT 114), Tübingen 1999, 14-15. Ausführlich kommentiert ist unsere Passage ebd., 295-312. Harnack, Adolf: Zur Quellenkritik der Geschichte des Gnosticismus, Leipzig 1873, 62-63 votierte für Herakleon.

[36] Iren.: haer. I 11,3 (SC 264, 172,44-174,56 Rousseau/Doutreleau); vgl. Epiph.: haer. 32,5,4-6 (GCS Epiphanius I, 445,6-15 Holl).

[37] Tert.: Prax. I 5,1 (CChr.SL 1, 446,13-16 Kroymann); vgl. dazu Markschies, Christoph: Valentinus Gnosticus? Untersuchungen zur valentinianischen Gnosis mit einem Kommentar zu den Fragmenten Valentins (WUNT I 65), Tübingen 1992, 385.

[38] Dazu Markschies, Christoph: Die valentinianische Gnosis und Marcion – einige neue Perspektiven, in: May, Gerhard/Greschat, Katharina/Meiser, Martin (Hgg.): Marcion und seine kirchengeschichtliche Wirkung. Marcion and His Impact on Church History. Vorträge der Internationalen Fachkonferenz zu Marcion, gehalten vom 15.-18. August 2001 in Mainz (TU 150), Berlin/New York 2002, 159-175.

[39] Thdt.: h.e. V 9,11-12 (GCS Theodoret, 292,11-293,3 Parmentier/Hansen); vgl. Abramowski, Luise: Was hat das Nicaeno-Constantinopolitanum (C) mit dem Konzil von Konstantinopel 381 zu tun?, in: ThPh 67 (1992), (481-513) 481-482.

[40] Zur Interpretation des Textes auch: Markschies, Christoph: Gibt es eine einheitliche „kappadozische Triniätstheologie"?, in: ders., Alta Trinità Beata. Gesammelte Studien zur altkirchlichen Trinitätstheologie, Tübingen 2000, (196-237) 227f.

[41] Käsemann, Ernst: Begründet der neutestamentliche Kanon die Einheit der Kirche?, in: Ders.: Exegetische Versuche und Besinnungen. Erster Band, Göttingen 1960, (214-223) 217 (zuerst in: EvTheol 11 (1951/1952), 13-21).

[42] Ebd., 220.

[43] Ähnlich Schwöbel, Christoph: Das Wesen des Christentums in der Vielfalt seiner Konfessionen, in: Härle, Wilfried/Schmidt, Heinz/Welker, Michael (Hgg.): Das ist christlich. Nachdenken über das Wesen des Christentums, Gütersloh 2000, (201-218) 211.

[44] Schwöbel: Die Wahrheit des Glaubens (wie Anm. 5), 98; deutlicher ders.: Gnadenlose Postmoderne? Ein theologischer Essay, in: Roth, Michael/Horstmann, Kai (Hgg.): Glauben – Lieben – Hoffen. Theologische Einsichten und Aufgaben. Festgabe für Konrad Stock zum 60. Geburtstag (Arbeiten zur historischen und systematischen Theologie 6), Münster 2001, (134-155) 149.

[45] Anders Schwöbel: Die Wahrheit des Glaubens (wie Anm. 5), 99. Auf den „prinzipiellen Pluralismus" der Moderne will sich bei der Bestimmung des Wesens des Christentums einlassen Korsch, Dietrich: Die Einheit des Glaubens und die Vielfalt des Christentums, in: Mehlhausen, Joachim (Hg.): Pluralismus und Identität (VWGTh 8), Gütersloh 1995, (453-467) 463. Aber schon der Titel zeigt, daß er natürlich seinen Pluralismus im Rahmen einer letztendlichen Einheit verankert, also nicht unhintergehbar sein läßt.

[46] Zur Verbindung zwischen unbedingtem existenzbestimmenden Vertrauen auf Gott und dem umfassenden Wirklichkeitsverständnis des christlichen Glaubens schön Schwöbel: Die Wahrheit des Glaubens (wie Anm. 5), 103.

[47] So auch ebd., 105.
[48] Ebd., 106.
[49] Lehmann, Karl Kardinal: Die Zeit in Gedanken erfaßt. Ambivalenzen und Perspektiven. Vortrag bei der Zukunftsinitiative Mainz in der Johannes Gutenberg-Universität Mainz am 3. Juli 2001 (derzeit im Internet veröffentlicht unter http://www.kath.de/bistum/mainz/bischof/-Lehmann/zeit_in_gedanken.htm).
[50] Ebd.

EBERHARD SCHOCKENHOFF

Origenes und Plotin – zwei unterschiedliche Denkwege am Ausgang der Antike

Zu der Zeit, als in der biblischen Exegese die religionsgeschichtliche Methode hoch im Kurs stand, ging auch die Origenesdeutung den Weg des motivgeschichtlichen und semantischen Einzelvergleichs. Sie förderte dabei erdrückendes Beweismaterial für die These zutage, daß Origenes stärker als von den biblischen Anstößen, die sein Denken empfangen hat, durch die Verwandtschaft mit der griechischen Philosophie geprägt ist. Kontrovers blieb allenfalls die Frage, welcher Einfluß höher zu veranschlagen ist – das Nachwirken der platonischen Schultradition, die man heute im Sammelbecken des Mittelplatonismus zusammenfaßt, oder die zeitgenössische Erneuerung des platonischen Erbes durch den Neuplatonismus Plotins.[1]

Die jüngere Origenes-Forschung zeichnet dagegen ein anderes Bild, indem sie vor allem den Exegeten und Bibelleser Origenes lebendig werden lässt. Ein dritter Weg, der beide Forschungsansätze verbindet, soll in diesem Porträt skizziert werden. Es zeigt einen Origenes, der in dem Beziehungsfeld von Platonismus, Gnosis und Christentum zu einem eigenen denkerischen Profil findet, indem er seinem christlichen Glauben mit Hilfe der philosophischen und metaphorischen Sprachformen seiner Zeit eine eigenständige Reflexionsgestalt gibt.

1. Die unterschiedliche Gnosis-Kritk bei Plotin und Origenes

Die Skepsis gegenüber den suggestiven Antworten der gnostischen Systeme, mit denen diese der Daseinsangst des antiken Menschen begegnen, gehört zur Zeit Plotins zum denkerischen Grundgestus eines Philosophen, der sich seines eigenen Ranges und seiner Ernsthaftigkeit bewußt ist. In der Radikalität und Kompromißlosigkeit, mit der Origenes und Plotin sich der gnostischen Bewegung entgegenstellen, lassen sie sich voneinander nicht übertreffen. Dennoch liegt dem Einspruch Plotins, in dem sich die erneuerte Tradition des Platonismus gegen eine Renaissance des Mythos zur Wehr setzt, ein anderes Motiv zugrunde, als es die Kritik bestimmt, die Origenes im Namen seines christlichen Freiheitsbewußtseins erhebt. Die Einwände Plotins, die Porphyrius zu einer kleinen Schrift „Gegen die Gnostiker" zusammenstellte, lassen sich in vier Argumentationsgängen zusammenfassen, in denen er seinen gnostischen Gegnern antwortet.

Der *erste* bezieht sich auf die valentinianische Emanationenlehre und stellt deren mythologischen Spekulationen um die Abfolge der Äonenpaare (und die himmlischen Szygien) die plotinische Metaphysik der drei Urprinzipien gegenüber. Sie erklärt das Leben der oberen Welt durch eine notwendige und vollständige Stufenfolge, in der alles geordnet auseinander hervorgeht.[2] Das *Eine*, der *Geist* und die *Seele* sind die einzigen metaphysischen Erklärungsprinzipien; alle Gedankenexperimente über weitere Hypostasen sind nur überflüssige, die Einheit des Denkens störende Spielerei.[3]

Das *zweite* Gegenargument Plotins ist kosmologischer Natur und wendet sich gegen das von einem düsteren Pessimismus beherrschte Weltbild der Gnostiker. Die zahlreichen Übel und Widrigkeiten, deren Existenz der gnostische Mythos erklären will, rechtfertigen es nicht, den Kosmos als ganzen unter Anklage zu stellen. Er ist im Gegenteil ein notwendiges Abbild, εἰκών und μίμημα der oberen Welt. Innerhalb der Seinssphäre des Abbildlichen kann man sich kein schöneres Abbild denken, als es der Kosmos ist; er ist geradezu die beste aller denkbaren Welten, denn er birgt alle Schönheit in sich, die ein Abbild überhaupt haben kann.[4]

Eine *dritte* Gruppe von Einwänden läuft auf den Vorwurf des Traditionsverlustes hinaus, den eine Generation zuvor der Platoniker Kelsos bereits gegen das Christentum erhoben hat.[5] Plotin empört sich über die Pietätlosigkeit, mit der die Gnostiker die Überlieferung, ihr eigenes hellenisches Erbe, behandeln und die bewährte Lehre der Alten durch „ganz und gar ungehörige Zusätze" (προσθήκας ... οὐδὲν προσηκούτας) verfälschen. Es ist nicht nur der metaphysische Irrtum, den Plotin an den Gnostikern beklagt. Sein Abscheu gilt darüber hinaus ihrer unphilosophischen Haltung, die in ihrem respektlosen Affront gegen das Überlieferungsbewußtsein des Platonismus alle Sitte und jeden guten Geschmack verletzt.[6]

Ein Zweifel an der moralischen Integrität der Gnostiker steht auch hinter dem *vierten* Einwand, den Plotin vorträgt, (nachdem er zuvor etwas indigniert einige fragwürdige gnostische Praktiken, wie ihre Beschwörungs- und Zaubersprüche und ihr von wilder Gestikulation begleitetes Fauchen und Schreien anprangert). Plotin wirft den Gnostikern vor – und darin kommt er dem Kernpunkt der Kritik des Origenes am nächsten – daß sie nicht nur den *Logos* der Welt und die Vorsehung Gottes, sondern auch den *Nomos* des Lebens verachten. Sie geben die Tugend und alles moralische Empfinden dem Gelächter preis und überlassen sich ganz der Lust (ἥ ἡδονή) und den bloßen Bedürfnissen (τό τῆς χρείας μόνου). Den Gipfel erreicht ihr Zynismus, wenn sie behaupten, die ansonsten nur geschmähte Vorsehung sei es, die ihnen inmitten der bedrängenden kosmischen Verlorenheit und inmitten der zerbrechenden Einheit des Alls eine gerade für ihre eigenen Bedürfnisse ausgesparte Nische der Lust bereithält.[7]

Die Unehrlichkeit der gnostischen Haltung illustriert Plotin mit einer Metapher, die auch auf sein eigenes Weltverhältnis ein aufschlußreiches Licht wirft: „Zwei Menschen bewohnen dasselbe schöne Haus; der eine tadelt die Anlage des Hauses und den Baumeister, bleibt aber gleichwohl in ihm wohnen, (...) indem er sich im Stillen zufrieden gibt mit der Schönheit der Steine. Der andere tadelt nicht, sondern rühmt die große Kunst des Baumeisters und harrt indessen der Zeit, bis daß sie kommt, da er sich aufmachen[8] wird zu einem Ort, wo er keines Hauses mehr bedürfen wird." Die Pointe des Bildes ist klar: undankbar beklagt sich der Gnostiker über ein Haus, in dem er sich behaglich eingerichtet hat, während der wahre Philosoph in der Erwartung eines besseren Schicksals, dem seine ganze Sehnsucht gilt, doch den Großmut aufbringt, der göttlichen Vorsehung zu danken und die Schönheit ihrer Werke zu rühmen. Vergleicht man die antignostischen Einwände mit dem Einspruch, den Origenes im Namen der Freiheit artikuliert, so fällt als erstes auf, daß dieses zentrale Anliegen bei Plotin nur eine untergeordnete Rolle spielt. Origenes bekämpft die gnostische Naturenlehre, weil sie ihm die Verantwortlichkeit des Menschen zu untergraben und seinen freien Willen zu paralysieren droht;[9] in seiner Theorie vom Ablauf der Weltenzykliken wird die Freiheit geistiger Wesen darüber hinaus zur eigentlichen Triebkraft, die den kosmischen Prozeß in Bewegung hält.[10] Die plotinische Metaphysik der drei Urprinzipien ist dagegen ganz darauf aus, den streng notwendigen Charakter ihrer Hervorgänge zu erweisen;[11] ein aus wirklicher Freiheit herrührender Entschluß ist darin ebensowenig denkbar wie in den gnostischen Emanationssystemen. Die Schönheit der Weltordnung verteidigt Plotin durch eine *kosmologische*, nicht wie Origenes durch eine *anthropologische* Theodizee. Plotin will der menschlichen Willensfreiheit nicht einmal eine untergeordnete Nebenfunktion zuschreiben; er weigert sich „zu glauben, daß das Geschehen nur zum Teil festgelegt und im übrigen dem freien Willen anheimgestellt sei", denn alles folgt schicksalsbestimmt einem einheitlichen Plan und einer einheitlichen Ordnung.[12] Selbst dort, wo er die moralische Gleichgültigkeit der Gnostiker beklagt, appelliert er nicht an ihr freies Entscheidungsvermögen. Er fragt zwar besorgt, „welche Wirkung diese Reden auf die Seelen der Hörer ausüben", aber er befürchtet dabei in erster Linie, diese „könnten dazu gebracht werden, die Welt und was in ihr ist, zu verachten"[13]. Wiederum schlägt also ein kosmologisch bestimmtes Denkinteresse durch, das Plotin in *diesem* Punkt an die Seite der Gnostiker rückt. Der Vergleich der beiden Hausbewohner läßt wider Willen ja auch eine Gemeinsamkeit hervortreten, die Plotin auch in seiner schärfsten Kritik an der Gnosis nicht durchbricht. Die philosophische Haltung des klaglosen „Ausharrens" in der Welt verzichtet zwar auf den gnostischen Zynismus eines „stillen Arrangements", aber zu einem ethischen Weltverhältnis findet sie nicht.

Beschreibt man die Beziehungen, in denen am Ausgang der Antike Gnosis, Platonismus und Christentum zueinander stehen, im Bild eines Dreiecksverhältnisses,[14] dann gehören die philosophische Haltung einsamer Wahrheitssuche, die Plotin darstellt, und das gnostische Grundgefühl der Verlorenheit in einer fremden Welt trotz der plotinischen Kosmodizee in einem Punkt auf die gleiche Seite: beide gehen von einer unaufhebbaren Inkommensurabilität des eigenen „wahren" Selbst zur Welt aus, die der Entfaltung einer Ethik im Weg steht. Das philosophische Lebensideal des Weisen, der – entgegen der gnostischen Welt Verachtung – klaglos in den „Behausungen" seines Leibes ausharrt,[15] verwirklicht sich nicht mehr wie in den Anfängen der griechischen Philosophie im Raum der Polis durch die Gestaltung des gemeinsamen Lebens freier Bürger. Der Logos zeigt sich nicht mehr in der ethischen Gestaltung des Lebens, sondern allein in der Betätigung des Denkens *als* Denken und in der Kontemplation des Geistes, der sich in ekstatischer Erwartung der Schau des Einen hingibt. Die verdüsterte Welt, die der im Licht zum Licht geführte Denker hinter sich zurückläßt,[16] wenn er in der „Flucht des Einsamen zum Einsamen", der φυγή μόνου πρὸς μόνον flieht, bleibt für die Zurückgelassenen so fremd wie sie war, als er selbst in ihre Dunkelheit geworfen wurde.[17]

Die Frage, ob das gegenwärtige Leben der Freiheit und Gestaltungsverantwortung des Menschen aufgetragen ist, benennt die Scheidelinie, die das christliche Freiheitsdenken des Origenes nicht nur von der gnostischen Erlösungssehnsucht, sondern auch von der philosophischen Mystik Plotins trennt. Zwar ist auch für Origenes die geschaffene Welt des Körperlichen nicht der ursprünglich von Gott gewollte Lebensraum der Seelen,[18] aber sie ist ihr gegenwärtiger Aufenthaltsort, in den der von seinem Schöpfer zur Gemeinschaft mit allen bestimmte Mensch gestellt ist,[19] um sein Heil zu wirken. Origenes fordert die nach Vollkommenheit suchenden Christen nicht auf: „Tu alle Dinge fort" – ἄφελε πάντα,[20] sondern er warnt sie davor, „hinsichtlich des Handelns ihre Lebensführung zu vernachlässigen" und im Widerspruch zur rechten Vernunft zu leben.[21] Das κατὰ λόγον εἶναι, das die Würde des Menschen ausmacht vollzieht sich für ihn nicht nur in der inneren Vernunftaktivität des Geistes und in der kathartischen Aufstiegsbewegung der Seele, sondern es beansprucht den ganzen Menschen in seinem sozialen Bezügen und fordert ihn dazu auf, sein *Denken, Leben* und *Handeln* dem Maß der Wahrheit und Vernunft zu unterstellen.[22] Nur wenn wir uns immerfort bemühen, „nach der rechten Vernunft unsere *Taten* rein zu machen"[23] und nach der δείαν πολιτείαν dem „göttlichen Lebenswandel" zu streben,[24] den der Logos uns aufgezeigt

hat, gelingt es dem Menschen, seine Seele – oder wie Origenes sagt: die „Hände seiner Seele" – rein zu waschen und das Bild Gottes, nach dem er geschaffen ist, zu bewahren. So zeigt
sich als ein erstes Ergebnis: In einem denkerischen Umfeld mythologischer Weltverachtung
und philosophischer Weltflucht setzt sich Origenes gegen die Vernachlässigung der Welt und
gegen die Preisgabe der Dimension der Praxis im menschlichen Leben zur Wehr. In einer
Zeit, in der Mythos und Philosophie andere Wege gehen, muß das *Festhalten am Ethischen*
und der *Einspruch gegen die Freiheitsmüdigkeit* der Epoche zum Unterscheidungszeichen
des christlichen Glaubens werden.

2. Das Verständnis der göttlichen Vorsehung bei Origenes und Plotin

Selbst in der Deutung der göttlichen Vorsehung, in der Zuordnung der Begriffe πρόνοια und
παίδευσις, die von der philosophischen Origenesinterpretation von Anfang an als Kronzeu-
gen in Anspruch genommen wurden, geht Origenes eigene Wege. Die Vorsehung Gottes hat
in erster Linie die vernunftbegabten Geschöpfe im Blick; dem Kosmos gilt sie nur insofern,
als auch ihm zugute kommt, was ihretwegen geschieht.[25] Gott bezieht das Handeln seiner
Vorsehung stets auf die Freiheit des Menschen. Seine Pro-noia ist zugleich das Vorherwissen
um deren Entscheide und seine Reaktion darauf, durch die er „die verschiedenen Bewegungen ihres Wollens zur Harmonie einer einzigen Welt in angemessener und nutzbringender
Weise zusammenfügt"[26]. Das Verhältnis von Vorauswissen um die menschliche Verschiedenheit und Prädestination ist unumkehrbar; Gottes Vorherbestimmung folgt immer seinem
Vorauswissen um die Entscheidung des freien Willens.[27] Zwar erhält auch für Origenes der
freie Wille jedes Einzelnen seine Einordnung in die διοίκησις τοῦ παντός, die „Verwaltung
des Ganzen", aber daran ist er selbst als ein Helfer der Vorsehung beteiligt, indem er deren
Werke mit zur Vollendung führt.[28] Gottes οἰκονομία dient immer dem Ganzen, aber sie
richtet sich nach dem freien Verhalten der Einzelnen, so daß jeder den Gesamtentwurf der
Welt durch seine Freiheit mitgestaltet.[29]

Die Ordnung des Kosmos ist keine feststehende Ordnungsstruktur, sondern ein fortwäh-
rendes Ordnungsgeschehen – Origenes spricht in der Verbalform von einem κοσμῆσαι τὰ
πάντων[30] – das durch die freien Willensentscheide der Geschöpfe und die göttliche Vorsehung gemeinsam vorangetrieben wird. Origenes denkt die Welt als einen *dialogischen Entwurf* von Freiheit und Vorsehung; ihre Ordnung ist keine einseitig durch göttliche Anordnung
verfügte prästabilierte Harmonie. In einer knappen Formel ausgedrückt: Vorsehung ist für
Origenes erstens ein *Korrelationsbegriff*, der der Freiheit nicht übergeordnet, sondern zugeordnet ist, und zweitens eine *anthropologische*, auf den Freiheitsvollzug des Menschen bezo-
gene und nicht eine primär kosmologische, auf die Ordnung der Welt zielende Kategorie.

Ganz auf einem *kosmologischen* Hintergrund ist dagegen das großangelegte Gemälde
entworfen, das Plotin vom Wirken der göttlichen Vorsehung zeichnet. Wie schon vor ihm
Kelsos und überhaupt die Philosophen der platonischen Schule bewundert er die Göttlichkeit
des Alls, in dem alle Dinge in einer geheimnisvollen, von der göttlichen Vorsehung gelenkten
Wirkgemeinschaft miteinander verbunden und in einem einzigen, lebendigen Organismus
zusammengeschlossen sind.[31] Der Formenreichtum des Lebens, die Ausdehnung der Welt,
die Anzahl der Stadien, die sie durchlaufen soll, alles ist „von Urbeginn vorgezeichnet in
demjenigen Wesen, das die Formkräfte in sich trägt"[32]. Davon, daß freie Entscheidungen
vernünftiger Seelen der innerste Motor wären, der den Weltprozeß in Gang hält, kann in
diesem System der unentrinnbaren Notwendigkeit keine Rede sein. Das plotinische Univer-

sum ist zwar ein pulsierendes, beseeltes All, aber die Bewegungen seiner Wesen sind nicht wirklich frei, sondern „wie an Fäden durch Zugkräfte der Natur von Ort zu Ort versetzt"[33]. Plotin steht staunend vor dem Werk der göttlichen Vorsehung, die sich lückenlos über alle Dinge erstreckt und auch die geringsten Dinge mit in ihren Plan eingeflochten hat.[34] Das ethische Verständnis zur Vorsehung kann für ihn nur darin bestehen, daß der Weise und sittlich Gute ihre gewaltige Macht bewundert und sich ihr wissend unterordnet: „So wundernswert ist die ordnende Kraft des Alls! Es geht alles seinen Gang ‚in lautlosem Wandel nach dem Rechte', dem keiner entrinnen kann; und der Geringste begreift davon nichts, er wird, ohne es zu merken, an den Ort des Alls gelenkt, wohin er gehört; der Gute aber weiß auch darum, er geht, wohin er gehört, er erkennt, ehe er fortgeht, zu welcher neuen Wohnstatt ihn die Vorsehung führt, und ist guter Zuversicht, daß er bei den Göttern wohnen wird."[35] Von ihrem Eintritt in den Kosmos an bis zu ihrem Fortgehen aus ihm wird die Seele stets an den Ort geführt, den die Vorsehung für sie bereithält. Wenn sie das All wie einen Nachen besteigt, dann hat sie sich gleichsam in einen „Schicksalssitz", ἐις τινα ἔδραν τυχής, hineingesetzt; sie erlebt auf ihrer Reise „viele bunte Anblicke, viele Wechsel und Fährnisse", bei denen „den Verschiedenen Verschiedenes widerfährt", aber nie wird einer Seele anderes als das ihr vom Schicksal Zugedachte zuteil.[36] Die Ursache der mannigfaltigen Verschiedenheit unter den Seelen ist nicht ihr freier Entschluß, denn „allein vom Schicksal bestimmt ist das So-Sein der so-seienden Wesen"[37]. Die Freiheit der geistigen Wesen trägt zwar zum bunten Reichtum des Alls bei, und seine Teile können durch ihren freien Willen dem kosmischen Geschehen auch manches „Zusetzen" (προστιέναι), aber immer bleibt die menschliche Freiheit von der größeren Ordnung des Alls umschlossen, denn der Weltenplan ist „höheren Ranges", προγενέστερον als alle Entscheidung.[38]

Man sieht: Alles kommt bei Plotin darauf an, daß die ordnende Macht der πρόνοια als *einzige Instanz* den Weltenlauf bestimmt und von keinen Einwirkungen der ihr unterworfenen Seelen beeinflußt wird. Nichts darf sich ihrem Einfluß entziehen, denn „nimmermehr vermag ein Wesen dem zu entfliehen, was in der Satzung des Alls verordnet ist"[39]. Die Freiheit der geistigen Wesen besteht allein darin, daß sie wissend und aus eigener Bewegung auf den für sie ausgesparten Ort im Weltganzen zugehen und so dem All Gefolgschaft leisten.

Da Origenes und Plotin über die gemeinsame Terminologie hinaus das Wirken der Vorsehung häufig auch unter gleichen Bildern und Metaphern – die Vorsehung als Arzt, Lehrer und Erzieher – beschreiben, wird der unterschiedliche Verstehensansatz beider Vorsehungskonzeptionen erst sichtbar, wenn man hinter die sprachliche Oberfläche zurückfragt und auf die innere Bewegungsrichtung ihres Denkens achtet. Ein solcher Tiefenvergleich kann auch die Unterschiede herausarbeiten, die sonst in der Gemeinsamkeit der Metaphern überdeckt bleiben. Plotin und Origenes vergleichen beide das menschliche Leben mit einem *Wettkampf*, der unter der Leitung der göttlichen Vorsehung ausgetragen wird. Für Origenes ist Gott in diesem Kampf vor allem der gerechte Schiedsrichter, der die Wettkämpfer „in gerechtem Ausgleich lenkt entsprechend dem Maß der Tugend eines jeden"[40]. Bei Plotin steht dagegen die πρόνοια στρατηγική die „strategische Vorsehung" eines obersten Feldherrn, des „großen Herzogs" im Mittelpunkt, der alles vorauslenkt, damit die Schlacht ihren wohlgeordneten Verlauf nimmt.[41] Das Motiv, das hinter der Ausdeutung der Wettkampf-Metapher durch Origenes steht – daß der Ausgang des Kampfes noch offen ist und es wirklich auf den Einsatz meiner Kräfte ankommt – ist für Plotin nichts als eine Täuschung aus der begrenzten Perspektive des Einzelnen: „Du magst meinen: 'es steht bei mir, mich für dies oder für ein anderes zu entscheiden'; indessen, wofür du dich entscheiden wirst, ist mit der Weltordnung befaßt; denn dein Anteil am All ist kein Augenblickseinfall, sondern du bist in Rechnung gestellt mit allen deinen Eigenschaften."[42]

Ein anderes Bild ist vielleicht noch aufschlußreicher, denn es zeigt, wie nahe Origenes und Plotin einander kommen können und weshalb sie einander im letzten doch widersprechen müssen. Plotin vergleicht das Wirken der Vorsehung mit einem Dichter, dessen Drama auf der großen *Weltbühne* spielt. Jedem Menschen ist darin entsprechend seinen Talenten eine passende Rolle zugewiesen; wie im richtigen Theater gibt es auch in dem kosmischen Bühnenstück Gute und Böse, Gerechte und Ungerechte. Bis in die letzten Handlungsabläufe ist das Weltendrama in allen seinen Akten im Drehbuch des Weltendichters vorgezeichnet. „Keineswegs ist es geboten, Schauspieler auf die Bühne zu bringen, welche etwas ganz anderes sprechen, als der Dichter vorschreibt; gleich als wäre das Stück an und für sich noch unfertig und sie füllten das Fehlende aus, als hätte der Dichter zwischenhinein leere Stellen gelassen." Plotin ahnt, welche Konsequenzen es für die Stellung freier Wesen im Kosmos hat, wenn man sich entschließt, die Geschichte radikal vom Freiheitsvollzug des Geistes her zu denken: „Dann würden die Schauspieler nicht mehr bloße Schauspieler sein, sondern sie wären ein Stück des Dichters selber, der allerdings zuvor wüßte, was die anderen noch sprechen werden, wodurch er dann im Stande wäre, die Fortsetzung und den weiteren Verlauf des Stückes sinnvoll zu knüpfen."[43] Was Plotin kurz ins Auge faßt, um es sofort zurückzuweisen, entspricht genau dem Verhältnis, in dem nach Origenes Gottes Vorauswissen um die menschliche Freiheit und seine Prädestination zueinander stehen. Für ihn ist es wirklich so, daß wir Menschen Mitspieler auf der offenen Bühne des Lebens und nicht nur Marionetten im großen Welttheater sind. Plotin dagegen muß eine solche Vorstellung zurückweisen, weil der Gedanke, daß es im Weltendrama noch „offene Stellen" geben könne, die der Freiheit des Menschen überantwortet sind, seiner Sicht der geschlossenen Harmonie des Kosmos unerträglich erscheint.

3. Die Selbstkonstitution des Absoluten und die Transzendenz Gottes

Auch in seiner Gotteslehre und insbesondere in der Entfaltung der trinitarischen Selbstkonstitution des Absoluten zeigt sich Origenes bis in kleinste Denkfiguren hinein mit dem philosophischen Gespräch seiner Zeit verbunden – und dennoch ist seine Trinitätslehre nicht einfach die theologische Aneignung der plotinischen Metaphysik der drei Urprinzipien. Origenes versucht, das Neue der christlichen Gotteserfahrung, die biblische Rede von dem lebendigen, in der Geschichte handelnden Gott denkerisch zur Geltung zu bringen und greift dazu auf dieselben Analogien zurück, die sich bei Plotin finden. Die metaphorischen Vergleiche, die Origenes zur Erklärung der ewigen Zeugen heranzieht, zielen darauf ab, den Hervorgang des Sohnes aus dem Vater als ein lebendiges Urgeschehen des geistigen Seins zu verstehen, das jede Assoziation an körperliche Teilungsvorgänge ausschließt. Wie das gesprochene Wort oder das Gedachte aus dem Denken, wie der Glanz aus dem Licht, *sicut splendor ex luce*, und wie der Wille aus dem Geist, *velut voluntas ex mente*, geht der Sohn aus dem Vater hervor.[44] Besonders die Analogie nach dem Hervorgang des Willens unterstreicht, daß der Wille des Vaters das Sein des Sohnes konstituiert und als dessen innerer Seinsgrund zu gelten hat. In der Auslegung des Johanneswortes: „Meine Speise ist es, den Willen dessen zu tun, der mich gesandt hat" (Joh 4,34) deutet sich ein neues Seinsverständnis an, das über die Grenzen der griechischen Substanzontologie hinausweist. Das Sein des Sohnes verdankt sich ganz dem Empfang des göttlichen Willens für den er restlos offen ist. Indem der Sohn den göttlichen Willen vollbringt, bewirkt er nicht nur dessen äußere Erfüllung; er wird vielmehr gerade im Vollzug des vom Vater herkommenden Willens in seiner Existenzweise als Sohn erst begründet. Den Willen des Vaters zu tun, ist die „Speise", die den Sohn zu dem macht, der er ist. Das Geprägtsein durch den ganzen Willen des Vaters und sein aktives Vollbringen sind nicht nachträgliche Zusätze zur Beschreibung seines eigentlichen Wesens, sondern die erschöpfende Aussage der personalen Seinsweise des Sohnes.[45]

Wie es das eigentümliche Wesen des Vaters ist, als ewige Mitteilung zu existieren, so ergreift der Sohn seine eigene Seinsweise in einer gleich ewigen Bewegung des Empfangens,[46] so daß ihr gemeinsames göttliches Wesen durch einen dialogisch ineinanderfallenden Willen konstituiert wird. Das Erklärungsmodell nach dem Hervorgang des Willens aus dem Geist ermöglicht es Origenes, die lebendige Selbstkonstitution des Absoluten zu verstehen und dieses nicht als namenloses, ruhendes Sein oder als oberste Substanz, sondern als lebendigen, handelnden Willen zu denken.[47] Daß darin nicht nur das Spezifikum des christlichen Gottesbegriffes, sondern auch die eigentliche *Innovation im Bereich der philosophischen Gotteslehre* liegt, bezeugt wiederum der Vergleich mit Plotin, dessen Metaphysik der drei Urprinzipien geradezu von einem entgegengesetzten Denkmotiv beherrscht wird.

Plotin will unter allen Umständen vermeiden, daß sein Gottesbild Züge des Bewegtseins oder gar der Unruhe aufweist. Wie das Licht aus seinem Ursprung, wie der Glanz aus der Sonne, wie die Wärme aus dem Feuer oder die Kälte aus dem Schnee, wie der Duft aus einer wohlriechenden Salbe – so geht der Geist aus dem Eimer hervor, das dabei vollkommen unbewegt bleibt und auch durch keine innere Willensbewegung erschüttert wird.[48] Vergleicht man diese Analogien mit den biblischen Metaphern, die Origenes in *De Principiis* (I,2) anführt, so ergeben sich zahlreiche Parallelen. Am auffallendsten aber ist, daß Plotin die Analogie, die bei Origenes ganz im Zentrum steht, gerade *nicht* benutzen kann: er muß es unbedingt vermeiden, den Ursprung des Geistes aus dem Einen nach dem Modell eines Willensaktes zu erklären.[49] Eine Konzeption, wonach der Vater wesenhaft Mitteilung an den Sohn ist, der sein eigenes Sein und seine eigene personale Existenzweise eben dadurch empfängt, daß er dem Willen des Vaters Raum gibt, wäre innerhalb der plotinischen Geistmetaphysik undenkbar. Ob man das Absolute als das *namenlose Eine* versteht, das über allem Sein waltet, oder ob man es als *lebendigen, geschichtlich handelnden Willen* begreift, es markiert zwei verschiedene Ansätze des Denkens, die nicht mehr durch ein übergreifendes platonisches Denkschema zu erklären sind.

Das zeigt sich auch darin, wie Origenes und Plotin das berühmte Wort Platos aus der *Politeia* aufgreifen, wonach das Gute jenseits der οὐσία ist, und es in verschiedener Richtung weiterführen.[50] Für Plotin steht das namenlose Eine über allem Sein und Denken, ἐπέκεινα οὐσίας καὶ νοήσεως, weil es ganz entblößt ist und keinerlei Bedürfnis nach dem aus ihm Hervorgehenden hat.[51] Wenn dagegen Origenes davon spricht, Gott sei ἐπέκεινα οὐσίας, dann hat er nicht die ungestörte Ruhe des Göttlichen im Auge. Er denkt dabei vielmehr an die innergöttliche Mitteilung des Seins, die er mit Hilfe des Gedankens der οὐσία zum Ausdruck bringt.[52] Der lebendige Gott, der in sich ewige Mitteilung ist, steht über allem Wesen, weil er durch seinen Logos die Wesenheit anderen mitteilen will. Diese Relation der Mitteilung tritt noch deutlicher hervor, wo Origenes die philosophische Vorstellung der οὐσία von dem biblischen Begriff des Lebens her auslegt. Das Leben schlechthin, die αὐτοζωή ist Christus, der Vater aber steht über dem Leben; er ist höher als das Leben, μείζων τῆς ζωῆς; sein Sohn kann nicht mehr adäquat ausgesagt werden.[53] Er ist nach den

Worten des Psalmisten die „Quelle des Lebens" (Ps 36,10), indem er das Leben schafft, das in eine Beziehung (σχέσις) zu den Seienden tritt, die durch die Teilhabe an ihm leben.[54]

Der philosophische Gott Plotins steht in sich selbst genügender Beziehungslosigkeit über allem Sein, der biblische Gott des Origenes dagegen steht in seiner unbegrenzten Lebensfülle über dem Wesen, weil er der Ursprung des wesenhaften Lebens (Christus) ist, das sich den Geschöpfen mitteilt. Wiederum verdeckt eine gleichlautende philosophische Formel den Abstand, der zwischen beiden Interpretationen der Transzendenz Gottes waltet. Für Plotin kann sich das Denken dem Absoluten nur auf einem „überrationalen und überethischen Weg" nähern,[55] indem es alle denkerische Bestimmung von ihm fernhält und am Ende, in der ekstatischen Einswerdung, auf jede Bestimmung verzichtet.[56] Origenes denkt das Absolute dagegen nicht als das namenlose Eine, das in seiner radikalen Überweltlichkeit nur für sich selber frei ist,[57] sondern als „libertas ingenita", als die ungeschaffene Freiheit, die sich immerfort freien Vernunftwesen mitteilt.[58] Die Unbegreiflichkeit Gottes, die er gegenüber allen Versuchen, ihm ein körperliches Sein zuzuschreiben, verteidigt, zeigt sich ihm als die unableitbare Freiheit des lebendigen Gottes, dessen geschichtliches Heilshandeln die Schrift bezeugt.

4. Ausblick: Ist Origenes der „bessere" Platoniker?

In der philosophischen Mystik Plotins und in der christliche Theologie des Origenes begegnen wir, wie der Blick auf ihre Gnosis-Kritik, ihr Vorsehungslehre und die Deutung des Absoluten gezeigt hat, zwei *unterschiedliche Denkwege*, die einander gleichwohl in gemeinsamen Themenstellungen und vor allem in den begrifflichen und metaphorischen Darstellungsformen berühren. Hinter diesen Gemeinsamkeiten verbergen sich jedoch zwei alternative Möglichkeiten, wie das Denken am Ausgang der Antike den Krisenerscheinungen der Epoche begegnen kann. Plotin gibt einer auch in der gnostischen Mythologie verbreiteten Grundhaltung ihren anspruchsvollen philosophischen Ausdruck, der die Flucht aus einer vergänglichen, dem Untergang geweihten Zeit als der einzige Ausweg erscheint. Die Möglichkeiten sinnvollen Menschseins, die Mythologie und Philosophie noch anbieten, schrumpfen auf den letzten Fluchtpunkt zusammen, der aus dieser Welt hinausführt. Die Kontemplation des Geistes, ihre innere Reinigung der Seele, die Betätigung der Vernunft als reines Denken, die Sehnsucht nach der ekstatischen Schau des Einen – das sind die Grundthemen, die auch bei Origenes anklingen.

Indem sie in der mystischen Transzendentalphilosophie Plotins in den Rang des einzigen noch verbleibenden Lebenszieles erhoben werden, gerät das *praktische Wahrheitsinteresse*, das am Ursprung der platonischen Philosophie steht, in Vergessenheit. Merkwürdigerweise findet dieser Strom des griechischen Denkens, der durch den Rückzug der Philosophie ins Private zu versiegen droht, seine Verlängerung nicht in der Erneuerung des Platonismus durch Plotin, sondern in der theologischen Lebenslehre des Origenes. Plotins Rückgriff auf die eigene philosophische Tradition erweist sich in eigenartiger Weise als traditionsvergessen, denn der weiß nicht mehr um die Geburt der platonischen Philosophie aus dem gemeinsamen Leben der Polis. Nachdem diese als Organisationsform der antiken Lebenswelt bedeutungslos geworden ist, findet das Denken im Raum der neu entstehenden christlichen Kirche zu dem sozialen „Ort" zurück, auf den es von seinen eigenen Wurzeln her verwiesen ist. So kann man Origenes in der geistesgeschichtlichen Konstellation seiner Zeit nur in paradoxer Weise als einen, ja vielleicht sogar als den „besseren" Platoniker ansprechen: darin, wie er unbeirrbar an einem ethischen Freiheitsbegriff festhält und die Dimension des Praktischen zur Geltung bringt, ist er ein Sachwalter platonischen Erbes, der dessen ursprüngliche Intentionen besser bewahrt als die philosophischen Nachfahren des alten Plato es zu seiner Zeit noch können.

---

[1] Für diese Alternative stehen die beiden klassischen Origenesinterpretationen von *Koch, H.*: Pronoia und Paideusis. Studien über Origenes und sein Verhältnis zum Platonismus, Berlin-Leipzig 1932 und *Cadiou, R.*: La Jeunesse d'Origène, Paris 1935. Einen Überblick über den Gang der Forschungsgeschichte und eine kritische Sichtung ihrer Argumente gibt neuerdings *Berchman, R.M.*: From Philo to Origen. Middle Platonism in Transition, Chico (California) 1984, 100-104.

[2] Enn II 9,3 (Edition *Henry-Schwyzer*, 1.11): ἀναγκή τοίνυν ἐφεξῆς εἶναι πάντα ἀλλήλοις καὶ ἀεί.

[3] Enn II 9,2 (1): οὐ τοίνυν οὔτε πλείω τούτων οὔτε ἐπινοίας περιττὰς ἐν ἐκείνοις, ἅς οὐ δέχονται, θετέον.

[4] Enn II 9,4 (25); II 9,8 (9-25).

[5] Vgl. dazu *Andresen, C.*: Logos und Nomos. Die Polemik des Kelsos wider das Christentum, Berlin 1955, 146-166.

[6] Enn II 9,6 (85-12: 52-62).

[7] Enn II 9,15 (1-140); II 9,16 (1-18).

[8] Enn II 9,18 (zit. nach der leicht umgestellten Übersetzung von *R. Harder*).

[9] Vgl. das ganze dritte Buch von PArch.

[10] PArch I 8,4.

[11] Enn V 1,16.

[12] Enn IV 3,16 (14-17): κατὰ λόγον ἕνα καὶ τάξιν μίαν.

[13] Enn II 9,15 (1-2).

[14] Vgl. dazu *von Ivanka, E.*: Plato Christianus. Übernahme und Umgestaltung des Platonismus durch die Väter, Einsiedeln 1964, 135-142.

[15] Enn II 9,18 (15).

[16] Enn V, 3,17 (33-38).

[17] Enn IV 9,11 (51).

[18] PArch II 9,2. Zur Bewertung der Rolle des menschlichen Lebens in dieser Welt vgl. *Ruiz Jurado, M.*: Le concepte de ‚Monde' chez Origène, BLE 75 (1974) 3-24, bes. 9-10.

[19] CCels 8,50 (II 265): πρὸς πάντες ἀντρώπων ... κοινωνικούς. Vgl. dazu auch Phil 23,11 (Edition *Junod*, 166): κόσμου μέρος ὤν καὶ ἐμπεριεχόμενος ανθρώπων κοινωνία καὶ τοῦ περιέχοντος. Die Situation des Mit-Seins mit den anderen verliert dagegen bei Plotin ihre ethische Bedeutsamkeit; der Gedanke, daß zum sittlichen Leben vor allem die sozialen Verbindlichkeiten gegenüber den Mitmenschen gehören, ist ihm weitgehend fremd: „There is for Plotinus only a limited amount that we can do for other people. Ultimately each man must face reality for himself μόνος προς μόνον " (*Rist, J.M.*: Plotinus and Moral Obligation, in: *ders.*: Platonism and its Christian Heritage, London 1985, 229). Im Hintergrund steht dabei für Plotin die Sorge, daß die einem anderen erwiesene Hilfestellung nur dessen eigenes Streben nach Selbstvervollkommnung lähmen wird – eine Befürchtung, die innerhalb eines Ansatzes nur konsequent ist, der das Ethische nur als den individuellen Reinigungsweg der Seele sieht, den jeder selbst durchlaufen muß.

[20] Enn V 3,17 (38).

[21] DialHer 8 (Edition Scherer, 74): εἴπερ οὖν βουλόμεθα σώζεσθαι, μὴ περί τὴν πίστιν μὲν λινόμενοι περί τὴν πρᾶξιν ἀμελῶμεν τοῦ βίου.

[22] HomJr 6,3 (III 50): πῶς βιώοη κατὰ τὸν ὀρθὸν λόγον. Vgl. auch die immer wiederkehrende Warnung vor einem Leben in der Sünde, das sich παρὰ τὸν ὀρθὸν λόγον vollzieht, in ComIn 19,153 (IV 325); HomJr 9,4 (III 68); HomJr 12,3 (III 90-91); HomJr 10,15 (III 176).

[23] ComMt 11,8 (X 47): κατὰ τὸ εὔλογον καθαίρειν πειρώμεθα ἑαυτῶν τὰς πράξεις καὶ οὕτως τὰς τῶν ψυχῶν νίπτεσθαι χεῖρας.

[24] ComMt 12,4 (X 74).

[25] CCels 4,74 (I 344): οὕτως ἡ πρόνοια τῶν μὲν λογικῶν προηγουμένως προνοεῖ, ἐπηκολούθησε δὲ τὸ καὶ τὰ (ἄλλα) ἄλογα ἀπολαύειν τῶν δί ἀνθρώπους γινομένων.

[26] PArch II 1,2 (108,5-6); II 9,6 (170,6); Philoc 25,2 (Edition *Junod*, 216).

[27] Philoc 25,2 (Edition *Junod*, 216) ἀνωτέρω δὲ ἐστι τοῦ προορισμοῦ ἢ πρόγνωσις. Vgl. auch RöKo 7,8 (PG 14,1126C) und PEuch 6,3.

[28] CCels 4,82 (I 352): ὁ μόνης προνοίας θεοῦ ἔργα ἐπιτελοῦντα ἀλλὰ καὶ τῆς ἑαυτοῦ.

[29] CCels 5,21 (II 23): κατὰ τὴν ἀναλογίαν τῆς σχέσεως τῶν ἐφ᾽ ἡμῖν ἑκάστον.

[30] CCels 4,82 (I 352). Vgl. auch *Reardon, P.H.*: Providence in Origen's Contra Celsum, EkklPh 55 (1973) 507: „Origen saw Providence less as a pattern built into the structure of the cosmos than as God's encounter with man's freedom in history".

[31] Enn IV 4,32 (13-15): συμπαθὲς δὴ πᾶν τοῦτο τὸ ἕν, καὶ ὡς ζῷον ἕν. Vgl. auch Enn IV 4,40 (1-3); IV 4,41 (1-3); IV 5,2 (23-26); IV 5,3 (19-22). Der Gedanke, daß der Kosmos als ein einziges, beseeltes Lebewesen anzusehen ist, findet sich schon bei Plato (Timaios 308); durch die Stoiker (SVF II 634) wird er zum Gemeingut des Hellenismus, aus dem auch Origenes schöpfen kann (vgl. PArch 2,1,3).

[32] Enn V 7,3 (18-20): ὅπόσον γὰρ δεῖ τὸν κόσμον εἶναι καὶ ὁπόσα ἐν τῷ ἑαυτοῦ βίῳ διεξελεύσεται, κεῖται ἐξ ἀρχῆς ἐν τῷ ἔχοντι τοὺς λόγους.

[33] Enn IV 4,36 (13-15); IV 4,45 (26): ὥσπερ ἐκ μηρίνθων ὁλκαῖς τισι φύσεως μετατιθεμένων.

[34] Enn IV 3,16 (17-18); III 2,6 (21-22).

[35] Enn IV 4,45 (27-33); zit. nach der Übersetzung von *R. Harder*.

[36] Enn III 4,6 (50-60).

[37] Enn IV 3,13 (20): ἀλλ᾽ εἵμαρμένον ἀεὶ τῷ τοιῷδε τὸ τοιόνδε, καί τῷ τοιῷδε τὸ νῦν, τῷ δὲ τὸ αὖθις.

[38] Enn IV 4,36 (1-25); IV 4,39 (27).

[39] Enn III 2,4 (25-26 οὐ γὰρ μήποτε ἐκφύγη μηδὲν τὸ ταχθὲν ἐν τῷ τοῦ παντὸς νόμω.

[40] PArch III 2,3 (249,5); III 2,5 (254,3).

[41] Enn III 3,2 (6-15).

[42] Enn III 3,3 (1-3); zit. nach der Übersetzung von *R. Harder*.

[43] Enn III 2,18 (7-13); zit. nach der leicht umgestellten Übersetzung von *R. Harder*.

[44] PArch I 2,4 (33,2); I 2,7 (37,7); I 2,6 (35,4); I 2,9 (40,7); IV 4,1 (349,9).

[45] ComIn 13,229 (IV 261): ἥπερ μὴ περι εργασαμένους ἡμᾶς τὰ περὶ τοῦ θελήματος νομίζειν εἶναι τὸ ποιεῖν τὸ θέλμα τοῦ πέμψαντος ἐν τῷ τάδε τινὰ τὰ ἔξω ποιεῖν. ComIn 13,234 (IV 261): δὶ ὁ βρῶμα ἔστιν ὅ ἔστιν.

[46] ComIn 13,219 (IV 259); vgl. auch HomJr 9,4 (III 70): ὁ ἀεὶ γεννώμενος ὑπὸ τοῦ θεοῦ.

[47] Zwar findet sich bei Origenes keine direkte Bezeichnung Gottes als Wille; er kommt ihr aber an einigen Stellen sehr nahe. Vgl. PArch 1,2,9 (40,5): „Huius ergo totius ‚virtutis' tantae et tam immensae ‚vapor' et, ut ita dixerim, vigor ipse in propria subsistentia effectus quamvis

ex ipsa virtute velut voluntas ex mente procedat, tamen et ipsa voluntas die nihilominus die virtus efficitur." PArch 4,4,1 (349,19) ergänzt Origenes die Bezeichnung des Sohnes als „filius caritatis" (Kol 1,13) durch die Formulierung „Sohn des Willens": „Nec absurdum videbitur, cum dicatur ‚filius caritatis', si hoc modo etiam voluntatis putetur."

[48] Diese Analogien benutzt Plotin in den Enn V 1,6 (28-37); I 7,1 (25); IV 3,12 (41); III 8,10 (8-10).

[49] Enn V 1,6 (25-27).

[50] Politeia V (509 b 6). Vgl. zur Nachwirkung dieser berühmten Formel und zum Ringen des Mittelplatonismus um ihr Verständnis *Whittaker, J.*: Ἐπέκεινα νοῦ καὶ οὐσίας VigChr 23 (1969) 91-104.

[51] Enn VI 7,40.

[52] CCels 6,64 (II 125): πότερον ἐπέκεινα οὐσίας ἐστὶ πρεσβείᾳ καὶ δυνάμει ὁ θεὸς μεταδιδοὺς οὐσίας οἷς μεταδίδωσι κατὰ τὸν ἑαυτοῦ λόγον καὶ αὐτῷ λόγῳ.

[53] ComIn 13,19 (IV 229).

[54] FragmIn 2 (IV 485-486). Zur Authentizität dieses Fragments vgl. *Gruber, G.*: *ZOH*. Wesen, Stufen und Mitteilung des wahren Lebens bei Origenes, München 1962, 286-287.

[55] *Dörrie, H.*: Der Platonismus der frühen Kaiserzeit, in: *ders.*, Platonica Minora, Münster 1976, 198.

[56] Enn VI 8,21 (26-33). Wie sehr das ekstatische Erleben trotz seiner Seltenheit das Denken Plotins über das Göttliche bestimmt, betont *Brehier, E.*: Mysticisme et Doctrine chez Plotin, in: *ders.*, Études de Philosophie antique, Paris 1955, 225-231, bes. 230.

[57] Enn VI 8,21 (31): ἀλλ᾿ ὑπεράνω χείμενον μόνον τοῦτο ἀληθείᾳ ἐλεύθερον.

[58] HomLv 16,6 (VI 502); vgl. auch HomEx 4,1 (VI 171).

THOMAS BÖHM

Die Theologie des Arius: Zwischen Tradition und Innovation

1. Einleitung

„Alles ist hohl und formalistisch, ja eine knabenhafte Begeisterung für das Spiel mit Hüllen und Schalen und eine kindische Selbstgefälligkeit beim Betriebe inhaltsloser Syllogismen."[1] Diese abwertende Einschätzung des theologischen Ansatzes des Arius durch den *grand seigneur* der Dogmengeschichtsschreibung des vergangenen Jahrhunderts, Adolf von Harnack, bewegt sich kaum von dem weg, wie Arius in einer jahrhundertelangen Tradition bewertet wurde. Gerade das seit dem 4. Jahrhundert einsetzende pauschalisierende Urteil im Lichte der Polemik des Athanasius gegen die arianische Theologie sowie die Auseinandersetzungen um eine adäquate terminologische Bestimmung des innertrinitarischen Verhältnisses von Vater, Sohn und Geist durch die Begriffe *ousia* und *hypostasis* der kappadokischen Theologen gegen die Neo-Arianer Aetius und Eunomius[2] hatten lange Zeit den Blick auf das Anliegen des Arius selbst verstellt, zumal von den Werken des Arius nur geringfügige Spuren überdauert haben: Ein Brief an Eusebius von Nikomedien (318 oder 321/2; Urk. 1), ein Glaubensbekenntnis des Arius und 13 seiner Anhänger an ihren Bischof Alexander von Alexandrien (320 oder 321; Urk. 6) sowie ein Bekenntnis des Arius und Euzoius an Kaiser Konstantin nach dem Konzil von Nizäa (aus dem Jahre 327).[3] Und schließlich hat uns Athanasius Fragmente einer Thalia (Bankett) in Form eines Akrostichons überliefert, bei dem es sich jedoch zum Teil um ein polemisches Referat handelt.[4] In der jüngeren Forschung setzte es sich auch durch, daß man Arius zunächst aus seinen eigenen, wenn auch spärlich überlieferten Zeugnissen interpretieren müsse.[5]

Nach einigen wenigen historischen Hinweisen soll in den folgenden Überlegungen reduktiv gezeigt werden, daß Arius in einem ersten Schritt sein Glaubensbekenntnis und seine Theologie an biblischen Aussagen orientiert. Diese Vorgehensweise des Arius ist in einem nächsten Schritt hinsichtlich der Voraussetzungen seiner Auslegungsmethoden zu untersuchen, um von hier aus den systematischen Ertrag seiner Gotteslehre in Grundzügen herauszustellen. Diese wird dann auf die origenistische Prinzipientheorie zurückgeführt, um sie wiederum durch den Parmenideskommentar des Turiner Palimpsestes zu erläutern. Von diesem Profil aus läßt sich erkennen, in welcher Tradition sich Arius befindet, worin seine Eigenständigkeit besteht, welche Positionen seiner Lehre als problematisch empfunden wurden und wie die Auseinandersetzung mit dem arianischen Denken verläuft, d.h. wie die Wirkungsgeschichte einzustufen ist.

2. Bemerkungen zum historischen Kontext

Arius dürfte seine Ausbildung wohl in der origenistischen Tradition Alexandriens erhalten haben, obwohl Arius selbst in seinem Brief an Eusebius von Nikomedien betont, er und Eusebius seien „Mitlukianisten"[6], was meist dahingehend interpretiert wurde, sie seien Schüler des Lukian von Antiochien gewesen. Von hier aus wurde der Schluß gezogen, daß Arius von Lukian von Antiochien abhängig gewesen sei und daß Arius somit eine literale Schriftinterpretation im Gefolge des Lukian vertreten habe. Diese Annahme ist aber alles andere als gesichert: Der Kirchenhistoriker Philostorgius erwähnt Arius nicht einmal unter den Schülern des Lukian, vielmehr betont er, daß zwischen den Arianern und Lukianisten grundsätzliche Unterschiede bestünden. Es scheint deswegen wahrscheinlicher zu sein, daß Arius, als er den Titel „Mitlukianist" erwähnte, lediglich an eine *captatio benevolentiae* dachte. Darüber hinaus ist zu betonen, daß sich aus den antiken Quellen kaum etwas über eine theologische Ansicht des Lukian eruieren läßt, was über die hagiographische Tradition hinausreicht. Daraus ergibt sich, daß es weder eindeutig nachweisbar ist, daß Arius ein Schüler des Lukian von Antiochien war, noch daß sich daraus irgendein Schluß ziehen ließe, wie die exegetische Arbeitsweise des Arius einzustufen ist.[7]

Vielmehr ist darauf zu verweisen, daß Arius, als der Streit in Alexandrien ausbrach, bereits ein beträchtliches Alter erreicht haben dürfte.[8] Über ihn wußte niemand etwas Nachteiliges zu berichten; spätere Kirchengeschichtsschreiber wie Sokrates und Sozomenus bescheinigen ihm sogar eine gewisse logische Begabung oder dessen Bemühen um die Theologie. Das einzig Sichere, was sich für die Anfangsphase des arianischen Streites ergibt, ist die Tatsache, daß Arius in Baukalis, dem Hafenviertel von Alexandrien als Presbyter fungierte und dabei mit der Auslegung der heiligen Schriften betraut war, als er sich der Autorität seines Bischofs Alexander von Alexandrien widersetzte. Sein asketischer Lebenswandel galt dabei offensichtlich als vorbildhaft. Dabei ist zu beachten, daß Baukalis eine relativ kleine Kirche war, die sich vermutlich *extra muros* befand und die von den kulturell hochstehenden, landwirtschaftlich genutzten Gebieten der Mareotis im Südwesten getrennt war. Vor allem die Tradition der *symbrestyteroi* (Mitpresbyter), die zu dieser Zeit nach wie vor in Alexandrien existierte, sowie die Teilung Alexandriens in unterschiedliche, lokal begrenzte Sektionen führte zu relativ unterschiedlichen Formen von Gemeinden, die als lokale Gemeinden mit ihren eigenen Presbytern existierten. Die Hafengegenden, in denen Baukalis lag und die von Seeleuten und Händlern dominiert waren, wurden in ihrer Struktur und ihrem Gemeindeleben von zahlreichen Asketengruppen beeinflußt. Wahrscheinlich fanden die Predigten des Arius vor allem in solchen Gruppen Sympathie und Anerkennung. Epiphanius und einer sehr späten arabischen Quelle (Agapius von Menbidj) zufolge begannen die Auseinandersetzungen mit der Auslegung von Prov. 8, 22.[9]

3. Arius als Exeget

Wie bereits betont, ist es notwendig, die arianische Position aus dem *oeuvre* des Arius selbst zu erheben. Exemplarisch verweise ich hier auf das Glaubensbekenntnis des Arius und seiner Anhänger, das diese an Alexander von Alexandrien schickten (Urkunde 6).[10] In dem Glaubensbekenntnis sind zwei Aussagenreihen deutlich, die sich zum einen auf Gott, zum anderen auf den Sohn beziehen. Der Text mit den entsprechenden Verweisen aus dem AT und NT lautet[11]:

Wir anerkennen *einen* Gott (z.B. Mk 10, 18)
    allein ungeworden (vgl. Joh 1, 13f: der Sohn als *einzig*-gezeugt)

allein ewig, allein anfanglos (*conclusio ex negativo*: das Prinzip von allem [Gen 1, 1] ist
    vor dem Sohn; vgl. Röm 1, 23; 1 Tim 1, 17; 6, 16)
allein wahrhaftig (Joh 17, 3; vgl. Ex 33, 6)
allein unsterblich (1 Tim 6, 16)
allein weise (Röm 16, 27)
allein gut (Mk 10, 18)
allein Herrscher (1 Tim 6, 15)
Richter von allem (vgl. Röm 2, 16) und Verwalter (vgl. Weish 15, 1 und Jes 22, 19)
unveränderlich und unwandelbar (Mal 3, 6)
gerecht (Joh 17, 15) und gut (Mk 10, 18).
Im Gegensatz dazu ist der Sohn erzeugt als Einziggeborener (Joh 1, 14)
    vor unvordenklichen Zeiten, d.h. vor aller Zeit (Kol 1, 17; Hebr 1, 2; Prov 8,23);
    durch ihn sind die Äonen und das All geschaffen (Joh 1, 3.10; 1 Kor 8, 6)
    durch den Willen Gottes ins Dasein gerufen,
    unveränderlich und unwandelbar (vgl. Hebr 13, 8: er ist derselbe gestern, heute und für
        immer)
    vollkommenes Geschöpf Gottes, aber nicht wie eines der übrigen Geschöpfe (Prov 8,
        22 und Joh 1, 14)
    erzeugt (Prov 8, 22) aufgrund des Willens (Ps 113, 11) vor den Zeiten und Äonen (Kol
        1, 17; Hebr 1, 2; Prov 8, 23);
    er hat Leben, Sein und Herrlichkeit vom Vater (Joh 17, 3; Röm 16, 27).
Der Vater ist die Quelle allen Seins (Ps 35, 10),
    so daß es drei Hypostasen gibt (Hebr 1, 3; Hypostase als Realität für den Vater; Über-
        tragung auf Sohn und Geist durch Mt 28, 19?)
    Gott ist der Grund allen Seins, absolut allein ursprunglos (Gen 1, 1 in Verbindung mit
        Joh 1, 1).
Der Sohn ist erzeugt (Prov 8, 25) vom Vater außerhalb der Zeit (vgl. oben)
    geschaffen (Prov 8, 22)
    konstituiert (Prov 8, 23).
    Folglich ist er nicht ewig oder gleichewig mit dem Vater; es gibt keine zwei ungezeug-
        ten Prinzipien.
In diesem Sinne ist *der* Gott (Joh 1, 1) vor allen Dingen als Monas und Ursprung, folglich
auch vor dem Sohn. Aus der Perspektive des Sohnes ist der Sohn aus Gott gezeugt, aus dem
Schoß (Ps 109, 3) und aus dem Vater (Joh 8, 42).

Dieser hier exemplarisch angeführte Text des Arius und seiner Gefährten zeigt eindeutig, daß die Aussagen in den meisten Fällen durch einzelne Schriftverse abgedeckt sind. Daraus ergibt sich, daß die arianische Theologie zumindest auf den ersten Blick darin besteht,
daß biblische Belege aus ihrem eigenen Kontext herausgelöst und miteinander verbunden
werden. Dies soll hier an einem Beispiel verdeutlicht werden.
    Einer der zentralen Texte, die Arius heranzieht, ist Prov 8, 22-25 (nach der LXX). Ge-
genüber dem Masoretentext fällt in der LXX auf, daß hier die Erzeugung der Weisheit in der
präsentischen Form geboten wird vor der Erschaffung der Welt, die in der LXX durch „poiein" ausgedrückt wird, während die Entstehung der Weisheit durch den Begriff „ktizein" von
der gesamten Schöpfung abgehoben ist. Dadurch ist es für Arius evident, daß er einerseits die
Gezeugtheit der Weisheit bzw. des Logos oder Sohnes, andererseits die Vorzeitigkeit der
Gezeugtheit herausstellen kann. Zugleich ist es mit dem Verweis auf die Proverbienverse

möglich, die Andersheit des Hervorgangs des Sohnes gegenüber allen anderen Geschöpfen zu betonen (mit den Stichwörtern „ktizein" und „poiein"). Allerdings kann Arius aus der Proverbienstelle nicht ableiten, daß die gesamte Schöpfung durch den Sohn erfolgt ist und daß die Weisheit mit dem Logos als identisch gedacht wird. Die weitreichende Auslegungstradition der Proverbienstelle in Verbindung mit Gen 1, 1 und Joh 1, 1 sei hier allerdings nicht weiter verfolgt. Mit ihr könnte gezeigt werden, wie die erzeugte Weisheit mit dem Logos als Schöpfungsmittler verbunden worden ist, um daraus dann in der origenistischen Tradition eine Differenz von dem Gott und einem Gott (Joh 1, 1) im Sinne einer Unterordnung des Sohnes unter den Vater abzuleiten.[12] Entscheidend ist hier vielmehr, daß Arius in seinem Glaubensbekenntnis versucht, seine Aussagen biblisch abzusichern. Dies erreicht er jedoch nur dadurch, daß er auf der Grundlage traditioneller Bibelauslegungen einzelne Schriftverse kontextunabhängig miteinander kombiniert und dadurch eine Abfolge einzelner Aussagen über Gott, den Sohn und die Relation von Gott, Sohn und Welt (Schöpfung) erhält. Eine solche Vorgehensweise hat jedoch im arianischen Kontext selbst wiederum zwei Voraussetzungen. Zum einen ist evident zu machen, wieso einzelne Schriftverse derartig miteinander verbunden werden können; zum anderen ist auf den systematischen Ansatz des Arius zu rekurrieren.

4. Voraussetzungen der arianischen Theologie

4.1. Methodologisches Kriterium

Arius isoliert, wie dies in seiner Zeit gängige Praxis war, auf einer diachronen Ebene die biblischen Bezugspunkte vom synchronen Kontext. Über die Bedeutung einer solchen Vorgehensweise legt Arius selbst keine Rechenschaft ab, um Schrifttexte miteinander kombinieren zu können. Dieses Kriterium sei hier nur in Grundzügen angeführt: Es stammt aus der paganen, in Alexandrien beheimateten Homerallegorese, wonach Homer durch Homer selbst interpretiert werden müsse. Dies bedeutet, daß sich ein Autor nicht selbst widersprechen dürfe. Die sich ausschließenden Aussagen Homers oder dunkle Stellen sind so zu interpretieren, daß auf einer höheren Ebene das zunächst Dunkle dahingehend harmonisiert werden kann, daß der literale Gegensatz überwunden wird.[13] Dies betrifft in besonderer Weise auch die Interpretation des AT und NT, wonach sich aufgrund der Inspiration der Schrift grundsätzlich kein Widerspruch ergeben kann. Vorausgesetzt ist hier ein Einheitsmoment jenseits des verbalen Schriftsinnes, der es gestattet, die einzelnen Aussagen der Schrift aufeinander zu beziehen. Allein unter der Voraussetzung, daß die Schrift in sich geschlossen und widerspruchsfrei ist, daß einzelne Aussagen des Alten und Neuen Testamentes vom Kontext abgehoben und dann miteinander in eine wechselseitige Beziehung gesetzt werden können, ist es möglich, Gott in seiner Einheit und schließlich die innergöttliche Vater-Sohn-Relation in der Weise zu fassen, wie dies Arius z.B. in seinem Glaubensbekenntnis getan hat. Aber nicht allein dieses aus der paganen Homerexegese stammende Kriterium, das zuvor bereits von Origenes weitgehend adaptiert worden war, ist für die arianische Theologie maßgeblich, sondern darüber hinaus auch die systematischen Vorgaben der Gotteslehre selbst.

4.2. Das systematische Kriterium

Den Ausgangspunkt bildet in der arianischen Theologie die Betonung der absoluten Transzendenz und Aseität Gottes. Diesem Einheitsmoment Gottes (Monas) dienen, wie zuvor ausgeführt, alle Aussagen, die den Gott als ungeworden, ewig, anfangslos usw. herausstellen, die allein auf den *einen* Gott zutreffen. Um den Sohn von der gesamten Schöpfung abzuheben, stellt Arius heraus, daß der Sohn zwar einen Anfang des Seins hat, weil er der Einziggeborene oder Einziggezeugte ist, aber die Zeugung des Sohnes ist – entgegen den Ausführungen in der Thalia[14] – so konzipiert, daß der Sohn, weil durch ihn die Welt geschaffen ist und die Zeit koextensiv mit der Welt ist, vor den Zeiten und Äonen entstanden ist. So ist der Sohn, durch den *Willen* des Gottes hervorgebracht, also durch einen noetischen Vorgang, von allen Geschöpfen unterschieden und in diesem Sinne unveränderlich und unwandelbar. Erst hier – und da ist die Wortwahl des Arius äußerst präzise – ist von einer Vater-Sohn-Relation zu sprechen, indem der Sohn vom Vater Leben, Sein und Herrlichkeit empfangen hat und so zu einer in sich auf sich selbst bezogenen Einheit wird. Wäre der Sohn mit dem Vater gleichursprünglich, d.h. gleichewig, gäbe es zwei ungewordene Ursprünge, also einen Ditheismus. Wiewohl Arius m.E. behauptet, daß der Gott als Vater nur dann prädizierbar ist, wenn der Sohn ist, wendet sich Arius strikt gegen die Auffassung, wonach aus dem Relationsbegriff gefolgert werden könnte, daß Vater und Sohn gleichurspünglich sind, so daß zwei Prinzipien angenommen werden müßten. Selbst im aristotelischen Kontext ist eine solche Schlußfolgerung nicht zwingend. Denn Aristoteles betont in der Kategorienschrift[15], daß es zwar Relativa gebe, die sich wechselseitig aufheben: z.B. wenn kein Doppeltes ist, gibt es auch kein Halbes. Aber diese Bestimmung trifft nicht auf alle Relativa zu, etwa auf das Sensible und die Wahrnehmung. Wenn das Sensible aufgehoben ist, gibt es zwar keine Wahrnehmung; aber es kann die Wahrnehmung aufgehoben werden, ohne daß daraus folgt, daß auch das Sensible aufgehoben wäre. Dem entsprechend kann Arius die Vater-Sohn-Relation in einem vorzeitlichen Sinne so auffassen, daß der Vater logisch früher ist als der Sohn, so daß Gott zumindest potentiell als Vater prädizierbar ist, selbst wenn der Sohn nicht ist. Es handelt sich dann um eine nicht-reziproke Relationsbestimmung von Vater und Sohn, aus der Arius die Nicht-Gleichursprünglichkeit von Vater und Sohn hinsichtlich des logischen Verhältnisses jenseits der mit der Welt koextensiven Zeitbestimmung ableitet. Wenn Vater und Sohn nicht gleichursprünglich sind, weil der Sohn erzeugt wurde, sind Vater und Sohn auch nicht gleichewig, so daß der Gott (Vater) von Gott (ohne Artikel im Griechischen; Logos oder Sohn) unterschieden bleibt[16], wiewohl auch der Sohn *qua* Logos unwandelbar ist. Dem entsprechend „war" der Sohn (logisch) nicht, bevor er erzeugt wurde, woraus sich im antiarianischen Kontext der Schluß nahelegte, daß der Gott nicht immer Vater war, sofern die Vater-Sohn-Relation dann so bestimmt ist, daß zugleich mit der Prädikation Sohn auch die Prädikation Vater gegeben ist. Aber genau das scheint nicht der genuine Ansatz des Arius zu sein. Dennoch ist darauf zu verweisen, daß Arius mit seiner Redeweise der Vorzeitigkeit der Erzeugung des Sohnes bzw. der Fragestellung von Ewigkeit oder Gleichewigkeit trotz der logisch gefaßten Relation von Vater und Sohn allen weiteren anti-arianischen Spekulationen Tür und Tor geöffnet hat. Meines Erachtens läßt sich die arianische Position, die hier in Grundlinien aufgrund der sicher dem Arius zuzuweisenden Schriften nachgezeichnet wurden, vor allem vor einem origenistischen Hintergrund verstehen, zumal Arius die Verhältnisbestimmung von dem Gott und dem Sohn als einem Gott durch die Begriffe Monas und Dyas als erster Vielheit, die sich selbst auf sich selbst zur Einheit konstituiert, beschrieben haben dürfte.[17] Arius bewegt sich hier auf der Ebene einer subordinativen innergöttlichen Verhältnisbestimmung von Gott und Logos bzw. Vater und Sohn, so daß nicht ersichtlich ist, wie er den Bezug des Logos / Sohnes zu Jesus Christus konzipierte.[18]

4.3. Origenistischer Kontext[19]

Wie das göttliche Prinzip als solches verstanden werden kann, bleibt unserem menschlichen Denken unzugänglich. So betont Origenes in der Schrift *De principiis* mit allem Nachdruck, daß Gott nicht an sich, wie er ist, erkannt werden kann, sondern nur von der Schöpfung aus als Vater des Alls.[20] Dies bedeutet, daß jede Konzeption von Gott unter der Maßgabe unserer menschlichen, durch Differenz bestimmten Sprache erfolgt, da durch Sprache stets etwas in Bezug zu anderem benannt wird. Dennoch unternimmt es Origenes, für Gott nähere Bestimmungen einzuführen, die als solche auf den ersten Blick kaum in Einklang zu bringen sind. Denn in *De principiis* I 1, 6 hebt er hervor, daß Gott, der unkörperlich ist, eine einfache geistige Natur ist (*intellectualis natura simplex*), die keinerlei Hinzufügung zuläßt, eine reine Einheit, die Origenes mit den Begriffen Monas und Henas faßt, ein Denken (*mens*) und eine Quelle (*fons*), aus der jede geistige Natur ihren Ursprung hat. Sofern jene göttliche Natur einfach und ganz Denken ist, kann auch keine Hinzufügung gedacht werden, die die Bewegung oder das Wirken dieser einen geistigen Natur einschränken könnte. In diesem Sinne kann Gott der Ursprung aller Dinge sein, das *principium omnium*.[21]

Aus dieser Darstellung ergeben sich für das göttliche Prinzip folgende Merkmale: Als Monas oder Henas ohne alle Zusammensetzung oder Differenz in sich selbst (*uti ne compositum inveniatur et diversum*) ist der Ursprung von allem zugleich Denken (*nous*) mit einer Bewegung und Wirkung. Wenn das Eine als Prinzip jedoch ganz Denken ist, kann dieses göttliche Denken ohne alle Andersheit in sich selbst nicht in dem Sinne gefaßt werden, daß dieses Denken in einer auf sich selbst gerichteten Denkbewegung, also einer Selbst-Reflexion, sich selbst als Zu-Denkendes gegenübersetzt. Dieses Zu-Denkende (*noeton*) wird dann als mit sich selbst identisch gesetzt, wie dies beim absoluten *nous* des Plotin der Fall ist, da dadurch eine innere Differenziertheit des Denkens als *Selbst*-Denken vorausgesetzt ist. Was versteht also Origenes unter der göttlichen Monas oder Henas, die zugleich *nous* ist und – wie Origenes in *Contra Celsum* betont[22] – auch jenseits des *nous* ist?

Diesem ersten noetischen, in sich *einen* Prinzip (Gott-Vater) steht der Sohn gegenüber, der in zeitloser Schöpfung vom Vater erzeugt wurde und als der einziggeborene Sohn Gottes *dessen* Weisheit (*sapientiam eius*)[23] ist, die als solche wesenhaft subsistiert (*substantialiter subsistentem*) und so eine Hypostasis bildet. Die Weisheit enthält, so betont Origenes, alle Ursprünge, *rationes* und *species* in sich[24] und ist als dieses zeitlos hervorgebrachte Denken ein lebendes Wesen (*animal vivens*)[25], das als Demiurg die Welt hervorbringt[26]. Damit faßt Origenes den Logos oder die Weisheit in dem Sinne auf, daß der Logos ein Denken (*nous*) ist, das den Ideenkosmos in sich enthält. Er schließt in seiner auf sich gerichteten Reflexion alle *noeta* zu einer Einheit (Henas oder Monas) zusammen, selbst wenn diese Einheit der Weisheit oder des Logos in einem abgeleiteten Sinne zustandekommt. Die Weisheit ist von der ersten Einheit (dem Gott-Vater) zeitlos hervorgebracht, so daß das Denken der *noeta* durch den *nous* selbst zeitlos ist. Diese Form des Denkens ist wohl so aufzufassen, daß das Denken im inneren Hervorgang dieses Zu-Denkende oder die *noeta* als das mit dem Denken selbst Identische denkt und trotz der Vielheit der *noeta* in der Selbstreflexion zur Einheit verbindet.

Damit hat Origenes in *De principiis* zwei Einheiten konstituiert, die jeweils als Denken konzipiert sind: Die Monas oder Henas des Vaters, dessen Denken ohne die *noeta*, die dem Logos oder der Weisheit eigen sind, gedacht ist auf der einen Seite und eine zweite Einheit, nämlich die der Weisheit oder des Logos, die dadurch zustande kommt, daß das Gedachte bzw. die Ideen im Denkakt zur Einheit des zeitlosen *nous* zusammengeführt sind, so daß dieses Denken der Weisheit durch Bestimmungen wie Vielheit in der Einheit, Selbigkeit und Andersheit, Ständigkeit und Bewegung charakterisiert ist. Dem entsprechend ist das erste Eine im Verhältnis zum zweiten Einen auch so zu bestimmen, daß es ein Denken (*nous*) und zugleich jenseits des *nous* ist, nämlich jenseits des Denkens des zweiten Einen (des Logos / der Weisheit). Sowohl zwischen dem *Denken* des ersten und des zweiten Einen als auch zwischen der *Einheit* als solcher von beiden Einen besteht also ein grundlegender Unterschied, der sich deutlich qualifizieren läßt als eine Auslegung des platonischen Parmenides, nämlich einer prinzipientheoretischen Deutung der ersten und zweiten Hypothesis, also dem *hen* und dem *hen on*. Eigentümlich ist das Verständnis des Origenes insofern, als er – anders als etwa Plotin – beiden Einen den Charakter der Intelligibilität zuspricht.

Aufgrund dieser Position, die Origenes in *De principiis*, in ähnlicher Form jedoch auch in *Contra Celsum* oder im Johanneskommentar entwickelt, lassen sich weitere Äußerungen verstehen, so z.B.: Der Sohn weiß den Vater nicht in der Weise, wie der Vater „sich selbst" weiß, so daß der Vater größer ist als der Sohn (vgl. Joh 14, 28). Wenn nämlich der Vater in seinem Denken so bestimmt wird, daß dieses Denken in sich auf sich selbst gerichtet ist, ohne die Einheit Gottes in Form einer auf eine Andersheit gerichteten Bewegung verändern zu können, ist das Denken und Wissen des Sohnes trotz der Herkunft des Sohnes vom Vater durch Differenz zu bestimmen. Das Denken des Sohnes konstituiert sich nämlich dadurch, daß es durch das Denken der Denkinhalte bzw. des Zu-Denkenden oder der *noeta* zu einer wesenhaften Hypostasis wird und diese *noeta* zur Einheit einer durch Andersheit bestimmten *Selbst*-Reflexion zusammenführt. Weil diese in der intelligiblen Selbstreflexion sich bildende Einheit des Sohnes vom Vater als der Ursache von allem hervorgebracht ist, somit eine strukturelle Ähnlichkeit von Vater und Sohn hinsichtlich von Denken und Einheit besteht, kann der Sohn den Vater aber in einem gewissen Sinne erfassen,[27] wiewohl es zutreffender ist, daß der Vater als Ursache und Quelle von allem auch den Sohn umfaßt.[28] Alles, was durch den Sohn hervorgebracht wird, z.B. alle geschaffenen intelligiblen Wesen, wissen dann Gott durch den Sohn,[29] so daß die Rückkehr alles Intelligiblen zu Gott durch die Selbstreflexion des Sohnes zustande kommt.

An der Position des Origenes ist einerseits die strikte Einhaltung der absoluten Einheit Gottes als Monas und Henas evident, andererseits ist es auch einsichtig, wie die Einheit der Weisheit bzw. des Logos dadurch ihr konstitutives Element erhält, daß im Denken des Logos das Zu-Denkende (*noeton*) bzw. der *kosmos noetos* als das für den Logos Eigene auf das Subjekt des Denkens rückbezogen ist, so daß das Denken, wenn es die *noeta* denkt, diese in sich selbst mit sich selbst identisch denkt. Es ist das *hen on* der zweiten Hypothesis des platonischen Parmenides. Wie ist jedoch das *Denken* des ersten Prinzips, nämlich Gottes, zu bestimmen, wenn es nicht als ein Denken der *noeta* vorstellbar ist, was für den Logos charakteristisch ist?

Aufschluß darüber scheint ein Text zu geben, der bisher für diese Fragestellung bei Origenes und in der Folge davon für Arius nicht herangezogen wurde, nämlich der Parmenideskommentar des Turiner Palmpsestes, den P. Hadot dem Porphyrios zugewiesen hatte, der in jüngster Zeit jedoch – meines Erachtens zu Unrecht – als vorplotinisch eingestuft wurde.[30] Aufschlußreich ist hier vor allem das 6. Fragment: Das absolute Denken denkt sein eigenes

Subjekt zugleich als Objekt, d.h. es denkt sich als das, das das Zu-Denkende denkt (nämlich das *noeton* oder die Gesamtheit der *noeta*); zugleich weiß das Denken, daß es denkt, was gedacht *ist*. Dieses Selbst-Wissen des Denkens, *daß* es denkt, befähigt das Denken erst, daß sich der Geist (*nous*) selbst sieht und sich in sich selbst auf sich selbst wendet. Indem das Denken in der Selbstreflexion sich in sich wendet und weiß, *daß* es denkt, befindet es sich in völliger Selbstidentität mit sich selbst und ist jenseits von allem und jenseits der Distinktion von Subjekt und Objekt. Diese Form der völligen Selbstübereinstimmung des Denkens ohne jegliche Differenz ist das erste Moment des Denkens, die der Autor des Parmenideskommentars als Ursache von allem bezeichnet, als erstes Prinzip oder das reine Eine der ersten Hypothesis des platonischen Parmenides. Ohne die Bezüglichkeit auf die *noeta*, also das Zu-Denkende, ist diese Form des Denkens in völliger Identität mit sich selbst nur es selbst. Als Ermöglichungsgrund des Denkens befindet sich dieses erste Eine jenseits des Denkens *und ist zugleich* Denken als reines objektloses Sehen, ohne in sich selbst zurückkehren zu können. In diesem Sinne ist es vorseiend, zugleich aber als reine Wirksamkeit das absolute Sein. Dieses Eine des ersten absoluten, mit sich selbst identischen Seins des ersten Prinzips bildet den Ausgang der Selbstkonstitution des Denkens in der zyklischen Bewegung des *hen on*, indem das zweite Eine die *noeta* (Objekte des Denkens) mit dem Subjekt des Denkens als dessen eigene immanente Denkbestimmungen identisch setzt und so trotz der Einheit durch die *noeta* Vielheit ist. Die Bedingung der Möglichkeit des Rückgangs auf sich selbst ist für das Denken des seienden Einen das absolute Eine selbst als das erste *noeton*, was der Autor des Parmenideskommentars wohl als *reines Sehen* des absoluten Einen versteht.

Von hier aus könnte das zweifache Sehen und Denken der absoluten Einheit und der Weisheit (Logos) bei Origenes deutlicher gefaßt werden, indem die Einheit Gottes als Grund und Bezugspunkt des Denkens der Weisheit verstanden würde. Behauptet soll hier jedoch nicht werden, daß Origenes notwendig vom Parmenideskommentar des Turiner Palimpsestes abhängig wäre. Genauso gut ließe es sich vorstellen, daß etwa die Diskussion in der sethianischen Gnosis, etwa in der Schrift Allogenes, *der Anlaß* gewesen ist, das Verhältnis von erster und zweiter Hypothesis des platonischen Parmenides zu klären – und dies in unterschiedlichen Kontexten bei Origenes und dem Parmenideskommentar des Turiner Palimpsestes.[31] Aus den Bestimmungen des Origenes ist jedoch ersichtlich, daß Vater und Sohn zeitlos aufeinander bezogen sind und daß der Vater das Prinzip bildet, aus dem der Sohn bzw. Logos hervorgeht und in diesem Sinne dem Vater unterzuordnen ist.

Diese von Origenes her entwickelte Konzeption bildet meines Erachtens den Kontext, aus dem heraus zu Beginn des vierten Jahrhunderts der Konflikt zwischen Arius und seinem Bischof Alexander entsteht. Sowohl Alexander als auch Arius greifen auf Origenes zurück, und Arius konnte zurecht betonen, daß dies der gemeinsame Glaube sei, den er und Alexander teilten. Der Unterschied lag meines Erachtens in einer unterschiedlichen Interpretation der origenistischen Gedanken.[32] Arius betonte die Differenz zwischen Gott und der Vater-Sohn-Relation im Sinne einer Unterordnung, während Alexander von der Relationalität von Vater und Sohn ausging. Die arianische Position ist zugleich der Versuch, das philosophisch strukturierte Modell des Origenes in biblische Kategorien zu kleiden. Unausgewogen scheint vor allem der Zeitbegriff bei Arius zu sein, problematisch der Schaffensbegriff, mit dem Arius eine klare Differenz zwischen Welt und Gott zieht, ihn aber zugleich auf den Logos / Sohn anwendet.

5. Wirkungsgeschichte

Für die Beurteilung der Wirkungsgeschichte der arianischen Theologie ist es entscheidend, sich vor Augen zu halten, daß sich Arius selbst – wie zuvor gezeigt – in seinem Denken in der origenistischen Tradition befindet. Von dort übernimmt er in der Gotteslehre die Unterordnung des Sohnes unter den Vater sowie die exegetischen Methoden, mit denen er die Schrift interpretiert und zu dem Ergebnis gelangt, daß das Zeugnis des Alten und Neuen Testamentes seine Auffassung des Verhältnisses von Vater und Sohn unterstützt. Problematisch ist vor allem, daß Arius davon spricht, daß der Logos bzw. der Sohn mit dem Vater nicht gleichewig sein könne, d.h. daß es eine Zeit „vor" der Zeit gab, in der der Sohn nicht war. Dies verstand Arius aber offensichtlich in dem Sinne, daß damit eine Relation von Vater und Sohn ausgesagt wird, die in logischen Kategorien gefaßt werden kann. Unter dieser Voraussetzung interpretierte Arius auch den Begriff des Schaffens: Dieser drücke einerseits die Subordination des Sohnes unter den Vater aus, also ein innergöttliches Verhältnis, andererseits ist damit die Differenz zwischen dem Geschaffensein des Sohnes und der gesamten Schöpfung ausgesagt. Der Sohn ist zwar ein Geschöpf, weil er einzigerzeugt ist, aber er ist nicht wie eines der Geschöpfe. Der wesentliche Schritt für die gesamte Wirkungsgeschichte besteht nun darin, daß bereits in der unmittelbaren Auseinandersetzung mit Arius im Umfeld des Konzils von Nizäa (325) solche Aussagen des Arius so interpretiert wurden, daß der Sohn ein Geschöpf wie alle anderen Geschöpfe sei, eine Schlußfolgerung, die aber erst durch die Neo-Arianer Aetius und Eunomius gezogen wurde. Denn der Bischof Alexander von Alexandrien oder der junge Athanasius – wenn die Überlegungen zur Verfasserschaft zur Enzyklika (Urk. 4b) durch G. C. Stead zutreffen[33] – verändern die Position des Arius maßgeblich. Dort – in der Urk. 4b – heißt es: „Gott war nicht immer Vater; vielmehr gab es eine Zeit, da Gott nicht Vater war. [Auch] ist der Logos Gottes nicht immer gewesen, sondern [irgendwann einmal] aus dem Nichts entstanden. (...) So gab es denn eine Zeit, da er [der Logos] nicht war. Denn der Sohn ist ein Geschöpf und Erzeugnis. (...) sondern er ist eines der geschaffenen und gewordenen Wesen (....)."[34] Diese Darstellung, die sich bei Athanasius an zahlreichen Stellen findet,[35] widerspricht eindeutig den Aussagen des Arius, wonach der Sohn bzw. der Logos gerade nicht ein Geschöpf wie alle anderen ist. Aber diese Sichtweise des Athanasius ist maßgeblich geworden für alle weiteren Auseinandersetzungen mit der Theologie des Arius, sei es, daß eine Verbindung zwischen Arius und Eunomius hergestellt wird wie bei Basilius von Caesarea oder Gregor von Nyssa, sei es, daß eine direkte Beeinflussung des Sabellius auf Arius angenommen wird wie bei Theodoret.[36] Diese Sichtweise der arianischen Theologie bestimmt nicht nur den griechischen Osten bis ins 15. Jh., sondern betrifft nach der Schrift *Adv. Arium* des Marius Victorinus auch den Westen in gleichem Maße, vor allem, nachdem Augustinus und Ambrosius die stereotypen Wendungen des Ostens in ähnlichen Worten wiedergeben.[37] Vor allem seit dem 18. Jh., bei J. L. Mosheim, J. A. v. Starck, Chr. W. F. Walch, oder dem 19. Jh. bei W. Münscher oder A. Neander, F. Chr. Baur oder F. W. J. Schelling zeigt sich die Tendenz, die origenistische Tradition erneut zu berücksichtigen und die arianische Theologie in einen breiteren Kontext einzuordnen.[38] Entscheidend ist, daß bereits in der unmittelbaren Auseinandersetzung mit der arianischen Theologie – allen voran bei Athanasius – der Grundstein gelegt wurde, daß das Anliegen des Arius, nämlich die Verhältnisbestimmung von Vater und Sohn im origenistischen Kontext zu explizieren, in ein Licht gerückt wurde, das Arius selbst fremd war: Für ihn ist der Sohn bzw. der Logos gerade nicht ein Geschöpf wie alle anderen, wie dies Athanasius darzustellen versucht, sondern er gehört trotz der Unterordnung des Sohnes unter den Vater zu Gott und ist von allen anderen

Geschöpfen grundsätzlich verschieden. Ungeklärt scheint vor allem der Zeit- und Schöpfungsbegriff zu sein, ein Problem, das vor allem in den anti-eunomianischen Streitigkeiten zur Diskussion stand. Man sollte jedoch von einem Theologen der origenistischen Tradition, in die Arius gehört, nicht erwarten, daß er Lösungen von Problemen expliziert, die zu seiner Zeit nicht virulent waren.

---

[1] A. VON HARNACK, Lehrbuch der Dogmengeschichte in drei Bänden, Bd. 2: Die Entwicklung des kirchlichen Dogmas 1, Tübingen [4]1909, 222.

[2] Vgl. dazu z.B. R. M. HÜBNER, Zur Genese der trinitarischen Formel bei Basilius von Caesarea, in: M. Weitlauff, P. Neuner (Hgg.), Für euch Bischof, mit euch Christ. FS für Friedrich Kardinal Wetter zum siebzigsten Geburtstag, St. Ottilien 1998, 123-156; CHR. MARKSCHIES, Alta Trinità Beata, Gesammelte Studien zur altkirchlichen Trinitätstheologie, Tübingen 2000, 196-237.

[3] Vgl. Urkunden zur Geschichte des arianischen Streits, ed. H. G. Opitz, Berlin, Leipzig 1934/1935; zur Chronologie vgl. TH. BÖHM, Die Christologie des Arius. Dogmengeschichtliche Überlegungen unter besonderer Berücksichtigung der Hellenisierungsfrage, St. Ottilien 1991, 43-52; TH. BÖHM, Einige Aspekte zur jüngeren Arius-Forschung, in: MThZ 44 (1993) 109-118, hier 114f (zu neueren Ansätzen) sowie W. A. BIENERT, Dogmengeschichte, Stuttgart, Berlin, Köln 1997, 159f.

[4] Vgl. Athanasius, De synodis 15; C. Arianos I 5-6; dazu K. METZLER, Ein Beitrag zur Rekonstruktion der »Thalia« des Arius (mit einer Neuedition wichtiger Bezeugungen bei Athanasius), in: Ariana et Athanasiana. Studien zur Überlieferung und zu philologischen Problemen der Werke des Athanasius von Alexandrien von K. Metzler und F. Simon, Opladen 1991, 11-45.

[5] Vgl. CH. PIETRI, CHR. MARKSCHIES, Theologische Diskussionen zur Zeit Konstantins: Arius, der „arianische Streit" und das Konzil von Nizäa, die nachnizänischen Auseinandersetzungen bis 337, in: Th. Böhm, Das Entstehen der einen Christenheit (250-430) = Die Geschichte des Christentums Bd. 2, ed. N. Brox u.a., Freiburg, Basel, Wien 1996, 271-344, hier 289-302.

[6] Vgl. Urk. 1,4 (3 Opitz).

[7] Vgl. dazu vor allem H. CHR. BRENNECKE, Lukian in der Geschichte des Arianischen Streites, in: Logos. FS L. Abramowski, edd. H. Chr. Brennecke u.a., Berlin 1993, 170-192.

[8] Vgl. dazu und zu den folgenden Ausführungen mit den entsprechenden Nachweisen TH. BÖHM, Die Christologie des Arius (Anm. 3), 34-42 und CH. PIETRI / CHR. MARKSCHIES, Theologische Diskussionen (Anm. 5), 289f sowie C. HAAS, The Arians of Alexandria, in: VigChr 47 (1993) 234-245.

[9] Vgl. dazu TH. BÖHM, Die Christologie des Arius (Anm. 3), 221 mit den dortigen Hinweisen.

[10] Urk. 6 (12-13 Opitz).

[11] Die Darstellung folgt der Übersetzung von A. M. RITTER, Alte Kirche, Neukirchen-Vluyn [7]2002, 132f; vgl. dazu auch TH. BÖHM, The Exegesis of Arius: Biblical Attitude and Systematic Formation, in: Ch. Kannengiesser, Handbook of Patristic Exegesis, Vol. I, Leiden 2004 687-705.

[12] Vgl. TH. BÖHM, The Exegesis of Arius (Anm. 11), 695-700.

[13] Vgl. B. NEUSCHÄFER, Origenes als Philologe, Basel 1987, 276-285; TH. BÖHM, The Exegesis of Arius (Anm. 11), 700-702.

[14] Vgl. Athanasius, De syn. 15 (243,13 Opitz); dazu TH. BÖHM, Die Thalia des Arius: Ein Beitrag zur frühchristlichen Hymnologie, in: VigChr 46 (1993) 334-355, hier 336.

[15] Vgl. Aristoteles, Cat. 7b.

[16] Vgl. N. BROX, „Gott" mit und ohne Artikel. Origenes über Joh 1,1, in: BN 66 (1993) 32-39; TH. BÖHM, The Exegesis of Arius (Anm. 11), 698f mit den entsprechenden Hinweisen auf Origenes und Apollonios Dyskolos.

[17] Zur Theologie des Arius vgl. z.B. mit weiterer Lit. CH. PIETRI / CHR. MARKSCHIES, Theologische Diskussionen (Anm. 5), 291-294.

[18] Anders CH. PIETRI / CHR. MARKSCHIES, Theologische Diskussionen (Anm. 5), 293.

[19] Zu Origenes und dem Turiner Palimpsest werde ich eine eigene Studie vorlegen.

[20] Vgl. Origenes, De princ. I 1, 6.

[21] Vgl. dazu TH. BÖHM, Unbegreiflichkeit Gottes bei Origenes und Unsagbarkeit des Einen bei Plotin – Ein Strukturvergleich, in: L. Perrone (Hg.), Origeniana octava, Vol. I, Leuven 2003, 451-463.

[22] Vgl. Origenes, C. Cels. VI 64-65.

[23] Vgl. Origenes, De princ. I 2, 2.

[24] Vgl. Origenes, De princ. I 2, 2.

[25] Vgl. Origenes, De princ. I 2, 2.

[26] Vgl. Origenes, De princ. I 3, 1.

[27] Vgl. Origenes, De princ. IV 4, 8.

[28] Vgl. Origenes, De princ. IV 4, 8.

[29] Vgl. Origenes, in Joh. I 16.

[30] Vgl. G. BECHTLE, The Anonymous Commentary on Plato's „Parmenides", Bern u.a. 1999 mit den dortigen Nachweisen zu Hadot.

[31] Dazu TH. BÖHM, Unsagbarkeit und Unbegreiflichkeit des Prinzips in Gnosis und Neuplatonismus. Zur prinzipientheoretischen Auslegung der ersten Hypothesis des platonischen Parmenides bei Allogenes und Plotin, in: A. Franz, Th. Rentsch (Hgg.), Gnosis oder die Frage nach Herkunft und Ziel des Menschen, Paderborn u.a. 2002, 81-95.

[32] W. A. BIENERT, Dogmengeschichte (Anm. 3), 162 sieht hier eine schärfere Distinktion zwischen Arius und Origenes.

[33] Vgl. G. C. STEAD, Athanasius' earliest written Work, in: JThS 39 (1988), 76-91; vgl. auch TH. BÖHM, Einige Aspekte (Anm. 3), 114f.

[34] Die Übers. lehnt sich an A. M. RITTER, Alte Kirche (Anm. 11), 131 an.

[35] Vgl. z.B. Athanasius, De syn. 17,4; ep. ad episc. 25.

[36] Eine detaillierte Untersuchung dieser Zusammenhänge muß einer weiteren Studie vorbehalten bleiben.

[37] Auch hier muß auf einen Nachweis verzichtet und auf eine eingehende Untersuchung verwiesen werden.

[38] Vgl. dazu TH. BÖHM, Die Christologie des Arius (Anm. 3) 5-7.

GISBERT GRESHAKE

Pelagius – ein Theologe im Abseits und doch allgegenwärtig

Als Häretiker verschrien

Man stelle sich einmal vor, in einer fernen Zukunft der Geschichte würde man aus irgendwelchen Gründen von Papst Pius XII. allein durch das Hochhuthsche Drama „Der Stellvertreter" Kenntnis haben; er wäre dann eine der erbärmlichsten Figuren der Kirchenhistorie. Das Beispiel zeigt: Die Einschätzung eines geschichtlichen Phänomens ist wesentlich geprägt von dessen Tradenten.

Pelagius, von dem nun die Rede sein soll,[1] kennen wir fast nur durch übelwollende Traditionsmittler, vor allem durch Augustinus und Hieronymus.[2] Beide sind emotional gegen ihn voreingenommen. Beim Bischof von Hippo befindet sich einmal die eigene religiöse Erfahrung in schreiendem Gegensatz zu der des Pelagius, zum andern steht seine Reputation als führender nordafrikanischer Theologe auf dem Spiel, da seine Erbsündenlehre, die ohnehin einen schweren Stand hatte, von Pelagius heftigst attackiert wird. So kann er sich nicht genug darin tun, ihn zu verketzern als einen, der „das Fundament des christlichen Glaubens zerstört", da er „überhaupt nichts anderes als Gnade bezeichne, denn unsere mit Freiheit ausgestattete Natur" (De gest. 35,61; 27,41). Ähnlich verketzert ihn Hieronymus, aber aus anderen Gründen: er hat für ihn deshalb nur geifernde Polemik übrig, weil dieser in Rom in seine eigene Klientel, die Hocharistokratie, eingebrochen war. Darüber hinaus wurde er von Pelagius öffentlich bloßgestellt, da dieser gegen eine seiner antijovianischen Schriften, worin er die Ehe in den Schmutz zog, völlig zu Recht Alarm geschlagen hatte, so dass der Polemiker von Bethlehem sich korrigieren musste. Aus Eifersucht und „beleidigter Schönheit" also kennt Hieronymus nur wilde Polemik gegen ihn. Ein kleines Beispiel: „Er (Pelagius) stampft wie ein Tölpel daher, von schottischem Mehlbrei vollgestopft... Wie ein Alpenhund groß und dick, drückt er alles in sich hinein und zerstampft alles gleichwie mit Stiefeln und nicht mit Zähnen... Er kriecht watschelnd daher wie eine Schildkröte" (In Jer.prol.; Dial.c.Pelag. III,1. 16).

Nicht zuletzt auf Grund der Autorität dieser beiden Kirchenväter hatte Pelagius die ganze Kirchengeschichte hindurch eine absolut üble Einschätzung. Er ist „one of the most maligned figures in the history of theology," bemerkt R. F. Evans.[3] Als „puren Rationalismus",[4] „verworrenen moralischen Humanismus"[5] und Vorwegnahme des späteren Liberalismus und Freidenkertums[6] kennzeichnen Theologen seine Lehre. Die Idee einer „autonomen Leistungsethik"[7] zeige klar und eindeutig, dass die pelagische Lehre – so der berühmte Theologiehistoriker Adolf v. Harnack – „im tiefsten Grunde *gottlos*" sei.[8] Bis heute ertönt der Schlachtruf „Pelagianismus", wenn eine theologische Position die menschliche Freiheit und Selbstbestimmung hervorhebt. In diesem Sinn warf z.B. Melanchthon den katholischen Theologen seiner Zeit ein πελαγιανίζειν, ein „Sich-wie-Pelagius-Verhalten" vor. So wurde Pelagius gewissermaßen zum „Vertreter eines ewigen Anliegens",[9] der da auftaucht, wo in der Geschichte Bewegungen auftreten, welche Freiheit und Emanzipation auf ihre Fahnen geschrieben haben. Mehr als einmal wird in der theologischen Literatur darauf hingewiesen, dass Pelagius und Augustinus Chiffren für einen „Konflikt zwischen zwei bleibenden religiösen Haltungen" sind,[10] ja sogar Vertreter zweier total verschiedener Religionen.[11]

Wer war Pelagius wirklich?

Ist mit all dem aber Pelagius überhaupt getroffen? Wer war er wirklich? Erst seit einigen Jahrzehnten versucht man, jenseits der entstellenden Spiegelung durch Augustinus und Hieronymus zu blicken, um seiner authentischen Gestalt ansichtig zu werden.

Wir wissen wenig über Pelagius. Vermutlich stammt er aus Irland oder Britannien, wo er um 355 geboren wurde. Um 400 tritt er in Rom als eine Art „Laienmönch" auf, der aber – wie er sagt – den Namen „laicus" oder „Christianus" lieber tragen möchte als den des Mönchs.[12] Er wirkt als Lehrer des geistlichen Lebens, vor allen in der römischen Aristokratie sowie in anderen vermögenden und einflussreichen Kreisen, die ihm lange mit Sympathie begegnen und gegen die augustinischen Machenschaften zu halten versuchen. Er tritt in einer Zeit auf, in der in Rom die letzten Reste des Heidentums zerbrechen und ein massenhaftes Eindringen von bis dahin heidnischer Familien und Individuen in die Kirche erfolgt. Damit findet aber auch ein riesiger Laxismus in die Gemeinden Eingang. Denn bei sehr vielen ist der Grund ihrer Bekehrung nicht religiöser Art, sondern reinster Opportunismus. Ein anschauliches Bild dieser Situation zeichnet Augustinus: „Wie viele suchen Jesus nur um irdischer Vorteile willen! Der eine hat eine Geschäftsangelegenheit – er sucht die Vermittlung des Klerus; ein anderer wird von einem Mächtigen bedrängt – er nimmt zur Kirche Zuflucht; wieder ein anderer will, dass man für ihn Vermittler spielt bei jemandem, wo man selbst nichts ausrichtet. Der eine so, der andere anders; täglich füllt sich die Kirche mit solchen ‚Christen'. Kaum wird Jesus um Jesu willen gesucht" (In Joh. 25,10). Man sieht, dass dem Christentum die Zukunft gehört, *darum* wechselt man die Fahne. So ist zu verstehen, dass eine Reihe ernsthafter Christen gerade in dieser Zeit nachdrücklich die Forderung zu authentischem und entschiedenem Christsein erheben. Gegen den Laxismus appellieren sie an die Freiheit des Menschen, die christlichen Forderungen ohne Abstriche im privaten und öffentlichen Leben zu verwirklichen. Sie wehren sich mit aller Kraft dagegen, dass aus dem „konventionellen Heiden" ein „konventioneller Christ" wird. Vor diesem Hintergrund, vor allem von diesem Appell an die Entschiedenheit christlicher Praxis her muss man Pelagius und seinen Schüler- und Sympathisantenkreis verstehen.

Noch ein zweites charakterisiert die damalige Situation in Rom: Das Vordringen eines an der Askese interessierten Christentums, vor allem innerhalb der Aristokratie. Die Nachrichten von den wundersamen asketischen Leistungen der ägyptischen Wüstenmönche faszinieren und laden zu Ähnlichem ein. Auch in diese Richtung engagieren sich Pelagius und seine Anhänger. In beiden Hinsichten haben sie sich aber offenbar mit Kreisen auseinanderzusetzen, welche dezidiert christliches und erst recht asketisches Handeln nicht so ohne weiteres für möglich hielten, sei es dass man in manichäischer Weise die Sünde des Menschen als eine Art böser Substanz bezeichnete, die apriori ein moralisch gutes Handeln verhinderte, sei es dass man Formen einer Erbsündenlehre vortrug, nach welcher dem Menschen die Fähigkeit abging, das Gute und Rechte zu tun. „Es ist hart, es ist schwer, wir können es nicht, Menschen sind wir in zerbrechlicher Fleischesgestalt", so charakterisiert Pelagius das Jammern der zum Handeln nicht Willigen (Ad Dem.16). An anderer Stelle schreibt er: „Unendliche Erleichterung bereitet es den Übertretern des göttlichen Gesetzes, wenn sie das, was sie nicht tun (nämlich das Gute), eher für grundsätzliches Unvermögen als für Böswilligkeit halten dürfen ... und dass es darum eine leichte oder gar keine Sünde ist, wenn man sich in der Verteidigung auf ‚Unmöglichkeit' berufen kann" (De poss, III,1).

Genau gegen diese Einstellung setzen sich die Pelagianer mit Nachdruck für die Fähigkeit des Menschen ein, jederzeit das Gute ins Werk setzen zu können und deshalb auch zu müssen. Gegen den Laxismus einer nun beginnenden Volkskirche suchen sie nochmals die altchristliche Idee von der Diskontinutät des Christlichen gegenüber der nichtchristlichen Gesellschaft durchzusetzen und dabei eine durch Entschiedenheit und Askese bestimmte Elite zu formen.[13] Negativ geht es ihnen darum, gegen alle deterministisch-manichäischen Tendenzen anzugehen und das christliche Leben als für alle geltend und für alle möglich über die Idee der allen gemeinsamen, von Gott zum Guten befähigten menschlichen *Natur* zu vermitteln. Die menschliche Natur verfügt immer über das „posse", über die Fähigkeit, die Sünde zu meiden und das Gute zu tun. Und diese Möglichkeit muss klar herausgestellt werden. Denn nur so kann jeder zu verantwortlichem Handeln herausgerufen und darin bestärkt werden; andernfalls gäbe es nicht einmal menschliche Schuld. Zitat aus dem Brief des Pelagius an Demetrias: „Wir können nur dann den Weg der Tugend einschlagen, wenn die Hoffnung uns leitet, weil Resignation jedes Mühen um Tugend zunichte macht... Und um so mehr muss die menschliche Natur in ihrem Gutsein herausgestellt werden, je vollkommener die Lebensweise ist, für die es Anweisungen zu geben gilt, damit das sittliche Streben nicht in dem Maß nachlässiger und träger wird, als jemand glaubt, er schaffe es nicht" (Ad Dem. 2).

Kurz: Es geht dem Pelagius und seinen Schülern und Gefolgsleuten darum, die „jeweilige Freiheit zum Guten konkret in Erinnerung zu rufen und ... auf diese Weise anzuleiten, diese Freiheit auch zu realisieren."[14] Wieso lag hierin jener Konflikt begründet, der zur allerersten wirklich großen theologischen Auseinandersetzung in der Westkirche führte?

In einer seiner Spätschriften sieht Augustin den entscheidenden Anfang der Differenzen zu Pelagius in folgender Szene begründet: „In den Büchern meiner Bekenntnisse habe ich ... oftmals zu unserem Gott gesagt: Gib, was du befiehlst, befiehl, was du willst. Als durch einen Bruder und Mitbischof von mir diese Worte in Rom in Gegenwart des Pelagius erwähnt wurden, konnte dieser sie nicht ertragen, sondern widersprach ziemlich erregt und geriet mit dem, der sie erwähnt hatte, beinahe in Streit" (De dono persev. 20,53).

Warum hat sich Pelagius erregt? Weil für ihn ein solches Gebet – „Gib, was du befiehlst" – ein entschuldigendes Ausweichen vor der Verpflichtung zum christlichen Handeln ist. Für ihn *hat* Gott immer schon gegeben und gibt Gott *immer*, und also kann der Mensch in Freiheit handeln. Es liegt allein an ihm, das Gute ins Werk zu setzen. Deswegen also der Protest des Pelagius. Aber hat der Mensch tatsächlich diese Freiheit?

„Natur als Gnade"?

Auch wenn Pelagius nicht in erster Linie Theologe und auf keinen Fall ein theologischer Denker ist, liegt seinem Appell an die christliche Freiheit doch eine bestimmte Lehre zu Grunde. Diese sieht in groben Linien so aus: Die menschliche Natur und ihre Fähigkeiten, also ihre Freiheit, ihr Hang zum Guten, die Schwerkraft des Gewissens – all das, was mit dem Bild-Gottes-Sein dem Menschen vom Schöpfer gegeben ist und im Sein gehalten wird – diese Natur und ihr Vermögen ist die fundamentale Form der Gnade. Diese These muss allerdings sehr sorgfältig interpretiert werden. „Natur" ist für Pelagius nicht bestimmt vom Eigenstand her, ist nicht jener Komplex von Fähigkeiten und Möglichkeiten, über den man ein für allemal verfügt und von dem man dann kraft seiner eigenen autonomen Freiheit Gebrauch macht. Nein, Natur ist für Pelagius das, was Gott schenkt und ständig durchwirkt und mit seiner Hilfe begleitet. So heißt es in der uns nur in Fragmenten und polemischen Widerlegungen Augustins überlieferten Schrift „De natura": „Dieses Können [des Guten] ist in keiner Weise (omnino non) Sache des freien Willens, sondern Sache der Natur, *das heißt* (!): des Urhebers der Natur, nämlich Sache Gottes. Und wie sollte man das ohne Gnade verstehen, was im eigentlichen Sinn zu Gott gehört" (Fragm. in Augustinus, De grat. Chr. I, 4,5). Und weiter: „Das Können (des Guten) ist im eigentlichen Sinn Gott zu eigen, der es seinem Geschöpf übertragen hat ... und der diese Möglichkeit immer durch die Hilfe seiner Gnade unterstützt" (ebd.).[15] Kurz: „Dem freien Willen steht Gott helfend zu Seite, wenn er sich für das Gute entscheidet. Wenn der Mensch aber sündigt, wird er sozusagen am freien Willen schuldig" (Fragm. in De gest. III, 5). Schuldig, weil der freie Wille von Gott her an sich zum Guten drängt. Die in der menschlichen Natur gründende Freiheit ist also keine indifferente Möglichkeit, wie Augustin es unterstellt, sondern wesentlich Freiheit zum Guten. Gewiss, „Dei dare permittere est" (E 87, zu Röm 11,8)[16] – Gottes Gabe besteht in der Freisetzung des Geschöpfes, könnte man modern übersetzen, aber diese Freisetzung geschieht nicht, damit sich der Mensch nach Lust und Laune selbst bestimme, sondern damit „wir Gottes Willen aus unserem Willen heraus tun" (Ad Dem. 3) und so Gottes Güte in Freiheit verwirklichen, vor der Welt zur Darstellung bringen und auf dem Weg zur Verähnlichung mit Gott voranschreiten. Wo das nicht geschieht, begibt sich der Mensch aus der Dynamik seiner von Gott durchwirkten und von dessen Hilfe begleiteten Natur heraus.[17]

Das also ist der theologische Hintergrund, vor dem die Pelagianer den Imperativ ausgeben: Du sollst, denn du kannst! Das heißt: Du besitzt als Gottes Geschöpf die Fähigkeit, dich zum Guten zu bestimmen und das Evangelium zu leben, und deshalb gilt es, diese Fähigkeit auch in die Praxis umzusetzen. Gewiss, auch die Pelagianer wissen: Der Mensch hat gesündigt, und durch die Sünde sind die ursprünglichen Fähigkeiten des Menschen beeinträchtigt, so sehr sogar, dass schließlich bei steigender Sündenmacht *faktisch* niemand mehr das Gute tut. Die Sünde Adams hat wie eine Epidemie um sich gegriffen und durch ihr ansteckendes Wachstum die Menschheit immer mehr in ihren Bann gezogen und unfrei gemacht, so dass die Sünde praktisch wie eine „zweite Natur" wirkt und wie ein Zwang auf allen liegt.[18] Dieses Verständnis vom Bösen ist die pelagische Alternative zur jetzt sich allmählich anbahnenden, vor allem durch Augustinus geprägten kirchlichen Erbsündenlehre. Gegen sie setzt Pelagius klar und deutlich: Es gibt keine sich jenseits der Freiheit des Menschen abspielende, also vorpersonale Vererbung der Sünde. Es ist undenkbar, dass Gott die Sünde Adams mit der Strafe der Erbsünde belegt. Dann wäre ja diese Strafe und damit Gott selbst die Ursache weiterer Sünden, quod est absurdum.[19] Nein, das Böse muss anders erklärt werden: So wie der Mensch ursprünglich Bild Gottes ist und zum Handeln als Bild Gottes angetrieben wird, so wirkt das Bild der Sünde Adams auf vergleichbare Weise auf die menschliche Freiheit ein, sie treibt zum Bösen hin, doch ohne zum Bösen zu determinieren. Durch diesen bösen Antrieb ist freilich die ursprünglich gottgeschenkte Natur zutiefst getroffen; sie befindet sich geradezu in einer hoffnungslosen Lage. Aber sie ist nicht zerstört! Pelagius gebraucht dafür das platonische Bild vom Rost, der das Eisen beschädigt, aber nicht dessen Substanz zerstört. Und so kommt Gott dem Sünder zu Hilfe, indem er „mit der Feile den Rost abschabt" (Ad Dem. 8). Dies geschieht einmal dadurch, dass Gott die Sünde vergibt, denn das geschehene Böse kann durch den Menschen und seine Freiheit nicht ungeschehen gemacht werden. Dies geschieht weiter dadurch, dass Gott das, was wir Heilsgeschichte nennen, ins Werk setzt und durch äußere Faktoren der beschädigten Natur zur Hilfe kommt. Die atl. Heilsereignisse, vor allem die mosaische Gesetzgebung und die Botschaft der Propheten, dann Christus, seine Vorbildhaftigkeit und Lehre, dann die Hl. Schrift, die Begegnung mit der Kirche und ihrer Predigt sowie mit Menschen, die das Evangelium vorleben, all das ist Gnade, all das sind konkrete, leibhaftige, anschauliche Mittel, wodurch Gott die durch die Sünde gehemmte Freiheit neu belebt und zum Glauben bewegt. Die großen Ereignisse der Heilsgeschichte, in denen immer schon Christus als das Wort Gottes wirksam war, dann aber besonders der menschgewordene Gottessohn, der das Bild Gottes schlechthin ist, sind also stimuli, die den Menschen leibhaftig erfassen, prägen und deutlich machen, was er von seinem Ursprung her ist, woraufhin er geschaffen wurde und wie der Weg seines Lebens auszusehen hat, nämlich mehr und mehr einverwandelt zu werden in das Bild Christi. So führt Gott durch seine Gnade, d.h. durch heilsgeschichtliche, äußere Faktoren den Menschen erzieherisch zum endgültigen Heil.

Heilsgeschichte als pädagogischer Prozess

Mit „erzieherisch" ist nun das Stichwort gegeben, um den theologiegeschichtlichen Kontext des Pelagius in den Blick zu bekommen. Ganz wie die östliche Theologie setzt er für das Verständnis des Menschen bei der biblischen Bestimmung seines Bild-Gottes-Seins an. Und dies ist auch der Ansatz zum Verständnis des göttlichen Heilswirkens. Das Bild-Gottes-Sein ist nämlich von Schöpfung her nur anfanghaft gegeben und – vor allem! – durch die Sünde verstellt, überdeckt, korrumpiert. Für die griechische Patristik zielt nun das ganze Heilshandeln Gottes darauf ab, das Bild Gottes, das der Mensch von seinem Ursprung her ist, von der Korruption der Sünde zu befreien und in einem „erzieherischen Prozess" zu größerer, ja höchstmöglicher Gottähnlichkeit herauszubilden. Die ganze Geschichte von Schöpfung an ist als ein großer, aufwärtssteigender pädagogischer Prozess zu verstehen. Darin handelt Gott nicht nur in Jesus Christus, nein, überall handelt er (bzw. der göttliche Logos) erzieherisch am Menschen: Der Logos durchwirkt alles, den Makrokosmos: Geschichte und Welt, und den Mikrokosmos: die menschliche Natur, ihre Veranlagung und Begabung. Jesus Christus ist der Höhe-, aber nicht der Endpunkt dieser erzieherischen Tätigkeit; denn die göttliche Pädagogie geht in und durch Kirche und Welt durch das Wirken des Geistes weiter.

Gott setzt seinen Erziehungsplan mit dem Menschen zwar unweigerlich durch. Aber die *Weise* der göttlichen Erziehung besteht in der Umwerbung der Freiheit. Der Mensch soll frei sein Ja zur höheren Freiheit in Christus sagen. Wenn Gott werbend und erziehend an den Menschen herantritt, ist es wie beim akustischen Phänomen der Resonanz: Ein Gegenstand beginnt mitzuschwingen, wenn ein Ton seiner Wellenlänge auf ihn trifft. So wird auch das Bild Gottes im Menschen, das durch die Sünde überdeckt und ineffizient geworden ist, gleichsam neu erweckt, wenn der erzieherische Logos als Ur- und Vorbild des wahren Humanum an den Menschen herantritt und ihn zur Nachfolge und Nachahmung aufruft. Weil die menschliche Freiheit durchstimmt ist vom allumfassenden Wirken Gottes, ist sie keine neutrale Fähigkeit, keine Willkürfreiheit zur autonomen Selbstbestimmung, sondern sie hat von Schöpfung her eine ständige Schwerkraft auf das Ziel des Menschen hin, Gott ähnlich zu werden.

Es würde zu weit führen herauszustellen, dass dieses griechische Verständnis des Heilsprozesses sich im Grunde als grandioser Versuch darstellt, Christentum und griechische Bildung miteinander zu vermitteln. Denn mindestens seit Platon ist das griechische Denken wesentlich bestimmt von der Idee der Paideia (Erziehung), nämlich von der Frage: Wie muss die Erziehung des Menschen konzipiert werden, damit der ungeformte Mensch zu seinem eigentlichen Sein, zum wahren Menschsein gelangt? Die Antwort auf diese Frage lautet seit Platon: Dem Menschen muss das wahre paradeigma, d.h. das Vor- und Urbild seiner selbst vorgehalten werden, damit er es in seinem Leben verwirklichen kann und so – gleichsam durch „Rückwärts"-Strebung des Abbildes zum Urbild – Teilhabe (methexis) an jenem erhält. Die griechische Patristik greift diese philosophischen Grundideen auf und verdeutlicht damit die christlichen Glaubensaussagen.

Von diesen griechischen Kategorien her, die sich Pelagius bei verschiedenen Autoren sehr selektiv angeeignet hat, sind seine spezifischen Thesen zu verstehen. Nur von hier aus wird seine Bild-Theologie plausibel, wonach nämlich die „Natur" des Menschen im Bild-Gottes-Sein besteht und deshalb auf das Gute ausgerichtet ist, Sünde dagegen imitatio des Bildes Adams bedeutet und Gnade sich in der Neuermöglichung der Nachfolge des Bildes Christi verwirklicht.[20] Allerdings übernimmt Pelagius diese Grundzüge östlicher Theologie nur in einer bestimmten Perspektive, und zwar fast ausschließlich die der christlichen Praxis, während deren mystisch-kontemplative Züge sowie deren letztes Ziel: die Vergöttlichung des Menschen bei ihm allenfalls am Rande auftauchen.

Halten wir also fest: Für Pelagius hat der Mensch immer die Freiheit und das Vermögen, recht zu handeln, wahrhaft Christ zu sein und es mehr und mehr zu werden. Nicht als ob er dieses Vermögen aus eigener Autonomie besäße, vielmehr steht der Mensch – ganz auf der Linie der griechischen Väter – von Urbeginn an in einem umfassenden Heils- und Erziehungsprozess. Gott treibt den Menschen nie und nimmer in die Sünde und lässt ihn nicht in der Sünde, und darum besteht immer die Möglichkeit, frei, d.h. als Bild Gottes zu handeln. Und eben darum kann auch seine Freiheit aufs äußerste herausgefordert werden. Deshalb lehnen die Pelagianer (1) die Idee einer Erbsünde als „neomanichäisch" ab, ebenso (2) die daraus resultierende Meinung, ohne Taufe seien die Neugeborenen verloren, sowie (3) das Verständnis von einer Gnade Gottes, die über die Freiheit des Menschen hinweggeht. Positiv lehren sie die immer bestehende Möglichkeit des Menschen, den Weisungen Gottes zu entsprechen. Die drei abgelehnten Thesen dienen im Grunde nur dazu, die positive These zu ermöglichen. Ja, man kann sagen: Alle theologischen Erörterungen des Pelagius sind funktional daraufhin konstruiert, christliches Handeln, christliche Askese als möglich zu erweisen.

Ein optimistisches Bild vom Menschen zeichnet also Pelagius. Und dieses steht im konträren Gegensatz zum pessimistischen Menschenbild Augustins. In dessen Aussagen über die abgrundtiefe Verlorenheit des Menschen und sein radikales Unvermögen sieht Pelagius nur das Wiederaufleben des Manichäismus, nämlich jener geistigen Bewegung, nach welcher es neben dem guten ein radikal schlechtes Prinzip gibt, auf Grund dessen bestimmte Menschengruppen apriori zum Bösen getrieben werden. Für Pelagius ist Gott gut und gerecht zugleich, und deswegen gibt er dem Menschen immer auch die Möglichkeit, seine Forderung zu erfüllen. Wo es Menschen gibt, gibt es Gnade, steht die menschliche Natur als Bild Gottes unter dem Gnadenhandeln Gottes. Das zum Kontext und zu den groben Grundstrukturen der pelagischen Theologie.

Zur epochalen Bedeutung

Wenn wir fragen: Worin besteht die epochale Bedeutung des Pelagius?, so ist diese vom Negativen her aufzurollen, denn eine positive Wirkungsgeschichte hat er, dessen Schriften verboten und nur zu einem geringen Teil unter dem Namen rechtgläubiger Autoren weitertradiert wurden, nicht gehabt. Er war immer eine Figur im Abseits. Aber indem ein gut Stück der augustinischen Gnadenlehre in der Polemik gegen die Pelagianer entwickelt wurde, hat der irische Mönch seine Wirkungsgeschichte gerade *als negative Folie* gehabt, als Auslöser dafür, dass die von jetzt ab an Augustinus sich orientierende kirchliche Gnadenlehre durch eine Reihe von Engführungen, Einseitigkeiten, ja schlimmen Defiziten gekennzeichnet ist. Deshalb ist er in der verengten Gnadenlehre Augustins und damit in der abendländischen Gnadenlehre überall gegenwärtig. Für diese Verengungen sollen 3 Stichworte stehen, die im Folgenden erläutert werden: (1) Das Konkurrenzverhältnis von Gnade und Freiheit; (2) die Partikularität der Gnade; (3) die Relativierung des „Äußeren".

   (1) Das Konkurrenzverhältnis von Gnade und Freiheit. Gegenüber dem positiven Menschenbild des Pelagius, für den rechte christliche Praxis immer möglich ist, steht die ganz anders charakterisierte persönliche Erfahrung Augustins: Jahrzehntelang hatte er um das Vermögen, keusch zu sein, gerungen, bis Gott ihm, sozusagen unvermutet, die Gnade schenkte, so dass er es vermochte. So hatte er konkret erfahren: Die Gnade ist eine besondere Kraft, auf die der Mensch unbedingt angewiesen ist, um die er beten muss, auf die er warten muss, die Gott allererst schenkt oder auch nicht schenkt. Jedenfalls: wenn der Mensch bei sich selbst einkehrt, entdeckt er sich nicht als immer schon auf Gott hin ausgerichtet, sondern er erfährt seine radikale Unfreiheit, die Versklavung an sich selbst. Er erfährt sich innerlich in zwei widerstrebende Willensbewegungen zerrissen und damit als zutiefst gebrochen. Darum gibt es für Augustinus keine Freiheit, die irgendwie mitwirken könnte. Die von der Sünde infizierte Natur des Menschen ist nicht mehr von Gott zum Guten durchwirkt, sondern Gottes gnädiges Handeln muss allererst in die Ohnmacht des Menschen eindringen und ihn von Grund auf erneuern. Viel schärfer als die Theologie vorher entdeckt also Augustin die Sünde und die Verfallenheit des Menschen an das Böse. Von Haus aus steht dieser gerade in einer Unheilsdynamik und nicht – wie bei Pelagius – immer schon in einer Gnadendynamik. Gegen dessen optimistisches Menschenbild zeichnet Augustin ein radikal düsteres und pessimistisches Bild außerhalb und vor der Gnade. Wegen der inneren Zerbrochenheit des Sünders kann für den Bischof von Hippo die eigentliche Gestalt der göttlichen Gnade nicht mehr der „harmonische", Schöpfung und Erlösung umgreifende erzieherische Prozess sein, in dem der Mensch als (unvollkommenes) Bild Gottes durch den „Logos" von Stufe zu Stufe hinaufgeführt wird. Die eigentliche notwendige Gnade kann nichts „Äußeres" sein, vielmehr bedarf er einer inneren unsichtbaren Kraft, die ihm in der Tiefe seines Selbst die wahre Freiheit – und das heißt die wahre Liebe – schenkt. Wie der Mensch als Sünder eine Schwerkraft zum Bösen hat, so muss ihm allererst durch die Gnade eine neue Schwerkraft ins Herz gegeben werden, direkt, unmittelbar, geheimnisvoll, damit er Freiheit finden und heil werden kann. Es gibt also keine Freiheit *angesichts der Gnade*: Der Mensch kann die Gnade nicht ablehnen oder annehmen, denn als Sünder lehnt er die Gnade immer ab, und gerecht wird er erst durch die Gnade. So muss Gott allererst aus reiner Huld die wahre Freiheit ohne das Zutun unserer Freiheit bewirken.

   In seinen Retractationen bemerkt Augustinus, dass er sich lange herumgequält habe mit der Frage, was die Freiheit des Menschen auszurichten vermöchte und was die Gnade Gottes. Das Ergebnis dieser Bemühungen ist in dem berühmten Satz zusammengefasst: „Zur Lösung dieser Frage habe ich mich zwar für die Freiheit des menschlichen Willens abgemüht, gesiegt aber hat Gottes Gnade" (retr. 2,1).

   In dieser Formulierung tritt nun jener Faktor deutlich zutage, der hinfort die westkirchliche Gnadenlehre bis in die jüngste Zeit hinein prägen wird: Gottes Gnade und menschliche

Freiheit werden als konkurrierende Ursachen bestimmt, von denen die eine (Gnade) die andere (Freiheit) „besiegt". Das heißt aber konsequenterweise: Je größer die Gnade Gottes, um so geringer die menschliche Freiheit, und umgekehrt. Die damit gegebenen (unlösbaren) Probleme bilden hinfort gleichsam das Schicksal der abendländischen Gnaden- und Freiheitslehre. Von hier aus führt über die Reformation als radikalisiertem Augustinismus[21] ein direkter Weg zur neuzeitlichen Alternative: Gnade *oder* Freiheit, Bestimmtwerden durch Gott *oder* Sich-selbst-Bestimmen, Heteronomie *oder* Autonomie. Denn wenn Gottes Gnade und des Menschen Freiheit als Konkurrenzverhältnis bestimmt werden, dann zeigt sich Gottes Größe gerade an der Ohnmacht des Menschen, und dann verdunkelt derjenige Gottes Herrsein, der dem Menschen zu viel zuschreibt. Das bedeutet aber umgekehrt: Soll der Mensch groß sein, muss Gott verschwinden, – eine Folgerung, die seit Feuerbach und Nietzsche bekanntlich die neuzeitliche Religionskritik zieht.

(2) Die Partikularität der Gnade. Wir sahen: Nach Augustinus muss Gott als erstes aus reiner Huld die wahre Freiheit in uns ohne das Zutun unserer Freiheit bewirken. Das bedeutet nicht, dass die Gnade den menschlichen Willen zerbricht. Denn nach Augustin wird der menschliche Wille dadurch bewegt, dass er an etwas Gefallen, Freude, Ergötzen findet. Dieser „Bewegungsweise" des Willens gleicht Gott sich gewissermaßen an: er senkt in seinem Gnadenhandeln dem Menschen die Liebe so tief ins Herz hinein, dass der bis dahin sündige Wille nicht nur am Guten Freude finden und von seiner Selbstliebe umkehren *kann*, sondern dass er *unweigerlich* am Guten Gefallen und Freude findet, sich vom Geist leiten lässt und unfehlbar Gott zukehrt. Denn – so Augustinus –: „Es kann nicht die Wirkung des göttlichen Erbarmens in der Macht des Menschen liegen, so dass Gott sich vergebens erbarmte, wenn der Mensch nicht will" (Ad Simpl. I, 2,13). Das heißt: die Gnade Gottes ist unfehlbar wirkende Gnade, Gott setzt sich unweigerlich im Menschen durch. „Diese Gnade, die dem menschlichen Herzen durch Gottes Freigebigkeit im Verborgenen mitgeteilt wird, stößt kein Herz, und wäre es auch noch so hart, von sich. Im Gegenteil: deshalb wird sie doch mitgeteilt, dass zuerst die Herzenshärte weggenommen werde" (De praed.sanct. 8,13).

Weil also die Gnade, als „wahre Liebe" eingeflößt, das innere Schwergewicht des guten Willens selbst ist, gibt es keine Instanz im Menschen, sich *angesichts* der freienden Gnade erst noch entscheiden zu können. Die Gnade ist die geschehend-geschehene Entscheidung selbst. Die Wahl ist immer schon getroffen: Als Kind Adams steht der Mensch notwendig unter der Sünde, als von Gott Erwählter wird er unfehlbar zur Liebe befähigt.

Anders – nochmals! – ist es bei Pelagius. Hier bezieht – ganz im Zuge der östlichen Gnadenlehre – der in der Geschichte und in geschichtlichen Vermittlungen gnädig handelnde Gott immer auch die nicht erloschene Freiheit des Menschen zum Guten ein, so dass der Mensch dem erzieherischen Handeln Gottes gegenüber Ja und auch Nein sagen kann. Das bestreitet Augustinus aufs heftigste. Wenn aber nach ihm die Gnade die absolute, radikale Initiative hat, stellt sich zwangsläufig die Frage: *Warum* ist das Heil dann nicht universal? Von dieser Nicht-Universalität geht Augustinus aus: Aus der massa damnata der schuldig gewordenen Menschheit wählt Gott nur bestimmte, wenige aus und schenkt ihnen seine Gnade, andere werden nicht erwählt und in ihren Sünden und damit in ewiger Verlorenheit belassen. So stellt sich im Rahmen der augustinischen Gnadenlehre zum erstenmal das Problem der Prädestination (der göttlichen Vorherbestimmung) in aller Schärfe.[22] Was also in der Wirkungsgeschichte des pelagisch-augustinischen Streits auf der Strecke blieb, war die Überzeugung von der Universalität der Gnade und des Heils. Denn die pelagische These, dass die gemeinsame, von Gott durchwirkte Natur die allen Menschen gegebene Ur-Gnade ist und dass Gott allen, ob Juden, Heiden oder Christen, ständig zur Hilfe kommt, genau das lehnt Augustinus vehement ab.

Noch ein dritter Punkt hat epochale Auswirkungen gezeitigt.

(3) Relativierung des „Äußeren". Pelagius versteht die Geschichte mit ihren konkreten, heilsbedeutsamen Ereignissen und Situationen – vor allem die atl. Heilsgeschichte, das Christus-Ereignis und dessen Bezeugung durch die Kirche – als konkrete Formen des Gnadenwirkens Gottes. Die Korrelation zwischen der auf Gott hin ausgerichteten Freiheitsnatur und äußeren, von Gott gewirkten heilsgeschichtlichen Faktoren, die ermöglichend und fördernd die Freiheit in die progressive Bewegung des „Bildes" auf dessen göttliches Ur-Bild einweisen, ist für ihn das Medium der Gnadenerfahrung: Gottes Gnade wird also konkret vermittelt durch äußere Faktoren. All dies kann für den Bischof von Hippo nicht die eigentliche Gestalt der Gnade sein, auch wenn Gesetz, Vorbild und Lehre Jesu für den schon begnadeten Christen von höchster Bedeutung sind. Aber Weisung, Vorbild und Lehre bleiben dem noch nicht Begnadeten *äußerlich,* das heißt ein äußerer Anspruch, den er nicht erfüllen kann, solange ihm nicht die eigentliche Gnade, die Befreiung zu wahrer Gottes- und Nächstenliebe tiefinnerlich ins Herz eingegossen ist. Ohne die durch den Hl. Geist gewirkte Liebe im Innern, bleibt der Mensch auch angesichts von Beispiel und Lehre Jesu nur vor einen Anspruch gestellt („Du sollst, Du müsstest ..."), ein Anspruch, der, weil die Liebe fehlt, nicht ausgeführt werden kann und somit nur „tötender Buchstabe" ist. Deshalb ist für Augustinus Gnade wesentlich innere Gnade (die Liebe Gottes, der Hl. Geist); sie ist unmittelbares Gottesgeschenk. Ihr Erfahrungsort ist das menschliche Herz, inneres Erkennen und Wollen (Lieben). Damit aber wird in letzter Konsequenz das Gnadenwirken Gottes von der Geschichte, Gnade von der Welt, das (entscheidend) Innere vom (gleichgültig) Äußeren getrennt – obwohl bei Augustin sich diese Folgen erst anbahnen und er selbst (das sei ausdrücklich vermerkt) auf vielfache Weise (nicht zuletzt durch die Bindung der Gnade an den Raum der Kirche) einem scharfen Hiatus zu entkommen sucht.

Zur weiteren geschichtlichen Entwicklung und soziokulturellen Einordnung

Pelagius und Augustinus stehen hinsichtlich ihrer religiösen Erfahrung wie ihrer theologischen Auslegung einander diametral gegenüber. Doch vermutlich hätte die Theologie des Pelagius nie so großes Aufsehen erregt, wäre er nicht mit seinem engsten Schüler Caelestius auf seiner Flucht vor Alarich um 410 nach Nordafrika, also in den Dunstkreis Augustins, und später nach Palästina in das Revier des Hieronymus geflohen. Der Bischof von Hippo war alarmiert und schaltete sich zunächst literarisch ein, denn auch kirchenpolitisch ein. 415 kam es auf dem Regionalkonzil von Diospolis zur Anklage gegen Pelagius wegen angeblicher Leugnung von Gnade und Erbsünde. Dieser verteidigte sich aber so geschickt, dass er freigesprochen wurde. Dagegen verurteilten ihn zwei nordafrikanische Synoden. Papst Innozenz I. stimmte diesen zu, wohl nicht zuletzt, um damit „die günstige Gelegenheit zur Geltendmachung päpstlicher Suprematsgedanken" zu ergreifen.[23] Der folgende Papst Zosimus dagegen rehabilitierte Pelagius zunächst. Erst auf Insistenz des Regionalkonzils von Carthago 418 und auf Druck des Kaisers Honorius, der dazu durch augustinische Intrigen am Kaiserhof in Ravenna angestiftet wurde,[24] lenkte Zosimus ein, er stimmte dem Konzil von Carthago in der uns verloren gegangenen „Tractoria" zu und exkommunizierte Pelagius, der daraufhin wohl nach Ägypten ging und dort vor 431 verstarb.

Wie ist die Verurteilung des Pelagius einzuschätzen? Hat der Tübinger evangelische Dogmenhistoriker F. C. Baur Recht, wenn er schreibt: „Es gibt keinen Häretiker, welchem weniger als ihm [Pelagius], in Ansehung der Hauptsätze seiner Lehre, eine Abweichung von dem bisher Geltenden zum Vorwurf gemacht werden konnte"?[25] Das trifft zwar wohl im Wesentlichen zu. Und doch errang Augustin den Sieg über den Pelagianismus zu Recht, wenn man bedenkt, dass sich in der Westkirche die philosophischen und soziokulturellen Voraussetzungen für das Verständnis des Gnadenwirkens Gottes gewandelt hatten. Hinzu kam, dass die Schüler des Pelagius den Eindruck erweckten, der Mensch könne sein Heil ganz von sich her finden, so dass man deswegen auch Pelagius selbst nicht glaubte, wenn dieser von einer zuvorkommenden Begnadung des Menschen sprach. Zudem konnte sein permanentes Insistieren auf der menschlichen Freiheit und seine relativ harmlose Sicht des Bösen tatsächlich „den Anschein erwecken, dass er einen gewissen ,Naturalismus' vertrat."[26]

Auf der anderen Seite geschah die Verurteilung des Pelagius zu Unrecht, weil dieser von seinen Voraussetzungen her im besten Glauben das Heilswirken Gottes zum Ausdruck bringen wollte und dabei meinte, die große kirchliche (= griechische) Tradition auf seiner Seite zu haben und deshalb Augustin für den eigentlichen Neuerer hielt. Pelagius bot in der Tat dem seiner Freiheit in höherem Maß ansichtig gewordenen Menschen zum Verstehen der Gnade nach wie vor das alte „kosmologische" Erziehungs-Schema an, das vom Wirken des Logos unter Einbeziehung der Freiheit des Menschen sprach und von der inneren Gefügtheit und göttlichen Bestimmtheit des Kosmos, - ein Schema, das aber nur solange tragfähig ist, als die Freiheit des Menschen noch einmal als von der universalen göttlichen Pädagogie umgriffen und ermöglicht verstanden wird. Indem Pelagius dieses Verstehen anbietet, ist er im Grunde nicht nur der Konservative, sondern auch der, der „zu spät" kommt und dem neuen „Lebensgefühl" des aus den kosmologischen Bindungen sich emanzipierenden Subjekts im wesentlichen nur eine „alte" Antwort gibt.

In gewisser Weise war also Augustin der Neuerer. Zwar konnte er an Theologen vor ihm anknüpfen und sich – vor allem! – auf paulinische Aussagen berufen. Ja, die augustinische Gnaden- und die ihr korrespondierende Erbsündenlehre ist sozusagen eine kongeniale Aktualisierung paulinischer Aussagen, entsprungen einer ähnlichen persönlichen Erfahrung. Beide haben in ihrem Leben die Gnade Gottes erfahren als ein momentanes, ihre Freiheit überwältigendes Geschehen, das sie im Innern traf und radikal umwandelte. Doch Paulus ist nicht das ganze NT. Und betrachtet man die östliche Theologie vor Augustin, so gab es – wie wir sahen – ganz andere Ideen als die von ihm vorgelegten. Augustins Gnadenlehre war, so gesehen, theologisch neu: sie war eine neue Antwort des Glaubens, die von der spezifisch westlichen Situation her gefordert war. Angesichts der zerbrechenden antiken Welt war die Idee einer „Erziehung des Menschengeschlechts" durch das Wirken des Logos keine tragfähige Auslegung des christlichen Glaubens mehr. So bricht Augustin endgültig mit dem heilsgeschichtlichen „Erziehungs"-Denken der griechischen Kultur. Die Welt war alt geworden, das Ende stand nah vor der Tür, Jugend und neue Heimat waren nur zu gewinnen, indem der sich selbst fraglich gewordene Mensch sich radikal einer Gnade anheimstellte, welche ihm in seinem Innern Sicherheit, Geborgenheit und Hoffnung gab. Versuchte Pelagius noch einmal, durch einen äußersten Appell an die „immer schon" begnadete, weil in einem universalen Gnadengefüge stehende Freiheit der aus den Fugen geratenen Welt Halt zu geben und ein Kirchenbild vorzustellen, das dem hohen urchristlichen Ideal einer erfahrbar „heiligen Kirche" noch einmal nahekommen sollte, schlägt Augustin einen anderen Weg ein, den Weg der absolut wirksamen Gnade allein. Auf dem Weg der inneren Erfahrung als einzelner vor Gott gestellt, wird der Mensch nicht nur seiner abgrundtiefen Verlorenheit ansichtig, sondern erfährt er zugleich die Effizienz einer souveränen Gnade, welche ihm wahre Freiheit verleiht und ihn einweist in das „corpus permixtum", in die „höchst gemischte Gesellschaft" der Kirche, in welcher diese Gnade für die Prädestinierten wirksam ist. Leuchtet im „pelagianischen Menschen" noch einmal das Kraftvolle und Ungebrochene der antiken Religiosität auf, so versteht sich der „augustinische Mensch" als reine Rezeptivität und radikale Angewiesenheit auf Gott.

Mir scheint, Aufgabe gegenwärtiger und künftiger Gnadentheologie wird es sein, gewissermaßen einen Weg „zwischen" Pelagius und Augustinus zu suchen.

---

[1] Die folgenden Ausführungen finden sich in ausführlicherer Form und detailliert belegt bei Greshake, G.: Gnade als konkrete Freiheit. Eine Untersuchung zur Gnadenlehre des Pelagius, Mainz 1972; ders.: Geschenkte Freiheit. Neuausgabe, Freiburg i. Br. 1992, 34-56. Im ersteren Werk findet sich auch eine Übersicht über die echten und zweifelhaften Werke des Pelagius. Nach 1972 erschien: Pelagius: Ad Demetriadem in dt. Übersetzung mit Kurzkommentar, in: Geerlings, W. / Greshake, G. (Hrg.): Quellen geistlichen Lebens, Mainz 1980, 139-178; Pelagius: Expositio epistulae Pauli ad Romanos in kritischer und kommentierter Edition sowie engl. Übersetzung: de Bruyn, Th.: Pelagius' Commentary on St. Paul's Epistle to the Romans, Oxford 1993. Über den diesbezüglichen neueren Forschungsstand informiert Stüben, J.: Pelagius, in: LACL 492f.
Die Sekundärliteratur zu Pelagius und Pelagianismus findet sich bis 1972 gleichfalls angeführt bei Greshake o.c.. Wichtige, größere Arbeiten, die nach 1972 erschienen sind: Bonner, G.: Pelagius, in: TRE 26, 176-185; Dewart, J.: The Christology of the Pelagian controversy, in: Cross, F.L. (Hrg.): StPatr 17/3, Oxfort 1982, 1221-1244; Duval, Y.-M.: La date du „De natura" de Pélage, in: REAug 36 (1990) 257-283; García-Sánchez, C.: Pelagius and Christian Initiation, Diss. Cath. University Washington 1978; Nuvolone, F.G. / Solignac, A.: Pélage et Pélagianisme, in: DS 12B, 2889-2942; Rees, B.R.: Pelagius. A reluctant heretic, Woodbridge 1988; TeSelle, E.: Rufinus the Syrian, Caelestius, Pelagius: Explorations in the Prehistory of the Pelagian Controversy, in: AugSt 3 (1972) 61-95; Thier, S.: Kirche bei Pelagius, Berlin-New York 1999; Valero, J.B.: Las bases antropologicas de Pelagio en su tratado de las Expositiones, Madrid 1980; ders.: El estoicismo de Pelagio, in: EE 57 (1982) 39-63; Wermelinger, O.: Rom und Pelagius, Stuttgart 1975; ders: Das Pelagiusdossier in der Tractoria des Zosimus, in: FZPhTh 26 (1979) 336-368; ders.: Neuere Forschungsperspektiven zu Augustinus und Pelagius, in: Mayer, C. / Chelius, K.H. (Hrg.): Internat. Symposion über den Stand der Augustinus-Forschung, Würzburg 1989, 189-217.
[2] Die Polemik Augustins ist in fast allen Werken über den pelagianischen Streit behandelt. Zur Polemik des Hieronymus vgl. Moreschini, C.: Il contributo di Gerolamo alla polemica antipelagiana, in: CrSst 3 (1982) 61-71.
[3] Evans, R.F.: Pelagius, London 1968, 66f. – Ähnlich auch Fransen, P.F.: Augustinus, Pelagius and the Controversy on the Doctrine of Grace, in: LouvSt 12 (1987) 172-181: „Er war der typische Häretiker der westlichen Christenheit."
[4] Kuhn, J.E.v.: Der vorgebliche Pelagianismus der voraugustinischen Väter, in: ThQ 35 (1853) 458. Ähnlich auch Mausbach, J.: Die Ethik des hl. Augustinus, Bd. II, Freiburg [2]1929, 118.
[5] Reuter, H.: Augustinische Studien, Aalen 1967 (=Gotha 1887), 39.

[6] Morris, J.: Pelagian Literature, in: JThS 16 (1965) 59f.

[7] So: Guzzo, A., Agostino contro Pelagio, Turin 1958, 112.

[8] Harnack, A.v.: Lehrbuch der Dogmengeschichte, Bd. III, Darmstadt 1974 (=Tübingen ³1932) 201.

[9] Marti, P.: Pelagius und seine Zeit, in: SthU 32 (1962) 167.

[10] Vgl. Armstrong, C.B.: St. Augustine and Pelagius as religious types, in: CQR 162 (1961) 155.

[11] Jacobi, J.L.: Die Lehre des Pelagius, Leipzig 1842, 103.

[12] Näheres bei Greshake: Gnade 35.

[13] Brown, P.R.L.: Religion and society in the age of S. Augustine, London 1972, 237-259.

[14] Löhr, W.A.: Pelagius' Schrift „De natura": Rekonstruktion und Analyse, in: RechAug 31 (1999) 235-294, hier: 285.

[15] So auch in dem Innozenz I. gerichteten Glaubensbekenntnis: „Den freien Willen bekennen wir so, dass wir sagen, wir bedürfen immer der Hilfe Gottes": Pelagius: Lib.fid. 13.

[16] Siehe dazu auch Valero, 125-131. Mit „E" sind im Folgenden Texte aus Pelagius: Expositiones XIII epistularum Pauli (Souter) abgekürzt.

[17] Deswegen spricht Pelagius von einem „decidere a natura" (E 189 zu: 1 Kor 11,14), „degenerare a natura" (E 90 zu Röm 11,24), Schuldigwerden an der Freiheit (Fragm. in De gest. III,5.

[18] Näheres bei Greshake: Gnade 88ff; ebenso Valero, aaO. 214.

[19] Vgl. Augustinus: De grat. Chr. 14,23. Siehe dazu Löhr, aaO. 257.

[20] Der exemplum-Begriff des Pelagius hat also letztlich eine ontologische Basis. Das verkennt Augustinus, wenn er Pelagius vorhält, er sähe die Gnade „non in virtutis auxilio, sed imitationis exemplo" verwirklicht (Augustinus, De grat.Chr. I, 39,43). Augustinus hat hier einen anderen exemplum-Begriff, der sich etwa in der Formel „sacramentum et exemplum" niederschlägt, wobei ersteres sich auf den interior, letzteres auf den exterior homo bezieht. Wenn man bedenkt, dass Augustinus ohnehin zwischen diesen beiden Dimensionen des Menschseins einen deutlichen Trennungsstrich zieht, wird klar, dass das exemplum von sich aus nicht den interior homo erreicht. Eben dies ist bei Pelagius anders. Diesen Umstand scheint mir der an sich sehr erhellende Artikel von Studer, B.: „Sacramentum et exemplum" chez saint Augustin, in: RechAug 10 (1975) 87-141 zu verkennen.

[21] Vgl. die Bemerkung von Williams, H.A.: Some day I'll find you, London 1984, 156: „St. Augustine took the worst of St. Paul, and Calvin the worst of St. Augustine."

[22] Zur Frage der unfehlbaren, prädestinierten Gnade im pelagianischen Streit vgl. auch Schwager, R.: Unfehlbare Gnade gegen göttliche Erziehung, in: ZkTh 104 (1982) 257-290.

[23] Loofs, F.: Pelagius und der pelagianische Streit, in: RPThK 15,765.

[24] Vgl. dazu Patout Burns, J.: Augustine's Role in the imperial Action against Pelagius, in: JThSt 30 (1979) 67-83.

[25] Baur, F.C.: Die christliche Kirche vom Anfang des 4. bis zum Ende des 6. Jh. in den Hauptmomenten ihrer Entwicklung, Tübingen 1859, 123f.

[26] Rees, B.R.: Pelagius, Woodbridge 1988, 129.

JOHANN KREUZER

Von der Insel der Heiligen ins Zentrum der karolingischen Renaissance: Johannes Scottus Eriugena

Ein ganz unbekannter Denker am Rande war Eriugena nicht. Von einem frühen Kontrahenten – Prudentius, dem Bischof von Troyes[1] – ‚scharfsinnigster Wissenslehrer' genannt, ist Eriugena trotz des Verbotes seiner Schriften von kaum zu überschätzender Bedeutung in der Tradition neuplatonischen Denkens und für die Geschichte negativer Theologie bzw. Dialektik. Zu einem Zeitpunkt, da die Verurteilung Eriugenas keineswegs aufgehoben war, zählt ihn Nikolaus v. Kues namentlich zu jenen, die zum „lux intellectualis" führten und vor den „zu schwachen Geistern" zu schützen seien.[2] Wenn auch unklar bleibt, ob Cusanus mit „debilibus mentibus" zu unvorbereitete Leser oder zu gut vorbereitete Zensoren meint, so steht doch fest, daß sich „Eriugenas Faszination" gerade im Übergang zur Neuzeit beweist.[3] Was macht die Anziehungskraft eines religionsphilosophischen Konzepts aus, dessen „(...) Kühnheit und Radikalität noch heute den Leser (...) erstaunt"?[4] Zunächst einige Hinweise zu Epoche, Vita und Werk.

1) Eriugena ist der Philosoph der „karolingischen Renaissance". 782 schon war Alkuin an den Hof Karls des Großen gekommen und hatte entscheidend zur Bildung dessen beigetragen, was man dessen Hofschule genannt hat. Nach dem Tod Karls d. Großen und Ludwigs des Frommen wurde Johannes Scottus Eriugena an den Hof Karls des Kahlen berufen, ca. 845/46 ist sein Aufenthalt in Laon nachweisbar. Eriugena war (wie Alkuin) Ire. Irlands randständige Lage sorgte dafür, daß sich hier während der ‚dark ages' – der Wirren des 7. und 8. Jahrhunderts – auf dem Territorium des ehemaligen weströmischen Reichs die Kontinuität zur antiken Kultur erhalten konnte, die dann im 9. Jahrhundert die erwähnte Renaissance entscheidend beeinflußte. Die karolingische Hofschule sollte eine einheitliche Kultur für die Elite der Verwaltung des politischen Gebildes stiften. Erreicht werden sollte die Reinigung und Vereinheitlichung der Sprache (das Mittellatein begann sich damit von den romanischen Volkssprachen zu lösen), die Revision und Vereinheitlichung des Bibeltextes und die Organisation des Unterrichts von der einfachen Ausbildung bis hin zum wissenschaftlichen Studium. In diesen Kontext gehört Eriugenas Wirken.

Geboren ist Johannes Scottus Eriugena zwischen 810 und 828. Er dürfte Klosterschulen in Irland besucht haben. Ca. 845/46 ist er historisch nachweisbar in Laon – als ‚Grammatiker' an der Hofschule Karls des Kahlen. 851 verfaßt Eriugena ein Gutachten im Prädestinationsstreit um Godescalc d'Orbais (Gottschalk), die Schrift „De praedestinatione" – 855 (auf der Synode von Valence) und 859 (Synode von Langres) werden bestimmte Inhalte und vor allem die Methode dieser Schrift verurteilt. 859/60 kommentiert Eriugena Martianus Capellas Lehrbuch der artes liberales „De nuptiis Philologiae et Mercurii", diese „Annotationes in Marcianum" blieben ca. 150 Jahre lang das Lehrbuch der sieben freien Künste (vgl. Wirkungsgeschichte). 860-62 übersetzt Eriugena das „Corpus Dionysiacum" (die Schriften des Dionysius Ps.-Areopagita), 862-64 „De imagine" von Gregor von Nyssa und Maximus Confessors „Ambigua" sowie 864-66 dessen „Quaestiones ad Thallasium". Nach Fertigstellung der Dionysius-Übersetzung beginnt die Arbeit an den fünf Büchern „Periphyseon", eine Arbeit, die wohl 867 abgeschlossen ist. 865-70 entstehen die „Expositiones in Ierarchiam coelestem" des Dionysius, die Predigt zum Prolog des Johannes-Evangeliums sowie der (fragmentarische) Kommentar zum Johannes-Evangelium.[5] Vermutlich 877 ist Eriugena gestorben.

Eriugenas Hauptwerk sind die fünf Bücher „Peri physeon" – dies wohl Eriugenas eigener Titel. Frühe Handschriften haben auch den Titel „Peri physeos merismou": „Iohannis Scotigenae Περι φυσεως" zitiert Nikolaus v. Kues, und Thomas Gale übersetzt dann 1681 „Peri physeos merismou" mit „De divisione naturae".[6] Die fünf Bücher über die ‚Einteilung der Natur' sind ein einzigartiges Dokument religionsphilosophischer Selbstverständigung und philosophischer Gotteslehre.[7] Zur Wirkungsgeschichte dieses philosophischen Dokuments der Zeit der karolingischen Renaissance gehören freilich auch Verurteilungen und Verbote, beginnend 1050 (Konzil von Vercelli) und 1059 (Konzil von Rom). Gravierend ist dann das Verbot durch Papst Honorius III. 1225. Dieses Verbot läßt Eriugenas Wirkungsgeschichte subkutan werden. Meister Eckhart dürfte ihn rezipiert haben (hat ihn aber – verständlich angesichts der Schwierigkeiten, die er genug hatte – nicht namentlich erwähnt). Anders Nikolaus v. Kues. In Cusanus dürfte Eriugena auch seine „produktivste" Entfaltung gefunden haben.[8]

2) Die Frage, worin die Anziehungskraft Eriugenas gründet, soll im folgenden anhand des Hauptwerks „Periphyseon (De divisione naturae)" und anhand von drei Stichworten beantwortet werden. Das ist 2.a) der Grundgedanke einer als kreativer Prozeß, d.h. als kreative Dynamis zu verstehenden Natur, der mit der divisio naturae, der ‚Einteilung der Natur' zusammenhängt.[9] Hier hat Eriugena auf dem Hintergrund von Augustinus' Überlegungen zur Trinität Denkmotive systematisiert, die insbesondere von Dionysius Ps.-Areopagita ausgehen.[10] Darauf folgen 2.b) Hinweise zu Eriugenas Überlegungen zum Verhältnis von bejahender und verneinender Methode in der Rede von Gott: diese Methodenreflexion läßt Eriugena zum frühmittelalterlichen Ahnherr negativer Dialektik werden. Schließen möchte ich dann 2.c) mit Eriugenas Begriff der ‚Theophanie'.

2.a) Eriugenas Werk ist von dem von Augustinus formulierten methodischen Imperativ geleitet, daß Philosophie und Religion nicht verschieden seien.[11] Das gilt gerade für sein Konzept einer als prozeßhafte Erscheinung eines schöpferischen Prinzips zu verstehenden Natur. Dieser Grundgedanke einer als kreativer Prozeß zu verstehenden Natur setzt sich einem Mißverständnis aus, das die Rezeptionsgeschichte von „Periphyseon" denn auch beeinflußt hat: das Mißverständnis, aus der These, daß „Gott als der Macher von allem selbst in allem wird", würde folgen: „Gott ist alles und alles ist Gott". Das würde Eriugenas Grundgedanken verkehren. Deshalb setzt er einem solchen „Deus est omnia" die Erwiderung entgegen: „wie ungeheuerlich. Gott ist Eines."[12] Eriugena nivelliert die Differenz zwischen dem ‚Einen', das als Gott gedacht wird, und der Vielfalt, als die ‚alles' erscheint, gerade nicht. Das würde seinem Grundgedanken die Pointe und sozusagen den Witz nehmen. Gott ist, in gut neuplatonischer Tradition, streng nur als das ‚Eine' denkbar. Aber dies Eine ist er nicht als das Andere endlicher Natur bzw. Kreatur, sondern in Beziehung zum Erscheinen dieses Endlichen. Aus diesem Grund lautet die Antwort auf die rhetorische Frage: „Gott war also nicht, ehe er alles schuf? – Er war nicht."[13] Denn wäre er, ehe er alles schuf, wäre er (zu denken als) das Andere der Natur und nicht die kreative Instanz dieser Natur. Was wir als kreative Instanz zu denken

Veranlassung haben, ist wirklich (im Sinne von ‚sich auswirkend'), solange es das Erscheinen endlicher Natur gibt. Wie für Augustinus ist hier für Eriugena zugleich Röm. 1,20 zentral
– die These, daß die Unsichtbarkeit Gottes sich durch die Schöpfung der Erkenntnis erschließt. Das heißt nun gerade nicht, daß diese Instanz im Werden von Natur zu etwas, zu
gewordener Natur würde. Die schöpferische Natur Gottes ist vielmehr das im Vorübergehen
des Werdenden Wirkliche. Gott ist das Eine in Beziehung zum Verschiedenen endlicher Natur. Damit knüpft Eriugena der Sache nach (vermittelt über Dionysius und Proklos) an Platons Diskussion der dialektischen Natur des Einen an, das in der Relation von Einheit und
Verschiedenheit erscheint. Diese Relationalität (bzw. Korrelationalität) setzt beider Differenz
voraus.[14] Natur als dynamischen Prozeß zu denken, heißt sie als ‚Selbstwerdung' Gottes zu
begreifen.[15] Selbstwerdung heißt nicht, daß das schöpferisch ‚Eine' in der oder durch die
Natur zu sich selbst käme. Was als kreatives Prinzip erscheinender Natur gedacht wird, bleibt
von der Vielfalt des in der Zeit Werdenden prinzipiell unterschieden: „Und während er in allem wird, hört er nicht auf, über allem zu sein."[16] Es bleibt von dem, was ‚etwas' wird, prinzipiell verschieden – sonst wäre es nicht Prinzip dieses Werdens.[17] Aber: Wäre dasjenige, was
als Eines schöpferisch ist, von diesem Werden nur unterschieden, unterläge es der Bestimmung Verschiedenheit – also der Bestimmung, von der es sich als Einheit gerade unterscheiden soll. Was als ‚einiges' Prinzip des Werdens gedacht wird, teilt sich im Vorübergehen erscheinender Natur ursprünglich mit. Was als und wessen als Gottes ‚Sein' – als „natura
creatrix" – gedacht wird, zeigt sich in der „natura creata" als seine Erscheinung. Deshalb
heißt es in „Periphyseon", daß mit „dem Namen Natur (nicht bloß) die geschaffene Gesamtheit, sondern auch deren Schöpferin bezeichnet zu werden pflegt,"[18] so daß das All der geschaffenen Dinge, die „universitas rerum", in seinem Werden „zugleich ewig und geworden"
heißen kann.[19] Einheit ist, will man sich nicht selbst widersprechen, nur zu denken als in
Zweiheit und Vielfalt hervorgehende und gleichzeitig in diesem Hervorgehen in sich bleibende. Das „in sich selbst vielfältig Eine" ist ohne Hervorgehen in Zweiheit und Vielfalt
(Dreiheit) nicht Einheit.[20] Was folgt daraus für ein Verständnis des dynamischen Prozeßganzen Natur bzw. Schöpfung als Erscheinung dieses prinzipiell Einen? Eriugena antwortet auf
diese Frage mit der These, daß die Vielheit gewordener und werdender Natur die zeitliche
Explikation derjenigen Einheit ist, in der das Auseinanderfallen der Dimensionen der Zeit
aufgehoben bzw. impliziert ist. Daraus ergibt sich für die als Schöpfung unter der Bedingung
von Zeit gedachte Natur ein „duplex intellectus de creatura".[21] Der in der Zeit erscheinenden
Natur liegt Ewigkeit, in der die Dimensionen der Zeit zusammenfallen, als kreative Instanz
ursprünglich zugrunde. Was wir als Ewigkeit denken, ist keine andere Zeit oder von anderer
Natur. Was wir als Ewigkeit denken, erscheint vielmehr im Augenblick. Diese Augenblicke
kehren in der Zeit schöpferisch wieder. „Alles ist nämlich im Augenblick des Auges gemacht. Denn auch das, was im Laufe der Zeiten zeitlich verschiedene Zeugung erfuhr und erfährt und noch erfahren wird, ist zugleich und auf einmal in ihm selber gemacht, in dem sowohl Vergangenes als auch Gegenwärtiges und Zukünftiges zugleich und auf einmal und
Eins sind."[22] Die Natur des Augenblicks ist die Einheit von Ewigkeit und Zeit. Wenn es heißt,
daß alles „im Augenblick des Auges" gemacht ist, so bedeutet das nicht, daß dies ‚alles'
schon geworden ist. Die Augenblicke der Ewigkeit gehen dem „cursus temporum" nicht in
zeitloser Abgeschlossenheit voraus. Die Zeit der als Schöpfung verstandenen Natur reduziert
sich nicht auf das Schema der Sukzession, mit dem wir das Vorübergehen des Zeitlichen in
ein Nacheinander ordnen. Die Zeit der Natur ist auch der kreative Augenblick des Werdens.
Dieser Augenblick kreativen Werdens erfüllt sich inmitten des Vorübergehens des Zeitlichen

– er geschieht, solange die zeitlichen Wirkungen in diese Welt „hervorgetreten sind und noch hervortreten und hervortreten werden."[23] Als Ursprung von Zeit gehört die schöpferisch gedachte Ewigkeit nicht in die Reihe der endlich erscheinenden Wirkungen: sie ist kein gegenständlich bestimmbares Etwas. Sie ist aber ebensowenig nur als Negation des Endlichen zu denken. So wäre das Unendliche nur als Ende, nur als *finis* des Endlichen vorgestellt und bliebe als Negation des Endlichen selbst endlich und abstrakt bestimmt. Was als Unendliches gedacht wird, erscheint demgegenüber als die anhaltende Negation dieser Negation: als *principium causale*, *medium implens* und *finis consummans* des endlich Erscheinenden.[24] Deshalb sagt Eriugena, daß Natur „gleichzeitig als ewig und geworden" zu denken ist.[25] ‚Geworden' ist sie in den Wirkungen, die wir als der Dimension und Bedingung der Zeit unterliegend ordnen. ‚Ewig' ist die zeitlose Zeitlichkeit des Ursprungs von Zeit in der Zeit, die sich im Vorübergehen des Zeitlichen schöpferisch zeigt, ewig ist der schöpferische Ursprung der in der Zeit erscheinenden Wirkungen. Dies zu erkennen bedeutet zugleich die Rückkehr der geschaffen sich denkenden Natur in jenen Grund, den sie als ungeschaffenen ‚Teil' der universalen Natur (in sich) begreift. Der damit verbundenen *Reditus*-Lehre gelten die Bücher IV und V von „Periphyseon".

2.b) Um die Zusammengehörigkeit von schöpferischer Kausalität (=Ewigkeit) und dem Nacheinander der Wirkungen (= Sukzession als Zeit der Natur) zu explizieren, gebraucht Eriugena ein methodisches Verfahren, in dem bejahende und verneinende Theologie zusammengehören.

Dieses Verfahren ist mit einer Kritik an der traditionellen Kategorienlehre verbunden. Eriugena denkt die Kategorie der Relation mit dem Begriff der *essentia* zusammen. ‚Wesenheit' ist eine schöpferische Ursache gerade als relationale, sie ist ALS relationale Wesenheit. Der Kernsatz lautet: „In ipsa vero ΟΥΣΙΑ relatio est".[26] Umgekehrt ist Relationalität die Wesenheit aller Natur, das allen Gemeinsame. „Denn was allen gemeinsam ist, gehört keinem eigentümlich an, sondern ist in allem nur so, daß es in sich selber besteht. Dasselbe ist in der Kategorie der Wesenheit zu bemerken."[27] Eine solche Auffassung von essentia ist der ausdrückliche Gegenbegriff zu einer Vorstellung von Substanz, der ihre Eigenschaften akzidentell, zu einer Vorstellung von einem Subjekt, dem seine Prädikate äußerlich bleiben. Eine Denkweise, die sich an die überkommene, mit der Trennung von Subjekt und Prädikat (der zwischen ‚Subjekt' und ‚vom Subjekt') verbundene Kategorienlehre hält, wird der unhintergehbaren Relationalität zwischen schöpferisch-zeitloser Kausalität und dem zeitlichen Werden der Erscheinungen, die *zusammen* Natur bedeuten, nicht gerecht. In Bezug auf Natur als Inbegriff schöpferischer Beziehungshaftigkeit verlieren die Kategorien „gänzlich ihre Kraft", hier läßt uns die Trennung zwischen einer Substanz und bloß akzidentellen Prädikaten „vollständig im Stich", es gilt der Satz, daß „in Gott keine Kategorie fällt".[28] Denn er ist *principium* der Natur in seiner schöpferischen Beziehung zu ihr, nicht als ihr Gegenstand oder als realiter bestimmbarer Teil in ihr. Was mit der Rede von Gott als kreative Instanz gedacht wird, ‚hat' keine Prädikate (akzidentelle Eigenschaften), sondern ‚ist' diese Prädikate. „Fragt man die wahre Vernunft, so antwortet sie, daß das Subjekt und das vom Subjekt Geltende eins und in nichts verschieden ist."[29] Freilich können wir die Einheit des Subjekts mit dem von ihm Prädizierten nur in Sätzen äußern, die eben diese Einheit teilen bzw. urteilen. Diese dialektische Struktur der Sprache entspricht der Realdialektik, die Natur zur „apparitio non apparentis" (vgl. 2.c) werden läßt.[30] Die dialektische Struktur bzw. Natur der Sprache ist der sachliche Grund für die Bedeutung negativer Theologie bzw. negativer Dialektik in der Methodik, mit der Eriugena seine *divisio naturae* reflektiert und erläutert. Es geht jeweils darum,

in der Form der Äußerung (als die jeder Satz bejahend ist) den Sinn und die Kraft der Verneinung zu verstehen.[31] Es geht nicht darum, die Negationen wie Positionen, d.h. als selbst
affirmative Behauptungen aufzufassen. Die Selbstreflexion des Bewußtseins über Natur, deren Teil es zugleich ist, setzt sich aus bejahenden (affirmativen oder kataphatischen) und ver-
neinenden (negierenden oder apophatischen) Sätzen zusammen. Nichterscheinend ist Gott
das ‚Nichts‘ und über allem, nicht-erscheinend kann er weder ausgesprochen noch eingesehen werden. Diese ‚Überwesentlichkeit‘ und ‚Unerkennbarkeit‘ Gottes bekräftigt Eriugena an
zahllosen Stellen. Von Gott könne „nichts eigentlich ausgesagt werden, weil derjenige, der
jedes Denken und alle sinnlichen und gedanklichen Bestimmungen übersteigt, besser durch
Nichtwissen gewußt wird und sein Nichtwissen wahre Weisheit ist.“[32] Von Gott könne „richtiger etwas durch Verneinung als durch Bejahung ausgesagt werden“. Von aller gewordenen
und werdenden Natur bleibe er unterschieden: „Er ist für sich immer unsichtbar und wird es
bleiben.“ Der Zeitlichkeit der Welt wird die Ewigkeit Gottes entgegengesetzt. „Ein und dieselbe Natur der Dinge wird anders betrachtet in der Ewigkeit des Wortes Gottes, anders in
der Zeitlichkeit der erschaffenen Welt.“[33] Doch spricht Eriugena im Hinblick auf diese Differenz von „ein- und derselben Natur“. Ewigkeit ist nur dann der Zeit entgegengesetzt, wenn
sie als der Zeit entgegengesetzte gedacht wird. Ihre Entgegensetzung ist eine unserer Betrachtung. Ebenso besteht die Unerkennbarkeit Gottes in einer Stellung des Gedankens, die
ihn als unerkennbaren denkt. Daraus ergibt sich eine „duplex intentio nostrae contemplationis“. Wir können (und sollen für Eriugena auch) nicht davon abstrahieren, daß es jeweils
bewußtseinstheoretische Setzungen sind, die wir bejahen oder verneinen. Erkannt werden
kann – und das ließe sich als ‚transzendentales‘ Moment in Eriugenas Denkart bezeichnen –
die universale Natur, und hier insbesondere Gott, nur so, wie sie uns existierend erscheint,
wir können sie nicht so erkennen, wie sie außerhalb unseres, wie sie ohne unser Erkennen ist:
„nostra theoria (...) in se ipsa creat“ die Weisen, wie wir die Gesamtheit von Gott und Kreatur
als universale Natur betrachten.[34] An die Grenze des Unerkennbaren und Unaussprechlichen
stößt man dann, wenn man den schöpferischen Grund der universalen Natur so zu erkennen
strebt, wie er ohne die Formung seiner Erscheinungsweise in unserer Betrachtung zu denken
wäre. „Die allem Denken unzugängliche Klarheit der göttlichen Güte ist unaussprechlich und
unbegreiflich und wird mit dem Namen Nichts bezeichnet“.[35] Doch handelt es sich hier um
eine Unaussprechlichkeit und Unerkennbarkeit, die wir uns selbst als Grenze setzen. Im Erscheinen der *universitas* Natur ist gegenwärtig, was nur dann unbegreiflich ist, wenn es als
unbegreiflich gedacht und dadurch Nichts wird. In der Konsequenz dieser Einsicht kommt es
darauf an, die schöpferische Kausalität, der die Rede von Gott gilt, nicht zu einem nichtigen
Gedankending, jenseits des Erfahrbaren zu machen. Stattdessen kommt es darauf an, „Gott in
diesen sichtbaren Kreaturen zu erkennen“.[36] Das läßt die Sphäre des Kreatürlichen zum Inbe-
griff/ logischen Ort der Theophanie werden.

2.c) Entspricht dem die ursächliche Ewigkeit mit dem zeitlichen Werden zusammendenken-
den Verständnis von Natur methodisch der Zusammenhang von bejahender und verneinender
Theologie, so konkretisiert sich diese Methode im Begriff der *Theophanie*. Theophanien sind
„bestimmte der intellektuellen Natur begreifliche göttliche Erscheinungen“.[37] Sie sind die Ge-
gebenheitsweise desjenigen, was als Denkprodukt ein bloßes „Nichts“ bleibt, als „natura
creatrix“ aber wirklich ist und die Grenzen seiner Erkennbarkeit, die wir ihm durch unser
Denken setzen, de facto oder in concreto immer schon überschritten hat. Aus diesem Grund
kann „jede sichtbare oder unsichtbare Schöpfung göttliche Erscheinung genannt werden.“[38]

Die „divinae apparitiones" sind nicht bloßer Schein. Sie sind Erscheinung. Dem, was Eriugena als schöpferisches Prinzip dieses Erscheinens denkt, ist es wesentlich zu erscheinen. Das Insgesamt der als Erscheinung zu verstehenden Natur ist das, was uns innerhalb der Grenzen unserer Erfahrung zugänglich ist. „Alles, was eingesehen oder wahrgenommen werden kann, ist nichts anderes als die Erscheinung des Nichterscheinenden."[39] Das 'Nicht-Erscheinende' ist nicht zu denken wie eine transkreatürliche Hinterwelt der Erscheinungen. Der Ausdruck „apparitio non apparentis" ist dialektischer Natur. Das Nichterscheinende ist in den „apparitiones" gegenwärtig – nicht als selbst (als dinglich bestimmbar) Erscheinendes (oder Erschienenes), aber als der in jedem Erscheinenden sich zeigende Grund von dessen Erscheinen und insofern als das mit jedem Erscheinen sich Zeigende. Eriugena erläutert diesen Zusammenhang zwischen Erschienenem, Erscheinendem und Erscheinung, der Natur zum Inbegriff von Theophanie werden läßt, verschiedentlich in paradoxen Wendungen.[40] Diese sind deshalb paradox, weil sie, um den hegelschen Terminus zu gebrauchen, die „bestimmte Negation" eines kategorialen Urteils der Einheit von creator und creatura zum Ausdruck bringen sollen. Diese bestimmte Negation der Entgegensetzung von creator und creatura bedeutet, daß ‚das Ganze' schöpferisch gedachter Natur allein in ‚geteilter' Weise erscheint. Die ‚natura creatrix', als die Gott ist, zeigt sich, indem sie sich mitteilt.

Mit dem Begriff der Theophanie erklärt Eriugena, wie Natur zu denken ist als Wirkung von etwas, das gerade deshalb dem Werden von Natur immanent ist, weil es als der Grund des Werdens – als das „überall Ursächliche"[41] – alles Gewordene transzendiert.[42] Als Theophanie bedeutet Natur die Zusammengehörigkeit von Immanenz und Transzendenz. Es ist *ein- und dieselbe Natur*, die zum einen als Transzendenz Gottes und zum anderen in der Immanenz erscheinender Natur betrachtet wird. Der Begriff der Theophanie impliziert den Gedanken der unaufhebaren Relationalität von Grund und Erscheinung, von Ursache und Wirkung. Die unaufhebbare Relationalität – nicht Identität – von Gott und Kreatur nennt Eriugena das „maximum argumentum". Er faßt es folgendermaßen zusammen: „Ist nun die Kreatur aus Gott, so ist Gott die Ursache, die Kreatur aber die Wirkung. Ist jedoch Wirkung nichts anderes als gewordene Ursache, so folgt daraus, daß Gott als Ursache in seinen Wirkungen wird. Denn nichts geht aus der Ursache in ihre Wirkungen hervor, was ihrer Natur (der der Ursache, JK) fremd ist."[43] Nur für eine Betrachtungsweise, die an einer nicht aufzuhebenden Nichtidentität beider festhält, bleibt „allein jene Verneinung bezüglich des Grundes der zu schaffenden Welt übrig, die durch Wegnahme der ganzen Kreatur Gott über alles, was gesagt oder gedacht wird, erhöht und ihn als nichts von dem, was ist und nicht ist, ausspricht."[44] Für eine Betrachtungsweise hingegen, die an der Zusammengehörigkeit von kreativer Ursache und kreatürlich Verursachtem festhält, ist die Wirklichkeit einer Ursache die Wirkung, in der sie erscheint. Das zu begreifen heißt Gott in diesen sichtbaren Kreaturen zu erkennen.

3) Für Eriugenas Gottesbegriff, in dem ein unbestimmbares Eines gedacht wird als der nicht erscheinende Grund aller Erscheinung, stellt die Erscheinung des Schönen das singuläre Paradigma dar. „Er ist selber das Schöne und die Schönheit alles Schönen und Ursache und Fülle der Schönheit".[45] Was als schöpferisches Prinzip erscheinender Natur gedacht wird, erscheint selbst nicht. Insofern ist es weder erkenn- noch bestimmbar. Aber es ist der Grund jeden Erscheinens. Ebenso ist das Schöne ‚nur' als Erscheinung: nur die Erscheinung eines in ihm sich ursprünglich mitteilenden Prinzips. Es verweist auf sich als Erscheinung. Die Einheit, als die jedes Erscheinende „apparitio non apparentis" ist, ist Einheit von Unterschiedenem. Einheit von Unterschiedenem ist es, was als Schönheit bewußt wird.[46] Als diese selbst

‚ist' Gott: „Er selbst nämlich ist die Ähnlichkeit des Ähnlichen und die Unähnlichkeit des Unähnlichen, der Gegensatz der Entgegengesetzten, die Verschiedenheit des Verschiedenen."[47] Natur ist der universale Name für die Einheit des Unterschiedenen: Schönheit die einzige Art der Gegebenheit desjenigen, was als lebendiger Grund erscheinender Natur gedacht wird. Eriugenas Verständnis der universalen Natur wie sein Gottesbegriff sind in diesem Sinne ‚ästhetisch' fundiert.[48] „Dieser Stein oder dieser Holzklotz ist mir Licht", stellt Eriugena in seinen „Expositiones in Ierarchiam Coelestem" fest und erläutert: „wenn ich gefragt werde, warum, dann mahnt mich die ratio zu antworten, daß mir in der Betrachtung dieses oder jenes Steines vieles begegnet".[49]

4) Eriugenas Wirkungsgeschichte setzt trotz des Zwists um „De praedestinatione" relativ ungebrochen im 9. und 10. Jahrhundert – namentlich in den Schulen von Laon und Auxerre (Remigius von Auxerre) – ein. Im Zentrum stehen dabei der ‚Dialektiker' Eriugena mit seiner Kritik an der aristotelisch-boethianischen Kategorienlehre und die „Annotationes in Marcianum" als *das* Lehrbuch der ‚sieben freien Künste'. Zur wichtigen Schaltstelle für Eriugenas Rezeption wird dann die ca. 1125-1130 abgefaßte „Clavis physicae" des Honorius Augustodunensis (ca. 1080-1137) – ein Textauszug aus Periphyseon, der die Wirkung Eriugenas die offiziellen Verbote 1210 und 1225 überspringen läßt.[50] Daneben ist im 13. und 14. Jahrhundert für die sachliche Fortwirkung von Eriugena das Corpus Dionysiacum von Paris, bekannt als Opus alterum, relevant. Es enthält 40 der 580 Kolonnen, die Periphyseon in MPL 122 umfaßt.[51] Der Einfluß auf Eckhart von Hochheim ist sachlich evident, im Detailnachweis schwierig. Im Wirkungskreis um Meister Eckhart wurde Eriugena rezipiert – ebenso von Berthold von Moosburg in seinem Proklos-Kommentar.[52] Im Übergang zur Renaissance erfährt dann, wie eingangs erwähnt, Eriugena bei Cusanus seine umfassendste und intensivste Nachwirkung. Leibniz gilt er als „der berühmte Schriftsteller aus der Zeit Ludwigs des Frommen und seiner Söhne". Für Hegel beginnt mit ihm im Mittelalter „eigentliche Philosophie".[53] In Hegels und Schellings Umkreis vollzieht sich dann eine Wiederentdeckung Eriugenas (F.C. Baur, Th. Christlieb, F.A. Staudenmaier).[54] Schopenhauer gilt er als „dieser bewunderungswürdige Mann" aus der Zeit der karolingischen Renaissance, so daß nicht zuletzt auch Nietzsche von seinen „Mißgeschicken" spricht.[55] Im 20. Jahrhundert kommt E. Pound auf Eriugena zurück: die mehrfache Bezugnahme faßt der Satz „all things that are are lights" zusammen.[56] Auf Eriugena hat schließlich J. Joyce hingewiesen. „Insel der Heiligen" nennt er seine irische Heimat und Eriugena einen ihrer „Häresiarchen" im Proteus-Kapitel des „Ulysses", in dem es anhand der „Abstrusitäten aus dem Mittelalter" (u.a.) um die „Modalitäten des Sichtbaren und Hörbaren", die „Handschrift der Dinge" und um das „Diaphane" wie seine Grenzen geht.[57] Und gleich am Anfang von "Finnegans Wake" findet sich eine konzise, wenn auch schwer übersetzbare Interpretation von Eriugenas Kernthese: „erigenating from next to nothing and celescalating the himals and all, hierarchitectitiptitoploftical (...)", notiert Joyce.[58] Von der ‚Insel der Heiligen' führt so der Weg Eriugenas nicht nur ins Zentrum der karolingischen Renaissance, sondern zugleich in die ästheticologische Mitte der Gegenwart.

[1] "Te solum omnium acutissimum Galliae transmisit Hibernia, ut quae nullus absque te scire poterat, tuis eruditionibus obtineret" (Prudentius: De praedestinatione contra J. Scotum, in: MPL 115, 1194 A).

[2] Vgl. Nikolaus v. Kues: Apologia doctae ignorantiae, in: Philosophisch-Theologische Schriften, hg. v. L. Gabriel, übers. v. D./W. Dupré, Wien [2]1982, I, 560, 578.

[3] Vgl. W. Beierwaltes: Eriugena. Grundzüge seines Denkens, Frankfurt/M. 1994, 13 ff.

[4] G. Scholem: Schöpfung aus Nichts und Selbstverschränkung Gottes, in: ders.: Über einige Grundbegriffe des Judentums, Frankfurt a.M. 1970,72.

[5] Iohannis Scotti seu Eriugenae Periphyseon I-V, hg. v. E.A. Jeauneau (CCCM 161-165), Turnhout 1996/1997/1999/2000/2003 – zitiert als: P, jeweils mit römischer Band-, arabischer Seitenzahl sowie MPL-Kolonnenzahl –; Joannis Scoti ΠΕΡΙ ΦΨΣΩΣ ΜΕΡΙΣΜΟΨ id est De divisione naturae libri quinque, hg. v. H.J. Floss (MPL 122), Paris 1865, 439-1102; Iohannis Scotti De divina praedestinatione, hg. v. G. Madec (CCCM 50), Turnhout 1978; Iohannis Scotti Annotationes in Marcianum, hg. v. C.E. Lutz, Cambridge.Mass 1939; Iohannis Scoti Eriugenae Expositiones in Ierarchiam coelestem, hg. v. J. Barbet (CCCM 21), Turnhout 1975; Jean Scot, L'Homélie sur le Prologue de Jean, hg. v. E.A. Jeauneau (SChr 151), Paris 1969; Jean Scot, Commentaire sur l'Evangile de Jean, hg. v. E.A. Jeauneau (SChr 180), Paris 1972; ,Le De imagine de Grégoire de Nysse traduit par Jean Scot Èrigène', hg. v. M. Cappuyns, in: Recherches de théol. Ancienne et médiévale 32 (1965), 205-262; Maximi Confessoris Quaestiones ad Thalassium I, hg. v. C. Laga/C. Steel (CCSG 7), Turnhout 1980; Maximi Confessoris Ambigua ad Iohannem iuxta Iohannis Scotti Eriugenae latinam interpretationem, hg. v. E.A. Jeauneau (CCSG 18), Turnhout 1988.

[6] Zu Nikolaus v. Kues vgl. Anm. 2.

[7] An Literatur vgl. die Sammelbände: J.J. O'Meara/L. Bieler (Hg.): The mind of Eriugena, Dublin 1973; R. Roques (Hg.): Jean Scot Érigène et l'Histoire de Philosophie, Paris 1977; W. Beierwaltes (Hg.): Eriugena. Studien zu seinen Quellen, Heidelberg 1980; G.-H. Allard (Hg.): Jean Scot Écrivain, Montreal-Paris 1986; W. Beierwaltes (Hg.): Eriugena Redivivus. Zur Wirkungsgeschichte seines Denkens im Mittelalter und im Übergang zur Neuzeit, Heidelberg 1987; C. Leonardi/E. Menestò (Hg.): Giovanni Scoto nel suo tempo, Spoleto 1989; W. Beierwaltes (Hg.): Begriff und Metapher. Sprachform des Denkens bei Eriugena, Heidelberg 1990; B. McGinn (Hg.): Eriugena. East and West, Washington 1994, und W. Beierwaltes: Eriugena (wie Anm. 3); É.A. Jeauneau: Études érigéniennes, Paris 1987; J.J. O'Meara: Eriugena, Oxford 1988; D. Moran: The Philosophy of John Scottus Eriugena. A Study of Idealism in the Middle Ages, Cambridge 1989.

[8] Vgl. W. Beierwaltes: Eriugena und Cusanus, in: ders.: Eriugena, aaO (Anm. 3), 266-312.

[9] „Est igitur natura generale nomen, ut diximus, omnium quae sunt et quae non sunt" (P I, 3 (441 A)).

[10] Terminologischer Ansatzpunkt ist das Theorem von der „natura creatrix" als der aus allem zu erkennenden Wirkursache, vgl. insbes. Augustinus, De trinitate V.8.9, XIV.12.16, XV.1.1; De civitate dei V.9; Dionysius Pseudo-Areopagita, De divinis nominibus VII,3. – Vgl. auch S. Gersh: From Iamblichus to Eriugena, Leiden 1978.

[11] „Conficitur inde ueram esse philosophiam ueram religionem conuersimque ueram religionem esse ueram philosophiam." (De divina praedestinatione 1,1, aaO (Anm. 5), 5) – Vgl. Augustinus, De vera religione 5,8.

[12] „(...) sancti Dionysii Ariopagitae auctoritate utens asseris, ipsum uidelicet deum et omnium factorem esse et in omnibus factum (...). Nam si sic est, quis non confestim (...) proclamet:

Deus itaque omnia est et omnia deus! quod monstrosum (...) Deus autem unum est." (P III, 47 (650 C-D))

[13] „Deus ergo non erat, priusquam omnia faceret? – Non erat." (P I, 104 (517 C))

[14] Vgl. bei Platon insbesondere die Lehre von den μέγιστα γένη „Seiendes/Ruhe-Bewegung/-Selbigkeit-Verschiedenheit", in der dem heteron zentrale Bedeutung zukommt: vgl. Sophistes (insbes. 251 b ff.). Eriugena schließt daran an, wenn er aus der Analyse und Kritik der traditionellen Kategorienlehre folgert, daß diese „in zwei höheren und allgemeineren zusammengefaßt werden, in der Bewegung nämlich und im Zustand, die wiederum auf die allgemeine Weise zusammengefaßt werden, die das Weltall genannt zu werden pflegt." (Vgl. P I, 40 (469B))

[15] Vgl. J. Kreuzer: Natur als Selbstwerdung Gottes, in: ders.: Gestalten mittelalterlicher Philosophie, München 2000, 55-81.

[16] „(Deus) in theophaniis suis aperitur (...). Et dum in omnibus fit, super omnia esse non desinit" (P III, 91 (683 B)).

[17] „Et dum sic pulchre multiplicatur et in omnia procedit, manet in seipso (...) sensus omnes omnesque superat intellectus" (Expositiones In Ierarchiam Coelestem I, 356, aaO (Anm. 5), 10); „super omne quod dicitur et intelligitur, exaltata est (deitas)" (II, 512/13, ebd., 33); „Superessentialitas illius omnem superat intellectum." (VIII, 558/59, ebd., 133).

[18] „Eo nanque nomine quod est natura non solum creata uniuersitas uerum etiam ipsius creatrix solet significari." (P III, 5 (621 A))

[19] „(O)mne quod est in universitate rerum conditarum (...) in uerbo dei et semel et simul aeternum et factum esse (...) ut quaeratur non quomodo sunt aeterna et facta sed qua ratione dicuntur et facta et aeterna" (P III, 74 (670 C/D)).

[20] „(...) deus est enim unum multiplex in se ipso" (P III, 79 (674 C)).

[21] Vgl. P III, 83 (677 A).

[22] „Omnia enim in momento oculi facta sunt. Nam et ea quae per cursus temporum distincta generationem acceperunt et accipiunt et acceptura sunt simul et semel in ipso facta sunt, in quo et praeterita et praesentia et futura simul et semel et unum sunt." (P III, 116 (699 C/D)

[23] „(...) processisse, procedere, processuros esse" (P V, 909 B).

[24] Vgl. P III, 7 (622 A).

[25] „(...) et non alia esse quae aeterna sunt et alia quae facta; sed eadem sunt simul et aeterna et facta." (P III, 35 (641 C/D))

[26] Vgl. P I, 43 (471 D).

[27] Vgl. P I, 38 (467 C/D).

[28] „(...) kategoriarum uirtus omnino extinguitur (...) per omnia in omnibus deficit." (P I, 33 (463 B/C)). „Et iam nunc nullam kategoriam in deum cadere incunctanter intelligo." (P I, 105 (517 C))

[29] „Vera tamen ratio consulta respondet subiectum et de subiecto unum esse et in nullo distare." (P I, 42 (471 A))

[30] Zur Realdialektik der als Schöpfung verstandenen Natur vgl.: „Ac per hoc intelligitur quod ars illa, quae (...)ΔΙΑΛΕΚΤΙΚΗ dicitur, non ab humanibus machinationibus sit facta, sed in natura rerum ab auctore omnium (...) condita (...)" (Periphyseon IV, (749 A).

[31] Verstehen bedeutet, „in pronuntiatione affirmatiuae partis intellectum negatiuae per(spicere). (...) ita ut in pronuntiatione formam affirmatiuae, intellectu uero uirtutem abdicatiuae obtineant (duae partes theologiae)." (P I, 32 (462 B/C))

³² „(...) nil de deo proprie posse dici quoniam superat omnem intellectum omnesque sensibiles intelligibilesque significationes "qui melius nesciendo scitur", "cuius ignorantia vera est sapientia".“ (P I, 94 (510 B)) – Zu den doxographischen Voraussetzungen des Begriffs „divina ignorantia“ vgl. Augustinus, De ordine 2,16; ep. 130; Dionysius Ps.-Areopagita, De div. nom. VII,3.

³³ Vgl.: „(...) quia, ut saepe dictum est, uerius per negationem de deo aliquid praedicare possumus quam per affirmationem.“ (P II, 3 (524 D)) – „Ipse enim per se ipsum semper inuisibilis est et erit“ (P V, 145 (963 C)). – „(…) una eademque rerum natura aliter consideratur in aeternitate uerbi dei, aliter in temporalitate constituti mundi.“ (P III, 33 (640 C/D))

³⁴ Zur „duplex intentio nostrae contemplationis“ vgl. P II, 6 (527B-528 A). Vgl. auch: „Non enim haec nomina ex natura rerum proveniunt sed ex respectu quodam intuentis eas per partes“ (P I, 37 (467 A))

³⁵ „Ineffabilem et incomprehensibilem divinae bonitatis inaccesibilem claritatem omnibus intellectibus (...) incognitam (...) eo nomine (= nihilum, JK) significatam crediderim, quae dum per se ipsum cogitatur neque est neque erat neque erit (...)“ (P III, 88 (680 D)).

³⁶ „(…) deum in his uisibilibus creaturis cognoscere“ (P III, 100/01 (689 D)).

³⁷ Vgl. P I, 11-15 (448 B-450 B).

³⁸ „Dum ergo incomprehensibilis intelligitur per excellentiam nihilum non immerito uocitatur, at uero in suis theophaniis incipiens apparere (...) ideoque omnis uisibilis et inuisibilis creatura theophania, id est diuina apparitio, potest appellari.“ (P III, 88/89 (681 A))

³⁹ „Omne enim quod intelligitur et sentitur nihil aliud est nisi non apparentis apparitio (…)“ (P III, 22 (633 A)).

⁴⁰ Vgl. z.B. P III, 85 (678 C).

⁴¹ Als das „ubique existentium causale“, vgl. P III, 91 (682 D).

⁴² „et dum in omnibus fit, super omnia esse non desinit“ (vgl. Anm. 16, 17).

⁴³ „Est etiam maximum (...) argumentum: (...) At si creatura ex deo, erit deus causa, creatura autem effectus. Si autem nil aliud est effectus nisi causa facta, sequitur deum causam in effectibus suis fieri. Non enim ex causa in effectus suos procedit quod a sua natura alienum sit.“ (P III, 97 (687 B/C))

⁴⁴ „(...) relinquitur sola illa negatio ad causam mundi faciendi quae ablatione totius creaturae super omne quod dicitur et intelligitur deum exaltans nihil eorum quae sunt et quae non sunt eum esse pronuntiat.“ (P III, 97 (687 B)).

⁴⁵ „Ipse siquidem pulchrum, et pulchritudo totius pulchri, et pulchritudinis causa et plenitudo.“ (P IV, Turnhout 2000, 117 (823D)

⁴⁶ „Proinde pulcritudo totius universitatis conditae similium et dissimilium mirabili quadam harmonia constituta est (...)“ (P III, 29 (637 D)). „Nulla enim pulchritudo efficitur, nisi ex compaginatione similium et dissimilium, contrariorum et oppositorum (...)“ (P V, 171 (982 D).

⁴⁷ „Est enim ipse similium similitudo et dissimilitudo dissimilium, oppositorum oppositio, contrariorum contrarietas. Haec enim omnia pulchra ineffabilique armonia in unam concordiam colligit atque componit.“ (P I, 103 (517 B/C))

⁴⁸ Vgl. W. Beierwaltes, Negati affirmatio, in: ders.: Eriugena, aaO, 115-158; J. Kreuzer, Natur als Metapher: Eriugena über den Grund des Schönen, in: Bochumer Philosophisches Jahrbuch für Antike und Mittelalter 2 (1997), 47-67.

⁴⁹ „Verbi gratia, ut ab extimis nature ordinibus paradigma summamus: lapis iste uel hoc lignum mihi lumen est; et si queris quomodo, ut tibi respondeam, ratio me admonet hunc uel

hunc lapidem considerans, multa mihi occurrunt (...)" (Expos. in ierarchiam coelestem I,1 (4), aaO, 4).

[50] Vgl. L. Sturlese: Zwischen Anselm und Johannes Scotus Eriugena: der seltsame Fall des Honorius, des Mönchs von Regensburg, in: B. Mojsisch/O. Pluta (Hg.): Historia Philosophiae Medii Aevi (FS K. Flasch), Amsterdam 1991, 927-951.

[51] Vgl. H.F. Dondaine, Le Corpus dionysien de l'Université de Paris au XIIIe siècle, Rom 1953, 70 ff.

[52] Vgl. K. Ruh: Johannes Scotus Eriugena deutsch, in: Zeitschrift für dt. Altertum und dt. Literatur 117 (1988), 24-31.

[53] Vgl. G.W. Leibniz, Die Theodizee, übers. v. A. Buchenau, Hamburg [2]1968, 154. – G.W.F. Hegel, Vorlesungen über die Geschichte der Philosophie. Teil 4, hg. v. P. Garniron u. W. Jaeschke, Hamburg 1986, 32.

[54] Vgl. W. Beierwaltes: Die Wiederentdeckung des Eriugena im Deutschen Idealismus, in: ders.: Platonismus und Idealismus, Frankfurt/M. 1972, 188-201.

[55] A. Schopenhauer, Fragmente zur Geschichte der Philosophie, in: Werke in zehn Bänden, Bd. VII, Zürich 1977, 74. Bei Nietzsche vgl. Kap. 2 der „Philosophie im tragischen Zeitalter der Griechen".

[56] E. Pound: Pisaner Canto LXXIV, 15.

[57] Zu „Isle of the saints (...) Columbanus, Fiacre and Scotus (...)" vgl. J. Joyce: Ulysses, London 1972, 46/47; zu „heresiarch" ebd., 44; zu den „medieval abstrusiosities" als Propädeutik der „modality of the visible (and) audible" und der „Signatures of all things" wie der „Limits of the diaphane" vgl. ebd., 51, 47;.

[58] „a waalworth of a skyerscape of most eyeful hoyth entowerly, erigenating from next to nothing and celescalating the himals and all, hierarchitectitiptitoploftical (...)". (Finnegans Wake, 3rd edition, London [4]1971, 4/5).

FRANCOIS-XAVIER PUTALLAZ

Siger von Brabant – Orthodoxie am Rande?[1]

Siger von Brabant[2] (ca. 1240 - ca. 1284) ist eng mit dem sogenannten "lateinischen Averroismus" verbunden und eine der umstrittensten Figuren des Mittelalters. Einerseits sieht man ihn als gefährlichen Rationalisten und seinen Tod als verdiente Strafe für schwere Irrtümer: um 1284 wird er als Flüchtling an der Kurie von Orvieto von seinem wahnsinnig gewordenen Sekretär ermordet. Einige Jahre zuvor war er aus Paris geflohen, nachdem ihn am 18. Januar 1277 der französische Inquisitor Simon du Val vorgeladen hatte. Und da die große Pariser Verurteilung vom 7. März auf ihn als Magister der Artistenfakultät in der Streugasse direkten Bezug nimmt, hält man am Bild eines antichristlichen Denkers gerne fest. Andererseits hat man ihn als einen der bemerkenswertesten Philosophen des 13. Jahrhunderts dargestellt, der von einem Höchstmaß an wissenschaftlicher Autonomie zeugt und als würdiger Gegner des Thomas von Aquin gilt, "*praecellentius doctor philosophiae*", wie ihn sein Schüler Pierre Dubois im Jahre 1305 nennen wird.

Wer war jedoch jener "*Siger magnus*"? Dante nennt ihn in seinem Paradies in einem Atemzug mit Gratian, Petrus Lombardus, dem König Salomon, insbesondere aber mit Albert dem Großen und Thomas von Aquin. Thomas stellt ihn dort seinem erstaunten Besucher wie folgt vor:

> "Und er, bei dem der Blick zu mir muss kehren,
> Ist eines Geistes Leuchte, dem der Tod,
> Bei ernstem Sinnen, schien zu lang zu währen;
> Sigerius' ewiges Licht ist, das so loht,
> Der einstmals in der Streugass' Lehrbetriebe
> Wahrheit erschloss, die ihn mit Neid bedroht."
> (Dante, Paradies X, 133-138)

Um mit der Legende aufzuräumen und die Gestalt Sigers von Brabant in ihrer historischen Dimension wiederherzustellen, müssen wir in seinem Leben und Werk drei Perioden unterscheiden.

1. Erste Periode: Vor 1270

Die erste Erwähnung Sigers datiert vom 27. August 1266, als der Päpstliche Legat Simon de Brion einen Streit schlichtet, der die Artistenfakultät an der Pariser Universität entzweit: die Fakultät setzt sich aus vier nationalen Gruppierungen zusammen, und die Franzosen liegen im Streit mit den übrigen. Siger aus der Picardie wird als Unruhestifter dargestellt. Er steht im Verdacht der Beteiligung an der Absetzung und Verfolgung eines französischen Magisters und wird zusammen mit einigen seiner Landsleute angeklagt, mitten im Gottesdienst über den Franzosen hergefallen zu sein. Von da an spielt Siger die Rolle des Rädels- und Parteiführers, "eines wesentlichen Anregers einer Gruppe von Magistern und Studenten, die beunruhigende rationalistische Tendenzen zum Ausdruck brachten und einen radikalen Aristotelismus vertraten", ohne Rücksicht auf die Orthodoxie.[3] R.-A. Gauthier hingegen kommt zu dem Schluss, dass Siger damals wie heute als unschuldig an der Absetzung anzusehen sei, und dass wir es vielmehr mit einem zurückhaltenden Mann ohne große Tatkraft zu tun hätten, der weder die Rolle eines Parteigängers noch eines Rädelsführers gespielt habe.[4]

Die Werke der frühen Phase bis 1270 zeigen, dass Siger die Redeweise der Philosophen und der Physiker (*loquor in naturalibus*) übernimmt, für die eine allem Werden vorgängige Materie vorausgesetzt werden muss, ohne die die Erstursache Unmögliches vollbrächte. Der Glaube sagt jedoch etwas anderes, nämlich dass notwendig alles in letzter Instanz aus einem absoluten Prinzip durch eine *creatio ex nihilo* hervorgebracht worden sei, die keinerlei Ähnlichkeit mit der physikalischen Umformung habe, von der die Philosophen sprechen. Diese Unterscheidung zwischen Philosophie und Glaube findet sich in den *Quaestiones in Physicam* und zieht die problematische Frage nach der Ewigkeit der Welt nach sich, jener Annahme also, zu der die Philosophie gelangen zu müssen scheint. Das entscheidende Werk der Phase sind jedoch die *Quaestiones in III De anima*, die vermutlich 1265 geschrieben wurden.

Siger, der sich als letzter Kommentator in einer langen Reihe von Autoren auf das *Vetus* stützt, die antike Aristoteles-Übersetzung von Jakob von Venedig also, scheint zugleich einer der ersten Magister der Artistenfakultät zu sein, die jene These von der Einzigkeit des Intellekts aufgreifen, die sich in einer Vorlesung von Averroes über das dritte Buch der *Abhandlung über die Seele* findet. Da der Intellekt immateriell ist und allein die Materie das Prinzip der Vielheit innerhalb einer Spezies darstellt, geht Siger davon aus, dass der Intellekt einfach ist, und zwar in der Weise einer abgetrennten Substanz, die der gesamten Menschheit gemeinsam ist.[5] Der *intellectus possibilis* hängt von den Bildern ab, von denen der tätige Intellekt die intelligiblen Formen abstrahiert um sie zu aktualisieren, und die Vereinigung des Intellekts mit den menschlichen Seienden ist so keine substantielle, sondern nur eine operative. Die menschlichen Seienden werden von einer sensitiven Seele konstituiert, von der man schließen könnte, dass sie sterblich sei – was zu tun Siger sich hütet.

Dennoch scheint evident, dass sich die Sigersche Position offen gegen die christliche Orthodoxie wendet, die einerseits am Beginn der Welt in der Zeit festhält, andererseits an der Individualisierung des Intellekts, weil nur diese der Unsterblichkeit der Seele gerecht zu werden vermag. Sigers Thesen und die anderer Magister der Artistenfakultät rufen lebhafte Empörung hervor. 1267 und 1268 reagiert Bonaventura heftig in seinen Pariser Predigten: die Annahme der Ewigkeit der Welt führe dazu, die gesamte heilige Schrift ebenso wie die Menschwerdung des Sohnes zu leugnen. An der Einzigkeit des Intellekts festzuhalten zwinge uns "zuzugeben, dass es weder eine Glaubenswahrheit gebe, noch ein Seelenheil, noch eine Befolgung der Gebote: das wäre gleichbedeutend damit zu sagen, dass der Schlechteste der Menschen gerettet und der Beste verdammt würde"[6]. In den Augen Bonaventuras kommt all dies von einem missbräuchlichen Umgang mit der Philosophie: "Die philosophische Wissenschaft ist ein Weg, der zu anderem Wissen führt. So verfällt der, der dort verweilen will, der Finsternis."[7]

Die zweite Reaktion ist die Thomas von Aquins, der in seinem *De unitate intellectus* von 1270 neue Argumente vorbringt, mit denen er die Fahrlässigkeit derer zu belegen sucht, die sich dem dem Averroes zugeschriebenen Irrtum anschließen, der den *intellectus possibilis* als einen für alle Menschen ansieht und aus ihm eine vom Sein des Körpers getrennte Substanz macht.[8] Die im eigentlichen Sinne philosophische Argumentation des Thomas bildet ein kleines Hauptwerk, dessen Ziel es ist, die Aristotelische These in ihrer eigentlichen Bedeutung wiederherzustellen, und zwar gegen Averroes, der hier weniger die Rolle des Kommentators als vielmehr die des "Verderbers der aristotelischen Philosophie" spiele[9]. Die Folgen einer Anthropologie, wie sie von Siger vertreten werde, so Thomas, stimmten nicht mit dem philosophischen Konzept überein und seien verderblich für das christliche Leben, weil sie selbst die Idee eines Lebens nach dem Tode unmöglich machten.[10] Thomas wirft Siger deshalb vor, ein Christ zu sein, der "sich darstellt, als sei ihm diese Religion fremd"[11], und er wirft ihm vor, die These von der zweifachen Wahrheit zu verteidigen. Er läßt ihn sogar sagen: "Mit der Vernunft schließe ich notwendig, dass der Intellekt der Zahl nach einer ist, aber ich entnehme dem Glauben das Gegenteil"[12].

Der Bischof von Paris, Etienne Tempier, interveniert seinerseits am 10. Dezember 1270 und verurteilt dreizehn irrige Thesen: insbesondere, dass die Welt ewig sei (Artikel 15), dass es nie einen ersten Menschen gegeben habe (Art. 6), und dass der Intellekt aller Menschen ein numerisch identischer sei (Art. 1).

2. Zweite Periode: 1270-1275

1270 antwortet Siger von Brabant der Kritik in einem *Tractatus de intellectu*, der bislang nicht wieder aufgefunden wurde, später dann, 1273, in den *Quaestiones de anima intellectiva*, die belegen, wie sehr Thomas' Analyse eine grundlegende Entwicklung bei ihm ausgelöst hat. Sicherlich wirft Siger Thomas noch vor, die eigentliche Absicht des Philosophen zu verkennen und nicht zu verstehen, was dieser eigentlich sagen will, aber er präzisiert seine Aussagen.[13] Indem er vor allem der Intention des Aristoteles nachspürt, trägt Siger die Schwierigkeiten der These von der Einzigkeit des Intellekts vor und berichtet über seine Zweifel daran, was die Philosophie zu diesem Problem zu sagen hat. "Im Falle solchen Zweifels muss man sich an den Glauben halten, der jede Vernunft übersteigt"[14]. Die Entwicklung seines Denkens wird ihn dazu bringen, immer weiter von der Averroesschen These von der Einzigkeit des Intellekts abzurücken, allerdings nicht in allen Werken, die in dieser zweiten, reichsten Phase seiner philosophischen Produktion entstanden sind. Außer dem *De anima intellectiva* findet man hier vor allem aber jene bemerkenswerten *Quaestiones in metaphysicam*, von denen vier Fassungen in Form von Berichten (*Reportationes*) existieren.

Sie stellen die Frage nach der Freiheit im Streben des Menschen.[15] Siger zweifelt keinen Augenblick an der menschlichen Freiheit und begründet ihre Existenz mit einer Analogie: wenn das tierische Streben nicht frei ist, dann bedeutet das, dass das Urteil der Tiere es nicht ist. Tatsächlich sind Tiere mit einem von Natur aus determinierten Urteil begabt. Beim Menschen verhält sich dies anders. Wenn dessen Streben frei ist, dann heißt das, dass er nicht mit einem determinierten Urteil geboren wird und sein Urteilen in seinem Bezug auf Gut und Böse indifferent sein kann. Deshalb ist der Mensch frei dieses oder jenes Ziel anzustreben. Was den Menschen seiner Freiheit versichert ist die angeborene Indifferenz des Intellekts, der nicht auf ein bestimmtes Ziel festgelegt ist. Der Wille, der dem Urteil der Vernunft nachfolgt, ist frei, weil es das Urteil bereits zuvor war, er ist also niemals frei gegenüber dem Urteil, sondern dessen genaue Wiedergabe. Deshalb muss man widerspruchsfrei sagen, dass der Wille sowohl determiniert als auch frei sei. Er wird durch die Vernunft determiniert, und aufgrund der Vernunft ist er frei.

Dennoch möchte Siger keine Ausnahme gegenüber dem Avicenna'schen Axiom gelten lassen, gemäß dem "keine Wirkung ohne eine Ursache entsteht, bezogen auf die ihr Sein notwendig ist"; denn hier steht die Intelligibilität der Welt selbst auf dem Spiel. Nun stellt jedoch der freie Wille in Kausalketten einen Bruch dar: "Deshalb muss sich jeder dazu zwingen, gut zu werden. Hierzu gebietet er durch seine Bemühungen bestimmten partikulären Ursachen, die verhindert werden können, und die ohne Hindernis aus ihm einen Bösewicht machen würden, Einhalt. Wenn keine Ursache gehemmt werden könnte, wären unsere Bemühungen unnütz."[16]

Am 7. März 1277 verurteilt der Bischof von Paris, Etienne Tempier, feierlich 219 Thesen, von denen sich mehrere unmittelbar auf Siger von Brabant beziehen. Er hält den Magistern der Artistenfakultät vor zu behaupten, dass einige Aussagen gemäß den Regeln der Philosophie wahr seien, nicht aber gemäß dem katholischen Glauben. Die Philosophen verhielten sich damit, "als gäbe es zwei entgegengesetzte Wahrheiten"[17]. Die Magister der Fakultät stünden im Verdacht, philosophische Lehren zu vertreten, die dem Glauben zuwiderliefen, ohne den Argumenten, die diese Lehren stützen, entgegenzutreten, und sogar ohne sie als falsch zu deklarieren. Diese Haltung würde die Satuten von 1272 nicht respektieren, gemäß denen es den Magistern der Fakultät untersagt ist, theologische Fragen zu behandeln und fordert, philosophische Argumente, die im Widerspruch zum Glauben stehen, zurückzuweisen oder als falsch zu bezeichnen.

Dazu gehört die Annahme Ewigkeit der Welt. Das Wort der Genesis "Am Anfang schuf Gott Himmel und Erde" besagt, dass die Welt in der Zeit angefangen hat zu existieren. Folglich scheint sie den aristotelischen Beweis der Ewigkeit der Welt zu widerlegen. Während es für Bonaventura widersprüchlich ist, sowohl anzunehmen, die Dinge seien *ex nihilo* erschaffen worden, als auch zu behaupten, die Welt sei ewig, nimmt Thomas von Aquin, der zugibt, dass wir über die Wahrheit vom Anfang der Welt nur durch Offenbarung verfügen, an, dass die Schöpfung eine bloß ontologische Abhängigkeit zum Ausdruck bringt, die theoretisch mit der Ewigkeit der Welt vereinbar ist.

Siger selbst behauptet ebenfalls die Abhängigkeit der Welt von der Erstursache, indem er feststellt, dass "erschaffen sein" "von einem anderen sein" (*esse ab alio*) bedeute, und dass dieser andere eine freie Ursache sei. Aber wer könnte den göttlichen Willen erforschen?[18] Da der Wille der Erstursache unerforschlich ist, sieht sich die Philosophie außerstande, Beweise für den zeitlichen Anfang der Welt vorzubringen. Umgekehrt unterstellt die natürliche Kausalität, die als einzige dem Physiker zugänglich ist, eine präexistierende Materie und einen indefiniten Prozess des Entstehens. Die Philosophie könnte also niemals den Anfang der Welt beweisen; sie gelangt bestenfalls zu einem Schluss, der nicht als absolut zwingend angesehen werden kann, weil seine Wahrheit dem freien Willen Gottes untergeordnet bleibt.

Eine solche Position stimmt vollständig mit der Sigerschen Konzeption des Verhältnisses von Vernunft und Glaube überein, zumal eine Glaubenswahrheit, nämlich dass die Welt einen Anfang hat, zwar absolut wahr ist, deswegen aber einen entgegengesetzen philosophischen Schluss, der nur wahrscheinlich ist, nicht aufhebt. Der Anfang der Welt bleibt eine reine Glaubenswahrheit und damit der Vernunft unzugänglich, die sich jedoch weiterhin auf kompetente Weise damit beschäftigt was sie angeht, nämlich Physik und Metaphysik.

Neben zahlreichen anderen Themen großer Tragweite, behandeln die *Quaestiones in metaphysicam* so auf programmatische Weise das angemessene Verhältnis von Vernunft und Glaube zueinander. Siger, methodisch von Albert dem Großen beeinflusst, betont, dass er selbst *secundum viam Philosophi* vorgehe: er geht von begrenzten Prinzipien der Philosophie aus und führt die Vernunft bis zu jenen Folgen, die sich aus diesen Prinzipien notwendig ergeben. Dieser Weg darf, auch wenn er zu falschen Schlüssen führt, niemals verlassen werden. Sicherlich ist für Siger die Philosophie eine Suche nach Wahrheit, aber nach einer Wahrheit, die nur innerhalb der Grenzen der Gültigkeit ihrer Prinzipien notwendig ist. Philosophisch vorzugehen bedeutet, "auf methodisch geregeltem Wege vom Glauben zu abstrahieren"[19], das heißt die Gedanken rational und logisch von den Prinzipien bis zu den Schlüssen zu führen, genau so wie in der Theologie. Aber man geht von Prämissen aus, die aus der sinnlichen Erfahrung geschöpft und notgedrungen wenig beständig sind, weil sich Irrtümer einschleichen können. Genau so verfährt Aristoteles.

Es ist also unmöglich, die aristotelischen Argumente anzuzweifeln, ohne dabei die Prinzipien anzufechten, aus denen sie abgeleitet sind. Wenn man beispielsweise annimmt, dass "wenn die Ursache von Ewigkeit an alles für die Wirkung Erforderliche beinhaltet, diese Wirkung notwendig ist", dann ist dies ein Prinzip, das von sinnlicher Erfahrung ausgehend gebildet wurde. Ein solches Prinzip ist innerhalb seines Geltungsrahmens wahr, aber wenn man es auf Gott anzuwenden versucht, kann es nur den Wert der Wahrscheinlichkeit besitzen; denn das Wesen und die Handlungen des ersten Agens sind von Natur aus ganz verschieden von denen jener Handelnden, von denen wir Erfahrungen besitzen. Einzig die Offenbarung eröffnet uns die Wahrheit über ihn, und zwar auf eine absolute Weise. Das Aristotelische Prinzip ist uns nun zweifellos ganz offenkundig, und es ist sogar viel wahrscheinlicher als sein Gegenteil, das im Glauben geoffenbart wurde; aber dieses letztere bleibt dennoch absolut wahr. Es ist eine Wahrheit, die wir glauben, und die auf absolute Weise (*simpliciter*) wahr ist, die wir aber negieren müssen, wenn wir uns an die Philosophie halten, weil die Wahrheit des Glaubens uns weniger offensteht, als ihr Gegenteil: "Es gibt vieles, was Gegenstand des Glaubens und wahr ist, was aber vielleicht verneint wird, weil es dem zuwiderzulaufen scheint, was offenkundiger ist".[20]

Es ist diese Radikalität, die aus Siger eine Randfigur und Gefahr für eine Welt macht, die von der Einheit von Wissen und Kultur fasziniert ist: Als Philosophen müssen wir das negieren, was absolut (*simpliciter*) wahr ist. Wir haben es mit einem Satz zu tun, zu dem die menschliche Vernunft nicht nicht führen kann, da ihre Methode auf der sinnlichen Erfahrung basiert. Ein Satz, den die Philosophie anzunehmen zwingt, der aber, aufgrund seiner nicht hinreichend evidenten Prinzipien, zu Gunsten der absoluten Wahrheit des Glaubens zu negieren ist. Hier "führt die menschliche Vernunft zu dem, was verneint werden muss"[21].

Siger hat also niemals bestritten, dass die Wahrheit von eminent theologischer Art ist. Es ist nichts von einem Häretiker an ihm. Er hat sich damit zufrieden gegeben festzuhalten, dass die Philosophie aufgrund ihrer Grenzen die notwendige und absolute (*simpliciter*) Wahrheit nicht erreicht. Die philosophische Wahrheit ist nur konditional im Sinne einer Wahrheit *ex conditione*.

Die aufmerksame Lektüre der *Quaestiones in metaphysicam* macht klar, weshalb man Siger als heterodoxen Denker angesehen hat. Vom Standpunkt der einfachen (d.h. nicht doppelten) Wahrheit aus betrachtet, scheint er ein heftiger Verfechter der merkwürdigen These der zweifachen Wahrheit zu sein. Das war bereits die Auffassung des Thomas von Aquin, und es ist ebenfalls Gegenstand der Verurteilung vom 7. März 1277: "Häufige, von Glaubenseifer eingegebene Berichte bedeutender und vertrauenswürdiger Personen haben uns zur Kenntnis gebracht, dass einige Lehrer der freien Künste zu Paris die Grenzen ihrer eigenen Fakultät überschreiten und es wagen, offensichtliche und verabscheuungeswürdige Irrlehren oder vielmehr Eitelkeiten und falsche Hirngespinste, ... als an der Universität behandlungswürdige Probleme abzuhandeln und zu disputieren. ... Sie sagen nämlich, diese Irrlehren seien wahr im Sinne der Philosophie, aber nicht im Sinne des christlichen Glaubens, als gebe es zwei gegensätzliche Wahrheiten und als stehe gegen die Wahrheit der Heiligen Schrift die Wahrheit in den Schriften der gottverworfenen Heiden."[22]

Aber die Sigersche Lehre erklärt zugleich auch die gegenläufigen Beurteilungen seiner Person: indem er den Anspruch der Philosophie auf eine nur wahrscheinliche Wahrheit begrenzt und sie so gegen die Theologie absetzt, entwirft er zugleich eine neue Möglichkeit der Autonomie; denn da die Philosophie einer anderen Ordnung gehorcht, beansprucht sie zwar keine absolute Wahrheit, die stets Gegenstand der Theologie ist. Im Gegenzug jedoch vermag die Theologie die Philosophie in ihrer eigenen Methode nicht zu überwachen. Siger konnte auf diese Weise manchem als kraftvoller Denker erscheinen, der eine neue philosophische Praxis etabliert (Steenberghen), anderen aber als ausgesprochen vorsichtig im Vergleich zu zeitgenössischen Denkern, die der menschlichen Vernunft mehr zutrauten (Gauthier). Beide Lesarten sind möglich. Die heute jedoch unannehmbaren Lesarten sind die von E. Renan[23], der aus Siger den Vertreter der anti-theologischen Ungläubigkeit machte, und die von P. Mandonnet[24], der aus ihm den Verfechter des lateinischen Averroismus des 13. Jahrhunderts machte.

3. Dritte Periode: Nach 1275

Man darf die Bedeutung der letzten Jahre Sigers nicht überschätzen. Gewiss betrifft die Verurteilung vom 7. März 1277 einige seiner Lehren direkt[25], aber es ist keineswegs sicher, dass Siger, der vor den Inquisitor von Frankreich geladen wurde, gegen Ende des Jahres 1276 beschlossen hätte aus Paris zu fliehen, um seine Sache vor der päpstlichen Kurie vorzutragen, wo Simon de Brion am 22. Februar 1281 zu Papst Martin IV. gewählt werden sollte. Gewiss wurde der Magister von seinem dem Wahnsinn verfallenen Sekretär zwischen 1282 und 1284 ermordet, aber nichts deutet auf eine Verbindung zwischen den Lehren des brabantischen Magisters und diesem Ereignis hin. Es bedurfte indes wenig, dass sich die Legende durchsetzte: "Der tragische Tod Sigers ließ seine mitleidslosen Gegner aus ihm endgültig den Typus des Häretikers machen, den der Zorn des Himmels getroffen hatte."[26]

Das letzte bekannte Werk Sigers, die *Quaestionen zum Liber de causis*, datiert aus den Jahren 1275-76. Eine Analyse dieses Kommentars bestätigt, dass Siger die These von der Einzigkeit des *intellectus possibilis* definitiv aufgegeben hat: "Aber jene Position ist gemäß unserem Glauben häretisch, und sie erscheint überdies irrational (*irrationalis*)."[27] Er zeigt, dass sich der Intellekt entsprechend der Zahl der Menschen vervielfacht. Und auch anderweitig nähert sich Siger auffallend der thomistischen Position, insbesondere wenn er zugibt, dass die Erstursache das *ipsum esse per se subsistens* ist (q.9bis), dass wir eine Zusammensetzung aus Wesen und Existenz in den reinen Intelligenzen annehmen müssen (q.22), und dass jede getrennte Substanz eine eigene Spezies bildet (q.24).

Indes ist der ausdrückliche Wunsch, sich innerhalb der Grenzen der Orthodoxie zu bewegen, nicht der entscheidende Aspekt dieses späten Werkes. Die 57 Quaestionen der Schrift umfassen zahlreiche wörtliche Anleihen aus dem Werk des Thomas von Aquin.[28] Wenn Siger in Quaestio 8 beispielsweise den Begriff der Ewigkeit definieren möchte, zitiert er, ohne dies zu vermerken, wörtlich die *Summa Theologiae* I,10,1. Diese wörtlichen Anleihen verdecken jedoch in Wirklichkeit wichtige Veränderungen. Wenn sich Siger beispielsweise der Texte des Dominikaners bedient, um über getrennte Substanzen zu sprechen, dann ersetzt er stets den Begriff Engel durch *intelligentia*, um so dem Text des Theologen ein philosophisches Aussehen zu verleihen. Ein aufmerksames Studium von Sigers *Quaestiones super librum de causis* bestätigt, dass sein Verfahren, wörtlich aus thomasischen Quellen zu zitieren, mehr ist als nur eine Jugendsünde; denn Siger bleibt diesem Verfahren bis zum Ende seiner Karriere treu.

Es bleibt trotzdem überraschend, dass sich etwa 40 der von Étienne Tempier verurteilten Thesen auf seinen letzten bekannten Text über das *Liber de Causis* zu beziehen scheinen, das den Ruf genießt, "orthodox" zu sein. Vierzehn der Thesen finden sich zweifellos in diesem Text. Sie betreffen im wesentlichen das Problem der getrennten Substanzen und die Beziehung zwischen der Erst- und den Zweitursachen. Am erstaunlichsten ist jedoch, dass mehrere der verurteilten Sigerschen Thesen sich wörtlich im Werk von Thomas von Aquin finden.

4. Wirkungsgeschichte und kritische Würdigung

Zweifellos übt Siger auf seine Zeitgenossen einen unmittelbaren Einfluss aus; auf jene, die ihn in Frage stellen (Bonaventura, Thomas von Aquin) ebenso wie auf jene, die sich seinen Analysen anschließen (Boethius von Dacien). Die Kritik an Siger von Brabant ist für Thomas von Aquin einer der wenigen Anlässe, seinem Ärger offenen Ausdruck zu verleihen.[29] Aber diesen Dialog mit Siger führt Thomas auch, um markantere Formulierungen zu finden, mit denen er auf der konstitutiven substantiellen Einheit des Menschen insistiert.[30] Der Ausdruck "*hic homo intelligit*" fließt wie ein Leitmotiv immer wieder aus der Feder des Dominikaners.

Was Boethius von Dacien betrifft, erlaubt die Untersuchung der Beziehung zu Siger von Brabant keinerlei Schluss. Es ist indes hilfreich zu bemerken, dass mit dem *De aeternitate mundi* des Boethius eine außerordentlich genaue Abhandlung vorliegt, die den intellektuellen Intuitionen Sigers verwandt ist und klar die Unterscheidung markiert, die wir zwischen Philosophie und Glaube vornehmen müssen: Wenn die Physik beweist, dass die Welt keinen Anfang hat, dann tut sie dies im Lichte ihrer eigenen Prinzipien. Wenn der Christ *simpliciter* bejahen kann, dass die Welt zu sein angefangen hat, tut er dies, indem er sich auf eine Ursache bezieht, die sich den Erörterungen des Physikers entzieht (*verum dicit christianus ... verum etiam dicit naturalis*). Es gibt hier keinen Widerspruch, weil beide nicht mit den gleichen Bezugnahmen argumentieren. Offenkundig wurden die Ideen Sigers von vielen in der Pariser Artistenfakultät geteilt.

Dante beschränkt sich nicht darauf, das "ewige Licht Sigers" in der Schilderung seines "Paradieses" zu malen, sondern er entleiht vieles von ihm, insbesondere seine Freiheitslehre sowie seine Sichtweise der Autonomie und der Grenzen der Philosophie. Wenn der Mensch nicht vorherbestimmt ist, ist er mit Freiheit begabt, dem größten Geschenk, dass Gott der menschlichen Natur gemacht hat. Nun, so präzisiert Dante, ist der freie Wille zu verstehen als Vermögen nachzudenken, zu unterscheiden und zu urteilen, um unsere Entscheidung festzulegen. In diesem Urteilen liegt nicht nur die Wurzel all unserer Freiheit, sondern der freie Wille findet sich ausschließlich in der Vernunft, und nicht im Willen:

> "Gesetzt, dass aus Notwendigkeit entwallt
> Jedwede Liebe, die in euch entzündet,
> So habt ihr sie doch immer in Gewalt.
> Die edle Kraft ists, die benannt ihr findet
> Von Beatrice freie Wahl!"[31]

Dantes Sicht auf das Verhältnis von Philosophie und Glaube zueinander ist ebenfalls von Siger inspiriert. Wenn Odysseus im 26. Gesang des *Inferno* ein Wanderer ist, der die Rückkehr nicht mehr ersehnt, dann weil er zum Symbol der unauslöschlichen Sehnsucht nach

Wissen wird, einer Sehnsucht, die die natürlichen Grenzen der Vernunft übersteigt. Deshalb wird Odysseus zugleich ein Zeichen für die Endlichkeit der menschlichen Vernunft; bestraft dafür, nicht erkannt zu haben, dass es Wissen gibt, das diese Vernunft übersteigt: "Der Schiffbruch soll deutlicher machen, dass die menschliche Vernunft, sobald sie die Grenzen des ihr natürlichen Bereichs überschreitet, notwendig scheitert. Siger von Brabant ist das wahrhafte Paradigma des Philosophen für Dante"[32], das Modell eines Wissens, das seine Grenzen kennt, das heißt das die Verschiedenheit von Philosophie und Theologie kennt. Für Dante ist Siger im Paradies, weil er das Modell desjenigen ist, der die Autonomie der Vernunft unter der strengen Voraussetzung vertritt, dass diese nicht die ihr eigenen Grenzen überschreitet. Odysseus vermochte dies nicht, deshalb ist er im *Inferno*.

Da nun aber der Einfluss Sigers unklar bleibt, ist es beim derzeitigen Forschungsstand ausgesprochen schwierig, seine Bedeutung zu beurteilen. Es wird sehr gewinnbringend sein, das Werk von Johannes de Polliaco genauer zu lesen und zu edieren, in dem man vermutlich deutliche Spuren des Einflusses Sigers finden dürfte. Tatsächlich bezeugt Johannes de Polliaco im Jahre 1308, dass die Freiheitskonzeption, die er von Siger übernimmt, von der Zensur verfolgt wurde, dass er sie aber ohne Zögern teilte: "Dies wollte ich am Bischofshof vortragen, aber ich konnte nicht, weil man mich daran hinderte." Ein ehrwürdiger Magister, mit dem er diskutierte, unterbrach ihn und hieß ihn schweigen. Die Zensur von 1277 hatte ihre Wirkung: "Oh, guter Gott, unlängst erkannte ich, dass es in ganz Paris niemanden gab, der gewagt hätte, diese Auffassung, die ich für wahr halte, zu vertreten. Gott kennt die Gründe hierfür, und ich kenne sie auch."[33]

Der zur Zeit bekannteste Autor, der mehrere Auffassungen teilte, die von Siger entlehnt waren, ist zweifellos Gottfried von Fontaines, der mindestens einige Themen fortführt, die er von dem brabantischen Magister übernommen hat: die Unterscheidung zwischen Sein und Wesen, die Zusammensetzung von Akt und Potenz, der Sinn der Metaphysik und die Freiheitskonzeption. John Wippel hat als erster gezeigt, welche Rolle Siger von Brabant für die Ausarbeitung der Metaphysik Gottfrieds spielt. Indem er die Unterscheidung zwischen Sein und Wesen ablehnt, bezieht sich der Theologe ebenso auf Siger, wie im Falle der Zusammensetzung von Akt und Potenz[34], die Bezeichnungsarten der geistigen Substanzen sind, was es erlaubt, das Denken Gottfrieds von dem des Thomas von Aquin zu unterscheiden, mit dem man ihn aufgrund seiner berühmten Lobrede auf den Dominikaner allzu schnell identifizieren wollte. So verhält es sich auch mit der Selbsterkenntnis, wo der Respekt für Thomas von Aquin nicht der Unabhängigkeit von Gottfrieds Geist entgegensteht, der der Sigerschen Position nähersteht.[35] Er übernimmt von dem brabantischen Magister die Grundzüge der streng intellektualistischen Freiheitslehre ebenso, wie die Unterscheidung zwischen bedingter und absoluter Notwendigkeit.[36] Es geschieht offenkundig nach dem Vorbild Sigers von Brabant, wenn Gottfried die Realdistinktion zwischen Sein und Wesen ablehnt und dabei jeden Parallelismus zwischen Sprache und Substanz von sich weist: die ontischen Blöcke, die die Substanzen sind, werden nur auf unterschiedliche Weisen bezeichnet, die als propositionale Kontexte fungieren.[37] Man kann nun zeigen, dass Gottfried der philosophischen Wissenschaft und ihren logischen Erfordernissen verhaftet bleibt, indem er die Philosophie als in ihrem Bereich autonom etabliert und sagt, dass die Kontingenz der Welt eine Glaubensgegebenheit bleibt: Obwohl die geoffenbarte Wahrheit der menschlichen Rationalität übergeordnet ist, darf sie sich nicht in den Erkenntnisfortgang der Philosophie einmischen.

Dennoch liegt der historische Einfluss, den Siger von Brabant ausübt, vielleicht weniger in seinen philosophischen Thesen, als vielmehr in der Legende, die sich um ihn rankt.

Die Legende hat letztlich die Geschichte überwuchert, und es ist nicht einfach, einen eigenen Ausgangspunkt zwischen der historischen Wahrheit und den Vorurteilen der Historiker seit der unglaublichen Rekonstruktion von Renan zu finden. Renan war davon überzeugt, dass zwischen dem Altertum der Vernunft und ihrer Renaissance das schreckliche Abenteuer des Mittelalters als ständiger Nährboden des Protests gegen den Druck der herrschenden Religion anzusehen war. Er machte sich an die Untersuchung dieses Aufstands der Vernunft, die sich gegen die Unterdrückung des Dogmas zu widersetzen vermochte. Der Ort der Unabhängigkeit des Geistes hatte für ihn einen Namen: Averroismus. In seinem *Averroes und der Averroismus* von 1852 sah Renan den arabischen Aristotelismus zwei einander entgegengesetzte Thesen hervorbringen – die der Ewigkeit der Welt und die der Einfachheit des Intellekts –, die in seinen Augen für die Universalität der reinen Vernunft zeugten und Ausdruck des Unglaubens waren. Renan hatte so den interpretatorischen Rahmen für den lateinischen Averroismus geliefert, ohne zu dieser Zeit einen einzigen Text von Siger von Brabant oder irgend eines der angeblichen Averroisten zu kennen. Als beinahe anekdotisch sei angemerkt, dass diese ideologische Lesart in der ehemaligen UDSSR eine "Wissenschaft" gefunden hat, die diese Interpretation anderer Zeiten propagierte: Siger sei die von der Inquisition gequälte Verkörperung der Gedankenfreiheit, wie dies der Titel einer interessanten Studie von 1978 nahelegt, die in Siger einen "Lichtstrahl im Dunkel der Scholastik" sieht[38], die uns aber auf die Reise schickt, ohne auch nur einmal auch nur die geringste Textmenge von Siger zu zitieren: wir finden uns inmitten des 19. Jahrhunderts wieder: hier ist Renan, nicht aber sein Geist.

Zwischen 1899 und 1911 widmete der Dominikaner-Professor Mandonnet seine Studien dem lateinischen Averroismus und erkannte, dass man die Werke des Siger von Brabant veröffentlichen musste, bevor man über sie urteilen konnte. Indes hielt sich Mandonnet noch an die Interpretation Renans, weil es in seinen Augen evident blieb, dass der Averroismus so weit ging, "antichristliche Thesen" aufrecht zu erhalten, "die der Skandal der Zeitgenossen" waren, ohne jemals vom Denken des Aristoteles und des Averroes abzuweichen.

Siger von Brabant blieb damit ein treuer Aristoteles-Anhänger, dessen Denken von den Verurteilungen von 1270 und 1277 ausgehend rekonstruiert werden konnte. Diese Verurteilungen brachten die vier großen Irrtümer ans Licht, die jene Gefahr bargen, für die Siger von Brabant stand, eine Gefahr, die einzig die Weisheit des Thomas von Aquin zu überwinden vermochte, indem dieser den Aristotelismus in die Kirche integrierte: Ablehnung der Vorsehung, Ewigkeit der Welt, Einheit des Intellekts innerhalb der menschlichen Spezies und Unterdrückung der moralischen Freiheit. Das bemerkenswerte Neue, das Mandonnet dank seiner Edition der Texte Sigers gezeigt hat, hat diesen jedoch nicht daran gehindert, von jenem interpretatorischen Rahmen auszugehen, der von Renan konstruiert worden war, und er beschränkte sich darauf, das Urteil über den Wert des Averroismus umzukehren.

Es bedurfte der vorliegenden Texteditionen (Grabmann, Van Steenberghen, Bazàn etc.), um dieses Urteil zu verfeinern. Es steht indes außer Zweifel, dass das Werk Sigers im Zentrum heftiger Diskussionen an der Pariser Artistenfakultät in den 1270er Jahren stand, und es gibt auch keinen Zweifel daran, dass mehrere der von Étienne Tempier verurteilten Thesen sich direkt auf ihn bezogen. Aber genügt dies, ihn zu einem marginalen oder häretischen Denker zu machen? Die Frage ist um so drängender, zumal, wenn man die Verurteilung von 1277 zum Kriterium dafür macht, ihn als heterodoxen Denker anzusehen, dies sicherlich auch für Thomas von Aquin gilt; denn im Urteil des Bischofs von Paris tauchten mehrere Thesen auf, die Siger von ihm übernommen hatte.

Und so garantiert die fortzusetzende Arbeit einer historisch-kritischen Analyse keineswegs, dass man in 20 Jahren Siger noch immer als Denker am Rande beurteilen wird.[39]

---

[1] Der Beitrag wurde von Dr. Andreas Scheib übersetzt.

[2] Verwendete Quellen von Siger von Brabant: Quaestiones in tertium de anima, De anima intellectiva, De aeternitate mundi, ed. B. Bazàn, Louvain-Paris 1972; Les Quaestiones super librum de causis de Siger de Brabant, ed. A. Marlasca, Louvain-Paris 1972; Siger von Brabant, Ecrits de logique, de morale et de physique, ed. B. Bazàn, Louvain-Paris 1974; Siger von Brabant, Quaestiones in metaphysicam, ed. W. Dunphy, Louvain—la-Neuve 1981; Siger von Brabant, Quaestiones in metaphysicam, ed. A. Maurer, Louvain-la-Neuve 1983; Boethius von Dacien, De aeternitate mundi, ed. N.G. Green-Pedersen, Boethii Daci Opera VI,2, auniae 1976; Chartularium Universitatis Parisiensis, ed. H. Denifle – A. Châtelain, t.1, Paris 1899; La condamnation parisienne de 1277, Texte latin, traduction, introduction et commentaire par D. Piché, Paris 1999.

[3] F. van Steenberghen, Maître Siger de Brabant, Louvain-Paris 1977, 33.

[4] Vgl. R.A. Gauthier, Notes sur Siger de Brabant. I. Siger en 1265, in: Revue des Sciences Philosophiques et Théologiques 67 (1983), 201-232 und Notes sur Siger de Brabant. II. Siger en 1272-1275, Aubry de Reims et la scission des Normands, in: Revue des Sciences Philosophiques et Théologiques 68 (1984) 3-49.

[5] Siger von Brabant, Quaestiones in tertium de anima, De anima intellectiva, De aeternitate mundi, ed. B. Bazàn, Louvain-Paris 1972, 28.

[6] Bonaventura, Coll. In decem Praeceptis, II, 25; V, 514.

[7] Bonaventura, Coll. de septem Donis, IV, 12; V, 476.

[8] Thomas von Aquin, De unitate intellectus, I, 291, Z.11-19.

[9] A.a.O., I, 302, Z. 155-156.

[10] A.a.O., I, 291, Z.20-38.

[11] A.a.O., V,314, Z.404-405.

[12] A.a.O., V, 314, Z. 413-415.

[13] Siger de Brabant, De anima intellectiva, III, 83, Z. 98-99.

[14] A.a.O., VII, 108, Z. 83 ff.

[15] „Utrum in appetitu hominis sit libertas", Lib. V, qu. 8, ed. Dunphy, 1981, 330-331.

[16] Ibid., 326, 13-19.

[17] D. Piché (Hg.), Etienne Tempier, La condamnation parisienne de 1277, Texte latin, trad., intr. et comm. par D. Piché, Paris 1999, 75.

[18] Quis est qui formam voluntatis Primi investigabit? (cf. In. III de an., p.7)

[19] J.-P Müller, Philosophie et foi chez Siger de Brabant. La théorie de la double vérité, in: Miscellanea philosophica R.P. Josepho Gredt O.S.B. completis LXXV annis oblata, Rom 1938, 49.

[20] Siger, Quaestiones in metaphysicam, ed. Dunphy 1981, III, 19, p. 144, l.16-20.

[21] Ratio humana ducit in hoc quod debet negari; Ibid.

[22] Etienne Tempier, La condamnation parisienne de 1277, Texte latin, trad., intr. et comm. par D. Piché, Paris 1999, p. 73-75; Übersetzung von Kurt Flasch, Aufklärung im Mittelalter? Die Verurteilung von 1277, Mainz 1989, 92-93.

[23] E. Renan, Averroès et l'averroïsme, in: Œvres complètes, ed. H. Psichari, t. III, Calmann-Lévy, Paris 1949.

[24] P. Mandonnet, Siger de Brabant et l'averroïsme latin au XIIIᵉ siècle, 2 vol, Louvain ²1908-1911.

[25] Vgl. R. Hissette, Enquête sur les 219 articles condamnés à Paris le 7 mars 1277, Louvain-Paris 1977.

[26] Gauthier 1984, 28.

[27] Quaestiones super liber de Causis, q.27, p.112.

[28] Vgl. R. Imbach, L'averroïsme latin du XIIIᵉ siècle, in: Gli studi di filosofia medievale fra otto e novecento, a cura di R. Imbach e A. Maierù, Rom 1991, 191-208.

[29] Vgl. Thomas v. Aquin, De unitate intellectus, V, §120

[30] Vgl. B. Bazan, La signification des termes communs et la théorie de la supposition chez Maître Siger de Brabant, in: Dialogue 19 (1980), 235-254. und Siger of Brabant, in: A Compagnion to Philosophy in the Middle Ages, ed. J. Gracia und T. Noone, Malden 2003, 632-640.

[31] Dante, Purgatorio XVIII, 70-74.

[32] R. Imbach, Dante, la philosophie et les laïcs, Fribourg-Paris 1996, 244.

[33] Quodl. II, 13, Paris, Bibl. Nat. lat. 15372, f. 58r.

[34] J. F. Wippel, Medieval Reactions to the Encounter between Faith and Reason, Milwaukee 1995, 381.

[35] F.-X. Putallaz La connaissance de soi au XIIIe siècle, Paris 1991, 300-301.

[36] F.-X. Putallaz, Insolente liberté. Controverses et condamnations au XIIIᵉ siècle, Fribourg-Paris 1995, 251.

[37] R. Imbach, Averroistische Stellungnahmen ...

[38] B. E. Bykhovskii, Siger of Brabant vs. Thomas Aquinas on Theology, in: The New Scholasticism 61 (1987), 25-32.

[39] Für weitere, nicht zitierte Sekundärliteratur vgl. L. Bianchi, L'errore di Aristotele, La polemica contro l'eternità del mondo nel XIII secolo, Florenz 1984; I. Biffi, Figure medievali della teologia: la teologia in Sigieri di Brabante et Boezio di Dacia, in Teologia 19 (1994), 263-299; G. Fioravanti, 'Scientia, 'fides', 'theologia' in Boezio di Dacia, in: Atti dell'Accademia delle scienze di Torino, vol. 104 (1970), 525-632; R. Hissette, Enquête sur les 219 articles condamnés à Paris le 7 mars 1277, Louvain-Paris 1977; R. Imbach, L'averroïsme latin du XIIIᵉ siècle, in: Gli studi di filosofia medievale fra otto e novecento, a cura di R. Imbach e A. Maierù, Rom 1991, 191-208; E.P. Mahoney, Saint Thomas and Siger of Brabant Revisited, in: The Recview of Metaphysics 27 (1974) 531-553. A. Maurer, Siger of Brabant and Theology, in: Medieval Studies 50 (1988) 257-278; B. Nardi, Il preteso tomismo di Sigeri di Brabante, in: iornale critico della filosofia italiana 17 (1936), 26-35; F.-X. Putallaz / R. Imbach, Profession: philosophe. Siger de Brabant, Paris 1997.

THEO KOBUSCH

Petrus Johannis Olivi: ein franziskanischer Querkopf*

a. Leben und Werk

Unter den Schülern des Bonaventura ist Petrus Johannis Olivi der eigentlich originelle Kopf, ein Querdenker par excellence, der als intellektuelles enfant terrible des Ordens dem franziskanischen Denken neue Impulse verschaffte. Petrus Johannis Olivi wurde 1247/48 in der Languedoc geboren, studierte bei Bonaventura in Paris und verstrickte sich alsbald tief in die Streitigkeiten des Ordens um Wesen und Funktion der Armut. Mit den sog. Spiritualen war Olivi der Meinung, daß nicht allein die Entäußerung des Eigentums, sondern auch die strenge Einschränkung in Nahrung, Kleidung und Wohnung auf das für das Leben Notwendige durch den evangelischen Begriff der Armut bezeichnet werde. Wegen dieser Einstellung, aber auch wegen der damit verbundenen Rezeption der apokalyptischen Ideen des Joachim von Fiore hatte Olivi 1279 eine Anklage vor dem Orden zu überstehen. In seinem letzten Werk, in dem berüchtigten Apokalypse-Kommentar, ist dieser Einfluß Joachims am deutlichsten dokumentiert. Die Postille zur Apokalypse hat nachweislich wie keine Schrift sonst die provencalische Beginenbewegung in Atem gehalten. Doch Olivi hat nicht nur durch seine praktischen Schriften Anstoß erregt. 1283 sollte zum Schicksalsjahr des angeblichen Spiritualenführers werden[1]. In diesem Jahr legte die von dem Ordensgeneral Bonagrazia von Bergamo eingesetzte Kommission das Ergebnis ihrer Untersuchungen über die Irrtumsfreiheit und Rechtgläubigkeit der Schriften Olivis in zwei Dokumenten vor. In einem Rotulus faßte sie etwa 50 zu beanstandende Sätze zusammen und stellte ihnen in der *Littera septem sigillorum* die richtige Lehre entgegen. Olivi, zu dieser Zeit all seiner Schriften beraubt, antwortete zunächst in seiner *Responsio*, um dann 1285, nachdem er wieder in den Besitz seiner Schriften gelangt war, mit einem ausführlichen Rechtfertigungsschreiben zu reagieren[2]. Zu den inkriminierten Lehren gehörten zuerst Sätze mit theologischem Inhalt, sei es aus dem Bereich der Mariologie, sei es der Gnaden- oder der Sakramentenlehre, sei es der Trinitätslehre[3]. Aber unter den in Listen von verschiedenen Kommissionen gesammelten beanstandeten Sätzen befinden sich auch etliche rein philosophischen Inhalts, die das Denken Olivis auch in typischer Weise charakterisieren[4]. So z.B. der Satz über die Erhaltung der Dinge verstanden als creatio continua oder die von Olivi bekräftigte Meinung, daß die intellektive Seele, obwohl sie konsubstantiell mit dem Körper verbunden ist, nicht als seine Form aufgefaßt werden kann. Auch die von Olivi wenn nicht angestoßene, dann doch zumindest fortgeführte Diskussion um die Art der Verschiedenheit der einzelnen Kategorien untereinander und besonders auch von der kategorisierten Sache selbst schlägt sich in diesen inkriminierten Sätzen nieder, schließlich auch der von Olivi auf vierfache Weise, naturphilosophisch, mathematisch, metaphysisch und theologisch bewiesene Satz, daß Gott im Bereich endlicher Dinge kein aktuell Unendliches machen könne[5]. Für das rechte Verständnis der theologischen und philosophischen Positionen Olivis sind von besonderem Wert seine heftigen Reaktionen auf geäußerte Verdächtigungen, so etwa der berühmte *Brief an R.*, die *Apologie* oder die *Impugnatio*[6]. Olivi scheint aus diesen Auseinandersetzungen eher gestärkt hervorgegangen zu sein, denn 1287 wurde er durch

Matthäus ab Aquasparta, den Generalminister, als Lektor an das Studium in Florenz berufen, 1289 nach Montpellier. Seine letzten Lebensjahre verlebte Olivi im Konvent von Narbonne, wo er 1296 starb, „von Klerus und Volk hoch geehrt"(F.Ehrle). Doch zehn bis fünfzehn Jahre später kippte die Stimmung. Im Zusammenhang der Verfolgung der Spiritualen wurden auch seine Schriften in Mitleidenschaft gezogen. Von ihrer Verurteilung, ja sogar von der Einsammlung und Verbrennung wird berichtet, ebenso von der strengen Bestrafung der Widerstand Leistenden. 1318 herum wurden Olivis Gebeine ausgegraben, seine Grabstätte zerstört.

Will man den Querdenker Olivi würdigen, so muß man fast alle seine Schriften und Gedanken berücksichtigen. Auf fast allen Gebieten sind Innovationen festzustellen. So z.B. auch auf dem Gebiet der Naturphilosophie. Was hier nur erwähnt werden kann, was aber in seiner Lehre breite Auswirkungen hatte, ist die Rezeption und Neudeutung der augustinischen Lehre von den „Keimkräften" (rationes seminales), die für Olivi die Grundlage war für so verschiedene Gegenstände wie für eine neue Geldtheorie – innerhalb derer der moderne Begriff des „Kapitals" erstmals geprägt wurde -, für die Erbsündenlehre und nicht zuletzt für die berühmte Impetustheorie. Wir beschränken uns hier auf die grundsätzlich neuen Wege, die Olivi philosophisch beschreiten will, d.h. auf seine – auch methodologische – Aristotelismuskritik, seine Erkenntnis- und seine Willenslehre.

b. Kritik des Aristotelismus

Für die Philosophie wichtig sind vor allem die Quaestiones zum zweiten Sentenzenbuch, die sog. „Summa Quaestionum", die in den siebziger und Anfang der achtziger Jahre erschienen sein mag, daneben ein Sentenzenkommentar, der vielleicht auf die Lehrtätigkeit in Florenz oder gar erst Montpellier zurückgeht, die Traktate über die Quantität, über die Tugenden und Fehler, über die willentlichen Zeichen und das klassische Thema der Lektüre der Bücher der Philosophen, das auch schon ein Thema der Kirchenväter war, und schließlich die Quodlibeta. Daneben gibt es eine Fülle von Bibelkommentaren, darunter auch zu den drei Büchern Salomonis (Proverbia, Ecclesiastes, Canticum Canticorum), die schon in der Patristik für die drei Disziplinen der Philosophie (Ethik, Physik, Metaphysik) standen. Olivi hat sich dieser patristischen Deutung der drei alttestamentlichen Bücher ausdrücklich angeschlossen und das Hauptthema des Hohenliedes die Kontemplation in einem praktischen Sinne, d.h. die ekstatische Liebe angesehen, die im irdischen Leben beginnt – wo sie aufgrund der „Diskretion" und Freiheit der Seele für die Notwendigkeiten des sterblichen Lebens unterbrochen werden kann – und im himmlischen vollendet wird[7]. Olivi hat freilich in seiner eigenen Wissenschaftslehre die Physik und Metaphysik, verstanden als philosophische Gotteslehre, traditionell den spekulativen oder realen Wissenschaften zugeordnet, die vor allem von den logischen oder Sermozinalwissenschaften, d.h. dem Trivium zu unterscheiden sind, aber auch von den praktischen Wissensformen, denen Olivi nicht nur die Ethik und Politik, sondern auch die Medizin als die universale Sorge um den menschlichen Leib und – auffälligerweise – eine bestimmte Form der Metaphysik zuordnet. Die kleine Schrift über die Lektüre philosophischer Werke (De perlegendis philosophorum libris), wo diese Wissenschaftslehre angedeutet ist, will genregemäß – schon Basilius hatte eine wegweisende Schrift dieser Art verfaßt, und J.Gerson wird das Thema aufnehmen –, aber natürlich auch nach den Erfahrungen der Pariser Verurteilungen von 1270 und 1277 den rechten Umgang mit der antiken Philosophie erörtern[8]. Sie zeigt die Ambivalenz der weltlichen Philosophie überhaupt und Olivis prinzipielle Distanz zu ihr. Die weltliche Philosophie ist nämlich einerseits töricht, deswegen muß sie mit Vorsicht wahrgenommen werden, andererseits aber enthält sie – wie auch immer schon die patristische Tradition betont hatte – ein Fünkchen Wahrheit, daher muß man sie mit Unterscheidungskraft lesen. Sie hat etwas Eitles, deswegen darf sie nie als etwas Endgültiges, sondern nur als ein Vorübergehendes, nie als Ziel, sondern nur als ein Weg betrachtet werden. Schließlich scheint sie eher für Kinder gut zu sein und ist in diesem Sinne etwas Pädagogisches, deswegen muß man sie eher beherrschen als ihr dienen[9]. Man hat in der Schrift über die Lektüre philosophischer Bücher eine besondere Aristotelesfeindlichkeit ausmachen wollen. Doch das ist kaum erkennbar. Auch wenn Olivi in seinem Hauptwerk ausdrücklich die Autorität des Aristoteles ablehnt, besonders bei Fragen des christlichen Glaubens, dann ist das kein Zeugnis einer besonderen und durchgehenden Aristotelesgegnerschaft. Vielmehr lehnt er in manchen Fällen den Standpunkt des Aristotelismus ab, in anderen jedoch weist er sogar Positionen zurück, die von Bonaventura verteidigt werden, um eine aristotelesnähere zu übernehmen[10]. Was Olivi jedoch an vielen Stellen seines Werkes mit scharfen Worten geißelt, ist die unkritische Übernahme aristotelischer Standpunkte, ja sogar der „Aristoteleskult" mancher Zeitgenossen[11]. Nicht darüber wundere er sich, sagt Olivi, daß ein heidnischer Philosoph bestimmte Wahrheiten verkünde, sondern das ist das Ärgernis Erregende, daß christliche Theologen und religiöse Menschen die Aussagen des Aristoteles auf dem Gebiet der Theologie oder Metaphysik förmlich anbeten (q.6, 131). Aristoteles ist zum neuen Gott des gegenwärtigen Zeitalters geworden, seine Lehre wird als die „untrügliche Regel jeglicher Wahrheit" angesehen (q.27, 479; q.54, 269; q.58, 482). Olivi hat Aristoteles vielfach direkt kritisiert, so z.B. seine Lehre von der Ewigkeit der Welt. Im Falle der Lehre vom aevum als der den Engeln eigenen Dauer sind es die im Geiste des Aristoteles denken, welche keinen Unterschied zwischen der göttlichen Ewigkeit und der sukzessionslosen Engelzeit machen. Auch hinter der thomanischen Lehre, die jeden Engel für eine eigene Species hält, steckt zuletzt die aristotelisch - arabische Philosophie. Die aristotelische Philosophie ist in ihrer verführerischen Gestalt der Zeitgenossen gleichsam die Sekte des Antichrist. Der einseitigen Kultivierung dieses Denkens gilt es nach Olivi entgegenzuwirken. Eine ähnlich ausgewogene und kritische Haltung gegenüber Aristoteles zeigt auch Olivis Schüler Petrus de Trabibus[12].

Die Auseinandersetzung mit der aristotelischen Philosophie d.h. mit ihrem wissenschaftstheoretischen Status führte Olivi selbst auch zu einer besonderen Haltung im eigenen Philosophieren. Schon früh hatte er auch das bemängelt, daß Aristoteles „viele Dinge, die heute als erste Prinzipien oder vielmehr als der wahre Glaube angesehen werden, ohne jede Begründung oder irgendeine Diskussion entgegengesetzter Meinungen gesagt habe". Gegenüber seinen Zensoren, die in ähnlicher Weise ihre falliblen Meinungen als den wahren Glauben ausgeben, beruft er sich zuletzt auf sein Gewissen. Er verteidigt wieder und wieder die Würde der gegnerischen Meinung. Besonders in seiner Summa quaestionum läßt er oft eine anonyme Meinung zu Wort kommen, die nicht mit der allgemeinen Meinung des Ordens übereinstimmt, um so die intellektuellen Fesseln zu sprengen. Olivi hat wie kaum jemand sonst zu seiner Zeit – und das zeigen besonders sein *Brief an R.*, seine *Apologie* und sein Hauptwerk – die Kultur einer offenen Diskussion und das Gut der „intellektuellen Freiheit" gefördert[13].

Unter besonderem Druck stand auch Olivis Kategorienlehre. Er weist die Anschuldigung zurück, er habe das „Wo" und „Wann" einer Sache nicht von Ort und Zeit als Kategorien unterschieden, er habe die substantielle Form einer Sache mit ihrer Quantität gleichgesetzt und anderes mehr. Der *Brief der sieben Siegel* beanstandet: „Zu sagen, daß die Kategorien nicht real unterschieden sind, ist dem entgegengesetzt, was der Philosoph sagt und besonders gefährlich im Falle der Relation und der Quantität"[14]. Gegen solche Festschreibungen der philosophischen Lehren des Aristoteles hat sich Olivi mit ganzem Herzen zur Wehr gesetzt. Schon die Annahme von genau zehn Kategorien hält er für bloße Willkür. Noch nie ist philosophisch bewiesen worden, ja es gab noch nie eine philosophische Diskussion darüber, daß es zehn Kategorien geben muß, wie Aristoteles, der „Gott unserer Epoche", es gefordert hat. Die Nachfolger des Aristoteles – und Olivi meint sicher auch Thomas von Aquin – glaubten darüber hinaus in ihrem Übereifer auch noch als ein erstes Prinzip festschreiben zu müssen, daß die zehn Kategorien real- oder wesentlich unterschieden seien und somit in verschiedenen modi essendi gründeten. Doch ist die Notwendigkeit dieses Gedankens nach Olivi nicht nachvollziehbar. Er beruft sich auf bestimmte Gewährsleute, die sagen, daß die verschiedenen Aussagemodi der Kategorien nicht unbedingt auf der Verschiedenheit der modi essendi begründet sein müssen, sondern auch durch die der modi intelligendi bedingt sein könnten. Kurzum: die Kategorien sind nicht in den Dingen vorgeprägt, sondern eine Veranstaltung des menschlichen Intellekts, freilich keine bloßen entia rationis oder Zweite Intentionen, sondern vom Intellekt konstituierte „reale Bestimmtheiten"(reales rationes), d.h. Erste Intentionen[15]. Diese grundlegende Umdeutung der Kategorienlehre brachte – zusammen mit derjenigen Heinrichs von Gent – die philosophische Welt in Bewegung. Von nun an ist bis zu Wilhelm von Ockham und darüber hinaus die Frage nach dem ontologischen Charakter der Kategorien überhaupt und die Deutung der einzelnen Kategorien eine bleibende Aufgabe.

Olivi will in der Philosophie neue Wege gehen. Die methodologischen Reflexionen sind nicht in einer eigenen Abhandlung festgehalten, sondern in seinem Werk mit der materialen Philosophie verflochten. Der neue Weg ist die Introspektion[16]. Während Thomas von Aquin u.a. der Methode der resolutio naturalis folgten, nach der entweder apriori von der Ursache auf die Wirkungen oder aposteriori von der Wirkung auf die Ursache geschlossen wurde, sieht Olivi auch in dem Weg der Induktion und Erfahrung ein Mittel, zur Gewißheit des Wissens zu gelangen. Gemeint ist in erster Linie die innere Erfahrung. Sie ist die unbezweifelbare Grundlage all unseres Wissens. Durch sie weiß ich, daß ich bin, lebe und denke. Solches Wissen um sich selbst, das sich der unvermittelten Zuwendung unseres Geistes zu sich verdankt, hat den Status eines (im aristotelischen Sinne) ersten, untrüglichen, unmittelbaren und unbezweifelbaren Prinzips. Zugleich weiß ich auf induktivem Weg und aufgrund eines inneren Instinktes auch, daß es mit dem Bewußtsein anderer ähnlich bestellt ist (q.76, 146/147). Deswegen ist die innere Erfahrung immer eine allgemeine. Olivi nennt es in diesem Sinne z.B. eine „unbezweifelbare und allgemeine Erfahrung", daß wir mit einem besonderen Hang zum Bösen geboren werden (q.50, 79). Was in der inneren Erfahrung erfahren wird, ist über jeden Zweifel erhaben und in diesem Sinne von höchster Gewißheit. „Nichts ist gewisser als sie", sagt Olivi (q.59, 530) und beruft sich an entscheidenden Stellen seines Denkens auf diese gewisseste aller Erfahrungen (q.57, 324/325/330). Man muß sich der Besonderheit dieser methodologischen Pioniertat bewußt sein. Obwohl in bedeutenden Deutungen dieses Denkens der Eindruck erweckt wird, als sei die Berufung auf die innere Erfahrung schon bei Augustinus belegbar und ein Allgemeingut der franziskanischen Tradition[17], ist darauf hinzuweisen, daß – was immer ein neues Bewußtsein belegt - der Begriff der inneren Erfahrung eine Neuprägung des 13. Jahrhunderts ist, der, wenn er nicht von Olivi geprägt wurde, zumindest doch niemals vorher den gleichen erkenntnistheoretischen Status im Sinne eines ersten, neben den selbstevidenten Sätzen gleichrangigen Prinzips hatte. Denkt man ferner daran, daß von nun an - um nur die wichtigsten Denker zu nennen –, bei Duns Scotus und Wilhelm von Ockham, die innere Erfahrung im Zusammenhang der Prinzipienfrage eine große Rolle spielt und daß ja auch das „Cogito, ergo sum" von Descartes selbst ein principium per se, aber auch per experientiam notum genannt wird, dann kann es über den pionierhaften Charakter der Olivischen Entdeckung der inneren Erfahrung keinen Zweifel geben.

c. Erkenntnislehre

Diese Ansätze einer Methodenlehre spiegeln sich auch in der Erkenntnislehre, von der hier nur der markanteste Punkt berücksichtigt werden kann. Der besteht ohne jeden Zweifel in einem Widerspruch gegenüber oder vielmehr in einer heftigen und lauten Kritik an der Erkenntnislehre der philosophischen Tradition. Die Philosophen, allen voran Aristoteles, haben aber immer angenommen, unsere kognitiven wie auch voluntativen Vermögen hätten einen passiven Charakter. Eines der Hauptziele der Philosophie Olivis ist es zu zeigen, daß die Annahme einer passiven Grundstruktur des Willens letztlich zur „Zerstörung der Freiheit" führt (q.74, 124). Viele der heidnischen und arabischen Philosophen haben zwar zugestanden, daß der Wille durch seine habituellen Formen als Prinzip bestimmter Handlungen angesehen werden könne, aber sie sind doch immer davon ausgegangen, daß der Wille seinem bloßen Wesen nach ein „passives Vermögen" ist. Und in ähnlicher Weise haben sie auch den Intellekt und die anderen Erkenntnisvermögen eingeschätzt. Passiver Natur zu sein aber bedeutet, daß sie von dem Objekt (des Willens oder des Intellekts) bewegt werden. Deswegen phantasieren sie von irgendwelchen Impressionen von Species, die die Objekte als Objekte den jeweiligen Vermögen aufdrückten. Wer so die Akte unseres Bewußtseins erklären will, der verkennt, daß als Wirkursache allein unsere Freiheit hinreichend ist (sufficientia nostrae libertatis). Olivi will dagegen zeigen, daß sowohl der Wille ein aktives, sich selbst bewegendes Vermögen ist, das nicht auf das Objekt als Wirkprinzip angewiesen ist, als auch der Intellekt (q.58, 409/410. 420. 425). Nicht als ob auf das Objekt überhaupt beim Erkenntnisakt verzichtet werden könnte! Das hat Olivi nie gesagt. Aber es bedarf seiner nur als eines den Erkenntnisakt terminierenden Objekts. Erkennen und Wollen verdanken sich einer inneren Bewegung des Bewußtseins. Die Sache des menschlichen Bewußtseins ist aber – Olivi nimmt einen alten Gedanken aus der antiken Philosophie auf – die Hinwendung oder Aufmerksamkeit auf etwas. Die einzelnen Vermögen des Bewußtseins können gar nicht durch die Objekte angeregt werden, sich ihnen zuzuwenden, „weil sie nicht bewegt oder angeregt werden könnten, wenn sie nicht vorher ihnen zugewandt wären" (q.58, 476). Es muß somit ein allen Bewußtseinsakten vorgängiges „Bemerken" oder „Wachsein" des Bewußtseins angenommen werden, das die konkreten Akte erst ermöglicht. Olivi hat diesen zentralen, seine Erkenntnistheorie tragenden Gedanken in vielen Formen vorgetragen. Er beruht auf einer ganz einfachen Gedankenfolge: Wenn eine „Anregung" seitens der Objekte angenommen werden soll, dann muß die Seele diese „bemerken". Bemerkt sie sie nicht, dann wird sie auch nie eine Anregung erfahren und somit nie zu einem Erkenntnisakt bzw. Handlungsakt „erweckt" werden können. Wenn sie die „Anregung" des Objektes aber bemerkt, dann war das entsprechende Vermögen auf die sinnliche Erfahrung der Anregung schon hingewendet und auf sie „aufmerksam" geworden. In diesem Falle wäre die „Anregung" selbst schon ein Objekt der Erkenntniskraft, die sie nur dadurch anregen könnte, daß sie von ihr erkannt würde (q.72, 26). Kurzum: Olivi hat diese Hinwendung oder Aufmerksamkeit als jenes apriorische Element unseres Bewußtseins aufgedeckt, das alle unsere konkreten Bewußtseinsakte, die sinnlichen, die kognitiven und auch die Willensakte erst ermöglicht. Olivi nennt dieses Element oft auch den „Aspectus", den „Hinblick", bei welchem Wort durchaus noch die stoische Vorstellung eines Gespanntseins der Seele mitschwingt, oder manchmal auch die „Neigung" (q.73, 68). Die Funktion des „Hinblicks" besteht darin, ein Objekt zu fixieren, die Seele intentional ganz auf das Objekt auszurichten und so den Akt intentional durch das Objekt förmlich zu „durchtränken"(imbibitum). Deswegen wird der kognitive Akt „Erfassen" genannt und als eine Spannung auf das Objekt hin vorgestellt, welches wiederum sich so als präsentes dem „Hinblick" des Bewußtseins darstellt (q.72, 35/36)[18]. Jeder der fünf Sinne hat ein solches apriorisches Element in sich, dessen spezifisches Wesen Olivi im einzelnen in einer in der mittelalterlichen Philosophie einmaligen Phänomenologie der Sinne erschließt. Seine Lehre von dem auch je den einzelnen Sinnen zukommenden eigenen „Hinblick" muß – vergleichbar dem Anliegen der Hermeneutik der Sinne in H.Plessners Plessners Frühwerk von 1923 „Die Einheit der Sinne" – als Versuch gewertet werden, die apriorische Struktur der Sinne selbst aufzuzeigen. Es ist der visuelle oder auditive oder taktile „Hinblick", die bestimmte Form der „Hinwendung", die uns das Objekt je erschließt, nicht aber irgendeine vom Objekt kommende species. Der Hinblick eines jeden Sinnes ist es auch, der jenen „ganzheitlichen" und „einheitlichen" Aspekt stiftet, unter dem überhaupt erst eine Vielheit von Objekten wahrgenommen werden kann. „Wir machen die sinnliche Erfahrung" – sagt Olivi – „daß, obwohl das Auge zugleich mehreres in den Blick nimmt, es dieses dennoch nur unter einem ganzheitlichen Hinblick macht". In diesem apriorischen Hingerichtetsein auf etwas liegt begründet, daß uns etwas als Objekt erscheint. Denn „jeder Hinblick erfordert etwas als Objekt" (q.74, 106). Das Objekt hat hier offenkundig seinen die Erkenntnis bestimmenden Charakter verloren. Es ist nur noch als die für jeden Bewußtseinsakt notwendige „Grenze" (terminus) geduldet. Die gleichzeitige und spätere Franziskanerschule spricht in diesem von Olivi vorgeprägten Sinne vom Objekt nur noch als der bloßen „Gelegenheit" (occasio) der Sinneserkenntnis[19]. Kaum deutlicher könnte belegt werden, daß hier die breite Straße der aristotelischen Erklärung unserer Erkenntnis als eines vorwiegend rezeptiven und passiven Vorgangs verlassen ist. Die Wirkursache der Erkenntnis ist ganz ins erkennende Subjekt verlagert. Das Objekt trägt überhaupt nur noch als „Gelegenheitsursache" zur Erkenntnis bei. Wenn man von einer Wende in der Erkenntnistheorie innerhalb der mittelalterlichen Philosophie sprechen will, dann muß sie in dieser Wende vom Objekt zum Subjekt gesehen werden. Da jedes apriorische Hingerichtetsein ein Objekt erfordert, muß das auch für jenen „Hinblick" gelten, den Olivi den intellektuellen nennt. Sein Gegenstand ist das Bewußtsein selbst. Die Seele ist nämlich in einer ständigen, unmittelbaren Hinwendung zu sich selbst begriffen, wodurch sie ein ständiges Wissen um sich selbst und ihre Akte hat (q.76, 146).

d. Freiheitslehre

Auch Olivis Freiheitslehre ist neu und wegweisend. Neu gegenüber der thomanischen Umdeutung der Nikomachischen Ethik, wie sie uns etwa in *De Malo* begegnet und wegweisend im Hinblick auf die gesamte Rezeption in der franziskanischen Tradition. Wird Freiheit in der aristotelischen Tradition – pauschal geurteilt – als die aus dem vernunftbestimmten Streben resultierende Entscheidung verstanden, so geht in diesem Punkte Olivi und mit ihm fast die ganze Franziskanerschule einen anderen Weg. Die Quaestio 57 der *Summa* gehört in diesem Zusammenhang zum Bedeutendsten der mittelalterlichen Freiheitsliteratur überhaupt. Freiheit ist etwas, was der Mensch unmittelbar erfährt. Um das deutlich zu machen, geht Olivi den ungewöhnlichen Weg der Introspektion der inneren Gefühle, die er in einer jeweils kombinierten Form näher betrachtet. Voraussetzung einer solchen Introspektion sind jedoch zwei Sätze, an denen nach Olivi niemand zweifeln kann und die deshalb den Rang einer selbstevidenten Grundlage haben: Es ist unmöglich, daß alle Gefühle (affectus) einer vernunftbegabten Natur ganz falsch und verkehrt sind oder auf einem solchen Gegenstand gegründet wären, und: Es ist unmöglich, daß ein Mensch eine Vervollkommnung erfährt durch ständige Annäherung an zu höchst Falsches dieser Art. Dies vorausgesetzt ist der Bereich der Gefühle, der nach Olivi und der Scholastik überhaupt von dem Willensbegriff mitabgedeckt wird[20], ein deutlicher Hinweis auf die Existenz unserer Freiheit. So das Gefühl des Zornes und des Mitleids. „Alle inneren Anklagen und Gewissensbisse, alle Billigungen und Entschuldigungen, ... alle Mißbilligungen der Gerechtigkeit, die sich aus dem Eifer und dem Sinn für Gleichheit ergeben, die reichlich in allen Menschen vorhanden sind und die jeder in sich selbst durch eine unbezweifelbare Erfahrung wahrnimmt, bezeugen offenkundig, daß in uns die Wahlfreiheit ist" (q.57, 317-319). In ähnlicher Weise weisen auch die Gefühle der Freundschaft und der Feindschaft, des Sichrühmens und der Scham, der Dankbarkeit und der Undankbarkeit, der Pflicht und des Verpflichtens, der Furcht und der Sorglosigkeit in je eigener Weise auf das Bewußtsein der eigenen Freiheit hin. Besonders deutlich wird das im Fall des Gefühls der Hoffnung oder des Mißtrauens, das den Handlungen des Vertragsabschlusses oder des Versprechens zugrundeliegt. Doch es sind nicht nur die Gefühle, die in solcher Weise demjenigen, der ihre „Wege und Wurzeln" subtil sucht, den Grund der Freiheit offenbaren. Im Dienst der Introspektion steht auch die Achtung auf sich selbst, d.h. die – seit der antiken Philosophie wohlbekannte – „Aufmerksamkeit" auf die eigenen Bewußtseinsakte, wie z.B. den Akt des Vergleichens oder Erforschens oder der Zurückhaltung. „Mit absoluter Gewißheit erfahren wir nämlich in uns selbst, daß sich unser Wille von vielem" zurückhält, aber auch zu vielem antreibt (q.57, 325). Er kann etwas befehlen, etwas den Vorzug vor anderem geben, er kann die unzerbrechliche Stabilität des eigenen Wollens erfahren. All dieses aber wäre ohne Freiheit gar nicht möglich. Der aufmerksame Blick auf das eigene Bewußtsein macht aber noch mehr offenbar. Er entdeckt auch jene dem menschlichen Wollen eigene Unbestimmtheit, die der Mensch „unzweifelhaft" als eine positive Fähigkeit, - nicht handeln zu können, wenn man handelt, und handeln zu können, wenn man nicht handelt -, in sich wahrnimmt. Diese Unbestimmtheit des Willens, die später Descartes als eine positive Form der „Indifferenz" zum Ja oder Nein begreift und ausdrücklich von jener Indifferenz unterscheidet, die als eine Form der Willkür die unterste Stufe der Freiheit darstellt, ist nach Olivi ein Wesenselement aller wirklichen Freiheit, die in der Selbstbestimmung des Willens besteht[21]. Schließlich entdeckt die aufmerksame Selbstbeobachtung auch das – schon für die Stoiker im Zusammenhang der Freiheitsproblematik so wichtige – Phänomen der Zustimmung. „Wir erfahren unzweifelhaft in uns selbst", daß nicht irgendeine Begierde in uns oder eine Neigung es ist, die zum Handeln anstößt, sondern unvertretbar und unverwechselbar wir selbst. Die innere Erfahrung vermittelt uns das intimste Wissen überhaupt, nämlich von der Autorschaft unserer eigenen Akte; wir erfahren sie als solche, die von uns selbst stammen (q.57, 330; q.58, 413)[22]. Das geschieht z.B. immer dann, wenn wir etwas von uns oder uns selbst verschenken, aber auch bei jeder Art von Zustimmung oder Verweigerung von Zustimmung. „Denn nichts ist so in die Macht der Wahlfreiheit gelegt und so von ihr abhängig wie die Zustimmung" (q.57, 377). Wenn wir nicht frei wären, so will Olivi sagen, könnten wir nicht Erfahrungen solcher Art machen. Ja, schließlich würde alles Menschliche verschwinden, wenn die Freiheit geleugnet würde. Olivi erweist in der Tat „die Freiheit als das Fundament von menschlicher Gemeinschaft, Kultur und Religion"[23]. Eine besondere Funktion beim Aufweis der menschlichen Freiheit hat die Selbstreflexion des menschlichen Bewußtseins. Denn es ist Gegenstand der offenkundigsten, inneren Erfahrung, daß unser Geist sowohl im Denken wie im Wollen auf sich selbst – und zwar in direkter und unmittelbarer Weise – gerichtet ist. Eine unmittelbare Reflexion dieser Art ist aber nur möglich, wenn Freiheit gegeben ist. Die unmittelbare Selbstreflexion ist nach Olivi das erste und vornehmste Kennzeichen der Freiheit, das auf einem ursprünglichen Hingewendetsein des bewegenden Geistes zu sich beruht. Zwar hat auch der Intellekt diese ursprüngliche reflexive Struktur, aber er ist auf sich als ein vorgegebenes Objekt bezogen, während der Wille sich auf sich selbst als ein „Bewegliches", d.h. als ein Gestaltbares oder Formbares bezieht. Für Olivi ist dieser gegen Aristoteles gerichtete Gedanke von der unvermittelten Selbstreflexion von entscheidender Bedeutung. Denn wenn das menschliche Bewußtsein selbst schon in sich selbstreflexiver Natur ist, dann müssen auch die von ihm stets begleiteten transeunten Akte diesen Charakter haben, und, was noch wichtiger ist: Ohne diesen Gedanken ist Freiheit nicht denkbar[24]. Was so aber als das primär Freie bezeichnet werden muß, ist der Wille, denn „eine Freiheit ohne Willen zu setzen ist völlig unmöglich", da die Freiheit nichts anderes ist als die dem Willen zukommende Souveränität (q.54, 249). Freiheit ist das Wesen des Willens[25]. Wille und Intellekt jedoch machen die eigentliche Intimität des Menschen aus, die für jeden geschaffenen Geist unerforschlich, unhabbar und undurchdringbar ist. In dieser Intimität liegt das Wesen dessen begründet, was Olivi terminologisch streng die „Persönlichkeit"(personalitas) nennt. Die Persönlichkeit ist die konkrete Form der Freiheit. Ohne Intellekt und Willen scheint die Bestimmtheit der Persönlichkeit überhaupt nicht verstanden werden zu können. Denn der Begriff der Person bezeichnet gerade eine solche selbstreflexive Existenz, die in sich subsistiert. Reflexivität ist aber notwendig an die beiden Vermögen des Willens und des Intellekts gebunden, die auch die volle Selbstmächtigkeit und den vollen Selbstbesitz der Person garantieren (q.54, 249/250)[26]. Daraus darf nicht geschlossen werden, daß Wille und Intellekt auf gleicher Stufe stünden. Vielmehr erfüllt der Intellekt lediglich die Funktion der conditio sine qua non für das menschliche Wollen. Hätte der Mensch nur den Intellekt, dann wäre er lediglich ein intelligentes Tier. Mit anderen Worten: das, „was wir eigentlich sind, d.h. unsere Persönlichkeit", das ist der Wille (q.57, 338). Verglichen damit ist jede andere Existenzform quasi ein reines Nichts. Deswegen würde ein Mensch, vor die Wahl gestellt: Tier oder Nichts, immer die völlige Annihilierung vorziehen (q.57, 334).

Es ist gerade der Gedanke der Selbstbestimmung des Willens, der dem gesamten Werk Olivis seinen Stempel aufdrückt. Geschaffene Freiheit als nicht vorher bestimmte Tätigkeit des Willens zu denken – das ist sein Anliegen, das er mit Heinrich von Gent teilt. Deswegen setzt er sich ausführlich mit jener Theorie auseinander, die das sittlich Schlechte als bloße Unwissenheit oder „falsche Einschätzung" erklärt hat. Olivi hält sie für eine Theorie des Aristoteles. Heinrich von Gent hat sie im Quodl. I 17 als sokratische und aristotelische Theorie kritisiert. Wenn Aristoteles recht hätte – so argumentiert Olivi –, dann wäre also ein Irrtum die Ursache der ersten Sünde im Paradies gewesen und nicht der Wille selbst. Aristoteles ist offenkundig die Unterscheidung zwischen zwei Weisen der Erkenntnis des Guten und Schlechten entgangen. Denn der Mensch kann einmal rein theoretisch den Unterschied zwischen Gut und Böse wahrnehmen, und der ist ihm immer bewußt, vor der Tat, während und nach der Tat. Andererseits gibt es auch so etwas wie eine Empfindung des Süßen im Falle guten Handelns und eine Empfindung der Bitterkeit im Falle böser Handlungen. Es ist ein Erfahrungswissen, das mit der Billigung oder Mißbilligung des Willens verbunden ist. Diese „Einschätzung"(aestimatio) aber geht der Tat nicht vorher, sondern begleitet sie oder folgt ihr. Es kann daher kein Erkennen angenommen werden, das das Wollen des Willens verursachen könnte. Die platonisch-aristotelische Lehrmeinung von der der Verkehrung des Willens notwendig vorhergehenden falschen intellektuellen Einschätzung ist so im Namen wirklicher Freiheit abzulehnen. Denn wenn „jemand alles genauer betrachtet, wird er bemerken, daß der Freiheit des Willens ... viel Abbruch getan wird", wo immer angenommen wird, er folge quasi notwendig den Gesetzen des Intellekts oder der Sinnlichkeit (q.57, 360f. 387. vgl. qq.85/86, 188/189. 193). Der Wille ist daher das schlechthin Unbezwingbare. Er übersteigt alles Geschaffene. Nicht einmal Gott kann ihn zu etwas zwingen, er ist selbst der actus purus im Menschen, der unbewegte Beweger. Er ist der eigentliche Grund der Gottebenbildlichkeit des Menschen[27].

e. Weiterwirken

Die Erforschung der Wirkungsgeschichte Olivis ist eine bleibende Aufgabe. Die im Fortschreiten begriffene kritische Edition seiner Werke wird allererst das Bewußtsein schärfen für das Revolutionäre seiner Gedanken selbst, dann auch für die Rezeptionsgeschichte. Immerhin ist heute schon erkennbar, daß Grundgedanken seiner Erkenntnislehre und der Freiheitslehre unmittelbar, d.h. in der letzten Dekade des 13. und in den ersten beiden des 14. Jahrhunderts, besonders von franziskanischen Denkern, darunter auch neben seinem Schüler Petrus de Trabibus von Duns Scotus, aber auch von Dominikanern aufgenommen worden sind.

---

* Eine ausführliche Fassung dieses Beitrags mit den Nachweisen in den Werken Olivis und der Auseinandersetzung mit der Sekundärliteratur wird in einer demnächst erscheinenden Geschichte der mittelalterlichen Philosophie und in dem Band „Selbstbewußtsein und Person", der (von G.Mensching hg.) demnächst erscheinen wird. Die in dem vorliegenden Beitrag in Klammern hinzugefügten Angaben beziehen sich auf Petrus Johannis Olivi, Quaestiones in secundum librum Sententiarum Vol. I – III, ed. B.Jansen, BFS IV - VI, Quaracchi 1922ff.

[1] F.Ehrle hat in seinen späteren Arbeiten Olivi mehr und mehr zum Bösewicht seines Ordens und zum „Spiritualenführer" gestempelt. An diesem Bild übt berechtigterweise Kritik D.E.Flood, Petrus Johannis Olivi. Ein neues Bild des angeblichen Spiritualenführers, Wiss. u. Weisheit 34(1971) 130-141. Zum Leben Olivis: D.Burr, The Persecution of Peter Olivi, Philadelphia 1976

[2] Vgl. G.Fussenegger, „Littera septem sigillorum" contra doctrinam Petri Ioannis Olivi edita, in: Arch FrancHist 47(1954) 45-53; D.Laberge, Fr.Petri Ioannis Olivi tria Scripta sui ipsius Apologetica, Firenze 1935

[3] Vgl. D.Burr, L'histoire de Pierre Olivi (s.u. n.9)119-148

[4] J.Koch, Die Verurteilung Olivis auf dem Konzil von Vienne und ihre Vorgeschichte, in: Scholastik 5(1930) 503.513

[5] D.Laberge, Fr.Petri Ioannis Olivi Tria Scripta ...41. 28. 17f.(74). 70f.

[6] Epistola ad R., in: P.I.Olivi, Quodlibeta, Venise 1509, f.51(63)va – 53(65)rb; Impugnatio ebd. 42r – 49v

[7] Petri Iohannis Olivi, Expositio in Canticum Canticorum, ed. J.Schlageter, Grottaferrata 1999, 108. 252.

[8] Vgl. die gute Analyse der Schrift von D.Burr, Petrus Ioannis Olivi and the Philosophers, Franciscan Studies 31(1971) 41-71, hier 52ff.

[9] Fr.Petri Joannis Olivi tractatus „De perlegendis Philosophorum libris", ed. F.M.Delorme, Antonianum 16(1941)31-44, hier 37 ; dazu die Einleitung von Delorme ! und die Bemerkungen von D.Burr, L'histoire de Pierre Olivi (franz.Übersetzung von The persecution of Peter Olivi,1976) Paris 1997,

[10] O.Bettini, Olivi di fronte ad Aristotele, in : Studi Francescani 55(1958) 176-197

[11] Vgl. D.Burr, L'histoire de Pierre Olivi, Paris 1997, 76

[12] Zur Einschätzung der aristotelischen Philosophie bei Olivi s. bes. D.Burr, a.a.O. 76-85, wo auch ungedruckte Werke wie der Apokalypsekommentar berücksichtigt sind. – Zum Verhältnis des Petrus de Trabibus gegenüber Aristoteles vgl. H.A.Huning, Die Stellung des Petrus de Trabibus zur Philosophie, III.Teil, in: Franz.Stud. 47(1965) 1-43, hier 21-26.

[13] Die Apologie (Tria Scripta sui ipsius Apologetica, Firenze 1935) 74-75 beschreibt in der Tat seine Vorgehensweise im Umgang mit anderen Meinungen in der Summa quaestionum. Das Beste über Olivis Kritik an Aristoteles und die Verbindung zu seiner eigenen Auffassung von intellektueller Freiheit ist der Aufsatz von D.Burr, Olivi and the limits of intellectual freedom, in: Contemporary reflections on the medieval Christian tradition (Essays in honor of R.C.Petry) ed. by G.H.Shriver, Durham 1974, 185- 199, hier 194-196

[14] Littera septem sigillorum, p.52

[15] P.I.Olivi, Summa q.28, 483-486; q.14,264; - vgl. q.54,262: Dicunt enim isti quod diversitas praedicamentorum omnium non est sumpta ex diversitate reali sive essentiali sed ex diversitate rationum. Quae tamen rationes sunt in re realiter per indifferentiam realem comprehensae ac per hoc vere reales, et pro tanto praedicamenta dicuntur vere res et primae intentiones et non solum secundae intentiones, ...

[16] Dazu vgl. auch E.Stadter, Psychologie und Metaphysik der menschlichen Freiheit, München/Paderborn/Wien 1971, 145

[17] Vgl. F.Simoncioli, Il problema della liberta' umana in Pietro di Giovanni Olivi e Pietro de Trabibus, Milano 1956, 15

[18] Daß Interpreten, die selbst der Phänomenologie nahestehen, bei Olivi die Intentionalitätsproblematik wiederzuentdecken glauben, verwundert nicht. Vgl. W.Hoeres, Der Begriff der Intentionalität bei Olivi, Scholastik 36(1961) 23-48, hier: 30. 34. 36 – ders., Besprechung von F.Simoncioli, Il problema della libertà umana in Pietro di Giovanni Olivi e Pietro de Trabibus, in: Franziskanische Studien (1960) 363-364

[19] P.I.Olivi, Quaest. In II Sent. q.73, t.III 89: ab obiectis, quamvis sint ab eis sicut a terminativis vel occasionativis. Vgl. R.Marston, Quaest. Disp. De anima VIII, BFS VII (Quaracchi 1932) 403

[20] Vgl. E.Stadter, Psychologie und Metaphysik der menschlichen Freiheit 168

[21] Q.57, 326: ... si attendamus ad modum suae indeterminationis. 326-329. Nach Olivi (q.57,341; q.117,369) ist es unmöglich, daß der Wille zugleich Widersprüchliches wollen könnte. Aber er kann disjunktiv zugleich Entgegengesetztes wollen. Zu diesem Problem vgl. F.Simoncioli, Il problema della liberta' umana 113 und ausführlich E.Stadter, Psychologie und Metaphysik der menschlichen Freiheit 232 ff. Zu Descartes vgl. Brief An Mesland, 9.Febr. 1645, AT IV 173: per indifferentiam intelligitur ... positiva facultas se determinandi ad utrumlibet.

[22] Dazu vgl. auch F.Simoncioli, Il problema della Liberta' umana 74f.

[23] E.Stadter, Psychologie und Metaphysik der menschlichen Freiheit 148. Vgl. auch E.Bettoni, Le Dottrine filosofiche di Pier di Giovanni Olivi, Milano 1959, 410

[24] Petrus Johannis Olivi, Quaestiones in Secundum Librum Sententiarum q.57, ed. B.Jansen, Vol.II (BFS V), Quaracchi 1924, 324. 364. Zum reflexiven Charakter der transeunten Akte vgl. E.Stadter, Psychologie und Metaphysik der menschlichen Freiheit 215 und 217

[25] Vgl. Summa q.49, 684: De essentia voluntatis est quod sit libera, und Comm. In II Sent. (ed. F.Simoncioli 184): Libertas essentialiter est voluntas ...

[26] Vgl. z.B. auch M.Scheler, Die Stellung des Menschen im Kosmos, in: Späte Schriften, Bern/München 1976, 34: „Es (das Tier) besitzt sich nicht , ist seiner nicht mächtig – und deshalb auch seiner nicht bewußt."

[27] Vgl. Petrus Johannis Olivi, Quaestiones in II Sententiarum, ed. F.Simoncioli a.a.O. Appendice 187. Zum Gedanken der Gottebenbildlichkeit vgl. E.Stadter, Psychologie und Metaphysik der menschlichen Freiheit 198f.

IRENE LEICHT

Alles und Nichts: Die Radikalität der Marguerite Porete

„Es senkt sich umso mehr Glaube und Liebe und Hoffnung in die Seele ein,
je mehr sie sich in Bezug auf alle äußeren und inneren Dinge,
die sie aufnehmen kann, gern ins Dunkel und Nichts begibt."
Johannes vom Kreuz, Aufstieg auf den Berg Karmel

Das vorbehaltlose Eingehen ins Nichts mit dem Geist und allen Sinnen und die damit verbundene Erfahrung der göttlichen Fülle lehrt Marguerite Porete um 1300. Dafür wurde sie 1310 auf dem Scheiterhaufen hingerichtet. Nach einer Einführung in Leben und Werk sollen ihre mystisch-theologische Konzeption vorgestellt und deren Nähe und Distanz zu zeitlich benachbarten Entwürfen untersucht werden.[1]

1. Leben und Werk

Die mittelalterliche französische Geschichtsschreibung wie auch kirchliche Inquisitionsakten erwähnen die Hinrichtung der Marguerite Porete auf der Pariser Place de la Grève am 1. Juni 1310. Grund dafür sei die Abfassung eines häretischen Buches gewesen. Die Quellen zitieren drei der insgesamt 15 inkriminierten Sätze im Wortlaut. Bis 1946 galt der „Spiegel der einfachen und zunichte gewordenen Seelen und jener, die einzig im Wollen und Verlangen der Liebe verbleiben" als verschollen. Doch dann konnte auf Grund der zitierten Anklageartikel das anonym überlieferte, als Perle christlicher Mystik angesehene Buch von einer italienischen Forscherin als Marguerites „Spiegel" identifiziert werden.[2]

Marguerite stammte aus der französischen Grafschaft Hennegau. Vermutlich verbrachte sie die meiste Zeit ihres Lebens in Valenciennes. Städtisches Freiheitstreben, zahlreiche Ordensniederlassungen und eine Beginengemeinschaft legen Valenciennes als Aufenthaltsort nahe. „Die Beginen sagen, ich irre – dasselbe die Priester, Kleriker, Prediger, die Augustiner und auch die Karmeliter, und die Minderen Brüder"[3] – so mutmaßt die Autorin. In Valenciennes waren alle genannten religiösen Gruppen vertreten. Zudem war dem Pariser Prozess, der mit der Hinrichtung endete, zwischen 1296 und 1306 ein Inquisitionsprozess vorausgegangen. Der „Spiegel" wurde damals auf dem Marktplatz von Valenciennes verbrannt.

Marguerite Porete wird in den Quellen als Begine bezeichnet. Warum meint sie, diese semireligiosen Frauen würden ihre Lehre als Irrtum abtun? Es gab gleichsam zwei Sorten von Beginen. Die einen wohnten in meist größeren Gemeinschaften; ihr Leben war durch Askese und sozial-karitatives Engagement geprägt; sie bekamen Rückendeckung seitens des Klerus bis hin zum Papst, in dessen Konzept eines laikalen Bußordens sie gut passten. Die anderen lebten allein oder in kleineren Gruppen; sie waren insbesondere an theologischer Reflexion interessiert. Zu ihnen gehörte Marguerite.[4] Im „Spiegel" wird das beginische Buß- und Frömmigkeitsideal scharf kritisiert. Es ist dort z. B. von Leuten die Rede, „die ihren Leib vollständig abtöten, indem sie Werke der Nächstenliebe verrichten. Und so finden sie eine große Genugtuung in ihren Werken."[5] Das Ideal der freien Seele wird diesen als Spiegel vorgehalten. Eine freie Seele „verlangt nicht, verachtet aber auch nicht Armut oder Drangsal, eine Messfeier oder Predigt, Fasten oder Gebet".[6] Sie ist nicht amoralisch und sie vollzieht auch kirchliche Bräuche. Aber sie hat sich verabschiedet von einer „do ut des"-Moral oder Leistungsfrömmigkeit, die meint, Gott durch eigenes Tun gnädig stimmen zu müssen. Marguerite lehrt die Freiheit vom eigenen Ich und seinen Anstrengungen, Begierden und Vorstellungen, weil nur dann Gott voll zum Zuge kommen und wirken kann.

Ein Jahr nach Marguerites Hinrichtung verabschiedete das Konzil von Vienne ein Dekret, das die Spaltung der Beginen zementierte. Dort heißt es, „dass einige von ihnen, als wären sie von Geistesverwirrung getrieben, über die Heiligste Dreifaltigkeit und über die göttliche Wesenheit diskutieren und sich verbreiten und dass sie über die Glaubensartikel und die Sakramente der Kirche dem katholischen Glauben widersprechende Meinungen ausstreuen. In diesen Dingen täuschen sie viele einfache Leute und führen sie in die verschiedensten Irrtümer [...]. Nachdem Wir mehrfach über sie solche ungünstige Urteile und noch andere gehört haben, halten Wir sie mit gutem Recht für verdächtig und glauben, mit Zustimmung des Heiligen Konzils, ihre Lebensweise verbieten und vollkommen aus der Kirche entfernen zu sollen. [...] Dagegen beabsichtigen Wir durch das vorliegende Dekret nicht, den frommen Frauen, die [...] ehrsam in ihren Hospizen leben, zu verbieten, dass sie auch weiterhin Buße tun und Gott im Geist der Demut dienen. Das soll ihnen gestattet sein, ganz wie Gott es ihnen eingibt."[7] Das Dekret liest sich wie eine nachträgliche Erklärung zu Marguerites Hinrichtung. Sie war eine Theologie treibende Begine und damit verwerflich – im Unterschied zu den demütigen Büßerinnen.

Marguerite war eine Intellektuelle.[8] Ihr Buch ist ein Lehrbuch. Höchstwahrscheinlich hat sein erstes bekannt Werden – sei es in Buchform oder als öffentlicher Vortrag – sogleich Kritik provoziert, denn Marguerite hatte Gutachten eingeholt, um ihre Lehre bestätigen zu lassen. Das ist ihr gelungen. Es geschah sicherlich, bevor ihr zum ersten Mal der Prozess gemacht wurde, weil undenkbar ist, dass danach noch jemand ein positives Gutachten erstellt hätte. Der betreffenden Person hätte dann selbst ein Verfahren gedroht.

Einer der drei Gutachter war der Kanoniker Gottfried von Fontaines. Er war von 1285/86 bis 1304 Regens an der Pariser Sorbonne. Viele Jahre lebte er in Nordfrankreich – so lässt sich Marguerites Kontakt zu ihm erklären. Das Gutachten dieses renommierten Theologen schützte den „Spiegel" vor einer allzu leichtfertigen Verurteilung. Dennoch wurde das Buch in Valenciennes verbrannt und seine Weiterverbreitung verboten. Die angebliche Missachtung dieses Verbots zog einen zweiten Prozess nach sich. 1308 wurde Marguerite an den französischen Generalinquisitor Wilhelm von Paris ausgeliefert und inhaftiert. Am 11.4.1309 wurde durch Wilhelm eine Kommission zur Begutachtung des „Spiegel" einberufen. Diese verurteilte 15 aus dem Kontext gerissene Artikel. Wie bedenklich und ungerecht dieses Verfahren war, illustriert folgendes Beispiel: Es wird der Irrtum zitiert, „dass die in der Liebe zum Schöpfer zunichte gewordene Seele ohne Gewissenstadel oder Gewissensbiss der Natur gewähren kann und darf, was auch immer sie verlangt und wünscht".[9] Im „Spiegel" heißt es tatsächlich: „Sie [die freie Seele] gewährt der Natur alles, wessen sie bedarf, ohne Gewissenszweifel." Doch dieser Satz geht weiter: „Eine solche Natur ist jedoch so gut in der Ordnung durch die Umformung in der Liebeseinheit, in die der Wille dieser Seele verschlungen ist, dass die Natur gar nichts verlangte, was verboten wäre."[10]

Während des über ein Jahr dauernden Pariser Prozesses verharrte Marguerite in Schweigen, erklärte sich nicht zu einem Widerruf bereit, verweigerte die Absolution und verblieb im Zustand der Exkommunikation. Die endgültige „feierliche Verurteilung" durch den Generalinquisitor erfolgte am 31.5.1310. Einen Tag später fand Marguerites öffentliche Hinrichtung statt.

Der „Spiegel" sei kurz charakterisiert. Er ist auf Altfranzösisch verfasst und besteht aus 139 Kapiteln unterschiedlicher Länge. Das Buch gleicht einem Bühnenstück, in dem die Hauptrednerinnen Liebe (Amour), Verstand (Raison) und die Seele (L'Ame) ein Streitgespräch führen. Liebe und Verstand „kabbeln" sich um die Herrschaft über die Seele. Den Streit gewinnt Liebe. Der Charakter des Streitgesprächs hinterlässt seine Spuren im Stil des Stückes. Letztlich handelt es sich um ein Drama, das gegen Ende zum Tod von Verstand führt. Jedoch wirkt das Stück viel öfter noch komödiantisch oder satirisch.

Die Autorin selbst ist Werkzeug der Liebe: „Was an mir oder durch mich nämlich an göttlicher Erkenntnis besteht, das habt ihr selbst, Frau Liebe, in eurer Güte in mir und durch mich gesprochen."[11]

Die Rede von „Frau Liebe" bezeugt die literarische Abhängigkeit des „Spiegel" von mittelalterlicher Minnelyrik. In ihr besingt der Ritter seine unerreichbare (verheiratete) Dame; er ist in vollkommener Liebe, „Fin Amour", zu ihr entbrannt, verschmachtet in Sehnsucht nach ihr und ist zu jedem Risiko und zur völligen Aufopferung für sie bereit. Marguerites Buch belegt wie andere mystische Literatur des Mittelalters eine modifizierte Übertragung dieses Minneideals in den religiösen Bereich.

Auch der Buchtitel macht den „Spiegel" zu einem typischen mittelalterlichen Werk, denn Spiegel waren eine beliebte Literaturgattung. Marguerites Buch ist ein exemplarischer Spiegel, insofern in ihm eine freie Seele den Lesenden als beispielhaft vor Augen gestellt und zur Nachahmung empfohlen wird. Und es ist ein faktischer, lehrhafter Spiegel, der zusammenfasst, was es auf dem Gebiet der Theologie in Fragen der Gott-Mensch-Beziehung zu wissen gibt. In diesem Sinn ist er ein „spekulatives" Werk.

2. Mystische Modelle

Der „Spiegel" enthält Modelle, die den Weg der Seele ins Land der Freiheit in Stufen bzw. Etappen beschreiben. Eine Dreiteilung unterscheidet Aktive, Kontemplative und zunichte Gewordene. Die Aktiven meinen, durch eigenes Tun zur Gotteinung zu gelangen. Sie hängen an ihren Tugend- und Moralvorstellungen. Marguerite bezeichnet solche Leute als „Sklaven" und auch als „zu Grunde Gegangene". Ihr Weg ist verkehrt, weil er niemals zur Freiheit führt. Die Kontemplativen, den zweiten Stand, tituliert Marguerite als „Sklaven und Händler". Sie sind „Verirrte" auf dem Weg zur Freiheit. Von den Sklaven unterscheiden sie sich darin, dass sie um die Verkehrtheit ihrer Lebensweise wissen. Sie gehen in die Schule bei den wirklich Freien. Diese nun, die ihr Ich gelassen haben, werden „zunichte Gewordene" genannt.[12]

Mit diesen drei Ständen hängt eng zusammen der Weg eines dreifachen mystischen Sterbens, aus dem jeweils eine neue Lebensweise hervorgeht. „Zu Beginn lebte die Seele aus dem Leben der Gnade, und diese Gnade wurde aus dem Tod der Sünde geboren. Nachher [...] lebte sie aus dem Leben des Geistes, und dieses Leben wurde aus dem Tod der Natur geboren. Und jetzt lebt sie aus dem göttlichen Leben, und dieses Leben wurde aus dem geistigen Tod geboren."[13]

Der Sünde absterben / aus der Gnade leben – dies steht am Beginn eines spirituellen Weges. Es bedeutet nicht, sündlos zu sein. Vielmehr weiß die Seele um das Mehr der Gnade Gottes, das ihr ermöglicht, nicht mehr um sich selbst und die eigene Sündigkeit zu kreisen. Doch das Leben aus der Gnade ist Marguerite zufolge heteronom. Menschen auf dieser Stufe orientieren sich an von außen auferlegten Geboten.

Der Natur absterben / aus dem Geist leben – damit sind diejenigen charakterisiert, bei denen nicht mehr die natürlichen Bedürfnisse und Triebe den Ton angeben. Diese Leute versuchen, den Eigenwillen abzutöten. Der Geist gewinnt Herrschaft über die Natur. Die Passion Jesu ist der Fokus der Aufmerksamkeit dieser Menschen. Sie sind jedoch immer noch an das eigene Tun und Lassen gebunden, also nicht frei von ihrem Ich.

Dem Geist absterben / aus Gott leben – dies nun ist die Lebensweise der freien Seelen. Ihr Leben ist ein mystisches, mit Gott vereintes Leben. Ihr Geist ist gestorben, „weil der Geist voll ist von geistigen Begehrlichkeiten und niemand aus dem göttlichen Leben zu leben vermag, so lange er Willen hat".[14]

Diesem Beitrag liegt die These zu Grunde, dass Meister Eckhart von Marguerite Porete beeinflusst wurde. Eckhart hat vielleicht 1302/03 vom „Spiegel" erfahren, als er in Paris als Magister tätig war. Gottfried von Fontaines könnte ihm damals das Buch vermittelt haben. Eine andere Möglichkeit wäre, dass Eckhart während seines zweiten Magisteriums 1311-1313 vom „Spiegel" Kenntnis bekommen hat. Zu der Zeit war er Hausgenosse von Marguerites Inquisitor, dem Dominikaner Wilhelm von Paris.[15]

Wie Marguerite Freie von „Händlern", die in den Tugenden verharren und ihre Heilssicherheit aus geistigen Übungen ziehen, absetzt, so unterscheidet auch Eckhart: „Seht, alle die sind Kaufleute, die sich hüten vor groben Sünden und wären gern gute Leute und tun ihre guten Werke Gott zu Ehren, wie Fasten, Wachen, Beten und was es dergleichen gibt, allerhand gute Werke, und tun sie doch darum, dass ihnen unser Herr etwas dafür gebe oder dass ihnen Gott etwas dafür tue, was ihnen lieb wäre [...]. Auf solche Weise markten sie mit unserem Herrn [...]. Seht, der Mensch, der weder sich noch irgend etwas außer Gott allein und Gottes Ehre im Auge hat, der ist wahrhaft frei und ledig aller Kaufmannschaft in allen seinen Werken und sucht das Seine nicht, so wie Gott ledig und frei ist in allen seinen Werken und das Seine nicht sucht."[16]

Glauben bedeutet für Marguerite Porete ein in die Liebe Hineinsterben. Das gilt ähnlich auch für Meister Eckhart: „Der Mensch, der so in Gottes Liebe steht, der soll sich selbst und allen geschaffenen Dingen tot sein."[17] Das Totsein allem Kreatürlichen gegenüber ist Grundbedingung einer Einheit mit Gott. Es mag irritieren, dass Marguerite Porete eine Lebensweise kennt, die das Leben der Gnade und des Geistes übersteigt. Meister Eckhart lehrt dasselbe: „Der Gnade Werk ist, zu ziehen und bis an's Ende zu ziehen, und wer ihr nicht folgt, der wird unglücklich. Dennoch genügt's der Seele nicht am Werk der Gnade, weil diese eine Kreatur ist; sie muss vielmehr dahin gelangen, wo Gott in seiner eigenen Natur wirkt." Eckhart fasst Gnade hier als Kreatur auf und damit als etwas von Gott Getrenntes. Ebenso schiebt sich nach Eckhart der Geist zwischen Gott und die Seele und muss deshalb überwunden werden: „Du sollst Gott ungeistig lieben, das heißt so, dass deine Seele ungeistig sei und entblößt aller Geistigkeit; denn solange deine Seele geistförmig ist, solange hat sie ‚Bilder'. Solange sie aber ‚Bilder' hat, so lange hat sie Vermittelndes; solange sie Vermittelndes hat, solange hat sie nicht Einheit und Einfachheit."[18]

Marguerites mors-mystica-Lehre basiert auf ihrer Christologie, die zwar nicht häufig thematisiert wird, aber unabdingbare Glaubens- und Denkvoraussetzung ist. Die Seele wird frei und „seraphisch", wenn sie die Güte Gottes in der Inkarnation Jesu und das Werk der Erlösung durch seine Passion (an)erkennt und im eigenen Leben mit Jesus Christus mitstirbt. Die drei Flügelpaare des Seraphen (vgl. Jes 6,2) dienen als mystisches Modell. Vorbild für Marguerite könnte Bonaventura gewesen sein, der in seinem „Itinerarium mentis in Deum" der mystischen Entrückung und Stigmatisation des Franziskus von Assisi in Folge der Erscheinung eines Seraphs in Gestalt des Gekreuzigten nach-denkt.[19]

Neben dreistufigen Modellen kennt der „Spiegel" auch ein siebenstufiges. Die ersten vier Stufen stellen einen Aufstieg dar. Die Seele wächst hier vermeintlich in ihrer religiösen Leistungsfähigkeit. Dann ereignet sich ein Umschwung und das Steigen gleicht eher einem Fallen. Auf der fünften Stufe erkennt die Seele den unsäglichen Abgrund, der sie von Gott trennt. Sie sieht, dass sie diesen aus eigener Kraft nie wird überwinden können und ist nun bereit, ihren eigenen Willen Gott zurückzugeben. Dadurch erst wird sie frei. „Diese Seele ist nun aus der Liebe ins Nichts gefallen, ohne dieses Nichts vermag sie nicht alles zu sein. [...] Denn der Wille ist von ihr geschieden, welcher sie häufig durch die Empfindung der Liebe auf der vierten Stufe stolz und hochfahrend und in hoher Beschauung von sich eingenommen sein ließ. Der fünfte Zustand aber hat sie zurecht gesetzt, er hat dieser Seele ihr eigenes Selbst gezeigt [...], darum ist sie in vollkommene Ruhe und den Besitz des freien Wesens versetzt."[20] Auf der sechsten Stufe erfährt die freie Seele über das Dunkel des Nichts hinaus die Verklärung. Damit sind besondere mystische Erfahrungen verbunden, die im Denken der Marguerite Porete jedoch zweitrangig sind gegenüber ihrer grundlegenden Lehre vom freien Dasein als völliger Transparenz für Gottes Gegenwart.

3. Das Denken des Alles und Nichts

Auch wenn sich Marguerite in ihrer Theologie nicht ausdrücklich mit anderen Entwürfen auseinandersetzt, ist der „Spiegel" gleichwohl Dialog mit und Korrektur von bereits Gedachtem.[21]

Mehr oder weniger unangefochten war im Mittelalter „Sein" der höchste und vollkommene Name Gottes. Gott als Sein unterscheidet sich von allem Einzelseienden, das immer so oder so ist, dem Eigenschaften zugeschrieben werden können, das begrenzt ist. Gott als absolutes Sein existiert unabhängig von anderem. Es genügt sich selbst. Es ist reines Wirken, nie passiv oder nur mögliches Sein. Es ist unveränderlich und es ist ewig.

Marguerite kannte diese Gottesvorstellung und ihre philosophischen Hintergründe. Um die Unterscheidung des einen, absoluten, stets aktiven Seins Gottes von allem Einzelseienden deutlich zu machen, spricht sie vom „Sein ohne Sein, welches das Sein selbst ist".[22] Das heißt, das absolute Sein, Gott, ist ohne Sein im Sinne eines bestimmten so oder so Seienden.

Wie ist nun die Beziehung von Einzelseiendem zu diesem absoluten Sein zu denken? In der christlichen Theologie des Mittelalters entwickelte sich aus dieser Frage die Lehre von der analogia entis. Die Welt ist abhängig vom schöpferischen Willen Gottes. Nichts wäre, wenn es nicht von Gott geschaffen worden wäre und im Sein erhalten würde. Alles Einzelseiende existiert in Entsprechung zum Sein Gottes. Diese Analogielehre wurde unterschiedlich akzentuiert.

Thomas von Aquin betonte die Trennung zwischen absolutem Sein und Einzelseiendem, zwischen Schöpfer und Geschöpf. Aber seiner Lehre zufolge kann auch das Einzelseiende in gewisser Weise wirksam sein. Es kann zwar nichts erschaffen, aber es kann Seiendes vervollkommnen. Z. B. ist auch ein lasterhafter Mensch gut, insofern er ist. Aber er ist nicht vollkommen Mensch, denn das Laster ist der Mangel an erforderlichen Tugenden. Der Mensch kann sich jedoch vervollkommnen und dadurch mitschöpferisch wirken.

Bonaventura hingegen betonte die Abhängigkeiten der Schöpfung vom Schöpfer. Seine Theologie führt von den Spuren des Schöpfers in der Schöpfung und im Menschen zur Erkenntnis Gottes selbst. Die Verwandtschaft zwischen Schöpfer und Geschöpf steht im Vordergrund, dafür jedoch ist keine vom Schöpfer unabhängige Wirksamkeit möglich.

Meister Eckhart schließlich benutzte die Analogielehre, um die Nichtigkeit der Geschöpfe in sich selbst genommen und die Erhabenheit des Schöpfers auszudrücken: „Alle Kreaturen sind ein reines Nichts. [...] Was kein Sein hat, das ist nichts. Alle Kreaturen nun haben kein Sein, denn ihr Sein hängt an der Gegenwart Gottes. Kehrte sich Gott nur einen Augenblick von allen Kreaturen ab, so würden sie zunichte."[23]

Wieder zeigt sich hier die Nähe zu Marguerite Porete. Ihr zufolge ist die Seele in sich genommen nichts und verdankt ihr Sein ausschließlich Gott. „Er ist und deshalb hat er sich selbst allezeit. Ich aber bin nichts, und darum ist es ganz richtig, dass ich nichts habe."[24] Die Seele ist aber nicht nur nichts, insofern sie ihr Sein nicht aus sich selbst hat. Sie ist sogar „weniger als nichts, insoweit es auf sie ankommt".[25] Dies liegt daran, dass die Seele nicht nur in ihrem Sein völlig abhängig ist, sondern darüber hinaus sündigt und dadurch der unendliche Abstand zwischen ihr und Gott noch größer wird. Diese doppelte Kontingenz wird im „Spiegel" stark betont. Im Unterschied zu Bonaventura, der die Schöpfung nach Maß, Zahl und Gewicht von Gott geordnet sieht, ist bei Marguerite jeder symbolische Zugang zur Gotteserkenntnis zerstört. Die von ihr ins Zentrum gestellte Seele sieht im Gegenteil nur noch die „Menge all der Sünden ohne Zahl, Gewicht und Maß".[26]

Die freie Seele des „Spiegel" wirkt von sich aus nichts. Das ist als Kritik an der Lehre des Thomas zu verstehen. Seine Lehre war Marguerite zu optimistisch im Blick auf die Möglichkeiten des Menschen. Zudem bindet die Vorstellung von der Selbsttätigkeit der Zweitursachen den Menschen an die eigene Leistungsfähigkeit. Marguerite hingegen fordert, dass der Mensch offen und durchlässig werde für das Wirken Gottes: „Diese Seele tut kein Werk mehr für Gott noch auch für sich oder ihre Nächsten, wie bereits gesagt wurde. Aber Gott wirkt es, wenn er will."[27] Doch damit redet Marguerite nicht dem Quietismus das Wort. Vielmehr ist das Freisein der Seele gerade die Möglichkeitsbedingung einer Praxis, die das Geheimnis des Selbst, des / der Nächsten und Gottes wahrt. Die freie Seele verabschiedet sich von den Tugenden im Sinne eigener Leistungen, doch „Mitleid und Entgegenkommen sind durch eine solche Seele nicht verabschiedet".[28]

Wie lässt sich überhaupt die Schöpfung erklären, wenn Gott als absolutes Sein sich doch selbst genügt? Eine erste Antwort auf diese Frage könnte lauten, dass Gott die Schöpfung einfach gewollt hat. Doch jedem Willen liegt ein Ziel zugrunde, und Gott wäre nicht Gott, wenn er wegen eines außerhalb seiner selbst liegenden Zieles wollen würde. Denn dann würde dieses Ziel den Willen Gottes bestimmen, und er wäre nicht mehr vollkommen im Sinne der formulierten absoluten Einheit seines Seins. Die mittelalterlichen Theologen lösten dieses Problem, indem sie formulierten: Gott als absolutes Sein ist das höchste Gut. Er kann als Ziel nur sich selbst wollen, seine eigene Vollkommenheit.

Im mittelalterlichen Denken gilt das Prinzip, dass das Handeln aus dem Sein folgt. Insofern Gott das höchste Gut und vollkommenes Wirken ist, folgt daraus, dass es zu seinem Wesen gehört, sich freigebig nach außen mitzuteilen. Denn das Wesen des Guten ist, dass es sich verströmt. Betrachtet man das Wesen Gottes nicht in seiner Einheit, seinem vollkommenen Sein, sondern in seiner Dreiheit von Vater, Sohn und Geist, gibt der Begriff des Guten genau die trinitarische Dimension Gottes wieder. Die Hervorbringung des Sohnes und der Heilige Geist als Band der Einheit ist ursprünglicher Ausdruck des Gutseins bzw. der Güte Gottes. Liebe ist nur ein anderes Wort für die Güte, deren Wesen es ist, sich mitzuteilen bzw. sich hinzugeben. Marguerite Porete und Meister Eckhart denken die Liebe Gottes so, dass sie nicht nur das innertrinitarische Leben Gottes selbst bestimmt. Vielmehr sind in dem wahren Urbild der Liebe Gottes, Jesus Christus, alle Menschen mit ausgedrückt. Gott ist unendlich fruchtbar; ständig verleiht er von neuem Sein. Sein Sein ist Wirken, creatio continua. Gott als reine Liebe bewirkt eine Einheit mit jedem Menschen, nach dem Vorbild Jesu Christi.

Bei Meister Eckhart heißt es: „In der Liebe (aber), in der Gott sich (selbst) liebt, darin liebt er (auch) alle Kreaturen – nicht als Kreaturen, sondern die Kreaturen als Gott."[29] Im „Spiegel" findet sich eine längere Passage, in der das Wesen Gottes als Liebe theologisch erläutert wird. Diese Liebe bestimmt zum einen das innertrinitarische Leben, zum anderen jedoch bewirkt der Heilige Geist, dass die freie Seele in dieses Leben mit hineingenommen wird. „Es gibt eine ewige Substanz, ein empfangendes Genießen, eine liebevolle Vereinigung. Der Vater ist die ewige Substanz, der Sohn ist das empfangende Genießen, der Heilige Geist ist die Verbindung in der Liebe. [...] Die göttliche Liebe gebiert in der zunichte gewordenen Seele, in der freien Seele, in der erleuchteten Seele ewiges Wesen, empfangendes Genießen, liebevolle Vereinigung. [...] Die Güte des Heiligen Geistes vereinigt sie in der Liebe des Vaters und des Sohnes. [...] Und so gibt es denn nichts außer [...] eine einzige Güte dank der Vereinigung in der Kraft der Umwandlung durch die Liebe meines Freundes [des Heiligen Geistes], spricht diese Seele, die so ist: ein Bereich ohne Scheidewand für das Ausströmen der göttlichen Liebe. Aus dieser göttlichen Liebe wirkt der göttliche Wille in mir, für mich, doch ohne mein Dazutun."[30] Die Liebe also überwindet den Abgrund zwischen Schöpfer und Geschöpf, wandelt die Seele in sich selbst um und hebt so ihren Zustand des Nichts auf.

Damit die Liebe Gottes sich vollziehen kann, ist die erste und wichtigste Voraussetzung, dass die Seele ihr eigenes Nichts erkennt und annimmt. Der Mensch ist versklavt, solange er noch in irgendeiner Weise an sich selbst glaubt. Marguerite spricht von den freien Seelen als den zunichte gewordenen Seelen. Das impliziert keineswegs destruktive Selbstzerstörung, sondern die Notwendigkeit des zunichte Werdens erklärt sich von daher, dass die Seele Bild Gottes ist. Der Mensch, der sich so begreift, kann sich gar nicht selbst lieben, ohne sein Urbild zu lieben. Er muss es sogar mehr lieben als sich selbst, weil er ja nur Abbild dieser ur- bzw. vorbildlichen Realität Gottes ist. Der Mensch wird um so mehr er selbst, er liebt sich selbst umso mehr, je mehr er sich vergisst, je ähnlicher er der Wirklichkeit wird, deren Abbild er ist.

Wenn die Seele entsprechend zunichte wird und nur noch Gott um Gottes willen liebt, dann erst hat sie darin zugleich ihr wahres Wesen verwirklicht. Bei Marguerite Porete und bei Meister Eckhart realisiert sich Freiheit darin, nichts zu wollen, nichts zu wissen und nichts zu haben.[31] Das Nichtswollen ist so radikal gedacht, dass die freie Seele nicht einmal mehr will, dass Gottes Willen sich erfülle. Ja, sie ist sogar so sehr Gott ergeben, dass Gott nichts anderes wollen kann als sie: „Doch in jedem Fall steht das Wollen bei ihm, da ich selbst nichts will, außer das, was er in mir will und von dem er will, dass ich es wolle. In diesem Punkt hat er mich durch seinen Adel so hoch gestellt, dass er will, was ich will und er nichts will, was ich nicht auch wollte."[32] Ganz ähnlich Meister Eckhart: „Wer immer seinen Willen gänzlich aufgibt, dem gibt Gott hinwieder seinen Willen so gänzlich und so im eigentlichen Sinne, dass Gottes Willen dem Menschen zu eigen wird, und er [Gott] hat bei sich selbst geschworen, dass er nichts vermag, als was der Mensch will. [...] Wenn unser Wille Gottes Wille wird, das ist gut; wenn aber Gottes Wille unser Wille wird, das ist weit besser."[33]

Ein weiterer Aspekt von Marguerites Gotteslehre ist die Rede vom „Mehr Gottes". „Gott ist die Liebe" – ein solcher Satz könnte leicht zu einem dinghaften Verständnis von Gott verleiten. Deshalb findet sich im „Spiegel" die verschränkte Formulierung: „Die Liebe ist Gott, und Gott ist die Liebe."[34] Diese Liebe, die über der affektiven Liebe und über der Erkenntnis steht und die Eigenschaften oder Wesensmerkmalen Gottes vorausliegt, glaubt und denkt Marguerite. Der Versuch, diese Gottesintuition zur Sprache zu bringen, muss letzten Endes scheitern. Gott sprengt alle Begriffe. Marguerite geht soweit, Gott als ein Nichts zu bezeichnen. Ein kleiner Dialogausschnitt zwischen „Liebe", „Verstand" und „Seele" veranschaulicht das: „Liebe: Nun also ist die Seele hineingestürzt und hineinversunken in die Erkenntnis des Mehr. Nur insofern allerdings, als sie von Gott ein Nichts erkennt im Verhältnis zu seinem Alles. Verstand: He da! [...] Wagt man denn ein Etwas, das Gott zugehört, als ein Nichts zu bezeichnen? Seele: Jawohl! [...] Ein Etwas von ihm, das uns nicht mitgeteilt ist, noch je mitgeteilt werden wird, das ist wohl ein Nichts!"[35] Marguerite thematisiert immer wieder, dass es jenseits der Einheit des Seins und jenseits der Trinität der Liebe in Gott einen Überhang gibt, etwas, das er in sich zurückbehält.

Der Rede vom Mehr oder Nichts Gottes entspricht eine bestimmte Selbsterkenntnis der Seele. Die Seele ist nichts und weniger als nichts. So wird das ontologische und moralische Nichts zum Ausdruck gebracht, das darin besteht, dass der Mensch sterblich und sündig ist. Das ist Marguerite zufolge gar nicht radikal genug zu denken. Gott als das Eine ist zugleich dasjenige, das sich durch sein Einssein von allem Vielfältigen unterscheidet. Dieses Eine erweist alles andere als Nichts. Der „Spiegel" formuliert: „Das durch das Eine bewirkte Nichts hat mich in den Abgrund unterhalb von weniger als nichts versetzt, maßlos. Doch die Erkenntnis meines Nichts [...] gab mir das Alles. Und das Nichts dieses Alles hat mir Bitte und Gebet benommen."[36] Wie sieht der Abgrund unterhalb von weniger als nichts aus? Das ist kaum mehr vorstellbar. Die Seele hat durch die Erkenntnis ihres Nichts Alles bekommen. Doch analog zur Gottesrede ist dann auch noch vom Nichts dieses Alles die Rede.

Im Begriff des Fernnahen (Loingprés) kulminieren Marguerites Versuche der Annäherung an Gott. Darin ist ihr Denken auf den Punkt gebracht. Gott ist nicht zu fassen; er ist nicht dies oder das; in ihm fallen die Gegensätze in eins. Marguerite formuliert ein Paradox – vielleicht die angemessenste Form der Gottesrede. Gott ist transzendent und immanent zugleich, er ist als der ganz Andere der menschlichen Erkenntnis und Wahrnehmung enthoben und übersteigt alle Versuche des Begreifens; zugleich ist er in seiner Schöpfung gegenwärtig und das Innerste meiner selbst. Wie sehr Marguerite daran liegt, Gott derart auf den Begriff zu bringen, zeigt die überparadoxe Formulierung: „Der zugleich sehr ferne und sehr nahe Fernnahe".[37] Gott als der Eine, der in sich selbst vollkommen sowie selbstgenügsam ist und dessen Wesen zugleich die sich in Freiheit verströmende Liebe ist, der immer mehr ist, als wir erfassen können – dieser Gott ist der Fernnahe. Er bewirkt die Einheit mit der Seele. „Sie [die Seele] empfängt das, was sie von der göttlichen Güte aus dem inneren Kern seiner Liebe erhält von ihrem Fernnahen. [...] Etwas zu sprechen, überhaupt jedes Werk ist ihr verboten im einfachen Sein der Gottheit, so wie es einst festgesetzt wurde durch Jesus Christus."[38] In Jesus Christus ist die Einheit aller Menschen mit Gott vorbildlich geworden. Die Seele kehrt durch ihr Nichts hindurch zurück zu dem Punkt, wo sie war, bevor sie war, bevor sie geschaffen wurde. Dort erfährt sie die Liebe Gottes, die sie geschaffen bzw. mit ausgedrückt hat, als Jesus, der ursprüngliche Ausdruck Gottes, gebildet wurde.[39]

Auch Meister Eckharts Einheitsdenken ist inkarnatorisch begründet. Eckhart fasst das göttliche Eine als Ununterschiedenes (indistinctum), weil in diesem Begriff die dem Einem immanente paradoxale Struktur unmittelbar erkennbar wird. Eckhart will mit diesem Begriff aufzeigen, dass Gott als Ununterschiedenes vom Geschaffenen als einem Unterschiedenen einerseits gänzlich unterschieden, andererseits gänzlich ununterschieden ist.[40]

Marguerite und Eckhart lehren die Wesenseinheit zwischen Gott und Mensch und wahren zugleich die Differenz in der Einheit. Damit wird jeder Vorwurf des Pantheismus hinfällig. Nicht der Mensch oder die Natur an sich sind göttlich. Doch die Seele hat eine besondere Beschaffenheit. Sie hat etwas Ungeschaffenes in sich. Mit den Kräften des Willens bzw. der Liebe sowie der Erkenntnis kann die Seele Gott nicht erfahren. Darüber hinaus gibt es jedoch „ein Etwas".[41] Dieses mystische Vermögen – Voraussetzung der Einheit mit Gott – ist ungeschaffen wie Gott selbst: „Das Innere ist vollkommen frei von allen Kreaturen."[42] Dieses Etwas ist Ausdruck der Gottebenbildlichkeit der Seele. In der freien Seele ist genau dieser Punkt freigelegt. Die Seele wird auf Grund dieses Vermögens zu einem göttlichen Leben ermächtigt, ohne mit Gott identisch zu sein. Denn dieses Etwas ist Geschenk, ist Gnade, und es ist in der Seele, ohne der Seele zu gehören.

Meister Eckhart spricht öfters vom Seelenfünklein oder vom Seelengrund, um dieses Vermögen auszudrücken. In einer Predigt jedoch heißt es ganz ähnlich wie bei Marguerite: „Nun ist es eine Streitfrage, worin die Seligkeit vorzüglich liege. Etliche Meister haben gesagt, sie liege im Erkennen, etliche sagen, sie liege im Lieben, wieder andere sagen, sie liege im Erkennen *und* im Lieben, und die treffen's <schon> besser. *Wir* aber sagen, dass sie *weder* im Erkennen *noch* im Lieben liege; es gibt vielmehr ein Etwas in der Seele, aus dem Erkennen und Lieben ausfließen; es selbst erkennt und liebt nicht, wie's die *Kräfte* der Seele tun. Wer *dieses* <Etwas> kennen lernt, der erkennt, worin die Seligkeit liegt."[43]

Dem „Spiegel" zufolge gibt es schließlich auch Erfahrungen, die aus der freien eine verklärte Seele machen: „Dieser Fernnahe, den wir Blitz nennen nach der Art des Auftuns und des schnellen Wiederschließens, packt die Seele auf der fünften Stufe und versetzt sie in die sechste, so lange als sein Wirken dauert und anhält: und so lange ist sie umgewandelt. Doch nur kurz dauert für sie der Zustand der sechsten Stufe, denn sie wird auf die fünfte zurückversetzt. Und dies ist nicht zu verwundern [...], denn das Wirken des Blitzes bedeutet nichts anderes als ein Aufscheinen der Herrlichkeit der Seele."[44] Doch nicht um diese herausgehobenen Erfahrungen geht es in Marguerites spekulativ-mystischer Konzeption. Vielmehr ist es ihr Anliegen, die Bedingungen der Möglichkeit der Freiheit eines Christenmenschen aufzuweisen. Das Dasein des Menschen vor allem diskursiven Erkennen und Sprechen, in seiner Transzendentalität, das Eingehen in das Nichts und die damit verbundene Erfahrung des Alles, die Rede von Gott als dem Nichts aller ihn einschränkenden Bestimmungen – das sind wesentliche Punkte des Vermächtnisses der Marguerite Porete. „Ursprungsräume" zu eröffnen, in denen sich zeigen kann, dass menschliches Selbst- und Gottesbewusstsein untrennbar zusammengehören – das wäre eine Konsequenz aus der Lehre der Marguerite Porete. Nachdem die Kirche des Mittelalters die Autorin und ihr Denken nicht nur für randständig erklärt, sondern gar eliminiert hat, ist es heute an der Zeit, diese Konsequenz zu ziehen.

[1] Der Beitrag basiert auf Leicht, Irene: Marguerite Porete – eine fromme Intellektuelle und die Inquisition [Freiburger Theologische Studien 163], Freiburg i. Br. 1999.

[2] Kritische Ausgabe: Verdeyen, Paul (Hg.): Marguerite Porete, Le Mirouer des simples ames / Guarnieri, Romana: Margaretae Porete Speculum simplicium animarum [Corpus Christianorum. Continuatio Mediaevalis LXIX], Turnhout 1986. Die Zitate orientieren sich an der dt. Übersetzung von Gnädinger, Luise (Hg.): Margareta Porete, Der Spiegel der einfachen Seelen, Zürich u.a. 1987. (jeweils Angabe von Kapitel und Seitenzahl).

[3] Spiegel 122, 184.

[4] Vgl. zu den Beginen ausführlich Leicht: Marguerite (Anm. 2), 92-117 und 404-423.

[5] Spiegel 55, 90.

[6] Spiegel 9, 27.

[7] Lecler, Joseph: Cum de quibusdam mulieribus, [Geschichte der ökumenischen Konzilien VIII, hg. v. Dumeige, Gervais / Bacht, Heinrich], Mainz 1965, 214f.

[8] In einer Chronik wird Marguerite „une beguine clergesse" genannt; d.h. sie war „klerikal", im Mittelalter ein Synonym für intellektuell.

[9] Zitiert nach Leicht: Marguerite (Anm. 2), 19.

[10] Spiegel 9, 27.

[11] Spiegel 37, 70.

[12] Vgl. Spiegel 1, 17 (Tätige; Beschauliche; zunichte Gewordene); 55 und 57, 90.92f.94 (Sklaven; Sklaven und Händler; Freie bzw. zu Grunde Gegangene; Verirrte; zunichte Gewordene).

[13] Spiegel 59, 96.

[14] Spiegel 73, 112.

[15] Vgl. Ruh, Kurt: Meister Eckhart. Theologe, Prediger, Mystiker, München [2]1989, 95-114. Ruh meint, Marguerites Aussagen seien „ins dogmatisch Unreine gesprochen – wie konnte es anders sein bei einer ungelehrten Frau!" (107). Eckhart habe deshalb präziser formuliert. Das ist ein androzentrisches Vorurteil!

[16] Meister Eckhart: Die deutschen Werke. Hg. und übersetzt von Quint, Josef [Meister Eckhart. Die deutschen und lateinischen Werke, hg. im Auftrag der DFG, Bde. I-III und V], Stuttgart 1958-1976. Zitiert als DW, hier DW I, Pr. 1, 429f.

[17] DW I, Pr. 12, 478. Die von Eckhart forcierten Haltungen wie Abgeschiedenheit, Ledigsein, Gelassenheit weisen auf den Zusammenhang seiner Mors-mystica-Lehre mit der annihilatio, dem Zunichte-Werden hin. Zwar nennt er kein Drei-Stufen-Modell, aber die inhaltlichen Entsprechungen zum „Spiegel" sind evident.

[18] Die beiden Eckhart-Zitate: DW III, Pr. 82, 583 und DW III, Pr. 83, 586.

[19] Vgl. Spiegel 5, 22 und Bonaventura: Itinerarium mentis in Deum / Pilgerbuch der Seele zu Gott. Eingeleitet, übersetzt und erläutert von Kaup, Julian, München 1961, Prolog 2 und 3, 44-49.

[20] Spiegel 118, 175. Immer zwei Stufen zusammengenommen entsprechen einer Stufe der Dreiermodelle. Die siebte Stufe ist dem eschatologischen Leben vorbehalten.

[21] Vgl. zum Folgenden ausführlich und mit zahlreichen Belegen Leicht: Marguerite (Anm. 2), 200-295.

[22] Spiegel 115, 165.

[23] DW I, Pr. 4, 444.

[24] Spiegel 101, 150.

[25] Spiegel 11, 29.

[26] Spiegel 11, 29. Zum Symbolismus des Bonaventura vgl. Leicht: Marguerite (Anm. 2), 214.

[27] Spiegel 49, 84.

[28] Spiegel 79, 122. Zum Abschied von den Tugenden vgl. Spiegel 6. Doch in Spiegel 87, 133 heißt es: „Diese Seele [...] ist Herrin über die Tugenden." Zu den ethischen Implikationen des „Spiegel" vgl. z. B. auch 43, 78: „[Die freie Seele hat] seit langer Zeit erkannt und gewusst, dass es keinen höheren Sinn gibt als Maßhalten, keinen größeren Reichtum als Genügsamkeit und keine größere Kraft als die Liebe."

[29] Meister Eckehart: Deutsche Predigten und Traktate. Hg. und übersetzt von Quint, Josef, München 1979, 271f.

[30] Spiegel 115, 164f.

[31] Es zeigt sich eine fast wörtliche Abhängigkeit Eckharts von Marguerite. Marguerite: „Eine solche Seele, die ein Nichts geworden ist, hat dann alles und hat doch nichts, will alles und will nichts, weiß alles und weiß nichts." (Spiegel 7, 24). Daraus wird bei Eckhart: „Das ist ein armer Mensch, der nichts will und nichts weiß und nichts hat." (DW II, Pr. 52, 727).

[32] Spiegel 36, 69.

[33] DW II, Pr. 25, 639f.

[34] Spiegel 21, 51.

[35] Spiegel 46, 81. Zum „Mehr" Gottes vgl. z. B. Spiegel 32, 64.

[36] Spiegel 51, 86.

[37] Spiegel 98, 146.

[38] Spiegel 136, 208f.

[39] Vgl. Spiegel 135, 208.

[40] Vgl. hierzu Leicht: Marguerite (Anm. 2), 266f.

[41] Vgl. Spiegel 34, 66: „Ihr dürft niemals vergessen, wer ihr wart, als er euch am Anfang erschuf, und was ihr geworden wäret, hätte er auf eure Werke geachtet, und was ihr seid und sein würdet, wenn nicht ein Etwas von ihm in euch wäre."

[42] Spiegel 97, 145.

[43] DW II, Pr. 52, 729. Hervorhebungen im Text.

[44] Spiegel 58, 95.

PETER WALTER

Erleuchtet – verrückt?
Raimundus Lullus

Entsprechend dem Brauch, maßgebliche mittelalterliche Denker mit einem Beiwort zu schmücken, wird Raimundus Lullus[1] in Anspielung auf die Weise, wie er zu seiner Lehre gekommen zu sein beansprucht, durch göttliche Erleuchtung nämlich, „Doctor illuminatus" genannt. Er selbst bezeichnet sich in seinem autobiographische Züge tragenden „Roman" >Blaquerna< aus dem Jahre 1283 als „Ramon lo foll"[2]. In dem zwölf Jahre danach verfassten Gedicht >Desconhort< (Un-Mut), stellt Ramons Narrheit ein durchgängiges Motiv dar: Dieser klagt über die Missachtung durch die weltlichen und geistlichen Führer, „als wäre ich ein Mensch, der im Wahnsinn (follament) spricht und nichts Vernünftiges tut". Deshalb gehe ihm „alle Anstrengung verloren", die er unternehme, „um Gott zu ehren und die Menschen zu retten"[3]. In der fiktiven, unter dem Titel >Phantasticus< überlieferten Disputation zwischen Lull und einem Kleriker von 1311 streiten beide, wer von ihnen ein „Phantast" sei, der vollkommen irdisch orientierte Kleriker oder der Laie Raimundus mit seiner göttlichen Mission.[4] Vom Standpunkt seiner Anhänger aus erscheint Lull als Erleuchteter, während seine Gegner ihn als verrückt betrachten. An ihm schieden sich von Anfang an die Geister. Die Randposition jedoch, in der Lull in der bisherigen Philosophie- und Theologiegeschichtsschreibung wahrgenommen wird, entspricht weder dem Umfang noch der Bedeutung des Werkes, das ein Laie im kirchenrechtlichen wie im wissenschaftstheoretischen Sinn des Wortes hervorgebracht hat.

1. „Um Gott zu ehren und die Menschen zu retten": Lulls Lebenswerk

Lull wurde kurz nach der Rückeroberung Mallorcas von den Sarazenen durch Jaume I. von Aragón (1208-1276) etwa 1232/33 in Palma de Mallorca geboren. Er stand im Dienst des Königs, war verheiratet und Vater von zwei Kindern, als er sich in eine ungeahnte Richtung gewiesen sah. In seiner 1311 verfassten Autobiographie, der >Vita coaetanea<[5], begründet Lull seine Bekehrung mit einer Vision. Als er mit etwa dreißig Jahren ein Liebeslied für eine Dame verfasste, erschien ihm der Gekreuzigte. Dies wiederholte sich, wenn er daran weiter schreiben wollte, insgesamt fünfmal. Er sah sich dadurch in den Dienst Christi gerufen, um „das beste Buch der Welt zur Widerlegung der Irrtümer der Ungläubigen"[6] zu verfassen. Freilich fehlten ihm dafür bislang alle Voraussetzungen. Lulls Bekehrung, der zunächst geglaubt hatte, seinen Christusdienst mit seinem bisherigen „bürgerlichen" Leben vereinbaren zu können, fand ihren Abschluss am folgenden Franziskusfest. Während der Predigt in der Franziskanerkirche von Palma ging ihm auf, er müsse wie der „poverello" alles verlassen, um Christus umso fester anzuhangen. Daraufhin verkaufte er seinen Besitz – bis auf einen für den Lebensunterhalt seiner Frau und seiner Kinder notwendigen Teil – und begab sich auf Pilgerfahrt, um Gott und die Heiligen um ihren Segen zu bitten. Seine Neuorientierung fand ihren äußeren Ausdruck in der Vertauschung – auch hier ist das Vorbild des Franziskus zu erkennen – seiner bisherigen Kleidung gegen ein schlichtes Gewand aus grobem Stoff. Den Plan, sich an der Universität Paris die nötige Bildung zu erwerben, gab Lull auf und widmete sich in seiner Heimat dem Erlernen des Arabischen mit Hilfe eines arabischen Sklaven. Zugleich hat er als Autodidakt ein umfangreiches Lektüreprogramm absolviert: Neben Bibel, Koran und Talmud hat er hauptsächlich Platon und Aristoteles studiert. Von seiner Beschäftigung mit dem persischen Philosophen al-Ghazzali (1058-1111) zeugen seine Arbeiten über dessen Logik.[7] Insgesamt ist Lull vor allem in der „augustinischen Tradition" beheimatet, wie sie durch Anselm von Canterbury (1033/34-1109), die Viktoriner (12. Jahrhundert) oder Bonaventura (1217-1274) repräsentiert wird, auch wenn kaum ausdrückliche Zitate aus deren Werken begegnen.[8] Um 1274 wurde Lull schließlich auf dem nahe bei Palma gelegenen Berg Randa, wohin er sich zur Betrachtung zurückgezogen hatte, durch göttliche Erleuchtung die Art und Weise deutlich, in der er das geplante Buch gegen die Irrtümer der Ungläubigen schreiben sollte.

Lulls durch die Christusvision ausgelöste Lebenswende ereignete sich möglicherweise 1263, als in Barcelona die berühmte Disputation zwischen dem jüdischen Gelehrten Mosche ben Nachman (um 1194 - um 1270) und dem vom Judentum zum Christentum konvertierten Dominikaner Pau Cristiá († 1274) stattfand.[9] Vermutlich hat dieses Ereignis zu Lulls Bekehrung und zu seinem dabei gefassten Entschluss beigetragen. Lulls Zielrichtung war zwar nicht primär die Judenmission, sondern die Bekehrung der „Sarazenen", aber der missionarische Impetus wie die dialogische Vorgehensweise verbanden ihn mit den Dominikanern. Sie wie er haben die Disputation als an der Universität etablierte Form der öffentlichen, methodisch kontrollierten Auseinandersetzung als Missionsmethode favorisiert. Der entscheidende Unterschied zwischen dem Konzept der Dominikaner und demjenigen Lulls bestand darin, dass jene sich mit ihren Gesprächspartnern über die Auslegung der von beiden Seiten als grundlegend anerkannten Heiligen Schrift stritten, mithin Autoritätsargumente einsetzten, während Lull allgemein einsehbare Vernunftgründe für die Wahrheit des christlichen Glaubens vorzubringen beanspruchte. Die Disputation mit Muslimen konnte ja von keiner gemeinsamen Autoritätsbasis ausgehen, sondern musste das Vernunftargument bemühen, wie die >Summa contra gentiles< des Thomas von Aquin (1224/25-1274) zeigt.[10]

Erstes Zeugnis eines fiktiven Dialogs Lulls mit Vertretern der drei abrahamitischen Religionen ist das 1274-76 katalanisch verfasste >Buch vom Heiden und den drei Weisen<[11]. Lull verfolgt damit die Absicht, „mit Hilfe einer neuen Methode und neuartiger Argumente die Irrenden vom Weg des Irrtums abzubringen, ihnen damit endlose Leiden zu ersparen und sie in die Lage zu versetzen, die Herrlichkeit ohne Ende zu erlangen."[12] Er präsentiert seine „zwingenden Vernunftgründe" (rationes necessariae)[13] spielerisch und anschaulich, indem er einen philosophisch gebildeten Heiden, der weder an Gott noch an die Auferstehung glaubt, an einem lieblichen Ort mit je einem gelehrten Vertreter von Judentum, Christentum und Islam zusammentreffen lässt. Sie sehen an einer Quelle fünf Bäume mit beschrifteten Blüten und werden von der schönen Dame „Intelligenz" mit deren Bedeutung vertraut gemacht. Mittels dieses Kunstgriffs veranschaulicht Lull seine Grundannahmen, auf deren Basis er voranschreitet. Es sind jene „Grundwürden" (dignitates) und relativen Begriffe, die unten im Zusammenhang mit seiner „ars" vorgestellt werden. In den vier Büchern des Werkes wird mit Hilfe der von allen Gesprächspartnern anerkannten Prinzipien argumentiert. Im ersten Buch sollen die Existenz Gottes und die Auferstehung der Toten bewiesen werden. Den darin übereinstimmenden Vertretern der drei Religionen gelingt es, mittels ihrer Vernunftgründe den Heiden davon zu überzeugen. Dessen Glück über die so erlangte Zuversicht zerbricht, als

er die Uneinigkeit der drei Weisen in ihren religiösen Auffassungen und Gebräuchen erkennen muss. Die folgenden Bücher sind jeweils der Selbstdarstellung einer der drei Religionen
gewidmet. Als Vertreter der ältesten beginnt der Jude, darauf folgen der Christ und der Moslem. Keiner darf den anderen ins Wort fallen, und wenn es dennoch geschieht, wird es von
dem Heiden streng unterbunden. Dieser ist nicht nur stummer Zuhörer oder Stichwortgeber,
sondern argumentiert kräftig mit, besonders im Gespräch mit dem Moslem. Auch wenn am
Ende nicht gesagt wird, welcher der drei Religionen der Heide zuneigt, wird deutlich, welche
aus dieser Disputation als die wahre hervorgeht. Die mit dem Christentum nicht übereinstimmenden Auffassungen der übrigen Religionen werden im Verlauf des Dialogs als unhalt-
bar aufgezeigt, etwa die jüdische Auffassung vom noch ausstehenden Kommen des Messias
oder die muslimischen Jenseitsvorstellungen. Während ersteres durch den Christen geschieht,
unternimmt letzteres der Heide. Dem Christen obliegt es, die Vernunftgemäßheit der Trinität
und der Inkarnation darzulegen. Er tut dies zum einen mit Verweis auf die Gott immanente
Tätigkeit, die seine Dreieinheit voraussetzt, und zum anderen, indem er die Notwendigkeit
einer Verbindung von Schöpfer und Geschöpf, und zwar im vornehmsten Geschöpf, dem
Menschen, zu beweisen versucht. Für Lull ist die Menschwerdung des Sohnes Gottes nicht
durch die Sünde bedingt, sondern geschieht zur Vollendung der Schöpfung. Er propagiert
demnach die Vorstellung einer „absoluten Inkarnation", die auch von seinem jüngeren Zeitgenossen Johannes Duns Scotus (1265/66-1308) und, in Abhängigkeit von Lull, von Nikolaus Cusanus (1401-1464) vertreten wird.

In einen echten Dialog mit Vertretern des Islam, und zwar auf deren eigenem Territorium, einzutreten, fiel Lull überaus schwer. Nach vergeblichen Versuchen, die Päpste und die
Universität Paris von seiner „ars" zu überzeugen, plante er Anfang der Neunziger Jahre eine
Überfahrt nach Nordafrika. In Genua geriet er darüber in eine tiefe Krise, welche in der >Vita
coaetanea< mit schonungsloser Offenheit geschildert wird und dort so etwas wie den Dreh-
und Angelpunkt der Darstellung bildet.[14] Nach Überwindung der Krise begab Lull sich auf
einer Genueser Barke nach Tunis. Er kam in keine vollkommen fremde Welt, gab es dort
doch Handelsniederlassungen christlicher Seemächte und bestand das Heer des Sultans gro-
ßenteils aus katalanischen Söldnern. Lull begann seine Mission, indem er sich den muslimischen Gelehrten als christlicher Kollege vorstellte und versicherte, sich ihnen anzuschließen,
wenn sie ihn mit Gründen zu überzeugen vermöchten. In der >Vita coaetanea< ist die Rede
überliefert, die wohl den Kern seiner Argumentation wiedergibt: „Für jeden Weisen geziemt
es sich, jenen Glauben zu bejahen, der dem ewigen Gott, an den alle Weisen der Welt glauben, die größere Güte, Weisheit, Kraft, Wahrheit, Ehre, Vollkommenheit usw. zuerkennt, und
dies alles in größerer Gleichheit und Übereinstimmung. Auch ist jene Glaubensüberzeugung
lobenswerter, welche zwischen Gott, der die höchste und erste Ursache ist, und seinen Wirkungen die größere Übereinstimmung bzw. Übereinkunft annimmt."[15] Darüber hinaus hat er
einen im Dialog der Religionsvertreter mit dem Heiden noch nicht voll ausgebildeten Gedanken in die Waagschale geworfen: die nähere Bestimmung der Gott immanenten Aktivität
mittels der Ternare „bonificatiuum, bonificabile, bonificare" [gut machend, gut machbar, gut
machen] usw. für alle Grundwürden. Mit dieser wohl an arabische Verbformen angelehnten,
ungewöhnlichen Terminologie versucht Lull die innere, ewige Aktivität der Grundwürden
konsistent zu denken, indem er Subjekt (-tiuum), Objekt (-bile) und den Akt selber (-are)
unterscheidet. Grund gelegt ist diese sog. Korrelativenlehre bei Augustinus sowie im mittelalterlichen Augustinismus.[16] Seinen muslimischen Gesprächspartnern hält er vor, nur im
Hinblick auf die Weisheit und den Willen Gottes eine solche Aktivität anzunehmen. Dies sei,

da es einen Unterschied bzw. Widerstreit in die Grundwürden eintrage, inkonsistent. Die Christen bewiesen mittels dieser Gott immanenten Akte mit Evidenz die Dreiheit der Personen von Vater, Sohn und Heiligem Geist in der einen und einfachsten göttlichen Wesenheit bzw. Natur. Er bietet seinen Zuhörern an, dies „mit Gottes Hilfe mittels der einem Eremiten, wie geglaubt wird, von Gott offenbarten ‚ars' mit klaren Gründen zu beweisen". Dadurch erweise sich auch die Inkarnation des Gottessohnes als Vereinigung von Schöpfer und Geschöpf als überaus vernünftig (rationabilissime). Weiter macht er sich anheischig, dies auch für die Erlösungstat Christi zu zeigen, wodurch der ursprüngliche, durch die Sünde Adams gestörte Schöpfungsplan Gottes wiederhergestellt wurde.[17]

Unter den Muslimen entstand eine heftige Auseinandersetzung, die mit Lulls Ausweisung endete. Nicht anders erging es ihm bei seinem nächsten Aufenthalt in Nordafrika, der für das Jahr 1307 angesetzt wird, in der etwa 200 km östlich von Algier gelegenen Küstenstadt Bougie. Nach eigener Auskunft hat Lull dort auf dem Marktplatz gerufen: „Der Glaube (lex) der Christen ist wahr, heilig und Gott gefällig; der Glaube der Sarazenen hingegen ist falsch und irrig. Und dies zu beweisen bin ich bereit."[18] Er wurde verhaftet und vor die Kadi gebracht, der „rationes necessariae" für seine Behauptung forderte. Lull begründete die Trinität nun mit dem neuplatonischen Gedanken des sich verströmenden Guten (bonum diffusivum sui). Während die Moslems das Verströmen der göttlichen Güte erst in der Schöpfung gegeben sähen und deshalb die Güte Gottes für der Vervollkommnung fähig erachteten, hätten die Christen die rechte Auffassung davon, da der Gedanke der innertrinitarischen Hervorgänge die Ewigkeit des sich selbst verströmenden Guten zu denken erlaube. Der Kadi lässt Lull ins Gefängnis werfen und schließlich ausweisen. In der halbjährigen Haft hat Lull seine Disputationen fortgesetzt. Deren Frucht ist die ursprünglich arabisch geschriebene >Disputation des Christen Raimundus und des Sarazenen Omar<[19]. Hier herrscht insgesamt ein anderer Ton als in dem fiktiven, idealisierten Religionsgespräch des Heiden mit den Vertretern der drei abrahamitischen Religionen. Im dritten Teil weist Lull mit großer Sorge auf das Vordringen des Islam hin, dem es gelinge, Christen, vor allem aber die über weiträumige Reiche gebietenden Mongolen, bei Lull „Tartari" genannt, zu sich herüber zu ziehen. Aufgrund einer Reise ins östliche Mittelmeer mit Stationen in Zypern, Kleinasien und Jerusalem kannte Lull die dortige Situation recht gut.

In Lulls letzten Lebensjahren traten jedoch innerchristliche Gegner immer stärker in den Vordergrund, die an der Universität Paris lehrenden lateinischen Averroisten. Diesen Philosophen, die sich bei der Suche nach dem ursprünglichen Denken des Aristoteles auf die Kommentare des Averroes (1126-1198) stützten, kreidete er die diametral zu seiner eigenen Überzeugung stehende Auffassung an, der christliche Glaube könne unmöglich als wahr eingesehen, sondern nur geglaubt werden.[20] Während seines letzten und längsten Paris-Aufenthaltes (1309-1311) konnte Lull etwa vierzig Mitglieder der artistischen und der medizinischen Fakultät mit seiner „ars" bekannt machen und erhielt von diesen wie vom Kanzler der Universität Empfehlungs- bzw. Unbedenklichkeitserklärungen.[21] Dies bedeutete für ihn nach vielen vergeblichen Versuchen, hier Fuß zu fassen, einen gewissen Erfolg. Von Paris begab er sich nach Vienne zu dem dorthin einberufenen Generalkonzil (1311-1312), um sich für sein missionarisches Anliegen einzusetzen. Das Konzil beschloss die Anstellung von Lehrern des Hebräischen, Arabischen und Aramäischen an der Kurie sowie an den Universitäten von Paris, Oxford, Bologna und Salamanca, um Missionare in diesen Sprachen auszubilden und Literatur aus diesen Sprachen ins Lateinische zu übersetzen.[22] Der mittlerweile Achtzigjährige machte sich danach nochmals nach Tunis auf. Wo und wann genau er gestorben ist, bleibt unklar. 1315/16 endete sein rastloses Leben, entweder in Tunis oder auf der

Rückreise nach Mallorca bzw. nach der Ankunft dort. Seine letzte Ruhestätte fand Lull in der Franziskanerkirche zu Palma.

2. „Das beste Buch der Welt": Lulls „ars"

Lull war fest davon überzeugt, seine „ars" göttlicher Erleuchtung zu verdanken, die ihm auf dem Berg Randa zuteil wurde. Dies bedeutet jedoch nicht, dass die „ars" sogleich ihre unverrückbar feste Gestalt gefunden hätte. Vielmehr lässt sich durchaus eine Entwicklung beobachten, die auf die Reduktion von deren Komplexität abzielte. Hatte Lull seine „ars" nach ersten noch tastenden Versuchen zunächst auf die Zahl Vier gegründet (quaternäre Phase), trat später die Zahl Drei an deren Stelle (ternäre Phase).[23] Indem Lull den Begriff „ars" favorisierte, knüpfte er bewusst oder unbewusst an ein älteres Wissenschaftsideal an. Im 12. Jahrhundert wurde dieser Begriff, etwa bei Hugo von St. Viktor (um 1096-1141), als Oberbegriff für die unterschiedlichsten Wissensgebiete, einschließlich der sog. mechanischen Künste, verwendet. Unter dem Einfluss der aristotelischen Wissenschaftstheorie wurde er im 13. Jahrhundert immer stärker auf den Bereich der Propädeutik zu den höheren Wissenschaften eingeschränkt. Lull erhob keinen geringeren Anspruch, als in seiner „ars" eine „Generalwissenschaft" (ars generalis) für alle anderen Wissenschaften formuliert zu haben, in deren allgemeinen Prinzipien die Prinzipien aller Wissenschaften enthalten sind wie das Besondere im Allgemeinen.[24] Um die Fruchtbarkeit seiner „ars" zu zeigen, hat Lull unermüdlich publiziert und sich dabei unterschiedlicher literarischer Gattungen – von der Abhandlung über den Dialog bis hin zu Roman und Gedicht – und Sprachen – Katalanisch, Latein, Arabisch – bedient. Insgesamt fast 300 Werke sind auf diese Weise entstanden, von denen der größte Teil erhalten ist; die arabisch geschriebenen Werke gelten als verschollen.

Um einen ersten Eindruck der „ars" zu vermitteln, soll diese im Folgenden auf der Basis der >Ars brevis< (1308) vorgestellt werden.[25] Lull arbeitet hauptsächlich mit Buchstaben und Schaubildern (Figuren), die zum Teil mechanisch verstellbar sind. Die Buchstaben B-K stehen als Kürzel für ganz unterschiedliche Wirklichkeiten. So der Buchstabe B für die Grundwürde „Güte", für den relationalen Begriff „Unterschied", für die Frage „ob?", das Subjekt „Gott", die Tugend „Gerechtigkeit" und das Laster „Geiz". Diese sechs unterschiedlichen Bedeutungen des Buchstabens B wie die der übrigen acht Buchstaben, insgesamt also 54 Begriffe, müssen zunächst auswendig gelernt werden.

Die neun *Grundwürden* (dignitates): Güte, Größe, Ewigkeit, Macht, Weisheit, Wille, Tugend, Wahrheit, Herrlichkeit, die als Seins- wie als Erkenntnisprinzipien axiomatische Bedeutung haben, bilden den Inhalt des ersten Schaubildes, der *Figur A*. Hier sind die Grundwürden in der Form des abstrakten Begriffs und des entsprechenden Adjektivs auf zwei Kreisen unterschiedlicher Größe geschrieben. Die Kreisform entspricht der Aufgabe dieser Figur, nämlich der binären Kombination, in der jeder abstrakte Begriff als Subjekt mit jedem Adjektiv als Prädikat verbunden werden kann: z.B. die Güte ist groß; die Größe ist gut.

Die *relationalen Begriffe*, die jeweils in drei Dreiergruppen zusammengefasst werden: Unterschied, Übereinstimmung, Gegensatz; Ursprung, Mitte, Ziel; Größer Sein, Gleichheit, Kleiner Sein, ermöglichen es, die Differenzierung innerhalb der geschöpflichen Wirklichkeit zu verstehen. Zusammengefasst sind diese Begriffe in der *Figur T*, welche die drei Dreiergruppen jeweils als Dreiecke darstellt. Diese Figur hat eine ontologische und eine gnoseologische Funktion: Zum einen nennt sie die Bedingungen der Möglichkeit der Existenz der

Dinge in der Wirklichkeit, zum anderen die Bedingungen der Möglichkeit von deren Erkenntnis durch den menschlichen Intellekt.

Die *Fragen*: ob, was, woraus, warum, wie groß, wie beschaffen, wann, wo, auf welche Weise bzw. womit, die in der Tradition der aristotelischen Kategorien stehen, dienen der „ars" „als Motor, der ihre verschiedenen Teile in Bewegung setzt"[26]. Signifikant für die Dynamik von Lulls Denkens ist, dass er nicht Feststellungen, sondern Fragen formuliert und dass er mit der Frage „ob?" beginnt, die einen Zweifel, für Lull „die erkenntnistheoretische Grundhaltung schlechthin"[27], zum Ausdruck bringt.

Lulls *Subjekte* sind nicht in erster Linie Subjekte im grammatischen oder logischen Sinn, sondern „Träger von Handlungen"[28]. Es sind dies in absteigender Reihenfolge: Gott, Engel, Himmel, Mensch, Vorstellungskraft, Sinnenkraft, vegetative Kraft, elementare Kraft und instrumentale Kraft. In seiner Enzyklopädie >Arbor scientiae< (1295) hat Lull auf der Basis dieser neun Subjekte, die er um sechs weitere ergänzt, unter Verwendung des bei ihm häufig begegnenden Baum-Bildes sein umfassendes Weltbild entwickelt. In die >Arbor moralis< hat er auch die Tugenden und Laster integriert.[29]

In der *dritten Figur* werden die beiden Figuren A und T mit den Fragen verbunden. Sie besteht aus 36 Kammern, die sich ergeben aus der Kombination der Buchstaben B-K: BC-BK, CD-CK usw. bis IK. Dabei kann jeder Buchstabe als Subjekt oder Prädikat einer Aussage fungieren und in einem zweiten Schritt die Frage formuliert werden, für die er steht. Mit Hilfe dieser Fragen werden die Aussagen untersucht, um zu sicheren Urteilen zu kommen. Deshalb wird diese Figur auch als ‚Urteilsfigur' bezeichnet, Lull selbst nannte sie „Ausschöpfung" (evacuatio).

Die *vierte Figur* besteht aus drei mit den Buchstaben des Lullschen Alphabets beschrifteten Scheiben, deren beide innere auf der äußeren drehbar befestigt sind. Durch Drehung entstehen 252 Dreierkombinationen, die jeweils einen Syllogismus darstellen. „In der Terne BCD etwa ist BC der Obersatz, CD der Untersatz, C der Mittelbegriff und BD die Schlußfolgerung. Die Funktion dieser Figur besteht darin, die angemessenen Mittelbegriffe zur Schlussfolgerung zu finden, weshalb man sie zu Recht ‚Syllogistische Figur' genannt hat."[30] Schließlich entwickelt Lull eine Tafel (tabula), die dazu hilft, die Bedeutung der Buchstaben genau zu unterscheiden.

Der „mechanische" Eindruck, den Lulls Kombinatorik auf den ersten Blick hinterlässt, trügt. Derjenige, der sie gebraucht, gelangt keineswegs automatisch zum Erfolg; die Anstrengung des Denkens wird ihm nicht abgenommen. Die „ars" ist „keine sterile Wundermaschine, die ihrem Anwender ohne dessen Zutun die Geheimnisse der Wirklichkeit erschließt, wie sie späterhin gern gedeutet wurde, sondern erfordert neben einer gewissen Virtuosität im Umgang mit ihren Prinzipien und Figuren die persönliche geistige Anteilnahme und Anstrengung ihres Anwenders."[31]

Gelegentlich äußert Lull sich darüber, wie lange man zum Erlernen seiner „Kunst" braucht. Unter der Voraussetzung, dass jemand logische und naturphilosophische Grundkenntnisse sowie eine entsprechende Bereitschaft mitbringt, braucht ein sehr scharfer Intellekt zwei Monate, einen für die Theorie und einen für die Praxis, ein mittlerer vier und ein guter ein halbes Jahr. Wenn jemand es in dieser Zeit nicht schafft, dann ist dies für Lull ein Zeichen für Unbildung, mangelnde Bereitschaft oder fehlende Zeit. Ein solcher Mensch wird nie die „ars" erlernen.[32] Seinen Gegnern wirft er vor, seine Schriften gelesen zu haben wie eine Katze, die über die Glut von Kohlen huscht.[33]

3. Von der Missionstheologie zur Universalwissenschaft: Lulls Nachwirken

Lulls Persönlichkeit und Werk waren von Anfang an umstritten. Der folgenreichste Gegner war der Inquisitor Nicolaus Eymerich OP (1320-1399), der nicht nur zahlreiche Gegenschriften verfasste, in denen er Lull vor allem Rationalismus vorwarf, sondern auch 1376 von Papst Gregor XI. (1370-1378) ein Verbot von zwanzig Werken wegen Häresieverdachts erwirkte. Die Echtheit der entsprechenden Bulle wurde von Lulls Anhängern bestritten, dürfte aber außer Frage stehen. Erstaunlich ist die Aufhebung dieser Verurteilung 1419 unter Papst Martin V. (1417-1431).[34] Da Eymerich die Verurteilungsbulle in sein seit Beginn des 16. Jahrhunderts vielfach gedruckte >Directorium officii inquisitorum< aufgenommen hatte, erwies diese sich jedoch als wirkmächtiger. Die Liste der verbotenen Werke erschien auf zahlreichen Indices des 16. Jahrhunderts, so auf dem römischen Index von 1559. Dass Lulls Name auf dem vom Trienter Konzil (1545-1563) in Auftrag gegebenen Index von 1564 fehlt, beruht lediglich auf dem Beschluss, die vor 1515 erlassenen Bücherverbote nicht nochmals aufzuführen. Spätere Indices nennen die von Gregor XI. verbotenen Schriften denn auch wieder.[35] Eymerichs Vorwürfe wirkten so bis in die Gegenwart weiter.[36] Die Einschätzung Lulls hängt stark vom Wohlwollen der Beurteiler ab. Je nachdem wird er als Häretiker oder als Seliger eingeschätzt. In Katalonien heißt er schlicht „El Beat". Auch seine erbittertsten Gegner können seinen exemplarischen Einsatz für den christlichen Glauben nicht bestreiten.

Lull, der zu Lebzeiten seine wichtigsten Werke den Großen aus Welt und Kirche überreichte, um seinen Anliegen zum Sieg zu verhelfen, hat ganz gezielt deren Weiterleben zu fördern versucht. 1313 bestimmte er testamentarisch drei Orte zur Aufbewahrung von Kopien seiner Werke: die Kartause Vauvert bei Paris, Genua sowie das Kloster S. Maria de la Real bei Palma de Mallorca.[37] Die Rezeption seines Denkens fand ihr erstes Zentrum in Paris.[38] Lulls Schüler Thomas Le Myésier († 1336)[39] kompilierte aus dem umfangreichen Werk seines Meisters mehrere Auswahlausgaben, von denen zwei, >Electorium magnum< und >Electorium parvum<, erhalten sind. Letzteres, auch >Breviculum< genannt, das im 18. Jahrhundert in die Bibliothek des Klosters St. Peter auf dem Schwarzwald gelangte und heute in der Badischen Landesbibliothek in Karlsruhe aufbewahrt wird, stellt mit seinen wundervollen Illustrationen ein außergewöhnliches Zeugnis der Lull-Rezeption dar.[40]

Wenige Jahre, nachdem der Kanzler der Universität Paris Johannes Gerson (1363-1429), den vor allem Lulls ungewohnte Terminologie störte, seinen Traktat >Contra doctrinam Raymundi Lulli< (1423)[41] verfasst hatte, exzerpierte Nicolaus Cusanus hier Lulls Werke, um sich eine der bedeutendsten Sammlungen von Lullistica anzulegen.[42] Er wurde ebenso von Lull beeinflusst wie der katalanische, in Toulouse lehrende Philosoph Raimundus Sabundus († 1436), der in seinem >Liber creaturarum< den Inhalt des christlichen Glaubens aus der Natur abzuleiten suchte. Noch Anfang des 16. Jahrhunderts blühte in Paris der Lullismus mit Bernardus de Lavinheta[43], Jacobus Faber Stapulensis (1450/55-1536)[44] und Carolus Bovillus (1479-1553)[45].

In Mallorca blieb die lullistische Tradition stets präsent und verbreitete sich in die Länder der Krone von Aragón. Sie gelangte auch in die Neue Welt. Die 1579 in Perugia veröffentlichte >Rhetorica Christiana< des Franziskaners Diego de Valadés (1533-um 1583) ist ein Beispiel dafür, wie ein Missionar in Neuspanien auf Lullsches Denken zurückgriff, das er über die Vermittlung Pariser Lullisten rezipiert hat.[46] Im 17. Jahrhundert ging der Einfluss des Lullismus in Spanien zurück, lediglich Mallorca blieb eine Hochburg.[47]

Bald nach Lulls Tod fand eine Vermischung seines Denkens mit kabbalistischem und alchemistischem Gedankengut statt, die ein weit verbreitetes Corpus von etwa 70 pseudolullschen Schriften hervorbrachte.[48] Echter und falscher Lull begegneten sich bei Heinrich Cornelius Agrippa von Nettesheim (1486-1535) und Giordano Bruno (1548-1600), die mit Kommentaren in der von dem Straßburger Verleger Lazarus Zetzner (1551-1616) 1598 erstmals veröffentlichten Auswahlausgabe[49] vertreten sind, durch die so unterschiedliche Denker wie der reformierte Theologe Johann Heinrich Alsted (1588-1638)[50], der Jesuit und Polyhistor Athanasius Kircher (1602-1680)[51] und der Philosoph Gottfried Wilhelm Leibniz (1646-1716)[52] auf Lull aufmerksam wurden, die sein Denken eigenständig und kritisch rezipierten. Sie belegen die Verlagerung des Interesses an Lull von der Darlegung des christlichen Glaubens in missionarischer Absicht, die für ihn selber ohne Zweifel das zentrale Anliegen bildete, zu der von ihm als Hilfsmittel dazu entwickelten Universalwissenschaft, die nun, einem allgemeinen Zug der Zeit folgend, in den Vordergrund trat.

Die bedeutendste Leistung des neuzeitlichen Lullismus stellt die auf zehn Foliobände angelegte ‚Editio Moguntina' dar, die hauptsächlich auf den Augustinerchorherrn Ivo Salzinger (1669-1728) zurückgeht, der dafür in umfassender Weise Handschriften sammelte. Mit Unterstützung der Mainzer Kurfürsten erschienen 1722-1742 acht Bände. Obwohl die Editoren sich zur „Verbesserung" von Lulls Latein Eingriffe in den Text erlaubten und die Ausgabe nur etwa 20 % der Werke enthält, bleibt sie bis zum Abschluss der kritischen Edition seiner lateinischen Werke unentbehrlich.[53] Letztere wird von dem 1957 durch den Theologiehistoriker Friedrich Stegmüller (1902-1981) an der Theologischen Fakultät der Universität Freiburg i. Br. gegründeten ‚Raimundus-Lullus-Institut' besorgt. Sie begann, da die ‚Editio Moguntina' hauptsächlich die der ersten Schaffensperiode Lulls angehörenden Werke umfasst, mit dem bislang ungedruckten Spätwerk, das bald vollständig kritisch ediert sein wird. In einer zweiten Phase werden diejenigen Werke, welche in der ‚Editio Moguntina' bereits gedruckt vorliegen, nach heutigen wissenschaftlichen Standards bearbeitet. Bisher sind 29 Bände der ‚Raimundi Lulli Opera Latina' erschienen. Die vom ‚Patronat Ramon Llull' in Palma de Mallorca veranstaltete Edition der katalanischen Werke ‚Nova Edició de les Obres de Ramon Llull' hat es seit 1990 auf sechs Bände gebracht.

---

[1] Vorzügliche Überblicke über Leben und Denken Lulls bieten Riedlinger, Helmut, Art. Lullus, Raymundus, in: TRE 21 (1991), 500-506; Hösle, Vittorio: Einführung, in: Lohr, Charles / Hösle, Vittorio / Büchel, Walburga (Hg., Übers.): Raimundus Lullus, Die neue Logik / Logica nova (PhB 379), Hamburg 1985, IX-XCIV. Chronologisches Werkverzeichnis in Bonner, Anthony (Hg., Übers.): Selected Works of Ramon Llull (1232-1316), Bd. 2, Princeton, New Jersey 1985, 1257-1304.

[2] Galmés, Salvador / Ferrà, Miquel (Hg.): Libre de Blanquerna, in: Obres de Ramon Lull, Bd. 9, Mallorca 1914, 315. Heute gilt die Schreibweise >Blaquerna< als die ursprüngliche.

[3] Hösle, Johannes / Hösle, Vittorio (Übers., Einl.): Ramon Llull, Lo Desconhort / Der Desconhort (Klass. Texte des romanischen MAs in zweisprachigen Ausg. 31), München 1998, 56f.

[4] Senellart, Michel (Hg.): Liber disputationis Petri et Raimundi sive Phantasticus, in: CChr.CM 78, Turnhout 1988, 1-30.

[5] Harada, Hermogenes (Hg.): Vita coaetanea, in: CChr.CM 34, Turnhout 1980, 259-309; Platzeck, Erhard-W. (Übers., Einl.): Das Leben des seligen Raimund Lull. Die >Vita coëta-

nea< und ausgewählte Texte zum Leben Lulls aus seinen Werken und Zeitdokumenten, Düsseldorf 1964. Die wichtigsten Lebensstationen sind illustriert im von Thomas Le Myésier zusammengestellten >Breviculum< (s. Anm. 40).

[6] Vita coaetanea 6 (CChr.CM 34, 275).

[7] Vgl. Lohr, Charles: Raimundus Lullus' Compendium Logicae Algazelis. Quellen, Lehre und Stellung in der Geschichte der Logik. Diss. Freiburg i. Br. 1967.

[8] Vgl. Pring-Mill, Robert: Der Mikrokosmos Ramon Llulls. Eine Einführung in das mittelalterliche Weltbild (Clavis Pansophiae 9), Stuttgart-Bad Cannstatt 2001, 93-105.

[9] Vgl. Mutius, Hans-Georg von: Die christlich-jüdische Zwangsdisputation zu Barcelona. Nach dem hebräischen Protokoll des Moses Nachmanides (JudUm 5), Frankfurt am Main u.a. 1982; Chazan, Robert: Barcelona and beyond. The Disputation of 1263 and its aftermath, Berkeley u.a. 1992.

[10] Vgl. Torrell, Jean-Pierre: Magister Thomas. Leben und Werk des Thomas von Aquin, Freiburg u.a. 1995, 123ff.

[11] Bonner, Antoni (Hg.), Llibre del gentil e dels tres savis, in: Nova Edició de les Obres de Ramon Llull, Bd. 2, Palma de Mallorca ²2001; deutsche Übersetzung nach der lateinischen Fassung: Pindl, Theodor (Übers., Hg.): Ramon Lull, Das Buch vom Heiden und den drei Weisen (Universal-Bibliothek 9693), Stuttgart 1998.

[12] Das Buch vom Heiden (wie Anm. 11) 5.

[13] Ebd. 17. Zu den „rationes necessariae" vgl. Euler, Walter Andreas: Unitas et Pax. Religionsvergleich bei Raimundus Lullus und Nikolaus von Kues (WFMR.R 15), Würzburg-Altenberge ²1995, 91-115..

[14] Vita coaetanea 20-25 (CChr.CM 34, 284-289). Vgl. Domínguez Reboiras, Fernando: Idea y estructura de la 'Vita Raymundi Lulii', in: EstLul 27 (1987), 1-20; 13f.

[15] Vita coaetanea 26 (CChr.CM 34, 290).

[16] Vgl. Pring-Mill (wie Anm. 8) 105-118; Gayà Estelrich, Jordi: La teoría luliana de los correlativos. Historia de su formación conceptual, Palma de Mallorca 1979.

[17] Vita coaetanea 27 (CChr.CM 34, 291).

[18] Vita coaetanea 36 (CChr.CM 34, 297).

[19] Madre, Alois (Hg.): Liber Disputationis Raimundi christiani et Homeri saraceni, in: CChr.CM 114, Turnhout 1998, 159-264.

[20] Vgl. Vita coaetanea 43 (CChr.CM 34, 302); dazu Imbach, Ruedi: Der unmögliche Dialog. Lull und die Pariser Universitätsphilosophie (1309-1311), in: ders., Laien in der Philosophie des Mittelalters. Hinweise und Anregungen zu einem vernachlässigten Thema (BSPh 14), Amsterdam 1989, 102-131.

[21] Vgl. Hillgarth, Jocelyn N. (Hg.): Diplomatari lul·lià: documents relatius a Ramon Llull i a la seva família, Barcelona 2001, 80ff., 85f.

[22] Vgl. Istituto per le scienze religiose Bologna (Hg.): Conciliorum Oecumenicorum Decreta, Bologna ³1973, 379f.

[23] Vgl. Gayà Estelrich, Jordi: Raimondo Lullo. Una teologia per la missione (Eredità medievale 2/20), Milano 2002, 76-79.

[24] Vgl. ebd. 73-76.

[25] Vgl. Fidora, Alexander (Übers., Hg.): Raimundus Lullus, Ars brevis (PhB 518), Hamburg 1999, bes. die vorzügliche Einführung: XVI-XXI. In diesem Band finden sich auch Abbildungen der Schaubilder und Tabellen.

[26] Ebd. XXII.

[27] Ebd. XXIII.

[28] Ebd.

[29] Vgl. Villalba Varneda, Pere (Hg.): Arbor Scientiae (CChr.CM 130 A-C), Turnhout 2000. Vgl. dazu Domínguez Reboiras, Fernando / Villalba Varneda, Pere / Walter, Peter (Hg.): Arbor scientiae. Der Baum des Wissens von Ramon Lull. Akten des Internationalen Kongresses aus Anlaß des 40-jährigen Jubiläums des Raimundus-Lullus-Institutes der Universität Freiburg i Br. (Instrumenta patristica et mediaevalia 42. Subsidia Lulliana 1), Turnhout 2002.

[30] Fidora (wie Anm. 25) XXVIII.

[31] Ebd. XXIX-XXXI.

[32] Madre, Alois (Hg.): Ars generalis ultima, 13 (CChr.CM 75, Turnhout 1986, 525f.).

[33] Vgl. Hösle / Hösle (wie Anm. 3) 70.

[34] Vgl. Heimann, Claudia: Nicolaus Eymerich (vor 1320-1399). Praedicator veridicus, inquisitor intrepidus, doctor egregius. Leben und Werk eines Inquisitors (SFGG II 37), Münster 2001, 81-88.

[35] Bujanda, Jesús M. de u.a., Index de Rome 1557, 1559, 1564. Les premiers index romains et l'index du concile de Trente (Index des livres interdits 8), Sherbrooke-Genève 1990, 144. 302 f.

[36] Vgl. Madre, Alois: Die theologische Polemik gegen Raimundus Lullus. Eine Untersuchung zu den Elenchi auctorum de Raimundo male sentientium (BGPhMA NF 11), Münster 1973.

[37] Vgl. Diplomatari (wie Anm. 21) 88.

[38] Vgl. Hillgarth, Jocelyn N.: Ramon Llull i el naixement del lul·lisme, Barcelona 1998; überarb. Übers. von: Ramon Lull and Lullism in Fourteenth-Century France, Oxford 1971.

[39] Vgl. Pindl-Büchel, Theodor: Ramon Lull und die Erkenntnislehre Thomas Le Myésiers (BGPhMA NF 35), Münster 1992.

[40] Vgl. Römer, Gerhard / Stamm, Gerhard (Hg.): Raimundus Lullus – Thomas Le Myésier, Electorium parvum seu Breviculum. Vollständiges Faksimile der Handschrift St. Peter perg. 92 der Badischen Landesbibliothek Karlsruhe, 2 Bde., Wiesbaden 1988; Lohr, Charles / Pindl-Büchel, Theodor / Büchel, Walburga (Hg.): Breviculum seu Electorium parvum Thomae Migerii (Le Myésier) (CChr.CM 77), Turnhout 1990.

[41] Vgl. Vansteenberghe, Edmond: Un traité inconnu de Gerson sur la doctrine de Raymond Lulle, in: RevSR 16 (1936), 441-473; zu Gersons Antilullismus vgl. Madre (wie Anm. 36) 80-85.

[42] Vgl. Colomer, Eusebio: Nikolaus von Kues und Raimund Llull. Aus Handschriften der Kueser Bibliothek (QSGP 2), Berlin 1961; Pindl-Büchel, Theodor: Die Exzerpte des Nikolaus von Kues aus dem Liber contemplationis Ramon Lulls (EHS 20, 380), Frankfurt am Main u.a. 1992; Roth, Ulli (Hg.): Cusanus-Texte, Bd. 3, 4: Die Exzerptensammlung aus Schriften des Raimundus Lullus im Codex Cusanus 83 (Schr. der phil.-hist. Kl. der Heidelberger Akademie der Wiss. 13), Heidelberg 1999; Euler (wie Anm. 13).

[43] Vgl. Pereira, Michela: Bernardo Lavinheta e la diffusione del Lullismo a Parigi nei primi anni del '500, in: Interpres 5 (1984), 242-265.

[44] Vgl. Walter, Peter: Jacobus Faber Stapulensis als Editor des Raimundus Lullus dargestellt am Beispiel des 'Liber natalis pueri parvuli Christi Jesu', in: Domínguez Reboiras, Fernando / Imbach, Ruedi / Pindl, Theodor / Walter, Peter (Hg.): Aristotelica et Lulliana. FS Charles H. Lohr (IP 26), Steenbrugge 1995, 545-559.

[45] Vgl. Victor, Joseph M.: Charles de Bovelles (1479-1553). An intellectual biography (THR 161), Genève 1978, bes. 57-71.

[46] Vgl. Báez-Rubí, Linda: Die Rezeption der lullschen Lehre in der *Rhetorica Christiana* (Perugia, 1579) des Franziskaners Fray Diego de Valadés, Diss. masch. Freiburg 2003.

[47] Rivera de Ventosa, Enrique: Der Lullismus, in: Schobinger, Jean-Pierre (Hg.): Die Philosophie des 17. Jh., Bd. 1 (Grundriss der Gesch. der Phil., 17. Jh. 1,1), Basel 1998, 384-387.

[48] Vgl. Pereira, Michela: The alchemical corpus attributed to Raymond Lull (Warburg Institute surveys and texts 18), London 1989.

[49] Bonner, Anthony (Hg.): Raimundus Lullus, Opera. Reprint of the Strasbourg 1651 edition (Clavis Pansophiae 2), Stuttgart-Bad Cannstatt 1996.

[50] Vgl. Hotson, Howard: Johann Heinrich Alsted (1588-1638) Between Renaissance, Reformation and Universal Reform, Oxford 2000.

[51] Vgl. Leinkauf, Thomas: Mundus combinatus. Studien zur Struktur der barocken Universalwissenschaft am Beispiel Athanasius Kirchers SJ (1602-1680), Berlin 1993; vgl. ders.: Lullismus, Kircher, in: Holzhey, Helmut / Schmidt-Biggemann, Wilhelm (Hg.): Die Philosophie des 17. Jh., Bd. 4 (Grundriss der Gesch. der Phil., 17. Jh. 4,1), Basel 2001, 235-290.

[52] Vgl. Rossi, Paolo: Clavis universalis. Arti della memoria e logica combinatoria da Lullo a Leibniz, Bologna ³2000; Doucet-Rosenstein, Diane: Die Kombinatorik als Methode der Wissenschaften bei Raimund Lull und G. W. Leibniz, Diss. phil. München 1981.

[53] Vgl. Wassilowsky, Günther (Hg.): Raimundus Lullus in Mainz. Annäherung an einen Universalgelehrten, Turnhout 2004 (im Druck).

THOMAS LEINKAUF

Giordano Bruno. Denken gegen Schule, Kirche und Hof. Eine Auswahl revolutionierender Thesen

1.

Giordano Bruno[1] wurde 1548 in der kleinen Stadt Nola, südlich von Neapel in der Campagna, geboren. Seine relativ kurze Lebensspanne von 52 Jahren, von denen er gut acht in den Kerkern der Serenissima und des heiligen Offiziums zubringen mußte, war prall angefüllt mit einem beachtlichen Itinerarium, das diesen unruhigen, überall aneckenden Geist durch ganz Europa und durch das Spektrum der damals auseinanderdriftenden Konfessionen trieb. Brunos Denken wollte und konnte kein akademisches Denken sein, es vollzog sich schon von früh an in grundsätzlich kritischer Reibung an vorgegebenen Standards, seien diese philosophisch-scholastischer, philologisch-humanistischer oder, und dies insbesondere, religiös-theologischer Art. Aber: Der nicht-akademische Selbstvollzug des Denkens, der sich aus einer anfänglich intuitiven Form immer mehr zu einem explizit gewollten und dann zum allgemeinen Strebeziel erhobenen modus existendi transformierte, ist in der Gestalt des Nolaners Ausdruck der Tatsache, daß sich hier ein überwacher, persönlich sicherlich in Teilen schwer erträglicher Geist, eher im Zentrum der anstehenden Probleme und um die Kernpunkte des philosophischen Diskurses herum bewegte als im – akademisch abgesicherten – Abstand dazu. Noch sein Tod wurde im Avviso di Roma kritisch-sarkastisch kommentiert: „Donnerstag Morgen (den 17. Februar 1600) wurde jener verbrecherische Dominikanerbruder aus Nola bei lebendigem Leibe auf dem Campo di Fiore verbrannt, über welchen man in der Vergangenheit immer wieder schrieb: ein hartnäckigster Häretiker, der aus seiner verrückten Eingebung heraus verschiedene Lehren gegen unseren Glauben aufgestellt hat, insbesondere gegen die allerheiligste Jungfrau (Maria) und gegen die Heiligen, ein ruchloser Verbrecher, der ebenso hartnäckig im Beharren auf diese Lehren sterben wollte; und der sagte, daß er als Märtyrer und freiwillig (gerne) starb und daß seine Seele mit diesem Rauch ins Paradies aufgestiegen wäre. Und jetzt wird er schon sehen, ob er die Wahrheit gesagt hat"[2].

2.

Ich komme jetzt zu einer jeweils knappen Darstellung derjenigen Anschauungen und Thesen, die Brunos Wahrnehmung durch die Mit- und Nachwelt, bis heute, nachhaltig geprägt haben; die hierbei von mir vorgenommene Unterscheidung von metaphysisch-ontologischen bzw. kosmologischen einerseits und von theologischen Grundthesen andererseits ist eine, wenn man so will, verstehensanleitende distinctio rationis, denn in der Sache beschreiben diese Thesen häufig Identisches.

I. Metaphysisch-ontologische und kosmologische Thesen

1. `Alles was wirklich IST, ist nichts anderes als die „absolute, unendliche Einheit"´ (unità assoluta, infinita): Es ist insbesondere der lange Eingangsmonolog zum fünften Dialog von De la causa, in dem Bruno seine alles entscheidende These von der absoluten Einheit des ersten Prinzips auf unmißverständliche, in vielen Argumentationspunkten sachlich auf Parmenides und Plotin zurückgreifende Weise herausstellt.[3] Der Gedanke, daß das erste Prinzip nicht schon *in sich* die vielheitliche Struktur aufweisen kann, die allererst Resultat seines Hervorganges oder seiner Setzung ist (schon das Viele wäre ja entweder selbst Einheit – und dann wiederum nicht wirklich Vieles oder nur in sich ein Vieles – oder es wäre eine Allheit aus Einheiten, wobei das Eines-Sein jedem der Einen vor dem Vieles-Sein zukäme), ist im älteren Parmenides auf unentfaltete, bei Plotin auf differenziert entfaltete Weise schon gedacht worden, Bruno schließt sich hier nur bewußt einer älteren Tradition an. Dies betrifft auch das Abheben darauf, daß dieses Eine, als es selbst, für uns „unbegreiflich" und „schwer zu beschreiben" sei, daß es, als „über-substantial", jenseits des denkerisch-begrifflich Möglichen liege und nur auf eine selbst unbegreifliche Art erschaut werden könne (dies das Thema der Schrift De gl´eroici furori). Es ist der andere Aspekt, den er seinem Gedanken des Einen verleiht, der sein Denken von dem der Tradition unterschieden sein läßt: die Konsequenz nämlich, daß alles, was nicht dies Eine ist, nicht wirklich *ist*, daß also alles singulär-individuelle Seiende nur eine im wahrsten Sinne ephemere, schnell sich wandelnde, schnell vergängliche, geradezu nichtige Ausprägung dieser an sich absolut unwandelbaren Einheit sei. Hierzu hält die Liste der 10 zensurierten Positionen Brunos aus dem Jahre 1596 die aufschlußreiche, sich wohl auf De la causa beziehende Formulierung fest: „negat individua vere esse, quae sunt, sed sunt vanitates" – er leugnet, daß das individuelle Seiende, das existiert, auf wahrhafte Weise sei, vielmehr sei es nichtig/eitel[4]. Die kritische Auflösung des platonischen Mitteilungs- und Partizipationsgedankens sowie, vor allem, des aristotelischen (innerweltlichen) Generationsgedankens führte dazu, daß das in der griechischen Tradition als „esse diminutum" begriffene endliche und korruptible Sein jetzt auch noch seines Status, der doch immerhin der eines Seienden war, also eines esse ideatum, einer ersten Substanz oder sogar eines unersetzlichen esse singulare, beraubt wird; dies befürchtete zumindest die römische Inquisition nach dem Studium von Brunos Texten. Die Dignität des Einzelseienden, das doch selbst ein Eines – und damit Bild des absoluten Einen – und das selbst ein Seiendes – und damit Bild des reinen Seins – ist, drohte völlig ausgelöscht zu werden und nur noch die Dignität des einen Bildes des Einen, des Universums als Ganzem nämlich, an dessen Stelle gesetzt zu werden. Paradoxerweise ist es derselbe Autor gewesen, der die Einheit des Einen gegen das Selbstsein des vielen Seienden so stark machte, und der zugleich die unendliche Vielheit, Varietät, Offenheit des kosmischen Seins geradezu hymnisch herausgehoben hatte.

2. `Aus einer unendlichen Ursache folgt notwendig eine unendliche Wirkung´: Hieraus folgt zweierlei, einmal eine unendliche Wirkung, die selbst wieder das Explikat der absoluten Einheit der absoluten Ursache *als Einheit* darstellt, das Universum; und zum Zweiten eine unendliche Wirkung, die das Potential an Vielheit, das in dieser absoluten Einheit immer schon mit-gegeben ist, *als Vielheit* expliziert, es folgt also zumindest aus dem zweiten Aspekt das inkriminierte „plures esse mundos"[5] bzw., in eigentlicher Konsequenz, die von Giovanni Mocenigo, seinem Gastgeber und Verleumder, der venezianischen Inquisition hinterbrachte Behauptung: „che sono infiniti mondi"[6]. Es ist zwar an einigen Textstellen so, daß Bruno

sprachlich nicht klar differenziert zwischen Universum und Welt und daß die Fälle, in denen er den Begriff `Welt´ für `Universum´ verwendet, deswegen zu Mißverständnissen führen können, weil im Lateinischen „mundus" oder im Italienischen „mondo" grundsätzlich noch der geschlossene Kosmos der griechisch-ptolemaischen Tradition angezeigt ist, dennoch ist, daran kann kein Zweifel bestehen, in Brunos Ontologie, mit größter Bedeutung für seine Kosmologie, den einzelnen Welten oder Weltsystemen ein Umfassendes, Primäres, Unbegrenztes vorgeordnet, das er, eben im bewußten Unterschied, „universum" nennt (hierin hat er übrigens einen, auch für ihn selbst zentralen Vorläufer in Nikolaus Cusanus). Daß Bruno jedoch überhaupt die These `aus einer unendlichen Ursache folgt eine unendliche Wirkung´ für sein Denken zu einer alles bestimmenden Grundthese machte, hat, wie die Diskussion um die Ewigkeit der Welt, ebenfalls in einer lebendigen mittelalterlichen Diskussion ihren Sachgrund, die auf der Unterscheidung zwischen Gottes „potentia absoluta" und Gottes „potentia ordinata" basiert. Bruno weist diese Unterscheidung, die dazu führte, daß man Gott intern ein unendliches Potential zuschreiben konnte – also die mentale Präkonzeption unendlich vieler möglicher Welten in ihm selbst, in seinem Denken oder im Wort (Sohn) – um ihm dann ad extra eine an der Kapazität des endlichen Seins orientierte Schaffensmacht als „potentia ordinata" zu vindizieren, zurück. Er hält es nicht nur, gleichsam aus dem Gesichtspunkt der ontologischen Bedeutung und Macht, als für ein absolutes Wesen und für eine „unendliche Güte" (infinita bontà) „unwürdig" (indegno), daß es/sie nicht in der Lage sein sollte, ihr Können ganz und vollständig wirklich werden zu lassen, sondern er hält es auch aus logischer Perspektive für widersprüchlich, weil dem „unverbrüchlichen Gesetz der Relativa" widerstreitend, daß ein Unendliches in einem Verhältnis zum Endlichen stehen könne (damit natürlich auf einen fast ad nauseam repetierten Grundsatz mittelalterlicher Theologie zurückgreifend: finiti ad infinitum nulla est proportio). So steht bei Bruno also das Unendliche (Gott), wenn man so will, in einem Verhältnis zum Unendlichen (Universum) – die Relata sind zumindest kongruent, aber mit der drohenden Konsequenz, daß sie eben auch nicht mehr auseinandergehalten werden können, daß das traditionell `äußere´ Verhältnis zwischen Prinzip und Prinzipiierten, zwischen Gott und Welt, zwischen Schöpfer und Geschöpf, zu einem `inneren´ Verhältnis wird. Die potentielle Ununterscheidbarkeit von Gott und Welt ist eine der großen Hypotheken, die auch die spätere, Bruno verwandte, aber seine eigene differenzierende Position (vgl. die 3. der metaphysisch-ontologischen Thesen) nicht mehr hinreichend kennende Denktradition, deren größter Exponent Spinoza sein wird, wird austragen müssen.

3. `Nichts, was zum Seienden gehört, d. h. nichts, was eine wirkliche eigene Natur oder Substanz besitzt, entsteht oder vergeht´: Hieraus folgt, und darauf ist zu achten, ineins die Ewigkeit des Universums und die Unvergänglichkeit aller Substanzen, es folgt jedoch nicht die Ewigkeit der Welt, wie sie, in der Folge einiger wirkmächtiger Stellen aus Platons Timaios, vor allen Dingen des gégonen, und der Gegenposition von Aristoteles in seiner Schrift De caelo, bis in die Spätantike diskutiert und dann schließlich durch den jüdisch-christlichen Schöpfungsgedanken verworfen worden ist. Es ist jedoch für das Verständnis Brunos wichtig, daß es im Mittelalter, begründet durch das Eindringen neuer, auf antikem Denken fußender Theorien, eine lebendige Diskussion um die „aeternitas mundi" gegeben hat, die etwa Thomas von Aquin, der für einen Dominikaner wie Bruno immer theologischer und philosophischer Standard war, in seiner Summa theologica auf grundsätzliche Weise diskutiert hat. Für Bruno ist ausschließlich das Sein ewig, das von absoluter Größe oder von absolutem Umfang ist, so daß es, weil es nicht von anderem begrenzt und modifiziert werden kann, auch nicht selbst in Anderes transformiert werden kann, wie alles andere Seiende. Dies erstere

Sein ist das, was Bruno, im klaren Unterschied zu `Welt´ oder `Welten´, das Universum nennt. Die Welten selbst hingegen sind alle, unbeschadet des Faktums ihrer quantitativen Unendlichkeit, je für sich und auch als Gesamtheit vergänglich: „Es ist aus allen meinen Schriften und aus allem dem, was ich nach dem Bericht einsichtiger und vertrauenswürdiger Personen gesagt habe, klar, daß ich die Welt, die Welten und die Gesamtheit der Welten für dem Prozeß des Entstehens und Vergehens unterworfen halte"[7]. Das „essere generabili et corruttibili" ist natürlich ein von Bruno kalkuliert eingebrachter Hinweis darauf, daß für diesen Bereich des Seienden, für die Welten, für diese, wie er sie auch nennt, „grandi animali", wie für alles, was zu den „composita" (composto) gehört, auch genau die Seinsbedingungen Geltung haben, die Aristoteles in seiner Schrift De generatione et corruptione analysiert hatte. Die schlechthinnige Vergänglichkeit und Hinfälligkeit alles Zusammengesetzten und Komplexen ist zu sehen vor dem Hintergrund des provokanten Gedankens (der ineins auf Spinoza und auf Leibniz vorausleuchtet), daß alle strikten Einheiten ebenso unbedingt unvergänglich und ewig sind. Dies betrifft, wie gesagt, das absolute Eine, die Einheit des Universums, die Einheit der Welt-Seele und alle nicht-kompositen, atomaren Einheiten, die den Komposita konstitutiv zugrundeliegen. Der aristotelische Substanzbegriff und die ihm zugeordneten Kategorien können also ausschließlich den Oberflächen- und Phänomenbereich beschreiben, sozusagen die passiones corporum; die einheitstheoretische Tiefendimension hingegen verweist eher auf die spekulativ-dialektische Kategorialität des neuplatonischen Denkens, letztlich jedoch, darüber hinausgehend, auf den eleatischen Monismus, der allerdings das eine Sein begrifflich nicht wirklich aufschließen konnte.

4. `Es gibt ein universal formendes Prinzip im Seienden, d. h. in der Welt, dies ist die Welt-Seele´: Aus dem spezifischen Präsenzmodus der Seele im Körper, nach dem Muster tota in toto et tota in qualibet parte corporis[8], folgt, überträgt man ihn analog auf das Verhältnis Weltseele-Universum, die Grundtatsache: `Alles ist beseelt´, die Sterne sind beseelt, d. h. sie sind, wie es die Inquisition verstand, Engel (astra sunt angeli), das Materielle, die Mineralien, Pflanzen, Tiere und natürlich der Mensch selbst. Bruno bezeichnet den Modus, in dem die Seele das Körperliche bestimmt – durch Formgebung, Prozesse, Kräfte – als `Natur´ (natura), er setzt explizit, auch noch einmal in den Verhören während seiner Gefangenschaft, diese Präsenz- und Organisationsform von dem absoluten Präsenzmodus Gottes im Sein oder im Universum ab: Letzterer ist ineins „in Allem und über Allem" (man denke etwa an Alanus: totus intra, totus extra)[9], während die Seele in Allem ist. Indem Bruno die Form-gebende Präsenz des Seelischen auf die ganze Natur ausdehnt – deswegen ist er zurecht auch immer wieder dem Lager der Hylozoisten zugeschlagen worden – ist gleichsam kein Platz mehr da für schlechthin unbeseeltes Seiendes, d. h. alles, was ist, weist zumindest den geringsten Grad an Beseeltheit auf, den nämlich des Lebendigseins. Es läßt sich kaum in ein größerer Gegensatz zu dem Gedanken des Descartes vorstellen, der umgekehrt diese Präsenz auf den minimalen Kontakt- und Transformations-Punkt der Zirbeldrüse reduzieren wird, außerhalb dessen die Ebene des rein mechanischen, Seele-losen Seins beginnt. Der Gedanke Platons, daß die Welt als Kosmos ein sichtbarer, sinnenfälliger Gott sei, daß sie ein „Lebewesen" sei, ist bei Bruno aus der Metaphorik vollständig ins Konkrete gewendet. Ebenso ist aber auch – und das werden wir noch hinsichtlich seiner Stellungnahme zum Problem der Individualseele und ihrer Unsterblichkeit sehen – kein Platz für einen in sich schlüssigen Begriff von Personalität: weder das Seelische noch der Geist, der eine Funktion dieses Seelischen darstellt, können bei Bruno durch den Gedanken des „Ich" substantiell bestimmt sein. `Seele´ ist das, was durch

alles hindurchgeht, was nirgends wirklich bleibt, außer im Universum selbst. Dadurch aber, daß das seit alters her – spätestens seit Platon grundsätzlich reflektierte – organisierende und lenkende Prinzip des Seienden sich nirgends wirklich individualisiert, wird alles Individuelle, wir hatten das schon gesehen, zu einem kurzfristigen Exponat der unendlichen Möglichkeiten des Seelisch-Geistigen. Brunos Welt- und Naturbegriff ist, bis hinein zur Selbstorganisation menschlicher Sozietäten, daher fundamental vom Begriff der „vicissitudo", der permanenten, instabilen Wechselverhältnisse bestimmt, deren Konstanten einzig in Gegensatzstrukturen wie Warm-Kalt, Liebe-Hass, Selbigkeit-Andersheit, Endlich-Undendlich bestehen.

5. `Die Materie ist selbst ein produktives Prinzip, aus ihr entstehen permanent neue Formen´: Die sogenannte „materia prima" wird von Bruno, mit Blick auf die heterodoxe Tradition des scholastischen Diskurses, also auf Avicebron und David von Dinant, als eigenes, aktives Prinzip gedacht, nicht mehr als bloßes passives Substrat oder als Negation/Beraubung der Form; sie ist, zusammen mit dem `idealen´ Prinzip der Weltseele, das zweite `reale´ Prinzip allen Seins, ja sie ist sogar, wie Bruno in seiner metaphysischen Grundlegungsschrift De la causa formuliert, das allein wirklich produktive und hervorbringende Prinzip, insofern man in letzter Konsequenz sagen kann, daß auch die Einheit der Welt-Seele eine Funktion der Materie ist, sozusagen ihr reflexer-reflektierender Selbstausdruck. Brunos radikale Umgestaltung des traditionellen Materie-Begriffs weist weit voraus in Konsequenzen, die dann im 17. und 18. Jahrhundert, bei Autoren wie Marcus Marci, Johann Heinrich Bisterfeld, van Helmont, Henry More, Gottfried Wilhelm Leibniz oder Francis Glisson diskutiert werden, bis hin zu dem Gedanken, daß die Materie nicht nur in sich lebendig ist, sondern sogar – analoge – psychisch-mentale Akte vollzieht: „quidquid enim aliquo pacto est, aliquo pacto cognoscit, quemadmodum et materia, quae minimae dicitur entitatis, maxime omnium formas appetere dicitur, et consequenter aliquo pacto cognoscere", so hält es Bruno in seiner späten Schrift Summa terminorum metaphysicorum fest[10].

6. `Aus allem kann alles werden´: Dieser Gedanke basiert unmittelbar auf dem neuen Begriff von Materie, der diese als homogenes, in sich fruchtbares, voller impliziter Formen seiendes aktives `Substrat´ versteht, so daß es denkbar wird, daß die klassischen kategorialen, auf der Substanzenontologie und der porphyrianischen linea praedicamentalis aufbauenden Gattungs-, Art- und Individuumsgrenzen durch dessen irreduzible, jederzeit aktive Polyvalenz durchbrochen werden. Gilt jedoch dies, dann muß auch folgen, und Bruno zieht, wenn man so sagen darf, konsequent diese Konsequenz, daß es keine „scala rerum", keine durch Wert-Begriffe oder ontologische Dignität stratifizierte Hierarchie des Seienden mehr geben kann! Der Bereich des Seins ist ein, man kann sagen, an sich absolut homogener, indifferenter, polysemer Bereich, in dem grundsätzlich nicht nur „alles in allem" ist, sondern auch „alles aus allem" werden und entstehen kann (aus der kleinsten Partikel solchen Seins könnte noch einmal, um es so auszudrücken, das gesamte Sein entstehen)[11]. Hinter der Oberfläche der Substanz, also hinter der Mauer der Akzidentien, befindet sich nicht mehr ein zuverlässig kategorialisierbares, weil Gattungs- und Artunterschiede samt spezifizierenden Differenzen wiedergebendes Sein, sondern eine „natura pantamorphos", eine all-förmige, alles werden könnende Natur: Daß jetzt aus einem Menschen ein Mensch entsteht, ist auch nur jetzt sicher, und ich kann, aus der Binnenperspektive eines Mitglieds dieser Welt, nicht sicher sein, ob dies nicht ganz schnell sich ändern wird – zumindest ist Bruno davon überzeugt, daß es schon innerhalb der Artgrenze `Mensch´ zu Transformationen und Deformationen kommt, seine ironisch-zynischen Reflexionen zur „Eselheit" (asinità) oder zum „Silen" sprechen hier Bände: Der

Mensch ist nicht das, als was er erscheint, der häßliche Silen – ein Topos für Sokrates – besitzt eine schöne Seele, der arrogante, herausgeputzte Pedant ist eigentlich ein Esel, das Wesen des Menschen, die „natura hominis", ist nicht von größerer Dignität als das einer Mücke (vgl. die 3. theologische These).

II. Theologische Thesen

Bevor ich etwas zu diesem Aspekt des Brunonischen Werkes sage, sei darauf zumindest hingewiesen, daß gegen Bruno, soweit aus dem zugänglichen Prozeßmaterial ersichtlich, während der zwei Inquisitionsverfahren nie direkt der Vorwurf der „Häresie" im Sinne einer Anklage erhoben worden ist, sondern ausschließlich der Vorwurf „irrtümliche" und „der Häresie verdächtige" Positionen zu vertreten. Die Unentschiedenheit des Hl. Offiziums in Sachen Brunos hatte verschiedene Ursachen: Sie basierte zunächst auf der Indirektheit der Anklage, auf dem Faktum, daß Bruno von Dritten der Häresie bezichtigt worden ist; sie basierte darauf, daß die Anklagepunkte, die entweder durch den hartnäckigen Venezianer Mocenigo oder durch Zellengenossen (vor allem den Kapuzinermönch Celestino da Verona) vorgebracht worden sind, wenig homogen waren; sie basierte aber vor allem auf der geringen Textkenntnis der kirchlichen Beamten, so daß die Verantwortlichen des römischen Tribunals noch 1595 extra beschließen mußten, zu einer gründlicheren Zensur der Werke selbst überzugehen; und sie basierte schließlich wohl auch auf einer gewissen intellektuellen Inferiorität, denn die Situation änderte sich schlagartig mit dem Auftritt Roberto Bellarmins, eines gleichwertigen Kontrahenten.

1. `Es gibt keine Trinität`: Bruno hat in seinem dritten Verhör durch die Inquisitioren der Serenissima bestätigt, daß er schon im Alter von 18 Jahren, also 1566, d. h. nur ein Jahr nachdem er in das napoletanische Kloster San Domenico Maggiore eingetreten war, „in Bezug auf die Bezeichnung (il nome) `Sohn´und `Heiliger Geist´" Zweifel gehabt hätte. Dieser Zweifel ist sicherlich mit ein Ursprung seiner später entwickelten, stark einheitstheoretischen philosophischen Position, aber er ist auf jeden Fall schon rein für sich betrachtet ein Dokument dafür, daß Bruno in seiner philosophisch-theologischen Ausbildung in Neapel durch einen eher averroistisch geprägten Aristotelismus beeinflußt worden ist und daß er vor allem auch wohl Kontakt mit den damaligen anabaptistischen und waldensischen Strömungen der neapolitanischen Intellektuellen-Zirkel gehabt hatte, die selbst wiederum durch eine radikale Auslegung des Erasmus geprägt waren. Brunos einheitsmetaphysische Grundposition ließ im Grunde keine klassische trinitätstheologische Homousie zu, anders gesagt: Aus der reinen Einheit mußte alles ausgeschlossen, in sie konnte nichts eingeschlossen werden, alles, sofern es nicht als bloßes Sein der Möglichkeit oder der seminalen Form nach gedacht wird oder sofern es nicht eine innere Ausprägung des Einen selbst ist. So konnte das, was christlich als der Sohn (Logos, Wort) bezeichnet wird, entweder nur als innerer Modus des Vaters als des Einen, d. h. als dessen Intellekt, oder auch wirklich nur als hervorgegangenes, in die ontologische Andersheit und Differenz ausgesprochenes Wort einen Platz bekommen, als explizierte Natur; so konnte das, was als Heiliger Geist gedacht wird, wiederum entweder nur als innerer Zustand des Vaters, d. h. als dessen Liebe, oder nur als tatsächlich von ihm geschiedene, wie Bruno selbst sagte: pythagoreische gedachte Präsenz des Geistigen im Körperlichen, d. h. als Weltseele, systematisch eingebunden werden. Unter diesen Vorzeichen nimmt es nicht wunder, daß Bruno auf der einen Seite als Arianer und Antitrinitarier gelten konnte,

auf der anderen jedoch auch, da er seinen genuin philosophischen Gottesbegriff kaum noch von dem Begriff des Universums trennen konnte, als Pantheist.

2. `Es gibt keine Inkarnation´: Für Bruno ist die theologische Funktion der zweiten göttlichen Person im Rahmen seiner antitrinitarischen Grundhaltung `aufgelöst´ in grundsätzliche Aspekte ontologischer Art, d. h. das „Verbum" bzw. das Sich-Inkarnieren des Verbum/Logos gilt ihm gleichbedeutend mit dem, was er als Universum oder Natur in einem ganz allgemeinen und grundsätzlichen Sinne bezeichnet. Schon in der metaphysischen Grundlegungsschrift De la causa (1585) wird das Universum explizit – und absolut provokant – als „unigenita natura" bezeichnet[12], d. h. es wird alles Seiende, die Totalität dessen, was ist, als Einheit bezeichnet und im Sinne der arianischen Position als „erste Schöpfung" oder „erstes Geschöpf" verstanden[13]. Somit wird vom Nolaner die dogmatisch verbindliche, in den frühchristlichen Konzilen schrittweise festgeschriebene Sonderstellung des Sohnes als „genitum, sed non factum" ausgehöhlt und letztlich aufgegeben. Der Sohn oder das göttliche Wort ist jetzt selbst ein Geschaffenes oder ein allem anderen substantiell gleich gestelltes Geschöpf; eine Differenz besteht nur noch hinsichtlich der umfassenderen Einheit dieses „ersten Geschöpfes". Die Verwendung des theologischen Spezialbegriffes „unigenitus" – eingeboren – der die absolute Sonderstellung der zweiten göttlichen Person markierte, um damit eben das genaue Gegenteil in der Sache sprachlich anzuzeigen, ist natürlich von besonderer Provokanz. Neben der Gleichsetzung von Universum – unigenita natura – finden sich im Oeuvre des Nolaners auch noch andere, in der Sache jedoch immer gleich bleibende begriffliche Fassungen: „prima creatura", „lux primogenita", „unigenitus intellectus" etc[14]. In seiner Schrift Spaccio della bestia trionfante setzt sich Bruno insbesondere auch mit dem Dogma der Inkarnation auseinander und demontiert dieses zentrale christliche Theologumenon auf eine kaum noch zu überbietende, zynische Art und Weise: Christus wird dabei u. a. mit dem Kentauren Chiron identifiziert, einem Wesen, das zur Hälfte Mensch und zur Hälfte Tier ist; die Zwei-Naturen-Lehre konnte kaum höhnischer ridikülisiert werden.

3. `Die Individualseele ist nicht unsterblich´: Brunos Seelenbegriff mit den unübersehbaren Konnotaten Metempsychose bzw. Transmigration der Seele war wohl das für die Inquisition am meisten beunruhigende potentielle Häretikum. Dies wird daraus ersichtlich, daß es bis in die letzte Phase seines Prozesses hinein, also bis zu dem Zeitpunkt als sich Bellarmin, der Spezialist für kontroverstheologische Fragen, schon aktiv eingeschaltet hatte, um Fragen genau zu diesem Problembereich gegangen ist. Der Hauptanklagepunkt mußte sich um das in den Schriften nicht immer präzise gefaßte Verhältnis zwischen Welt-Seele und Individualseele drehen, denn es wird, trotz der Unschärfen, von Bruno immer wieder darauf insistiert, daß sich die Einzelseelen zur Welt-Seele so verhalten, wie sich das Einzelseiende zum Einen Prinzip verhält: Sie sind Explikate dieser Weltseele – werden also nicht direkt von Gott als Individualseele oder Rationalseele „geschaffen" – und sie haben kein wirkliches substantielles eigenständiges Sein – sind also nicht, was ihr persönlich-geistiges Sein betrifft unsterblich. Unsterblich und ewig ist nur, um es so zu sagen, das Seelische überhaupt. Die Einzelseele kehrt zurück in dieses ihr Prinzip, sie verliert dabei radikal ebenso ihre unvergleichliche körperliche Individualität wie auch ihr Bewußtsein, um dann aus dem Seelenprinzip wieder in anderer Form zu emergieren. Im Zusammenhang mit dieser grundsätzlichen Position erörtert Bruno auch an mehreren Stellen seines Werkes, vor allem in der Cabala del cavalo pegaseo, den antiken Gedanken der „transmigratio animae", allerdings in einem metaphorischsymbolischen Sinne: Sofern, so Bruno, die Seele nicht grundsätzlich an den Körper gebunden

ist, sie ist ja ihrer Substanz nach gerade nicht die auf das jeweilige individuelle Körpersub-
strat hin kontrahierte Individualseele, sondern All- oder Weltseele, insofern kann – wie die
Pythagoräer es getan haben – gedacht werden, daß sie nach diesem Körper x in einem anderen Körper y subsistiert, sei es, daß sie direkt in ihn übergeht, sei es, daß sie nach ihrer Ablösung (Tod) von x erst in y eintritt. Dieser Gedanke steht in Zusammenhang mit dem oben
erwähnten ontologischen Grundsatz der Homogeneität und Konvertibilität. `Alles kann aus
allem werden´ bedeutet für das Seelische also: Es ist keine individuelle, persönliche, Ich-
hafte Seele, die von einem Körper zu anderen „wandert", sondern es ist das Seelische, selbst
wenn es gleichsam unter einer bestimmten Spezies-Indikation steht, das in verschiedener
Ausprägung in diesen verschiedenen Substraten gegenwärtig ist. Für die „dignitas hominis"-
Diskussion im Rahmen von christlicher Theologie und Humanismus ist es ein Schlag ins
Gesicht, wenn Bruno sagt: „Die Substanz der menschlichen Seele ist in ihrem spezifischen
und gattungshaften Wesen mit der Substanz der (Seelen der) Mücken, Meeresschalentieren,
Pflanzen, und überhaupt mit allem, was belebt ist oder eine Seele besitzt, identisch"[15]. Unter
diesen Vorzeichen kann es keine Sonderstellung des Menschen in der Welt mehr geben: So
wie Brunos Ontologie eigentlich zu einer radikalen Homogenisierung und Enthierarchisie-
rung des Kosmos führt, so führt seine Psychologie zu einem Monopsychismus (fast neuplatonischer Art), der nur noch bedingt die Ausgezeichnetheit menschlichen Daseins ausweisen
kann.

4. `Die Bibel ist nicht das absolute Buch der Menschheit´: Die Zurückweisung des „ange-
nommenen" Wortes, d. h. der Hl. Schrift durch Bruno macht einen weiteren wichtigen Punkt
in der Bestimmung seiner theologischen und religiösen Position aus. Den kardinalen christlichen Grundgedanken vom unmittelbar anzunehmenden, durch die Sprache vermittelten Wort
als der Basis des einen Glaubens – vgl. hierzu insbesondere Paulus' Römerbrief 10,17: „ergo
fides ex auditu, auditus autem per verbum Christi" – wird von Bruno als gegenstandslos
erachtet, die Bedeutung des Schrift-Wortes auf einen rein praktischen Skopos hin gewendet,
der der allgemeinen pragmatischen Auffassung des Religiösen in Brunos Denken entspricht.
Gegenstand der Hl. Schrift ist nicht mehr ein, sei es auch noch so durch Schriftsinne kodifi-
ziertes, philosophisches oder naturtheoretisches (physikalisches) Wissen, sondern die Leitung
des Menschen in seinem Handeln. Bruno akzeptiert (mit Thomas von Aquin[16]) die unabdingbare Funktion der Sprache etwa zur Mitteilung von `Gesetzen´ oder zur Kommunikation von
Intentionen, die die Sphäre des Praktischen betreffen, er sieht auch die ideologische Kraft des
Sprachlichen (auf Seiten von Herrschern und Priestern), er schneidet jedoch jeden offenba-
rungstheologischen `Wert´ der Sprache und des `Wortes´ ab.

3.

Mit der Kurz-Präsentation dieser wenigen Grundthesen, die die Philosophie des Giordano
Bruno prägen (und deutliche Konsequenzen für seine `theologische´ Position haben), sollte
deutlich geworden sein, daß dieser Denker sich mit einer ungeheuren spekulativen Energie,
die freilich auch von einer ebenso großen Lebensenergie begleitet war, aus den gewohnten
Bahnen philosophischer, naturtheoretisch-kosmologischer und theologischer Argumentation
herausgedreht hat, sich dabei gleichsam selbst zum Spiegel eines Mittelpunkt-losen, unendlichen Universums machend, der mit Sprachkraft und Ingenium dessen äußere Kontur ins

Innere des menschlichen Geistes zurückwirft. Der von ihm angezielte Seinsbegriff radikalisiert die klassische Ontologie, indem diese noch hinter ihre aristotelischen Ursprünge auf den Boden eines mit neuplatonischen Mitteln transformierten Eleatismus zurückgestellt wird, so daß man sagen kann: Die klassischen Begriffe von ´Sein´, ´Substanz´ und ´Existenz´ können den hier intendierten Begriff einer absoluten Einheit, die sich in einem unendlichen Explikat ihrer selbst darstellt, nicht fassen; der von ihm angezielte Begriff von Welt/Kosmos radikalisiert die klassische Kosmologie, indem Welt noch über die Einsichten des Kopernikus hinaus als etwas gedacht wird, was nicht nur als abgeschlossenes System heliozentrisch durch menschliches Wissen jetzt zu konzipieren ist, sondern als multizentrisches unendliches Gefüge unendlich vieler Systeme, deren Totalität, als Universum, direkter Ausdruck der potentia infinita Dei ist, so daß man sagen kann: Die klassischen Begriffe von ´Welt´, ´Planet´ und ´Natur´ können den hier intendierten Begriff einer unendlichen Welt nicht fassen. Brunos Philosophie, die er selbstbewußt als „neue" Philosophie und auch als „philosophia nolana" bezeichnet hat, muß, da sie, wie jedes Denken, nicht von Null anfangen kann, die traditionelle Begrifflichkeit semantisch transformieren, sie erscheint dadurch aus der Perspektive eines in dieser Begrifflichkeit ungefragt sich vollziehenden Diskurses als randständig, obgleich das in ihr zum Ausdruck gebrachte Denken in allen seinen zentralen Intentionen Kernprobleme des philosophischen und theologischen Diskurses berührt und offen diskutiert (zu erwähnen wäre natürlich auch, daß es im Denken des Nolaners eine ausgeprägte Reflexion auf die sozial-politische condicio humana gibt).

Giordano Bruno wurde schon unmittelbar nach seinem Tode, zusammen mit Autoren wie Bernardino Telesio, Francesco Patrizi, Tommaso Campanella, William Harvey, René Descartes und Galileo Galilei in durchaus ambivalenter Weise zu den sogenannten „novatores", den Erneuerern gezählt, zu den Intellektuellen nämlich, die zum einen, und das ist die positive Auslegung, durch ihr Engagement und ihre Nonkonformität das Denken und die Wissenschaften weit vorangetrieben hätten, oder, dies das negative Pendant, zu den Denkern, die sich zum anderen mit abstrusen, unbewiesenen, häretischen Ideen nur selbst geltend machen wollten, die ihre nicht haltbaren Einsichten durch eine „dunkle" Sprache (obscuritas) kamoufliert hätten oder sich gar magischen Praktiken verschrieben hätten. Je nachdem, welcher Grundeinschätzung ein Autor sich zuordnete, änderte sich das Personal, in dessen Kontext sich auch der Nolaner erwähnt fand: So konnte Bruno innerhalb der Reihe der großen Denker der „neuen Wissenschaft" auftauchen, also in einer Linie mit Harvey, Galilei und Descartes, oder, was sachlich-historisch eher der Wahrheit entspricht, zusammen mit Patrizi, Telesio, Gassendi u. a. als Protagonist einer Reformation des Denkens im Rückgriff auf die antike, vor allem vorsokratische (eleatische) Philosophie figurieren. So ist schon in der kritischen Selbstbeobachtung des 17. Jahrhunderts mehrfach festgehalten worden, daß Bruno in der Reihe derjenigen Denker stehe, die „in der Bestimmung der Prinzipien der Dinge dennoch (d. h. im Gegensatz zu ihrem Innovationsanspruch) alle mit den Alten, vor allem aber mit Demokrit zusammenzustimmen scheinen"[17]. Die nachweisliche Tatsache, daß von Brunos Schriften die sogenannten Frankfurter Schriften, also seine an philosophische Lehrgedichte im Stile des älteren Parmenides, vor allem aber des Lukrez angelehnten, späten lateinischen Werke im 17. Jahrhundert, bis hin zu Bayle und Jacobi, die größte Verbreitung hatten und daß es in diesem Kontext insbesondere De immenso (zur Unendlichkeitsproblematik) und De minimo (zu Atomismus bzw. Korpuskularproblematik) waren, die die Aufmerksamkeit und den Diskussionswillen der Leser inspirierten, zeigt, daß es der neu-demokritische Atomismus à la Gassendi, der Panpsychismus der Renaissance, der Hylozoismus der Antike waren, in deren Kontext man Bruno würdigte und kritisierte. Schon vor seiner Wiederentdeckung durch Jacobi, der mit Hilfe Brunos Lessing als Spinozisten darzustellen suchte, vor Goethe, der mit ihm sympathisierte, und Schelling, der ihn in eine idealistische Philosophiegeschichte einordnete, wurde Bruno unter anderem von Bayle, Toland und Diderot rezipiert. Unstrittig ist, daß Bruno als Libertinist, Atheist und provozierend innovativer Geist außerhalb der akademischen Philosophie immer präsent geblieben ist.

Werkausgaben
– Opera latine conscripta, hrsg. v. F. Fiorentino, F. Tocco, G. Vitelli, V. Imbriani, C. M. Tallarigo, Neapel/Florenz 1879-1891, 3 Bde. in 8 Teilbdn. (Repr.: Stuttgart-Bad Cannstatt 1961-1962) [=OL].
– Oeuvres complètes (franz.-ital./lat.), hrsg. v. Y. Hersant, N. Ordine, Paris 1993 ff. [=OC].

---

[1] Eine ungekürzte Fassung dieses Vortrages mit ausführlicheren Anmerkungen und Verweisen wird erscheinen in dem von S. Lalla und W. Schmidt-Biggemann herausgegebenen Band "Imagination und Institution", der die Beiträge der gleichnamigen Tagung an der FU Berlin (14.-16.10.2004) publik machen wird.

[2] Vgl. Firpo, Luigi: Il Processo di Giordano Bruno [Napoli 1949], a cura di D. Quaglioni, Roma 1993, S. 356, doc. 73 [Übersetzung von T.L.].

[3] G. Bruno, Causa, dialogo 5, ed. G. Aquilecchia, introd. M. Ciliberto, Paris 1996, OC III, S. 271-283 (Teofilo).

[4] Vgl. Mercati, Antonio: Il sommario del processo di Giordano Bruno, Città del Vaticano 1942, S. 113-199: Summarium quarundam responsionum Fratris Iordani ad censuras factas super propositionibus quibusdam ex eius libris elicitis.

[5] Mercati, Sommario (Anm. 3), S. 79.

[6] Brief Mocenigos an den Inquisitor der Stadt Venedig vom 23. Mai 1592, in: Spampanato, Vincenzo: Vita di Giordano Bruno [Messina 1921], id., Documenti della Vita di Giordano Bruno [Firenze 1933], ND durch Nuccio Ordino (mit einem Nachwort versehen), Rom 1988, dort Documenti Veneti, I, S. 679-680.

[7] Firpo, Il processo (Anm. 1), S. 269 (12. costituto): „È manifesto per tutti li miei scritti et detti referiti da persone intelligenti et degni di fede, che io intendo il mondo e li mondi e l'università di quelli essere generabili e corrutibili".

[8] Hierzu vgl. Leinkauf, Thomas: Mundus Combinatus. Studien zur Struktur der barocken Universalwissenschaft am Beispiel Athanasius Kirchers, Berlin 1993, S. 56-66.

[9] Vgl. die Befragung Brunos am 2. Juni 1592, in: Spampanato: Vita (Anm. 5) S. 708-9.

[10] G. Bruno, Summa terminorum metaphysicorum, OL I/4, S. 104-105, 112.

[11] G. Bruno, Spaccio della bestia trionfante, epistola esplicatoria, ed. G. Aquilecchia, introd. N. Ordine, Paris 1999, OC V/1, S. 19: „che in tutto uno infinito ente e sustanza sono le nature particolari infinite et innumerabili ... che come in sustanza, essenza e natura sono uno".

[12] De la causa, dialogo 4, (Anm. 2) OC III, S. 254.

[13] Firpo: Il Processo (Anm.1), S. 171, doc. 13: nach Arian sei „il Verbo prima creatura del Padre".

[14] Vgl. Lampas triginta statuarum, OL III, S. 58; vgl. die Stellen bei E. Canone, I termini della metafisica, in: Il dorso e il grembo dell'eterno. Percorsi della filosofia di Giordano Bruno, Roma-Pisa 2003, S. 134 Anm. 59.

[15] G. Bruno, Cabala del cavalo pegaseo. Con l'aggiunta dell'Asino cilenico, ed. N. Badaloni, trad. T. Dragon, Paris 1994, OC VI, S. 93-95: „(la sostanza dell'anima dell'uomo) è medesima in essenza specifica e generica con quella de le mosche, ostreche marine e piante, e di qualsivoglia cosa che si trove animata o abbia anima".

[16] Vgl. Thomas von Aquin, S. th. I q. 68, a. 3; q. 70, a. 1.

[17] So Tommaso Cornelio: Meditationum De Mundi Structura liber primus continens Physico-Mathematicas de Mundi Partibus disquisitiones (..), Romae, Idiis Octobris 1646 (in: Biblioteca Casanatense, ms. 827, cc. 7v-8r); ders.: Progymnasmata Physica (1663), Venetiis 1683, S. 36: „Nostra demum tempestate descitum est a tyrannide, cui iampridem scholae mancipatae servierant, & soluta atque in libertatem vindicata est philosophia a viris praeclarissimis Gilberto, Stelliola, Campanella, Galileo, Bacone, Gassendo, Cartesio, Dignaeo, Hobbes aliisque quamplurimis ingenio pariter atque exercitatione praestantibus viris (..) Sed tamen in definiendis rerum principiis, videntur omnes cum antiquis, & cum Democrito potissimum, conspirare". Zitiert und diskutiert bei Ricci, Saverio: La fortuna del pensiero di Giordano Bruno 1600-1750, Firenze (Le lettere) 1990, S. 188-190; dort auch das Zitat aus den Meditationes des Cornelio.

Jacob Böhme als Ketzer und Querdenker

Das Werk des Görlitzer Schuhmachermeisters Jacob Böhme ist weiteren Kreisen heute so gut wie unbekannt. Dennoch ist es nicht wirkungslos geblieben, sondern bereits im Laufe des 17. Jahrhunderts in mehrere europäische Sprachen übersetzt worden. Ende des 20. Jahrhunderts hat man mit der Übersetzung ins Japanische begonnen. Die Nachwirkung Böhmes durch die Jahrhunderte zeigt allerdings ein auffallendes Doppelgesicht: Auf der einen Seite läßt sich seine Wirkung verfolgen bis in die höchsten Regionen der Geschichte von Theologie und Philosophie, bis zu Schelling etwa, der den Görlitzer Schuster als "Wundererscheinung in der Geschichte der Menschheit"[1] pries und bis zu Hegel, der mit Böhme gar den Beginn einer deutschen Philosophie "mit einem eigentümlichen Charakter" datiert.[2] Und wenn der junge Friedrich Engels seine Böhmelektüre mit dem Stoßseufzer kommentiert: Er "ist eine dunkle, aber eine tiefe Seele. Das meiste aber muß entsetzlich studiert werden, wenn man etwas davon kapieren will"[3], so kann sich doch Engels der Faszination dieser Lektüre ebensowenig entziehen wie sein Freund Karl Marx, wie Anselm Feuerbach und Arthur Schopenhauer. Theologen und Naturphilosophen wie etwa der Schwabenvater Friedrich Christoph Oetinger und der der Romantik nahestehende katholische Franz von Baader sind nicht nur begeisterte Böhmeverehrer, sondern auch bemerkenswerte Ausleger seines Werks gewesen. Neben den schlesischen Barockmystikern Angelus Silesius und Quirinus Kuhlmann wäre vor allem auch Gottfried Arnold zu nennen, der in seiner berühmten *Kirchen- und Ketzerhistorie* am Ende des 17. Jahrhunderts einen umfassenden Rehabilitierungsversuch des als Ketzer verschrieenen Schusters unternahm, dessen Lektüre (neben Schriften Oetingers) wiederum Goethe mit den Gedanken Böhmes in Berührung brachte, die deutliche Spuren – etwa im *Faust* – hinterlassen haben. Die Romantiker Friedrich Schlegel, Tieck und Novalis lassen sich in ihrer Frontstellung gegen die Aufklärung, gegen die 'Buchstabilisten' und die Atomisierung des Denkens von dem 'Philosophen der Ganzheit' anregen und betreiben ausführliche Böhmestudien. Aber nicht nur Theologen, Philosophen und Künstler verdanken ihrer Böhmelektüre entscheidende schöpferische Impulse, sondern auch empirische Naturwissenschaftler wie der an der Göttinger Universität tätige Physiker und Schriftsteller Georg Christoph Lichtenberg, der Böhme für den größten deutschen Schriftsteller hielt, sowie der von ihm verehrte Isaac Newton. Inwieweit sich Newton durch böhmesche Zentralbegriffe zur Formulierung seines Gravitationsgesetzes von der wechselseitigen Anziehung der Massen hat inspirieren lassen, ist eine bis heute diskutierte offene Frage. In jüngerer Zeit hat sich neben vielen anderen der Psychoanalytiker C.G. Jung intensiv mit dem Werk Böhmes beschäftigt und ist dabei, etwa in seiner Untersuchung über *Psychologie und Alchemie* (Zürich 1944), auf zahlreiche Berührungspunkte zur eigenen Erfahrung und Theoriebildung gestoßen.

Eine andere Seite der Wirkungsgeschichte Böhmes verlief eher im Verborgenen und betrifft auch die Rezeption anderer Inhalte von Böhmes Werk. Die 'Stillen im Lande', Pietisten und Erweckte suchten bei Böhme praktische Anleitung zu einer mystischen Frömmigkeit, wie sie sie in dem einzigen zu Lebzeiten Böhmes gedruckten Büchlein *Der Weg zu Christo* fanden. Kleine Böhme-Gemeinden überlebten als mehr oder weniger geheime theosophisch-mystische Gruppen und bewahrten die Böhme-Autographen, während der Naziherr-schaft oft unter Lebensgefahr, bis in unsere Zeit.[4]

Ich möchte im Folgenden zunächst das Leben Böhmes in seinem historischen Umfeld vorstellen, dann in einem zweiten Teil Grundzüge seiner Lehre und in einem dritten und letzten einige Aspekte der Wirkungsgeschichte erläutern.

*

Geboren wurde Böhme 1575 als Sohn eines Freibauern in Alt-Seidenberg (Oberlausitz). Nach dem Besuch der Dorfschule absolvierte er eine Schusterlehre. 1599 – damals bereits Schuhmachermeister – erwarb Böhme das Bürgerrecht in Görlitz, heiratete, kaufte ein Haus und eine sog. 'Schuhbank', d.h. eine offizielle Verkaufsstätte für seine Produkte auf dem Markt. Die erhaltenen Urkunden bezeugen, daß er sich aktiv für die Belange seiner Zunft engagierte und sein Handwerk mit Erfolg betrieb. Böhmes Weg war keineswegs der eines lebensfremden Außenseiters. Am Ort seines beruflichen Wirkens, in der Schusterwerkstatt, traf ihn im Jahre 1600 jene überwältigende innere Schau, die er als "Durchbruch bis in die innerste Geburt der Gottheit" erfuhr und als deren immer tiefer gegründete Ausfaltung er sein gesamtes schriftstellerisches Schaffen verstanden hat. Böhme hat wiederholt von diesem zentralen Ereignis seines Lebens berichtet, zuerst und am ausführlichsten im 19. Kapitel seiner Erstlingsschrift *Morgen Röte im auffgang.* Die neuesten astronomischen Entdeckungen und Diskussionen im Zusammenhang der Frage nach dem "rechten Himmel" und Wohnort Gottes hätten ihm "manchen Harten Stoß" versetzt, heißt es dort, zumal er selbst stets ge-meint habe, daß das "alleine der Rechte Himmel Sey/ der sich mit einem runtten zirg gantz licht Blo Hoch über den sternen schleust / in meinung Gott Habe alleine da Innen sein Son-derliches Wesen", worüber er " in eine Harte Melancoley vnd Traurigkeit gerathen" als er

> ahn schawed die Grosse Tiffe dieser weld / Dar zu die Sonne vnd Sternen / So wol die wolcken darzu Regen vnd schne / Vnd betracht in meinem Geiste die Gantze schepffung diser weld / darinnen Ich den in allen dingen Böß und Gutt fandt / liebe und zorn / [...] / Dar zu betrachte ich das kleine füncklin des Menschen / was er doch kegen diesem Grossen wercke Himmels vnd erden für Gott mechte geacht sein / Weil Ich aber befand / das in allen dingen Böses und Guttes war [...] vnd daß es In dieser weld dem Gottlosen so wol ginge als den fromen / [...] / ward Ich dero wegen Gantz Melancolisch / vnd hoch betriebet / vnd kuntte mich keine schrifft Trösten/ [...] / Darbey den gewislich der Teufel nicht wird gefeyred haben / wel-cher mihr den offte Heidnische gedancken ein Bleuete [...]. Als Ich aber in solcher Tribsal / Meinen Geist / [...] / Ernstlich in Gott er Hub / als mit einem Grossen sturm / vnd mein gantz Hertze vnd gemütte / Sampt allen andern gedancken und willen sich alles darein schluß / ohne nach lassen / mit der liebe vnd Barmhertzig-keit Gottes zu ringen / und nicht nach zu lassen er segned mich den / das ist / er erleuchte mich den mit seinem Heiligen Geiste / da mitte Ich seinen willen mechte ver stehen / vnd meiner Trawrigkeit loß werden / So Brach der Geist durch.

Am Ende jenes Kampfes, den Böhme im Horizont des alttestamentarischen Kampfes Jacobs mit Gott (1 Mos 32,25) beschreibt, ereignet sich der unbeschreibliche Durchbruch "Biß in die Inreste geburt der Gottheit" – mit nichts vergleichbar als " nur mit deme / wo mitten im Tode daß leben geboren wird."[5]

Als Ursachen für die große Melancholie, die am Beginn des geschilderten Prozesses steht, nennt Böhme zweierlei: zum einen das Gefühl tiefster Verlorenheit angesichts eines ins Unendliche erweiterten Weltraums, vor dessen unabsehbarer Tiefe der Mensch sich selbst als wesenloses "Fäncklein" erfährt und auch der Himmel als Wohnung Gottes nicht mehr als endlich und lokal gedacht werden kann, und zum andern das Gefühl der Ohnmacht angesichts der Übermacht des Bösen in der Welt, welches den Glauben an die Güte und Gerechtigkeit Gottes mit atheistischen ("heidnischen") Gedanken bedroht. Erstaunlich ist, daß der gerade 25jährige Schuhmachermeister sich mit den neuesten astronomischen Theorien auseinandersetzt und diese mit der überkommenen Himmels- und Gottesvorstellung zu vermitteln sucht, während Heliozentrismus und unendlicher Weltraum über den Kreis der Fachleute hinaus in Deutschland noch über Generationen hin kaum ein Echo fanden. Während Luther sehr wohl, wenn auch ohne großes Interesse, das neue Weltbild zur Kenntnis nahm und überdies ein untopologisches Himmelsverständnis vertrat, hielten die Kirchen beider Konfessionen, also auch das orthodoxe Luthertum, in dessen Einflußbereich sich Böhme befand, am mittelalterlich-ptolemäischen (geozentrischen) Weltbild fest.

Aus der genannten zweiten Ursache für Böhmes Trauer und Melancholie, der Beobachtung der Übermacht des Bösen in der Schöpfung, ergibt sich für Böhme die Frage der Theodizee, der Rechtfertigung Gottes angesichts des Bösen in der Welt. Es ist dies die vielleicht zentrale Frage seiner ganzen Philosophie, um deren Beantwortung er zeitlebens gerungen hat. Wohl resultierte aus jener plötzlichen Erleuchtung der Wille, "das wesen Gottes zu beschreiben"[6], doch vergingen zwölf Jahre, bis Böhme fähig war, den Inhalt des simultan In-Eins-Geschauten in sukzessiver Rede zu entfalten. Er tat dies 1612 mit der Niederschrift der *Morgen Röte im auffgang*, die unter dem später zugefügten lateinischen Titel *Aurora* berühmt geworden ist. Damit war eine entscheidende Wende in Böhmes Leben eingeleitet. Noch während der Niederschrift hatte Böhme dem Landadligen Carl Ender von Sercha Einblick in sein Manuskript gewährt, worauf dieser ohne Wissen Böhmes eine Abschrift anfertigte und diese bei weiteren interessierten gelehrten Freunden zirkulieren und weiter kopieren ließ. Als 1613 eine solche Abschrift in die Hände Gregor Richters, des lutherisch-orthodoxen Pastor primarius von Görlitz, fiel, brach der Sturm über Böhme los. Auf Betreiben Richters, der Böhme öffentlich der Ketzerei verdächtigte, wurde dieser aufs Rathaus gefordert und zur Rechenschaft gezogen, das unvollendete Manuskript wurde konfisziert und dem Autor das Versprechen abgenötigt, in Zukunft auf jede weitere Schriftstellerei zu verzichten.

Der Görlitzer Rat war offensichtlich darauf bedacht, den Fall des der Ketzerei verdächtigten Schusters nicht hochzuspielen. Das wird auf dem Hintergrund der historischen Situation der Oberlausitz durchaus verständlich, galt es doch, die Interessen der katholischen Habsburger, unter deren Oberhoheit die mehrheitlich protestantische Oberlausitz seit 1526 stand, mit den ständischen und konfessionellen Interessen des Landes so im Gleichgewicht zu halten, daß die stets latente Gefahr der Gegenreformation gebannt blieb. In konfessionellen Fragen übte Habsburg zwar gegenüber der Oberlausitz eine relative Toleranz, doch fand diese in der Forderung strikter Einhaltung der Augsburgischen Konfession (1530) ihre Grenze. Insofern nun Gregor Richter hierfür verantwortlich war, stand auch er unter einem gewissen Druck. Dem von Melanchthon zur Orthodoxie verfestigten Luthertum, wie es der Pastor primarius vertrat, stand in Görlitz ein Rat gegenüber, an dessen Spitze bis 1614 der vielseitig gebildete und äußerst liberal eingestellte Humanist Bartholomäus Scultetus als Bürgermeister amtierte. Der von dem Kreis um Scultetus vertretene Humanismus war, anders als etwa der erasmische, durchaus offen für paracelsische, astrologische, kabbalistische und alchemistische Interessen. Schlesien und das nahe oberlausitzische Gölitz gehörten zu den wenigen regionalen Zentren des frühneuzeitlichen Paracelsismus.[7] In diesem Zusammenhang kommt nun auch dem Bürgermeister Scultetus, der mathematische, astronomische, astrologische, theologische und historische Studien veröffentlichte sowie paracelsische Handschriften sammelte und kopierte, einige Bedeutung zu. Scultetus' weitgespannte geistige Interessen spiegeln sich in der beeindruckenden Vielfalt seiner persönlichen Beziehungen: Zu seinem Bekanntenkreis gehörten neben Valentin Weigel, dem dänischen Astronomen Tycho de Brahe und Johannes Kepler, der Scultetus 1607 in Görlitz besuchte, auch der Liegnitzer Arzt, Alchemist und Kabbala-Kenner Balthasar Walther, der ebenso wie der seit 1613 als Görlitzer Stadtarzt tätige Paracelsist Tobias Kober eine wichtige Bezugsperson für Böhme werden sollte. Das hier nur angedeutete geistige Klima, in dem Böhme die Jahre seines erzwungenen Schreibverbots verbrachte, blieb nicht ohne Wirkung auf jene Werke, die nach der Durchbrechung jenes Verbots ab 1619 bis zu Böhmes Tod im Jahre 1624 in rascher Folge (es sind mehrere Tausend Druckseiten) entstanden.

Schon vor dem großen Krach um das Manuskript der *Aurora* hatte Böhme in seinem beruflichen Leben die Weichen neu gestellt: ab 1612 hatte er sich mehr und mehr auf Handelsgeschäfte verlegt, zuerst mit Leder, später mit Garn, und bereits im März 1613 – wohl in der Hoffnung auf mehr Freiraum für seine Schriftstellerei – seine Schuhbank verkauft. Aus den Jahren des Schreibverzichts gibt es nur wenige biographische Zeugnisse. Sicher ist jedoch, daß Böhme zwischen 1613 und dem Ausbruch des 30jährigen Krieges mit naturphilosophischen und alchemistischen Schriften, insbesondere mit dem Werk des häresieverdächtigen Paracelsus, näher bekannt geworden sein muß, was sich am Wortschatz des ersten nach der langen Pause entstandenen Werks – der *Beschreibung der drey Principien göttliches Wesens* – deutlich ablesen läßt. Als Vermittler alchemistischen und vor allem kabbalistischen Gedankenguts kommt jener bereits erwähnte Arzt Balthasar Walther infrage, der um 1618 für mehrere Monate Gast in Böhmes Haus war. Es ist Walther gewesen, der Böhme den Ehrentitel 'philosophus teutonicus' verlieh und der ihm jene *Viertzig Fragen von der Seelen* gestellt hatte, die Böhme 1620 in dem gleichnamigen Werk beantwortete.

Wichtigste biographische Quelle für die große Schaffensperiode zwischen 1619 und 1624 sind rund 80 sog. *Theosophische Send-Briefe* die Böhme als geistigen Mittelpunkt eines in der Oberlausitz und Schlesien ansässigen, vorwiegend aus Adligen, gebildeten Ärzten und Gelehrten bestehenden Kreises von Anhängern zeigen. Schon im zweiten Kriegsjahr war die Oberlausitz im Gefolge der mißglückten Mission Friedrichs V. von der Pfalz, des sog. Winterkönigs, zum Kriegsschauplatz geworden. Böhme, der 1619 in Handelsgeschäften in Prag weilte und dort Zeuge des Einzugs Friedrichs V. wurde, mußte infolge der Kriegsereignisse seine Geschäftsreisen mehr und mehr einschränken. So konnte er sich, materiell von seinen adligen Gönnern vielfach unterstützt, fast ausschließlich dem Schreiben widmen sowie dem geistigen Austausch mit Gesinnungsfreunden. Jedes neu entstehende Werk wurde sofort abgeschrieben und innerhalb des Kreises weitergegeben. Man hat Böhme nicht zu Unrecht einen 'Denker der Kommunikation' genannt. Mündlich und schriftlich beantwortet er Fragen, die seine Anhänger ihm vorlegen, oder er setzt sich, oft in ausführlichen Abhandlungen, gegen Mißdeutungen seiner Werke zur Wehr. Um auftauchende Fragen zu klären, bat man Böhme wiederholt um Zusammenkünfte. Mehrere seiner Werke gehen auf solche Gespräche zurück, etwa die 1623 entstandene wichtige Schrift *Von der Gnaden wahl*, die das Problem der Willensfreiheit in Auseinandersetzung mit der calvinistischen Prädestinationslehre behandelt, ein Problem, das (eng zusammenhängend mit der Theodizeefrage) im Kreis um Böhme leidenschaftlich diskutiert wurde. Auch Böhmes letztes, nicht mehr vollendetes Werk, das er nach dem Abschluß des als *Mysterium magnum* betitelten großen Genesis-Kommentars von 1623 noch in Angriff nahm, die sog. *Quaestiones Theosophicae*, dürften auf konkrete Fragen seiner Freunde zurückgehen.

Böhmes Weg als Schriftsteller endet 1624 so wie er 1613 begann: mit einem handfesten Skandal. Dessen Grund: die anonyme Publikation der einzigen zu Böhmes Lebzeiten gedruckten Schrift *Der Weg zu Christo* Anfang 1624 in Görlitz. Es handelte sich um drei kleinere, in der Tradition spätmittelalterlicher Mystik stehende Schriften, deren Publikation der schlesische Adlige Johann Sigismund von Schweinichen veranlaßt und finanziert hatte, und zwar mit Billigung Böhmes. Nachdem Böhme als Autor bald einmal feststand und damit ein gedruckter Beweis für die Übertretung des 1613 verhängten Schreibverbots vorlag, verlangte Gregor Richter erneut seine Verurteilung und ließ, als Böhme Ende März 1624 zwar vor den Rat gefordert, jedoch lediglich verwarnt wurde, eine lateinische Schmähschrift drucken, die Böhme Anfang April "zu gebührlicher Ablehnung des schrecklichen Pasquills und Schmähkarten" mit einer besonnenen *Schutz=Rede wieder Richter* sowie mit einer *Schriftlichen Verantwortung* zuhanden des Rates beantwortete. Böhmes *Schutz=Rede* sticht wohltuend ab gegen das polternde Pamphlet des geistlichen Oberhirten, das sich durch einen bemerkenswerten Mangel an argumentativer Substanz auszeichnet. Den Vorwurf, Böhme leugne die Ewigkeit Gottes, lehre dessen "Vierfaltigkeit" (Quaternität) und behaupte überdies, "der Sohn Gottes wäre aus Quecksilber gemachet"[8], weist Böhme energisch und mit Argumenten zurück.

Da die Lausitz seit 1623 an Kursachsen verpfändet war, hatte die tolerante Haltung des Rats, der Böhme nahelegte, sich (wie es in einem Brief heißt) "etwas bey seite zu machen, daß sie mit mir nicht etwann Unruhe hätten"[9], sicher auch politisch-diplomatische Gründe. Böhme folgte dieser Aufforderung Anfang Mai 1624 mit der Annahme einer durch seine adligen Freunde vermittelten Einladung nach Dresden, wo er mehrere Wochen bei dem Arzt und Hofchymiker Benedikt Hinckelmann wohnte und verschiedene Unterredungen mit Persönlichkeiten des Hofes und der Geistlichkeit führte, bei denen es zweifellos auch um die Prüfung seiner Person und Lehre ging. Ob Böhme jedoch vor dem Oberkonsistorium einem förmlichen Rechtgläubigkeitsexamen unterzogen worden sei, ist seit dem 17. Jahrhundert umstritten.[10] Sicher scheint jedenfalls, daß man Böhme in Dresden allgemein mit Achtung begegnete. Nach seiner Heimkehr im Sommer unternahm Böhme nochmals eine kurze Reise zu seinen schlesischen Freunden, von der er am 7. November todkrank zurückkehrte. Er starb am 16. oder 17. November 1624 in seinem Haus in Görlitz. Das unwürdige Nachspiel: es gab einen langen Streit, ob ein Ketzer wie der Schuster christlich zu beerdigen sei, bis der Rat schließlich das kirchliche Begräbnis verfügte. Der Streit um Böhme hörte nach seinem Tod nicht auf. Die erste Gegenschrift erschien bereits 1624, eine ganze Flut sollte bis zum Ende des Jahrhunderts folgen. Doch bevor hiervon eingehender die Rede sein soll, ist Böhmes Lehre in ihren Grundzügen vorzustellen.

*

Ich beginne mit dem Gottesbegriff. Böhme geht aus von dem scheinbaren Widerspruch zweier Bibelstellen (5 Mos 4,24; 4,31). Gott werde einerseits ein "zornige[r] Gott" und "ein verzehrent feuer" genannt, also gewissermaßen negativ bestimmt, anderseits aber "eine flamme der liebe" und "das Einige gutte" genannt. Vom "einigen Gott" hingegen könne man nicht sagen, "das Er dis oder das sey / Böse oder gutt / das Er in sich selber vntterscheide habe / den Er ist in sich selber Natur loß / So wol Affect vnd Creatur loß [...] Er ist in sich der vngrunt / ohne einichen willen / kegen der Natur vnd Creatur / als ein ewig nichts."[11] Der Begriff *Ungrund*, den Böhme in die philosophischen Diskurs einführte, meint das Grundlose im doppelten Sinn des Worts: als das Nicht-Begründete, nicht aus einer Ursache Abzuleitende sowie das Grundlos-Unendliche. Gott als Ungrund steht jenseits aller Differenzierungen, d.h. er ist weder dies noch das, weder Liebe noch Zorn, sondern das schlechthin Unbestimmte und Indifferente (Nicht-Unterschiedene): das "ewige Eine" und das "ewig nichts" (im Sinne des Nichts-von-allem). Der Ungrund als absolute Einheit enthält jedoch potentiell die Fülle des Seins, weshalb Böhme sagt: "Er ist das Nichts / vnd das alles / vnd ist ein Einiger wille / in dehme die welt vnd die gantze Creation ligt."[12] Das 'Alles' aber bliebe reine Potentialität, wäre dem Ungrund nicht ein ewiger Wille zur Offenbarung inhärent. Es ist diese Bestimmung des Ungrunds als Wille, wodurch sich dieser sowohl von dem, was die mittelalterlichen Mystiker im Unterschied zum Schöpfergott als Gottheit (*deitas*) bezeichneten, wie vom plotinischen Begriff des Einen grundsätzlich unterscheidet.

Die paradoxe Identität von Ungrund und Wille hat Böhme verschiedentlich bildsymbolisch als Gleichung von Ungrund, Auge und Spiegel gefaßt: "Also erkennen wir den ewigen Ungrund [...] gleich einem Spiegel: denn er ist gleich einem Auge, das da siehet und führet doch nichts im Sehen [...] [13] Das heißt: Dem Auge, das "sein eigener Spiegel" ist,[14] steht kein Objekt gegenüber, ebensowenig wie ein "einiger Wille" sich auf ein außer ihm selbst befindliches Objekt richten kann. Gleichzeitig aber ist in der Gleichung von Ungrund, Wille, Auge und Spiegel potentiell die Überschreitung der absoluten Einheit der Indifferenz hin zur relativen "Schiedlichkeit" der Identität mitgesetzt. Es ist dies der Punkt des Übergangs vom Einigen zum Dreieinigen Gott, jener Punkt, da Gott "sich in sich selber fasset und findet / vnd Gott aus Gott gebühret".[15] Böhme beschreibt diesen Übergang vom einigen zum dreieinigen Gott im Horizont der christlichen Trinitätsvorstellung: Der erste "vnanfengliche einige wille" (der ewige Vater) gebiert in sich einen "faslichen willen" (den Sohn), "darinen sich der vngrunt in grunt fasset". Geist nennt Böhme den "ausgang des vngrintlichen willens, durch den gefasten [...] Sohn [...] als ein leben des vaters vnd Sohnes". Das "aus gegangene" schließlich, "das gefundene des ewigen Nichts / da sich der vater / Sohn vnd Geist Inne Sihet vnd findet / [...] heisset Gottes weisheit / oder beschawligkeit."[16] Im Spiegel der Weisheit (Sophia) gelangt der dreieinige Gott zum Bewußtsein seiner selbst: darauf verweist der (hier reflexiv gebrauchte) alte mystische Ausdruck 'Beschaulichkeit'. Damit wird aber auch deutlich: Sophia ist nicht, wie man Böhme immer wieder unterstellt hat, vierte göttliche Person, sondern ist als deren Spiegel der ganzen Dreifaltigkeit zugeordnet. Der dreifaltige, mit sich selbst dreifach identische Gott muß jedoch notwendig verborgen bleiben, da es zur Offenbarung der Spannung des Gegensatzes bedarf. Diese zweite (allerdings nicht temporal zu denkende) 'Phase' der Theogonie – das Heraustreten Gottes aus seiner Selbstbeschaulichkeit – beschreibt Böhme als Geburt von Gottes "ewiger Natur" – auch dies ein von Böhme geprägter Begriff. Hier nun hat die zentrale Lehre von den drei Principien und sieben Gestalten ihren Ort.

Gottes 'ewige Natur', die als rein geistige, im Wortsinn un-begreifliche nicht mit der uns vor Augen stehenden Schöpfungsnatur zu verwechseln ist, konkretisiert sich danach in sieben Naturgestalten oder Qualitäten. 'Qualität' leitet Böhme nicht von lat. qualitas ab, sondern von Quelle, Quallen und Qual, worin sich die Dynamik seines Gottesbegriffs spiegelt. Die Selbstoffenbarung Gottes vollzieht sich entsprechend in dialektischen Entgegensetzungen: Mit der zusammenziehenden Kraft der ersten Gestalt (Böhme nennt sie die "*herbe* als die fasligkeit seiner selber") kontrastiert eine als *Bitter-Stachel* bezeichnete Gegenkraft, die die in der Zusammenziehung entstandene Härte wieder zu zerbrechen sucht. Die daraus sich ergebende Gegensatzspannung von Kontraktion und Expansion (Systole und Diastole) wird in der dritten Gestalt als *Angst* "empfindlich" und entlädt sich im auflodernde *Feuer-Schrack* der vierten Qualität, die das "Scheide-Ziel", jenen entscheidenden Punkt in Böhmes System bezeichnet, wo erstes und zweites Princip, wo *Finsternis* und *Licht* bzw. *Zorn* und *Liebe* sich scheiden. In der fünften Gestalt, in der sich die Einheit Gottes als *Liebe- Licht* offenbart, um in der sechsten Gestalt (als *Hall* oder *Schall* bezeichnet) "lautbar" zu werden, setzt sich spiegelbildlich zur ersten bis dritten Gestalt die Leibwerdung Gottes in einer ins Licht gewandelten Feuerwelt fort, um sich in der siebten Gestalt als *wesentliche Weisheit*, als "Gehäuse" und geistlicher Leib aller übrigen Gestalten zu vollenden.[17] Damit ist zugleich der Übergang zum dritten Princip markiert, das als "Ausgeburt" der beiden ewigen Principien in die Zeit dieser unserer materiellen Welt entspricht.

Böhme versteht unter 'Princip' "eine neue Geburt, ein neu Leben".[18] Sowohl das erste finstere Princip (korreliert mit dem Vater) wie das zweite lichte Princip (korreliert mit dem Sohn) gehören zur ewigen Natur Gottes. Wie aber müssen wir uns das Verhältnis der beiden ewigen Principien zueinander vorstellen? Wohl bedarf es zur Offenbarung der ewigen Natur Gottes des Gegensatzes (contrarium): "Dann so kein Böses wäre, so würde das Gute nicht erkant. Wann kein Zorn-Feuer wäre, so möchte auch kein Licht-Feuer seyn, und wäre ihr [sich] die ewige Liebe verborgen."[19] Das heißt: erstes und zweites Princip sind nicht zwei voneinander unabhängige, gleichrangige Aspekte Gottes, sondern sie stehen in einem hierarchischen Verhältnis zueinander. Das eine (erste) schafft die Voraussetzung, daß das andere zur Erscheinung kommen kann. Es bedarf des Durchgangs durch die drei finsteren Qualitäten (die zusammen das Princip des Zorns bilden), damit die Liebe am "Scheideziel" der vierten Qualität "beweglich" (lebendig) werde. Als "Urkund" und Wurzel des Lebens ist der Grimm (Zorn) deshalb eine durchaus positive Kraft.[20] Im "Liebe-Feuer" der fünften Gestalt sind Zorn und Liebe eins, ist die Finsternis im Licht aufgehoben wie die Nacht im Tage: nur als ein Ganzer, als lebendige Einheit von Zorn und Liebe, ist Gott Gott; doch bedarf es der Zweiheit, um die Einheit als Einheit zu offenbaren.[21] Und dieser ewige, also keiner zeitlichen Sukzession unterworfene Prozeß, den wir gleichwohl nur im zeitlichen Nacheinander zur Sprache bringen können, garantiert – im Rahmen der ewigen Natur – die immerwährende Aufhebung des Feuers im Licht. Wie aber ist es zu jenem Nebeneinander von Gut und Böse, ja zum Überwiegen des Bösen in dieser unserer Welt gekommen, das Böhme einst so beunruhigt und bis zum grundsätzlichen Zweifel an der Existenz Gottes getrieben hat?

Sind die beiden ewigen Principien und die sie gebärenden und strukturierenden sieben Gestalten in Gottes ewiger Natur verbunden in einem "ewigen Band", so ist dieses ewige Band in der Schöpfung potentiell trennbar. Das erste Stadium der Schöpfung bildet nach Böhme die Erschaffung der Engel, die zwar "allesamt in das Licht geschaffen" seien[22], die – als Geschöpfe Gottes – jedoch die Wahl haben, "sich mit dem freyen willen ins Erste oder ander principium ein zu wenden"[23]. Lucifer, der schönste unter den Engeln, realisiert die damit gegebene Möglichkeit der Verselbständigung des ersten Princips. Indem er seine "Begierde" (Imagination) ins erste Princip setzt, um über das Licht zu herrschen[24], "offenbart" (aktualisiert) er den Zorn Gottes und entzweit damit die komplementäre Einheit von Zorn und Liebe zum kontradiktorischen Gegensatz von Böse und Gut. Erst hier also werden die Begriffe Gut und Böse zu moralischen Kategorien; innerhalb der ewigen Natur sind die Qualitäten, die in ewigem Reigen ineinander übergehen, moralisch gewissermaßen neutral. Warum aber, und damit stellt Böhme die entscheidende Frage der Theodizee, warum hat Gott Lucifer nicht widerstanden, warum hat er das Böse nicht um des Guten willen vernichtet? Und die erstaunliche Antwort: weil Gott damit sich selbst, seine ewige Natur und die Schöpfung "aufgehoben" hätte[25]: "Denn der heiligen Welt GOtt, und der finstern Welt GOtt sind nicht zween Götter: Es ist ein einiger GOtt; Er ist selber alles Wesen, Er ist Bös und Gutes [...], Licht und Finsterniß, Ewigkeit und Zeit [...]: wo seine Liebe in einem Wesen verborgen ist, alda ist sein Zorn offenbar." [26] Das Verhältnis der beiden ewigen Principien ist kein radikal dualistisches, und darin unterscheidet sich Böhme grundsätzlich von den gnostischen Systemen. Das Böse ist auch nicht Negation des Guten im Sinne eines ontologischen Defekts und Mangels wie in der scholastischen Tradition, sondern das Böse ist eine Gegenkraft des Guten und damit in gewissem Sinne eine schöpferische Qualität. Erst das "Böse" nämlich "ursachet das Gute."[27] Ohne die Aggressivität der ersten drei Qualitäten wäre kein Leben, würde das Licht nicht offenbar. Erst die Verselbständigung des ersten Princips durch Lucifer, der sich der Temperierung durch die lichten Qualitäten willentlich entzieht, bewirkt den Umschlag der schöpferischen Aggression in Destruktion und tötet damit das Lebendige. Das Böse als potentiell destruktive Energie kann nicht einfach beseitigt werden, weil es den schöpferischen Keim des Lebens in sich birgt. Mit seiner Metaphysik des Bösen gelingt es Böhme, das Böse in sein Gottesbild zu integrieren und Gott gleichwohl von der Verantwortung für die Erscheinungsformen des Bösen in der Welt zu entlasten. Allerdings gerät er damit in unüberbrückbaren Gegensatz zur lutherischen Orthodoxie. So hat denn auch der Kirchenhistoriker Emanuel Hirsch die Verbindung des Bösen mit außerethischen Gedanken eine "für kirchliches Denken unerhörte Vorstellung" genannt.[28]

Doch zurück zur Schöpfung. Deren letzten Akt bildet die Erschaffung des ersten, vollkommenen Menschen, der an die Stelle des für ewig vom Licht ausgeschlossenen Lucifer tritt. Als ein "Funcke aus dem ewig-sprechenden Worte" und "particular der höchsten almacht" ist der "Willen=Geist des Menschen frei", so frei "als GOtt selber".[29] D.h. auch der Mensch verfügt, um mit Schelling zu reden, über "das Vermögen des Guten und des Bösen".[30] Böhme lehnt jede Form von Prädestination (Gnadenwahl) ab und proklamiert, im Gegensatz zur calvinistischen und lutherischen Konfession, die uneingeschränkte Freiheit des menschlichen Willens als vornehmstes Zeichen seiner Gottebenbildlichkeit. Mit Adam nun wiederholt sich der Mißbrauch der Freiheit. Nicht im Ungehorsam sieht Böhme den Sündenfall begründet, sondern in der Lust zur "Schiedlichkeit", da es den ebenfalls ins Licht geschaffenen gottförmigen ersten Menschen "gelüstet", die "Ungleichheit" von "Böse und Gut zu schmecken und zu probiren".[31] Die Folge: er fällt aus der Einheit des Lichts in die Gegensätzlichkeit der irdischen Welt. Und dazu gehört (um nur den wichtigsten Aspekt zu nennen) der Verlust seiner ursprünglichen paradiesischen Ganzheit: der Androgynität. Erst in Christus als dem 'andern' Adam wird die androgyne Vollkommenheit des ersten Menschen wieder hergestellt sein. Anders aber als für Lucifer ist für Adam das göttliche Licht wohl bis zur Unsichtbarkeit verdunkelt, nicht jedoch auf ewig erloschen und kann in der Wiedergeburt neu gewonnen werden.

Böhme versteht Wiedergeburt als Erneuerung der Ebenbildlichkeit, als Überwindung der "Selbheit" in der Wiederanzündung des Lichts. Anders aber als die Geburt von Gottes ewiger Natur, wo die Überführung der Finsternis ins Licht sich quasi selbsttätig als immerwährender Prozeß vollzieht, bedarf die Wiedergeburt einer immer wieder neuen Willensanstrengung des Menschen. Die neue Geburt sei deshalb "nicht so ein leicht Ding", wie man uns – aufgrund der orthodoxen Lehre von der Zurechnung (imputatio) der Verdienste Christi – vormache. Und Böhme fährt fort: "Es muß gerungen seyn, bis das finstere, harte, verschlossene Centrum zerspringet und der Funcke" zündet.[32] Hier nun zeigt sich die Relevanz der Qualitätenlehre auch für den Bereich des individuellen religiösen Lebens. Ermöglichungsgrund der (Wieder-)Geburt zum Leben als Wandlung des verzehrenden Feuers ins Licht am Übergang der vierten zur fünften Qualität ist der Durchgang durch die "Angst-Kammer" der dritten Qualität – ist doch die Angst "gleich als das Centrum, da das Leben und der Wille ewig urständet".[33] Das zentrale Theologumenon der Wiedergeburt, dem gegenüber das Kernstück lutherischer Theologie, die Rechtfertigung allein aus Glauben, zurücktritt, entspricht Böhmes dynamischem Gottesbegriff.

Böhmes Nachdenken über Gott, Mensch und Natur steht nicht im Zeichen dualistischer Trennung spiritueller und materieller Kräfte, sondern im Zeichen ihrer wechselseitigen Bedingtheit und Wirkung. Das belegt beispielhaft sein Umgang mit der Alchemie. Unter der Voraussetzung, daß die sichtbare Natur als "Figur" der ewigen Natur zwar nicht mit Gott identisch (Böhme wehrt sich wiederholt gegen den Vorwurf des Pantheismus), wohl aber als das "ausgesprochene und geformte Wort" von diesem nicht zu trennen sei[34], setzt Böhme Christi Prozeß (Tod und Auferstehung), den Prozeß der Wiedergeburt und den alchemistischen Prozeß der Transmutierung der Metalle ineins: "Wie die ewige Geburt in sich selber ist, also ist auch der Proceß mit der Wiederbringung nach dem Falle, und also ist auch der Proceß der Weisen mit ihrem Lapide Philosophorum, es ist kein Punct im Unterscheid darzwischen, denn es ist alles aus der ewigen Geburt geurständet, und muß alles eine Wiederbringung auf einerley Weise haben."[35] Das sich hierin ausdrückende analogische Weltbild, welches dem Buch der Natur eine heilsgeschichtliche Rolle zuweist und damit als gleichrangig neben das Buch der Schrift stellt[36], hat naturgemäß den Widerstand von seiten der lutherischen Orthodoxie mobilisiert und gelegentlich zu solch grotesken Mißdeutungen geführt wie dem Vorwurf des Oberpfarrers, der Schuster lehre, Christus sei aus Quecksilber gemacht.

*

Damit komme ich zum letzten Punkt meiner Ausführungen: zu einigen Aspekten der Wirkungsgeschichte. Werfen wir zunächst einen Blick auf die umfangreiche Streitliteratur, die Böhme im 17. Jahrhundert ausgelöst hat und die – ebenso ungewollt wie eindrücklich – die Berechtigung von dessen scharfer Kritik an der Frömmigkeitspraxis seiner Zeit bestätigt. Es sei "die gröste Thorheit in Babel, daß der Teufel hat die Welt um die Religionen zanckende gemacht, daß sie um selbstgemachte Meinung zancken, um die Buchstaben; da doch in keiner Meinung das Reich GOttes stehet, sondern in Kraft und der Liebe."[37] Mit dieser Klage stimmt Böhme ein in die Klagen vieler kirchenoppositioneller Zeitgenossen, die die lebendige Glaubenserfahrung bedroht sahen durch den spitzfindigen Streit um Worte, wie ihn die lutherische Orthodoxie um der Wahrung der sog. 'reinen Lehre' willen betrieb. Böhmes Lehre von der Wiedergeburt zielt auf den existentiellen Nachvollzug von Christi Heilswerk, wofür Angelus Silesius die prägnanteste Formulierung fand:

> Jn dir muß GOtt gebohren werden.
> Wird Christus tausendmahl zu Bethlehem gebohrn/
> Und nicht in dir; du bleibst doch Ewiglich verlohrn.[38]

Die starke Betonung der Wiedergeburt hat Konsequenzen auch für Böhmes Begriff der Kirche und ihrer Heilsmittel: "Ein rechter Christ bringt seine heilige Kirche mit in die Gemeine: sein Hertz ist die wahre Kirche [...] wann ich tausend Jahr in die Kirchen gehe, auch alle Wochen zum Sacrament [...]; Habe ich Christum nicht in mir, so ists alles falsch, und ein unnützer Tand."[39] Im Unterschied zu den radikalen Spiritualisten geht es Böhme jedoch nicht um die grundsätzliche Verachtung der Mauerkirche. Das Äußere ist für ihn nicht notwendig pervertiert, jedoch trage die Kirche seiner Zeit nicht die Signatur Christi, sondern die Signatur Babels, weil sie den Streit um Meinungen an die Stelle des wahren Glaubens gesetzt habe und mit der Lehre von der (bloß) zugerechneten Gerechtigkeit die innere, wesentliche Aneignung der Glaubensinhalte vernachlässige, wenn nicht gar verhindere.

Die Wirkungsgeschichte Böhmes im 17. Jahrhundert steht in engstem Zusammenhang mit der Überlieferungs- und Druckgeschichte seines Werks. "Was mein Vaterland wegwirft, das werden fremde Völcker mit Freuden aufheben."[40] Diese unter dem unmittelbaren Eindruck der Schmähungen Gregor Richters geäußerte Prophezeiung erfüllte sich durch den Amsterdamer Kaufmann van Beyerland, der zwischen 1630 und 1642 alle ihm erreichbaren Böhme-Autographen und -Abschriften erwarb, übersetzte und drucken ließ, so daß 1643 eine nahezu vollständige holländische Böhme-Ausgabe vorlag, welcher wiederum bis 1662 eine vollständige englische Werkausgabe folgte, bevor dann 1682 die von Johann Georg Gichtel herausgegebene erste deutsche Gesamtausgabe vorlag. Diese einzigartige Druckgeschichte blieb nicht ohne Folgen für die Böhme-Rezeption im 17. Jahrhundert.

Nach 1643 entstand in den Niederlanden eine zunächst holländisch verfaßte polemisch-apologetische Streitliteratur, die sich Ende der 70er Jahre schwerpunktmäßig nach Deutschland verlagerte. Diese geographische Verschiebung dürfte in Zusammenhang stehen mit Quirinus Kuhlmanns Schrift *Der Neubegeisterte Böhme*, mit der er 1674 von Leiden aus bestimmte Vertreter lutherischer Orthodoxie und Reformorthodoxie direkt angesprochen und polemisch herausgefordert hatte, indem er u.a. Böhmezitate neben solche des Rostocker Universitätstheologen Heinrich Müller (1631-1675) stellt und so ganz verblüffende Übereinstimmungen hinsichtlich eines von beiden geforderten "Tatchristentums" (gegenüber einem unfruchtbaren "Wortchristentums") dokumentiert.[41] Der Streit um Böhme wird ab 1690 im Zusammenhang der zwischen Pietisten und Orthodoxen ausbrechenden Streitigkeiten, innerhalb derer man Böhme zum Prüfstein der Rechtgläubigkeit machte, vor allem in Hamburg ausgetragen. Nicht Böhmes Lehre als ganze war dabei Gegenstand kritischer Auseinandersetzung, vielmehr wurden einzelne, vor allem kirchenkritische Aspekte isoliert und mit dem kirchenfeindlichen Spiritualismus gleichgesetzt.

Eine zusammenfassende Darstellung und kritische Analyse der Streitliteratur um Böhme steht noch aus. Insgesamt aber kann man Philipp Jakob Spener, dem Begründer und führenden Kopf des Pietismus, nur zustimmen, der der Böhme-Polemik seiner Amtskollegen ein miserables Niveau bescheinigt und festhält, daß alle gegen Böhme schreibenden Theologen (einschließlich des berühmten Abraham Calov) "geringe ehre davon gehabt."[42] Spener selbst, dem es immer auch darum ging, die separatistischen Tendenzen innerhalb der Pietistenfraktion einzudämmen, hat gegenüber Böhme eine stets vorsichtig abwägende Stellung bezogen und damit dazu beigetragen, daß ein offizielles Verdammungsurteil von seiten der Kirche nicht zustande kam. Nicht zustande gekommen ist aber auch ein von Spener als vermeintlich 'objektive' Beurteilungsgrundlage dringend gewünschtes allgemeinverständliches Böhme-Kompendium, das sich nicht der eigenwilligen Sprache Böhmes, sondern nur allgemein gebräuchlicher Termini hätte bedienen sollen. Fraglich ist allerdings, ob mit einem solchen Kompendium Böhmes schöpferische Originalität und spekulative Kraft nicht weitgehend verloren gegangen wäre. Der von den Böhmegegnern immer wieder erhobene (berechtigte) Vorwurf, Böhmes Neologismen verletzten das sola-scriptura-Prinzip, wurde nur von einigen Hellsichtigen mit dem Hinweis ergänzt, daß mit diesen Neologismen überdies auch neue

Inhalte transportiert würden. Die spekulativen Inhalte von Böhmes Theo-Philosophie sind innerhalb der Streitliteratur jedoch so gut wie nicht präsent (oder grotesk mißverstanden) und wurden im 17. Jahrhundert nur von wenigen, insbesondere von den schlesischen Barockmystikern Daniel Czepko, Angelus Silesius und Quirinus Kuhlmann in unterschiedlichem Ausmaß rezipiert.

Als wichtiger Vertreter des schwäbischen Pietismus im 18. Jahrhundert hat Friedrich Christoph Oetinger im Bestreben, den noch immer unerledigten Auftrag Speners zu erfüllen, eine eigentliche Böhmerenaissance eingeleitet. Zu Beginn seiner schriftstellerischen Tätigkeit verfaßte der 29jährige 1731 *Aufmunternde Gründe zu Lesung der Schriften Jacob Böhmes* und schloß als 75jähriger seine schriftstellerische Tätigkeit ab mit dem *Versuch einer Auflösung der 177 Fragen*, über deren Beantwortung Böhme gestorben war. Oetinger hat das aus seiner Sicht Neue im Denken Böhmes so formuliert: "Alles Himmlische, alles Unsichtbare hat seine Gestalt, Form und Figur wie das Irdische". In diesem Gedanken der "Leiblichkeit" (nicht Körperlichkeit!) des Geistigen sah Oetinger die "Summe" Böhmescher Philosophie[43], deren Erneuerung er gleicherweise als Gegengift gegen eine einseitig idealistische Philosophie (eines Leibniz etwa) wie gegen eine einseitig materialistische Naturwissenschaft verstand, wie sie in seiner Zeit aufkam. In diesem Zusammenhang gewann Böhmes heilsgeschichtlich akzentuiertes Alchemieverständnis neue Aktualität; Alchemie und Theologie sind auch für Oetinger nicht zwei Dinge, sondern eines.[44] Der naturwissenschaftlich auf der Höhe seiner Zeit stehende Oetinger versucht wie Böhme, am Buch der Natur die Schrift zu verstehen und umgekehrt, nur tut er dies, anders noch als Böhme, von einer nachaufklärerischen oder doch aufklärungskritischen Position aus. Böhmes Gedanken zur Theogonie hat Oetinger weitgehend übernommen und (und das ist nun ein entscheidend neuer Aspekt) vor dem Hintergrund der jüdischen Kabbala interpretiert. Oetinger hat als Erster die tiefe Verwandtschaft zwischen Böhmes Qualitätenlehre und der kabbalistischen Lehre von den Sefirot bzw. "Abglänzen" Gottes gesehen und in seine eigene Böhmedeutung einbezogen.[45]

Insbesondere mit seiner Metaphysik des Bösen hat sich Böhme als innovativer Querdenker erwiesen, und es ist vor allem Schelling gewesen, der dies erkannt und für seine eigene Philosophie fruchtbar gemacht hat. Schellings z.T. durch Oetinger und Baader, vor allem aber auf intensiver Quellenlektüre beruhende Böhmekenntnis hat ihren stärksten Niederschlag in den 1809 erschienenen *Philosophische[n] Untersuchungen über das Wesen der menschlichen Freiheit* gefunden, deren eigentliches Thema die Frage nach Ursprung und Sinn des Bösen ist. Schelling übernimmt Böhmes Vorstellung vom Ungrund als Indifferenz (wobei der Terminus 'Indifferenz' Böhmes Ausdruck in die Sprache der Philosophie übersetzt und zugleich erklärt), er übernimmt Böhmes Vorstellung von Willen und Sehnsucht als zentralem Impuls allen Werdens, er übernimmt die von Böhme im Horizont christlicher Trinitätstheologie entfalteten Phasen der Theogonie. Doch hören wir ihn selbst: " Allein wir haben ein für allemal bewiesen, daß das Böse, als solches, nur in der Kreatur entspringen könne, indem nur in dieser Licht und Finsternis oder die beiden Prinzipien auf zertrennliche Weise vereinigt sein können. Das anfängliche Grundwesen kann nie an sich böse sein, da in ihm keine Zweiheit der Prinzipien ist."[46] Ich denke, in diesen Worten Schellings sei unschwer Böhme wiederzuerkennen, auch wenn – und das bleibt ein unerklärliches Faktum der Philosophiegeschichte – Schelling in seiner Freiheitsschrift Böhme mit keinem Wort erwähnt.[47] Schelling hat Böhmes Metaphysik des Bösen ihrer mythologischen Hüllen entkleidet (der Lucifer-Mythos etwa fehlt in seiner Darstellung) und in philosophischer Sprache neu präsentiert, jedoch so, daß er jene sprachlichen Neuschöpfungen Böhmes, die auch neue Inhalte transportieren, beibehalten und damit (etwa den Terminus 'Ungrund') bleibend im philosophischen Diskurs heimisch gemacht hat.

Auf ganz andere Weise als Schelling hat Arthur Schopenhauer in seinem Hauptwerk *Die Welt als Wille und Vorstellung* (1818) die für Böhme zentrale Willensproblematik rezipiert. Wie Böhme ausgehend von der prägenden Grunderfahrung, daß in dieser Welt "sich alles beisset, schläget, stösset, quetschet und feindet"[48], hat Schopenhauer im Willen als blindem und zerstörerischem Trieb zum Leben das Grundprinzip der Welt erkannt, das in keinem göttlichen Licht mehr 'aufgehoben' werden kann. Erlösung vom Leiden verspricht allein die gänzliche Abtötung des Wunschtriebs durch Willensverneinung. Während Böhmes Philosophie auf den Durchbruch zum Sein zielt, gilt die Hoffnung Schopenhauers nur mehr der Erlösung vom Sein.

Hegel und Ludwig Feuerbach, von denen abschließend noch kurz die Rede sein soll, hat vor allem eines an Böhme interessiert: die dialektische Struktur seines Denkens. Hegel, der Böhme in seinen Berliner Vorlesungen über die Geschichte der Philosophie ein ausführliches Kapitel widmete, hat diesen vor allem als 'trinitarischen' Denker gesehen, in dessen der Form nach "barabarischem Ringen" um die Vereinigung der "absolutesten Gegensätze" er seine eigene Dialektik vorgebildet fand.[49] – Ludwig Feuerbach, der im Geist Hegels den dialektischen Charakter von Böhmes Denken betont, hat dessen Metaphysik als "theosophischen Materialismus" und "theistischen Atheismus" gewertet[50] und damit der strikt pantheistischen Auslegung der marxistischen Böhmeforschung den Weg vorgezeichnet, die Böhmes Denken als wichtige Stufe im Prozeß der "Aufhebung religiöser Selbstentfremdung des Menschen" betrachtet.[51]

Kann uns Jacob Böhmes Metaphysik des Bösen *nach* Auschwitz und angesichts der Abermillionen unschuldiger Opfer *seit* Auschwitz heute noch etwas angehen? Mit dem Verständnis der menschlichen Freiheit als Vermögen zum Guten *und* Bösen hat Böhme jeden Einzelnen in die Verantwortung gestellt, denn: "welche Eigenschaft [Qualität] in dir Herr ist, derselben Knecht bist du" wie er in Anwendung von Römer 6,16 formuliert.[52] Demgegenüber hat jene alte gnostische Lehre, wonach zwei gleichursprüngliche, gegensätzliche und einander absolut feindlich gesinnte Weltprinzipien mit ihrem Kampf das Weltgeschehen bestimmen, im Denken wichtiger politischer Entscheidungsträger heute erneut Eingang gefunden. Dieser ausdrücklich religiös motivierte radikale Dualismus entbindet den Einzelnen von der Verantwortung, indem er das Böse nach außen projiziert und dessen vermeintliche Vertreter (mit gutem Gewissen) zum Abschuß freigibt. Böhmes Metaphysik des Bösen ist diesem gefährlichen, im schlimmsten Fall zum Weltkrieg der Kulturen führenden Dualismus überlegen. Sein Denken ist in seinen Grundzügen nicht dualistisch-trennend, sondern korrelativ-integrierend, indem es die wechselseitige Bedingtheit und Wirkung der einzelnen Kräfte betont. Dies bezieht sich sowohl auf die geistige wie die materielle Welt – er betont die Einheit des Buches der Schrift mit dem Buch der Natur –, es gilt für die Principien von Licht und Finsternis, Gut und Böse. Verbunden mit dem Ganzen des Lichts sind die Gestalten seines ersten Princips, sind Aggression, Eigenwille ("Selbheit") – wir würden heute von Narzißmus sprechen – schöpferische Potenzen, getrennt vom Ganzen, nur auf sich selbst bezogen, wirken die Gestalten des ersten Princips jedoch zerstörend für den Einzelnen wie für die Gemeinschaft. Nur wer seine negativen Aspekte, wer seinen 'Schatten' integriert, kann kreativ wirken, wer die negativen Aspekt nach außen auf 'Feinde' projiziert, zerstört sich selbst und die Gemeinschaft. So sind die Hauptprinzipien seines Denkens, die Böhme in seiner Zeit zum angefeindeten Outcast werden ließen, nicht nur bedeutend gewesen für die späteren Spitzen europäischer Hochkultur und für die bescheideneren Kreise der 'Stillen im

Lande'; sie bleiben auch, so eigenwillig sie sich vorerst präsentieren, aktuell für das Verständnis der psychischen und politischen Konflikte unserer unmittelbaren Gegenwart.

---

[1] Schelling, Friedrich Wilhelm Joseph: Philosophie der Offenbarung 7 (1858), Darmstadt 1974, S.123.

[2] Hegel, Georg Wilhelm Friedrich: Vorlesungen über die Geschichte der Philosophie III, in: Ders.: Werke in 20 Bänden, Bd.20, Frankfurt 1986, S. 91-119. Hier: S. 94.

[3] Marx-Engels-Werke, Ergänzungsband Teil 2 (Schriften-Manuskripte-Briefe bis 1844), Berlin 1967, S. 335.

[4] Vgl. Buddecke, Wolfram: Die Böhme-Autographen. Ein historischer Bericht, in: Wolfenbütteler Beiträge 1 (1972), S. 61-87.

[5] Böhme, Jacob: Morgen Röte im auffgang, in: Buddecke, Werner (Hg.): J. B.: Die Urschriften Bd. I, Stuttgart 1963, Kap. 19,4-12 (S.199-200).

[6] Ebd. 19,13 (S. 200).

[7] Vgl. Telle, Joachim; Johann Huser in seinen Briefen. Zum schlesischen Paracelsismus im 16. Jahrhundert, in: Ders.: Parerga Paracelsica. Paracelsus in Vergangenheit und Gegenwart (Heidelberger Studien zur Naturkunde der frühen Neuzeit 3), Stuttgart 1991, S. 159-248. Hier: S. 177f. und Lemper, Ernst-Heinz: Anfänge akademischer Sozietäten in Görlitz und Bartholomäus Scultetus (1540-1614), in: Garber, Klaus u.a. (Hg.): Europäische Sozietätsbewegung und demokratische Tradition. Die europäischen Akademien der Frühen Neuzeit zwischen Frührenaissance und Spätaufklärung Bd.2, Tübingen 1996, S. 1152-1178.

[8] Alle Böhme-Schriften, die nicht als "Urschriften" überliefert sind (siehe Anm. 5), werden zitiert nach: Böhme, Jacob: Sämtliche Schriften, Faksimile-Neudruck der Ausgabe von 1730 in elf Bänden neu hg. von Will-Erich Peuckert, Stuttgart 1955-1961 (jeweils Kurztitel des Werks mit Kapitel- und Abschnittzahl; danach SS mit Bandangabe). Hier: Schutz=Rede wieder Gregor Richter, Antwort,15 (SS 5).

[9] Sendbriefe 53,10 (SS 9).

[10] Vgl. Obst, Helmut: Zum "Verhör" Jacob Böhmes in Dresden, in: Pietismus und Neuzeit 1 (1974), S. 25-31.

[11] Gnadenwahl 1, 2-3 (Urschriften II, Stuttgart 1966, S. 13).

[12] Ebd.

[13] Theosophische Puncte I 1,8 (SS 4).

[14] Von der Menschwerdung Jesu Christi II 1,8 (SS 4).

[15] Gnadenwahl 1,4 (Urschriften II, S. 13).

[16] Ebd. 1,5f.

[17] Gnadenwahl 3,3 ff. (Urschriften II, S. 27ff.).

[18] Drey Principien 5,6 (SS 2).

[19] Mysterium magnum 71,17f. (SS 8).

[20] Vgl. Drey Principien 1,2 (SS 2).

[21] Vgl. Quaestiones Theosophicae 3,6 (SS 9).

[22] Mysterium magnum 9,2 (SS 7).

[23] Gnadenwahl 4,25 (Urschriften II, S. 39).

[24] Mysterium magnum 9,6 (SS 7).

[25] Quaestiones Theosophicae 14/15,3 (SS 9).

[26] Mysterium magnum 8,24 (SS 7).

[27] Von göttlicher Beschaulichkeit 1,13 (SS 4).

[28] Hirsch, Emanuel: Geschichte der neueren evangelischen Theologie, Bd. 2, Gütersloh 1951, S. 216.

[29] Mysterium magnum Vorrede 9; Gnadenwahl 6,21 (Urschriften II, S.56); Von den letzten Zeiten II, 51 (SS 5).

[30] Schelling, Friedrich Wilhelm Joseph: Über das Wesen der menschlichen Freiheit, hg. von Helmut Fuhrmans, Stuttgart 1991, S. 64.

[31] Mysterium magnum 18,31; 41,24 (SS 7).

[32] Von wahrer Gelassenheit 2,45f. (SS 4).

[33] Theosophische Puncte I,1,47 (SS 4).

[34] Vgl. Mysterium magnum 68,7 (SS 8).

[35] De signatura rerum 7,78 (SS 6).

[36] Vgl. Rusterholz, Sibylle: Zum Verhältnis von *Liber Naturae* und *Liber Scripturae* bei Jacob Böhme, in: Garewicz Jan/ Haas, Alois M. (Hg.): Gott, Natur und Mensch in der Sicht Jacob Böhmes und seiner Rezeption, Wiesbaden 1994, S. 129-146.

[37] Von der neuen Wiedergeburt 7,8 (SS 4).

[38] Angelus Silesius: Cherubinischer Wandersmann, hg. von Gnädinger, Louise, Stuttgart 1984, S. 36.

[39] Von der neuen Wiedergeburt 6,16 (SS 4).

[40] Theosophische Sendbriefe 50,10 (SS 9).

[41] Vgl. Kuhlmann, Quirinus: Der Neubegeisterte Böhme, hg. und erläutert von Jonathan Clark, Stuttgart 1995, S. 66/67; 70/71 u.ö. – Allerdings hat Kuhlmann mit seiner maßlosen Kritik der "antichristische[n] Secte" des Luthertums (Untertitel!) und der Vermengung seiner eigenen angemaßten Prophetenrolle mit Böhmes Theo-Philosophie deren unvoreingenommener Beurteilung einen schlechten Dienst erwiesen. Der von ihm scharf angegriffene Abraham Calov legte seinem *Anti-Böhmius* (1684) denn auch einen vor allem durch Kuhlmann vermittelten Böhme zugrunde.

[42] Vgl. Obst, Helmut: Jakob Böhme im Urteil Philipp Jakob Speners, in: Zeitschrift für Religions- und Geistesgeschichte 23 (1971), S. 22-39. Hier: S. 35.

[43] Oetinger, Friedrich Christoph: Inbegriff der Grundweisheit oder kurzer Auszug aus den Schrifften des deutschen Philosophen, in einem verständlichen Zusammenhang (1774),in: Ders.: Sämmtliche Schriften, hg. von Karl Ehmann, 2. Abtlg. Bd. 1, Stuttgart 1858, S. 370.

[44] Vgl. Brecht, Martin: Der württembergische Pietismus, in: Brecht, Martin / Deppermann, Klaus (Hg.): Geschichte des Pietismus, Bd. 2: Der Pietismus im achtzehnten Jahrhundert, Göttingen 1995, S. 275.

[45] Einen möglichen Zusammenhang zwischen Böhmes Qualitätenlehre und der kabbalistischen Lehre von den 10 Sefirot hatte bereits Abraham Hinckelmann in seiner Schrift *Detectio fundamenti Böhmiani. Untersuchung und Widerlegung der Grund=Lehre, die in Jacob Böhmens Schrifften vorhanden. Worinnen unter andern der Recht-gläubige Sinn der alten Jüdischen Cabalae[...] entdecket wird* (Hamburg 1693) diskutiert, diesen aber unter Hinweis auf die in der kommentierten Übersetzung des *Sefer Jezira* (1642) durch Johann Stephan Rittangel christlich umgedeutete und damit "rechtgläubige" Kabbala vehement verneint! Siehe *Detectio*, Bll. 25-28.

[46] Schelling: Über das Wesen der menschlichen Freiheit (wie Anm. 30), S. 90. – Für den größeren Zusammenhang vgl. Rusterholz, Sibylle: Jacob Böhmes Deutung des Bösen im

Spannungsfeld von Tradition und Innovation, in: Brinker, Claudia u.a. (Hg.): Contemplata aliis tradere. Studien zum Verhältnis von Literatur und Spriritualität, Bern 1995, S. 225-240.

[47] Noch das 1997 erschienene Buch Rüdiger Safranskis über *Das Böse oder das Drama der Freiheit* enthält wohl ein ausführliches Schellingkapitel, der Name Böhme hingegen kommt innerhalb des mehrhundertseitigen Buches kein einziges Mal vor!

[48] Drey Principien Vorr.13 (SS 2).

[49] Hegel: Vorlesungen über die Geschichte der Philosophie III (wie Anm. 2), S. 96f.

[50] Feuerbach, Ludwig: Geschichte der neueren Philosophie von Bacon von Verulam bis Benedikt Spinoza, in: Ders.: Gesammelte Werke, hg. von Werner Schuffenhauer, Bd. 2, Berlin 1969, S. 200 und Bd. 6: Vorlesungen über das Wesen der Religion, Berlin 1967, S. 178.

[51] Wollgast, Siegfried: Philosophie in Deutschland zwischen Reformation und Aufklärung 1550-1650, Berlin 1988, S. 614 und 701.

[52] Mysterium magnum 10,46 (SS 7).

GESINE PALMER

Eine Entschuldigung für Mr. Toland in einem Brief an ihn selbst[1]

"None can be so well furnish'd with Arguments for
a good Cause like such as were Sufferers under a
bad one; the Writings of unconcern'd and retir'd
Persons being either an exercise of their Parts, and
the Amusements of idle time or, what is worse,
pitiful Declamations without any Force, Experience,
or Vivacity"[2]

Randständiger Denker in exemplarischen Schwierigkeiten

Mr. John Toland hatte ein bemerkenswertes Problem mit religiöser Apologetik und philoso-phischer Argumentation: Einerseits wurde er wahrgenommen als jemand, der die etablierten Religionen immer wieder scharf und sehr ernsthaft aus philosophischen Gründen attackierte; andererseits fühlte er sich genötigt, für nahezu jedes seiner thetischen Bücher eine umständli-che Rechtfertigung zu verfassen gegen die Angriffe, denen jedes einzelne von ihnen sofort nach Erscheinen ausgesetzt war. Unter dem Zwang, für sich, das Individuum Toland und seine Schriften, Rechenschaft abzulegen, verkündete er, er verteidige nicht so sehr sich selbst, sondern vielmehr in einem Zug rechte Vernunft, bürgerliche Freiheit und wahre Reli-gion, einschließlich der Wahrheit der Evangelien. So war bald kaum noch zu entscheiden, wo Angriff, wo Verteidigung war.

Stephen H. Daniel sagte über Tolands Schriften, sie verfolgten eine "method of pole-mics".[3] Doch diese bewundernde und kunstvolle Beschreibung, erklärtermaßen mimetisch in ihrer eigenen Methode, scheint zu unterschätzen, bis zu welchem Grad die Verwinkelungen und komplexen Choreographien von Tolands polemischen und apologetischen Zügen das einzige intellektuelle Refugium eines Autors gewesen sein könnten, der von klein auf erfah-ren hatte, welchem Leid ein begabter und aktiver Außenseiter ausgesetzt sein kann. Ich will anhand der merkwürdigen Verzerrungen, die in Tolands Selbstverteidigungsschriften statt-finden, als Problem der Randständigkeit selbst beschreiben.

Toland begann seine Schriftstellerkarriere während der erhitzten Atmosphäre der De-kade nach 1688, also nach der Glorious Revolution. Gegen Ende der Regentschaft James des Zweiten hatte man ihn nach manchen Zeugnissen als Redner auf den Barrikaden in Schott-land erleben können.[4]

Tolands berühmtestes und umstrittenstes Werk war *Christianity not Mysterious: or, a Treatise Shewing that there is nothing in the Gospel Contrary to Reason, nor above it: and that no Christian Doctrine can be properly call'd a Mystery.* Geschrieben im Alter von 25 und veröffentlicht im Jahre 1696, schloss es ihn von jedweder akademischen oder politischen

Karriere aus, abgesehen vom Schreiben für private Gönner. *Christianity Not Mysterious*
entfachte einen Aufruhr in Europa, den manche Historiker als "the Deistical storm tide"
bezeichnet haben. Dieser Aufruhr veranlasste den Autor, nicht weniger als drei Verteidigungsschriften zu verfassen, in denen er sich und sein Werk gegen diverse Attacken ver-
wahrte. Die erste Selbstverteidigung wurde schon vor Fertigstellung des Buches notwendig.
Toland studierte in Oxford, wo er in der Bodleian Bibliothek beschäftigt war. Im Gegensatz
zu Cambridge, der Universität der Whigs und der Low Church Party, war Oxford zu dieser
Zeit eine Festung der "Tradition". Die Mehrheit seiner Akademiker stimmte nur oberflächlich und insgesamt recht unwillig der Politik des Oraniers zu. Ein anonymer Schreiber von
der Fakultät adressierte im Jahre 1694 die folgenden Zeilen an Toland: "The character you
bear in Oxford is this that you are a man of fine part, great learning, and little religion".[5] Mit
dieser liebenswürdigen Geste brüderlicher Fürsorge drängte der Autor Toland, ein Manifest
zu veröffentlichen, in dem er sich zu seinem Glauben bekannte. Offenbar meinte Toland, dies
tun zu müssen, um seine Existenz zu sichern („to save his bacon"); so drückte er sich zumindest mehr als 25 Jahre später in Clidophorus, einem der freimütigsten Texte über das Schreiben unter Verfolgung aus, die uns aus dieser Zeit zur Verfügung stehen. Doch schon in diesem Bekenntnis ist bei näherem Hinsehen Tolands Skepsis gegenüber dem Genre des „Bekenntnisses" zu erkennen.
     Die beiden anderen selbst-rechtfertigenden Schriften betrafen die beiden veröffentlich-
ten Versionen von *Christianity Not Mysterious*. Die Rechtfertigungen wurden 1697 veröffentlicht und bezogen sich auf die Tatsache, dass während einer Reise Tolands nach Irland
(wo sein lebenslang bester Freund und Unterstützer, der überzeugte Whig Lord Robert Mo-
lesworth, lebte) sein Buch am 11. September durch die Hände eines Henkers verbrannt wurde. Toland selbst musste fliehen, um einer Verhaftung zu entgehen.
     Der Titel meines Vortrags besteht aus den Titeln dieser beiden Apologetiken. Der eine
lautet *A Defence of Mr. Toland in a Letter to Himself*, der andere *An Apology for Mr. Toland
in a Letter from Himself to a Member of the House of Commons in Ireland; Written the Day
before his Book was resolv'd to be burnt by the Committee of Religion*. Neben der hiermit nur
eröffneten Serie von Selbstverteidigungsschriften publizierte Toland einzelne Werke, die
andere attackierte Personen oder Gruppen verteidigen sollten, Juden, Socinianer, gebildete
und bildungshungrige Frauen. Ich könnte hier mindestens sieben Titel von Verteidigungsschriften in Ergänzung der drei genannten nennen. All diese Schriften, egal, ob sie
Toland, eines seiner Bücher oder jede andere Person oder Gruppe verteidigten, teilen ein
Charakteristikum, das nicht nur Prahlerei ist: Letztlich wollen sie die rechte Vernunft und die
wahre Religion „mit einem Streich" verteidigen. Ein Ziel, das jedoch selten verfehlte, bei
denjenigen, die wir heute mit religiöser Apologetik assoziieren, als sehr doppelbödig empfunden zu werden.
     Bevor ich eine detaillierte Analyse von Tolands erstem publizierten, selbst-rechtferti-
genden Text, einem Text über einen, der versuchte, sich gerade zu halten, während er sich als
"sufferer under a bad cause" ansehen mußte, vornehme, möchte ich den Autor etwas allgemeiner vorstellen: Im Jahre 1693 schrieb Benjamin Furley, ein Geschäftsmann aus Leyden,
der während James' Herrschaft zahlreiche englische Exil-Whigs beherbergt hatte und der ein
wichtiger Kontakt für Toland in seiner Leydener Zeit war, an John Locke: "I find him a free-
spirited ingenous man that quitted Papacy in James' times when all men of no principles were
looking toward it; and having now cast off the yoke of Spiritual Authority, that great bugbear
and bane of ingenuity, he could never be persuaded to bow his neck to that yoke again, by

whomsoever claimed". Toland war nach seiner Konversion zum Protestantismus an allen Formen von Religion interessiert, doch das einzige ernsthafte, vorbehaltlose und unzweideutige religiöse Selbstbekenntnis, das er schon 1705 verkündete und zu dem er immer wieder, sogar in seiner Grabinschrift, zurückkehrte, war, dass er ein Pantheist sei – ein Wort, das er selbst geprägt hat. Ein andere Bezeichnung, die er sich selbst gab, war die eines "Divine of the Church of the First-Born".[6] *Christianity not Mysterious* schrieb er in Oxford nach einer Zeit, in der er ein sehr ernsthaftes Mitglied in Dissenter-Kreisen in London und Leyden gewesen war, und nachdem er sich zuvor von den Schottischen Anglikanern und den Schottischen Rosenkreuzlern verabschiedet hatte, die er während seiner Studien in Glasgow und Edinburgh parallel besucht zu haben scheint. In seiner *Apology* sprach er sich nun gegen eine Benennung von Religion überhaupt aus, wenn er auch so manchem Gelehrten aufgrund seiner Vorliebe für den Begriff „latitude" dabei wie ein Latitudianer vorkam.

Toland zog den leidenschaftlichen Hass seiner irischen Tory-Mitbürger Jonathan Swift und Daniel Defoe auf sich, weil er immer für die extreme Linke der Whigs schrieb, aus der sich auch der Pool seiner verlässlichsten Fürsprecher und Förderer speiste. Neben Unterstellungen, er habe seine Vorhaut dem Sultan angeboten, beschuldigten sie ihn – weniger satirisch und bedrohlicher für seine soziale Stellung im England des siebzehnten Jahrhunderts – der Mitgliedschaft in dem geheimen „calves-head-club". Diese Vereinigung war von John Milton gegründet worden und wurde angeblich mit der Mitgliedschaft von John Locke und anderen Berühmtheiten beehrt. Es hieß, die Mitglieder ließen jedes Jahr als Erinnerung an die Ermordung König Charles I. am dreißigsten Januar einen mit Rotwein gefüllten Kalbsschädel unter sich kreisen, ein Angriff auf Monarchie und Abendmahl gleichermaßen, aber auch ein Angriff auf das, was Toalnd als „rules of common civility" bezeichnen wird. Toland hatte sich nach dem Skandal um CNM dem Verfassen von Biographien von John Milton und James Harrington und der Veröffentlichung von Schriften aus der Feder von Lord Holles und General Ludlow zugewandt. All diese Männer waren überzeugte Republikaner gewesen, die gegen die repressive Regierung von König Charles ebenso wie gegen die des Lord Protector Oliver Cromwell gekämpft hatten. Doch das öffentliche Interesse an diesen Schriften hatte mit der Tatsache, dass Toland die Helden des Republikanismus in Zeiten der Restauration in Erinnerung brachte, gar nicht unmittelbar zu tun.[7] Die größte Debatte, die wiederum den gesamten Klerus im Vereinten Königreich und darüber hinaus in Aufruhr versetzte, entzündete sich vielmehr an einem Stück Literarkritik, das Toland in sein *Life of John Milton* eingearbeitet hatte. Toland hatte minutiös nachgewiesen, dass der Text *Eikon Basilike*, der angeblich von dem ermordeten König Charles I. selbst geschrieben worden war, eine Fälschung war. Schlußfolgernd stellte er dann die folgende Frage:

"When I seriously consider how all this happen'd among our selves within the compass of forty years, in a time of great Learning and Politeness, when both Parties so narrowly watch'd over one another's Actions, and what a great Revolution in Civil and Religious Affairs was partly occasion'd by the Credit of that Book, I cease to wonder any longer how so many superstitious pieces under the names of Christ, his Apostles and other great Persons, should be publish'd and approv'd in those primitive times, when it was of so much importance to hav'em believ'd". Damit schlug er implizit vor – mit seinem Lehrer Friedrich Spanheim dem Jüngeren und Richard Simon –, die Methoden der Literarkritik nicht nur auf „heidnische" Quellen, sondern auch auf biblische Schriften anzuwenden. Doch statt dies leise und unauffällig zu tun, statt dieses oder jenes kleine Kritikstück anzubringen, ohne dabei den Pfad der absoluten Trennung zwischen kanonischen und apokryphen Schriftstellern zu verlassen, setzte sich Toland erneut schweren Attacken aus, weil er die Autorität des Kanons generell und offensiv in Frage stellte. Infolgedessen sah er sich veranlasst, seinem Buch den oben erwähnten Band *Amyntor, or a defense of Milton's Life* folgen zu lassen. In seiner Verteidigung von Miltons Leben erhärtete er jedoch nur die These, die er in dem zu verteidigenden Buch selbst formuliert hatte, denn nun fügte er noch einen gut recherchierten „Catalogue of Books mention'd by the Fathers" hinzu. Seine Apologie verstärkte also den Eindruck, Toland wolle das Christentum weit über die Interessen des Klerus, egal welcher Denomination (abgesehen vielleicht von den Unitariern, die ihn gut behandelten und denen er im Gegenzug auch wohlgesonnen war) hinaus „rationalisieren", und daß die Achtung der Öffentlichkeit für seine Gelehrtheit stieg, entschärfte die Gefahr in den Augen der Geistlichkeit nicht durchaus.

Seine Veröffentlichungen schienen zu diesem Zeitpunkt dem folgenden Schema zu entsrechen: zunächst erschienen von Tolands Hand provokante Texte, die immer mehrere empfindliche Themen gleichzeitig berührten. Darauf folgte dann eine Geste der Verteidigung seiner eigenen Schriften, die sich selbst als Apologie des wahren Christentums einführte, aber von vielen Lesern eher als ein noch härterer Angriff auf ihren Glauben verstanden wurde. Das Ergebnis waren wiederum unzählige "Defences of true Christianity", die sich gegen Tolands Angriffe wehrten, und zwar nicht nur in Schriften und Büchern, sondern auch von den Kanzeln.[8]

Wie es zu dieser dramatischen Entwicklung kam und wie empfindlich Toland von Anfang an für die Mechanismen der Debatte war, soll ein genauerer Blick auf den ersten veröffentlichten apologetischen Text verdeutlichen: *An Apology for Mr. Toland in a Letter from Himself to a member of the House of Commons in Ireland, written the day before his Book was resolv'd to be burnt by the Committee of Religion. To Which is prefix'd a Narrative containing the Occasion of the said Letter*[9]. Das Motto des Textes ist das folgende: Diis proximus Ille est Quem RATIO non IRA movet, Claudian.

Ein (lyrisches) "Ich" eröffnet die Erzählung, indem es sagt: "I promise not to give any account at this time of the Controversy occasion'd by Mr. Toland's Book, nor to enter into the Merits of the Cause on either side". Stattdessen beginnt das "Ich", Mr. Tolands Fall in Irland 1697 mit folgenden Worten zu umschreiben: "Mr Toland was scarcely arriv'd in that Country, when he found himself warmly attack'd from the *Pulpit*, which at the beginning could nothing but startle the People, who till then were equal Strangers to him and his Book; yet they became in a little time so well accustom'd to this Subject, that it was much expected of course as if it had been proscrib'd in the Rubrick. This occasion'd a Noble Lord to give it for a reason why he frequented not the Church as formerly, that, instead of his Saviour JESUS CHRIST, one *JOHN TOLAND* was all the Discourse there". Die Vorteile einer Aufspaltung seines Selbst in ein "Ich" und einen Mr. Toland eröffnen sich weder unmittelbar, noch wird die Teilung bis zur letzten Konsequenz durchgehalten: "But how unworthy a Member soever of the *Christian Religion* Mr. Toland may be, he's still so sensible of the Obediance he owes to its most Divine Precepts, that he dares not to allow himself to make any return in the same Dialect to what was literally utter'd against him in that place. We read, an *Archangel* was not permitted to rail against the very *Devil* (Jude 9); and if Mr. Toland had not numerable Passages of the *Gospel* to restrain him, yet the reverence all Men ow to their own Persons join'd to the Rules of common Civility, would be powerful enough to keep him from bestowing any indecent Expressions or Reflections upon his Opposers. Nor is he such a stranger to the former Ages or the present, as not to perceive that passionate or violent Proceedings never yet gain'd Credit to a *Cause*; nor produc'd any other Effect upon the Enemies of it, but to make 'em abhorr it the more."

Diese Sätze, auch wenn sie in der dritten Person verfasst sind, sind nur und ausschließlich möglich als Sätze von Toland selbst. Doch die Spaltung in das „Ich" des Autors und sein „Objekt", Mr. Toland, erlaubt grenzenlose Selbstidealisierung. Toland verpasst keine Gelegenheit, seinen Namen in kursiven Großbuchstaben neben dem von Jesus Christus in Großbuchstaben zu platzieren, beide Namen über die schmalen Seiten des Bandes schreiend. Er erlaubt anderen, seine Person als unwürdigen Teil der "christlichen Religion" anzusehen, doch nur, um zu zeigen, dass er die christlichen Grundsätze und Prinzipien im Grunde besser kennt und genauer befolgt als so manches würdigere Mitglied, das gegen ihn hetzte. Er stellt seine Opponenten sicher nicht unwissend mit dem Satan gleich, während er sich auf ein semantisches Niveau mit dem Erzengel begibt. So sagt er *en passant* nichts weniger, als dass für ihn die christlichen Prinzipien der Selbstbeherrschung (eine Selbstbeherrschung die er selbst im übrigen von Satz zu Satz mehr lockert) völlig unnötig geworden seien. Was auch immer diese Prinzipien fordern könnten, wird bereits vollständig von "the Reverence all Men ow to their own Person join'd to the Rules of common Civility" abgedeckt. Nach dieser eröffnenden Pirouette sagt Toland – sicher nicht ohne einen wahren Kern hinsichtlich der historischen Ereignisfolge: "For if there be any Poison (as I hope there is none) in that Book, the spreading of it in *Ireland* is wholly owing to the Management of those, who would be thought most to oppose it" (7).

Nachdem er so das Christentum gegen diejenigen verteidigt hat, die ihre noble klerikale Position für parteipolitische Zwecke missbraucht haben, beginnt der Autor, reale Personen zu verteidigen, nämlich Tolands Freunde, denen vorgeworfen wurde, sie würden sich zu einer Sekte von Tolandisten zusammenschließen (8). Diese Idee entsprang allem Anschein nach den wohlinszenierten Befürchtungen eines gewissen Peter Browne, eines Mannes, der später Bischof von Irland werden sollte – ein Aufstieg, den er nach Tolands Ansicht seiner Hatz auf Toland verdankte.

Tolands Antwort ist wieder einmal doppelzüngig: Einerseits sagt er "if his [Toland's] *Disciples* (as they're call'd) take not other measures than he did to erect that same Sect in *Ireland*, St. Patrick may securely possess his Apostleship in that Kingdom till Doomsday, which is an Honour Mr. Toland does not envy him" (13). Auf der anderen Seite spottet er über "the Sagacity of a certain Gentleman, who wonder'd at his Impudence for presuming to set up a *New Religion* in their Country, where he had no foot of Land; which inclines me to believe he has met with better Records of the Apostles Possessions than Mr. Toland could in all his reading" (13f). Man beachte die Zusammenführung von "me" und Mr. Toland in der letzten Satzhälfte.

All dies erscheint weiterhin wie der spöttische Tanz eines Menschen, der von all diesen Entwicklungen fast unberührt geblieben ist. Doch zeitweise steigt die Spannung deutlich, bis die politische Debatte ohne religiöse „Verkleidung" durchscheint. Wiederum wird Mr. Browne zitiert: *"This man can say that MAGISTRATES are Made for the PEOPLE, and every one knows what Doctrines of REBELLION Men are wont to insinuate by this saying".* Als Antwort spricht Toland selbst als das "Ich": "Now I would gladly be resolv'd by him, for whom the *Magistrates* are made unless for the *People*? Were they made for themselves? Or whether the *Peoples* were made for the *Magistrates*?" (15). Im gesamten Text dieser *Apology* wird jeder einzelne Satz, der sich mit der Idee, dass "all Dominion as well as Religion is founded in Reason" beschäftigt, von diesem "Ich" sehr deklamatorisch formuliert und schließt so jede Möglichkeit eines doppelten Spiels aus. Im gleichen Ausmaß wie Toland sich weigert, in seiner Apologie ein religiöses Bekenntnis abzulegen, ist er gewillt, wo immer sich die Gelegenheit bietet, ein politisches Glaubensbekenntnis abzulegen. Sein politisches Bekenntnis ist aus Elementen antiker und zeitgenössischer republikanischer Theorien zusammengesetzt und wird wie folgt zusammengefaßt:

"What Dominion is not founded in Reason must be doubtless unreasonable, and consequently Tyrannical." Darauf folgt eine Erzählung der Naturgeschichte der menschlichen Verbindungen in der Art Ciceros, die zu der Schlussfolgerung kommt, *"all just Dominion to be founded in Reason"* (15f). Nun ergibt sich also folgendes Bild: Toland wird beschuldigt, gegen das Christentum zu schreiben. Doch tatsächlich schreibt er – so sagt er jedenfalls selbst – ausschließlich gegen eine bestimmte Art des Missbrauchs von Religion für politische Zwecke, oder anders ausgedrückt: er schreibt gegen die Idee, das mithilfe religiöser Sprache zu rechtfertigen, was er selbst als Wettkampf um den Thron des Tyrannen versteht. Um das, was in der religiösen Sprache an Wahrhaftigkeit vorhanden sein mag, vor dieser Art des Missbrauchs zu schützen, charakterisiert er die Bereitschaft zum Töten aus angeblich religiösen Motiven als Indikator für fehlende Seriösität in genau den angeblich "wahren" Begriffen, denen auf diese Weise – nämlich durch die Bereitschaft, für sie zu töten und zu sterben – Nachdruck verliehen werden soll.

Paradoxerweise bringt ihn seine Sorge um die bedrohte "Wahrhaftigkeit" von religiösen Ansichten also dazu, in der Idee des "öffentlichen Friedens" die letzte Instanz für jedwede Entscheidung über den "Wahrhaftigkeits- oder Wahrheitsgehalt" von Religon zu suchen. Was den Papismus angeht, wie er es nennt, sagt er über sich, er sei "deliver'd from the insupportable Yoke of the most pompous and Tyrannical *Policy* that ever enslaved Mankind under the name or shew of *Religion*" (18). Und die Protestanten? Bezüglich der Konflikte zwischen Dissenters und Anglikanern sagt Toland über Toland: "he easily perceiv'd that the Differences were not so wide as to appear unreconcilable, or at least, that Men, who were sound *Protestants* on both sides, should barbarously cut one another's Throats, or indeed give any disturbances to the Society about them. And as soon as he understood the late Heats and Animosities did not totally (if at all) proceed from a Concern for meer Religion, he allow'd himself a latitude in several things, that would have been matter of scruple to him before" (18). Dies und nicht mehr erfahren wir über seine "Religion" an dieser Stelle, "for, whatever his own Opinions of those Differences be yet he finds so essential an Agreement between the French, Dutch, English, Scotish, and other Protestants, that he's resolv'd never to lose the benefit of an Instructive Discourse in any of their Churches upon that score; and it must be a Civil not a Religious Interest that can engage him against any of these Parties, not thinking all their private Notions wherin they disagree worth endangering, much less subverting, the Publick Peace of a Nation. If this makes a Nonconformist, then Mr. Toland is one unquestionably" (19). Wie in allen folgenden Sätzen über die Vielfalt der Denominationen votiert Toland hier offensichtlich für eine Hierarchisierung in dem Sinne, daß religiöse Konflikte weniger wichtig zu nehmen seien als der öffentliche Friede. Nun wäre wohl niemand ernsthaft überrascht über ein Konzept, das in Tolands Zeit religöse Ansichten zur Privatsache erklärte, so dass es scheint, als halte er sich im Großen und Ganzen an die Überlegungen John Lockes. Doch trotzdem unterscheidet sich Toland von seinen Vorgängern in einer Sache: Seine Argumentation zieht die Sache aus dem theologischen Gebiet ganz herüber in ein politisch rechtliches. Schon die Zuteilung von Bezeichnungen in der Religion ist eine politische oder sogar juristische Angelegenheit, und entsprechend formuliert Toland quasijuristisch, in der für Rechtssätze typischen Konditionalform: "If this makes a Nonconformist, then Mr. Toland is one unquestionable".

In solchem Kontext ist jeder Ist-Satz ein Urteil, also ein „Sentence" im rechtlichen Sinn des Wortes. Dies gilt für den feststehenden Hauptsatz. Doch bleibt es immer fraglich – bzw. verhandelbar – ob die jeweilige Bedingung korrekt beschrieben wurde. In Tolands Europa ist die Brandmarkung eines Menschen als Atheisten ein gesellschaftliches Todesurteil. Tolands Antwort darauf ist weder ein direktes Eintreten für das Recht, auch Atheist zu sein, noch ein Versuch, für sich selbst nachzuweisen, dass er kein Atheist sei. Sein Ausweg ist das Wechseln der kategorialen Ebene. Er diskutiert gar nicht erst die Frage, ob es einen Gott gibt oder nicht. Er verlässt die Ebene der Seinssätze in diesem Punkt und geht über auf die Ebene der Sollenssätze, indem er lediglich die sozialen Konsequenzen der Angewohnheit, jemanden zum Atheisten zu erklären, diskutiert. „*Atheism* has now become so common an Accusation in every Person's mouth who is displeas'd at the Rudness of others for not complimenting him with their Assent to his Opinions, that, altho in itself it be the most atrocious and unnatural Crime whereof a reasonable Creature can be guilty, yet it is not otherwise minded than as a word of course which indicates a world of Inconsiderateness and Rancor" (20f). Die hier unausgesprochen nahegelegte Forderung, dass dergleichen nicht sein soll, wird erst in späteren Texten immer wieder ausgesprochen.

Die Erzählung in der Apologie endet mit einer Darstellung der Vorgänge im irischen Unterhaus. Man hatte Toland die Verteidigung seines Buches und seiner Person versagt; er durfte weder zu seiner Verteidigung sprechen, noch wurde sein Brief öffentlich verlesen. Am 9. September wurde sein Buch verurteilt "to be publickly burnt by the hands of the Common Hangman". Es enthalte *"several Heretical Doctrines contrary to the Christian Religion and the Establish'd Church of Ireland."* Das Urteil lautete *"That the Author thereof* John Toland *be taken into Custody of the Serjeant at Arms* (which he took care to prevent) *and be prosecuted by Mr. Attorny General for writing and publishing the said Book* [...] Their Sentence was executed on the Book the Saturday following, which was the *11th of September*, before the *Parliament-House* Gate, and also in the open Street before the *Town-house;* the Sheriffs and all the Constables attending."

Die Umstände seiner Verurteilung wie Toland sie beschreibt sind schlimm genug. Und doch versucht er, sich auf die öffentlichen Aspekte seiner Sache zu konzentrieren und seinen eigenen Fall „objektiv" zu behandeln.

"I forbear making any Remarks here either upon the design of burning Books in general, or this in particular; nor will I shew, as well I might, how fruitless this sort of proceeding has prov'd in all Ages, since the Custom was first introduc'd by the *Popish Inquisitors*, who perform'd that Execution on the Book when they could not seize the Author whom they had destin'd to the Flames. Neither will I insist upon the great Stop and Discouragement which this Practice brings to all Learning and Discoveries."

Er geht so weit zu sagen: „That a man should be run down because it is in fashion, or by *Interested* Persons, and such as are influenc'd by'em, is nothing strange; for one way or other the like happens everyday: but that a Book shou'd be condemn'd by wholesale, without assigning the particular Faults or Mistakes in it, and by many that never read it, is visibly unjust". Das Schlimmste über die Gründe für das "running a man down" ist gesagt. Doch Toland kommentiert lapidar und „matter-of-factedly", das passiere. Ungerecht sei es nur in Bezug auf Bücher. Und doch spricht der Titel der Apologie nicht von der Verteidigung eines Buches, sondern von der Verteidigung des Mr. Toland, der geschrieben hatte, um das Christentum gegen den Vorwurf der Widersprüchlichkeit und des Obskurantismus zu verteidigen, und der daraufhin beschuldigt wurde, ungläubig zu sein. Seine ganze Verteidigung ist eine hochreflektierte Folge von If-Sätzen:

„'tis affirm'd that by his *Title* he rejects the *mysteries* of the Gospel. If by *Mysteries* be meant the *Doctrines* themselves, he denies none of them; but after Revelation they are not *mysterious* or obscure, he still maintains for the Honour of *Christianity*. A great many without doors very wisely conclude that he believes not the Doctrines, because he thinks they are *plain*, and therefore the more *credible*; for that's all he means by *not mysterious*" (32). So weit so gut: der erste If-Satz in dieser Sequenz bezeugt deutlich Tolands unschuldigen und naiven Glauben. Doch unmittelbar darauf wird man mit der folgenden Analyse konfrontiert, die deutlich macht, wie der Gebrauch eben solcher If-Sätze das verteidigte Werk Verruf gebracht haben kann: "It was likewise objected that he makes a dout whether the *Scriptures* be of Divine Authority. That bare Expression, *If the Gospel be really the Word of God*, imports no such matter, but very frequently the contrary; as for example, *If the Gospel be true this frame of the World shall be dissolv'd*, which is not to question, but more emphatically to arrest the truth of the Proposition" (32). Toland zitiert dann einen anderen Satz, nämlich sein eigenes Urteil (auch diesmal als Bedingung formuliert) über das Neue Testament aus *Christianity Not Mysterious*: "*all the Doctrines and Precepts of the New Testament (if it be indeed Divine) must consequently agree with Natural Reason and our own ordinary Ideas. THIS every considerate and well dispos'd Person will find by the careful perusal of it, and whoever undertakes this Task will confess the Gospel not to be HIDDEN from us nor far off; but very nigh us in our Mouths and in our HEARTS*" (*Christianity Not Mysterious* 46, Apology 34). Damit scheint Toland lediglich Schlüsse aus Lockes *Essay concerning Human Understanding* zu ziehen – auch wenn Locke selbst sich veranlasst sah, schleunigst zu erklären, er selbst habe niemals auch nur davon geträumt, solche Schlussfolgerungen bezüglich des Neuen nahezulegen. Das Hauptproblem aber bleibt, wie Toland ganz richtig bemerkt, das Problem des "IF". Indem er darauf hinweist, verschlechtert er allerdings die Situation: "Yet lest any suspicion of Fallacy might remain where the particle IF occurs, I demand what Declaration can be conceiv'd in stronger terms than the following Passage? (For you shall be troubl'd with it no more, tho I might easily cite forty others relating to this Head.) The words are, *Whether or no Christianity is mysterious ought to be naturally decided by the New Testament, wherin the Christian Faith is originally contain'd. I heartily desire to put the Case upon this Issue, I appeal to this Tribunal; for did I not infinitely prefer the Truth I learn from the sacred Records to all other Considerations, I should never assert that there are no Mysteries in Christianity. The Scriptures have engag'd me in this Error, if it be one; and I will sooner be reputed Heterodox with these only on my side, than to pass for Orthodox with the Whole World and have them against me*" (35). Dies klingt wie ein gutes und ebenso mutiges protestantisches Bekenntnis zu der Schrift, und der Schrift allein. Und doch unterminiert Toland seine eigene Selbstverteidigung, indem er bewusst auf die Funktion des If-Satzes hinweist. Denn die Funktion des If-Satzes in dieser Textpassage ist genau die, die These zu widerlegen, die rhetorisch als hypothetischer Urteilssatz eingeführt worden war: „The scriptures have engaged me in this Error, if it be one" – doch es ist kein Irrtum, er liege denn in der Schrift selbst? Wenn es sich nicht um einen Irrtum handelt, dient die ganze Passage lediglich als Glaubensbekenntnis. Handelt es sich aber um einen Irrtum, widerlegt diese Textstelle alles, was Toland über den If-Satz gesagt hat. Eigentlich hat der If-Satz hier sogar keine andere Funktion als die, alles in dem Urteilssatz Formulierte in Zweifel zu ziehen.

Einige Historiker (Sullivan, Evans) haben behauptet, dass die ganze irische Affäre über *Christianity Not Mysterious* vor allem auf eine Intrige gegen Tolands Gönner zurückzuführen sei, eine politische Affäre, in die der arme Toland mehr oder weniger zufällig als Opfer involviert wurde. Andere haben versucht, ihn zu einem Held der Subversion und der Kunst der theologischen Lüge (Daniel) und des angewandten Nominalimus (Mauthner) zu stilisieren.

Doch was sich bei gründlicher Lektüre seiner Texte erschließt, mag gar nicht so weit weg sein von Tolands eigener Wahrnehmung der Dinge. Seine Verspieltheit, so amüsant sie auch zu lesen ist, so sehr gezeichnet von einer gewissen Selbstgefälligkeit sie auch sein mag: sie zeigt doch sehr deutlich auch eine aufrechte und ernste Wut über die lausigen Interessen, die eine freie Meinungsäußerung in religionibus verbieten. Älter werdend schrieb Toland einen Text, der direkt (von John Biddle und Frederick Vaughan) in die Debatte zwischen Leo Strauss und John Pocock über *Persecution and the Art of Writing* eingeführt wurde.[10] In diesem Text vertritt Toland sehr deutlich die "Sache" der Meinungsfreiheit – doch er tut dies, indem er einen Hinweis ("clew") für das Verständnis von Texten gibt, die unter Verfolgung geschrieben wurden. Er wendet eine Regel des „Zwischen-den-Zeilen-Lesens" auf einige klassische Texte an und zitiert ausführlich aus verschiedenen Quellen, und zwar besonders die Stellen, die eindeutig dazu raten, der Öffentlichkeit die volle Wahrheit vorzuenthalten. Doch Toland hält dieses Prinzip nicht für ein akzeptables Ideal. Im Gegenteil spricht er sich deutlich für die Ausbildung der gesamten Bevölkerung und für absolute Meinungsfreiheit aus. Nur solange die politische Realität die Meinungsfreiheit nicht kennt, sei die Unterscheidung nötig zwischen solchen Dingen, die nur den Fähigen und Nüchternen einer Gesellschaft mitgeteilt werden könnten, und solchen Dingen, die „getarnt" gelehrt werden müssten, um den Vorurteilen der gemeinen Masse ("the vulgar") entgegenzukommen. Doch auch dabei unterscheidet Toland strikt zwischen Lüge und Tarnung: "Not plainly to say and profess all you think, or to do it by circumlocution and figures, is one thing: but tis quite another thing, to speak positively against your own judgment, or against the Truth in any figure of speech whatever".[11] Um Leser durch Texte zu führen, die entsprechend diesen prophylaktischen Regeln geschrieben wurden, formuliert Toland den folgenden hermeneutischen Hinweis: "When a man maintains what's commonly belieue'd, or professes what's publicly injoin'd, it is not always a sure rule that he speaks what he thinks: but when he seriously maintains the contrary of what's by law established, and openly declares for what most others oppose, then there's a strong presumption that he utters his mind" (*Clidophorus*, 96).

Was in Tolands frühen Apologetiken zunächst wie eine hilflose Geste der Selbstverteidigung wirkt, nämlich seine Weigerung, ein vollständiges *Glaubens*bekenntnis abzulegen (dies vertagte er auf die beiden Bände, die, wie er verkündete, auf *Christianity Not Mysterious* folgen sollten, dies jedoch nie taten – Toland schrieb stattdessen andere Dinge), entwickelte sich später selbst zu einem Bekenntnis, das sich – als *politische* Stellungnahme – schon in seinen frühen Werken erahnen lässt. Toland beendet seine Apologie, indem er eine berechtigte Kritik an seinem Buch erwähnt, einen Dr. Payne lobend, der "in his two Sermons [has] said more against him than the Bishop of Worcester, Mr. Norris, the Anonymous Oxonian, the Author of the *Occasional Paper*, Mr. Beverly, Mr. Gailhard, Mr. Browne, or any other Answerer; and yet instead of treating him like a *Dominican Inquisitor*, he uses, with some little warmth, such Grave and Christian Language as shows his Metropolitan's Judgement and Moderation in pitching upon him, as well as his own Skill and Sovernity in the managemnet of his Trust" (47). Durch diese Komplimente wird Payne ein wichtiger Teil von Tolands Argumentation: Da er selbst sich so sehr – wenngleich mit wechselndem Erfolg – bemüht hat, sich trotz der schrecklichen Behandlung, die ihm in Irland widerfahren ist, eine gewisse Nüchternheit und Rationalität zu bewahren, kann Toland das Allgemeinrelevante seines Verlangens nach diesen Qualitäten in Disputen überzeugender vortragen. Nichtsdestoweniger kann er dies nur, wenn er mindestens einen umgekehrten Fall, also zum Beispiel eine Person unter seinen Kritikern vorweisen kann, die seine Behauptung unterstützen würde, dass "A *good Temper* and *sound Judgement* usually go together, and if the absence of the former be no Demonstration that the latter is also wanting, yet questionless it creates a very reasonable suspicion of it, for a bad cause is generally supported by Violence and ill Arts, while TRUTH establishes itself only be Lenity and Perswasion" (44). Wer Respekt für den politischen oder theologischen Gegner zu seiner theologischen Sache macht, sollte selbst wenigstens vor einem seiner eigenen Gegner Respekt bezeugen.

Welcher Natur ist aber die Formel von der Wahrheit, die sich selbst durch Sanftmut erweist? Wie kann man sie mit dem ersten Zitat zusammenbringen, das ich als Motto für diesen Vortrag gewählt habe? Können wir abschließend sagen, dass bei Toland Wahrheit nun all das ist, was sich durch "lenity and perswasion" etabliert? In der Tat würde mit dieser Formel das sozio-politische Ergebnis, die tatsächliche Moral der einzelnen Gläubigen zum Kriterium der Wahrhaftigkeit ihres persönlichen Glaubens werden. Es gäbe auch andere Kriterien: zum Beispiel Konsistenz. Die Irrtümer "commonly laid to Mr. Toland's charge are so various and inconsistent with one another, that no Man of ordinary sense could possibly hold them all at the same time" (31). An diesem Punkt bleibt ein ungelöstes Problem in Mr. Tolands Gedankengang bestehen. Sein pantheistischer Rationalismus zwingt ihn dazu, sich eine Vorstellung von Wahrheit "in matters of nature" zu bewahren; seine Ideen über die rechte Vernunft und die angeborenen Prinzipien des menschlichen Verständnisses zwingen ihn, diese Kriterien auf Wahrheit anzuwenden. Doch schließlich stellt sich sein Urteil in religiösen Dingen immer als ein moralisches heraus: Eher geht es dabei um das moralisch Gute des Anliegens und den Weg, auf dem dieses Anliegen bis zu „seiner" Wahrheit verfolgt wird, als um den Weg von der Wahrheit zum Guten. Tolands pantheistische Weltsicht erlaubt kein moralisches Urteil, das nicht in der Natur gründet, während die Sorge um den allgemeinen Frieden sich nicht bei dem Gedanken beruhigen kann, dass der ewige Krieg, wie ihn der Pantheist in der Natur vorfindet, der Weisheit letzter Schluß ist. Die Auffassung von "right reason" und "true religion" soll dem Skeptizismus und dem Relativismus standhalten, die mit den Unruhen der Reformation und Revolution in die Welt kamen – doch ohne ein gewisses Maß an Relativismus in „truth-matters" scheint sozialer Frieden unerreichbar. Toland war nicht der Philosoph, der dieses Problem ein für alle Mal „lösen" sollte, wenn er sich auch sehr bemühte und einige bemerkenswerte Ideen formulierte, sowohl aus historischer als auch aus philosophischer Sicht. Aber gerade die Ungelöstheit und vielleicht Unlösbarkeit dieser Probleme lenkten ihn in die Richtung, noch die Frage, wie unlösbare Probleme und Zwistigkeiten zu ertragen seien, in die Erwartung eines neuen Lichts zu stellen.

In all seinen Verteidigungsschriften, beginnend mit der, die ich gerade vorgestellt habe, stellt Toland die Bedeutung der Bedürfnisse eines Individuums oder einer Minderheit unter Druck (bspw. Verfolgung) als DAS Problem der Menschheit. In jeder einzelnen Situation, in der er einen Fall als seinen angenommen hat, versuchte er, eine tiefe Sorge um die notwendigen Unterscheidungen zwischen Menschen sogar in Fragen der Rationalität mit einer nicht weniger tiefen Sorge um die Idee der einen Vernunft zu verbinden. So versuchte Mr. Toland vielleicht in der Tat, die rechte Vernunft und alles, was im Christentum wahr und gut sein könnte, gegen die Gifte der Dummheit und der selbstverschuldeten Unmündigkeit zu verteidigen, die ihre Spuren in der Geschichte aller christlichen Denominationen hinterlassen haben. Dies tut er, indem er die christliche Religion philosophisch pantheistisch interpretiert und dabei einige der Charakteristika vorausahnt, die das Christentum im deutschen Idealismus etwa hundert Jahre später prägen würden. Sein "Protestantisches" Anliegen ist nichts als ein Begehr gegen eine „spirituelle Autorität" und Verfolgung jeder Art, und sollte jemandem eine Religion dienen, um religiöser Verfolgung eine Ende zu setzen, so könnte kein philosophisches Argument, zumindest kein vernünftiges, gegen eine solche Religion gefunden werden (dies passt übrigens zu Tolands lebenslanger Feundschaft mit William Penn, der gewiß kein Pantheist, aber ein energischer Gegner religiöser Verfolgungen war). Für heutige Leser ist es seltsam, mitanzusehen, wie das unter Druck gesetzte Individuum zu Tolands Zeiten das stärkste Argument für die Philosophie überhaupt konstituiert, und zwar gegen die Advokaten der Theologie. Denn nach Ansicht mancher Philosophen des zwanzigsten Jahrhunderts hoffte gerade der bedrängte Einzelmensch völlig umsonst auf Antworten aus der Philosophie – und gerade seinetwegen wendet sich die Philosophie neuerdings der Theologie als der Größe zu, die der Philosophie den einzig möglichen Philosophierenden, den Menschen, wieder geben könne. Vielleicht zeigt gerade die naive Hoffnung, die Toland trotz allem auf eine allgemeine Philosophie setzt, am deutlichsten, wie hilflos seine eigene höchstpersönliche Angelegenheit mit den Mitteln seiner Philosophie verteidigt wird: "Tis likewise clear as the Sun they were Mr. Toland's Enemies that made […] all the needless stir about his Book, and not his Friends, who only acted defensively for the *Common Liberty* of mankind, but not upon his private account. Nor does he (who, one would think, should know it best) believe any Persons in *Ireland* or elsewhere favour'd him a jot the more for writing that *Treatise*; and if they did, he was never yet inform'd of this Kindness either by themselves or others by their Deputation: neither does he make returns of Love or Respect to any body living upon this mere Consideration" (51f).

Schließlich kann Tolands persönliches Anliegen nach seiner eigenen Ansicht und im Sinne seiner eigenen Ansprüche also nicht auf individuelle, subjektive Art und Weise gehandhabt werden, wenn es verteidigt werden soll. Die allgemeine Regel, zu der sich der Gegner des Opferns hinwendet, zwingt ihn letztlich, jedwede individuellen Charakteristika seines Anliegens zu opfern, um es verallgemeinern zu können. Es bleibt den hauptsächlich jüdischen theologisch-philosophischen Denkern des zwanzigsten Jahrhunderts überlassen, die sehr persönlichen Aspekte des individuellen Leidens als das letzte Argument für das universelle Anliegen einer Interpretation des Anderen als Kategorie wahrzunehmen und aufzufassen. Mr. Toland, dessen apologetische Verwicklungen einen Vorausblick auf diese Ereignisse ermöglichen könnten, hat die Bühne lange vorher mit einem Seneca-Zitat verlassen: "Qui statuit aliquid, parte inaudita altera, AEQUUM liat statuerit, haud AEQUUS est".

---

[1] Dieser Text ist eine deutsche Variation zu meinem ausführlicheren englischsprachigen Beitrag in dem Buch: *Religious Apologetics – Philosophical Argumentation*, hrsg. v. Yossef Schwartz und Volkhard Krech, Tübingen (Mohr Siebeck) 2004, S.69-86. Die Übersetzung ins Deutsche hat Christiane Fröhlich in Absprache mit mir angefertigt, Gesine Palmer.

[2] John Toland, The Life of Milton, in: A Complete Collection of the Historical, Political, and Miscellaneous Works of John Milton, Bd. 1, Amsterdam 1698, S.21.

[3] Stephen H. Daniel, *John Toland. His Methods, Manners, and Mind*, Kingston and Montreal 1984.

[4] Robert Rees Evans, *Panthisticon. The Career of John Toland*, New York and others 1990, S.3f.

[5] Der ganze Text in: A Collection of Several Papers o Mr. John Toland, Now first Publish'd from his Original Manuscripts, ed. by Pierre Desmaiseaux, London 1726.

[6] So in *The Destiny of Rome*, London 1718.

[7] Vgl. dazu außer Evans auch Robert E. Sullivan in his *John Toland and the Deist Controversy. A Study in Adaptations*, Cambridge Mass. London 1982.

[8] Vgl. dazu Urban Gottlob Thorschmid, *Versuch einer vollständigen Freydenkerbibliothek*, o.O., 1752.

[9] London 1697, S.6 (Im folgenden sind die Seitenangaben aus diesem Buch in Klammern den Zitaten angefügt).

[10] Frederick Vaughan, „An Exchange on Strauss's Macchiavelli", in: *Political Theory* 4, 1976, 371f.

[11] John Toland, *Clidophorus*, 1720, S.81.

JOHANNES VON LÜPKE

Weisheit im Widerspruch
Johann Georg Hamanns metakritische Philologie

1. Hamann als Denker am Rande

Die Rede vom Ort eines Denkers am Rande setzt voraus, daß eine Mitte angegeben werden kann, von der her die Perspektiven eingestellt und Abstände gemessen werden. In der Mitte laufen die Linien aus allen Richtungen zusammen; von hier strahlen sie als Radien aus. Hier im Mittelpunkt verdichtet sich ein weit gespanntes Beziehungsnetz. Von hier aus erschließt sich ein Ganzes. Der Mittelpunkt empfiehlt sich somit als Standort der Universalität; an ihm sammelt sich das in je verschiedene Lebenskontexte eingebundene, partikulare Erkenntnisvermögen zur allgemeinen, *einen* Vernunft. Am Rande aber bleibt das Denken der Partikularität verhaftet; es zersplittert sich in verschiedene 'Vernünfte', die miteinander nur schwer kommunizieren können.

Versuchen wir von daher die eigentümliche Stellung Johann Georg Hamanns (27.8.1730 – 21.6.1788) im Zeitalter der Aufklärung, zu bestimmen, so können wir uns an eine Topographie anschließen, die Georg Wilhelm Friedrich Hegel in einer Rezension der „Schriften" Hamanns folgendermaßen gezeichnet hat:

Die Aufklärung in Deutschland habe sich in „zwei verschiedene Charaktere" gespalten. „Auf der einen Seite wurde das Geschäft der Aufklärung mit trockenem Verstande, mit Prinzipien kahler Nützlichkeit, mit Seichtigkeit des Geistes und Wissens, kleinlichen oder gemeinen Leidenschaften und, wo es am respektabelsten war, mit einiger, doch nüchterner Wärme des Gefühls betrieben, und trat gegen alles, was sich von Genie, Talent, Gediegenheit des Geistes und Gemüts auftrat, in feindliche, trakassierende, verhöhnende Opposition. *Berlin* war der Mittelpunkt jenes Aufklärens [...]", als dessen Repräsentanten Hegel insbesondere Nicolai, Mendelssohn, Teller, Spalding, Zöllner sowie Eberhard, Steinbart und Jerusalem nennt. „Außerhalb" dieses Mittelpunktes „befand sich in Peripherie um ihn her, was in Genie, Geist und Vernunfttiefe erblühte und von jener Mitte aufs gehässigste angegriffen und herabgesetzt wurde." Drei Orte bzw. Regionen werden hervorgehoben: Königsberg mit Kant, Hippel und Hamann, sodann Weimar und Jena mit Herder, Wieland, Goethe, später noch Schiller, Fichte und Schelling, „weiter hinüber gegen Westen [also in Düsseldorf und Münster] Jacobi mit seinen Freunden [...]. Obgleich beide Seiten im Interesse der Freiheit des Geistes übereinkamen, so verfolgte jenes Aufklären, als trockener Verstand des Endlichen, mit Haß das Gefühl oder Bewußtsein des Unendlichen, was sich auf dieser Seite befand, dessen Tiefe in der Poesie wie in der denkenden Vernunft."[1]

Sieht man die Mitte der deutschen Aufklärung in Berlin und den dort und im näheren Umkreis wirkenden Aufklärern, so ist Hamanns Stellung in der Tat eine periphere, die in scharfem Gegensatz auf jenen Mittelpunkt bezogen ist. In dieser Mitte freilich sieht Hegel die Region des 'seichten' Verstandes, der in seinem Bezug auf die endliche Lebenswirklichkeit allzu oberflächlich bleibt, während an der Peripherie ein Geist wirksam ist, der in die Tiefe dringt, das Endliche mit dem Unendlichen so zusammendenkt, daß Kunst und Philosophie, Poesie und denkende Vernunft miteinander kommunizieren. Ob diese Charakterisierung der Berliner Aufklärung gerecht wird und ob sie für alle genannten Denker am Rande zutreffend ist, mag man bezweifeln. Im Blick auf Johann Georg Hamann kann sie sich jedoch als überaus aufschlußreich erweisen: Sie deutet das Netz von Beziehungen an, in dem sich Hamanns Autorschaft und zumal sein umfangreicher Briefwechsel bewegt[2]; sie markiert die Eigenart seines Denkens auf der Grenze zwischen Rationalität und Sprachkunst, zwischen kritischer Reflexion und poetischer Imagination. Und nicht zuletzt: Hamann erscheint hier als ein Denker, der im Gegenüber zur 'seichten' Aufklärung des Verstandes eine zweite Stufe der Aufklärung repräsentiert. In dieser „Tiefe" des Geistes ist er, der Kants kritische Philosophie aufs schärfste zu kritisieren gesucht hat, diesem Königsberger Nachbarn und Zeitgenossen doch aufs engste verbunden.

2. Hamann in seiner Zeit

Verdeutlichen wir uns diese Stellung zunächst in biographischer Hinsicht. Der Ort Hamanns in den geistigen Auseinandersetzungen seiner Zeit ist von seiner untergeordneten sozialen und beruflichen Stellung nicht zu trennen. Er „tauge zu keinem Amt, für keine Gesellschaft", lautet eines seiner häufigen Selbstbekenntnisse.[3] Diese Untauglichkeit sieht er begründet in seiner „stotternde[n] Zunge"[4], in seiner „schweren Aussprache und hypochondrischen Launen"[5]. So breitgefächert sein Studium an der heimatlichen Königsberger Universität angelegt war – es umfasste neben der Theologie auch Studien in Philosophie, Sprachen und Literatur und nicht zuletzt auch auf den Feldern von Recht, Politik und Ökonomie – so wenig vermochte er es, eine Sache zum Abschluss zu bringen. Zwischen dem Verlassen der Universität (1752) und dem Eintritt in den Dienst der Zollverwaltung (1767) liegen mehrere Versuche, die alle mehr oder weniger vom Scheitern gezeichnet sind: Hamann versucht sich als Hofmeister (Hauslehrer) in Livland (1752-1756), als kaufmännischer Mitarbeiter im Rigaer Handelshaus Berens (1756-1758), als freier Mitarbeiter an den „Königsbergschen Gelehrten und Politischen Zeitungen" (1759-1764). Er unternimmt Reisen, insbes. eine Geschäftsreise nach London, wo sich im Frühjahr 1758 seine sogenannte Bekehrung ereignet, und eine längere Deutschlandreise mit Stationen in Lübeck, Frankfurt/M., Leipzig und Berlin, die zu Begegnungen u. a. mit Friedrich Carl von Moser sowie mit Moses Mendelssohn führt. 1767 nach Königsberg zurückgekehrt, lebt er mit Anna Regina Schuhmacher, die 1762 als Köchin in das Haus seines Vaters eingetreten war, zusammen, ohne diese Verbindung, der vier Kinder entstammen, durch eine förmliche Eheschließung zu legalisieren. In seiner beruflichen Laufbahn ist er über die Positionen zunächst des Sekretärs, Übersetzers und später (ab 1777) des Packhofverwalters im Dienst der Königsberger Zollbehörde nicht hinausgekommen.

Diese berufliche Tätigkeit gewährte ihm ein relativ bescheidenes Einkommen, kaum Machtbefugnisse, dafür aber doch einen Freiraum, den er für seine weit gespannten geistigen Interessen nutzen konnte. In einem Brief an Herder heißt es: „Ohngeachtet aller meiner Talente im Eßen, Trinken, Schlafen wird mir mein Leben zur Last und ich bin gepreßt wie in einer Kelter. Ich muß von 7 des Morgens bis 6 des Abends auf meinem Posten Schildwache halten ohne Arbeit als ein leidiges Lesen wodurch ich mich zu betäuben suche."[6] Das Lesen wird man als die Hauptbeschäftigung Hamanns ansehen müssen. Um das Bild der Kelter aufzunehmen: Körbeweise schüttet er alle literarischen Werke, deren er nur habhaft werden kann, in seinen Kopf, wobei mitunter schwer zu entscheiden ist, was er nur schnell „durchlaufen" und was er gründlich verarbeitet hat. Achtet man auf den Ertrag, gleichsam auf den Wein, der am Ende aus der Kelter herausfließt, so handelt es sich um geringe Mengen, hoch konzentriert, im Verhältnis zur Menge des Gelesenen verschwindend gering und doch in der äußersten Verdichtung überaus genau auf die zitierten Texte antwortend.

Nach zwei Jahrzehnten relativer Stabilität in der beruflichen Tätigkeit als „Zöllner" bricht Hamann schließlich im Sommer 1787 zu seiner letzten Reise auf. Diese führt nach Pempelfort bei Düsseldorf zu Friedrich Heinrich Jacobi, zu dem sich schon seit 1782 ein lebhafter philosophischer Briefwechsel entwickelt hatte, und zuletzt nach Münster zur Fürstin Gallitzin und ihrem Kreis. Dort stirbt Hamann am 21. Juni 1788 im Haus von Franz Kaspar Bucholtz. Bedenkt man noch, daß Hamann bei seiner letzten Reise Weimar und dort den Besuch bei Herder und Goethe als Ziel vor Augen hat, und daß nicht nur der Generalsuperintendent, sondern auch der Dichterfürst den Königsberger Autor als Lehrer geehrt und verehrt haben, so entsteht ein Geflecht von Beziehungen, durch die Hamann mit allen Hauptorten und Koryphäen der von Hegel beschriebenen Peripherie verbunden ist. Zum Königsberger Gespräch mit Immanuel Kant, mit dem gemeinsam er 1759 eine Physik für Kinder schreiben will und auf dessen „Kritik der reinen Vernunft" von 1781 er mit einer „Metakritik über den Purismum der Vernunft" zu antworten sucht, kommt das Gespräch mit Herder, das in Königsberg, während der Studentenzeit Herders begonnen, in einem Briefwechsel zwischen Königsberg und Weimar fortgesetzt worden ist. Ebenso anregend wir kritisch begleitend nimmt Hamann Anteil an den Debatten über den Ursprung der Sprache sowie über Grundfragen der Anthropologie und Geschichtsphilosophie. Er steht mithin denen besonders nahe, die in den 70er und 80er Jahren des 18. Jahrhunderts in der Philosophie und Literatur die Entwicklung in einer Weise vorangetrieben haben, daß sich der Vergleich mit der kopernikanischen Wende aufgedrängt hat. Die Nähe, aus der heraus er die revolutionären Veränderungen in der Anthropologie und in der Grundlegung der Erkenntnistheorie verfolgt, ist freilich niemals ohne kritische Distanz. Hamanns Individualität sperrt sich dagegen, in eine geistesgeschichtliche Bewegung eingeordnet zu werden. Sein Denken ist überaus zeitbezogen, an den Umbrüchen seiner Zeit teilnehmend und leidend, und zugleich unzeitgemäß[7], indem es sich an einem Zentrum orientiert, das außerhalb des Gesichtskreises der Aufklärung liegt.

3. Konstellationen der biblischen Geschichte

Um Hamanns Selbstverständnis zu bestimmen, muß man der eben skizzierten Topographie noch eine andere unterlegen. Die Konstellationen des zeitgenössischen philosophisch-theologischen Gesprächs werden von Hamann zurückübersetzt in die biblische Geschichte, deren Koordinatensystem räumlich und zeitlich auf Jerusalem ausgerichtet ist. Das Zentrum, um das Hamanns Denken kreist, von dem er sich bewegt weiß, liegt in dem Wort der Selbstvorstellung Gottes, das in der Geschichte Israels seinen besonderen Ort und seine besondere Zeit hat. „Ein anderes Δος μοι που στώ [gib mir den Punkt, wo ich stehen kann; Anspielung auf den berühmten archimedischen Punkt] kenne und weiß ich nicht, als Sein Wort, sein Schwur, und sein Ich bin — und werde seyn, worinn die ganze Herrlichkeit seines alten und neuen Namens besteht, den kein Geschöpf auszusprechen im stande ist."[8] Was dieses Wort für Hamann bedeutet, läßt sich in einem anderen biblischen Satz zusammenfassen, der wie ein Leitmotiv seine Schriften und Briefe vom Frühwerk bis zum Spätwerk durchzieht: „Wir haben ein festes prophetisches Wort, und ihr tut wohl, daß ihr darauf achtet, als auf ein Licht, das da scheinet in einem dunklen Ort, bis der Tag anbreche und der Morgenstern aufgehe in euren Herzen" (2. Petr 1,19).[9] Als ein „prophetisches Wort" ist das Wort der Bibel Zeitansage. Nicht so sehr die Erkenntnis ewiger Wahrheiten, die unabhängig von zeitlicher und räumlicher Besonderheit zu gelten beanspruchen, ist intendiert; vielmehr spricht das Wort in die geschichtliche Wirklichkeit des Menschen hinein, um in einer je bestimmten Zeit und an einem je bestimmten Ort zu Unterscheidungen, zur Selbsterkenntnis durch Kritik hindurch zu rufen.[10]

Das Zeitalter der Aufklärung erscheint im Spiegel dieses Wortes als der „dunkle Ort". Es ist eben darin dunkel, daß es sich dem richtenden Licht des „prophetischen Wortes" verweigert und sich darüber täuscht, daß bei aller Ausbreitung des Lichtes der Vernunft das menschliche Herz keineswegs heller geworden ist. In dieser Hinsicht steht der Mensch noch vor der Aufklärung. So sehr es um die Aufklärung seiner selbst in seinem innersten und tiefsten Grund geht, so wenig ist er selbst fähig, diese Aufklärung selbst zu vollziehen. Sie geschieht an ihm, indem er im Hören und Vertrauen auf das Wort dem Aufgang des „Morgensterns" Zeit und Raum läßt. Hamanns Lebenswende, die sich während seines Londoner Aufenthalts im Frühjahr 1758 ereignet hat, will als eine solche Aufklärung des Herzens verstanden werden. Eben im Herzen, wo Hamann zuvor „die Leere und das Dunkle und das Wüste" gespürt hatte, kehrt ein Trost ein, dessen Quelle er sich „selbst nicht zuschreiben kann"[11].

Der Hamann zugesprochene Beiname „Magus in Norden" verdankt sich demselben biblischen Kontext. Er erinnert an einen Zeitungsartikel, den Hamann zu Weihnachten 1760 unter der Überschrift „Die Magi aus Morgenlande, zu Bethlehem" veröffentlicht hat, und damit an die diesem zugrunde liegende „Urschrift"[12]: die biblische Geschichte von den „Weisen aus dem Morgenland", die sich von einem Stern den Weg zum Kind im Stall von Bethlehem zeigen lassen (Mt 2,1-12). Als der „Magus in Norden" weiß sich Hamann mit diesen „Weisen" in einer Weggemeinschaft über die Verschiedenheit der Zeiten und Orte hinweg verbunden. Die biblische Geschichte liefert den Typus einer Weisheit, an dem sich das Selbstverständnis und die Lebensaufgabe des Nachfolgers ausbilden. Dieser wird nicht dadurch zum Weisen, daß er das Ganze von Welt und Geschichte erkennend zu durchdringen vermag, sondern dadurch, daß er das Ganze, „alle Fülle der Gottheit", in einem besonderen geschichtlichen Ereignis wahrzunehmen vermag: Das Himmelreich „ist gleich einem Senfkorn, einem Sauerteige, einem verborgenen Schatz im Acker, einem Kaufmann, der köstliche Perlen suchte und eine gute fand – το παν εστιν ΑΥΤΟΣ [das Ganze ist Er, sc. Gott]. Alle Fülle der Gottheit hat in einem Kindlein klein, in einer Krippe Raum".[13]

In solcher Konzentration auf geschichtliche Partikularität, wie sie mit den Ortsnamen Bethlehem, Jerusalem und hier insbesondere Golgatha bezeichnet ist, widersetzt sich der „Magus in Norden" dem Hauptstrom der zeitgenössischen Aufklärung, sofern diese hier lediglich „zufällige Geschichtswahrheiten" (Lessing) oder gar „schädliche Mythologie"[14] zu erkennen vermag. Hamann behaftet die vermeintlich reine, allgemeine Vernunft auf dem Boden der Geschichte, von dem sie sich abzustoßen bestrebt ist. Eben dazu begibt er sich an den Ort, an dem diese kritische Vernunft zu Hause ist. Auf der imaginären Landkarte, die Hamanns Autorschaft unterlegt werden kann, ist nun ein zweites Zentrum auszumachen: Athen als der Ort, an dem sich die allgemeine philosophische Vernunft versammelt. Angefangen mit den „Sokratischen Denkwürdigkeiten" (1759) bis hin zu den letzten Aufzeichnungen in Münster sucht Hamann das Gespräch mit der Weltweisheit. Die Urszene, die er immer wieder aufführt, findet sich in der Apostelgeschichte, im Bericht von der Predigt des Paulus auf dem Areopag in Athen (Apg 17,16-34). So wie Paulus die in Athen versammelten Hörer, unter ihnen „etliche Philosophen, Epikureer und Stoiker" (V. 18), an den Altar mit der Aufschrift „Dem unbekannten Gott" erinnert (V. 23), so wie er Einsichten der Dichter zitiert (V. 27f), so weiß auch Hamann seine Gesprächspartner beim Wort zu nehmen. Zitierend und imitierend lässt er sich auf das Denken anderer ein. Er entdeckt, worin verschiedene Positionen und Einstellungen, die sich gegeneinander profilieren, einander doch gleichen. Wie Sokrates, über den er „auf eine sokratische Art" schreibt, versteht er sich auf eine Gedankenführung, die durch „Analogie" und „Ironie" geprägt ist.[15] Als „handlungsvoller Schriftsteller"[16], der verschiedene Rollen zu spielen weiß, versetzt er seine Gesprächspartner immer wieder in überraschende Konstellationen, bringt er Heterogenes durch das Band der Analogie zusammen, um dann um so schärfer in den Konflikt hineinzutreiben, der im Zeugnis des Neuen Testaments zwischen der Weltweisheit und der Torheit des Wortes vom Kreuz ausgetragen wird. In der Nachfolge und Nachahmung des Paulus geht es Hamann entscheidend darum, „mit thörichter Predigt" das „dumm" gewordene „Salz der Gelehrsamkeit" zu „würzen" und die philosophische Vernunft ihrer „Unwissenheit" zu überführen.[17] Wer so eine „Weisheit des Widerspruchs"[18] vertritt, zieht vor dem Forum der allgemeinen Vernunft den Spott auf sich. Paulus sei ein Schwätzer, wörtlich: einer, der Samenkörner aufliest (σπερμολ⬚γος). Wenn freilich bei dem Samen, den es aufzulesen gilt, an den „unvergänglichen Samen des Wortes Gottes" gedacht wird (1. Petr 1,23), dann verrät sich in dem Spottnamen, den Hamann sich zu eigen macht, zugleich das theologische, vom Wort Gottes bestimmte Geheimnis seiner Autorschaft.

4. Philologie und Theologie: Hamann als Liebhaber des Wortes

So wie Hamann sich in den Literaturbetrieb seiner Zeit eingemischt hat, handelt es sich um Anpassung und Widerspruch zugleich. Als einer von vielen anonymen und pseudonymen Schriftstellern bedient er sich der Möglichkeiten, die ihm der literarische Markt bietet; er „opfert" dem anonymen Publikum und verleugnet geradezu seine Individualität. Eben sich so auf seine Adressaten einlassend, widerspricht er jedoch aufs schärfste den gängigen Erwartungen. Statt „dickbäuchiger" Systeme, die ein Ganzes in sich zu schließen beanspruchen, liefert er nur kleine, fragmentarische Stücke: „Brocken", „Zweifel und Einfälle".[19] Die Wahrheit, um deren Mitteilung es ihm zu tun ist, fügt sich nicht den Gesetzen des Warenaustausches; sie ist „nicht communicable, wie eine Ware"[20]. Wenn man schon die sprachliche Kommunikation mit dem Zahlungsverkehr vergleicht, so ist doch das Medium des Wortes keineswegs nur äußerlich, konventionell auf die gemeinte Sache bezogen; vielmehr begegnet im Wort die Sache selbst. Die Sprache hat für Hamann geradezu sakramentale Qualität.[21] „In Oblaten, petit pates und dünnen Fladen"[22], also in „Brocken" will die Fülle, ja der Überfluss der göttlichen Gnade wahrgenommen werden.

Die für Hamanns Schriftstellerei charakteristischen Sprachformen haben insofern einen theologischen Hintergrund: Sie entsprechen der Bewegung der Kondeszendenz, der Selbsterniedrigung des biblischen Gottes, der sich in seinem Wort auf das Kleine, Verächtliche, Gebrochene, ja Unreine einläßt. Sie widersprechen so der gegenläufigen Bewegung, in der sich die menschliche Weisheit Bilder Gottes als eines schlechterdings vollkommenen Wesens fingiert, jenseits alles irdischen, materiellen, sinnlichen Seins. Wenn Hamann mit seinen Kleinschriften „gegen die Dictatoren der reinen Lehre und Vernunft" polemisiert, so meint er vor allem den unter dem Vorzeichen der vermeintlich „reinen Vernunft" aufgerichteten Götzendienst. Als Philologe, im wörtlichen Sinn: als Liebhaber des Wortes widerspricht er einer Vernunft, die von der Bewegung der Selbstmitteilung Gottes abstrahiert und in ihrem Versuch, Gottes Sein zu begreifen und sich anzueignen, „tausend mythologische Namen, Idole und Attribute" hervorbringt[23] . Als Theologe konzentriert er die Vernunft auf das gegebene, vor allem in der Bibel überlieferte Wort, um in ihm das Kommen Gottes, seine Gegenwart zu vernehmen. Diese Einheit von Philologie und Theologie ist eben darin begründet, daß die Sprache das Medium ist, in dem Gott und Mensch miteinander kommunizieren. „Göttlich und menschlich zugleich" ist die Sprache schon von ihrem Ursprung her. In ihr vollzieht sich der Austausch göttlicher und menschlicher Eigenschaften, den die Theologie in der Lehre von Jesus Christus unter dem Begriff der *communicatio idiomatum* gelehrt und den Hamann zum „Hauptschlüssel aller unsrer Erkenntniß und der ganzen sichtbaren Haushaltung"[24] erklärt hat.

Wie diese Einsicht Hamanns Selbstverständnis und Autorschaft geprägt hat, läßt sich in einzigartiger Verdichtung in seiner „Neuen Apologie des Buchstaben h von ihm selbst"[25] erkennen. Mit dieser Kleinschrift, die eine überaus positive Resonanz, u. a. auch bei Kant[26] gefunden hat, imitiert und parodiert Hamann die apologetischen Bemühungen der zeitgenössischen Theologie und Philosophie. Statt über die Religion zu reden und die Wahrheit ihrer Lehren zu beweisen, sucht er die Wahrheit des Wortes Gottes selbst zu Wort kommen zu lassen. Die im Sinn des Johannesevangeliums verstandene Wahrheit gleicht dem „Hauch", der im Buchstaben h repräsentiert ist: „Was ist Wahrheit? Ein Wind, der bläst, wo er will, dessen Sausen man hört, aber nicht weiß: woher? Und wohin? - Ein Geist, welchen die Welt nicht kann empfangen; denn sie sieht ihn nicht, und kennt ihn nicht."[27] Der Buchstabe h, den Hamann für sich selbst sprechen läßt, ist der Stellvertreter dieses Geistes. In ihm kommen menschliche, kreatürliche Schwäche, ja Ohnmacht und göttliche Vollmacht zusammen. Die Antithese von Buchstabe und Geist wird im Sinne der *coincidentia oppositorum* [Zusammenfallen der Gegensätze] als Einheit des sehr wohl zu Unterscheidenden, aber nicht zu Trennenden ausgelegt:

Einerseits, bloß als Laut und Buchstabe genommen, ist das h ein überaus schwaches Zeichen: *nur* ein Hauch. In der zeitgenössischen Debatte um die Orthographiereform, zu der Hamann vordergründig Stellung nimmt, steht in Frage, ob man nicht auf diesen Buchstaben verzichten könnte. Zumindest dort, wo das h nicht ausgesprochen wird – am Ende einer Silbe oder als Dehnungs-h – , scheint dieser Buchstabe seine Existenzberechtigung zu verlieren. Dem Maß der Rationalität, das den Vorschlägen zur Orthographiereform zugrunde liegt, kann er nicht genügen: er ist keineswegs notwendig, vielmehr eine überflüssige, zu vernachlässigende Größe.

Andererseits ist der Hauch Inbegriff des allmächtigen Geistes, durch den der Schöpfer die Welt ins Sein ruft, den Menschen zu einer lebendigen Seele werden läßt (vgl. Gen 1,3; 2,7) und alle Kreaturen im Sein erhält (vgl. Ps 104,29f). Sowenig der Mensch diesen Lebenshauch selbst aussprechen, selbst über ihn verfügen kann, sosehr ist er darauf angewiesen, daß er ihm zugesprochen wird. So verstanden handelt es sich um das schlechterdings Lebensnotwendige. Wer diesen Hauch geringschätzt oder für nichtig erklärt, widersetzt sich dem Schöpfer und verurteilt sich selbst, indem er sich von dem ihn tragenden schöpferischen Grund lossagt, zum Tode.

Der so verstandene Gegenstand der „Apologie" wird von Hamann zugleich als ihr Autor vorgestellt („von ihm selbst"). Auch diese Angabe ist doppelbödig: Der Autor Hamann kürzt hier seinen eigenen Namen ab. Er versteht sich selbst als Mann des Buchstabens h: H-mann. Und

er macht sich, indem er sich mit diesem ihm zufällig zuteil gewordenen Buchstaben identifiziert, zum Anwalt all dessen, was im Namen der Vernunft als zu vernachlässigende Größe,
als bloße Partikularität oder Zufälligkeit verurteilt und vernichtet wird. Er spricht für die
Stummen, die nicht für sich selbst eintreten können und daher dem herrschenden System der
Aufklärung zum Opfer fallen. Darüberhinaus dürfte die eigentliche Pointe dieser Autorangabe
theologischer Art sein: Die Abkürzung deutet hin auf das „unaussprechliche Geheimniß" des
Gottesnamens[28]. Der lebendige Gott läßt sich nicht als „Gegenstand" menschlicher „Betrachtungen" fassen[29]; er ist vielmehr nur zu erkennen, wenn man ihn als Subjekt, als Autor
selbst zu Wort kommen läßt. „Das höchste Wesen ist im eigentlichsten Verstand ein Individuum das nach keinem andern Maasstab als den er selbst giebt und nicht nach willkührl.
Voraussetzungen unsers Vorwitzes und naseweisen Unwißenheit gedacht oder eingebildet
werden kann."[30].

Die „zufälligen", durch eine Detailfrage der Orthographiedebatte ausgelösten Gedanken
passen somit „zur Hauptsache": Die Philologie, die auf den „kleinsten Buchstaben" und
„Tüttel" (Mt 5,18) achtet, und die Theologie, die in ihm „das kräftige Wort", durch das Gott
„alle Dinge trägt" (Hebr 1,3) wahrnimmt, sind zwei Seiten *einer* Erkenntnis. Sucht man den
Punkt der Koinzidenz, an dem die *opposita* von Buchstabe und Geist, von Ohnmacht und
Allmacht, von Kreatur und Schöpfer, zusammenkommen, genauer zu bestimmen, so wird
man von Hamann auf die Bibel und in ihr zentral auf das Wort vom Kreuz verwiesen. Von
daher hat er sich als „Philologe des Kreuzes"[31] verstanden und das „kreutzweis ausgemittelte
Verhältnis der tiefsten Erniedrigung und erhabensten Erhöhung beyder entgegengesetzten
Naturen"[32] zum Hauptthema seiner Autorschaft erklärt.

5. Metakritik

Ohne „Theologie des Kreuzes" werden „die besten Dinge aufs schlechteste mißbraucht",
behauptet Luther in seiner Kritik der durch Aristoteles geprägten Philosophie.[33] Gemeint ist
hier insbesondere die Gabe des Gesetzes, das nach Röm 7,12 „heilig, gerecht und gut" ist,
aber vom Menschen so mißbraucht wird, daß es dem Tode dient. Hamann wiederholt diese
Kritik, indem er sie auf die Gabe der Vernunft anwendet. „Philosophische Erkenntnis" und
„gesetzliche Gerechtigkeit"[34] gleichen einander darin, daß beide die von Gott gegebenen
Hilfsmittel, die Vernunft ebenso wie das Gesetz, zu Mitteln des Selbstruhms, ja der Selbst-
vergöttlichung verkehren. Die Vernunft, die sich ihrer „Allgemeinheit, Unfehlbarkeit, Über-
schwenglichkeit, Gewißheit und Evidenz" rühmt, erweist sich in den Augen Hamanns als ein
Götzenbild, „dem ein schreyender Aberglaube der Unvernunft göttliche Attribute andich-
tet"[35]. Diese Selbstwidersprüchlichkeit, „die innere[n] Lügen und Widersprüche der Vernunft"[36], aufzuklären und zum rechten Vernunftgebrauch zurückzuführen, ist das Anliegen
der Vernunftkritik Hamanns. So wie der Theologe des Kreuzes nach Luther die Wirklichkeit
Gottes und des Menschen so erkennt, wie sie wirklich sind[37], so zielt auch Hamanns Vernunftkritik auf einen Realismus, der Gott und Mensch ins rechte Verhältnis zueinander treten
und darin die Vernunft zu „ächter, lebendiger, verhältnismäßiger Vernunft"[38] werden läßt.

In der Auseinandersetzung mit Kant hat Hamann diese Vernunftkritik als Metakritik
bezeichnet und damit den Begriff geprägt, unter dem sich Anspruch und Methode seiner
Autorschaft zusammenfassend verdeutlichen läßt. Der zufällige Anlaß dieser Begriffsprä-
gung: der Versuch einer nochmaligen Kritik der von Kant vorgelegten „Kritik der reinen
Vernunft", gibt bereits Hauptmomente der Bedeutung zu erkennen. Es handelt sich um eine

Analogiebildung, die den nach einer alten Überlieferung ebenso zufällig geprägten Begriff der Metaphysik imitiert und parodiert. Metakritik ist Antwort auf Metaphysik. Metakritisch geht Hamann auf Kants kritischen Weg ein, sofern dieser auf die Neubegründung der Metaphysik als Wissenschaft abzielt. Dabei teilt Hamann durchaus Kants Kritik an der Metaphysik als einer schwärmerischen Pseudo-Wissenschaft, die im Ausgriff auf ein Jenseits der Erfahrung ihre eigenen Erkenntnismöglichkeiten verkennt. Kants „kritische Vernunft, die den gemeinen Verstand in Schranken hält, damit er sich nicht in Spekulationen versteige"[39], wird jedoch metakritisch im Blick auf ihre transzendentale Begründung in Frage gestellt. Als Wissenschaft gewinnt sich die von Kant entworfene kritische Metaphysik durch ein der chemischen „Scheidung"[40] analoges Verfahren der Aussonderung des rein Rationalen von allen Formen der geschichtlich-empirischen Vermittlung, insbesondere auch durch Reinigung von der Sprache[41]. Hier setzt die Metakritik an, indem sie fragt, ob nicht jene selbstkritisch vollzogene Grenzziehung ebenso problematisch ist wie die kritisch verwehrte Grenzüberschreitung. In ihrer Ausrichtung auf den „Einfall" des Wortes Gottes ist die von Hamann vertretene metakritische Theologie nicht nur der Aufstiegsbewegung metaphysischen Denkens, sondern auch der Absonderung der „reinen" Vernunft von der geschichtlich-sinnlichen Offenbarung scharf entgegengesetzt[42]. Statt sich vom Sinnlichen zum Übersinnlichen hin abzustoßen, gilt es, die Gegenwart des Ewigen im Zeitlichen, des Göttlichen im Menschlichen, des Geistigen im Sinnlichen wahrzunehmen.

Metakritisch wird so in Frage gestellt, was die geläufige Kritik sich unkritisch voraussetzt oder was sie ebenso unkritisch aus ihrem Wahrnehmungshorizont ausblendet. Die Metakritik mahnt zur Nüchternheit eben dort, wo die Vernunft in Ausübung ihrer kritischen Kompetenz ihre eigene Bedingtheit, insbesondere ihre sprachlichen Voraussetzungen zu verkennen und somit maßlos, ja schwärmerisch zu werden droht. Als Kritik der Kritik ist Metakritik auf sich selbst zurückgewendete, umgekehrte Kritik. Indem sie Grundbewegungen der Kritik umkehrt, vollzieht sich durch sie auch die Aufhebung der Kritik. In einem genau zu bestimmenden Sinne handelt es sich mithin bei der Metakritik nicht nur um eine radikal kritische, sondern auch um eine *nach*kritische Erkenntnisbewegung. Sie insistiert dort auf der Einheit, wo die Kritik Scheidungen heraufführt, und sie macht dort Zweifel geltend, wo die kritische Vernunft Begriffe der Einheit für sich reklamiert oder systematisch konstruiert. Lassen sich die Gegensätze und Widersprüche der Wirklichkeit nicht in der Einheit einer Idee aufheben, unter dem Gesetz eines Systems zusammmenzwingen, so gilt, daß über „Einfälle und Zweifel" nicht hinauszukommen ist; in ihnen, nicht aber im System, liegt das „summum bonum unserer Vernunft"[43].

6. Wirkungsgeschichte

Hegel findet es „wundervoll zu sehen, wie in Hamann die konkrete Idee gärt und sich gegen die Trennungen der Reflexion kehrt, wie er diesen die wahrhafte Bestimmung entgegenhält"[44]; gegenüber einer „abstrakte[n] Verstandesmetaphysik", in der Gott als „leere Idealität" und die Welt des Endlichen in beziehungsloser Differenz verharren[45], vertritt Hamann eine dialektische Weisheit, die das Göttliche und Menschliche, das Unendliche und Endliche zusammenzudenken sucht. Indem sich Hamann auf dem Wege seiner Dialektik von der „allgemeinen Heerstraße" der Aufklärung entfernt, verfällt er freilich aus Hegels Sicht einer nicht weniger problematischen Einseitigkeit. Ihm sei „das Bedürfnis der denkenden Vernunft fremd und unverstanden geblieben". Nicht die Subjcktivität an sich ist es, die Hegel kritisiert; er rühmt vielmehr „die höchste Freiheit, in der nichts ein Positives bleibt, sondern sich zur geistigen Gegenwart und eigenem Besitz versubjektiviert". Aber Hamanns Subjektivität bleibe „beschränkt", sie verharre in einer „tiefen Partikularität, welche aller Form von Allgemeinheit, sowohl der Expansion denkender Vernunft als des Geschmacks, sich unfähig" zeige.[46]

Was Hegel als Mangel Hamanns ansieht, nämlich dessen Unfähigkeit, „den geballten Kern der Wahrheit [...] in der Wirklichkeit zu einem Systeme der Natur, zu einem Systeme des Staats, der Rechtlichkeit und Sittlichkeit, zum Systeme der Weltgeschichte zu entfalten"[47], kann freilich in einer gegenläufigen, systemkritischen Sicht auch als Vorzug gewürdigt werden. Die Einsicht, daß „System [...] schon an sich ein Hinderniß der Wahrheit" sei[48], ist in der Philosophie des 19. Jahrhunderts vor allem von Sören Kierkegaard sowie in anderer Weise auch von Friedrich Nietzsche neu zur Geltung gebracht worden. Hamann sei „mit Leib und Seele und bis zum letzten Blutstropfen in einem einzigen Wort zusammengefaßt, dem leidenschaftlichen Protest eines hochbegabten Genies gegen ein System des Daseins."[49] Gerade dass Hamann sich mit seiner ganzen Existenz – „mit Leib und Seele" – dem Herrschaftsanspruch des Systems verweigert habe, macht ihn in den Augen Kierkegaards zum vorbildlichen Vertreter einer Philosophie, die sich als Existenzdialektik versteht. Kierkegaards „Philosophische Brocken" erinnern schon mit ihrem Titel an Hamanns „Brocken".

Hamanns Behauptung, der „Grund der Religion" liege „in unserer *ganzen Existenz*"[50], weist nicht nur auf Kierkegaard voraus. Auch Goethe hat unter diesem Aspekt den „Magus" positiv gewürdigt. Er hielt ihn für den „hellsten Kopf seiner Zeit"[51] und führte auf ihn die „herrliche Maxime" zurück: „Alles was der Mensch zu leisten unternimmt [...] muß aus sämtlichen vereinigten Kräften entspringen; alles Vereinzelte ist verwerflich."[52] Eben diese Maxime wird von Nietzsche aufgenommen und antichristlich, im Sinne eines dionysischen Glaubens ausgelegt.[53] So entschieden er damit die für Hamanns Denken konstitutive christliche Tradition verwirft, so wenig ist doch zu verkennen, daß er im Problembewußtsein, insbesondere in seiner Vernunftkritik und in seinem Sprachdenken Hamann eng verbunden ist. Aus der Geschichte des philosophischen und theologischen Sprachdenkens sind Hamanns Beiträge nicht wegzudenken. Was an solchen Spuren zu zeigen ist, gilt für die Wirkungsgeschichte Hamanns weithin: Seine Autorschaft wirkt durch einzelne Impulse, vielfach indirekt durch vermittelnde Werke (in dieser Hinsicht ist vor allem an Herder, aber auch an Jacobi zu denken); und ihre Wirkung ist nicht ohne Ambivalenz. Bezeichnend dafür ist eine Tagebuchnotiz Kierkegaards: „Von Hamann gilt, was auf einem Kachelofen bei Kold in Fredensborg geschrieben steht: allicit atque terret. -"[54] Übersetzt: „Er lockt an und schreckt ab."

---

[1]Georg Wilhelm Friedrich Hegel, Werke in 20 Bdn., hg. v. Eva Moldenhauer und Karl Markus Michel (Theorie-Werkausgabe), Frankfurt/M. 1970, Bd. 11, 275-352, Zitat 278f.
[2]Hamanns Werke werden im folgenden zitiert nach: Sämtliche Werke. Historisch-kritische Ausgabe von Josef Nadler, 6 Bde., Wien 1949-1957 (N I-VI); Briefwechsel, hg. von Walter Ziesemer und Arthur Henkel, 7 Bde., Wiesbaden 1955-1959; Frankfurt/M. 1965-1979 (ZH I-III, H IV-VII); Londoner Schriften. Historisch-kritische Neuedition von Oswald Bayer und Bernd Weißenborn, München 1993. Wichtige Schriften liegen kommentiert vor: Johann Georg Hamanns Hauptschriften erklärt, 5 Bde., Gütersloh 1956-1963 (HHE I-V); Oswald Bayer, Vernunft ist Sprache. Hamanns Metakritik Kants, Stuttgart-Bad Canstatt 2002. Eine

ständig aktualisierte Hamann-Bibliographie ist im Internet verfügbar: www.johann-georg-hamann.de. Die breit gefächerte, interdisziplinäre und internationale Hamann-Forschung dokumentiert sich in den Acta der seit 1976 veranstalteten Hamann-Kolloquien, hg. von Bernhard Gajek; zuletzt Bd. 8: Die Gegenwärtigkeit Johann Georg Hamanns, Frankfurt/M. u. a. 2004.

[3]H V, 469,15f; vgl. weiter H V, 207,17f; 449,28f; H VII, 457,7-9.

[4]H V, 207,17.

[5]H VII, 457,8f.

[6]Zitiert ebd., 303.

[7]Vgl. hierzu und als Einführung in Hamanns Denken: Oswald Bayer, Zeitgenosse im Widerspruch. Johann Georg Hamann als radikaler Aufklärer, München 1988.

[8]H V, 333, 18-21; Bezug genommen ist hier auf Ex 3,14 sowie auf den Untertitel von Jacobis Schrift: Über die Lehre des Spinoza in Briefen an den Herrn Moses Mendelssohn, Breslau 1785.

[9]Vgl. die Zitate in N II, 140, 5 (Magi); N III, 48, 16f (Philologische Einfälle und Zweifel); N III, 200, 25.40 (Sibylle über die Ehe); N III, 306, 27-31 (Golgatha und Scheblimini); N III, 386,2-6 (Fliegender Brief); H IV, 5, 23-26; H VII, 332, 14-17; H VII, 377, 15-18.

[10]Vgl. N III, 303, 36f; 304, 27-306,35 (Golgatha und Scheblimini).

[11]Londoner Schriften, aaO., 342,30f; 344,13f (N II, 40, 1f; 41,25f; Gedanken über meinen Lebenslauf).

[12]N II, 137-141, Zitat 141,6.

[13]H V, 275, 18-21; zitiert ist Jesus Sirach 43,27.

[14]So der in der „Neuen Apologie des Buchstaben h" (N III, 89-108) scharf kritisierte Christian Tobias Damm.

[15]N II, 61,10-12 (Sokratische Denkwürdigkeiten).

[16]N II, 255,20 (Göttingische Anzeige).

[17]N II, 108, 16-18.20f (Wolken III.).

[18]N II, 98,17f (Wolken II.).

[19]Vgl. zusammenfassend: N IV, 460,39-461,4; als Titelbegriffe gebraucht: Londoner Schriften, aaO., 405; N III, 35 und 171.

[20]H VII, 176,7.

[21]Vgl. die Rede vom „Sakrament der Sprache" (N III, 289,21f); dazu Oswald Bayer, Vernunft ist Sprache, 419-422.

[22]N IV, 461,1.

[23]N III, 224,17f (Konxompax).

[24]N III, 27,11-14 (Ritter von Rosencreuz).

[25] N III, 103-108; vgl. dazu als Lesehilfe: Johannes von Lüpke, Die Wahrheit in einem Hauch oder von der Eitelkeit der Vernunft, in: Insel Almanach auf das Jahr 1988, Frankfurt/M. 1987, 172-184.

[26]H VI, 159,34-36.

[27]N III, 318,3-6 (Golgatha und Scheblimini).

[28]N III, 224,15f (Konxompax).

[29]Vgl. N III, 106,32f.

[30]H VII, 460,3-5.

[31]N II, 249,31f.

[32]N III, 407,1-3 (Fliegender Brief).

[33]Heidelberger Disputation (1518), in: Martin Luther, Studienausgabe, hg. v. Hans-Ulrich Delius, Bd. 1, Berlin 1979, 186-218, Zitat 210,6f (These 24).

[34]N III, 224,21f (Konxompax).

[35]N III, 225,3-6 (Konxompax).

[36]N III, 227,17f (Konxompax).

[37]Vgl. aaO., 208,20f (These 21).

[38]H VII, 168,34; vgl. dazu ausführlicher Johannes von Lüpke, Ohne Sprache keine Vernunft. Eine Einführung in das Sprachdenken Johann Georg Hamanns, in: NZSTh 46, 2004, 1-25.

[39]Kant, Werke, aaO., Bd. 3, 118 (Prolegomena A 12).

[40]Vgl. Immanuel Kant, Werke in 6 Bdn., hg. von Wilhelm Weischedel, Bd. 2, 702f (KrV A 842).

[41]Zur Charakterisierung der Philosophie Kants als einer „Scheidekunst" vgl. ausführlicher: Oswald Bayer, Vernunft ist Sprache, aaO.; eine andere Sicht auf Kant, die Hamanns Metakritik als Mißverständnis aufzuweisen sucht, vermittelt: Josef Simon, Kant. Die fremde Vernunft und die Sprache der Philosophie, Berlin und New York 2003.

[42]Zu Hamanns Kritik am „metaphysischen Theismus" (N IV, 414,18) vgl. N III, 215-228 (Konxompax), insbes. 218,9-219,17 und 224,3-225,2 und vor allem das „Letzte Blatt"; zur Interpretation: Oswald Bayer und Christian Knudsen, Kreuz und Kritik. Johann Georg Hamanns Letztes Blatt. Text und Interpretation (BHTh 66), Tübingen 1983, 69-82.

[43]ZH III, 34,33-35.

[44]AaO. (s. o. Anm. 1), 324.

[45]Vorlesungen über die Philosophie der Religion, in: Hegel, Werke in 20 Bdn., Bd. 16, 38.

[46]Die vorstehenden Zitate stammen aus Hegels Rezension, aaO. (s. o. Anm. 1), 278.

[47]AaO. (s. o. Anm. 1), 330.

[48]H VI, 276,15.

[49]Sören Kierkegaard, Abschließende unwissenschaftliche Nachschrift zu den Philosophischen Brocken, Teil 1, in: Gesammelte Werke, übers. und hg. v. Emanuel Hirsch, Hayo Gerdes und Hans Martin Junghans, 16. Abt., Düsseldorf und Köln 1957, 243.

[50]N III, 191,31(Zweifel und Einfälle).

[51]Vgl. Oswald Bayer (Hg.), Johann Georg Hamann. „Der hellste Kopf seiner Zeit", Tübingen 1998.

[52]Johann Wolfgang von Goethe, Werke. Hamburger Ausgabe in 14 Bdn., hg. von Erich Trunz, Bd. 9, 514.

[53]Friedrich Nietzsche, Sämtliche Werke. Kritische Studienausgabe in 15 Bdn., hg. von Giorgio Colli und Mazzino Montinari, Bd. 6, 152 (Götzen-Dämmerung).

[54]Pap II A 442, zitiert als Motto bei Karlfried Gründer, Die Hamann-Forschung, Gütersloh 1956 (HHE 1), 9.

CHRISTIANE SCHILDKNECHT

'Man muß etwas Neues machen, um etwas Neues zu sehen' Georg Christoph Lichtenberg als philosophischer Außenseiter?

Die Wirkungsgeschichte Lichtenbergs ist komplex. Während er zu seinen Lebzeiten als Naturforscher bzw. als Experimentalphysiker durch seine Lehr- und Forschungstätigkeiten u.a. auf den Gebieten der Mathematik, Geodäsie, Geophysik, Metereologie, Astronomie, Chemie, Statistik und Geometrie anerkannt war – Lichtenberg war Mitglied der Göttinger Sozietät der Wissenschaften, der *Royal Society* in London, der *Academia Leopoldina Naturae Curiosorum* sowie der Petersburger Akademie –, tritt der Göttinger Professor für Philosophie philosophisch eher am Rande in Erscheinung. Aus posthumer Perspektive betrachtet gestaltet sich das Verhältnis von Physik und Philosophie genau umgekehrt: Seinen über die Grenzen des philosophischen und literarischen Fachdiskurses hinausgehenden Ruhm verdankt Lichtenberg der Publikation seiner privaten Aufzeichnungen in Form von Fragen, Zweifeln, Gedankenexperimenten, inneren Monologen, Plänen, Beobachtungssplittern, Entwürfen und Polemiken insbesondere zu philosophischen, naturwissenschaftlichen, historischen, politischen und anthropologischen Themen – den "Sudelbüchern". Ungeachtet des Ungleichgewichts zwischen professioneller und posthumer Wirkung gilt sowohl für die physikalische als auch für die philosophische Position Lichtenbergs, daß beide durch Abweichungen von etablierten Methoden und Verfahren geprägt sind: Nicht mathematische, sondern paradigmatische Methode, nicht System, sondern Skepsis und Anti-Systematik, nicht Resultat, sondern Experiment und Hypothese bestimmen das naturwissenschafliche, Skepsis, Anti-Systematik und Gedankenexperiment das philosophische Denken Lichtenbergs. Mit ihrem Fokus auf der Hinführung zu und selbständigen Bildung von Wissen markiert die Position Lichtenbergs ihrerseits auf paradigmatische Weise das, was den systematischen Wert eines Denkens abseits des Mainstreams ausmacht: selbständiges, kritisches Denken im Sinne der Aufklärung. Das Moment der Selbständigkeit charakterisiert neben dem Gehalt auch die Form der Gedanken Lichtenbergs, insofern sich dieser in expliziter Konstrastierung zu der systematisch abgeschlossenen Form des Lehrbuchs der offenen Darstellungsform des Aphorismus bedient: [1]

> Wenn das nicht mehr ist als ein Kompendium schreiben, so will ich noch heute hingehen und meine Probierwaage von menschlichem Verdienst und Würdigkeit zum Henker schmeißen [...]. (D 83)

1. Der Physiker

Die Wahl einer auf epistemische Offenheit zielenden Darstellungsform ist nicht nur für den Philosophen, sondern gerade auch für den Physiker Lichtenberg bestimmend. Der Antagonismus zwischen theoretischer Wissenschaft und beobachteter Erfahrung, wie er dem Spannungsverhältnis zwischen Mathematik und Physik zugrundeliegt, wird schließlich zugunsten einer zunehmend stärkeren Gewichtung des Empirischen aufgelöst. Einher mit der Kritik an der oft "barbarischen Gnauigkeit" (F 273) des mathematischen Modells und der Faszination an der lebendigen Vielfalt natürlicher Phänomene geht die Einsicht in die Unmöglichkeit einer systematisch-abstrakt gefaßten Erklärung dieser Vielfalt:

> Alle mathematischen Gesetze, die wir in der Natur finden, sind mir trotz ihrer Schönheit immer verdächtig. Sie freuen mich nicht. Sie sind bloß Hülfs-Mittel. In der Nähe ist alles nicht wahr. (J 1843)

In dem Bewußtsein um die Unmöglichkeit objektiver Naturerkenntnis sind dem Physiker die Phänomene der Natur 'aus der Nähe' nur vermittels einer experimental-physikalischen Methode zugänglich. Der Weg von der Mathematik zur (Experimental-)Physik ist gleichzeitig der Weg der Ablösung des logisch-deduktiven Systems durch induktiv gewonnenes Wissen. Aller Rücksichtnahme auf das "*kräftige Seltnere*" (H 182) zum Trotz bemißt sich allerdings auch für den Experimental-Physiker Lichtenberg der wissenschaftliche Ertrag in der systematischen Organisation des empirisch gewonnenen Wissens in Theorieform. Zwischen der Skylla abstrakter Vereinfachung und der Charybdis konkreter Unübersichtlichkeit ringt Lichtenberg um eine Lösung:

> [...] Es muß und muß einen Standpunkt geben, aus welchem angesehn, alles einfacher aussieht. Sobald man vermeintliche Irregularität in den Blättern des Baums für wichtig gnug hält in der Geschichte des Baums, als große Ereignisse anzumerken, so ist an Ergründung der Natur des Baums gar nicht mehr zu denken. (L 962)

Dabei sind das Verlassen eingefahrener und das Betreten neuer, analogen Zusammenhängen verpflichteter Wege – beides Verfahren wie sie für Querdenker, Außenseiter und Ketzer typisch sind – geradezu Programm des Naturforschers. Wegweisend für seine Methode der Abweichung ist dabei der Begriff des Paradigmas, mit dem Lichtenberg den modernen Isomorphiebegiff vorwegnimmt. Als ein Muster, nach dem sich die Vorgänge in der Natur "deklinieren" (J 1362) lassen, erweist sich das Paradigma als das fruchtbarste "unter allen heuristischen Hebezeugen" (K 312), dessen Voraussetzung gerade die Abkehr von traditionellen Denkschemata ist, das Anliegen "an jeder Sache etwas zu sehen suchen, was noch niemand gesehen und woran noch niemand gedacht hat" (J 1363). Heuristisch ergänzt wird die paradigmatische Struktur der wissenschaftlichen Methode durch zwei weitere auf Anti-Systematik und Offenheit zielende Komponenten: das Experiment und die Hypothese. Daß naturwissenschaftliche Theoriebildung dementsprechend immer vorläufige Theoriebildung ist, macht Lichtenberg in mehrfacher Hinsicht deutlich. Zum einen wird der präliminare Charakter hypothetischer Wissensbildung seinerseits nochmals abgeschwächt: "[...] Jede Hypothese die gut war, dient wenigstens die Erscheinungen bis auf ihre Zeit gehörig zusammen zu denken und zu behalten" (J 1602). Gleichzeitig gilt jedoch:

> Man sollte die widersprechenden Erfahrungen besonders niederlegen, bis sie sich hinlänglich angehäuft haben um es der Mühe wert zu machen, ein neues Gebäude aufzuführen. (J 1602)

Die Fokussierung Lichtenbergs auf die Falsifikation von Theorien durch "widersprechende Erfahrungen" weist nicht nur voraus auf den Falsifikationismus Poppers, sondern ist – ungeachtet des heuristischen Nutzens von Hypothesen in Gestalt analogischen Denkens – gleichzeitig Ausdruck epistemischer Grenzziehung: Die Naturerklärung bedarf der kritischen Rückbindung an die Erfahrung und kommt insgesamt über einen hypothetischen Status nicht hinaus. Der Beginn naturwissenschaftlicher Wissensbildung als empirischer Wissensbildung erscheint durch die Zuhilfenahme von "Mutmaßungen" (J 2021) also bereits geschwächt; mit der auf einer nächsten Stufe vorgenommene Substitution von Theorie bzw. Hypothese durch eine – Kantisch gesprochen – anhand der Kategorien des Verstandes bestimmte "Vorstellungs-Art" (J 2021) gilt die Einschränkung der Rede naturwissenschaftlicher Theorien nun allgemein – unter Maßgabe des Fehlens einer objektiven Brücke zu den Gegenständen 'an sich' – für den Prozeß der Wissensbildung. Lichtenberg folgt hier offensichtlich den kriteriellen Vorgaben Kants im Hinblick auf eine kritische Bestimmung der Leistungen der Vernunft:

> [..] Des Physikers Geschäft ist: auszumachen, welches unter unzähligen Suppositionen, die möglich sind, die einzige, einzig wirkliche, die einzige vom Schöpfer wirklich gewählte sey. Dieses ist das Fach des Physikers; hierbey muß er bleiben, und wie kann er das? Nicht anders, als er muß keinen Schritt tun ohne Erfahrung und ohne Versuche; fehlen ihm die, und er weiß nicht weiter, gut, so ist er jetzt am Ende und muß die Hand auf den Mund legen.[2]

Wo die Rückbindung der Theoriebildung an die Erfahrung, die Überprüfung etwaiger Hypothesen anhand von Experimenten nicht gewährleistet ist, droht vernunftbasierte Wissensbildung abzugleiten in metaphysische Spekulation.

Der methodischen wie der epistemischen Beschränkung empirischer Theoriebildung entspricht schließlich der Umstand, daß Lichtenberg seine Überlegungen zu einem Lehrbuch der Physik nie in Lehrbuchform, d.h. in apophantischer Rede realisiert hat. An die Stelle einer eigenständigen Verschriftlichung physikalischen Wissens tritt aus den genannten systematischen Gründen die Überarbeitung von vier Auflagen des Erxlebenschen Kompendiums durch Lichtenberg, die mit den mehr als 600 durchgeführten Versuchen seiner experimental-physikalischen Vorlesungen und zahlreichen Entdeckungen kontrastiert.[3] Mit der ohne behauptende Kraft auftretenden und überwiegend fragmentarisch verbleibenden Präsentation naturwissenschaftlicher Erkenntnis hat der skeptische Philosoph Lichtenberg den Naturforscher nicht nur methodisch, sondern auch literarisch eingeholt. Prominenten Ausdruck findet diese gleichermaßen skeptische wie anti-systematische Grundhaltung Lichtenbergs in der aphoristischen Darstellungsform seiner *Sudelbücher*. Bevor die Frage nach der *Darstellung* physikalischen und philosophischen Wissens thematisiert wird, soll zunächst die Philosophie Lichtenbergs auf ihren potentiellen Außenseiterstatus hin überprüft werden.

2. Der Philosoph

Lichtenberg ist zu seinen Lebzeiten philosophisch nicht sonderlich in Erscheinung getreten und seine posthumen Veröffentlichungen weisen keine nach systematischen Gesichtspunkten als Lehre zu bezeichnende philosophische Position auf. Damit befindet er sich in bester Gesellschaft philosophischer Außenseiter wie etwa Montaigne, Pascal oder Kierkegaard. Dennoch ist Lichtenberg alles andere als eine philosophische Randfigur. Dagegen sprechen allein schon die zentralen Themen, die er auf die ihm eigene unsystematische Weise diskutiert und die ihn zu einem philosophischen Wegbereiter *par excellence* machen: Außenweltproblematik, Leib-Seele-Dualismus bzw. Ich-Begriff und Sprache.

Dieses philosophische Themenspektrum, das neben der Erkenntnistheorie die Bereiche der Philosophie des Geistes und der Sprachphilosophie umfaßt, spiegelt den Einfluß der Tradition (Descartes, Kant, Spinoza) auf Lichtenberg ebenso wie dessen Rezeption, insbesondere durch Schopenhauer, Nietzsche, Kierkegaard, Mach und Wittgenstein. In Übereinstimmung mit dem Physiker Lichtenberg, der die Rückbindung der Theorie an die Erfahrung fordert, weist der Philosoph Lichtenberg unter Rekurs auf das Erbe Kants darauf hin, daß "die Frage, ob die Gegenstände außer uns objektive Realität haben, keinen vernünftigen Sinn hat [...]" (L 277). Denn anders als im Falle der Erfahrung durch den inneren Sinn erscheint die Erfahrung der Außenwelt immer als eine durch die Subjektivität gebrochene Erfahrung:

> Außer uns. Es ist gewiß schwer zu sagen, wie wir zu diesem Begriff gelangen, denn eigentlich empfinden wir doch bloß in uns. Etwas außer sich empfinden ist ein Widerspruch, wir empfinden nur in uns, daß was wir empfinden ist bloß Modifikation unserer selbst, also in uns. Weil diese Veränderungen nicht von uns abhängen, so schreiben wir dieses andern Dingen zu die außer uns sind, und sagen es gibt Dinge man sollte sagen praeter nos, dem *praeter* substituieren wir die Proposition *extra*, das ist ganz etwas anders, das ist wir denken uns diese Dinge im Raum außerhalb unser das ist offenbar nicht Empfindung, sondern es scheint etwas zu sein, was mit der Natur unser[es] sinnliche[n] Erkenntnis-Vermögens innigst *verwebt* ist, es ist die Form unter der uns jene Vorstellung des praeter nos gegeben ist. Form der Sinnlichkeit. (J 1537)

Die transzendentalphilosophischen Vorgaben Kants – Formen der Anschauung – ermöglichen es Lichtenberg, eine philosophisch anspruchsvolle Position des *Common sense* zu vertreten, die den skeptischen Verstand zu beruhigen vermag:

> [...] Im gemeinen Leben beruhigt man sich mit Recht auf einer niedrigern Station. Aber ich glaube nach völliger Überzeugung: man muß entweder von diesen Gegenständen mit aller Philosophie völlig wegbleiben oder so philosophieren. Nach dieser Vorstellung sieht man leicht wie recht Herr Kant hat Raum und Zeit für bloße Formen der Anschauung zu halten. Es ist nicht anders möglich. (L 811)

Dem zweiten großen Tradtionsstrang – der Philosophie Descartes' – steht Lichtenberg eher ablehnend gegenüber. In Übereinstimmung mit der Idee der Ganzheit ("UNUM ET OMNE"),[4] die seine physikalischen Überlegungen leitet, wendet er sich (diesmal unter Rekurs auf den Monismus Spinozas) gegen die Lehre vom – wie er es nennt – "Gespenst das in der zerbrechlichen Hülle unsres Körpers spükt" (F 324), eine Lehre, die ihm so flüchtig wie diejenige vom Phlogiston erscheint. Tragendes Element der Lichtenbergschen Kritik nicht nur an dualistischen Konzeptionen der Leib-Seele-Relation, sondern insbesondere auch an bestimmten Konzeption des Ich, ist das Verfahren der Hypostasierung. Im Zusammenhang mit der Erörterung des Verhältnisses von Leib und Seele führt es auf "das infame ZWEI in der Welt, *Leib und Seele, Gott und Welt*";[5] im Hinblick auf den Begriff des Ich führt es zu der Annahme von etwas, das als Träger von Empfindungen, Vorstellungen und Gedanken von diesen selbst verschieden ist – mithin auf die Cartesische *res cogitans*. Diese Kritik Lichtenbergs an dem erkenntnistheoretischen Fundament Descartes' findet ihren prominenten Ausdruck in folgendem Aphorismus, auf den sich Ernst Mach 1910 im Zusammenhang mit der Darstellung der Wurzeln seiner empiriokritizistischen Position beruft:

> [...] *Es denkt,* sollte man sagen, so wie man sagt: *es blitzt.* Zu sagen *cogito,* ist schon zu viel, so bald man es durch *Ich denke* übersetzt. Das *Ich* anzunehmen, zu postulieren, ist praktisches Bedürfnis. (K 76)

Weder im Falle der Außenwelt-Problematik noch im Hinblick auf seine Kritik am Dualismus und dem damit verbundenen Ich-Begriff präsentiert uns Lichtenberg eine ausgearbeitete Argumentation und/oder Exposition seines philosophischen Standpunkts; vielmehr blitzt seine Position im aphoristischen Gesamtwerk nur punktuell auf, die Bezüge bleiben implizit.

Dennoch läßt sich aus den bisher angeführten aphoristischen Versatzstücken bereits ein erstes Grundthema der Lichtenbergschen Philosophie ableiten: die *Sprachkritik*. Denn die Kritik Lichtenbergs am Begriff des Ich korrespondiert derjenigen am Begriff der Seele und beide Male äußert sie sich als Kritik an der Sprache. Der Begriff der *Subjektivität* bezeichnet eine weitere zentrale Komponente des Philosophieverständnisses Lichtenbergs. So wie der Naturforscher Lichtenberg das Augenmerk auf die natürlichen Phänomene in ihrer Besonderheit legt, so ist es analog dazu für den Philosophen die Individualität des philosophischen Subjekts, die seinen Philosophiebegriff konstituiert. Entsprechend erscheinen die die naturwissenschaftlichen Überlegungen leitenden methodologischen Termini der Beobachtung, des Experiments und des Common sense in den philosophischen Reflexionen in subjektiv gefärbter Form als *Selbst*beobachtung, *Gedanken*experiment und *praktische* Vernunft. Das Mikroskop, das dem Naturforscher zur Erkenntnis der Dinge der Außenwelt dient, richtet Lichtenberg in seinen *Sudelbüchern* nun auf sich selbst. Das Resultat ist ein Mosaik von Selbstbeobachtungen, dessen einzelne Steinchen sich gerade *nicht* zu einem geschlossenen Ganzen fügen. Der zersetzende Blick fällt vielmehr auf die verschiedenen Stadien eines Ich, die dissoziiert nebeneinander existieren. Auf die Entfremdung von einer "Welt, die ich nicht bin" (E 452) folgt die zunehmende Entfremdung in einer "Welt, die ich bin" (E 452), die zunehmende Entfremdung des an sich selbst leidenden Lichtenberg. Ihre Wurzeln liegen in der – aus der Naturwissenschaft übernommenen – Methode der Beobachtung, die als *Selbst*beobachtung eine notwendige Distanz zum beobachteten Objekt – dem Selbst – voraussetzt. In der Selbstbeobachtung ist das philosophische Subjekt Subjekt und Objekt zugleich, zerfällt das Ich in ein "erstes", unmittelbares, und ein "zweites", das erste reflektierende Ich. Das 'Ich' der Philosophie Lichtenbergs besteht dabei gerade nicht in der von den jeweiligen Empfindungen abstrahierten Annahme eines Trägers dieser Empfindungen, sondern geht in den Empfindungen, Gedanken und Vorstellungen auf. Insofern der Rekurs auf eine propositionale Basis etwa in Form des Cartesischen '*ich denke*' damit ausgeschlossen ist, konvergieren an genau dieser Stelle Subjektphilosophie und Sprachkritik:

> [...] Ich denke, oder eigentlich, ich empfinde hierbei [bei dem Gedanken, daß die Existenz der Außenwelt von unserer Wahrnehmung abhängt, C.S.] sehr viel, das ich nicht auszudrücken im Stande bin, weil es nicht *gewöhnlich menschlich* ist, und daher unsere Sprache nicht dafür gemacht ist. Gott gebe, daß es mich nicht einmal verrückt macht. So viel merke ich, wenn ich darüber schreiben wollte, so würde mich die Welt für einen Narren halten und deswegen schweige ich. Es ist auch nicht zum Sprechen, so wenig als die Flecken auf meinem Tisch zum Abspielen auf der Geige. (K 45)

In den Empfindungen, Gedanken und Vorstellungen des persönlichen Ich manifestieren sich Erkenntnisformen, die der Satzstruktur der Sprache zuwiderlaufen, weil in ihnen – wie im Falle von Empfindung und Intuition – Subjekt und Objekt gerade *nicht* getrennt werden:

> *Ideen, Gefühle (sentiments)* vielleicht. Eigentlich der Gedanke im Gegensatz mit dem Ausdruck. (L 385)

Die Versprachlichung, genauer: die Propositionalisierung dieser Erkenntnisformen hat dementsprechend nicht nur philosophische Probleme zur Folge (wie etwa die Frage nach der Realität der Außenwelt, die in der dualistischen Redeweise von Empfindungen 'in uns' und Gegenständen 'außer uns' begründet liegt), sondern sie stellt streng genommen eine mit dem

"Abspielen von Tischflecken auf einer Geige" vergleichbare Form der Sinnlosigkeit (in der Terminologie Wittgensteins: des Unsinns) dar.

In einem weiteren Sinne ist mit Erkenntnisformen, die der sprachlich-diskursiven Verfaßtheit entgegenstehen, bei Lichtenberg auch das praktisch-ethische Wissen gemeint. Sein Verständnis von Philosopohie als einer (ethischen) Haltung rückt ihn in die Nähe Kierkegaards und dessen Bestimmung einer bloß indirekt möglichen Mitteilung ethischen Wissens im Sinne eines Könnens. Insofern das sich einer direkten Mitteilung in Satzform entziehende praktische wie ethische Wissen *selbst* erworben werden muß, subjektive Wissensbildung damit dem aufklärerischen Postulat des "cogitare aude" (F 1178) korrespondiert, fließen in der Betonung des Selbst das Primat der Subjektivität und die aufklärerische Haltung Lichtenbergs zusammen:

> [...] Da bedarf es oft einer tiefen Philosophie unserm Gefühl den ersten Stand der Unschuld wiederzugeben, *sich* aus dem Schutt fremder Dinge herauszufinden, *selbst* anfangen zu fühlen, und *selbst* zu sprechen und ich mögte fast sagen auch einmal selbst zu existieren. (B 264)

Auch die Fokussierung auf die selbständige Wissensbildung des philosophisch-aufgeklärten Subjekts geht mit einer Kritik an der Sprache einher. Einerseits ist Philosophie als Sprachkritik "immer Scheidekunst" (H 146), besteht die Aufgabe der akademischen Philosophie darin, die natürliche Sprache zu korrigieren:

> [...] Unsere ganze Philosophie ist Berichtigung des Sprachgebrauchs, also, die Berichtigung einer Philosophie und zwar der allgemeinsten. (H 146)

Andererseits vermag es das philosophische Subjekt ebensowenig, die ihm vorgegebene Sprache zu verlassen wie die Anschauungsformen des Verstandes zu transzendieren, so daß sich die Philosophie bei ihren Korrekturbemühungen zwangsläufig der zu berichtigenden Sprache bedienen muß:

> [...] Die Erfindung der Sprache ist vor der Philosophie hergegangen, und das ist es, was die Philosophie erschwert, zumal wenn man sie andern verständlich machen will, die nicht viel selbst denken. Die Philosophie ist, wenn sie spricht, immer genötigt, die Sprache der Unphilosophie zu reden. (H 151)

In der Folge wird also immer "wahre Philosophie mit der Sprache der falschen gelehrt [...]" (J 2148). Die Vorstellung von einer Sprache, "worin man eine Falschheit gar nicht sagen könnte oder wo wenigstens jeder Schnitzer gegen die Wahrheit auch ein Grammaticalischer wäre", bleibt von daher eine Wunschvorstellung, der sich die Philosophie allein durch die sprachkritische Methode annähern kann. Auffällig ist hier die Nähe Lichtenbergs zur sprachanalytischen Philosophie des 20. Jahrhunderts, insbesondere zum Wittgenstein des *Tractatus*:[6]

> Die Sprache verkleidet den Gedanken. (4.002)

> Die meisten Sätze und Fragen, welche über philosophische Dinge geschrieben worden sind, sind nicht falsch, sondern unsinnig. (4.003)

> Alle Philosophie ist "Sprachkritik". (4.0031)

> Die richtige Methode der Philosophie wäre eigentlich die: Nichts zu sagen, als was sich sagen läßt, also Sätze der Naturwissenschafft – also etwas, was mit Philosophie nichts zu tun hat –, und dann immer, wenn ein anderer etwas Metaphysisches sagen wollte, ihm nachzuweisen, daß er gewissen Zeichen in seinen Sätzen keine Bedeutung gegeben hat. [...] (6.53)

Auch wenn der Sinn der Philosophie bei Lichtenberg (wie bei Descartes) in der generellen Bezweiflung bereits als gesichert angenommenen Wissens liegt, so kann menschliche Erkenntnis bei Lichtenberg (anders als bei Descartes) niemals letzte Gewißheit beanspruchen; menschliche Philosophie zeichnet sich gerade durch ihre Fehlbarkeit, ihre Irrtümer, ihre Korrekturbedürftigkeit aus. Von daher heißen die Grundkonstanten aufgeklärt-vernünftiger Wissensbildung bei Lichtenberg: Irrtum, Skepsis und Kritik. Die Bildung philosophischen Wissens erfolgt unter folgender aufklärerischer Maxime:

> Laß dich nicht anstecken, gib keines andern Meinung ehe du sie dir anpassend gefunden, für deine aus; meine lieber selbst. (D 121)

Zugrundeliegend ist dabei eine Sicht der Welt, die sich nicht auf einen festen Punkt reduzieren läßt, also gerade nicht in systematischer Erklärung aufgeht, sondern sich vielmehr mosaikartig aus einer Vielzahl von Perspektiven und Gesichtspunkten zusammensetzt. Dazu gehören Träume und Märchen ebenso wie der Blick durch Mikroskop und Fernglas. Fluchtpunkt dieser multiperspektivischen Sichtweise von Welt wie sie die *Sudelbücher* präsentieren ist der die naturwissenschaftlichen Überlegungen leitende, nun in anthropologischer Hinsicht erweiterte Gedanke, daß "alles Eins" ist. Der wechselseitigen Bezogenheit und Interdependenz der Phänomene kann allein eine synoptische Schau gerecht weden, der sich die Dinge der Anschauung auf einmal, in perspektivischer Einheit erschließen. Diese läßt sich jedoch nicht direkt, d.h. auf diskursive Weise sprachlich vermitteln; als eine wesentlich nicht-propositionale Form der Erkenntnis läuft auch sie den Strukturen der Sprache zuwider:

> [...] Der erste Blick, den ich im Geist auf eine Sache tue, ist sehr wichtig. Unser Geist übersieht die Sache dunkel von allen Seiten, welches mir oft mehr wert ist, als eine deutliche Vorstellung von einer einzigen. (D. 273)

3. Die Darstellungsform

Der Beifall der Welt, von dem Lichtenberg spricht, ist seinen *Sudelbüchern* samt der ihnen eigenen Form der Darstellung tatsächlich zuteil geworden. Denn nicht das Resultat philosophischer Wissensbildung in Form von Satzwissen ist für ihn entscheidend, sondern der Weg, der *Prozeß* der Wissenbildung: Nicht "*was* sie denken sollen", sondern "*wie* sie denken sollen" (F 441) hat die Philosophie, Lichtenberg zufolge, die Menschen zu 'lehren' - und dies kann, wie noch zu zeigen sein wird, nur auf *indirekte* Weise (etwa in der Form einer Vorführung der philosophischen Methode und ihrer exemplarischen Einübung) geschehen. In bestimmtem Sinne ist Philosophie für Lichtenberg eine "Art Einweihung in die Mysteria der Menschheit" (F 441), zu denen - wie auch für Platon, Kierkegaard und Wittgenstein - insbesondere das ethische Wissen gehört:

> Man kann nicht vorsichtig genug sein in Bekanntmachung eigner Meinungen, die auf Leben und Glückseligkeit hinaus laufen, hingegen nicht emsig genug, Menschen-Verstand und Zweifel einzuschärfen. [...]. (F 441)

Philosophie bedeutet demnach selbständig gebildetes Wissen im Sinne einer Haltung (ethisches Wissen) oder einer bestimmten ganzheitlichen Sicht der Dinge bzw. der Welt (intuitives bzw. kontemplatives Wissen). Der *Naturforscher* Lichtenberg steht vor der Alternative der direkten Mitteilung begründeten bzw. zumindest mittelbar an der sinnlichen Erfahrung überprüfbaren, hypothetischen Wissens oder des Verstummens. Der *Philosoph* Lichtenberg sieht sich analog dazu der Entscheidung zwischen Schweigen und indirekter Mitteilung gegenüber. Lichtenberg hat beide Wege miteinander versöhnt, indem er zu Lebzeiten anderen gegenüber geschwiegen, seine Empfindungen jedoch gleichzeitig den *Sudelbüchern* anvertraut hat.

Das Sudelbuch, auch "common place book" (D 668) genannt, entspricht in seiner Funktion dem "Waste book" der Kaufleute, in das diese von Tag zu Tag alles eintragen, was sie verkaufen und kaufen "alles durch einander ohne Ordnung" (E 46). Damit reflektiert die Form des Sudelbuchs den anti-systematischen Charakter des Lichtenbergschen Denkens, dessen Unabgeschlossenheit und Vorläufigkeit. Das Sammeln und Dokumentieren der naturwissenschaftlichen Erkenntnis geht ebenso in diese Darstellungsform ein wie die skeptische Einstellung des Philosophen und dessen Verständnis von Philosophie als einer Haltung. Der Objektivierung philosophischer Erkenntnis durch die Kompilatoren des Lehrbuchs setzt Lichtenberg die Individualität des Selbst-denkens, des Mit-eigenen-Augen-sehens – die Wissensbildung durch ein autonomes philosophisches Subjekt entgegen. Mit der aphoristischen Denk- und Darstellungsform seiner *Sudelbücher* hat Lichtenberg somit die ideale Form gefunden, sowohl das Kaleidoskop seiner Ideen, Gedanken und Interessen abzubilden als auch die Grenzen, Widersprüche und Konflikte seines wissenschaftlichen und philosophischen Denkens zu thematisieren bzw. zu lösen. Auch die skeptische Haltung in bezug auf die Darstellung von Wissen in Systemform sowie hinsichtlich einer letztgültigen Erkenntnis der Wirklichkeit findet in ihnen ihren angemessenen Ausdruck. Mit ihrem Nebeneinander von philosophischen, physikalischen, literarischen, psychologischen, mathematischen, gesellschaftskritischen und selbst-reflexiven Themen in Form von Notizen, Bemerkungen, Aphorismen, Skizzen und Miniatur-Aufsätzen bilden die *Sudelbücher* eine Synthese von Phantasie und Forschung, von imaginativem und wissenschaftlichem Denken. Ihre Eintragungen reflektieren dabei sowohl einen Übergang von Wissenschaft zu Literatur als auch ein Nebeneinander beider, so daß es angesichts der Komplexität der aphoristischen Erscheinungsformen bei Lichtenberg sinnvoll erscheint, von einer aphoristischen Denkform zu sprechen, die hier zur Darstellung kommt. Charakteristisch für diese Denkform ist dabei ihre offene, antisystematische Grundstruktur, die sich entweder als hypothetisches Aufbrechen von Systemen durch Experiment bzw. Gedanken-Experiment, als skeptisches Infragestellen bereits etablierten Wissens oder als literarische Kreation einer in sich abgeschlossenen Gedankenwelt manifestiert. Die Darstellungsform ihrerseits korrespondiert dieser Denkform und dem ihr zugrundeliegenden Verständnis philosophischer Erkenntnis als wesentlich nicht-propositionaler Erkenntnis.

Die Vielfalt konkreter Erscheinungen und Beobachtungen, das Hin und Her zwischen Mathematik und "Pfennigs-Wahrheiten", Meteorologie und Anthropologie, Physik und Kunst, Astronomie und Literatur, Chemie und Politik, Psychologie und Theologie bleibt somit unverbunden und wird nicht zu einem geschlossenen Ganzen in argumentativer Abfolge zusammengeführt. Da die Philosophie angesichts der metaphysischen Verwirrung der Sprache faktisch sowie angesichts der Nicht-Propositionalität ihrer Erkenntnis prinzipiell von einer endgültigen Systematisierung entfernt ist, kann die Fügung ihrer Erkenntnis in ein System nur annäherungsweise erfolgen:

> Erst ein Buch worin ich alles einschreibe, so wie ich es sehe oder wie es mir meine Gedanken eingeben, alsdann kann dieses wieder in ein anderes getragen werden, wo die Materien mehr abgesondert und geordnet sind, und der Leidger könnte dann die Verbindung und die daraus fließende Erläuterung der Sache in einem ordentlichen Ausdruck enthalten [...]. (E 46)

Mit seinen *Sudelbüchern* hat Lichtenberg nur die erste Stufe der Leiter betreten. Damit hat er nicht nur seiner skeptischen und anti-systematischen Grundhaltung formal Ausdruck verliehen. Der Experimentalphysiker, dem bahnbrechende Entdeckungen versagt bleiben und den der skeptische Philosoph an der Ausarbeitung eines physikalischen Systems hindert, und der Experimentalphilosoph, der aus der gleichen Einstellung heraus und angesichts der Nicht-Propositionalität philosophischer Erkenntnis diese nicht nur für systematisch nicht lehrbar, sondern darüber hinaus auch nicht für direkt mitteilbar hält, finden in der aphoristischen Darstellungsform der *Sudelbücher* ihr ideales Experimentierfeld. Physiker wie Philosoph können hier auf der Grundlage von Experimenten, Hypothesen und Gedankenexperimente verfolgen, ohne deren Charakter der Vorläufigkeit durch die Form der Darstellung zunichte zu machen.

Vor dem Hintergrund der Nicht-Veröffentlichung zu seinen Lebzeiten ermöglichen die *Sudelbücher* darüber hinaus das Ausloten der Möglichkeiten zwischen Schweigen und Schreiben, die versuchsweise Erschließung neuer Freiräume des Denkens, wobei Lichtenberg zwischen folgenden vier Stufen der Mitteilung philosophischer Erkenntnis unterscheidet:

> Was mich allein angeht denke ich nur, was meine guten Freunde angeht sage ich ihnen, was nur ein kleines Publikum bekümmern kann schreibe ich, und was die Welt wissen soll wird gedruckt [...]. (B 272)

Zwischen Gedachtem, Gesagtem, Geschriebenem und Gedrucktem nehmen die *Sudelbücher* damit eine Mittelstellung im Hinblick auf die Verbindung von Form und Inhalt ein: Als schriftliche Fixierung des Gedachten, das nur Lichtenberg allein angeht, fungieren sie zu seinen Lebzeiten als Surrogat für den zunehmend gebrochenen Kontakt zur Außenwelt; als posthume Publikation machen sie Lichtenbergs Gedanken der Nach-Welt zugänglich. Angesichts der Unmöglichkeit sprachlicher, insbesondere diskursiv-argumentativer Mitteilung eines Verständnisses von Philosophie als selbständig gebildetem und unabgeschlossenem nicht-propositionalem Wissen bietet sich dabei mit der aphoristischen Form der Darstellung ein goldener Mittelweg zwischen Schweigen und der Propositionalisierung nicht-propositionalen Wissens. Dies gilt um so mehr, als man zu Lichtenbergs Lebzeiten von einem tatsächlichen Schweigen in philosophischer Hinsicht gegenüber der gelehrten Welt sprechen kann, das sich erst nach seinem Tod durch die Veröffentlichung der *Sudelbücher* in eine indirekte Mitteilung verwandelt. Und auch hier gilt:

> [...] Wäre es möglich auf irgend eine andere Art mit ihr [der Welt] zu sprechen, daß das Zurücknehmen noch mehr stattfände, so wäre es gewiß dem Druck vorzuziehen. (B 272)

Allen Variationen der aphoristischen Denkform gemeinsam sind Strukturen des Unabgeschlossenen und Nicht-Fixierten, die dem Adressaten Fragmentarisches anstelle eines geschlossenen Systems, Brüche anstelle von Stimmigkeit, Fragen anstelle von Antworten anbieten und zumuten. Die Vielzahl unterschiedlicher, teilweise konfligierender Einstellungen, die sich nicht auf einen gemeinsamen Fluchtpunkt reduzieren lassen, initiieren auf seiten des philosophischen Subjekts einen Prozeß selbständiger Wissensbildung, der an die Stelle der passiven Rezeption eines konsistenten, abgeschlossenen Systems tritt. In der literarischen Form des Aphorismus verbindet sich demnach das hypothetisch-konjunktive Denken Lichtenbergs mit dessen aufklärerischem Postulat zu einer Aufforderung an das philosophische Subjekt unter methodologischer Perspektive. Während etwa die Form des Lehrbuchs die Endgültigkeit philosophischer Erkenntnis suggeriert, entlarvt der Aphorismus die Verfügbarkeit dieser Erkenntnis im Sinne eines Satzwissens als Illusion. Wie die wechselnden Perspektiven des Platonischen Dialogs und dessen aporetisches Moment, so führen auch die Perspektivenvielfalt und die fragmentarische Struktur des Aphorismus den Rezipienten auf sich selbst zurück. Über Perspektiven-Vielfalt, Inkonsistenz, Verunsicherung und indirekte Mitteilung erfüllt die aphoristische Form also zwei wesentliche, miteinander zusammenhängende Funktionen: Sie ermöglicht, das Problem sprachlicher Mitteilung in angemessener Form zu unterlaufen, indem sie das "Unsagbare" im Sprachmodus des Zeigens indirekt zu vermitteln vermag. Diese Funktion kommt der uneigentlichen Rede der Aphorismen Lichtenbergs zu.[7] Über die Individualisierung des Ausdrucks, die zugleich der Vermittlung menschlicher Existenz dient, gibt sie des weiteren einen, der aufklärerischen Einstellung gemäßen Impuls zu selbständiger Wissensbildung, zum Betreten neuer Wege.

Als eine Leistung des Subjekts kann Philosophie Lichtenberg zufolge also nicht auf direktem Weg gelehrt werden, sondern prinzipiell nur selbst erworben werden. Die Aphorismen der *Sudelbücher* können somit lediglich Winke geben,

[...] wie es denn wirklich an dem ist, daß Philosophie, wenn sie für den Menschen etwas mehr sein soll als eine Sammlung von Materien zum Disputieren, nur *indirekte* gelehrt werden kann. ("Amintors Morgen-Andacht, 79)

Mit den zentralen Themen seiner Philosophie – Subjektivität, Sprache, Aufklärung, Skepsis – steht Lichtenberg in ausgewiesenen Traditions- und Rezeptionszusammenhängen. Themenvielfalt, Witz und Scharfsinn seiner *Sudelbücher* haben diese zu einer Fundgrube anthropologischer Diagnostik, Quelle von Lebensweisheiten und erbaulicher Nachttischlektüre gemacht. Hinter diesem Mosaik und seiner unsystematischen Form der Darstellung verbirgt sich – so die These dieses Beitrags – jedoch ein systematisches Verständnis philosophischer Erkenntnis und ihrer Vermittlung. Dabei findet das Philosophie-Verständnis Lichtenbergs im Sinne eines selbständig gebildeten und unabgeschlossenen nicht-propositionalen Wissens seinen systematisch adäquaten sprachlichen Ausdruck in der offenen aphoristischen Form der *Sudelbücher*. Insofern Lichtenbergs Philosophie- und Wissensverständnis aus immanenten Gründen eine ihrerseits mosaikhafte, anti-systematische Darstellungsform erfordert, verhindert es gleichzeitig eine explizite, logisch-deduktiven Argumentationszusammenhängen folgende philosophische und literarische Positionierung. Von Form und Inhalt seines Denkens her scheint Lichtenberg damit geradezu prädestiniert für die Außenseiterrolle innerhalb des philosophischen und wissenschaftlichen Diskurses. Eine konsequente Analyse des aphoristischen Mosaiks der *Sudelbücher* unter Maßgabe der methodischen Ernsthaftigkeit seines anti-systematischen Charakters führt jedoch aufgrund des hier exemplarisch vorgeführten Selbstdenkens im Sinne einer selbständig-kritischen Wissensbildung zu einer entgegengesetzten Einschätzung. Ihr zufolge muß die Antwort auf die Frage des Untertitels dementsprechend lauten: Lichtenberg – ein philosophischer Klassiker.

---

[1] Die Aphorismen und Briefe Lichtenbergs werden zitiert nach Lichtenberg, Georg Christoph: Schriften und Briefe, Promies, W. (Hg.), I-IV, München 1967-1972.

[2] Lichtenberg, Georg Christoph: Vermischte Schriften, Lichtenberg, L.C./Kries, F. C. (Hg.), I-IX, Göttingen 1800-1806, IV, S. 391.

[3] Vgl. Erxleben, Johann C.P.: Anfangsgründe der Naturlehre, Lichtenberg, G.C. (Hg.), Göttingen [6]1794.

[4] Vgl. den Brief Lichtenbergs an Johann Daniel Ramberg vom 3.7.1786 in: Lichtenberg, Schriften und Briefe, aaO., IV, S. 679.

[5] Lichtenberg, Schriften und Briefe, aaO., IV, S. 679.

[6] Zur geistigen Verwandschaft zwischen Lichtenberg und Wittgenstein vgl. Wright, Georg H.: Georg Christoph Lichtenberg als Philosoph, in: Theoria 8 (1942), 201-217 sowie insbesondere Merkel, Reinhard: "Denk nicht, sondern schau!". Lichtenberg und Wittgenstein, in: Merkur 42 (1988), 27-43.

[7] Zur Metaphorik bei Lichtenberg vgl. Schildknecht, Christiane: "Ideen-Körner ausstreuen". Überlegungen zum Verhältnis von Metapher und Methode bei Bacon und Lichtenberg, in: Danneberg, Lutz/Graeser, Andreas/Petrus, Klaus (Hg.): Metapher und Innovation. Die Rolle der Metapher im Wandel von Sprache und Wissenschaft, Bern/Stuttgart/Wien 1995, 196-215; zum Konjunktiv-Gebrauch Lichtenbergs vgl. Schöne, Albrecht: Aufklärung aus dem Geist der Experimentalphysik. Lichtenbergsche Konjunktive, München 1982, [2]1983.

PETER KOSLOWSKI

Franz Xaver von Baader – personalistische Theorie der Gesamtwirklichkeit und Dekonstruktion der Systemphilosophie des Deutschen Idealismus

Baader wird häufig als theosophischer Denker bezeichnet. Diese Bezeichnung ist nur akzeptabel, wenn mit ihr nicht per se Außenseitertum, Ketzertum oder Gegenaufklärung impliziert werden sollen. Nicht nur Baader, sondern der gesamte nachkantische Idealismus hat die Grenze zwischen Theosophie und Philosophie aufgehoben. Hegel und Schelling können mit dem selben Recht wie Baader Theosophen genannt werden. Hegels Philosophie des Absoluten ist eine Theo-sophie, eine Wissenschaft des Absoluten oder Gottes, wenn man sie nicht wider die Intention Hegels auf eine bloße Vernunftphilosophie reduziert. Nach Schelling steht seine Philosophie nicht im thematischen, sondern methodischen Gegensatz zur Theosophie, weil diese keine Methode ihrer Erkenntnisgewinnung angeben kann. Baader hat sich selbst nicht als Theosophen oder Philosoph des Absoluten, sondern als religiösen Philosophen oder spekulativen Theologen und Philosophen bezeichnet. Er hat Elemente der Theosophie Böhmes für seine Theorie des absoluten Selbst und personalistische Theorie der Gesamtwirklichkeit übernommen, jedoch ähnlich wie Schelling Böhmes Denken auf eine wissenschaftlichere Stufe der Philosophie gehoben.

Leben Baaders

Baader (*27. 3. 1765 München, +23. 5. 1841 München) studierte Medizin in Ingolstadt und Wien, 1785 Doktor der Medizin in Ingolstadt, wechselte zum Bergbaufach, das er in Freiberg und England studierte. Nach seiner Rückkehr nach München wurde er 1797 Bergrat und 1808 Oberstbergrat. Baader machte eine Erfindung zur Glasherstellung für seine eigene Glasfirma, die er als Unternehmer betrieb. Seit den Anfängen seines Studiums beschäftigte sich Baader mit Fragen der religiösen und spekulativen Philosophie. Im Herbst 1822 reiste Baader auf Einladung des Zaren in ökumenischer Mission – es sollte mit Hilfe der Philosophie die Vereinigung von Protestantismus, Orthodoxie und Katholizismus herbeigeführt werden – von München nach St. Petersburg. Bis Herbst 1823, fast ein Jahr, saß er auf dem Weg nach St. Petersburg in Ostpreußen und im Baltikum fest und mußte auf die Erlaubnis zur Einreise nach Rußland warten, die ihm schließlich nicht gewährt wurde, so daß er unverrichteter Dinge nach Bayern zurückkehren mußte. In der Öffentlichkeit und für seine berufliche Karriere bedeutete diese Zwangspause eine empfindliche Niederlage. Die unfreiwillige Pause von einem Jahr und das intensive Studium Thomas von Aquins in dieser Zeit gaben Baader Gelegenheit, seine bisher nur in kleinen Schriften bruchstückhaft veröffentlichte Philosophie in seinem ersten größeren Werk, den *Fermenta Cognitionis*,[1] zu entwickeln, die meist als sein Hauptwerk gelten. Baader entwickelt hier zwar in Fragmenten bereits seine Hauptgedanken einer religiösen Philosophie, die das Ziel hat, die Harmonie zwischen Glauben und Wissen herzustellen und den Gegensatz zwischen dogmatischer Theologie und Philosophie aufzuheben. Dennoch bleiben die Gedanken dieses Werkes „Fermente" und stellen noch nicht die ausgearbeitete Fassung seiner Philosophie dar.

1826 wurde Baader zum Honorarprofessor für Religionsphilosophie an der soeben neu eröffneten Universität München ernannt, an welcher er gleichzeitig mit Schelling lehrte. Beide saßen einander, wie ein dänischer Student, der bei beiden hörte, berichtet, wie Stachel im Fleische und machten sich gegenseitig das Leben schwer. Allerdings war dies ein ungleicher Wettstreit. Auf der einen Seite stand der weltgewandte und erfolgreiche Schelling, der Entree Billets für seine Vorlesungen ausgab, und dort der dunkle und weit weniger eloquente Baader, der auch von religiösem Eiferertum nicht ganz frei war.[2]

Hauptwerke

1. Vorlesungen über religiöse Philosophie im Gegensatze der irreligiösen älterer und neuerer Zeit. 1. Heft. Einleitender Theil. Vom Erkennen überhaupt, München 1827
Mit den Vorlesungen, die diesem Werk zugrunde liegen, begann Baader im Wintersemester 1826/27 seine Vorlesungstätigkeit an der neueröffneten Universität München.[3] Das Buch stellt sein bestes und dichtestes Werk dar und nimmt alle zentralen Themen der Philosophie Baaders auf. Baader läßt sich zunächst in der Gliederung einer systematischen Philosophie von dem 1827 noch bewunderten Hegel beeinflussen, ohne ihm jedoch wirklich zu folgen. Die Philosophie teilt er in Theorie des Erkennens und des Selbstbewusstseins sowie die Realphilosophien der Natur und der Gesellschaft analog zu Hegels Unterteilung von Logik, Naturphilosophie und Rechtsphilosophie auf. Allerdings handelt es sich bei Baader um religiöse Philosophie der Natur und der Gesellschaft. Religiöse Philosophie bedeutet, daß sowohl die erste Philosophie durch die Realphilosophien empirisch bestätigt wird, als auch die Realphilosophien nach den Prinzipien der religiösen ersten Philosophie entwickelt werden. Im Unterschied zu Hegel haben die Realphilosophien auch empirische Bedeutung für die erste Philosophie. Den Realphilosophien kann ihre Logik nicht durch eine metaphysische Logik vorgegeben werden, weil diese Logik erst durch die Empirie gefunden werden kann. Später wird sich Baader zu einem der schärfsten und scharfsinnigsten Kritiker Hegels und vor allem des Linkshegelianismus wandeln.

Baader stellt das Werk als einleitenden Teil der religiösen Philosophie vor, der vom Erkennen überhaupt handelt. Damit ist die Erkenntnistheorie und die Theorie des Selbstbewußtseins gemeint. Auf sie sollen die religiöse Naturphilosophie und die religiöse Philosophie des Geistes oder, „da der Geist nur in der Societät sich verwirklicht", die Philosophie der Societät folgen. Die „Naturphilosophie" hat Baader nie förmlich entwickelt, wenn man von der kleineren Schrift Vorlesungen über Jacob Böhme's Theologoumena und Philosopheme, verfaßt 1833, posthum veröffentlicht 1847 (Sämtliche Werke, Bd. III, S. 357-432) absieht, die allgemein als Entwurf seiner Naturphilosophie angesehen wird. Die „religiöse Societätsphilosophie" wird weiter unten beschrieben.

Religiöse Philosophie bedeutet für Baader das Programm, eine Synthesis von Religion und Philosophie zu entwickeln, die zweierlei beinhaltet: erstens eine Philosophie, welche die Inhalte der Religion nicht als ein ihr Äußerliches und außerhalb ihrer Liegendes, sondern als Teil der spekulativen oder ersten Philosophie ansieht, und zweitens eine philosophische Form der Religion, die sich weder auf das Gefühl wie bei Schleiermacher noch auf die Vorstellung wie bei Hegel beschränkt, sondern den Inhalt ihrer Überzeugungen als Philosophie entwickelt. Die Weltsicht der Religion, Gott, Schöpfung, Heilsgeschichte, soll in der Philosophie zur Darstellung kommen, und die daraus entstehende religiöse von der „irreligiösen" oder besser nicht-religiösen Philosophie, welche die Inhalte der Religion entweder als falsch oder als außerhalb der Philosophie liegend ansieht, unterschieden werden.

Baader beginnt seine religiöse Philosophie mit der Frage nach den Grundlagen der Erkenntnis. Die Erkenntnis kann nicht aus dem Unbewußten und bloß Empirischen entstehen. Jede Erkenntnistheorie, die das Wissen aus dem Nichtwissen, das Selbstbewußtsein aus dem Unbewußten in einer „generatio aequivoca", in einem „zweideutigen Erzeugungsvorgang", der in seiner Rekonstruktion Lücken aufweist, hervorgehen läßt, ist eine petitio principii. Sie kann nicht das Prinzip der Wissensentstehung angeben und behauptet den Beweisgrund als bewiesen, den sie doch erst noch erweisen muß. Sie ist auch irreligiös. Das Erkennen und Selbstbewußtsein des Menschen können nur im göttlichen Erkennen und Selbstbewußtsein gründen, weil nur der Hervorbringende auch der Begründende sein kann. Descartes' Prinzip „cogito ergo sum" ist daher falsch, weil es das Selbstbewußtsein als selbsthervorbringend und primär ansieht, obgleich das menschliche Selbstbewußtsein sich nicht selbst hervorbringt, sondern sich anderem verdankt und daher sekundär zum ursprünglichen Selbstbewußtsein Gottes ist. Es muß durch das Prinzip „cogitor, ergo cogito, ergo sum" ersetzt werden. Das Ursprungsselbstbewußtsein Gottes kann nicht als aus anderem entstehend gedacht werden, sondern muß als ewig, nichtwerdend und sich selbst ohne anderes hervorbringend, als Gott sich selbst denkend begriffen werden. Gott oder das Absolute wird sich nicht durch das andere oder am anderen der Natur im Prozeß der Weltwerdung bewußt, sondern er ist immer schon vollendetes Selbstbewußtsein. Im Verhältnis zur Welt ist er freier Weltschöpfer, der die Weltschöpfung nicht zu seiner Selbstwerdung benötigt. Die Welt ist nicht das Andere seiner selbst, durch welches er sich erst bewußt wird.

Daraus folgt eine zentrale Einsicht für das endliche Selbstbewußtsein des Menschen. Menschliches Selbstbewußtsein und menschliches Schaffen sind nicht dasselbe. Das Selbstbewußtsein entsteht nicht nur am anderen, am Gegenstand und Objekt durch Arbeit, sondern es ist ursprüngliche innere Selbstgestaltung, die im Gedachtwerden durch Gott und im absoluten Selbstbewußtsein begründet ist. Es ist ein inneres Selbstverhältnis, das sich nicht nur der Subjekt-Objekt-Dialektik der Arbeit an der äußeren Welt verdankt. Der Deutsche Idealismus hat zwar nach Baader die Göttlichkeit des Selbstbewußtseins begriffen, aber er hat diese Einsicht in den gnostischen Irrtum der Einheit von menschlichem und absolutem Selbstbewußtsein verbogen, weil er die Göttlichkeit des Selbstbewußtseins in den endlichen und kreatürlichen Geist legt. Die Vermischung des endlichen und des unendlichen Wissens und Selbstbewußtseins ist ebenso pantheistisch wie die Vermischung des Seins von Absolutem und Endlichem. Sie stellt die spezifisch gnostische Form des Pantheismus dar, in der nicht die Natur und die Welt, sondern der menschliche Geist mit dem Absoluten oder Gott identisch sind. Entgegen den Systemen des Idealismus und Gnostizismus ist es Aufgabe der Erkenntnis- und Selbstbewußtseinstheorie, sowohl die Verbundenheit wie die Unterschiedenheit des göttlichen und des menschlichen Erkennens und Selbstbewußtseins festzuhalten.

Mit dieser Unterscheidung von absolutem und endlichem Selbstbewußtsein und der Einsicht, daß im Selbstbewußtsein ein Kern ist, der sich nicht der Arbeit am Objekt verdankt, gewinnt das Selbstbewußtsein eine Dimension der Innerlichkeit, die es von dem Druck befreit, sich nur am Objekt der Arbeit zu konstituieren und sich damit vor allem seinem Erfolg in der äußeren Welt zu verdanken.

2. Vorlesungen über speculative Dogmatik

Mit der Spekulativen Dogmatik wählt Baader einen anderen Ansatz der Darstellung der Beziehungen zwischen dem Absoluten und dem endlichen Selbstbewußtsein. Dieses Werk kann als seine Religionsphilosophie oder spekulative Theologie, die im Rahmen der Philosophie entwickelt wird, angesehen werden. Er kehrt im Verhältnis zur Selbstbewußtseinsphilosophie seiner Vorlesungen über religiöse Philosophie die Methode um. Ausgangspunkt sind nun nicht die Phänomenologie und Selbsterfahrung des Bewußtseins, sondern der Grundsatz, daß der Mensch das Bild Gottes ist. Während die Philosophie nicht axiomatisch mit einem gegebenen Grundsatz beginnen kann, sondern diesen erst finden muß, kann die philosophische Theologie mit einem von der Theologie gegebenen höchsten Grundsatz, daß der Mensch das Bild Gottes ist, beginnen und aus ihm weitere Einsichten gewinnen. Wenn der Mensch das Bild Gottes ist, können aus dem Bild Gottes, dem Menschen, Aussagen über das Urbild oder Vorbild dieses Bildes, über Gott, durch Konklusionen gewonnen werden.

Die Spekulative Dogmatik ist aus Vorlesungen über Religionsphilosophie und die philosophische Darstellung der christlichen Dogmatik an der Universität München entstanden, zu denen Baader den Auftrag erhalten hatte.[4] Vor allem im 1. Heft versucht Baader eine philosophische oder spekulative Darstellung der christlichen Dogmatik zu geben. Während die spezielle oder herkömmliche Dogmatik mit dem Begriff Gottes beginnt und mit der Darstellung des Reiches Gottes als dogmatischen Inhalt der Heilsgeschichte fortfährt, beginnt die spekulative oder allgemeine Dogmatik mit dem Begriff des Menschen als Bild Gottes und entwickelt aus ihm sowohl die dogmatischen Bestimmungen der Gotteslehre als auch der Heilsgeschichte von Schöpfung, Fall und Erlösung. Spekulativ heißt für Baader so viel wie „frei". Es geht um eine freie und philosophische Entwicklung der christlichen Theologie aus dem einzigen dogmatisch gegebenen Grundsatz, daß der Mensch das Bild Gottes ist. Das Axiomatische oder Dogmatische der Theologie soll so weit wie möglich zurückgedrängt werden auf diesen einzigen axiomatischen oder dogmatischen Satz, aus dem dann die anderen Sätze der Dogmatik frei und spekulativ gewonnen werden. Der Grundsatz, daß der Mensch das Bild Gottes ist, kann aus dem Menschen oder der Welt nicht gewonnen werden, da wir das Vorbild, dessen Bild der Mensch ist, nicht sehen können. Der Grund für diese Verdunkelung der unmittelbaren Erkennbarkeit Gottes ist, daß der Mensch nach dem Sündenfall nicht mehr das unversehrte Bild Gottes ist und sich Gott der unmittelbaren Erkenntnis entzogen hat. Der Satz, daß der Mensch das Bild Gottes ist, ist eine Einsicht, die aus Offenbarung gewonnen wurde, und der Satz daher ein theologischer Satz.

Die Methode, aus dem Menschen als Bild Gottes die Metaphysik und Heilsgeschichte zu entwickeln, nennt Baader den anthropologischen Standpunkt. Aus den Bestimmungen des Menschen sind durch Analogie die Bestimmungen Gottes zu entwickeln. Aus der Finalität des Menschen in der Schöpfung und Geschichte, aus seiner Bestimmung, zum Bild Gottes geschaffen und damit Schlußgeschöpf der Schöpfung zu sein, sind die Geschichte der Schöpfung, ihres Falles und ihrer Reintegration zu erschließen. Nach Baader darf man in der spekulativen Philosophie und Theologie den anthropologischen Standpunkt weder überspringen noch ihn im Sinne des Anthropomorphismus so festhalten, daß die Transzendenz Gottes nicht gewahrt wird.

Der Mensch ist als Bild Gottes zur Vollendung der Schöpfung geschaffen worden, um die ins Chaos gefallene vormosaische Welt – Baader nimmt eine Schöpfung vor dem biblischen Schöpfungsbericht an – zu reintegrieren. Seiner Aufgabe ist der Mensch nicht gewachsen. Er fällt vielmehr selbst, und mit ihm fällt die gesamte Natur in die Materialität. Der

Zustand der Zerrissenheit der materiellen Welt zeigt an, daß ihr materieller Charakter nicht ursprünglich, sondern nur Folge eines Falles sein kann. Daß Mensch und Natur nicht ständig noch immer tiefer fallen, ist der Beweis, daß die Reintegration und Restauration der Schöpfung bereits begonnen haben.

Zweck der Schöpfung ist die vollständige Einwohnung Gottes in ihr im Menschen als Bild Gottes, nicht die Aufhebung der Unterscheidung von Gott und Mensch. Dieser Zweck ist durch das Böse nur aufgeschoben, nicht aber aufgehoben. Das Böse und der Sündenfall können – gegen den Gnostizismus – weder vergöttlicht und in Gott selbst gerückt werden. Noch können das Böse und der Sündenfall – gegen den Idealismus – aber auch zu einem notwendigen Durchgangsstadium oder gar zum Glücksfall der Entstehung der Kultur gemacht werden.

Baader spekulative Entwicklung der Inhalte der christlichen Theologie aus dem Grundsatz, daß der Mensch das Bild Gottes ist, nimmt Elemente der jüdischen Theosophie oder Gnosis, der Kabbala, und der christlichen Theosophie oder Gnosis auf wie die Idee der doppelten Schöpfung, der Vollendungsaufgabe des Menschen für die Schöpfung und der Einwohnung Gottes im Bild Gottes im Menschen. Er verwendet in ihr eine Methode, die heute auch Paul Ricoeur zur Begründung der Religionsphilosophie verwendet. Der Grundsatz vom Menschen als Bild Gottes gibt der philosophischen Methode der Analogie, der analogia entis, eine theologische Legitimation, weil das Prinzip der Analogie von Gott und Mensch zugleich durch einen dogmatischen theologischen Grundsatz gerechtfertigt ist. Die Theologie muß das Analogieprinzip der philosophischen Theologie akzeptieren, weil es in ihrem eigenen Grundsatz, daß der Mensch Bild Gottes ist, gründet, die Philosophie wird durch den theologischen Grundsatz bestärkt, das Axiom von der Analogie von Gott und Mensch zum Ausgangspunkt ihrer Untersuchung zu machen, auch wenn philosophisch der Offenbarungssatz nicht aus ihm selbst heraus begründend ist. Ein philosophisches Axiom wird hier vorausgesetzt, das in der Theologie mehr als axiomatischen, nämlich dogmatischen Charakter besitzt.

Baader wendet das Prinzip des Menschen als Bild Gottes gegen den Idealismus. Die Theorien des Idealismus, daß die Entäußerung Gottes in die Natur für seine Selbstwerdung notwendig ist, sowie die Theorie von der Identität von endlichem und absoluten Geist und von der Notwendigkeit des Bösen und des Sündenfalles in der Menschwerdung des Menschen, wie sie Schellings Identitätssystem und Hegels Dialektik des absoluten Geistes annehmen, sind für Baader eine Form des Gnostizismus, der sich von der jüdischen und christlichen Religion und einer legitimen Gnosis losgesagt hat und zu einem idealistisch-rationalistischen System geworden ist, das auf Religion und Offenbarung zugunsten von Systemphilosophie glaubt verzichten zu können. Im Identitätssystem des frühen Schelling und in der Dialektik Hegels wird die Geschichte und das Böse in ihr zu einem notwendigen Moment der Selbstrealisierung Gottes, zu Stationen des „Lebenslaufs des Absoluten", wie es Rosenkranz genannt hat.

Der Idealismus übersieht, daß es spekulative Selbstüberhebung und „idealistische Schwärmerei" ist, die Theologie allein aus einem Prinzip des Endlichen wie der Subjekt-Objekt-Dialektik zu entwickeln. Dieser Monismus der Idee hält weder der philosophischen noch der theologischen Kritik stand. Die philosophische Kritik muß einwenden, woher Hegel und Schelling denn wissen, daß für das absolute Selbstbewußtsein dieselbe Logik gilt wie für das endliche. Die theologische Kritik muß einwenden, daß der Grundsatz der Einheit des Endlichen und des Unendlichem dem theologischen Grundsatz widerspricht, daß der Mensch nur das Bild Gottes, aber nicht die Identität mit Gott ist. Dem idealistischen Versuch, Philosophie in „offenbares Wissen", so Hegel, oder die Offenbarung des absoluten Wissens zu verwandeln und damit den theologischen Glauben überflüssig zu machen, hält Baader entgegen, daß sich hier nicht absolutes Wissen und Glaube oder Philosophie und Theologie, sondern Glaube und Glaube oder die Religion des Idealismus und die jüdisch-christliche Religion gegenüberstehen. Der Idealismus gründet auf dem Glaubensaxiom der Einheit des Endlichen und Unendlichen, die personalistische Philosophie Baaders und die Theologie auf dem Axiom der Analogie von Endlichem und Unendlichem.

3. Vorlesungen über religiöse Societätsphilosophie und Elementarbegriffe über die Zeit als Einleitung zur Philosophie der Societät und der Geschichte
Die Societätsphilosophie[5] ist nach der Theorie des Selbstbewußtseins und Erkennens sowie nach der Naturphilosophie der dritte Teil der religiösen Philosophie, bei der es wie bei den vorangegangenen Teilen nicht so sehr um die Erkenntnis der Gesellschaft und Geschichte einerseits und die Erkenntnis der Natur andererseits, sondern um das Erkennen der Grundsätze der Religion in der und durch die Philosophie der Gesellschaft und der Geschichte sowie durch die Naturphilosophie geht. Wie die idealistische Naturphilosophie, vor allem Schellings, mehr Theorie des Absoluten als Theorie der Natur ist, so sind Baaders Societäts- und Naturphilosophie mehr Theorie Gottes und der Heilsgeschichte, die aus der Gesellschaft und der Natur erschlossen werden, als Realphilosophien der Gesellschaft und der Natur. Die Grundeinsichten der Religion müssen aus der Natur und aus Gesellschaft und Geschichte erkennbar und erschließbar sein.

Als Erkenntnis der Religion aus der Geschichte und Natur ist Baader religiöse Philosophie nicht Theologie, sondern der Versuch einer philosophischen Gnosis oder Theosophie des Christen- und Judentums. Baader war sich durchaus der methodischen Schwierigkeiten dieses Unternehmens in philosophischer wie in theologischer Hinsicht bewusst. Philosophen werden einwenden, daß hier philosophische Methode und theologische Dogmatik vermengt werden, Theologen werden kritisieren, daß der Offenbarungscharakter der theologischen Grundsätze und der Geschenkcharakter des Glaubens, das sola fide, sola gratia, sola scriptura, nicht gewahrt werden. Baader wendet sich selbst einmal ein, daß ihm der Gnadencharakter des Glaubens zu entgehen droht, wenn er die Glaubenseinsichten als Resultat der philosophischen spekulativen Methode gewinnt.

Baader beginnt seine Gesellschafts- und Geschichtsphilosophie mit einer Theorie der Entstehung der Zeit. Die Zeit muß als hintergehbar und als abgeleitet gedacht werden, wenn die theologischen Hoffnungen auf eine Aufhebung aller Zeit begründet sein sollen. Die Idee von der Ewigkeit und Ursprünglichkeit der Zeit schafft den Gegensatz zwischen Philosophie und Religion, weil die Religionen die Zeit als abgeleitetes und vorübergehendes Phänomen ansehen, wie die Idee des ewigen Lebens zeigt, während die Philosophie die Zeit als eine unveränderliche Konstante des Seins ansieht. Kants subjektivistische, aber absolute Auffassung der Zeit als Form der Anschauung und Hegels Theorie, daß die geschichtliche Zeit zugleich die Zeit des Absoluten ist, sind verkehrte Zeitauffassungen, weil sie Religion und Philosophie in einen unüberbrückbaren Gegensatz in bezug auf ihr jeweiliges Verständnis der Zeit geraten lassen.

Baader verzeitlicht die Zeit. Es gibt nicht nur eine, sondern drei Formen der Zeit. Die Zeitlichkeit, in der wir leben, ist nach Baader Anzeige für eine Versetztheit und Verkehrung der Zeit im Seinsbereich von Gesellschaft und Geschichte. Sie ist nicht die ursprüngliche Zeit der Ewigkeit, sondern ein deriviertes und verkehrtes Phänomen. Sie ist der Winter der Ewigkeit. Die Zeitlichkeit der Weltzeit ist in derselben Weise ein Resultat einer Verkehrung, wie die Materiebestimmtheit der Natur nicht die materia prima oder ursprüngliche Materie, sondern die herabgesunkene und gefallene Form der Materie ist und die Verkehrtheit und Gefallenheit der Natur im Seinsbereich der Natur und des Raumes anzeigt. Baader führt, darin Jacob Böhme folgend, drei Grundmodalitäten des Seins ein, den Zustand des Seins vor dem Fall, nach dem Fall und nach der eschatologischen Überwindung des Falls. Das Sein ist in einem prälapsarischen Modus, einem postlapsarischen Modus und im eschatologischen Modus der Vollendung zu denken.

Die Zeit ist Suspension der Ewigkeit und des Vergehens zugleich. Ihr Ursprung muß in den Taten von Wesen gesucht werden, die sich weder für noch gegen Gott entschieden haben, sondern in der Suspension blieben, während jene Wesen, die sich wie die gefallenen Engel gegen Gott entschieden, in die unterzeitliche Existenz der Nichtsuspension des Vergehens fielen. Zeit und Raum sind daher Zwischenzustände der Suspension des Vergehens und der Unvollständigkeit ewiger, erfüllter Existenz. Zeit und Raum sind Frist und Einräumung der Erlösung.

Die Erlösung in Zeit und Raum ist nur durch Hilfe von oben möglich, die sich als Derivation der Ewigkeit in die Endlichkeit und damit als Opfer der höheren Sphäre zeigt. Die Herablassung eines höheren Wesens in eine tiefere Sphäre kann nur als Opfer, nicht aber als Selbstverwirklichung dieses Wesens begriffen werden. Baaders Theorie des Opfers in der Christologie ist gegen Hegels Theorie des Todes Christi als Moment der Selbstbewußtwerdung von Gott und Mensch gerichtet.

Die Theorie der Zeit zeigt, daß die Theorie der Geschichte und Gesellschaft des Menschen nicht ohne eine höhere Geschichte oder Offenbarungsgeschichte der Entstehung der Zeit möglich ist. Alle Mythen der Menschheit sprechen nach Baader von einem Ursprung der Zeit in einem Abfall höherer Wesen. Diesem „Konsens der Mythen" stehen die Theorien des Gnostizismus und Idealismus entgegen, die den Ursprung der Zeit im Abfall Gottes oder des Absoluten von sich selbst annehmen. Hegels Theorie des Abfalls der Idee von sich in die Natur macht den Abfall der Idee von sich zugleich zum Ursprung der Zeit und des absoluten Selbstbewußtseins.

Eine Anwendung des Grundsatzes von der Zeitlichkeit der Zeit sind die Begründbarkeit der Unsterblichkeit der Seele und die Unterscheidung von Staat und Kirche. Die Wandelbarkeit der Zeit ist der ontologische Grund für den Glauben an die Unsterblichkeit der Seele, der wiederum den Eigenstand der Sozialinstitution der Kirche gegenüber dem Staat begründet.

Die andere philosophisch fruchtbare Anwendung der Theorie von der Zeitlichkeit oder Temporalisierung der Zeit ist die Sozialontologie als Grundlagentheorie der Gesellschaft und der Persönlichkeit. Die Societätsphilosophie entwickelt in Anwendung der Theorie der Zeit auf die Gesellschaft und Geschichte die ontologischen Grundlagen der Sozialtheorie. Wenn sich diese ontologischen Prinzipien in der Sozial- und Geschichtsphilosophie bewähren, tragen sie wiederum zur Begründung der ersten Philosophie und Theologie bei. Die erste Philosophie begründet nicht nur die Realphilosophie, sondern die Bewährung der ersten Philosophie in der Sphäre des Realen und Empirischen trägt zur Bestätigung der ersten Philosophie bei.

Das grundlegende Modell von Sozialverbänden ist nicht das Sich-dialektisch-Fortbestimmen und das Sich-ineinander-Aufheben von Endlichem und Unendlichem, sondern das Modell des Organismus als Vereinigung von Koordination und Subordination. Das Absolute hebt sich nicht im endlichen Menschen und der Gesellschaft auf, sondern durchdringt sie und wohnt ihnen inne. Gott und Mensch sind nicht Unbestimmtes, das sich in der Zeit immer mehr bestimmt. Die unendliche und endliche Persönlichkeit sind vielmehr der

Ausgleich von Expansion und Kontraktion, der die vollständige Formation bewirkt. Existenz und Formation sind dasselbe. Es gibt keine unbestimmte Existenz, keine ewige unbestimmte materia prima, die sich erst noch selbst zur Form bestimmt. Wo Existenz ist, ist auch Form. Form ist nicht die fortschreitende Aufhebung von Nichtform, sondern eine Insichgeformtheit, die nicht nur als Aufhebung von Nichtform gedacht werden kann.

Das Sein als ganzes ist nicht wie bei Hegel und Schelling ein fortlaufender Übergang von der Indifferenz zur Bestimmtheit, eine Aufhebung des Unbestimmten in Bestimmtes. Das Indifferenzsystem stellt einen unzulässigen Anthropomorphismus in seiner Übertragung auf das Absolute dar. Im endlichen Wesen Mensch gibt es Phasen der Bestimmung des Unbestimmten, aber diese Phasen können nicht als das Gesamtmodell der Menschwerdung des Menschen oder gar des Persönlichwerdens Gottes begriffen werden.

Auch kann das Verhältnis der Individuen zum Ganzen der Gesellschaft und zum Absoluten nicht so gedacht werden, daß das Endliche in der Gesellschaft und im Unendlichen untergeht. Ein solcher soziologischer und theologischer Pantheismus nimmt ein Ineinander-zugrunde-Gehen der geschiedenen Glieder des Organismus und des endlichen Bewußtseins im unendlichen an. Seine Wirkungen sind politisch und sozial ebenso fatal wie theologisch. Der soziologisch-politische Pantheismus führt sozialontologisch zu der Bereitschaft, Individuen oder gar ganze Volksklassen dem Kollektiv zu opfern. Baader kritisiert scharf diese Perversion des Opfer-Gedankens durch die dialektische Sozialontologie und setzt ihr seine eigene personalistische und theistische Ontologie der Gesellschaft entgegen, in der die Individualität und Endlichkeit des Individuums gegenüber dem Kollektiv und gegenüber dem absoluten Geist gewahrt wird.

4. *Ueber das dermalige Missverhältniss der Vermögenslosen oder Proletairs zu den Vermögen besitzenden Classen der Societät in Betreff ihres Auskommens sowohl in materieller als intellectueller Hinsicht aus dem Standpuncte des Rechts betrachtet, 1835*[6]

Von Baader gingen wesentliche Anregungen auf die Romantik und die Sozialreform mit seiner Schrift über den Proletair aus. Baader gilt auch als großer Anreger der katholischen Soziallehre, obgleich er gegen Ende seines Lebens in dogmatischen Konflikt mit der katholischen Kirche geriet.

Baader hatte bereits in seiner Studienzeit in England den entstehenden Kapitalismus beobachtet und stand seitdem der Entwicklung in England kritisch gegenüber. Bereits 1802 kritisierte er in seiner Schrift „Ueber das sogenannte Freiheits- oder das passive Staatswirthschaftssystem" die Idee des „selfish system" und der Passivität des Staates gegenüber der Wirtschaftsentwicklung. Die genannte Schrift ist auch eine der ersten Kritiken des damals neuen „Freiheitswirthschaftssystems" von Adam Smith. Baader entwickelt hier bereits seinen später tiefer entwickelten Gedanken, daß der Staat nicht nur negativ die Freiheit der Wirtschaft und die Arbeitsteilung nicht stören dürfe, sondern daß er die Teilung und Vereinigung der Arbeitskräfte durch das „Princip der Assecuranz" und der Hilfe positiv zu fördern habe.

Baader geht von der theologischen Prämisse aus, daß so wie Gott die Evolution der Welt assistiert und sie nicht nur ablaufen läßt, der Staat und die Kirche die Evolution der Gesellschaft zu assistieren haben. Die Evolution der frühindustriellen Gesellschaft erzeugt das Mißverhältnis der Lage der Arbeiter zum Fortschritt der Gesellschaft. Die Arbeiter drohen zum Opfer der wirtschaftlichen Entwicklung zu werden. Man kann nun das Opfer der Arbeiter nicht einfach als notwendig für den Fortschritt erklären. Gesellschaftsklassen für den

Fortschritt zum Opfer zu bringen, ist für eine (christliche) Gesellschaft, in der alle Menschen die gleichen Rechte auf Existenz haben, inakzeptabel.

Die Assistenz der gesellschaftlichen Evolution ist weder von der Revolution noch von der Restauration durch „Polizei- oder Wohltätigkeitsanstalten", sondern allein durch „Rechtsanstalten" zu organisieren. Zwischen der Produktivität der Industrie und der Entlohnung der Arbeiter ist besonders in England und Frankreich ein solches Mißverhältnis entstanden, daß die neue Freiheit der Arbeiter mehr „Vogelfreiheit" als bürgerliche Freiheit ist. Die Vogelfreiheit der Proletairs droht schlimmer zu werden als die alte Leibeigenschaft des Mittelalters. Den Begriff „Proletair" hat Baader damit vor Marx in Gebrauch gebracht.

Baader kritisiert an Adam Smith, daß er bei seiner Konzentration auf die bloße Mehrung des Wohlstands der Nationen das Mißverhältnis zwischen der steigenden Produktivität der Industrie und dem sinkenden Verdienst des einzelnen Arbeiters nicht gesehen habe.

Baader schreibt, daß die Versammlungen der Fabrikherren in England, die er erlebt habe, nichts als Kartelle zur Senkung des Arbeitslohns gewesen seien. Sie hätten stets mit dem Versuch der Steigerung der Preise und der Senkung der Löhne durch Kartellpraktiken geendet. Diese Kartelle würden noch dadurch verstärkt, daß die parlamentarische Repräsentation aufgrund des Klassenwahlrechts die Arbeiter von der politischen Willensbildung ausschließt. Die Proletairs finden sich also in einem rechtslosen und unbürgerlichen Zustand. Die Aufgabe der Sozialreform ist daher die Einbürgerung des Proletairs in die Gesellschaft. Dieser Prozeß soll nach Baader durch den Klerus der Kirche vorangetrieben werden, der zum Advokaten des Proletairs werden müsse. Der Klerus muß den Prozeß der „Association der Proletairs" unterstützen. Die Assoziation der Arbeiter muß zur „Assecuranzanstalt" der Arbeiter werden. Baader vereinigt hier die Forderung nach Gewerkschaften mit der Forderung nach Sozialversicherungsinstitutionen. Man wird nicht fehlgehen, Baader als den Vater des Gedankens der Sozialversicherung anzusehen.

Baader sieht seinen Reformansatz als Alternative zum Freiheitspathos des Liberalismus und zur „Servilität" der konservativen Restauration seiner Zeit. Baaders Schrift ist kein systematischer nationalökonomischer Traktat, sondern eine hellsichtige, ja visionäre Sozialkritik seiner Zeit. Von nationalökonomischem und theoriegeschichtlichem Interesse sind seine Kritik am passiven Staatswirtschaftssystem, die ihn in die Nähe von Friedrich List rückt und seine Verbindung von politischer und ökonomischer Analyse in seiner Kritik an der Rolle der Arbeitgeberassoziationen seiner Zeit und dem fehlenden Gegengewicht gegen deren Kartellierungstendenzen in Arbeiterassoziationen. Diese Analyse nimmt Elemente der Politischen Ökonomie des Marxismus vorweg, ohne dessen materialistische und klassenkämpferische Voraussetzungen zu teilen. Schließlich ist Baader ein Vorgänger der christlichen Soziallehre, der christlich-sozialen Bewegung und christlichen Demokratie, da er der Kirche und dem Klerus eine sozialreformerische Rolle als Advokaten des Proletairs zuerkennt und in der Verbürgerlichung der Arbeiter, das heißt ihrer Inklusion in die bürgerlichen Rechte des aktiven und passiven Wahlrechts, die Voraussetzung der Verbesserung ihrer Lage sieht. Von Marx unterscheiden Baader die Ablehnung der Revolution als Mittel gesellschaftlichen Wandels, die Bejahung des Privateigentums und die Idee der Demokratisierung der Gesellschaft als Verbürgerlichung der Arbeiter anstelle der Diktatur des Proletariats.

Wirkungsgeschichte

Leben und Wirkungsgeschichte Baaders entbehren nicht einer gewissen Tragik. Baader hat es nie zu einer festbezahlten Stellung an der Universität seiner Zeit gebracht, sondern blieb zeit seines Lebens „Honorarprofessor". In der Wirkung blieb er zu weit hinter der ihn in der öffentlichen Aufmerksamkeit in den Schatten stellenden Wirkung Schellings zurück. Dennoch wurde Baader in der zweiten Hälfte des 19. Jahrhunderts zu einem der zentralen Philosophen, die aus christlichem Geist Philosophie, Nationalökonomie und Sozialreform betrieben. Unmittelbare Wirkung ging von seiner Lehrtätigkeit auf Kierkegaard aus, der ihn in München als Student gehört hat. Kierkegaards Kritik des Deutschen Idealismus ist stark von Baader beeinflußt, ebenso sein Gedanke unserer Gleichzeitigkeit mit Christus, der sich gegen die Historisierung des Christentums mit Argumenten wendet, die sich bereits bei Baader finden. Baaders spekulative und ökumenisch-christlich orientierte Philosophie übte einen großen Einfluß auf die Philosophie im orthodoxen Rußland über Berdjajew und Solowjow sowie in den reformierten Niederlanden über Abraham Kuyper und Herman Dooyeweerd aus. Es scheint, daß Gedanken Baaders bei der vom Niederländischen Ministerpräsidenten A. Kuypers 1880 gegründeten Freien Universität Amsterdam von Einfluß waren.

Mit seiner spekulativen Religionsphilosophie gehört Baader in die philosophische Bewegung des Deutschen Idealismus, mit dem er das Ziel einer philosophischen Neubegründung der (christlichen) Religion teilt. Anders jedoch als Hegel und Schelling, mit denen er in intensivem Austausch stand und von denen vor allem Schelling wesentliche Anstöße für seine Spätphilosophie von Baader erhielt, suchte Baader die größere inhaltliche Nähe zur Tradition der Gnosis, Theosophie und Kabbala einerseits und zur katholischen und evangelischen Theologie andererseits. Auch hielt er an der relativen Unterscheidung von Theologie und Philosophie fest. Baader steht dem Spätidealismus von I. H. Fichte, dem Sohn J. G. Fichtes, und anderer nahe und gehört damit in die philosophische Schule des philosophischen Theismus des 19. Jahrhunderts. Von Baader gingen wesentliche Anregungen auf die Romantik und die Sozialreform mit seiner Schrift über den Proletair aus, dessen Begriff er vor Marx in Gebrauch brachte.

Kritische Würdigung

War Baader ein Außenseiter, war er ein Ketzer? Die Frage nach seinem Ketzertum läßt sich schnell erledigen. Baader hat sich stets als Verteidiger der orthodoxen Interpretation des Christentums gegen moderne Häresien – als eine dieser Häresien sah er den Hegelianismus an – verstanden und sich selbst in der Rolle des Ketzerbekämpfers wahrscheinlich mehr geschadet, als er der Sache der Theologie genützt hat.

Die Frage nach seinem Außenseitertum lässt sich nach drei Dimensionen auffächern: 1. War er ein akademischer Außenseiter? 2. War er ein philosophischer Außenseiter dem Inhalt und der Wirkung nach? 3. War seine Wirkung immer randständig oder nur zeitweilig oder nur heute?

Akademisch war Baader zeit seines Lebens ein Außenseiter. Er hat es nie zu einer vollbezahlten Professur gebracht und selbst sein Honorar als Honorarprofessor wurde zeitweilig mit Verspätung bezahlt. Seiner Witwe verweigerte die Universität München eine bescheidene Pension.

Was ist daraus philosophisch abzuleiten? Fast gar nichts, außer daß es hochriskant ist, sich in die akademische Philosophie für seinen Lebensunterhalt zu begeben, wenn man nicht aus ihr kommt. Es ist auch aus der Werkgeschichte Baaders abzuleiten, daß das Von-außen-Kommen Risiken für den philosophischen Stil und die Argumentationsweise in der Philosophie mit sich bringt. Baader hat mit 61 Jahren seine erste große Abhandlung veröffentlicht, sein Stil blieb zeit seines Lebens schwer und bildete ein Hindernis für seine Breitenwirkung.

Als akademischer Außenseiter war er den Intrigen seiner verbeamteten Kollegen, vor allem jenen Schellings, weithin ungeschützt ausgesetzt. Schellings Verhalten Baader gegenüber war in hohem Masse unkollegial, wenn nicht unverzeihlich, auf jeden Fall eines Mannes vom Format Schellings nicht würdig.

Andererseits darf man sich Baader nicht als gesellschaftlichen Außenseiter vorstellen. Sein Vater war Leibarzt der bayerischen Könige gewesen, er selbst ein erfolgreicher Unternehmer mit eigener Glasfabrik. Ludwig I., König von Bayern, nahm seine Denkschriften ebenso zur Kenntnis wie der Zar und der König von Preußen.

Auch seiner philosophischen Wirkung nach war Baader nicht ein Außenseiter. Lord Acton, Ignaz Döllinger, die katholische und evangelische Theologie des 19. Jahrhunderts haben ihn geschätzt. Die 1. Auflage des Staatslexikons von 1889 widmet ihm einen umfangreicheren Artikel als Thomas von Aquin, der von Alois v. Schmid, selbst ein Philosoph von Rang verfaßt wurde. Über seine Wirkung in Russland und den Niederlanden sowie auf Kierkegaard ist bereits berichtet worden.

Was hat Baader an Neuem der Philosophiegeschichte hinzugefügt? Er war der erste, der den Begriff des Proletairs benutzte. Er hat die Philosophie der Person und der Personalität durch eine Grundlagentheorie der absoluten und endlichen Persönlichkeit erweitert. Er hat die Anregung des Idealismus, die Theologie durch eine Theorie des Geistes neu zu begründen, aufgenommen, ohne in die Falle des Pantheismus zu laufen. Er war einer der ersten Kritiker Hegels und des frühen Schelling. Seine Kritik ist eine Dekonstruktion der Systemphilosophie des Idealismus, die bereits vor zweihundert Jahren Elemente des postmodernen Dekonstruktivismus vorweggenommen hat. Seine Dekonstruktion der Zentralbegriffe des Hegelschen Idealismus wie Aufhebung, Abfall der Idee von sich und Einheit des Endlichen und Unendlichen ließ sich von dem Anspruch Hegels auf absolutes Wissen nicht blenden.

Baader hat sehr früh, bereits im 6. Heft seiner Fermenta Cognitionis, auf die Bedeutung Jakob Böhmes als spekulativer Gegenentwurf zum Pantheismus und Spinozismus des Idealismus hingewiesen. Böhme hat nach Baader die Unterscheidung von Gott und Mensch festgehalten, die autonomistische Lehre von der Selbstgesetzgebung und dem Sichselbstsetzen, wie sie bei Kant und noch radikaler bei Fichte entwickelt wird, abgelehnt. Böhme hat in der spekulativen Philosophie die christliche Lehre vom Sündenfall und vom Ursprung des Bösen angemessen zur Darstellung gebracht und das Böse nicht in ein notwendiges Stadium auf dem Weg zur Menschwerdung des Menschen aufgelöst. Böhme kann daher nach Baader nicht als der Stammvater des Deutschen Idealismus und des Identitätssystems angesehen werden, sondern als Begründer einer personalistischen Philosophie und Theologie, eines philosophischen Theismus, der aus der Persönlichkeit und dem absoluten Selbstbewusstsein die Theorie der Gesamtwirklichkeit entwickelt.

Als theologischer Philosoph ist Baader ein Denker, der außerhalb des philosophischen Modernismus und der Anschauung steht, daß es in der Philosophie nur eine höchste Form des Bewußtseins in jeder Epoche gibt. Sein Denken ist geradezu eine große Antithese zu diesem Gedanken. Die Grundeinsichten der Metaphysik sind, so Baader, nicht an eine Zeit gebunden, nur ihre Darstellung. Er kritisiert Hegels Überzeugung, daß die Weltgeschichte auch das

Weltgericht für die Philosophie ist. Sie ist, so Baader, nur ein relatives Weltgericht. Baader hat sich nicht gescheut, die pantheistische Wendung des Idealismus und atheistische Wendung des Linkshegelianismus als Irrtum zu benennen. Er erkannte, daß mit seiner Zeit die Idee, daß es nur eine Philosophie, die auf der Höhe der Zeit ist, gebe, zugleich in Hegel zu ihrer Vollendung und an ihr Ende gekommen war. Damit ist nicht mehr eindeutig, wer die Hauptströmung, und wer die Außenseiterströmung des Denkens ist. Eine pluraleres Verständnis von Philosophie gewinnt Geltung.

Baaders Philosophie ist wie die Spätphilosophie seines Zeitgenossen Schelling eine Philosophie der Offenbarung. Die Ablehnung der Offenbarung war ein treibendes Motiv des Frühidealismus, der als das Bestreben gedeutet werden kann, die Offenbarungsreligion durch eine moderne philosophische Religion der Freiheit zu ersetzen. Diese Tendenz fand ihren Abschluss, aber auch ihre Kritik in Schelling Philosophie der Offenbarung.

Für die Würdigung Baaders und seiner Kritik des Idealismus ist von Bedeutung, daß es die Religion des Deutschen Idealismus trotz aller Anstrengung des Denkens nicht zum Status einer Weltreligion gebracht hat, und so bleiben die Ursprünge des Idealismus in der Erledigung der Offenbarungsreligion durch die Kantische Erkenntniskritik und die Ersetzung der Religion durch die Philosophie des absoluten Geistes im Idealismus nur eine Episode in der Geschichte des Denkens. Die Geistesgeschichte ist auch über diese Erledigung hinweg gegangen, weil die Frucht der Erledigung der Offenbarungsreligion, der Deutsche Idealismus, selbst sein Ende als Religion der Gebildeten in der Kritik nachhegelianischer Denker wie Kierkegaard und Nietzsche fand.

Baader hatte das religiös und philosophisch Unbefriedigende am Deutschen Idealismus bereits in seiner Entstehungszeit erkannt. Sein bleibender philosophischer Beitrag ist die Kritik der Totalitätssysteme des Deutschen Idealismus. Seine Kritik bildet eine Art Metakritik der Kritik der reinen Vernunft Kants sowie der Logik Hegels und des Identitätssystems Schellings.

---

[1] Ausgabe: Sämtliche Werke, Bd. II, S. 137 - 442.
Literatur: H. Sedlmayr, Der Gedanke der Mitte bei F. v. Baader, in: J. Tenzler (Hrsg.), Wirklichkeit der Mitte (FS A. Vetter), Freiburg 1968, S. 309-318. - H. Sauer, Ferment der Vermittlung. Zum Theologiebegriff bei F. v. Baader, Göttingen 1977. - R. Betanzos, Baader's Philosophy of Love, Diss. Michigan 1968, Neuausgabe Wien 1997.
[2] Hauptwerke: Fermenta Cognitionis (lat.; Fermente der Erkenntnis), 1.bis 5. Heft, Berlin 1822-24, 6. Heft, Leipzig 1825. - Vorlesungen über religiöse Philosophie, 1827. - Speculative Dogmatik, 1828-1838. - Ueber das dermalige Missverhältniss der Vermögenslosen oder Proletairs zu den Vermögen besitzenden Classen der Societät, 1835. - Vorlesungen über Jacob Böhme's Theologoumena und Philosopheme, 1833, postum 1847. - Vorlesungen über religiöse Societätsphilosophie, 1831-32, postum 1851. Werkausgabe: Sämtliche Werke, 16 Bde., hrsg. von Franz Hoffmann, Julius Hamberger u. a., Leipzig 1851-60, Nachdruck Aalen 1963, 2. Nachdruck 1987.
Allgemeine Literatur: Alois v. Schmid, Art. Baader, in: Staatslexikon, 3. Aufl., Freiburg 1908, Bd. 1, Sp. 513-534. - D. Baumgardt, F.v. Baader und die philosophische Romantik, Halle 1927. - J. Sauter, Baader und Kant, Jena 1928. - H. Spreckelmeyer, Die philosophische Deutung des Sündenfalls bei F. Baader, Würzburg 1938. - K. Hemmerle, F.v. Baaders philo-

sophischer Gedanke der Schöpfung, Freiburg 1963. - F. Hartl, F.v. Baader Leben und Werk, Graz 1971 (=Wegbereiter heutiger Theologie, mit Textauswahl). - L. Procesi Xella, Baader. Rassegna storici degli studii (1786-1977), Bologna 1977. - P. Koslowski (Hrsg.), Die Philosophie, Theologie und Gnosis F.v. Baaders, Wien 1993. – P. Koslowski: Philosophien der Offenbarung. Antiker Gnostizismus, Franz von Baader, Schelling, Paderborn 2001, 2. Aufl. 2003. - J. Glenn Friesen: The Mystical Dooyeweerd Once Again. Kuyper's Use of Franz von Baader, , in: Ars Disputandi 3 (2003) [http://www.arsdisputandi.org/].

[3] Ausgabe: Sämtliche Werke, Bd. I, S. 151 - 320.
Literatur: Ph. Marheineke, F. Baader's Vorlesungen, in: Jahrbücher für wissenschaftliche Kritik, 188 (1827), S. 1492-1504. - Th. Steinbüchel, Baaders Descartes-Kritik im Rahmen ihrer Zeit und ihre grundsätzliche Bedeutung, in: Wissenschaft und Weisheit, 10 (1943), S. 41-60, 103-126. - H. Graßl, F. v. Baaders Lehre vom Quaternar und die Dreiheitsspekulationen seiner Zeitgenossen, Diss. München 1949.

[4] Vorlesungen über speculative Dogmatik, 1. Heft Stuttgart und Tübingen 1828, 2. bis 5. Heft Münster 1830-38. Ausgabe: 1. bis 3. Heft, Sämtliche Werke, Bd. VIII, S. 1-368; 4. bis 5. Heft, Sämtliche Werke, Bd. IX, S. 1-288.
Literatur: H. Tuebben, Die Freiheitsproblematik Baaders und Deutingers und der deutsche Idealismus, Würzburg 1929. - L. Procesi Xella, La dogmatica speculativa di F. v. Baader, Turin 1977. - H.-J. Görtz: F. v. Baaders „Anthropologischer Standpunkt", Freiburg 1977.

[5] Vorlesungen über religiöse Societätsphilosophie, gehalten München 1831-32, aus dem Nachlaß herausgegeben von C. B. Schlüter, Leipzig 1851, und Elementarbegriffe über die Zeit als Einleitung zur Philosophie der Societät und der Geschichte, auf französisch verfaßt 1831, aus dem Nachlaß in deutscher Übersetzung herausgegeben von C. B. Schlüter, Leipzig 1851. Ausgabe: Elementarbegriffe über die Zeit, Sämtliche Werke, Bd. XIV, S. 29-54; Vorlesungen über religiöse Societätsphilosophie, Sämtliche Werke, Bd. XIV, S. 55-160.
Literatur: C. de Pascale, Tra rivoluzione e restauratione. La filosofia della società di F. v. Baader, Napoli 1982. - F. Schumacher, Der Begriff der Zeit bei F. v. Baader, Freiburg 1983. - P. Koslowski, Die Geschichte der Welt als Selbstopfer Gottes. Theorie des Opfers bei F. v. Baader, in: R. Schenk (Hrsg.), Zur Theorie des Opfers, Stuttgart 1995, S. 307-28.

[6] Erstausgabe München: Georg Franz 1835. Weitere Ausgaben: in der Werkausgabe: F. von Baader Sämtliche Werke, 16 Bde., hrsg. von Franz Hoffmann, Julius Hamberger u. a., Leipzig 1851-60, Nachdruck Aalen 1963, 2. Nachdruck 1987, Bd. 6: Schriften zur Sozietätsphilosophie, S. 125-144, und Franz von Baader: Schriften zur Gesellschaftsphilosophie, hrsg., eingel. und erl. von Johannes Sauter, Jena 1925.

ROLF KÜHN

Maine de Biran – Psychologie als Erste Philosophie

Ausdrücklich wird erst in neuerer Zeit Marie-François-Pierre Gonthier de Biran, der gegen 1787 als Sieur du Maine im französischen Périgord den Namen Maine de Biran annahm, neben Descartes und Husserl zu den wichtigsten Begründern einer phänomenologischen Wissenschaft gezählt.[1] Husserl selber hatte von seinem Vorläufer keine genaue Kenntnis genommen, im Gegenteil etwa zu W. Dilthey, E. Rothacker oder M. Frischeisen-Köhler. Gewöhnlich wird dieser Philosoph, der vom 29. November 1766 bis zum 20. Juli 1824 lebte und staatliche Verwaltungsdienste sowie politische Aktivität mit einem zurückgezogenen Leben für psychologische und philosophische Untersuchungen verband, als Ursprung des französischen "Spiritualismus" betrachtet. Dieser reichte später als "Reflexionsphilosophie" über Lachelier, Boutroux, Ravaisson und Lagneau bis hin zu Bergson sowie Alain, Simone Weil und Merleau-Ponty.[2] So hat H. Bergson ihn denn auch den "größten Metaphysiker seit Descartes und Malebranche" genannt, und W. Dilthey stufte ihn als den "hervorragendsten psychologischen Analytiker Frankreichs in der ersten Hälfte des 19. Jahrhunderts ein".[3]

In dieser Tradition wird dem "inneren Leben" und der Introspektion eine besondere Aufmerksamkeit geschenkt, die bis zu einer Inspiration durch das göttlich Absolute vordringen kann. Aber Maine de Biran hat nur bedingt mit dem gleichzeitigen Neokantianismus dieser zuvor genannten Denker zu tun und hebt sich mit seinem Immanenzdenken im ontologisch-phänomenologischen Sinne auch von Bergsons Intuitionismus ab.[4] Die schwerwiegendste Verkürzung angesichts des Biranschen Werkes bestand daher vor allem darin, seine Vorstellung von der "unmittelbaren Apperzeption" als absoluter Subjektivität des aktiven Ego mit jenem empiristischen oder logischen Psychologieprimat zu verwechseln, welcher im 19. und 20. Jahrhundert vorherrschte. Was Maine de Biran als Vorläufer der klassischen wie radikalen Phänomenologie heute interessant macht, sind seine konkret-transzendentalen Analysen hinsichtlich dessen, was den Menschen zugleich am nächsten wie am fernsten zu sein scheint - ihr Ich und ihr Leib. Aus der ontologischen Verknüpfung dieser beiden originären Selbstgegebenheiten ergeben sich die erkenntnistheoretischen Folgen seiner Egologie und Kategorienlehre, die sich vom Vitalismus oder Kritizismus seiner Vorgänger bzw. Zeitgenossen grundlegend abheben und seine Rezeption erschwerten.

1. Leben und Werkgenese

Von labiler Verfassung und mangelnder Entschlußkraft, wie er sich selbst einschätzte, hat dies ihn jedoch nicht abgehalten, 1785 zunächst die Militärlaufbahn bei den königstreuen Gardes du Corps einzuschlagen Aber durch die Revolutionsereignisse wird er gezwungen, sich 1792 auf seinen Besitz Grateloup in der Nähe von Bergerac zurückzuziehen, wo er sich ersten Studien widmen kann. Nach dem Sturz Robespierres wird Maine de Biran 1795 zum Verwalter des Départements Dordogne ernannt und zwei Jahre später in den Rat der Fünfhundert gewählt, so daß er bis 1798 in Paris wohnt und sich dort für die verschiedenen politischen sowie geistigen Bewegungen und Salons interessiert. Nach der Machtergreifung durch Napoléon Bonaparte tritt er 1805 in die kaiserliche Administration ein und wird ein Jahr darauf Unterpräfekt von Bergerac. Hier gründete er eine "Medizinische Gesellschaft" (1807-1822), wo Condillac, praktizierende Ärzte und Beamte des öffentlichen Gesundheitswesens zu den Gesprächsteilnehmern gehörten. 1809 zum Abgeordneten im Corps Législatif gewählt, lebt Maine de Biran mit Unterbrechungen erneut in Paris, um von 1817 bis 1824 sein Département in der Kammer zu vertreten. Seine politische Aktion ist diskret, aber nicht ohne Einfluß, so wie auch an der von ihm gegründeten "Philosophischen Gesellschaft", die sich 1813-1824 alle vierzehn Tage zumeist bei ihm trifft, so bekannte Persönlichkeiten wie Ampère, Cuvier, Guizot und Cousin teilnehmen.[5] Sie gehören teilweise der sich bildenden Spiritualistenschule und den Neokatholiken an, um politische Orientierungen mit philosophischen Einsichten zu verbinden, ohne allerdings schon dem aufkommenden Eklektizismus direkt zugerechnet werden zu können. Diesen begründete vor allem Victor Cousin als Theorie von der unbewußten Wahrheit im Gemeinsinn oder in den philosophischen Systemen.[6] Aber ein solcher Hintergrund erklärt zum Teil doch, warum Maine de Biran als Philosoph des freien Ich nicht den Liberalismus der damaligen Zeit in dessen Kampf um Pressefreiheit, erweitertes Wahlrecht usw. übernahm, sondern im "Individualismus", wie er aus der Revolution hervorgegangen war, eher eine Tendenz zur sozialen Auflösung erblickte.

Da ihm bei den zuvor genannten Verpflichtungen oft wenig Zeit zum philosophischen Forschen blieb, führte Maine de Biran von 1814 bis zu seinem Tode 1824 ausführliche Tagebücher. Sie bieten sowohl Aufschluß über die äußeren Zeitereignisse sowie die beste Darstellung seiner inneren Befindlichkeiten und geistigen Entwicklungen, um seine Persönlichkeit zu verstehen.[7] Psychologie und Ontologie bedingen sich hier wechselseitig, um einer rein spekulativen Metaphysik zu entgehen; das heißt einem Denken, welches nicht ständig den Versuch freier Reflexion in Übereinstimmung mit Wahrnehmung und Sinnlichkeit auf sich nimmt. Die Ablehnung "eingeborener Ideen" oder jeder formalen Abstraktion, wie zum Beispiel bei Descartes und Kant, ist daher Ausdruck einer Unverzichtbarkeit des Leiblichen in *jedem* Denkvollzug, mit anderen Worten der Veränderung von Gefühl und Einbildung in Wollen sowie umgekehrt.

Was Maine de Biran dabei im einzelnen an sich selbst als den Grundgegensatz von passiver Beeindruckbarkeit und willentlicher Anstrengung im Sinne eines existentiellen Grundgefühls herausstellte, hatte vor den Tagebucheintragungen schon seinen ersten Niederschlag in zwei Abhandlungen mit dem Titel "Influence de l'habitude sur la faculté de penser" gefunden. Als Preisschrift für das Institut de France in Paris wird die zweite Fassung 1802 dort angenommen und kurz darauf mit wichtigen Zusatzanmerkungen veröffentlicht.[8] Durch diesen Erfolg ermutigt, nimmt Maine de Biran an weiteren Wettbewerben teil und erhält 1805 nochmals vom Institut de France den Preis für sein "Mémoire sur la décomposition de la pensée", sodann 1807 von der Berliner Akademie für seine Abhandlung "De l'apperception immédiate" und 1811 von der Kopenhagener Akademie für die Untersuchung "Sur les rapports du physique et du moral de l'homme". 1811 beginnt er sein Hauptwerk "Essai sur les fondements de la psychologie et sur ses rapports avec l'étude de la nature". All diese letztgenannten Werke blieben nicht nur unveröffentlicht, sondern sie waren weitgehend auch unvollendet und bestanden in weiten Teilen nur aus Entwürfen und Notizen.

Dennoch tendierten diese verschiedenen Entwürfe auf das gemeinsame Ziel hin, *ein* Werk der Synthese zu verfassen, in dem seine Grundideen mit ihren vielfältigen Anreicherungen und Varianten eine Einheit bilden sollten, ob er sie nun "subjektive Ideologie", "Psychologie" oder später auch "Anthropologie" nannte. Als einen solchen Versuch kann man die ebenfalls unvollendete Studie "Rapports des sciences naturelles avec la psychologie" von 1813 verstehen. Angeregt durch die Lektüre von Plotin, Pascal, Bossuet und Fénelon - sowie ein gleichzeitig damit erwachendes religiöses Interesse für das christlich orientierte "dritte Leben" im Geist[9] als eine Ruhe des Gemüts in Gott nach dem organischen und willentlichen Leben - versucht Maine de Biran weitere Synthesen in den folgenden, ebenfalls nicht abgeschlossenen Studien: "Fragments relatifs aux fondements de la morale et de la religion" von 1818, "Nouveaux essais d'anthropologie" aus dem Jahre 1823 sowie in der "Note sur l'idée d'existence" in seinem Todesjahr 1824.[10] Insgesamt gesehen, lassen sich so in seinem nachgelassenen Werk vier Schriftgruppen unterscheiden: die philosophischen Texte und Kommentare, die politischen Schriften, die Tagebücher sowie die Korrespondenz.

Ebenso zerstreut wie die Werkgenese bietet sich auch die Rezeptions- und Editionsgeschichte dieses erheblichen Nachlasses dar, dessen verstümmelte Herausgabe zu Beginn teilweise den Ruf der "Dunkelheit" im Denken Maine de Birans begründet haben dürfte.[11] Nach seinem Tod brauchte der mit dem Nachlaß beauftragte Victor Cousin etwa zehn Jahre, um 1834 den ersten Band der "Oeuvres philosophiques" vorzulegen, die aber keineswegs alle Schriften und auch irrtümliche Titelzuweisungen enthielten. Teilweise waren sogar Manuskripte verloren gegangen, bis 1859 Ernest Naville aus Genf drei Bände herausbrachte und den Rest der Notizen und Fragmente ordnete und datierte. In der Folgezeit machten sich besonders Pierre Tisserand, Henri Gouhier und José Echeverria um kritische Gesamt- oder Einzelausgaben verdient, worauf die nunmehr vollständige Edition von 13 Bänden unter der Leitung von François Azouvi durch den bekannten philosophischen Verlag J. Vrin in Paris aufbauen konnte.

Wenn Maine de Biran seine Texte immer wieder überarbeitete, um sie gegen Ende seines Lebens sogar mehr und mehr unvollendet zu lassen, so liegt dieser fragmentierenden Schreibweise mit einem naturgemäß großen Reichtum an Nuancen und Varianten dennoch keine thematische Unsicherheit zugrunde. Denn innerhalb dieses selbstkommentierenden Redaktionsvorgangs, wo sich die Textwiederholung als Überarbeitung zu einer Buchwiederholung in ständigem Neuanfang auswirkt, kennt er bei aller systematischen Unvollendetheit im Grunde nur *ein* Thema: die Bestimmung des Ich in der unmittelbaren Wahrheit und Gewißheit seiner inneren Selbsterscheinung. Philosophieren bedeutet daher für diesen Autor, die physiologischen und psychologischen Einzelbeobachtungen bis zur letzten phänomenologischen Konkretion dieses Ich (*moi*) voranzutreiben, das heißt: "den wahren Anfang und die Mittel der Ausübung des besonderen inneren *Wahrnehmungssinnes* festzulegen, in dem und durch den dieses *Ich* als *Subjekt* oder unsichtbares *Objekt* jenes Grundaktes existiert, den wir *innere unmittelbare Apperzeption* nennen".[12]

2. Abkehr von Physiologismus, Sensualismus und Denkanalytik (Ideologie)

Diese Zielgerichtetheit seines Denkens bekundet sich daher in bezug auf das Realitäts- oder "Existenzproblem" in seinem Ursprung nicht nur besonders in den vier Preisschriften, sondern sie ist ebenfalls in der Auseinandersetzung mit seinen Vorläufern und Zeitgenossen wiederzuerkennen. Man hat versucht, eine Entwicklung in seiner Philosophie auszumachen, aber diese "Konversionen"[13] dürfen nicht verkennen lassen, daß bereits seine Jugendschriften[14] Ansätze der Zurückweisung des Materialismus von Bonnet, Cabanis und der sensualistischen Grundthese von Condillac enthalten. Deutlich wird dieser Übergang in der ersten Preisschrift "Influence de l'habitude", wie das Zitat von Charles Bonnet (1720-1793) zu Beginn dieser Arbeit zeigt: "Was sind alle Wirkweisen der Seele anderes als Bewegungen und *Wiederholungen* von Bewegungen?"[15] Denn sehr bald merkt Maine de Biran, daß der "Gehirnmechanismus" bei Bonnet weder auf eigentlicher Beobachtung beruht noch den eigenständigen intellektuellen Leistungen des Geistes gerecht wird. Er wendet sich daher von dieser Art mentaler Physik anstelle philosophischer Deskription ab, und zusammen mit dem darauffolgenden Abrücken von den denkanalytischen Ideologen seiner Zeit verstärkt sich dann auch die Kritik an Condillac, um in seiner sogenannten mittleren Periode den eigentlichen "Biranismus" zu befestigen, das heißt eine Auffassung der Existenz oder des personalen Ich in der Doppelheit von sinnlichem und willentlichem Leben.

Wenn also Maine de Biran eine logische oder metaphysische Verallgemeinerung der Empfindungstatsache im Unterschied zum herrschenden Materialismus ablehnte, aus dem assoziativ alle menschlichen Fähigkeiten erklärbar sein sollten, so verdankt er hierbei dem Ideologen Destutt de Tracy dennoch zunächst eine wesentliche Bestätigung: nämlich gerade die Analyse des Gefühls des Widerstandes innerhalb der äußeren Wahrnehmung, sofern diese mittels willentlich organischer Bewegung als Erkenntnisvoraussetzung auf die Materie stößt. Dies schließt ein, daß die sensualistische oder positivistische Zweideutigkeit des Empfindungsbegriffs aufzuheben ist, denn einerseits bezeichnet letzterer eine rein affektive Modifikation ohne Bewußtheit, andererseits gerade das Bewußtsein davon: Fühlen, daß man empfindet, ist etwas anderes als das Empfinden (*sentir*) selbst. Deshalb schlägt Maine de Biran auch den generischen Begriff des Eindrucks (*impression*) - wie später Husserl - als "Urtatsache" (*fait primitif*) vor und faßt darunter sowohl die eigentliche Empfindung (*sensation*) wie die Wahrnehmung (*perception*).[16]

Antoine-Louis-Claude Destutt de Tracy (1754-1836) war zusammen mit anderen Ideologen wie Cabanis, Laromiguière oder Degérando Mitglied der "Académie des Sciences morales et politiques" innerhalb des Institut de France, welches in jener Zeit von den Anhängern Condillacs begründet und beherrscht wurde.[17] Der Ideologenkreis bildete den Übergang von der enzyklopädischen Philosophie des 18. Jahrhunderts zum neuzeitlichen Positivismus mit seiner Ablehnung des Religiösen zugunsten einer naturwissenschaftlich begründeten gesellschaftlichen Ordnung. Hierbei bezeichnet der Begriff *Ideologie* im weiten Sinne den Versuch, die Einheit des Denkens transzendentalpsychologisch aufzuklären. Als Logik und Grammatik enthält die "Ideologie" eine Untersuchung der Erkenntnismittel und des sprachlichen Diskurses, um sich auf das Wirkliche im allgemeinen und nicht nur auf einzelne Gegenstände zu beziehen. In seinem Buch "Eléments d'Idéologie" untersucht Destutt de Tracy daher die menschlichen Denk- und Seelenvermögen in ihrer möglichen Unterscheidung und Klassifizierung. In gewisser Weise hält Maine de Biran trotz seiner Kritik an solchen "künstlichen" Einteilungsversuchen diesen Sprachgebrauch bei, wenn er beispielsweise von der *idéologie subjective* als Beschreibung der menschlichen Wahrnehmung und Selbsterkenntnis spricht. Obwohl sich die Ideologen oftmals auf den Abbé Etienne Bonnot Condillac (1714-1780) berufen, darf man jedoch ihre erkenntnisanalytische Arbeit nicht mit dem absolut sensualistischen Reduktionismus des Condillacschen "Traité des sensations" von 1754 gleichstellen.

Condillac vertrat nämlich das Hervorgehen der menschlichen Vermögen aus der Empfindung allein, die vor dem Verstandesurteil komme, welches seinerseits das Begehren bedinge. Die reine und einfache Empfindung ist für ihn ohne jede weitere Erkenntnisbeziehung, das heißt logisch jeder Erfahrungstatsache vorgeordnet. Deshalb wird Maine de Biran gegen einen solch atomistischen Sensualismus aufweisen, daß nur die passiven Affektionen einfach

sind und die Empfindung selbst bereits eine Form oder Idee darstellt, welche die rein sensitiven oder organischen Modifikationen zu einer Komplexion erster Ordnung vor der eigentlichen Anschauung führt.[18] Auch für Destutt de Tracy folgen Empfindungen nicht nur einfach
aufeinander, wie dies im berühmten Beispiel Condillacs von der Statue der Fall ist, die nach
und nach mit allen Sinneswahrnehmungen bekleidet wird, was unberechtigterweise ein ganz
unbestimmtes Subjekt voraussetzt. Vielmehr können die Empfindungen auch zusammen
gegeben sein, wodurch die *Gleichzeitigkeit* zu einem unmittelbar wahrgenommenen Verhältnis gehört, welches das Urteilsvermögen als urtümliche Fähigkeit des Menschen wie die
Empfindung auftreten läßt. Damit ist eine prinzipielle Bewegtheit (*motilité*) als Begleiter-
scheinung allen Urteilens einberaumt, aber Destutt de Tracy faßt das Ich weiterhin wie Condillac noch als die abstrakte Idee der Gesamtheit der sinnlich vermögenden Teile.

Diesen Abstraktionen einer reduktionistischen Klassifikation der Sinnlichkeit wird
Maine de Biran entschieden konkrete Wahrnehmungsanalysen entgegensetzen, welche die
phänomenale Eigenständigkeit der *willentlichen Bewegung* zeigen, ohne die sensitiven Voraussetzungen einer organischen Energie als primordialen Grund leugnen zu müssen. Im Unterschied zu Destutt de Tracy ändert sich dadurch insbesondere die Kategorialität des Ideellen
oder Noetischen. Denn die Ideen sind für Maine de Biran keine bloße Argumentationskette
mehr, welche parallel das physiologisch berührte Wirkliche kausal artikulieren soll. Vielmehr
beinhalten sie eine "Kausalität", die auf dem Ursprungstyp der *reellen* egologischen
Selbstapperzeption als Vorgriff auf jede weitere kausale Antizipation beruht.[19] Allerdings
kann hierbei die klassische Zeichenlehre John Lockes (1632-1704) noch weiterwirken, weil
gemäß dem Denken des 17. und 18. Jahrhunderts das Wort überhaupt als ein Zeichen für die
Idee im Bestimmungsprozeß betrachtet wird. Aber für Maine de Biran werden schließlich
alle Äußerungen zu natürlichen oder symbolischen Zeichen, die diesseits der Gewohnheit an
die originäre Kraftanstrengung zurückverweisen, anstatt nur künstliche, das heißt sprachliche
oder institutionelle Zeichen zu bleiben.

Condillac wie Destutt de Tracy ignorierten beide indes die hemmenden Auswirkungen
der inneren Eindrücke und organischen Befindlichkeiten, während der Arzt Pierre Cabanis
(1757-1808) gerade auch diesen Aspekt erforschte, welcher Maine de Birans eigenes Exi-
stenzgefühl stark prägte. Für Cabanis steht aber dahinter die aus dem 18. Jahrhundert stammende allgemeine Auffassung, daß die Analyse der menschlichen Fähigkeiten, der Moral und
des Glücks prinzipiell nicht von der Erforschung des menschlichen Körpers getrennt werden
kann. Dadurch tritt bei ihm die *Physiologie* zum unverzichtbaren Verständnis des Menschen
hinzu, was dazu führte, daß auch Krankheit, Essensgewohnheiten, Temperament und sogar
Klimawechsel zu berücksichtigen seien. Somit ist es letztlich die physische Natur und ihr
Studium, welche den Menschen zur Kenntnis seiner selbst hinführen sollen, wobei es Maine
de Biran beschieden war, eine effektiv *geistige* Kraft anstelle einer bloßen "Gehirnbeweg-
lichkeit" wie bei Cabanis auszumachen. Dennoch findet sich bei Maine de Biran die Unterscheidung zwischen Reizbarkeit (*irritabilité*) und Sinnlichkeit (*sensibilité*) wie bei Cabanis
wieder, denn sie enthält ansatzweise seinen eigenen empirischen wie reflexiven Gegensatz
zwischen unbewußter Muskelkontraktion und spontanem Wollen des wachen Ich.

Denn damit Bewußtsein überhaupt sein kann, müssen die sensitiven oder rein passiv affektiven Eindrücke vom Ich erkannt werden, was nur über eine an die Bewegung geknüpfte
Sinnlichkeit gelingt, wie Cabanis gleich Maine de Biran unter anderem am Beispiel des
Phantomgliedes etwa zeigen.[20] In diesem Sinne muß auch der Physiologe Xavier Bichat
(1771-1802) erwähnt werden, denn er führte in das Lebensphänomen eine Dualität ein, die

mit dem Monismus der Ideologen brach. Er unterscheidet das "organische Leben" vom "animalischen Leben", dem Maine de Biran später das "geistige Leben" als "drittes Leben" hinzufügen wird. Der Organismus erfährt nach Bichat eine kontinuierlich innere Affektion, welche der Gewohnheit entzogen sei und als Instinkt die Grundlage für die Leidenschaften bilde, während sich die animalische Lebensäußerung in senso-motorischen Funktionen erfülle und den Ursprung von Verstand wie Willen ausmache. Für die Entwicklung der Psychologie durch Maine de Biran hat daher letztlich diese grundlegende Unterscheidung im Lebensbegriff mehr Einfluß ausgeübt als der eklektische Spiritualismus der Ideologenschule sowie der nachfolgenden Restauration, wobei allerdings der durchgehende Rückgriff auf Descartes und Leibniz bei Maine de Biran mitzuberücksichtigen ist .

In der Restauration bildete sich als Reaktion auf die Ideologen, aber auch unter Einfluß der schottischen und deutschen Philosophie (Thomas Reid, Kant, Fichte), eine spiritualistische Metaphysik heraus, um Gott und die Seele als universale Wirklichkeiten vom Inneren aus zu erreichen. Zu dieser Bewegung gehören die Philosophen Pierre Laromiguière (1756-1837) und Paul Royer-Collard (1763-1843). Dem Erstgenannten widmete Maine de Biran 1817 eine veröffentlichte Untersuchung jener "Leçons de philosophie", welche von Laromiguière ab 1815 an der Pariser Fakultät für Geisteswissenschaften gehalten wurden.[21] Sie unterscheiden in methodologischer Hinsicht eine Analyse, die entweder heterogene Charaktere ein und derselben Sache aneinanderreiht oder aber von Identitätssätzen ausgeht, worin jedesmal dieselbe Idee zum Ausdruck kommt. In dieser zweiten Analyseform ist wiederum Condillacs Empfindungsthese wiederzuerkennen, aber Laromiguière setzt neben der Empfindung in genetischer Hinsicht die *Aufmerksamkeit* als eine zweite aktive Fähigkeit an, durch deren Spontaneität alle weiteren prädikativen Beziehungen erkannt werden können. Diese unzurückführbar geistige Tätigkeit bedeutet daher eine neue Orientierung innerhalb der von Condillac wie von den Ideologen vorgegebenen Methode und stimmt mit der dann verstärkten Tendenz bei Maine de Biran überein, wenn dieser das intentionale Anstrengungsgefühl von der reinen Sensitivität abhebt.[22]

Paul Royer-Collard hat diese Entwicklung einerseits dadurch befördert, indem er der bis dahin vorherrschenden "Empfindungsphilosophie" eine "Wahrnehmungsphilosophie" entgegenstellte, welche von unmittelbar evidenten Bewußtseinsrealitäten ausgeht und keine Hypothesen hinsichtlich ihrer Hervorbringung enthält. Daß Ich ist dann nicht nurmehr eine in der Zeit zerstreute Kollektion von einzelnen Empfindungen, sondern eine unmittelbar erkannte Substanz und Existenz, die sich über das Gedächtnis stets als identisch erfährt, weil wir uns immer gleichzeitig an uns selbst erinnern. Substantialität, Beständigkeit und Kausalität finden sich dabei in der äußeren Wirklichkeit durch eine Art Induktion wieder. Damit sind dem sensualistischen Passivismus und ideologischen Physiologismus oder formalen Ideenparallelismus Unterscheidungen entgegengesetzt, die bei Maine de Biran in dessen Lehre von einer aktiv "überorganischen Kraft" ihre deutlichste Formulierung finden sollten: "Die Muskelempfindung in jeder empfundenen oder apperzipierten Bewegung als eine willentliche Bewegung ist die einzige, welche dahingehend betrachtet werden kann und muß, daß sie ihre erste Ursache oder ihr wirkliches Anfangsprinzip in der einheitlichen und individuellen überorganischen Kraft hat, welche sich dieses Prinzip gleichzeitig auch als Qualität der *Ursache* in der urtümlichen Tatsache des Bewußtseins zuspricht, und zwar als mit der Tatsache ihrer Existenz selbst identisch."[23]

3. Anstrengung und Widerstand: von der Reflexionsphilosophie zur Phänomenologie

Systematisch wie wirkungsgeschichtlich herrscht daher in bezug auf Maine de Biran im wesentlichen Einhelligkeit über folgende Grundthesen seines Denkens, das eindeutig an der Schnittstelle von Wille und Empfindung ansetzt: Die in der willentlichen Anstrengung (*effort*) gründende Widerstandserfahrung ist jenes Grundgeschehen, worin sich das Ich ebenso gewiß ergreift wie die Welt als Objekttranszendenz. Die Begrenzung, die mittels der Empfindung durch den Gegenstand als Hindernis erfahren wird, besitzt eine ich-verändernde Eigenschaft. Dieser Biransche Kerngedanke zwingt nicht nur zur gleichursprünglichen Annahme einer äußeren Notwendigkeit, sondern er legt auch den ständig wechselnden Interpretationscharakter unserer affektiv fundierten Wahrnehmung offen. Damit diese nicht im bloßen Vermeinen der Einbildungskraft verharrt, ist für Maine de Biran die Anstrengung immer mit Bewegung verbunden. Das heißt, die *Leiblichkeit* birgt eine Aktivität, deren immanente Gesetzlichkeit für das gesamte organische, intellektuelle wie spirituelle Leben maßgeblich ist. Denn so wie sinnliche Gegenstände nur mittels Körperbewegung wahrgenommen werden können, ebenso kann auch im Bereich des Willens nur die *effektive* Ausübung unserer Fähigkeiten zur Realitätserfassung führen. Diese ist nicht statisch im Sinne einer kantisch noumenalen Abstraktion gegeben, sondern nur als die genannte unauflösbare "Grundrelation".[24] Die Anstrengung als transzendentale Apperzeption bezieht sich infolgedessen darauf, das originär Gegensätzliche von Ich und Nicht-Ich *reflexionstheoretisch* zusammenzudenken. Zumeist verliert sich das Denken nämlich an den einen oder anderen Pol, wie Sensualismus und Idealismus zeigen. Gegen sie wendet sich Maine de Biran mit der Methode seiner "subjektiven Ideologie" als einer konkreten Metaphysik dynamisch fundierter Erkenntnisprinzipien,[25] um so bereits deutlich eine *Phänomenologie* der intentionalen Korrelationsanalyse zu antizipieren.

Das Gegensätzliche als das Widerständige anzunehmen, ist die wesenhafte Herausforderung an das philosophische Denken, wenn es nicht dem Skeptizismus verfallen will,[26] der hinter allen reduktionistischen Erkenntnistheorien seit Descartes lauerte. Dem entgegenwirkend wird letztlich die subjektive Aufnahmebereitschaft des Wirklichen in der Aufmerksamkeit für das Empfundene zur Garantie des Objektiven, denn mit dem Widerständigen erscheint ein dem Denken "von außen" gegebenes Wirkliche. Damit ist dessen Unabdingbarkeit für wahres Erkennen unterstrichen, und die Lösung des bewußtseinsimmanenten Gegensatzes von Form (Ich) und Materie (Sinnesobjekt) ist in der originären Gleichzeitigkeit von äußerer Gegebenheit und subjektiver Vergewisserung zu suchen. Maine de Biran ist also gerade in phänomenologischer Reduktion zuzugestehen, daß er richtig sah, wenn er den Objektivitätsbegriff - korrelativ zum Bedingungsgefüge unserer subjektiven Handlung - als in der Anstrengung modalisierte Kraft faßt: "Man begreift, daß sich die Anstrengung als gleichförmiger und identischer Grundmodus in der Bestimmung der wirkenden Kraft, welche sie unaufhörlich hervorbringt, mit den verschiedenen passiven Eindrücken einer *lebendig* - und nicht *denkend* - organisierten Körpermaschine vereint [...] und so zusammen alle Klassen und Arten von Empfindungen, Wahrnehmungen oder zusammengesetzten Weisen unserer Existenz bildet."[27] Das konkrete Wissen um einen Gegenstand erscheint mithin keineswegs in einem nur kurzwährenden Einwirken auf denselben, bzw. als dessen Heteroaffektion allein, sondern im Maße seiner fortlaufenden Bewältigung als Bestimmung (*détermination*), wie es besonders der Tastsinn belegt. Dann nämlich wird das mir bis dahin "Widerständige" in Verbindung mit dem Rest der ausgedehnten Welt als Zusammenspiel der egoabhängigen

Kategorien erkannt. Dies schließt ein, wie es die französische *Reflexionsphilosophie* prinzipiell von Maine de Biran um 1900 aufgriff, daß diese Welt als phänomenale Notwendigkeit *aktiv* von uns vereinheitlicht wahrgenommen wird, so daß ich mich auf sie für mein weiteres Handeln sicher stützen kann.

Das Gefühl der Anstrengung zwischen Handlung und Wirkung ist demnach nicht nur eine besondere Art von Affektion, die organisch durch die Muskelzusammenziehung hervorgerufen wird, denn dieses Gefühl verweist über den Zustand wechselnder Affektivität hinaus auf die kontrastierende Festigkeit der Welt. Diese kann letztlich begrifflich nur durch die reine Notwendigkeitsidee erreicht werden, so daß die aktive Besitzergreifung des Objekts konstitutiv dem Denken zukommt. Dabei ruht aber die noumenale Idee der Kausalität, Substanz, Einheit des Mannigfaltigen usw. eben in der phänomenologisch "substanzialen" Ersterfahrung des "Ich kann" als Anstrengung und bleibt ohne Unterbrechung davon abhängig. Das Denken, indem es die Notwendigkeit als Wirkung des Widerständigen setzt, trägt wie Atlas die Welt (Alain), und dies genau in dem Maße, wie die Welt wirklich ist. So setzt diese Wirklichkeit die ständige Vollkommenheit des Denkens als "innere Apperzeption" voraus, welche sowohl für den Bereich der Sinnlichkeit wie der Ideen oder Vorstellungen ein und dieselbe ist.[28] Auf diesem zusätzlich mitgegebenen Leibnizschen Hintergrund des Kraft- und Apperzeptionsbegriffs kann Maine de Birans Empfindungs- und Affektivitätsanalyse daher des weiteren im Sinne einer *radikalphänomenologischen Ontologie* gedeutet werden. Diese verbindet letztlich Ich und Welt in der *praktischen* Einheit urleiblicher Korrelation miteinander, ohne daß dabei andere rein anthropologische[29] oder eben reflexionsphilosophische Interpretationen[30] geleugnet werden müssen.

Damit ist eine letzte Würdigung Maine de Birans heute angedeutet. Es kann nämlich kein Zweifel daran bestehen, daß Maine de Biran hinter den flüchtigen Erscheinungen der sinnlichen Formen und "organischen Masse" in deren eigenphänomenaler Wirklichkeit als Empfinden einen ontologischen "Grund" (*fonds*) gesucht hat.[31] Dieser sollte es erlauben, die vereinheitlichende Transitivität der subjektiven Bewegungsanstrengung als eine Art "Aufbaumethode" (*recomposer*) zu fassen, die von der "antireflexiven Abstraktion" der Affektion ohne konstituierende Wahrnehmungsformen im Sinne Kants ausgeht.[32] Der aufzusuchende "Grund" dieser Modifikationen scheint dabei für Maine de Biran hauptsächlich ein personales "Handlungszentrum" zu sein, von dem aus die unterschiedlichen psycho-physischen Zustände in ihrer bedrängenden Passivität für die individuelle Existenz lebbar gemacht werden sollen. Indem diese Duplizität radikalphänomenologisch im Sinne einer Leibontologie von rein immanenter Natur radikalisiert wird, wie es M. Henry und G. Romeyer-Dherbey etwa vorschlagen, entfallen jedoch die rein psychologischen und ethischen Motive eines "Hominismus" oder "integralen Menschen" besonders aus der mittleren Periode Maine de Birans,[33] um den "Grund" aller Leiblichkeit selbstoffenbarend als *das sich selbst phänomenalisierende Leben* zu fassen.[34] Denn genau in seiner innermodalen Anstrengung als lebendiger Selbstbewegtheit ist das Ego frei von jeder Transzendenzvorgabe und entfaltet sich rein selbstbestimmt in der von ihm autonom hervorgebrachten Bewegung, die deshalb allein der urphänomenalisierenden Könnensrealität angehört.

In solch rein affektiver Passivität wird die absolute Lebenspassibilität in jeder "Egologie" als solcher erkennbar, welche zugleich jegliche transzendentale Potentialität einschließt. Eine radikale Analyse der Phänomenalität der sensitiven, fleischlichen oder urleiblichen Sinnlichkeit sowie der Gewohnheit erreicht daher erst mit dieser absolut immanenten Sphäre ihre eigentliche Aufklärung, denn es muß prinzipiell einsichtig werden, *warum das reine Leben in sich selbst Wiederholung ist*. Die Antwort kann nur lauten: weil sich das absolut phänomenologische Leben in sich selbst ohne jede Transzendenz selbstaffiziert. Insofern es dabei nichts anderes als sich selbst in seiner praktischen Selbstgewißheit kennt, ist es in allen Punkten seines Seins reine Wiederholung seiner selbst, ohne dadurch in seiner modalisierten Befindlichkeit monoton zu sein. Denn die immanent je "affektive Differenz" sorgt dafür, daß jeder Lebensaugenblick ein einmalig individuierter in seiner eigenwesentlichen Intensität ist. Maine de Biran kann daher trotz seiner gelegentlich physiologischen und volitiven Begrenzung dieser inneren Ursprungsphänomenalisierung als ein Wegbereiter der gegenwärtig radikalen Phänomenologie gelten, die wie er die notwendige Umkehr der Analyse von Denken/Leben zu Affektion/Intention hin vollzieht.

Sein Werk ist dann nicht mehr nur als die pychologische Introspektion eines kritischen Anthropologen und positiv vorgehenden Metaphysikers wie unter anderem nach P. Tisserand, H. Gouhier, G. Funke und F. Azouvi zu lesen, sondern als eines bisher weitgehend unbeachteten Denkers hinsichtlich der radikalen Reduktion abendländischer Vorurteile in bezug auf die originäre Selbstgebung. Wird nämlich das rein phänomenologisch Leibliche zum eigentlichen Hervorbringungsort aller Erscheinungen, dann geht es nicht mehr nur um den ethischen bzw. spirituellen Konflikt von *passio/ratio* als innerer Zerrissenheit oder Doppelheit des Menschen, bzw. um die seit Griechenland vorherrschende Distanz von Welt/Bewußtsein. Es handelt sich vielmehr um die "Urfaktizität" des Erscheinens an sich: "Welche Offenbarung kann uns lehren, daß wir uns täuschen, wenn wir als *wahr* behaupten, was wir fühlen, nämlich daß das *Ich* oder das Subjekt des *Denkens* das individuelle Subjekt der Anstrengung und die tatsächlich wirksame Ursache der hervorgebrachten Bewegung ist?"[35]

In diesem Sinne einer originären Manifestation oder Offenbarung beginnt mit Maine de Biran in der Philosophie- und Metaphysikgeschichte etwas anderes, was außer Schopenhauer und Nietzsche auch der Evangelist Johannes, Meister Eckehart und Marx angesprochen haben: daß in der Tat die "Wahrheit" in ihrer Selbstphänomenalisierung nur ein *Tun* sein kann und keine distanzierte Schau, mit anderen Worten ein "Gefühl der Existenz", welches von sich selbst ein "inneres Zeugnis" ablegt.[36] Genau aus diesem Grund überrascht es dann nicht mehr, wenn Maine de Biran zur Beschreibung des inneren "dritten Lebens" auf das Johannesevangelium zurückgreift, um eine mehr als begriffliche Affinität zwischen seinem Denken und diesem Text des Neuen Testaments zu entdecken, weil dort eben eine Identität zwischen dem lebendigen Gott und dem lebendigen Ich zum Ausdruck komme.[37] Damit erweist sich die Biransche Analyse als eine umfassend praktische *Metagenealogie des Lebens* in dessen ständig modaler Individuierung, was eben nichts anderes heißt, als die "Pyscho-logie" im Sinne einer effektiv "Ersten Philosophie" zu bestimmen.

---

[1] Vgl. M. Henry, Philosophie et phénoménologie du corps. Essai sur l'ontologie biranienne. Paris: PUF 1965; Inkarnation. Eine Philosophie des Fleisches. Freiburg/München: Alber 2003, 223 ff.; B. Baertschi, L'"idéologie subjective" de Maine de Biran et la phénoménologie. Rev. de Théologie et de Philosophie 113 (1981), 109-122; J. Derrida, Le toucher, Jean-Luc Nancy. Paris: Galilée 2000, Kap. VII.

[2] Vgl. die Arbeiten von I. Benrubi (Philos. Strömungen der Gegenwart in Frankreich, 1928), L. Brunschvicg (Le progrès de la conscience dans la philosophie occidentale, 1927) sowie R. Kühn, Französische Reflexions- und Geistesphilosophie, 50 ff.

[3] Zit. G. Funke, Einführung, in: P. Maine de Biran, Tagebuch. Hamburg; Meiner 1977, 28 ff., der die Rezeption um 1900 kurz auflistet.

[4] Vgl. H. Gouhier, Bergson et Maine de Biran, in: Études sur l'histoire des idées en France depuis le 17è siécle. Paris: Vrin 1980, 97-125; G. Romeyer-Dherbey, Maine de Biran, penseur de l'immanence radicale. Paris: Seghers 1974; A. Aarnes, Die Tatsachen des inneren Lebens, in: Cartesianische Perspektiven. Von Montaigne bis Paul Ricoeur. Bonn: Bouvier 1991, 65-81.

[5] Vgl. G. Funke, Maine de Biran. Philosophie und politisches Denken zwischen Ancien Régime und Bürgerkönigtum. Bonn: Bouvier 1947.

[6] Vgl. E. Bréhier, Histoire de la philosophie, t. II/3. Paris: PUF 1968, 570-587; R. Verdenal, Französischer Spiritualismus von Maine de Biran bis Hamelin. In: F. Chatelet (Hg.), Geschichte der Philosophie, Bd. 6. Frankfurt/M.: Suhrkamp 1973.

[7] Vgl. Journal 1814-1824, 3 Bde. (ed. H. Gouhier). Neuchâtel: La Baconnière 1954-57; dt. Auszüge: Tagebuch (1977).

[8] Vgl. P. Tisserand, Introduction: Influence de l'habitude (Oeuvres Tisserand II). Paris: 1954, 7 ff. (wir zitieren im weiteren diese Ausgabe der "Oeuvres" von Tisserand, falls nicht anders vermerkt).

[9] Vgl. H. Gouhier, Expérience religieuse et philosophie dans la pensée de Maine de Biran. Rev. internat. de Philosophie 75 (1966), 90-116.

[10] Vgl. Besprechung dieser Werke teilweise durch R. Schwaderer, Pierre Maine de Biran, in: F. Volpi (Hg.), Großes Werklexikon der Philosophie II. Stuttgart: Kröner 1997, 976 ff.

[11] Vgl. P. Tisserand, Introduction à la note sur l'idée d'existence (XIV), 1 ff.; H. Gouhier, Avant-propos: P. Maine de Biran, Nouvelles considérations sur les rapports du physique et du moral (VIII), 7-11.

[12] Von der unmittelbaren Apperzeption, 99 (wir zitieren die Seitenzahl der *Urschrift* "De l'aperception immédiate", die sowohl in der kritischen Edition durch J. Echeverria (Paris: Vrin 1963) und I. Radrizzani (Oeuvres 4 ed. Azouvi. Paris: Vrin 1995) sowie in unserer im Erscheinen begriffenen Übersetzung angegeben ist, um ein Auffinden der Stellen zu erleichtern).

[13] Vgl. H. Gouhier, Les conversions de Maine de Biran. Paris: PUF 1947.

[14] Vgl. Oeuvres de jeunesse (ed. Azouvi Bd. 1).

[15] Essai analytique sur les facultés de l'âme (1760). Hildesheim: Olms 1973, Vorwort.

[16] Vgl. Influence de l'habitude (II), 12 f.

[17] Vgl. E. Bréhier, Histoire de la philosophie, t. II/3, 529 ff.; G. Funke, Einführung, 17 ff. Außerdem P. Tisserand, Introduction: Influence de l'habitude (II), 12 ff.: Influences de Condillac, Bonnet, Cabanis, Barthez, de Tracy.

[18] Vgl. G. Madinier, Conscience et mouvement. Études sur la philosophie française de Condillac à Bergson. Paris: Aubier 1938; M. Henry, Inkarnation, 216 ff.

[19] Vgl. B. Baertschi, L'ontologie de Maine de Biran. Paris: Vrin 1982, Kap. IV.

[20] Vgl. P. Cabanis, Histoire physiologique des sensations. Paris: Charpentier 1843; P. Maine de Biran, Influence de l'habitude (II), 232 ff. (Appendice).

[21] Vgl. Examen des leçons de philosophie de M. Laromiguière (Commentaires sur les philosophies Bd. 11/3 ed. Azouvi).

[22] Vgl. E. Bréhier, Histoire de la philosophie, t. II/3, 571 ff.

[23] Vgl. Von der unmittelbaren Apperzeption, 98.

[24] Vgl. Nouveaux essais d'anthropologie (XIV), 178 ff.

[25] Vgl. Von der unmittelbaren Apperzeption, 8 ff., 88 f., 102 f.

[26] Vgl. Nouveaux essais d'anthropologie (XIV), 134 f. u. 188 f.

[27] Von der unmittelbaren Apperzeption, 48 f.

[28] Ebd. 54 f., 93 f., 118 f.

[29] Etwa G. Funke, Einführung, 36 f.; F. Azouvi, Maine de Biran. La science de l'homme. Paris: Vrin 1995.

[30] Vgl. J. Lagneau, Célèbres leçons et fragments. Paris: PUF 1964, 141 f.; G. Madinier, Conscience et mouvement (1938).

[31] Influence de l'habitude (II), 204.

[32] Vgl. Von der unmittelbaren Apperzeption, 59 u. 83; für die Kantkritik hierbei vgl. J. Kopper, La signification de Kant pour la philosophie française. Archives de Philosophie 44 (1981), 63-83, hier bes. 69 ff.

[33] Vgl. P. Montebello, La décomposition de la pensée. Dualité et empirisme transcendantal. Grenoble: Millon 1994.

[34] Vgl. im einzelnen R. Kühn, Leiblichkeit als Lebendigkeit. Michel Henrys Lebensphänomenologie absoluter Subjektivität als Affektivität. Freiburg/München: Alber 1992, 33 ff.: Der Rückgriff auf die Lebensphilosophie von Maine de Biran; Pierre Maine de Biran - Ichgefühl und Apperzeption. Ein Vordenker konkreter Transzendentalität in der Phänomenologie (im Erscheinen).

[35] Von der unmittelbaren Apperzeption, 79 u. 87.

[36] Ebd. 79 f.

[37] Note sur l'Evangile de St. Jean (XIV), 411 ff.

DIETER SCHULZ

Ralph Waldo Emerson:
Ein Denker zwischen Peripherie und Zentrum

1. Der Weise von Concord

Ralph Waldo Emerson wurde 1803 in Boston als Sohn eines Pastors geboren, der sein Amt an der ehrwürdigen First Church versah und seine Familiengeschichte über Generationen von Pfarrern bis zu den ersten puritanischen Kolonisten Neuenglands zurück verfolgen konnte. Nach dem Besuch des Harvard College und der berühmten Harvard Divinity School ließ er sich von der American Unitarian Association als Pfarrer approbieren. 1829 übernahm er die Position des Pastors an der Second Church in Boston und heiratete. Vieles deutete daraufhin, dass Emerson es 'geschafft' hatte und als Geistlicher in die Fußstapfen seiner Vorfahren treten würde. Um so überraschender deshalb seine Entscheidung im Jahre 1832, das Pfarramt niederzulegen. In diesem Jahr verabschiedet er sich von seiner Gemeinde mit einem Brief, in dem er sich außer Stande erklärt, das Sakrament des Abendmahls zu administrieren; in seiner jetzigen Form, so notiert er im Tagebuch, erscheine es ihm als Paradebeispiel für "worship in the dead forms of our forefathers."[1]

Die 1830er Jahre markieren eine entscheidende Wende in Emersons Leben. Todesfälle, die ihn schwer erschüttern (1831 stirbt seine junge Frau, 1834 der ihm sehr eng verbundene Bruder Edward); eine Europareise, auf der er den berühmten schottischen Schriftsteller und Denker Thomas Carlyle trifft und zum lebenslangen Freund gewinnt; schließlich die Entscheidung, nicht zum Pfarramt zurückzukehren, sondern sein Glück als freier Schriftsteller und Redner zu versuchen – all das stellt die Weichen für eine intellektuelle Neuorientierung, die in der zweiten Hälfte des Jahrzehnts eine kreative Explosion nach der anderen befördert. Mit seinem ersten Buch *Nature* (1836) liefert er das "Manifest" des Transzendentalismus, einer literarisch-philosophischen Bewegung, deren Anhänger sich in seinem Haus in Concord, Massachusetts (einer Kleinstadt in der Nähe von Boston) treffen. In mehreren großen Reden profiliert er sich als Sprecher einer neuen Generation, die in polemischer Auseinandersetzung mit etablierten Institutionen und Traditionen zu einer geistig-moralischen Erneuerung aufruft und dabei insbesondere die Entfaltungsmöglichkeiten hervorhebt, die sich in der Neuen Welt bieten. "The American Scholar", eine 1837 im Rahmen der Graduierungsfeier in Harvard gehaltene Ansprache, erregt eine Aufbruchstimmung sondergleichen und erscheint den Zeitgenossen als "kulturelle Unabhängigkeitserklärung der Vereinigten Staaten" (Oliver Wendell Holmes). Zwiespältiger wird die Rede aufgenommen, die Emerson im selben Jahr vor den Absolventen der theologischen Fakultät hält; von dem einflussreichen unitarischen Theologen Andrews Norton als "the latest form of infidelity" – die neueste Spielart des Atheismus bzw. der Ketzerei – verdammt, bringt Emerson die "Divinity School Address" ein jahrzehntelanges 'Hausverbot' an seiner Alma Mater ein.[2]

Ein solcher Skandalerfolg macht ihn binnen kurzem zu einem Begriff weit über Massachusetts und Neuengland hinaus. In erheblichem Maße trägt dazu die Institution des Lyceums bei. Das konfessionsfreie Lyceum, die 1826 gegründete und sich rasch über das ganze Land ausbreitende 'Volkshochschule' der USA, bietet Emerson wie vielen anderen ein Forum, in dem er nicht nur seine Ideen unzensiert vortragen kann, sondern dank seiner wachsenden Popularität auch eine verlässliche Einnahmequelle findet. Das Selbstvertrauen, das er im Umfeld des Lyceums sowie seines 1836 gegründeten Transcendental Club gewinnt, schlägt sich 1841 und 1844 in der Publikation von zwei großen Essaybänden nieder. Sie beruhen, wie der größte Teil auch seiner späteren Essays, auf Vorträgen, die wiederum wesentlich gespeist werden aus den voluminösen Notiz- und Tagebüchern, die Emerson seit seiner College-Zeit führt. Die thematische Spannweite der Essays umfasst Gesellschaft und Politik, Literatur und Kultur, menschliche Beziehungen, Religion und Philosophie – auf den ersten Blick ein Sammelsurium von Fragen und Problemen, das aber bei näherer Betrachtung durch eine Kernidee zusammengehalten wird, die Emerson selbst als den Glauben an die unbeschränkten Möglichkeiten des Einzelnen – "the infinitude of the private man" (*JMN* 7:342) – bezeichnet. Aus ihm bezieht er die Dynamik seiner Reden und Schriften wie auch seines politisch-sozialen Engagements. Das Gewicht seiner Kritik etwa am *Fugitive Slave Act* von 1850, einem Gesetz, das die freien Staaten im Norden dazu verpflichtet, entlaufene Sklaven festzusetzen und an ihre Besitzer im Süden zu überstellen, rührt nicht zuletzt daher, dass Emerson mittlerweile zu einer Institution geworden ist, die gleichsam das Gewissen der Nation verkörpert. Umfangreiche Vortragsreisen, darunter 1847/48 ein zweites Mal nach Europa, befestigen den Ruf des 'Weisen von Concord' ebenso wie die großen Essayzyklen *Representative Men* (1850), *English Traits* (1856) und *The Conduct of Life* (1860). Selbst die Katastrophe des Bürgerkriegs und die damit einhergehende Zäsur im intellektuellen Klima der USA vermögen diesem Ruf nichts anzuhaben. Seine Bücher verkaufen sich in wachsenden Auflagen, als Referent ist er bis in die 1870er Jahre begehrt, und auf seiner letzten Auslandsreise (1872/73) wird er wie ein internationaler Star hofiert.

An Emersons überragender Statur hat sich seit seinem Tod im Jahre 1882 nichts geändert. Im Unterschied zu seinem transzendentalistischen Schüler und Freund Henry David Thoreau, dessen Reputation erheblichen Konjunkturschwankungen unterlag, hat Emerson trotz zum Teil heftiger Kritik im amerikanischen Bewusstsein kontinuierlich eine Position eingenommen, die man im Jargon unserer Tage als die einer Ikone bezeichnen kann. Die Lyrik Walt Whitmans, Wallace Stevens' oder Robert Frosts, die Musik eines Charles Ives, philosophische Richtungen wie der Pragmatismus John Deweys und der Neopragmatismus von Richard Poirier und Stanley Cavell, schliesslich gar (wenn man Harold Bloom folgt) die "amerikanische Religion" sind wesentlich seiner Ausstrahlung zu verdanken. Gegner wie Anhänger haben ihn als geistige Schlüssel- und Gründerfigur der USA anerkannt, als Hohenpriester, Visionär und Architekten amerikanischer Kultur. Schon der 100. Geburtstag geriet zum nationalen Feiertag, und die Fülle der Lesungen, Tagungen und "Events" anlässlich seines kürzlich zu feiernden 200. Geburtstags trug unübersehbar die Merkmale eines offiziellen Kults.[3]

Damit stehen wir vor einem Problem. In seinen "Historic Notes of Life and Letters in New England" führt Emerson einen Begriff ein, der uns seit den 1960er Jahren bestens vertraut ist. Es gebe in jeder Gesellschaft und in jeder Epoche stets zwei Parteien: "there are always two parties, the party of the Past and the party of the Future; the Establishment and the Movement."[4] Als Ikone gehört Emerson zweifellos zu dem von ihm so genannten Establishment. Was aber hat er dann in einer Vortragsreihe über "Denker am Rande" zu suchen? Hätte man da nicht einen besseren Kandidaten in einem anderen Amerikaner, etwa in dem gerade genannten Henry David Thoreau gefunden, der sich mit seinem Experiment eines einfachen Lebens in seiner selbstgebauten Hütte am Walden-See drei Kilometer von Concord entfernt buchstäblich und metaphorisch an die Peripherie der Gesellschaft begab und mit seiner berühmten Weigerung, eine sklavereifreundliche Regierung durch Steuern zu unterstützen, ein Zeichen zivilen Ungehorsams setzte, das Bürgerrechtler und Widerstandsbewegungen von Mahatma Ghandi bis heute inspiriert hat? Emerson fand solches Protestgebaren kindisch und selbstmörderisch, worin Thoreau seinerseits ein Indiz dafür sah, dass sein einstmals so aufregender und anregender Mentor sich vom Establishment hatte vereinnahmen lassen.

Noch einmal also die Frage: Gehört Emerson in eine Reihe mit Häretikern und Außenseitern wie Giordano Bruno und Jakob Boehme? Meine Antwort, die ich im folgenden entfalten möchte: Emerson führt uns das Faszinosum eines Denkens vor, das darauf abzielt, die im Status quo selbst liegende "tendency" (eines seiner Lieblingswörter) zur Bewegung freizusetzen. Die Dinge sind, so wie sie sind, nur scheinbar fest und undurchdringlich; richtig betrachtet erweisen sie sich als gestaltgewordene Gedanken, als Ausdruck schöpferischer Energie. Das Schöpferisch-Geistige ist der Grund der natürlichen wie der vom Menschen gemachten Welt. In der Natur tritt es uns unverfälscht entgegen, und insofern ist Thoreaus Walden-Experiment verständlich. Der reife Denker aber, der wirklich etwas bewegen und die Gesellschaft in großem Stil verändern will, wird seinen Standpunkt nicht außerhalb, sondern in ihrer Mitte wählen. Es ist leicht, in der Einsamkeit der Wälder Idealist zu sein; der starke Denker wird das Wagnis eingehen, inmitten der Menge, inmitten gesellschaftlicher Institutionen das an ihnen in Bewegung zu setzen, was in ihnen selbst zur Auflösung und Verwandlung tendiert. Der Status quo ist gar keiner, Establishment und Movement stehen nur scheinbar gegeneinander. Ohne es zu wissen, liegt das Establishment quer zu sich selbst, es möchte sich eigentlich in Bewegung setzen. Dass es dazu in der Regel aus eigener Kraft nicht in der Lage ist, ruft die Anstrengung des Intellektuellen auf den Plan als Versuch, die prinzipielle Neigung der Dinge zur Selbstüberschreitung aufzuzeigen. Ein solches Denken kommt aus der Mitte der Verhältnisse und ist doch exzentrisch, es verhält sich schräg zum Gegebenen.

Was das bedeutet, hat Emerson in Kommentaren zu allen Lebensbereichen vorgeführt. Ausgangs- und Endpunkt seiner Reflexionen ist dabei stets, wie schon vermerkt, was er als sein einziges Credo ausmacht: die Unendlichkeit des Individuums – "the infinitude of the private man". Unendlichkeit gehört zu den klassischen Attributen Gottes. Dass Emerson dieses göttliche Attribut in die Natur des Menschen verlegt, bietet einen, wenn nicht *den* Schlüssel zu seinem Denken. Dass er es dem *privaten* Individuum zuschreibt, erklärt darüber hinaus die paradoxe, zugleich ketzerisch-subversive und staatstragende Position eines Intellektuellen, der sich weniger als Philosoph denn als Erzieher versteht. Davon soll am Schluss kurz die Rede sein.

2. Quer zur Metaphysik

In einer erstaunlichen Selbstreflexion am Vorabend seines 21. Geburtstags schätzt Emerson seine analytischen Fähigkeiten als begrenzt ein; seine eigentliche Stärke sieht er in "a strong imagination" (*JMN* 2:238). Professionelle Philosophen haben mit Recht darauf hingewiesen, dass schon der Begriff "Transzendentalismus" von einem Missverständnis herrühren dürfte. Soweit er sich vom deutschen Idealismus und insbesondere von Kants Begriff des Transzendentalen herleitet, deutet er diesen skandalöserweise von einer Bedingung der Möglichkeit von Erfahrung zur Quelle höheren Wissens um und verfällt damit dem Verdikt, das schon Kant in seiner Polemik gegen den "neuerdings erhobenen vornehmen Ton in der Philosophie" vortrug.[5] Die Transzendentalisten scheinen es sich zu leicht zu machen, indem sie Sinneserfahrung und begriffliche Arbeit zugunsten nebulöser Konzepte von Intuition und Spontaneität überspringen. Emerson kommt solcher Kritik entgegen, wenn er etwa in der Auseinandersetzung um die "Divinity School Address" einem gegnerischen Theologen erklärt: "... I do not know, I confess, what arguments mean in reference to any expression of a thought."[6] Kommt hinzu, dass er sich in der ganzen Kontroverse auffällig zurückhält, statt sich auf seine Kritiker einzulassen, so tut, als gäbe es sie nicht und lieber an der nächsten Rede über etwas anderes schreibt. Kann er nicht, will er nicht? Sind er und die anderen Transzendentalisten überhaupt als Philosophen ernst zu nehmen, gehören sie nicht eher in jene akademische Sparte, wo sie seit jeher ihren Platz hatten: in die Literatur-Seminare? Schließlich hat Emerson selbst immer wieder auf stilistische Verfahren in seiner Prosa hingewiesen, die man schon Anfängern in Philosophie auszutreiben geneigt ist. So schreibt er etwa an Carlyle: "Here I sit & read & write with very little system & as far as regards composition with the most fragmentary result: paragraphs incompressible each sentence an infinitely repellent particle."[7] So ist es: Generationen von Hörern und Lesern haben sich gefragt, wie Emerson von einem Satz zum anderen kommt, und was man hinterher eigentlich in der Hand hat.

Nun fällt auf, dass Emerson in der Tagebucheintragung ebenso wie im Brief an Carlyle seine 'Methode' durchaus offensiv vertritt, und dass er auf der Rezipientenseite vielen eher zu Wohlbefinden, wenn nicht gar zu "highs" verholfen hat. Hermann Grimm etwa reagierte euphorisch: "Ich sah hinein, las eine Seite herunter und war erstaunt, eigentlich nichts verstanden zu haben, obgleich ich mir meines Englisch ziemlich bewußt war. ... Der Satzbau erschien mir ganz außergewöhnlich. Bald entdeckte ich das Geheimniß. Es waren wirkliche Gedanken, war eine wirkliche Sprache, ein reeller Mensch, den ich vor mir hatte, kein – ich brauche den Gegensatz nicht weiter auszuführen ...."[8] Ein Emerson-Essay bereichert den Leser in dem Maße, wie dieser am Ende nichts "in der Hand" hat. Nichts in der Hand haben aber meint: Emersons Denken vollzieht eine entschiedene Abkehr von der durch Begrifflichkeit und Systematik bestimmten philosophischen Tradition, nicht weil er deren Ansprüchen nicht genügen könnte (das vielleicht auch), sondern weil er deren Ansprüche zurückweist. Das gilt im besonderen für die klassische nacharistotelische Metaphysik. Darin lag seine Attraktivität für Nietzsche, darin liegt seine Aktualität für Pragmatismus und Neopragmatismus. Zugleich lässt sich dieses Denken als Fortführung einer 'alternativen' Metaphysik verstehen, die im Gefolge Platons vor allem von Plotin betrieben wurde, nachhaltige Wirkung auf Patristik und mittelalterliche Theologie wie Philosophie ausübte, ansonsten aber aus der dominanten philosophischen Tradition verdrängt wurde, die schließlich aristotelisch geprägt war. Ich schlage also vor, die philosophische Randständigkeit Emersons, sein Querdenkertum, unter einem Doppelaspekt zu umreißen. Einerseits steht Emerson quer zur traditionellen Metaphysik von den spätantiken Aristoteles-Kommentaren bis Hegel und nimmt damit die antimetaphysische Polemik eines Denkers wie Nietzsche vorweg. Andererseits tut er dies im Rückgriff auf eine im Verlauf der Geschichte lange Zeit marginalisierte neuplatonische Metaphysik und kann insofern durchaus als Metaphysiker gelten.

Den Weg zu Nietzsche aufzuzeigen, bietet sich ein Zitat aus Emersons "Circles" an:

Seht Euch vor ... wenn der große Gott einen Denker auf unsern Planeten kommen lässt. Alles ist dann in Gefahr. Es ist wie wenn in einer grossen Stadt eine Feuersbrunst ausgebrochen ist, wo keiner weiss, was eigentlich noch sicher ist und wo es enden wird. Da ist nichts in der Wissenschaft, was nicht morgen eine Umdrehung erfahren haben möchte, da gilt kein literarisches Ansehen mehr, noch die so genannten ewigen Berühmtheiten; alle Dinge, die dem Menschen zu dieser Stunde theuer und werth sind, sind dies nur auf die Rechnung der Ideen, die an ihrem geistigen Horizonte aufgestiegen sind und welche die gegenwärtige Ordnung der Dinge ebenso verursachen, wie ein Baum seine Aepfel trägt. *Ein neuer Grad der Kultur würde augenblicklich das ganze System menschlicher Bestrebungen einer Umwälzung unterwerfen.*[9]

Ich habe Emerson in deutscher Übersetzung zitiert, Nietzsche-Leser werden aber die Ohren gespitzt haben, denn das lange Zitat findet sich in dieser Form gegen Ende der 3. *Unzeitgemässen Betrachtung* ("Schopenhauer als Erzieher"). Der junge Nietzsche war von Emerson derart überwältigt, dass er dort, wo er ihn zitiert oder paraphrasiert, oft die Quelle unterschlägt. Hier tut er es nicht, hier habe *ich* mir einen Trick erlaubt. Die Passage beginnt bei Nietzsche so: "Seht Euch vor, sagt Emerson ...." Was geschähe nun, wenn der von Emerson und Nietzsche beschworene Denker erschiene? Die ganze Passage durchziehen Bilder der Zerstörung und Verwandlung. Eine Stadt würde in Flammen aufgehen, keiner und nichts wäre mehr sicher, alles müsste gewärtigen, seine Autorität zu verlieren und gänzlich verwandelt zu werden in einem Prozess, dessen Ende niemand absehen kann. Zielscheibe der hier in Bildern gefassten Polemik ist eine architektonisch geprägte Metaphysik: ein Denken, das auf letztes Wissen aus ist, in diesem Bestreben mit Begriffen operiert, die sich zu einem möglichst lückenlosen System fügen, das, wenn es gelänge, Sein und Denken zu einer Totalität zusammenführen würde. Metaphysik heißt: Denken des Seinsganzen.

Ein solches Projekt erscheint Emerson/Nietzsche schon in seinen Voraussetzungen als Verrat am Sein. Insofern es auf widerspruchsfreie Begrifflichkeit als zentrale Strategie angewiesen ist, stellt es Wirklichkeit still, um sie sich dem Zugriff des Subjekts gefügig zu machen. Die Grunderfahrung aber, zu der es angemessen sich zu verhalten gälte, ist die der Bewegung und des Wandels, des heraklitischen Strömens. An die Stelle des Begreifens, das immer auf ein Festhalten hinausläuft, müsse das Erfahren treten, nicht im Sinne des Lockeschen Empirismus (dessen Systematik der des Idealismus in nichts nachsteht), sondern als Öffnung des Ichs gegenüber den machtvollen Einflüssen, die als Strom der Wirklichkeit uns tragen könnten, wenn wir sie nicht ständig mit unseren Begriffen und Systemen einzudämmen versuchten. Statt Kontrolle also Loslassen; statt gedanklicher Gebäude, Aufbruch; in Stanley Cavells Worten, "overcoming thinking as clutching".[10] Das "fortschreitende Denken", das "onward thinking" solchen Philosophierens kommt allerdings nicht aus der Ratio, es empfängt seine Dynamik aus der Seele als Impuls zu ihrer maximalen, unabgeschlossenen und unabschließbaren Selbstermächtigung. Beide, Welt wie Seele, kennzeichnet das, was Nietzsche den "Willen zur Macht" nennen wird: ein Zirkulieren von Lebensenergie, die sich in den Dingen und Werken ausdifferenziert und sie je neu verflüssigt, entgrenzt, da alles Feste, Begriffene, Geschaffene, das auf Wachstum verpflichtete Lebensgesetz verletzen und schwächen würde.

Die sprachlichen Konsequenzen eines solchen Denkens sind für die traditionelle Philosophie beklagenswert: Suggestivität statt Definition, Bilder statt Begriffe, Aphorismen statt Systematik, Essays statt Abhandlungen, emphatische Behauptungen statt sorgfältiger Beweisführung. Mehr ist aber nicht 'drin'. Eine im Zeichen von Werden und Vergehen erkannte Wirklichkeit verlangt nach einer Sprache der Selbstaufhebung, einer Sprache, die sich von Satz zu Satz in Frage stellt, weil auch die Dinge durch Flüchtigkeit ("evanescence") bestimmt sind und dem zwischen den Händen zerrinnen, der sie begreifen möchte: "No sentence will hold the whole truth, and the only way in which we can be just, is by giving ourselves the lie; Speech is better than silence; silence is better than speech. ... Things are, and are not, at the same time" ("Nominalist and Realist", 585)[11]. Jeder Gedanke ist notwendig und überflüssig in einem, jedes Aussprechen läuft auf eine Unwahrheit hinaus, wenn es sich als Begreifen, Definieren versteht: "... if I speak, I define, I confine, and am less" ("Intellect", 426). Das Lebendige entzieht sich der prädizierenden, widerspruchsfreien Aussage, die Seele drängt machtvoll über jede Bestimmung hinaus. Der Denker wird damit zum "experimenter", zum "endless seeker" (412).

Eine eingehendere Betrachtung dessen, was man als Auflösung oder Erosion der Metaphysik verstehen kann, hätte neben Nietzsche vor allem Heidegger einzubeziehen, ferner den Pragmatismus eines John Dewey, den Neopragmatismus eines Richard Poirier und Richard Rorty, das Parallelprojekt eines Stanley Cavell, schließlich die Affinitäten zu bestimmten Aspekten des Dekonstruktivismus. Herwig Friedl hat diese Verbindungen in zahlreichen Aufsätzen nachgezeichnet.[12] Es besteht Grund zu der Annahme, dass die Aufregung, die Derrida & Co. in den USA verursacht haben, unter anderem daher rührt, dass die Amerikaner im Dekonstruktivismus, ohne es zu wissen, Kerngedanken ihrer eigenen Emersonschen Tradition begegnen. Statt diese Überlegungen zu entfalten, möchte ich den Blick rückwärts wenden auf einen Traditionsstrang, der von Emerson selbst intensiv studiert und anverwandelt wurde: den Neuplatonismus.

3. Die andere Metaphysik.

Im Versuch seiner Positionsbestimmung des Transzendentalismus von 1842 bemerkt Emerson, zu den wichtigsten Merkmalen seines Gedankenguts gehöre, dass es im Grunde nicht neu sei: "The first thing we have to say respecting what are called *new views* here in New England, at the present time, is, that they are not new, but the very oldest of thoughts cast into the mold of these new times. ... What is popularly called Transcendentalism among us, is Idealism; Idealism as it appears in 1842" (193). In jenen Bereichen der Forschung, die Emersons revolutionäre Züge hervorheben, besteht die Neigung, seine zahlreichen Verweise auf Plotin, Proklos und Jamblich als eher irreführend einzustufen oder bestenfalls als die neuplatonischen Eierschalen zu entschuldigen, die er in seiner Sprache noch nicht ganz abstreifen konnte. Zu solch apologetisch-defensiver Einstellung besteht kein Anlass, hat doch die philosophische Forschung der letzten Jahrzehnte mit Nachdruck die Aktualität des Neuplatonismus herausgearbeitet. Der Plotin, der uns in den Arbeiten von Beierwaltes, Halfwassen und anderen entgegentritt, erweist sich als Vertreter einer 'anderen' Metaphysik, eines Denkens, das bereits in der Spätantike Antworten auf die Aporien jener Metaphysik bereitstellte, deren Demontage im 19. Jahrhundert mit Emerson und Nietzsche einsetzt und im 20. Jahrhundert auf breiter Front zu einem, wenn nicht *dem* Projekt der Philosophie wird.

Die nacharistotelische Metaphysik ist zum einen durch die Annahme der Existenz einer intelligiblen Welt jenseits der uns durch Sinne und Verstand zugänglichen geprägt.[13] "Meta" wird vom simplen "nach" oder "mit" der Physik, das es bei Aristoteles zunächst meint, zum Inbegriff dessen, was "jenseits" der sichtbaren *physis* liegt. Nietzsche setzt hier den Hebel an in seiner Polemik gegen eine Zwei-Welten-Lehre, die das Hier und Jetzt zugunsten eines Jenseits erniedrigt. Zum anderen kennzeichnet die aristotelische Tradition ein Verständnis von Metaphysik als Ontologie, der das Sein oder Seiende als letzter Grund und Ursprung gilt.

Diese Konzeption nimmt Heidegger in seiner Fundamentalkritik der abendländischen philosophischen Tradition aufs Korn. Weder die Zwei-Welten-Lehre noch die Ontologie sind jedoch zwingend als Basis oder Zielsetzung von Metaphysik. Wenn Metaphysik das Ganze dessen, was ist, von einem letzten Grund und Ursprung aus betrachtet, stößt man nicht auf eine andere Welt oder das Sein sondern auf das Eine: "Einheit ist die grundlegende Bedingung von Denken und Denkbarkeit überhaupt." Als Versuch, "das Ganze des Wirklichen und Denkbaren von einem letzten Grund seiner Einheit her" zu begreifen, ist Metaphysik "Denken des Einen" (Beierwaltes); "sie ist als Ausgriff auf das Ganze und den Grund seiner Einheit fundamental *henologisch* verfasst."[14]

Ein solches Denken des Einen findet sich in höchster, geschichtlich nie wieder eingeholter Entfaltung im Neuplatonismus. Sie führt dort zur Entdeckung der absoluten Transzendenz. Schon Platon unterscheidet eine schwache oder graduelle von einer starken Transzendenz, eine Unterscheidung, die im Neuplatonismus radikalisiert wird, indem das Denken der reinen oder absoluten Transzendenz umschlägt in eine negative Theologie. Graduelle Transzendenz meint das Übersteigen einer abgeleiteten oder begründeten Seinsstufe zu der sie begründenden oder ursprünglicheren. Absolute oder reine Transzendenz besagt dagegen, dass die Einheit, die alle Differenzierungen des Seienden erst ermöglicht und denkbar macht, nicht im Sein gründen kann, sondern diesem jenseitig sein muss. Schließlich geht es um das Erfassen dessen, "was aus *jeder* Ganzheit herausgenommen ist und sie transzendiert" (Proklos). Das Heraustreten des Denkens aus sich selbst bezeichnet Plotin als *ekstasis*.[15]

So vermessen es wäre, eine systematische Parallelität zwischen dem Neuplatonismus und Emersons Denken aufzustellen, so unübersehbar sind doch die Affinitäten. Dabei denke ich weniger an den affirmativ-optimistischen Grundzug eines Welt- und Menschenbildes, das kein Prinzip des Bösen kennt, sondern nur unterschiedliche Entfaltungsstufen des Guten (darüber wäre natürlich in einer umfassenden Darstellung eine Menge zu sagen). Mir geht es vielmehr um die Transzendenzvorstellung, auf die ja das Etikett der ganzen Bewegung ebenso vage wie nachdrücklich verweist. Seine Legitimität lässt sich von Kant her nur defizitär – als Missverständnis – fassen, aus dem Blickwinkel des Neuplatonismus jedoch enthüllt sich die Dignität eines Denkens von erstaunlicher Tiefe und Aktualität.

Metaphysik als Ontologie oder Zwei-Welten-Lehre ist für Emerson schon so verdächtig wie später für Nietzsche und Heidegger, als Vorstellung des Einen und der Transzendenz durchzieht sie jedoch sein gesamtes Denken. Ich hatte die proto-Nietzscheanischen Passagen und Wendungen aus "Circles" zitiert, die den Denker als Zerstörer, gleichsam als 'Philosoph mit dem Hammer' zeigen. Das Zertrümmern des Festen motiviert sich aus der Natur der Seele, die wiederum mit dem Wesen der Dinge übereinstimmt: Ihr Lebensgesetz heißt Werden und Vergehen, Metamorphose, Ausfluss und Rückfluss von Macht nicht im Sinne von Herrschaft, sondern von *virtus*. Die Dinge selbst treiben ständig über sich hinaus, gleich wie alle Werke, in denen die Seele temporären Ausdruck findet. *Ek-stasis* ist somit ein Grundprinzip alles Lebendigen, und Denken hat diesem ständigen Heraustreten der Dinge aus sich selbst Rechnung zu tragen. Damit ist der Begriff als zentrale Strategie, das Wesen von etwas oder das Wesen des Ganzen im Sinne einer sich durchhaltenden Substanz, erledigt. Denken bewährt sich im Nachvollzug des Werdens, des Übergangs; wo es auf Festes trifft, gilt nur eins: "I unsettle all things. No facts are to me sacred; none are profane; I simply experiment, an endless seeker, with no Past at my back" (412).

Das ist, wie gesagt, Emerson als Proto-Nietzsche. Unmittelbar auf die gerade aus "Circles" zitierte Passage folgen jedoch Formulierungen, die stutzig machen: "Yet this incessant movement and progression which all things partake could never become sensible to us but by contrast to some principle of fixture or stability in the soul. Whilst the eternal generation of circles proceeds, the eternal generator abides. That central life is somewhat superior to creation, superior to knowledge and thought, and contains all its circles" (412). Das kann man kaum als neuplatonische Eierschalen abtun. Einer solchen Einschätzung widerspricht schon die Anordnung der Passage *nach* dem proto-Nietzscheanischen Credo, vor allem aber das emphatische "Yet", mit dem sie eröffnet wird. Und schließlich ließen sich ihr eine Fülle von Parallelpassagen zur Seite stellen, die ein "invisible, unsounded centre" ("The Transcendentalist", 195), ein "aboriginal Self" ("Self-Reliance", 268) umkreisen, das dem Prozess von Werden und Vergehen enthoben ist. In "Compensation", dem Aufsatz, der die Welt im Zeichen einer durchgängigen Ökonomie von Geben und Nehmen begreift, benennt er es, wie so oft, als Seele: "The soul is not a compensation, but a life. The soul *is*. Under all this running sea of circumstance, whose waters ebb and flow with perfect balance, lies the aboriginal abyss of real Being. Essence, or God, is not a relation, or a part, but the whole. Being is the vast affirmative, excluding negation, self-balanced, and swallowing up all relations, parts, and times within itself" (299).

Der unaufhörliche Prozess von Geben und Nehmen, Werden und Vergehen treibt über sich selbst hinaus, er kann gedacht werden nur von einem Einheitspunkt her, der ihm jenseitig ist. Die Beobachtung der 'schwachen' Transzendenz, des Selbstüberstigs der Dinge und der Seele, führt das Denken zur 'starken' Transzendenz; die 'kleinen' Ekstasen verkämen zu leerer Prozessualität, zu "schlechter Unendlichkeit" (Hegel), liefen sie nicht auf die große *ekstasis* hinaus, den Sprung des Denkens aus sich selbst zur absoluten Transzendenz. An diesem Punkt tritt an die Stelle der Spekulation die mystische Schau beziehungsweise, als deren begriffliches Korrelat, eine negative Theologie. Im Swedenborg-Essay von *Representative Men* erinnert Emerson an Plotin und dessen Charakterisierung dieses Überstigs als "the flight of the alone to the alone", an den Literalsinn des Wortes "Mystik" als "Schließen der Augen", schließlich an die Trancezustände des Sokrates (663). Seine zahlreichen Versuche, die Vorstellung einer absoluten Transzendenz zu artikulieren, sind wie in der negativen Theologie von der Spätantike bis zur frühen Neuzeit (Cusanus!) durchsetzt mit Paradoxien, Unsagbarkeitstopoi, schließlich Plädoyers für das Schweigen als angemessenes Verhältnis zu dem, was sich weder denken noch sagen lässt: "And now at last the highest truth on this subject remains unsaid; probably cannot be said; for all that we say is the far-off remembering of the intuition" (271).

Kant hätte sich gegen solche Intuitionsphilosophie verwahrt als Rückfall ins vorkritische Denken. Im deutschen Idealismus hätte wohl einzig der späte Schelling etwas mit diesem Emerson anfangen können. Diejenigen aber, die mit Beierwaltes im Neuplatonismus Antworten auf Fragen finden, an denen sich die abendländische Philosophie und insbesondere die nacharistotelische Metaphysik die Zähne ausgebissen hat, mögen Emerson begrüßen als Vertreter einer Metaphysik, die das Schauspiel unendlichen Werdens und Vergehens in uns und um uns herum von einem absolut transzendenten Einheitsgrund her denkt, einem Bezugspunkt, den Emerson in seinem Versuch einer Formulierung dessen, was es mit "Transcendentalism" auf sich hat, als unsichtbare, unhörbare, unbekannte Mitte bestimmt, als "Unknown Centre" (195). Diese unbekannte Mitte aber ist nichts anderes als Gott. Ein solches Denken holt den religiösen Impuls ein, der einst Emersons Bruch mit der Kirche motivierte; es steht wie die negative Theologie von Plotin und Eriguenas bis zu neueren Ansätzen bei Karl Jaspers, Dieter Henrich und Wolfgang Cramer "quer zu allen Ansprüchen auf absolutes Wissen."[16]

4. Der Präzeptor Amerikas.

Denken – und das gleiche gilt nach Emerson für Kunst und Literatur – beansprucht keine Autorität für sich, es legitimiert sich in dem Maße, wie es der Seele Freiräume schafft zur Selbstentfaltung. Sofern man ein solches Denken noch als im klassischen Sinne philosophisch bezeichnen kann, rückt es in die Nähe der Pädagogik, einer Pädagogik freilich, die nicht von der Warte überlegenen Wissens operiert, sondern das zu aktivieren bestrebt ist, was um uns herum und in uns selbst erfahren werden will. Wenn Wissen dem Ich im Erfahren, nicht im Begreifen zuwächst, werden Subjekt und Welt zu Momenten eines umfassenden Lernvorgangs dynamisiert. Wenn die Dinge nicht mehr im Begriff stillgestellt, sondern gleichsam auf uns losgelassen werden, fallen Denken und Erziehung in eins.

Rousseau schlägt in der Einleitung zu *Émile* vor, Platons *Politeia* nicht als Staatsutopie zu lesen, vielmehr sei sie "die schönste Abhandlung über die Erziehung, die jemals geschrieben worden ist."[17] Vielleicht knüpft Emerson daran an, wenn er in ergänzenden Bemerkungen zu seinem Platon-Essay von *Representative Men* zu bedenken gibt, die *Politeia* sollte möglicherweise als "an allegory on the education of the private soul" (656) gelesen werden. Dass er damit nicht ganz falsch liegt, haben Teile der Platon-Forschung (namentlich Werner Jaeger und Hans-Georg Gadamer) bestätigt. Emersons Gleichsetzung von Denken mit Erfahrung und Erziehung hätte dann ein ehrwürdiges Modell. In der Neuzeit wird sie, von Rousseau abgesehen, erst von Nietzsche und Dilthey konsequent in den Blick genommen, so etwa in Nietzsches Betrachtungen zu Schopenhauer *als Erzieher* oder in Diltheys Anspruch, "die Pädagogie" sei "das letzte Wort des Philosophen auf dem modernen kritischen Standpunkt", denn "alles Spekulieren ist um des Handelns willen."[18]

Ich habe eingangs von Emerson als einer Schlüsselfigur, gar einer Ikone amerikanischer Kultur gesprochen und die Frage aufgeworfen, was eine derart zentrale Gestalt in einer Reihe über "Denker am Rande" zu suchen haben mag. Das Querdenkerische an Emerson dürfte an seinem Projekt seines Philosophierens schräg zur Metaphysik von Aristoteles bis Hegel zumindest in Umrissen deutlich geworden sein. Ein umfassendere Darstellung hätte vor allem den Kirchen- und Gesellschaftskritiker, den Autor der "Divinity School Address" und des wohl berühmtesten seiner Essays, "Self-Reliance", eingehend zu würdigen. Doch bereits die hier aufgezeigte Engführung von Philosophie und Pädagogik erlaubt es, seine paradoxe, zugleich zentrale und exzentrische Stellung zu skizzieren. Sie folgt nämlich aus der Funktion des Denkers als Erziehers.

Auch alle Überlegungen zur Erziehung haben von der "inneren Unendlichkeit" des Individuums auszugehen, vom unbegrenzten Drang der Seele nach Wachstum und Expansion. Erziehung ist nicht mehr und nicht weniger als das Bemühen, das fundamentale Entfaltungsgesetz der Seele zu stimulieren. Insofern ist sie zugleich notwendig und überflüssig: notwendig, weil unsere Fähigkeiten geweckt werden müssen; überflüssig, weil die Welt voller 'Einflüsse' ist, die darauf warten, von uns in Anspruch genommen zu werden, es mithin eigentlich keiner erzieherischen Institution bedarf. Der Ort des Lehrers ist deshalb an der Peripherie, er hat eine ausschließlich dienende Funktion als Anreger, der sich aus dem Verkehr zieht, sobald er den Adressaten auf den Weg gebracht hat.

In diesem Sinne hat Emerson erzieherisch gewirkt, und zwar in einer Tiefe und Breite, die nachgerade überwältigend dokumentiert ist. Dabei hat er nichts begründet, was man als Schule bezeichnen könnte, er rechnet es sich im Gegenteil als Verdienst an, keine Schule und keine Jüngerschar hinterlassen zu haben: "This is my boast that I have no school & no follower" (*JMN* 14: 258). Die Bedeutung *dieses* Lehrers liegt nicht in einer an seine Person gebundenen Autorität, sondern in dem Geschick, mit dem er anderen zur Selbstermächtigung verhilft und sich damit überflüssig macht. In einer zwei Jahre vor dem Tod des 'Meisters' formulierten Hommage hält Walt Whitman fest: "The best part of Emersonianism is, it breeds the giant that destroys itself. Who wants to be any man's mere follower? lurks behind every page. No teacher ever taught, that has so provided for his pupil's setting up independently – no truer evolutionist."[19] Whitman selbst porträtiert sich in "Song of Myself" (Section 47) als "teacher of athletes", der von seinen Schülern vor allem erwartet, dass sie ihn, den Lehrer, ausschalten: "He most honours my style who learns under it to destroy the teacher." Emerson muss dieser Gedanke ebenso gefallen haben wie das wenige Zeilen davor beschworene Bild des "kühnen Schwimmers": "Now I will you to be a bold swimmer...".[20] Das Bild fasst die Welt als heraklitischen Strom, nicht als fixierbare Substanz; es entwirft ein Ich, das sich im Vollbesitz seiner Kraft der Wirklichkeit überlässt und von ihr getragen wird; es postuliert einen Lehrer, der dem Schüler das Schwimmen beigebracht hat, nun aber vom Ufer aus dessen Treiben gelassen zuschauen kann. Emerson hat keine Schule, aber eine große Zahl kühner Schwimmer hinterlassen. Seine ungeheure Ausstrahlung als Erzieher von Amerikanern, und nicht nur Amerikanern, rührt maßgeblich von einem Denken, das sich um der Selbstentfaltung anderer willen "Lügen straft". Insofern ist sein Ort in der Tat "am Rande".

---

[1] Gilman, William et. al (ed.): *The Journals and Miscellaneous Notebooks of Ralph Waldo Emerson*, Cambridge, MA 1960-1982, 4:27. Verweise auf die Tage- und Notizbücher werden im folgenden in den Text aufgenommen und mit *JMN* abgekürzt.

[2] Miller, Perry (ed): *The Transcendentalists: An Anthology*, Cambridge, MA 1950, 210-213. Neben Auszügen aus Nortons Pamphlet bietet Miller weitere Dokumente und hilfreiche Kommentare zu der von Emerson ausgelösten Kontroverse.

[3] Bosco, Ronald: Ralph Waldo Emerson, 1803-1882: A Brief Biography, in: Myerson, Joel (ed.): *A Historical Guide to Ralph Waldo Emerson*, New York 2000, 10, 44; *Emerson Society Papers* 14:1 (Spring 2003), 6.

[4] Emerson, Edward Waldo (ed.): *The Complete Works of Ralph Waldo Emerson*, Boston 1883-1904, 10: 309.

[5] Krusche, Thomas: R.W. Emersons Naturauffassung und ihre philosophischen Ursprünge: Eine Interpretation des Emersonschen Denkens aus dem Blickwinkel des deutschen Idealismus, Tübingen 1987, 127-128; Pütz, Manfred: Emerson and Kant Once Again: Is Emerson's Thought a Philosophy Before, After, Beside, or Beyond Kant?, in: Freese, Peter (ed.): *Religion and Philosophy in the United States of America*, Essen 1987, 2: 621-640.

[6] *The Letters of Ralph Waldo Emerson*, ed. Ralph L. Rusk, New York, 1939, 166.

[7] Slater, Joseph (ed.): *The Correspondence of Emerson and Carlyle*, New York 1964, 185.

[8] Grimm, Hermann: *Ralph Waldo Emerson: Neue Essays über Kunst und Literatur* (Berlin 1865), 1; zit. nach Friedl, Herwig: Der Schriftzug der Natur: Ralph Waldo Emersons essayistisches Denken, in: Borsò, Vittoria et al. (ed.): *Schriftgedächtnis - Schriftkulturen*, Stuttgart 2002, 459.

[9] Nietzsche, Friedrich: *Unzeitgemäße Betrachtungen*, Kritische Studienausgabe, ed. Giorgio Colli und Mazzino Montinari, Bd. 1, München 1972, 422.

[10] Cavell, Stanley: *This New Yet Unapproachable America: Lectures after Wittgenstein after Emerson*, Albuquerque, NM 1989, 108. Vgl. Wagner, Richard: *Die Kunst des fortschreitenden Denkens: Ralph Waldo Emersons Ästhetisierung von Selbst und Gemeinschaft*, Heidelberg 1999.

[11] Soweit nicht anders vermerkt, beziehen sich Seitenangaben im Text auf Porte, Joel (ed.): Ralph Waldo Emerson, *Essays and Lectures*, New York 1983.

[12] So kürzlich in: Ralph Waldo Emerson und die Erosion der Metaphysik, in: Lubbers, Klaus; Plummer, Patricia (Hgg.): *Subversive Romantik*, Berlin 2004, 53-78.

[13] Zum folgenden siehe Halfwassen, Jens: Metaphysik und Transzendenz, in: Enders, Markus (Hg.): *Jahrbuch für Religionsphilosophie* 1 (2002), 13-27. Zu Emersons Neuplatonismus vgl. Šoštaric, Sanja: *Coleridge and Emerson: A Complex Affinity* (Diss. Heidelberg, 2000).

[14] Halfwassen, 16-17.

[15] Halfwassen, 20-21.

[16] Halfwassen, 26.

[17] Röhrs, Hermann: *Jean-Jacques Rousseau: Vision und Wirklichkeit*, 3. Aufl., Köln 1993, 147-154 (Zitat S. 148). Zum Folgenden vgl. Schulz, Dieter: *Emerson als Erzieher*, in: Schulz, Dieter; Kullmann, Thomas (Hgg.): *Erziehungsideale in englischsprachigen Literaturen: Heidelberger Symposion zum 70. Geburtstag von Kurt Otten*, Frankfurt 1997, 215-230.

[18] Dilthey, Wilhelm: *Gesammelte Schriften*, 2. Aufl. Göttingen 1960, Bd. 9, 203-204.

[19] Whitman, *Prose Works 1892*, ed. Floyd Stovall, New York 1963-64, Bd. 2, 517-518.

[20] Whitman, *Leaves of Grass*, ed. Harold W. Blodgett und Sculley Bradley, New York 1965, 84.

CARL-FRIEDRICH GEYER

"Ich hab 'mein Sach' auf Nichts gestellt ..."
Max Stirner

1. Einleitung

In ihrer Darstellung der Revolution im 19. Jahrhundert in Deutschland bemerkt *Ricarda Huch* im Blick auf Max Stirner: „Es gibt Maler, die nicht den Mut haben, etwas Schönes zu malen, aus Angst, man könne sie süßlich finden; vielleicht fürchtete Stirner, man werde ihm vorwerfen, er hantiere mit dem Spuk, wenn er je von der Idee eines Ganzen, von irgend etwas gesprochen hätte, was über den einzelnen hinausgeht."[1] Max Stirner ist bis heute ein Außenseiter geblieben, entweder vergessen oder gefürchtet. Noch der Herausgeber der gegenwärtig bei Reclam vorliegenden Ausgabe des „Einzigen", *Ahlrich Mayer*, glaubte trotz des Erfolgs des von ihm herausgegebenen Werkes vor diesem warnen zu müssen.[2] Dies mag befremden, aber das Vergessen Stirners hat ganz gewiss auch damit zu tun, dass nur ganz wenige Gestalten der Geistesgeschichte so sehr hinter ihrem Werk zurücktreten wie der Autor des „Einzigen".[3] Erst *J. H. Mackay* (1864-1933) sicherte in seiner 1910 in zweiter Auflage erschienenen Biographie[4] Stirners das wenige bekannte biographische Material, um es mit einer individual-anarchistischen Interpretation zu versehen. Ein Einfluss Stirners findet sich häufig gerade bei Autoren, die sich beharrlich über ihn ausschweigen. Äußerungen[5] u. a. von *Bloch, Adorno, Ulrich Sonnemann* und *G. Lukacs*[6] verraten hinter der Maske des Spottes vor allem Verlegenheit. Von *Adorno* soll immerhin die wohl eher spaßhaft gemeinte Äußerung stammen, Stirner sei der einzige, der wirklich „den Hasen aus dem Sack gelassen" habe. Perfide ist dagegen die große, in den späten sechziger Jahren vieldiskutierte Studie von *Hans G. Helms*, die Faschismus und Nationalsozialismus auf Stirners „Einzigen" zurückführen zu können glaubte und über die Rezeptionsgeschichte insgesamt das Verdikt des Protofaschismus aussprach.[7] Schon kurz nach dem Erscheinen des „Einzigen" 1844 meinte *L. Feuerbach* bezeichnenderweise gegenüber seinem Bruder, „'Der Einzige und sein Eigentum' [sei] ein höchst geistvolles und geniales Werk und hat die Wahrheit des Egoismus – aber exzentrisch, einseitig, unwahr fixiert – für sich. Seine Polemik gegen die Anthropologen, namentlich gegen mich, beruht auf purem Unverstand oder Leichtsinn. Ich gebe ihm recht, bis auf Eines: im Wesen trifft er mich nicht. Er ist gleichwohl der genialste und freieste Schriftsteller, den ich kennen gelernt habe."[8]

2. Biographische Hinweise

Zu den wichtigsten der von *Mackay* überlieferten Dokumente zur Lebensgeschichte Stirners zählt sein in lateinischer Sprache verfasster Lebenslauf, den er zur Meldung zum Staatsexamen 1834 vorgelegt hat.[9] Es ist dies die einzige biographische Notiz, die von der Hand Stirners selbst überliefert ist. Nach dem Staatsexamen war Stirner fünf Jahre Lehrer an einer privaten Töchterschule in Berlin. Diese Stellung kündigte er kurz vor dem Erscheinen des „Einzigen" 1844, um sich der Schriftstellerei und praktischen Nebenerwerben zuzuwenden. 1847 veröffentlichte er ein mehrbändiges Werk über „Die Nationalökonomen der Franzosen und Engländer", das eine gründliche Kenntnis der zeitgenössischen ökonomischen und politischen Literatur erkennen lässt. Seine nach 1848 konzipierte „Geschichte der Reaktion" ist dagegen vorwiegend eine Sammlung allgemein zugänglicher Dokumente und Quellen um die Geschehnisse von und nach 1848. Zweimal war Stirner verheiratet; die Ehe mit der Tochter seiner Vermieterin endete nach kurzer Zeit; sie starb im Kindbett. Seiner zweiten Frau, Marie Dähnhardt, die er im Kreise der „Freien" in der Weinstube Hippel kennengelernt hatte, ist der „Einzige" gewidmet. Sie verließ ihn, nachdem das Vermögen, das sie in die Ehe mitgebracht hatte, durch zwielichtige Projekte vertan war, vor allem durch das legendäre Milchgeschäft Stirners, das nach kurzer Zeit infolge Ungeschick und mangelndem Geschäftssinn des Inhabers in Konkurs ging. Stirners finanzielle Krise zwang ihn zu einem äußerst zurückgezogenen Leben, unterbrochen von zwei Aufenthalten im Schuldgefängnis (1853 und 1854) und Darlehensgesuchen in Tageszeitungsannoncen, die für erheblichen Spott bei seinen Kritikern sorgten. Schließlich sah er sich gezwungen, eine Leibrente auf das Haus seiner Mutter aufzunehmen. Durch einen Insektenstich zog sich Stirner im Mai 1856 eine Blutvergiftung zu, an deren falscher ärztlicher Behandlung er am 25. Juni 1856 gestorben ist. Der Beisetzung am 28. Juni 1856 wohnten lediglich Ludwig Buhl und Bruno Bauer sowie Mme. Weiss, bei der er gestorben war und welche die Identität des Toten bezeugt hatte, bei. Mit Ausnahme des Kreises der Linkshegelianer, der sog. „Freien", die bei Hippel auf der Friedrichstraße verkehrten, soll Stirner weder Freunde noch Feinde gehabt haben. Schon bei seinem Tode galt er allgemein als vergessen.

Auch *Theodor Fontane* befand sich zeitweilig unter den, wie er schrieb[10] „berühmten ,Sieben Weisen aus dem Hippelschen Keller'", darunter *Bruno* und *Edgar Bauer*, *Buhl*, *Stirner*, aber auch *Feuerbach*, *Georg Herwegh* und *Hoffmann von Fallersleben*. *Karl Marx*, der Berlin 1841 verließ, verkehrte ebenfalls im Kreise der „Freien", einem lockeren Verband oppositioneller linkshegelianischer Intellektueller[11]. Im Gefolge der Absetzung Bruno Bauers als Bonner Privatdozent radikalisierte der Kreis sich zusehends, wobei seit 1844 unüberbrückbare Differenzen in den Anschauungen zutage traten. Die erste Hälfte des „Einzigen" ist unter anderem der Versuch einer Abrechnung mit diesen Anschauungen. Mit der Niederlage der Märzrevolte zerfällt der „Kreis der Freien", wobei neben der Emigration vor allem Rückzug und Anpassung die Folge waren. In den theoretischen Differenzen um 1844 ging es vor allem anderen um eine veränderte Bestimmung des *Menschen*. Sie steht ebenso im Zentrum der Religionskritik Feuerbachs wie der Hegelinterpretation Bruno Bauers, die Stirners Überwindung des idealistischen Paradigmas mit ausgelöst hat. Vergleichbares gilt für *D. F. Strauss* im Hinblick auf die Theologie. Es ist rezeptionsgeschichtlich interessant, dass sowohl Stirner wie die übrigen ideenpolitischen Ambitionen aus dem „Kreis der Freien" insgesamt schon unmittelbar nach dem Erscheinen des „Einzigen" im Sinne einer genealogischen Ableitung auf den „Homo-mensura-Satz" des Protagoras[12] reduziert wurden. Bereits die erste philosophiehistorische Wertung und Einordnung Stirners durch *Kuno Fischer* behandelt Stirner als „modernen Sophisten".[13] Auch seine Verteidiger stiegen unter der Parole des „Sophismus resp. der Sophistik" in die Arena[14].

3. Gestalt und theoretische Voraussetzungen des „Einzigen"

Den „Einzigen" bestimmt durchgängig der Gedanke, den idealistischen Abstrakta ihre konkreten Bestimmungen zurückzugeben und mit einem neuen Richtungssinn zu versehen. An die Stelle der Welt als Totalität ideellen Ursprungs und Resultat der *autopoietischen* Tätigkeit des Absoluten tritt die Perspektive des *Einzelnen* als *Einzigem* und *Eigner* seiner Welt. Das idealistische Totalitätsdenken weicht dem Naturalismus des Marginalen und Konkreten, dem „*Nichts*", aus dem heraus ich mich selbst schaffe. Stirner verstehen heißt diese beiden Konzepte der Autopoiesis in ihrem Gegeneinander und in ihrer gegenseitigen Bezüglichkeit zu erkennen und als sowohl logische wie ontologische Notwendigkeit anzuerkennen: „Wenn Fichte sagt: ‚Das Ich ist alles', so scheint dies mit meinen Aufstellungen vollkommen zu harmonisieren. Allein nicht das Ich ist alles, sondern das Ich zerstört alles, und nur das sich selbst auflösende Ich, das – endliche Ich ist wirklich. Fichte spricht vom ‚absoluten' Ich, ich aber spreche von mir, dem vergänglichen Ich."[15] Weiter heißt es: „Auch Fichtes Ich ist dasselbe Wesen außer mir, denn Ich ist jeder, und hat nur dieses Ich Rechte, so ist es „Das Ich', nicht Ich bin es. Ich bin aber nicht ein Ich neben anderen Ichen, sondern das alleinige Ich: Ich bin einzig."[16] Das absolute Ich Fichtes ist eine Fiktion. Vom ‚Ich' kann es keinen Allgemeinbegriff geben (wie Allgemeinbegriffe überhaupt „als fixe Ideen" zu gelten haben). Stirner ersetzt das absolute Ich Fichtes durch das partikulare Subjekt. Damit werden aus notwendigen Wahrheiten zufällige Meinungen, in jeder Hinsicht bestimmungslos. Das absolute Ich Fichtes setzt sich selbst als Nicht-Ich, um sich praktisch zu bewähren, bleibt aber gleichwohl ein abstraktes Konstrukt. Das wirkliche Ich dagegen ist ausschließlich der einzelne Mensch, naturalistisch- leibhaft konzipiert. Dieses „Ich" ist „Nichts", weil es endlich und vergänglich ist, während das allgemein- absolute Ich Fichtes und Hegels ein „Nichts" ist, kein individuelles Ich und kein positives Wesen. Im Blick auf das System Hegel kommt Stirner zu dem Schluss: „Im Hegelschen System wird immer so gesprochen, als dächte und handelte das Denken oder der ‚denkende Geist', d. h. das personifizierte Denken, das Denken als Gespenst."[17] Dies ist aber eine pure Fiktion, denn „vor meinem Denken bin – Ich"[18].

Die Grenzscheide des Streites um die rechte Hegelinterpretation verläuft für Stirner zwischen dem Abstraktum Mensch, einem Begriffsgespenst, und dem konkret- sinnlichen Menschen, der sich seiner selbst ausschließlich als „Einziger", als „Eigner seiner selbst" bewusst wird. Die nur vordergründig radikale Kritik von Bauer und Feuerbach gleich ihrem angeblich neu entworfenen *Menschenbild*, das den Menschen primär als ‚Ideen schaffendes Wesen' begreift, sind nichts weiter als die subtile Wiederholung eines vom Christentum beeinflussten Menschlichkeitsbegriffs. Stirner schreibt, er könne das „Ich" im „Menschen" nicht finden, weil das „Ich" mehr als eine Idee, mehr als nur „Mensch", nämlich leibhaftig sei; die „fixen Ideen" als endogene Schranken des Individuums unterwerfen das Ich einer ich –fremden Phraseologie. Seine Auseinandersetzung mit dem absoluten Idealismus wie mit den Linkshegelianern ist daher sowohl *Sprach- wie Christentumskritik*: „Unsere Sprache hat sich so ziemlich auf den christlichen Standpunkt eingerichtet... So musste bei ihm alles ‚Eigene' in ärgsten Verruf kommen: Eigennutz, Eigensinn, Eigenwille, Eigenheit, Eigenliebe usw. Die christliche Anschauungsweise hat überhaupt allmählich ehrliche Wörter zu unehrlichen umgestempelt."[19] Dieser *naturalistische* Standpunkt gibt auch einer Stirnerinterpretation ihre Berechtigung, die sich an den ‚Homo-mensura-Satz' des Protagoras anschließt: „Vor meinem Denken bin – Ich"[20].

Parallel zu Stirners eher schlichten *Nominalismus* nimmt seine Religionskritik einen methodischen Standpunkt ein, dessen *fundamentalistische Züge* auf den ersten Blick überraschen. Er nimmt die von Feuerbach als anthropomorph entlarvten Konstrukte der christlichen Religion insofern unmittelbar beim Wort, als die konkret mit ihnen verbundenen Vorstellungen (,Was Gott tut') als Belege für die Rechtmäßigkeit des Einzelnen, des „Ich", herangezogen werden können. In diesem Sinne ist die häufig zitierte Stelle gleich zu Beginn des „Einzigen" zu interpretieren, die keineswegs metaphorisch gemeint ist. Sie erhebt ,Gott' selbst zum Urbild des „Einzigen".[21] Ähnlich steht es um die Menschheit, den Sultan, um Volk, Staat und Patriotismus, um jene vorgeblichen Wohltäter, die alle nur ihre je eigene Sache betreiben und jede andere Sache als die ihre weit von sich weisen. Der Egoist „fährt am besten... Das Göttliche ist Gottes Sache, das Menschliche Sache ,des Menschen'. *Meine* Sache ist weder das Göttliche noch das Menschliche, sondern allein das *Meinige*... Ich bin nicht Nichts im Sinne der Leerheit, sondern des schöpferischen Nichts, aus welchem Ich selbst als Schöpfer alles schaffe."[22] Anders als der Nihilismus Nietzsches resultiert der Nihilismus Stirners aus dem schlichten Vergleich von Gott und Ich, die sich in allem außer der *Endlichkeit* gleichen. Weil der Mensch – nicht als abstrakte Entität, sondern als konkretes Einzel-Ich – endlich ist, lässt er das Unendliche auf sich beruhen. Aus dem als leibhaftig und wirklich gesetzten Gott wird eine bloße Metapher. Die Endlichkeit, der Kreislauf von Werden und Vergehen, macht das Ich zu einem Nichts.[23]

Der „Einzige" enthält neben einer ausführlichen Darstellung der bisherigen Zeitalter auch eine kurzgefasste Rekonstruktion des Christentums. Im Auftreten des „Einzigen" findet das Christentum seine Entelechie. Die christliche Anschauung als ganze kulminiert in der Frage: „Was ist der Mensch?" Sie findet ihre Erfüllung, wenn aus der Begriffsfrage nach dem „Was" die Frage nach dem „Wer" hervorgeht, auf welche die Antwort lautet: „Ich, dieser Einzige, bin der Mensch!" Im Fragenden selbst ist sie persönlich, konkret und leibhaftig gegeben und zugegen. Zuletzt wird das Christentum, dessen Ideal der sittliche, gläubige Mensch gewesen war, zur Ideologie des abstrakten Menschen, wie sie die Linkshegelianer und vor allem der Liberalismus empfehlen, denn „nicht genug, dass man die große Masse zur Religion abgerichtet hat, nun soll sie gar noch mit ,dem Menschlichen' sich befassen müssen. Die Dressur wird immer allgemeiner und umfassender". Die neue Menschheitsreligion prolongiert die Lebensverachtung der alten Religion, die aus lauter Angst vor der Endlichkeit nichts anderes erlaubte als „an den Tod zu denken, mit der Absicht, ihm seinen Stachel zu nehmen und – hübsch fortzuleben und sich zu erhalten. Alles lässt der Christ über sich ergehen, wenn er... sich nur in den Himmel hineinschachern und –schmuggeln kann... ,Unvergänglichkeit', Stabilität'"[24]. Auf dem „Stabilitätsprinzip" beruhen Staat und Gesellschaft, welche die „Bewirtschaftung" des Einzelnen betreiben. Die Religion gängelt den Einzelnen und zwingt ihn, nach einer ,höheren', seiner Bestimmung entsprechenderen Lebensform zu streben. Der Eigner seiner selbst hat erkannt, dass all diese Instanzen von ihm selbst geschaffen worden sind und sich nur durch seine Anerkennung am Leben erhalten können. Alle Dinge sind nur ,heilig' durch „Meine *Heiligsprechung*... die Götzen sind durch Mich... ,höhere Mächte sind nur dadurch, dass Ich sie erhöhe und Mich niedriger stelle"[25]. Der „Einzige" ,bewirtschaftet' sich selbst, indem er sein Leben dadurch nutzt, dass er es intensiviert. Wie nutzt man das Leben? In der Selbstverschwendung als dem *Versuche, etwas aus mir zu machen*. Stirner, der keineswegs Allmachtsphantasien nähren wollte, räumt durchaus ein, es sei möglich, „dass Ich aus Mir nur sehr wenig machen kann; dies Wenige ist aber Alles und ist besser, als was Ich aus Mir machen lasse durch die Gewalt Anderer, durch die Dressur der

Sitte, der Religion, der Gesetze, des Staates usw."[26] In seiner Einzigkeit wird der „Einzige" zum sterblichen Gott.[27]

Stirner spricht vom Staat als von seinem Todfeinde. Es gilt hier nur die Alternative: „Er oder Ich"[28]. Ein solches Feindschaftsverhältnis müsste auch zwischen den „Egoisten" herrschen, wären sie Egoisten im Sinne des allgemeinen Sprachgebrauchs. Solche „Egoisten" können sich aber gerade nicht auf den „Einzigen" berufen, da sie, hingegeben an Macht, Ehre, Ruhm und Geld, die Fremdbestimmten schlechthin sind. Der Egoist im landläufigen Sinne ist die vielleicht letzte und verabscheuungswürdigste Ausprägung des im „religiösen Verhältnis" beheimateten gespaltenen Persönlichkeitstyps. Auch er ist noch ‚religiös', sofern er sein Ich an eine Idee oder an außerhalb seiner selbst liegende Zielsetzungen bindet. In gleicher Weise ist das Ich des *moralischen* Menschen gespalten. Angesichts der idealen Forderungen der Moralität, der Vernunft oder eines übergeordneten Sollens muss er sich zwangsläufig als unvollkommen und unterlegen erfahren. Stirner lehnt aus diesem Grunde nicht nur jede Moral ab, er sieht auch in der Moralentwicklung insgesamt, in der Herausbildung eines Menschentyps, der ausschließlich moralischen Prinzipien folgt, alles andere als einen historischen Fortschritt.

Der Staat ist der Vernichter der Unabhängigkeit des Einzigen. Deshalb ist die Selbstaneignung der Hinterlassenschaften von Staat und Gesellschaft[29] eine zwingende Forderung. Stirner unterscheidet sich von Marx, von den Anarchisten Bakunins und den Utopisten dadurch, dass revolutionäre Umwälzungen jeder Art entschieden verworfen werden. Die Revolution ist eine bewusste politische und soziale Tat und führt unvermeidlich zu einer Umwälzung der Zustände, aber doch nur, um wieder einen neuen Staat oder eine neue Gesellschaftsordnung zu etablieren. Sie bleibt bloße Statusänderung und macht auf lange Sicht weitere Umwälzungen unvermeidlich. Dagegen führt die Revolte oder „Empörung", die Stirner fordert, *„dahin, Uns nicht mehr einrichten zu lassen, sondern Uns selbst einzurichten, und setzt auf ‚Institutionen' keine glänzende Hoffnung. Sie ist kein Kampf gegen das Bestehende, da, wenn sie gedeiht, das Bestehende von selbst zusammenstürzt.... Da nun nicht der Umsturz eines Bestehenden mein Zweck ist, sondern meine Erhebung darüber, so ist meine Absicht und Tat keine politische oder soziale, sondern, als allein auf Mich und meine Eigenheit gerichtet, eine egoistische. Einrichtungen zu machen gebietet die Revolution, sich auf- oder empor zu richten heischt die Empörung"*[30]. Der „Verein der Freien" tritt nicht an die Stelle des Staates. Er richtet sich unterhalb oder außerhalb des Staates ein.

Der Verein respektiert die Eigenheit derer, die sich zu ihm zusammenschließen. Sie sind gleichberechtigte Individuen und bleiben sich ihrer individuellen Interessen bewusst, die sie gegebenenfalls auch gegeneinander verteidigen. Der „egoistische Kampf" ist außerdem ein soziales Regulativ. Er verhindert die Ausbeutung des Menschen durch den Menschen, „weil die Anderen keine solchen Narren mehr sein wollen, ihn auf ihre Kosten leben zu lassen"[31]. Zwar ist auch der Verein ausschließlich zweckorientiert, kennt aber nur punktuelle Zwecke. Eine dauernde Assoziation führt wiederum unweigerlich zur Parteienbildung und letztlich zum Staat. Mit dem Erreichen des punktuellen Zweckes löst der Verein sich von selber auf, um anderen freien Ad-hoc-Assoziationen Platz zu schaffen. Die situationsbezogenen Arrangements von Individuen, an die Stirner bei der Konzeption des „Vereins der Freien" denkt, sind unabgeschlossen und zufällig Der Verein kann auch nicht Vorbild einer wie immer gedachten staatlichen oder gesellschaftlichen Ordnung sein. Auch diese Festestellung ist eine Quelle vielfältiger Fehldeutungen, vor allem auch deshalb, weil Stirner selbst die

Regeln des Wirtschaftens streng individualistisch fasst. So ist beispielsweise die Aufhebung des staatlichen Geldmonopols eine Grundvoraussetzung freien wirtschaftlichen Handelns.

4. Rezeptionsgeschichtliche Aspekte

Eine erste Wiederentdeckung Stirners fällt in etwa mit den Feiern zu seinem hundertsten Geburtstag im Jahre 1906 zusammen. Bereits ab 1893 musste der Reclam- Verlag den „Einzigen" jährlich neu auflegen. Mit bis zu 200000 Exemplaren am Vorabend des ersten Weltkriegs dürfte dieses Buch das am meisten verbreitete philosophische Werk der Zeit gewesen sein. Nach 1918 kommt eine Vielzahl an Stirner orientierter Zeitschriften auf den Markt, von denen eine [„Der Einzige"] noch heute regelmäßig erscheint. Mit dieser Stirner- Renaissance[32] beginnen sich die unterschiedlichen Konturen der Rezeption klar herauszubilden. Im Großen und Ganzen lassen sich drei Richtungen unterscheiden, wobei eine politisch-wirtschaftstheoretisch-anarchistische Lesart [1] im Vordergrund steht, obwohl sie Stirner offensichtlich missversteht und nach der Neugestaltung der politischen Verhältnisse in Europa nach 1918 zunehmend marginalisiert worden ist. 1933 wurde – nicht nur in Deutschland – Stirners Individualismus überhaupt obsolet. Gut belegt ist der Einfluss Stirners auf die russischen Nihilisten, im Grunde Selbstmordattentäter[33], und auf jene proletarischen Gruppen, die außerhalb der marxistischen Bewegung im vorrevolutionären Russland agierten.

Das Scheitern einer Integration des Stirnerschen Ansatzes in die Sozialdemokratie[34] machte die literarische Boheme [2] umso aufnahmebereiter für die Botschaft des „Einzigen". Neben die literarischen Verarbeitung Stirnerscher Motive tritt eine *lebensweltliche* Orientierung an Stirner, wie sie vor allem in den Boheme-Kreisen in München (Schwabing) und Berlin („Cafe Größenwahn") angetroffen werden konnte. Stirners Faszination in diesen Kreisen ging nicht etwa auf eine schlüssige Interpretation und Aneignung seines Werkes zurück. Sein Schicksal selbst wurde Vorbild, sein gesellschaftliches Außenseitertum, vor allem seine Verachtung des Geldes und sein Appell zu unbedingtem Lebensgenuss in der Verschwendung., d. h. in der „genusspostularischen Geldverachtung"[35]. Die Boheme sah wie schon Stirner selbst in der Gesellschaft eine umfassende Zwangsveranstaltung, die – von Geld, Besitz und einem bürgerlichen Sittenkodex[36] zusammengehalten – nur in konsequentem Außenseitertum bezwingbar schien. Schriftsteller wie *O. M. Graf* und *O. Panizza*[37] beriefen sich in diesem Sinne ebenso auf Stirner wie der frühe, noch nicht zu Goethe bekehrte *Rudolf Steiner*[38], oder die dadaistische Bewegung um *H. Ball, Hans Arp* und *Raoul Hausmann*.[39] In der Literatur über Stirner und seinen Einfluss finden sich gelegentlich Hinweise, die in der 1968er Protestbewegung eine Fortsetzung der Boheme der Jahrhundertwende und in eins damit Parallelen in der Verarbeitung Stirnerscher Motive vermuten.[40] In der umfassenden Orientierung eines extremen Individualismus am Konsum als Extremform des Selbstgenusses schließlich deute sich eine Banalisierung[41] der Stirnerschen Philosophie an, die symptomatisch für den am Ende des 20. Jahrhunderts geläufig gewordenen Gestus eines gegen die Philosophie gerichteten und nur arbiträr wahrgenommenen philosophischen Anspruchs aufscheine.

Eine literarische Präsenz Stirners verbindet sich vor allem mit dem Werk *Ret Maruts*, der nach dem Zusammenbruch des anarchistischen Experiments zu Emigration gezwungen war. Unter dem Pseudonym *B. Traven* entwickelte er von Mexiko aus eine überaus fruchtbare schriftstellerische Tätigkeit. Werke wie „Das Totenschiff", „Die Baumwollpflücker" und „Der Schatz in der Sierra Madre" begründen seinen literarischen Ruhm bis heute. Sie spielen das philosophische Programm Stirners mit dem Ziel einer „qualitativen Transformation"[42] detailliert durch. Die thematischen Schwerpunkte seiner literarischen Produktion – Anonymität und bürgerliche Existenz, freie Vereine/Assoziationen, Verbrechen und Gewissen, Arbeit und Leben in der Endlichkeit, der Staat und die Gesetze in den bürgerlichen Gesellschaften, Lebensintensität trotz lebensverneinender Umstände, das Verhältnis von Empörung/Revolte und Revolution – reflektieren nahezu vollständig das Spektrum der Themen des „Einzigen". Der *Existentialismus* des 20. Jahrhunderts bezeichnet im Blick auf das Fortwirken Stirners in der philosophischen Literatur der Gegenwart ein *drittes Stadium der Rezeption*. Hier geht es um die ausschließlich philosophische Auseinandersetzung mit dem „Einzigen" [3]. Hinzu kommt zudem noch eine Fülle von Sekundärliteratur zu Person und Werk Stirners. Sie dürfte inzwischen mehr als zehntausend Titel umfassen. Die unterschiedlichen Bezugnahmen lassen sich ihrerseits in eine belegbare und daher auch *ausdrücklich nachweisbare* Übernahme Stirnerscher Motive und ihrer Transformation und in eine eher *assoziative* unterscheiden. Letztere muss nicht einmal auf direkten oder spurensicheren Wegen erfolgt sein. Es lässt sich nicht immer eine gegenseitige Kenntnis vorausgesetzten. Das gilt im Blick auf die vielfältigen Spekulationen hinsichtlich des Verhältnisses zwischen Max Stirner und *Friedrich Nietzsche* wie auch der sehr komplexen Beziehung zwischen Max Stirner und *Karl Marx*. Wie sehr sich Marx von Stirner herausgefordert fühlte, zeigen zum einen seine Abrechnung mit B. Bauer und L. Feuerbach, nicht nur in der „Deutschen Ideologie" und der „Heiligen Familie", vor allem das umfangreiche Manuskript *„Sankt Max"*, eine leidenschaftliche Stirner-Polemik, die erst 1932 in vollem Umfang publiziert werden konnte.[43] Zu Lebzeiten zog es Marx offensichtlich vor, zu Stirner zu schweigen und die Auseinandersetzung mit ihm als eine private, nicht öffentliche zu führen. Gleichwohl hat das Verhältnis zwischen beiden die Interpreten nachhaltig beschäftigt. Ein weites Feld der Spekulation eröffnet sich auch mit der Frage nach dem Verhältnis zwischen *F. Nietzsche* und Max Stirner. Sollte Nietzsche Kenntnis von Stirner, etwa aufgrund eigener Lektüre und Auseinandersetzung gehabt haben, hat er sie ebenso beharrlich verschwiegen, wie es Marx getan hat. Eine Brücke zwischen beiden bildet allerdings das Werk *Eduard von Hartmanns*.[44] Der Gedanke des Nihilismus, am Rande vielleicht auch der des ‚Übermenschen', der die Frage nach dem Verhältnis beider herausfordert, könnte in seiner Ausformulierung und endgültigen Gestalt nicht verschiedener sein, als er in beiden Konzeptionen vorliegt. Aus diesem Grunde verschweigt auch die Auseinandersetzung mit dem Nihilismus in der Philosophie des 20. Jahrhunderts, sofern sie sich auf Nietzsche und seine metaphysische Begründung des Nihilismus stützt, den „schöpferischen" Nihilismus Stirners, der seine Legitimation aus der Neuformulierung der *Selbst- und Letztbegründungsproblematik* bezieht.

Der neuzeitliche Nihilismus hat in der Lesart Stirners wie in jener Nietzsches theologische Wurzeln. Er ist zudem Indiz der sukzessiven Herausbildung eines *Totalitarismus*, der *neuzeitlich* als Abwehr des Nihilismus auftritt, obwohl er ihn erst vollendet. Man hat folglich auch das ‚schöpferische Nichts' bei *M Heidegger* in Genealogie zu Stirner interpretieren wollen. Während die Nihilismuskritik Heideggers jedoch ihren Bezugspunkt in der Seinsvergessenheit der abendländischen Metaphysik und bei Nietzsche findet, wobei sich das Nichts als ein anderer Name für das Sein entpuppt[45], wird rezeptionsgeschichtlich bevorzugt die Existentialanalyse aus „Sein und Zeit" in Kontinuität zur Anthropologie[46] des „Einzigen" gesehen, so dass die Existenzphilosophie und vor allem der Existentialismus zum Nachfolger und Vollender des Stirnerschen Projektes erklärt werden können.[47] Stirner wird bisweilen sogar als der *erste authentische Existentialist* bezeichnet.[48] Nicht nur der genaue textgestützte

Nachweis fällt dabei schwer. Vordergründige Affinitäten, beispielsweise bei *J.-P. Sartre*, werden von Schlussfolgerungen durchkreuzt – etwa im Blick auf Humanismus, Sozialismus und Marxismus – in denen gerade die Argumente der Gegner Stirners wieder aufleben.

Der für das 20. Jahrhundert aktualisierte „Einzige" Stirners ist der „L'Homme revolte" von *A. Camus*.[49] Er konstatiert zu Beginn des Kapitels über die ‚absolute Bejahung' lapidar: „Stirner lacht in der Sackgasse, Nietzsche rennt gegen die Mauern an"[50]. Nietzsche bleibt im Verhältnis zu Stirner eine tragische Figur, und der von ihm proklamierte ‚Tod Gottes' scheint schon deshalb vergebens, weil er in der Menschheit (oder im „Übermenschen") einem neuen Götzen huldigt, der die zuvor emphatisch beschworene Wiedererringung von Selbst und Welt widerruft. Stirner sieht in der Weltgeschichte nichts weiter als die andauernde Verletzung des „Einzigen", der widerstehen zu wollen nur bedeuten kann, auf die absolute Freiheit der „Wüste", der Freiheit vom Sein, vom Bewusstsein, von der Ethik und allen Verpflichtungen, zu setzen. Die ärgste und folgenreichste dieser Beschränkungen hat sich als „Ewigkeit" immer wieder mit dem Mantel des Gegenteils umhüllt. Das Ewigkeitspathos der Philosophen und Theologen ist der wirkliche ‚Nihilismus': „Es gab während der ganzen Geschichte nur einen Kult, den der Ewigkeit. Dieser Kult ist eine Lüge. Wahr ist allein der Einzige, der Feind des Ewigen und in Wirklichkeit der Feind von allem, was seiner Herrschgier nicht dient."[51] Das Medium dieser Herrschgier, nihilistisch, weil sie das sogenannte ‚Ewige' negiert, ist der Aufstand, die Empörung und die Revolte, die vor keiner Zerstörung zurückschrecken.

Camus präsentiert Stirner und seinen extremen Individualismus in der Weise der Überzeichnung und nochmaligen Radikalisierung, so wenn er eine Rechtfertigung des Verbrechens als konsequent darstellt. Dabei geht es ihm vor allem um die Illustration der Härte, die sich aus der Alternative *Individuum/Natur* auf der einen und *Allgemeinheit/Geschichte* auf der anderen Seite ergibt. Kenner des Existentialismus wissen, dass hier in Wahrheit die Kontroverse zwischen *Camus* und *Sartre* gemeint ist. Die Alternative Stirner/Nietzsche ist in Wirklichkeit die Vorwegnahme der Kontroverse zwischen beiden hinsichtlich der eigentlichen Bedeutung des Existentialismus als einer Philosophie des Lebens in der Endlichkeit. In der Perspektive Camus' führen der Aufstand und die Revolte zu einem „Grenzpunkt"[52], der den *Nihilismus* als Determinante der gesamten Diskussion fokussiert. Die Erfahrung der Endlichkeit, von Untergang und Tod, wird mit einer imaginären Erfahrung von Auferstehung kontrastiert, die angesichts des ‚Todes Gottes' nur eine Auferstehung in die Geschichte sein kann – mit wiederkehrenden Revolutionen, mit erneutem Menschheitspathos und allzu bekannter Suppression des ‚Ich'. Es stehen zwei Nihilismen zur Wahl, die als solche unausweichlich scheinen. Camus plädiert im Rückgriff auf Stirner für die ‚authentischere' Variante des Nihilismus: „So kündet auf den Ruinen der Welt das trostlose Lachen des königlichen Individuums den letzten Sieg des Geistes der Revolte."[53] Nach diesem Sieg und *auf den Ruinen* (man beachte hier die Stirnersche Wortwahl) ist nur noch jene ‚Welt ohne Menschen' vorstellbar, der Camus' letzte Sehnsucht gegolten hat. Sie war alles in allem vielleicht auch die Sehnsucht Max Stirners.

---

[1] Huch, R.: Die Revolution des 19. Jahrhunderts in Deutschland, Frankfurt/Main 1980, 199.

[2] Stirner, M.: Der Einzige und sein Eigentum, Stuttgart (Reclam) 1981(im folgenden als „E" zitiert). Hier: 461f.

[3] Stirners literarisches Werk umfasst u. a. folgende Texte: Der Einzige und sein Eigentum, Leipzig 1845 [recte: 1844]; [3]1901, bei Reclam erstmals 1892 erschienen; Privatausgabe von

Mackay, J. H.: 1911; Geschichte der Reaktion, 2 Bände, Berlin 1852; Kleinere Schriften, hrsg. von Mackay, J. H.: 1898 u.ö.; Smith, Adam: Untersuchungen über den Nationalreichtum, vier Bände, Leipzig 1846 (Übersetzung); Say, L.B.: Lehrbuch der praktisch-politischen Ökonomie, vier Bände, Leipzig 1845 (Übersetzung); Ders.: Kapital und Zinsfuß, Hamburg 1852 (Übersetzung); Stirner- Brevier, hrsg. von Ruest, A.: Berlin 1906; Das unwahre Prinzip unserer Erziehung oder Der Humanismus und der Realismus, neu hrsg. von Storrer, W.:Basel 1927.

[4] Mackay, J.H.: Max Stirner. Sein Leben und sein Werk, Berlin [2]1910 (liegt der weiteren Zitation zugrunde).

[5] Das LSR- Stirner- Projekt von Bernd A. Laska, nur im Internet zugänglich und nicht veröffentlicht, enthält ein ausführliches Dossier über *J. von Kempski* unter dem Titel: „Stirner, der Vielverlachte...", dem die nachfolgenden Informationen entnommen sind.

[6] Sie reichen vom „Oberlehrer Schmidt" und der „verkrachten Existenz" bis hin zum „wildgewordenen Kleinbürger".

[7] Helms, H. G.: Die Ideologie der anonymen Gesellschaft. Max Stirners ,Einziger' und der Fortschritt des demokratischen Selbstbewusstseins vom Vormärz bis zur Bundesrepublik, Köln 1966.

[8] Feuerbach, L.: Sein Wirken und seine Zeitgenossen. Mit Benutzung ungedruckten Materials dargestellt von W. Bolin, Stuttgart 1891, 106.

[9] „Ich, Johann Caspar Schmidt, evang. Confession, bin geboren zu Baireuth, einer ehemals preussischen, jetzt bayrischen Stadt, am 25. October 1806. Mein Vater war Flötenmacher; er starb bald nach meiner Geburt. Meine Mutter heirathete drei Jahre später den Apotheker Ballerstedt und gelangte mit diesem unter mancherlei wechselnden Schicksalen nach Kulm a. d. Weichsel in Westpreussen.[...] Mit dem Reifezeugnis versehen, bezog ich in den Jahren 1826 bis 1828 die Universität Berlin zum Studium der Philologie und Theologie [...]Alsdann begab ich mich für ein Semester nach Erlangen, wo ich Kapp und Winter hörte, verliess darnach die Universität, um eine längere Reise durch Deutschland zu machen.[...] Im October 1833 endlich kehrte ich zur Wiederaufnahme meiner akademischen Studien nach Berlin zurück, verfiel aber sogleich in länger dauernde Krankheit, so dass ich erst vom nächstfolgenden Semester an Vorlesungen [...] hörte. Auf diese Weise vollendete ich das akademische Triennium und gedenke mich nunmehr dem Examen pro facultate docendi mit Gottes Hilfe zu unterwerfen." (Vgl. Mackay, a.a.O., 276f.).

[10] Fontane, Th.: Von Zwanzig bis Dreißig. Autobiographisches (=Sämtl. Werke, Nymphenburger Ausgabe, Band 15), München 1967,37.

[11] Vgl.: Lübbe, H./Sass, H.-M., (Hrsg.): Atheismus in der Diskussion. Kontroversen um Ludwig Feuerbach, Mainz 1975, 146.

[12] Vgl. dazu: Lachmann, B.: Protagoras, Nietzsche, Stirner, Berlin 1923.

[13] Fischer, K.:,Moderne Sophisten', zuerst in der Leipziger Revue, dann in Wigands ,Epigonen' Band 5, 1848, 293-305.

[14] ,Die philosophischen Reactionäre. Die modernen Sophisten von Kuno Fischer', in: ,Epigonen', Band 5, 1847, 141ff.

[15] E 199.

[16] Ebd., 406.

[17] Ebd., 394.

[18] Ebd., 395.

[19] E 283.

[20] E 395.

[21] „Ihr wisst von Gott viel Gründliches zu verkünden und habt Jahrtausende lang ,die Tiefen der Gottheit erforscht' und ihr ins Herz geschaut, so dass Ihr Uns wohl sagen könnt, wie Gott die ,Sache Gottes', der wir zu dienen berufen sind, selber betreibt. Und Ihr verhehlt es auch nicht, das Treiben des Herrn. Was ist nun seine Sache? Hat er, wie es *Uns* zugemutet wird, eine fremde Sache, hat er die Sache der Wahrheit, der Liebe zur seinigen gemacht? [...]Gott bekümmert sich nur ums Seine, beschäftigt sich nur mit sich, denkt nur an sich und hat sich im Auge; wehe allem, was ihm nicht wohlgefällig ist. Er dient keinem Höheren und befriedigt nur sich. Seine Sache ist eine – rein egoistische Sache." (E 12f)

[22] E 14.

[23] Vgl. ebd., 357.

[24] Ebd., 361f.

[25] Ebd., 266f.

[26] Ebd., 200.

[27] „Man sagt von Gott: 'Namen nennen Dich nicht'. Das gilt von Mir: kein *Begriff* drückt mich aus, nichts, was man als mein Wesen angibt, erschöpft mich: es sind nur Namen. Gleichfalls sagt man von Gott, er sei vollkommen und habe keinen Beruf, nach Vollkommenheit zu streben. Auch das gilt allein von Mir. *Eigner* bin ich meiner Gewalt, und ich bin es dann, wenn Ich Mich als *Einzigen* weiß. Im Einzigen kehrt selbst der Eigner in sein schöpferisches Nichts zurück, aus welchem er geboren wird. Jedes höhere Wesen über mir, sei es Gott, sei es der Mensch, schwächt das Gefühl meiner Einzigkeit und erbleicht erst vor der Sonne dieses Bewusstseins. Stell Ich auf Mich den Einzigen meine Sache, dann steht sie auf dem Vergänglichen, dem sterblichen Schöpfer seiner, der sich selbst verzehrt, und ich darf sagen: ,Ich hab' mein Sach' auf Nichts gestellt'." Ebd., 429.

[28] Ebd., 298.

[29] „Darum sind wir beide, der Staat und Ich, Feinde. Mir, dem Egoisten liegt das Wohl dieser ,menschlichen Gesellschaft nicht am Herzen. Ich opfere ihr nichts. Ich benutze sie nur; um sie aber vollständig benutzen zu können, verwandle ich sie vielmehr in mein Eigentum und mein Geschöpf, d. h. Ich vernichte sie und bilde an ihrer Stelle den Verein von Egoisten." Ebd., 196.

[30] Ebd., 354.

[31] Kleinere Schriften, a.a.O., 373.

[32] Vgl. dazu: Senft, G.: Der Schatten des Einzigen. Die Geschichte des Stirnerschen Individual- Anarchismus, Wien 1988, 83ff.

[33] Vgl. hierzu: Savinkov, B.: Erinnerungen eines Terroristen, dt. von A. Maslow, Nördlingen 1985.

[34] Vgl. Senft, a.a.O., 88ff. Zum Verhältnis der Sozialdemokratie zu Stirner vgl. u.a.: Adler, M.: Max Stirner, in: Ders., Wegweiser. Studien zur Geistesgeschichte des Sozialismus, Stuttgart (2. Aufl.) 1919; Bernstein, E.: Die soziale Doktrin des Anarchismus. II.: Max Stirner und der Einzige, in: Die Neue Zeit 10(1891/92) 421ff. und 589ff.

[35] Vgl. ebd., 259. *O.M. Graf*, ein bekennender Stirnerianer aus dieser Zeit bemerkt in seiner Autobiographie: „Seit meiner frühesten Jugend war ich geldgierig und trachtete von jeher danach, möglichst reich zu werden, nicht um zu haben, sondern um zu verschwenden. Das Geld war doch schließlich zu nichts anderem da als zum Verbrauchen!... Es war ja alles Unsinn, was die Dichter und die Philosophen daherredeten von Moral, von Ethik und Charakterfestigkeit, von Idealismus und weiß Gott für guten Eigenschaften. Diese Eigenschaften waren

letzten Endes alle untergeordnet – das Geld machte sie oder löschte sie aus." Wir sind Gefangene, München 1928, 188 und 251.

[36] Vgl. E 123.

[37] Vgl.: Panizza, O.: Der Illusionismus und die Rettung der Persönlichkeit. Skizze einer Weltanschauung, Leipzig 1895 u. ö. (das Werk trägt die Widmung: „Max Stirner, dem ‚Lazarus unter den Filosofen‘").

[38] Vgl. dazu: Ballmer, K.: Max Stirner und Rudolf Steiner, Siegen /Sancey le Grand 1995; s. a: Steiner, R.: Max Stirner, in: Das Magazin für Literatur 67(1898) 601-605.

[39] R. Hausmann verband seine literarischen Ambitionen durchaus mit individualanarchistisch-politischen Aktivitäten Ein Aufruf des „Oberdada als Präsident des Erdballs" aus dem Jahre 1919 unter dem Titel „Dadisten gegen Weimar" ruft zur Sprengung Weimars sowie zum Sturm auf Berlin auf: „Es wird niemand und nichts geschont werden". Zum Ganzen s. a.: Hausmann, R.: Am Anfang war Dada, Gießen 1992.

[40] So beispielsweise Senft, a.a.O., 117ff.

[41] So hat J. Knoblauch (150 Jahre Punk, in: Ibs [Hrsg.], Sklaven – Migranten, Querulanten, Kombattanten, Berlin 1995, 36ff.) auf Bezüge der Punk- Bewegung zum Denken Stirners aufmerksam gemacht, während in der Analyse von Kurz, R.: Die Welt als Wille und Design. Postmoderne, Lifestyle-Linke und Ästhetisierung der Krise, Berlin 1999, das Motiv der durchgängigen Banalisierung Stirners in der Postmoderne im Vordergrund steht: „Mit bloßem Auge ist zu erkennen, dass es hier um Reinformen abstrakter Individualität, um das warenförmige Styling kapitalistischer Persönlichkeitsattrappen mit einem ungeheuren Illusionspotential geht, wie es der Individualanarchismus schon im 19. Jahrhundert mit Max Stirners ‚Mir geht Nicht über Mich' vorgedacht hat. Aus einer damals bizarren Ideologie, die nur im Randgruppenmilieu einer intellektuellen Boheme gedeihen konnte, hat sich dieser Typus über viele Stationen hinweg [...] in der kapitalistischen Durchsetzungsgeschichte weiterentwickelt, bis zu seiner Banalisierung und (relativen) Vermassung in der Postmoderne." Ebd., 31f.

[42] Machinek, A.: B. Traven und Max Stirner, Frankfurt/Main 1986, 117.

[43] Als Teil C.III der Deutschen Ideologie bei: Marx, K.: Die Frühschriften, hrsg. von Landshut, S.: Stuttgart 1953, 418-485.

[44] E. von Hartmann bekannte, als junger Mann eine Zeitlang auf dem Standpunkte Stirners verharrt zu haben. In seinem Werk über die „Philosophie des Unbewussten" (1869) wird Stirner zwar nur kurz erwähnt, aber Nietzsche hat in seiner Hartmannkritik der zweiten „Unzeitgemäßen Betrachtung" (1874) gerade jene Stellen in Betracht gezogen, die sich auf Stirner beziehen. Vgl. Laska, Der Schwierige Stirner, a.a.O., 13.

[45] Vgl. dazu umfassend: Lütkehaus, L.: Nichts. Abschied vom Sein, Ende der Angst, Zürich 1999, 666-681.

[46] Vgl.: Kast, B.: Die Thematik des ‚Eigners' in der Philosophie Max Stirners. Sein Beitrag zur anthropologischen Fragestellung, Bonn 1979.

[47] Vgl. dazu: Senft, a.a.O., 114ff. Siehe auch: Holz, H.H.: Die abenteuerliche Rebellion. Bürgerliche Protestbewegungen in der Philosophie. Stirner-Nietzsche-Sartre-Marcuse-Neue Linke, Darmstadt und Neuwied 1976.

[48] Schäfer, A.: Macht und Protest, Meisenheim 1968, Vorbemerkung.

[49] Erste Ausgabe Paris 1951; die Zitate (unter R zitiert) stammen aus der Ausgabe Reinbek b. Hamburg 1953. Zum Kontext s. Pieper, A.: Nihilismus und Revolte: Camus' Nietzschekritik, in: ZphilF 45(1991) 160-185.

[50] R 53.
[51] Ebd., 54.
[52] Ebd., 55.
[53] R 55; zum Nihilismus vor allem 199ff.

MARKUS KNAPP

Franz Overbeck – Künder des Finis Christianismi

Man kann in der Tat sagen: Das Grundproblem des Lebens von Franz Overbeck bestand darin, dass er „theologischer Lehrer und als solcher berufen war, das Christentum zu vertreten, seinem Wahrheitsgefühl nach es aber nicht vertreten konnte und dennoch theologischer Lehrer blieb."[1] Wer war dieser Franz Overbeck, der unter seinem Außenseitertum und der eigenen Wirkungslosigkeit stark gelitten hat, ohne sich dadurch jedoch in seiner kritischen Sicht des Christentums und der Theologie beirren zu lassen?

1. Biographische Hinweise

Franz Overbeck wurde am 16. November 1837 im russischen St. Petersburg geboren, wohin die Großeltern mit ihrer Familie von Frankfurt/Main aus übergesiedelt waren. Er besuchte zunächst dort die Schule, sodann für fast zwei Jahre in Paris, wohin die gesundheitlich angeschlagene Mutter sich für einige Zeit begeben hatte, und schließlich in Dresden; dorthin war die Familie 1850 übergesiedelt.

Nach dem Abitur nahm Overbeck 1856 in Leipzig das Studium der Theologie auf. Zwar hatte er schon seit einigen Jahren den Wunsch gehabt, Pfarrer zu werden, doch erscheint dieser Wunsch insofern ungewöhnlich, als Overbeck von sich selbst sagt, er sei „aus einem zwar durchaus nicht antireligiösen … aber gewiß irreligiösen Geschlecht hervorgegangen".[2] Seine Studienwahl wurde von den Eltern jedoch voll mitgetragen und unterstützt.

Das Theologiestudium erwies sich für Overbeck als eine einzige Enttäuschung. Schon bald stellte sich heraus, dass der Wunsch, Pastor zu werden, „nie etwas anderes als ein alter Knabentraum gewesen" und „dem flachsten philanthropischen Pfarrerideal" entsprungen war.[3] Weder in Leipzig noch in Göttingen fand Overbeck theologische Lehrer, die ihn fasziniert und für die Theologie begeistert haben. Trotz alledem blieb Overbeck jedoch bei der Theologie. 1864 habilitierte er sich in Jena mit einer Arbeit über Hippolyt für neutestamentliche Exegese und Kirchengeschichte. Dort wirkte er nun fortan als Privatdozent. In dieser Zeit entstand auch sein exegetisches Hauptwerk, die Neubearbeitung von W.M.L. de Wettes Kommentar zur Apostelgeschichte. Overbecks Zusätze zu diesem Werk verdreifachten nicht nur dessen Umfang, sondern veränderten auch völlig dessen Gehalt, weil Overbeck nun konsequent das historisch-kritische Instrumentarium der „Tübinger Schule" Ferdinand Christian Baurs zur Geltung brachte.[4]

Nachdem Overbeck 1867 einen Ruf nach Gießen abgelehnt hatte, erhielt er im Dezember 1869 einen Ruf nach Basel auf eine neu errichtete Professur für Neues Testament und Kirchengeschichte. Diesen Ruf nahm er an, und so kam er 1870 nach Basel. Dort lernte er gleich zu Beginn einen ein Jahr zuvor nach Basel berufenen Kollegen kennen, nämlich Friedrich Nietzsche. Man hatte Overbeck ein Zimmer vermittelt in dem Haus, in dem auch Nietzsche wohnte, und so wurden die beiden für viereinhalb Jahre unmittelbare Zimmernachbarn. Daraus entwickelte sich eine intensive Freundschaft.[5] Schon bald traf man sich regelmäßig zur gemeinsamen Abendmahlzeit in Overbecks Zimmer, so dass es zu einem regen Gedankenaustausch kam. Dieser wurde auch nach Nietzsches Weggang aus Basel auf brieflichem Wege fortgesetzt und erst durch Nietzsches Erkrankung beendet.

Im Jahre 1897 musste Overbeck sich aus gesundheitlichen Gründen – totale Appetitlosigkeit, Magersucht und andere schwere psychosomatische Störungen – vorzeitig emeritieren lassen. Er arbeitete danach an seinem Projekt einer „profanen Kirchengeschichte" weiter, durch das er „den Tod des Christentums in der Moderne" erweisen wollte, „das geschichtliche Ende eines Phänomens, das bis anhin selbstverständlich Ansprüche auf ewige Dauer erhoben hat.["6] Doch Overbeck hatte nicht mehr die Kraft, es zur Publikation zu bringen. Am 26. Juni 1905 starb Overbeck dann in Basel an einem Herzleiden.

2. Overbecks Kritik der Theologie

Schon gleich nach Antritt seiner Baseler Professur sah Overbeck sich veranlasst, sich selbst als Theologe zu positionieren und Rechenschaft über sein Verständnis von Theologie abzulegen. Nachdem er einen ersten Versuch dazu bereits 1870 in seiner Antrittsvorlesung mit dem programmatischen Titel „Über Entstehung und Recht einer rein historischen Betrachtung der Neutestamentlichen Schriften in der Theologie"[7] unternommen hatte, folgte schon knapp drei Jahre später ein weiterer Versuch in seiner Schrift „Über die Christlichkeit unserer heutigen Theologie". Es geht ihm darum, „deutlich zu machen, ob die Theologie *jemals* auf das Prädicat einer christlichen Anspruch gehabt hat" (CTh 169/21)[8]. Ist also die Theologie eine legitime, gar notwendige Ausdrucksgestalt des christlichen Glaubens oder aber ist sie etwas diesem Glauben Wesensfremdes? Hier wird nun der Einfluss Niezsches auf Overbeck greifbar, so dass bestimmte Aspekte dieser Schrift nur von daher verständlich werden.[9]

In dieser Zeit arbeitete Nietsche an seiner „Geburt der Tragödie aus dem Geiste der Musik", eine Schrift, die Overbeck tief beeindruckt hat und an deren Entstehung er rege Anteil nahm (vgl. CTh 269/15f).[10] Nietzsche griff darin auf die Epoche der klassischen griechischen Tragödien zurück, weil er hier eine Parallele zur eigenen Epoche sah. So wie die griechische Tragödie dem Menschen einen mythischen Orientierungsrahmen bereit stellte, der ihm die Erkenntnis der grausamen Wahrheit des Daseins erträglich machte, so erhoffte Nietzsche sich angesichts der zersetzenden Kräfte der Moderne eine „Wiedergeburt" der Tragödie in den Musikdramen Richard Wagners. Sie sollten das geistige Zentrum einer erneuerten Kultur bilden, die auch dem Blick auf die Sinnlosigkeit und Brutalität der Natur stand zu halten vermag. Denn genau das traute Nietzsche dem modernen, auf den Glauben an die Wissenschaft und die Ideale der Französischen Revolution gestützten Fortschrittsoptimismus nicht zu; im Gegenteil, nach seiner Überzeugung bereitete dieser Optimismus die Vernichtung der Gesellschaft in den drohenden Stürmen der ungezähmten dionysischen Natur den Weg, weil er deren negativer Energie nichts entgegenzusetzen hat.

Angesichts dessen ist auch von den traditionellen Religionen, insbesondere vom Christentum keine Hilfe mehr zu erwarten. Sie sind kraftlos geworden, denn sie sind „in ihren Fundamenten zu Gelehrtenreligionen entartet ... so dass der Mythos, die nothwendige Voraussetzung jeder Religion, bereits überall gelähmt ist, und selbst auf diesem Bereich jener optimistische Geist zur Herrschaft gekommen ist, den wir als den Vernichtungskeim unser Gesellschaft eben bezeichnet haben."[11] Jede Religion hat demnach sozusagen als ihren heißen Kern einen Mythos; und wo dieser seine Lebendigkeit verliert und zu erlöschen beginnt, da stirbt die Religion allmählich ab. Nach Nietzsche wird das daran erkennbar, dass ein solcher

Mythos historisch betrachtet wird: „Dies ist die Art, wie Religionen abzusterben pflegen: wenn nämlich die mythischen Voraussetzungen einer Religion unter den strengen, verstandesmässigen Augen eines rechtgläubigen Dogmatismus als eine fertige Summe von historischen Ereignissen systematisiert werden und man anfängt, ängstlich die Glaubwürdigkeit der Mythen zu vertheidigen, aber gegen jedes natürliche Weiterleben und Weiterwuchern derselben sich zu sträuben, wenn also das Gefühl für den Mythos abstirbt und an seine Stelle der Anspruch der Religion auf historische Grundlagen tritt."[12] Es ist dies der aussichtslose Versuch, Glauben durch Wissen zu ersetzen und so die zerbröckelnde Grundlage einer Religion zu retten, indem man ihr anstelle des absterbenden Mythos ein historisches Fundament zu verschaffen sich bemüht. Da nach Nietzsche genau dies die Situation des zeitgenössischen Christentums war, hoffte er auf das Entstehen eines neuen, lebendigen Mythos in der Kunst R. Wagners.[13]

Daran konnte Overbeck nun anknüpfen bei dem Versuch, sein Theologieverständnis zu klären. So liegt es denn auch ganz auf dieser Linie, wenn Overbeck seine Schrift von 1873 mit der grundlegenden These eröffnet: „Der Antagonismus des Glaubens und des Wissens ist ein beständiger und durchaus unversöhnlicher" (CTh 170/22). Wo eine Religion lebendig und kraftvoll ist, da hält sie ihren Glauben vom Wissen fern. Vermag sie das aber aus innerer Glaubensschwäche heraus nicht mehr, fällt sie dem Wissen zum Opfer; denn das Wissen „stellt sich, sobald es angerufen ist, neben den Glauben und bleibt in alle Ewigkeit etwas Anderes, als dieser" (CTh 172/24). Authentischer religiöser Glaube ist nach Overbeck daher immer Kinderglaube. Und der Glaube wird nur solange bewahrt, wie er sich die Einfalt des Kinderglaubens erhält. Das ist nicht nur eine theoretische Überzeugung, darin spiegelt sich vielmehr auch Overbecks eigene Erfahrung wieder. In seinen späteren „Selbstbekenntnissen" sagt er dazu: „Ich habe es nie über den Kinderglauben gebracht: Weiter standgehalten hat mein Glaube nicht."[14] Und er gesteht, dass er während seines ersten Studienjahres in Leipzig den Rest seines Kinderglaubens verloren habe.[15]

Aus diesem grundlegenden Antagonismus von Glaube und Wissen folgert Overbeck dann unmittelbar, dass die Theologie, „sofern sie den Glauben mit dem Wissen in Berührung bringt," ein *irreligiöses* Tun ist, und deshalb „kann keine Theologie jemals entstehen, wo nicht neben das religiöse Interesse sich diesem fremde stellen" (CTh 172/25). So fallen dem Interesse des Wissens die Grundannahmen und Stützen des Glaubens zum Opfer, weil sie angesichts des Wissens keinen Bestand haben. Damit erhält Overbecks Ausgangsfrage, ob die Theologie jemals als christlich gelten konnte, eine negative Antwort: Insofern sie den Glauben mit dem Wissen in Berührung bringt, steht sie dem religiösen Interesse des christlichen Glaubens entgegen und enthält daher immer schon „ein unchristliches Element" (CTh 184/41).

Das wird auch noch einmal deutlich, wenn man die Voraussetzungen für das Entstehen der Theologie ins Auge fasst. Nach Overbeck ist sie kein ursprüngliches Phänomen innerhalb des Christentums. Denn das Christentum „(trat) in diese Welt mit der Ankündigung ihres demnächst geschehenden Unterganges" (CTh 173/27). Darin sieht Overbeck den mythischen Kern der christlichen Religion: die hochgespannte Naherwartung des unmittelbar bevorstehenden Weltendes. Deshalb bestand für das ursprüngliche Christentum auch keinerlei Notwendigkeit, sich auf das Wissen der damaligen Zeit einzulassen oder sich von diesem Wissen irritieren zu lassen. Erst als angesichts der sich verzögernden Parusie Christi dieser mythische Kern allmählich zu erlöschen begann, änderte sich die Situation. Das Christentum sah sich nun veranlasst, sich der Welt anzupassen. Und eben das ist nach Overbeck die Geburtsstunde der Theologie. „Das Christentum (wollte) mit seiner Theologie sich auch den Weisen der Welt empfehlen und vor ihnen sehen lassen. So betrachtet ist aber die Theologie nichts anderes als ein Stück der Verweltlichung des Christentums, ein Luxus, den es sich gestattete, der aber, wie jeder Luxus, nicht umsonst zu haben ist" (CTh 178/33f). Und der Preis, der dafür zu entrichten ist, besteht in der Vernichtung der ursprünglichen religiösen Energie des Christentums, seines Mythos. Diese ursprüngliche Religion vermag die Theologie mit den Mitteln der Wissenschaft nicht mehr zu rekonstruieren, auch nicht auf dem Wege historisch-kritischer Forschung. Das ist der zentrale Vorwurf Overbecks an die Theologie seiner Zeit; er sieht sie „dem fast unbegreiflichen Wahne" verfallen, „dass sie des Christenthumes auf historischem Wege wieder gewiss werden könne, was jedoch, wenn es gelänge, höchstens eine Gelehrtenreligion ergäbe, d.h. nichts, was mit einer wirklichen Religion sich ernstlich vergleichen lässt" (CTh 180/36).

Das ursprüngliche Christentum war nach Overbeck also eine völlig weltabgewandte Religion, weil es ganz auf das unmittelbar bevorstehende Weltende konzentriert blieb. Und der entscheidende Sündenfall bestand dann darin, dass das Christentum sich schließlich doch der Welt zuwandte, sich mit ihr arrangierte und eine eigene innerweltliche Geschichte begann. Die einzige nennenswerte Gegenbewegung gegen diese schließlich siegreichen Bestrebungen sah Overbeck im Mönchtum.[16] Es allein versuchte, den weltabgewandten, asketischen Charakter des Christentums zu retten, als dieses sich bemühte, zu einem Teil der es umgebenden Kultur zu werden bis dahin, dass es schließlich selbst zu einer innerweltlichen Macht aufstieg.

Nach Overbeck muss die Theologie zu einer kritischen werden, „indem sie in sich keine Unklarheiten bestehen läßt über den durchaus nicht rein religiösen Character ihrer Ziele, und weiss, dass sie in deren Verfolgung keineswegs ausschliesslich dem Christenthum, sondern dem Bedürfnisse dient, der Weltbildung eine Stätte neben dem Christenthume möglich zu machen" (CTh 231/109). Eine kritische Theologie als Wissenschaft dient demnach der Aufklärung darüber, was das Christentum ist bzw., besser gesagt, was es vor dem Erlöschen seiner mythenbildenden Kraft einmal gewesen ist.

Aus diesem Theologieverständnis ergibt sich allerdings eine beträchtliche Schwierigkeit im Hinblick auf die Tätigkeit eines ordinierten Theologen in der Gemeinde. Denn im Ordinationsgelübde bindet er seinen persönlichen Glauben an das kirchliche Christentum, und er verpflichtet sich, in seiner amtlichen Tätigkeit dem zu entsprechen. Um dem damit gegebenen Dilemma gerecht werden zu können, schlägt Overbeck „die Unterscheidung eines esoterischen und eines exoterischen Standpunktes des wissenschaftlich gebildeten Theologen" vor (CTh 251/139). Damit möchte Overbeck einerseits der Verpflichtung der wissenschaftlichen Theologie auf die Wahrheit, andererseits den Erfordernissen des kirchlichen Amtes Rechnung tragen. Auf diese spezifische Weise tritt noch einmal der Antagonismus von Glauben und Wissen zutage, der ja für Overbecks Schrift von 1873 grundlegend ist. Denn „der wesentliche Unterschied des Wissenden und des Glaubenden … ist im Wesen der Dinge so tief begründet, es ist so gewiss, dass der Theolog die Objecte des Glaubens, die er wissenschaftlich durchdacht hat, anders betrachtet, als der einfach Gläubige, dass jeder in der Praxis in tausend Fällen sich exoterisch verhalten, d.h. seine Theologie für sich behalten und einen Glauben, der ihrer nicht bedarf, ungestört lassen wird" (CTh 251/139). Zwischen Glauben und Wissen kann es keine Vermittlung geben. Die damit zutage getretene unüberbrückbare Kluft wird von Overbeck gewissermaßen in den einzelnen Theologen hineinverlagert. Dieser wird damit aber zu einem „Esoteriker", zum Mitglied eines Kreises von Eingeweihten, zu dem einfache Gläubige keinen Zutritt haben.

Im Rückblick stellte Overbeck dann selbst fest, dass kein anderer Gedanke seiner Schrift „Über die Christlichkeit unserer heutigen Theologie" so großen Anstoß erregt hat wie dieser Vorschlag (vgl. CTh 283f/164f). Er konnte als Aufforderung zur Unaufrichtigkeit verstanden werden. So musste er schließlich schon sehr bald feststellen, dass diese Schrift auf eisige Ablehnung stieß und er sich damit „nicht nur als Lehrer im engeren Sinne ein schweres Hemmniss in den Weg gelegt, sondern … auch als Schriftsteller mundtodt gemacht hatte" (CTh 301f/193). Overbeck blieb daher in der Folgezeit auch aus dem theologischen Diskurs weitgehend ausgeschlossen. In seinen wenigen Fachpublikationen wie auch in den nachgelassenen Notizen und Aufzeichnungen wird jedoch eine weitere Präzisierung seiner Auffassung sowie eine gewisse Akzentverschiebung erkennbar.

3. Overbecks Kritik des Christentums

Je weiter Overbeck seine Theologiekritik vorantrieb, umso deutlicher wurde, dass sie nur einen Teilaspekt einer umfassenderen Kritik darstellte, nämlich einer fundamentalen Kritik des Christentums und seiner Geschichte. Overbeck wurde nach und nach über seinen Ausgangspunkt hinausgedrängt, sein eigenes Verständnis von Theologie sowie sein Verhältnis zu ihr zu klären, je mehr er erkannte: Die Theologie und ihre Problematik sind selbst nur ein Teil der Problematik des Christentums im Ganzen.

Als grundlegend für das ursprüngliche, authentische Christentum sah Overbeck den starken, selbstsicheren Glauben an das nahe bevorstehende Weltende an. Aus diesem Grund hatte das frühe Christentum auch keinerlei Veranlassung, sich mit der es umgebenden Welt und Kultur ins Benehmen zu setzen, denn es lebte ja in der Erwartung, diese Kultur zu überdauern, und rechnete daher auch für sich selbst nicht mit einer Geschichte in dieser Welt. Mit dem Verlust des Parusieglaubens wandelte sich die Situation des Christentums dann entscheidend. Es hatte damit „den Glauben seiner Jugend verloren." Und das hieß für Overbeck: „Es ist nur noch dasselbe im selben Sinn, in welchem alle Dinge dieser Welt in deren Getriebe dasselbe bleiben, indem sie unvermeidlicher Veränderung unterliegen. Es unterliegt eben dem Kreislauf des Entstehens und Vergehens."[17] Das Christentum war nun zu einem Teil der Welt geworden. Und erst als solches hatte es dann auch eine eigene Geschichte und unterlag so deren Gesetzmäßigkeit. Damit aber hatte sich das Christentum selbst preisgegeben.

Diesen Verweltlichungsprozess des Christentums, den Overbeck mit seiner Unterwerfung unter die Zeit und die Geschichte als unausweichlich ansah, versuchte er nun weiter zu verdeutlichen, um seine Sichtweise zu untermauern. So unterschied er etwa eine christliche Urliteratur von der späteren patristischen Literatur. Ohne dass Overbeck sich ausdrücklich darauf bezieht, erinnert diese Unterscheidung an den dem Geist der Romantik entstammenden Gedanken Johann Gottfried Herders von einer kulturell unbeeinflussten, naiven Ursprungsdichtung des Volkes.[18] Analog dazu sah Overbeck in der christlichen Urliteratur „eine Literatur, welche sich das Christenthum so zu sagen aus eigenen Mitteln schafft, sofern sie ausschließlich auf dem Boden und den eigenen inneren Interessen der christlichen Gemeinde noch vor ihrer Vermischung mit der sie umgebenden Welt gewachsen ist."[19] Zu ihr zählte Overbeck neben den neutestamentlichen Schriften auch die Schriften der apostolischen Väter, die sog. Denkwürdigkeiten (Hypomnemata) des Hegesipp sowie die Exegesen des Papias von Hierapolis. In dieser Urliteratur kommt die ursprüngliche mythenbildende Kraft des Christentums noch ganz unverfälscht zum Ausdruck. „Sie ruft unmittelbar einen Glauben an, den sie mit den ihr vorschwebenden Lesern teilt und diese mit ihr." [20] Dagegen bediente sich dann die patristische Literatur bewusst der Formen der Weltliteratur, um sich auch in der das Christentum umgebenden Welt verständlich zu machen. Overbeck definiert sie daher als die „griechisch-römische (…) Literatur christlichen Bekenntnisses und christlichen Interesses", und er versteht sie „als die Frucht eines der Versuche des Christentums …, sich durch eine sich selbst abgezwungene Anpassung an das ihm Fremde zu behaupten." [21] Den Beginn dieser patristischen Literatur setzte Overbeck bei den Apologeten an.

Die radikal weltverneinende Haltung des ursprünglichen Christentums zeigt sich Overbeck zufolge etwa in seiner Haltung gegenüber der Sklaverei. In scharfem Widerspruch zu der Auffassung, die Aufhebung der Sklaverei in der modernen Welt sei ein Werk des Christentums, insistierte er auf dessen völliger Gleichgültigkeit in dieser Frage, die sich im Neuen Testament zeigt. Und „soweit denn die Kirche sich über die Welt zu erheben weiss, fährt sie fort die ganze Institution der Sclaverei als nicht vorhanden zu behandeln, doch nicht anders als alle politischen Institutionen überhaupt." [22] Dem Christentum ging es eben ursprünglich um die Überwindung dieser Welt, nicht um ihre Reform und Neugestaltung. Diese Haltung hat die Kirche dann auch beibehalten unter veränderten Vorzeichen, als sie selbst zu einer Macht in der Welt geworden war. Die Sklaverei „ist nun, als die Kirche selbst verweltlicht, ein Stück Welt, welches diese neben anderen übernimmt. Mit weltlichem Besitz überhaupt lässt die Kirche sich auch den Besitz von Sclaven gefallen." [23]

Einen besonders markanten Ausdruck findet der Verweltlichungsprozess des Christentums in der Kirchengeschichtsschreibung, wie sie durch Eusebius von Cäsarea grundgelegt worden ist. Auch hier sah Overbeck wieder einen entscheidenden Unterschied zur Apostelgeschichte als einen Bestandteil der christlichen Urliteratur, der Geschichtsschreibung noch völlig fern lag, weil sie für das Christentum keine Geschichte erwartete. [24] Im völligen Gegensatz dazu wollte Eusebius nun das Christentum als einen Bestandteil der Weltgeschichte erweisen durch den für seine Kirchengeschichte grundlegenden, nach Overbeck jedoch ganz „unsinnigen Gedanken, dass die Christen ein Volk wären wie die sonstigen aus der Geschichte bekannten Völker". [25] Angesichts der Religionspolitik des römischen Staates war jedoch gerade dieser Gedanke entscheidend für die Anerkennung des Christentums durch den römischen Staat. [26] So kommt Overbeck schließlich zu dem vernichtenden Urteil: „Das Christenthum (ist) in die Weltgeschichtschreibung nur durch einen Stümper unter den Historikern hineingezwungen worden, und nur Stümper derselben Art werden auch weiter theologische Kirchengeschichte zu schreiben vermögen." [27]

Diese Spitze richtet sich insbesondere gegen Adolf von Harnack, den Overbeck als *den* Repräsentanten der modernen Theologie ansieht, die seit den achtziger Jahres des 19. Jahrhunderts nach dem Niedergang der apologetischen wie der liberalen Theologie innerhalb des Protestantismus einen ungeahnten Aufschwung erlebte. In dieser modernen Theologie erkannte Overbeck den erneuten Versuch, das Christentum der eigenen Gegenwart anzupassen, indem es sich als tragende Säule der modernen Kultur anbot.

Im Hinblick auf solche apologetischen Bestrebungen spricht Overbeck auch von einer „Jesuitierung des Christenthums", wobei er sofort hinzufügt, dass es ihm dabei nicht um „confessionelle Polemik" geht, sondern um „eine durchaus interconfessionelle Erscheinung": „So oft das Christenthum wiedereinmal von der Welt bewältigt am Boden liegt, sich nicht aufgeben will, sondern weiter kämpfen zu können meint, besinnt es sich auf seine alten als Katholicismus gemachten Erfahrungen, wird selbst wieder halb katholisch und insbesondere halb jesuitisch, d.h. es pactirt wiederum mit der Welt nach dem Muster, das dafür im Jesuitenorden sich findet. So steht es denn wieder in der Gegenwart. Wiederum ist das Christenthum auf den Grund einer seiner im Kampfe mit der Welt erlittenen Niederlagen gekommen und sucht auch als deutscher Protestantismus die alten aus der Rüstkammer des Katholicismus geerbten Waffen hervor und fälscht sich lieber bis in sein Innerstes um sich nur seinen weltlichen Besitzstand zu erhalten."[28] In diesem Sinne betrachtete Overbeck aber die Theologie aller Kirchen als modern, insofern sie eben alle „jesuitisch" sind.

Overbeck ließ sich daher auch durch den Aufschwung der „modernen Theologie" um die Jahrhundertwende nicht beirren. Ganz im Gegenteil, für ihn kommen darin der Niedergang und das Zu-Ende-Gehen des Christentums zum Ausdruck. Und so formuliert er denn auch geradezu programmatisch: „Um etwas anderes wäre es mir freilich nicht zu thun als um den Nachweis des finis Christianismi am modernen Christenthum."[29] Overbeck sah sich daran vor allem durch seine fehlenden Kräfte gehindert. Aber in dieser Perspektive bündelte sich noch einmal seine Sicht des Christentums und der Theologie.

Overbeck bestritt auch das Recht einer christlichen Zeitrechnung. Das Christentum hat keine neue historische Epoche begründet, denn es „hat von einer neuen Zeit selbst ursprünglich nur unter einer Voraussetzung geredet, die nicht eingetroffen ist, nämlich daß die bisher bestehende Welt untergehen und einer neuen Platz machen sollte. Das ist einen Moment lang eine ernste Erwartung gewesen und ist als solche Erwartung auch immer wieder aber nur flüchtig aufgetaucht, nie aber eine Thatsache von historischer Permanenz geworden, welche allein die reale Grundlage einer durchschlagenden und den Thatsachen der Wirklichkeit entsprechende Zeitrechnung hätte abgeben können. Die Welt ist es vielmehr, die sich behauptet hat, nicht die christliche Erwartung von ihr, und so ist die vermeintliche christliche Epoche stets nur ein Gedankending geblieben".[30] Auch eine christliche Zeitrechnung musste Overbeck daher als fehlgeleiteter Versuch einer Selbstbehauptung des Christentums in der Welt erscheinen. Er täuscht lediglich darüber hinweg, dass das Christentum erloschen ist, weil es mit seiner Botschaft an dieser Welt gewissermaßen abgeprallt ist.

4. Zur Wirkungsgeschichte und Bedeutung Overbecks

Overbeck war am Ende seines Lebens einigermaßen resigniert, sowohl angesichts der fehlenden Resonanz, wie auch in anbetracht der Tatsache, dass er manche seiner Pläne nicht mehr realisieren konnte und deshalb das Gefühl hatte, zu wenig geleistet zu haben. Dennoch war er kein gebrochener Mann; er blieb, trotz aller negativer Erfahrungen, überzeugt von der Richtigkeit seiner Analysen, so dass er von sich selbst sagen konnte, er „(verbinde) in unbegreiflicher Weise die Empfindung, in der Zukunft (s)eine Heimath zu haben, mit der Unfähigkeit ihr Prophet zu sein."[31]

Ein Blick auf die Wirkungsgeschichte bestätigt diese Erwartung Overbecks, seine Heimat in der Zukunft zu haben, jedoch keineswegs. Zwar trifft Jacob Taubes' Feststellung zu: „Overbecks Stimme aus dem Grab wurde deutlicher vernommen als sein Wort an die Zeitgenossen."[32] Aber die dadurch ausgelöste Wirkungsgeschichte läuft Overbecks eigenen Intuitionen doch eher zuwider.

Besonders deutlich wird das an Karl Barth. Overbeck hatte auf Barth zweifellos einen beträchtlichen Einfluss. „Bei Overbeck fand Barth formuliert, was er selbst als das tiefe Ungenügen und das hinter dem Feigenblatt des Kulturprotestantismus nur zu gut verborgene Unvermögen der ‚modernen Theologie' zunächst nur empfunden und dann immer deutlicher zu artikulieren versucht hat."[33] Overbeck war Barth hochwillkommen in seinem eigenen

Kampf gegen die Liberale Theologie; insbesondere dürfte er auch Pate gestanden haben bei Barths Distanzierung von seinem Lehrer Adolf von Harnack.[34] Aber die unterschiedlichen Stoßrichtungen werden dann doch deutlich, wenn es bei Barth etwa heißt: „*Finis christianismi*! lautet ja die prophetische Drohung, um wie viel mehr *finis theologiae*! Aber der Mann, der vom Tode so tiefsinnig redete, muß auch mit diesem *finis* irgendwie einen fruchtbaren, lebendigen, ursprünglichen Begriff verbunden haben. Jenseits der schlechthinigen Frage muß eine Antwort, jenseits der Nichtigkeit ein neuer Anfang, jenseits der Wüste, in die wir gewiesen werden, ein gelobtes Land sein."[35] Mit anderen Wort: Barth liest Overbecks Diagnose vom finis Christianismi als Aufforderung zu einer grundlegenden Erneuerung des Christentums jenseits eines an sein unwiderrufliches Ende gekommenen Kulturchristentums. Die Möglichkeit einer solchen Erneuerung des Christentums hatte Overbeck jedoch gerade ausgeschlossen und ausschließen müssen, insofern nach seiner Analyse das Christentum nur noch als Phänomen einer unwiederbringlichen Vergangenheit in Betracht kam.

Will man Overbeck und sein Werk, auch angesichts dieser schwierigen Wirkungsgeschichte, würdigen, so wird man zunächst einmal einige kritische Rückfragen stellen müssen. Entscheidend für Overbecks Christentumsverständnis ist ja die Naherwartung des Weltendes und, daraus sich ergebend, eine Haltung radikaler Weltverneinung. Anders formuliert: Overbeck reduziert letztlich das Christentum auf Apokalyptik. Das wird dem Sachverhalt jedoch nicht gerecht. So sehr sicherlich Jesus selbst wie auch die frühe christliche Gemeinde in einer drängenden Naherwartung gelebt haben, so ist doch die Botschaft Jesu vom Kommen der eschatologischen Gottesherrschaft keine weltverneinende Botschaft.[36] Ganz im Gegenteil, es geht in ihr um eine Erneuerung der Welt als der Schöpfung Gottes, um deren Heilung und Errettung durch das „Zur-Welt-Kommen" Gottes. Das Christentum und seine Botschaft sind deshalb nicht „etwas Ueberzeitliches", wie Overbeck meint[37], sondern sie stehen inmitten der Welt und ihrer Geschichte. Es ist ja der eigentliche Skandal des Christentums, gerade auch für die antike Philosophie, dass es von einer *Menschwerdung* des transzendenten Gottes spricht. Gott kommt mitten hinein in die Welt und ihre Geschichte, um sich darin als heilsmächtig zu erweisen. Das ist es, was Jesus als unmittelbar bevorstehend, ja als bereits in die Gegenwart hineinreichend verkündet (vgl. Lk 11,20). Und es stellt dann die schlechterdings grundlegende Überzeugung des nachösterlichen christlichen Glaubens dar, dass diese Erwartung sich mit der Auferweckung Jesu von den Toten an ihm selbst unwiderruflich bereits verwirklicht und damit bewahrheitet hat. Die mit der christlichen Botschaft verknüpfte Erwartung richtet sich deshalb nicht auf etwas noch schlechterdings Ausstehendes, sondern auf die universale Vollendung des bereits Geschehenen. Dieses Ineinander von Schon und Nochnicht, das für die christliche Heilsbotschaft wesentlich ist, wird in Overbecks Analyse des Christentums nicht eingeholt.

Mit dieser Kritik ist jedoch Overbecks Anfrage an das Christentum und die Theologie keineswegs erledigt. Im Gegenteil, Overbeck hat ganz ohne Zweifel recht, wenn er die Verweltlichung des Christentums als Abfall von seinen eigenen Ursprüngen geißelt. Dass Gott sich selbst auf die Welt bezieht und die christliche Botschaft davon kündet, legitimiert ja gerade nicht die Anpassung des Christentums an diese Welt, seine Unterwerfung unter ihre Mächte und Gewalten oder gar, dass es selbst zu einer gesellschaftlich-politischen Macht in dieser Welt wird. Wo das geschieht, da hat sich in der Tat die Welt gegenüber dem Christentum behauptet, wie Overbeck sagt. Gewiss, die christliche Botschaft ist nicht weltverneinend, aber sie versetzt die Welt in eine eschatologische Spannung in Erwartung der endgültigen Ankunft Gottes. Es ist diese eschatologische Spannung, die bei der Verweltlichung des Christentums verloren geht, so dass es seines Lebensnerves beraubt wird, nämlich der prophetischen Kraft seiner universalen eschatologischen Verheißung. Gewiss lässt sich das Christentum nicht auf Apokalyptik *reduzieren*; aber es darf sich auch nicht seinen apokalyptischen Stachel ziehen lassen, wenn es sich nicht selbst aufgeben will. In der zeitgenössischen Theologie wird das vor allem von Johann Baptist Metz zur Geltung gebracht, wenn er darauf insistiert: „Die biblische Botschaft ist in ihrem Kern eine Zeitbotschaft, eine Botschaft vom Ende der Zeit. Alle biblischen Aussagen tragen einen Zeitvermerk, einen Endzeitvermerk." Deshalb wird auch Gott „nicht als das Jenseits zur Zeit angesprochen, sondern als ihr befristendes Ende."[38] Im Gegensatz dazu herrscht in der Theologie die Vorstellung von Zeit als einem leeren Kontinuum, das evolutionär ins Unendliche wächst; und sie bemerkt gar nicht, dass ein solches Zeitverständnis alles gleichgültig werden lässt und es daher auch nichts Endgültiges, keine letzte Wirklichkeit und keinen letztgültigen Sinn geben kann. Diese Einsicht in die „temporale (...) Grundverfassung des Christentums"[39] lässt Overbecks Kritik an der Geschichte des Christentums für die Theologie unvermindert aktuell bleiben. Denn in der Tat: „Wer christlich zu denken glaubt und dies ohne Frist zu denken glaubt, ist schwachsinnig."[40]

---

[1] *W. Nigg*, Franz Overbeck. Versuch einer Würdigung, München 1930, 38.

[2] *F. Overbeck*, Selbstbekenntnisse, mit einer Einleitung von Jacob Taubes, Frankfurt/Main 1966, 140.

[3] *F. Overbeck*, Selbstbekenntnisse, aaO. 130.139.

[4] Vgl. dazu: *J.-Chr. Emmelius*, Tendenzkritik und Formengeschichte. Der Beitrag F. Overbecks zur Auslegung der Apostelgeschichte im 19. Jahrhundert, Göttingen 1975; *Ph. Vielhauer*, Franz Overbeck und die neutestamentliche Wissenschaft, in: ders., Aufsätze zum Neuen Testament, München 1965, 235-252, 242-246.

[5] Vgl. *C.A. Bernoulli*, Franz Overbeck und Friedrich Nietzsche. Eine Freundschaft. Erster Band, Jena 1908, 59-74.

[6] *R. Wehrli*, Alter und Tod des Christentums bei Franz Overbeck, Zürich 1977, 58.

[7] In: Franz Overbeck, Werke und Nachlaß 1. Schriften bis 1873, Stuttgart/Weimar 1994, 83-106.

[8] *F. Overbeck*, Über die Christlichkeit unserer heutigen Theologie. Zweiter, um eine Einleitung und ein Nachwort vermehrte Auflage, Leipzig 1903. Im Folgenden zitiert mit dem Kürzel CTh; die erste Seitenzahl bezieht sich dabei auf den Nachdruck in: Franz Overbeck, Werke und Nachlaß 1, aaO. 155-318; die zweite Seitenzahl bezieht sich auf den Nachdruck der Ausgabe von 1903 in der Wissenschaftlichen Buchgesellschaft, Darmstadt 1963.

[9] Vgl. dazu: *K. Pestalozzi*, Overbecks „Schriftchen" „Über die Christlichkeit unserer heutigen Theologie" und Nietzsches „Erste unzeitgemässe Betrachtung: David Strauss. Der Bekenner und der Schriftsteller", in: R. Brändle / E.W. Stegemann (Hrsg.), Franz Overbecks unerledigte Anfragen an das Christentum, München 1988, 91-107, bes. 93-95; *A. Nabrings*, Theologie zwischen Mythos und Reflexion. Franz Overbecks Diagnose, in: ThZ 36 (1980), 266-285, 267f.

[10] Vgl. *N. Peter*, Im Schatten der Modernität. Franz Overbecks Weg zur „Christlichkeit unserer heutigen Theologie", Stuttgart 1992, 121-163.

[11] *F. Nietzsche*, Die Geburt der Tragödie. Oder: Griechentum und Pessimismus. Neue Ausgabe mit dem Versuch einer Selbstkritik, in: Nietzsche Werke. Kritische Gesamtausgabe III/1, hrsg. von G. Colli und M. Montinari, Berlin/New York 1972, 3-152, 113.

[12] *F. Nietzsche*, aaO. 70.

[13] Zum sich wandelnden Mythos-Verständnis in Nietzsche Werk insgesamt vgl. *J. Salaquarda*, Mythos bei Nietzsche, in: H. Poser (Hrsg.), Philosophie und Mythos. Ein Kolloquium, Berlin u.a. 1979, 174-198.

[14] *F. Overbeck*, Selbstbekenntnisse, aaO. 135. Vgl. zu Overbecks Glaubensbegriff: *R. Wehrli*, aaO. 109f; *A. Nabrings*, aaO. 271-275.

[15] Vgl. *F. Overbeck*, Selbstbekenntnis, aaO. 95.

[16] Zu Overbecks Sicht des Mönchtums vgl. *R. Wehrli*, aaO. 82-86.

[17] *Franz Overbeck*, Werke und Nachlaß 4. Kirchenlexicon Texte. Ausgewählte Artikel A-I, Stuttgart/Weimar 1995 (i.F. OWN 4), 156. Die zahlreichen Abkürzungen Overbecks in seinen nachgelassenen Texten werden hier und im Folgenden nicht übernommen.

[18] Vgl. *D. Dormeyer*, Evangelium als literarische und theologische Gattung, Darmstadt 1989, 49-51; *G. Strecker*, Literaturgeschichte des Neuen Testaments, Göttingen 1992, 28-31 sowie *M. Tetz*, Altchristliche Literaturgeschichte – Patrologie, in: ThR 32 (1967), 1-42.

[19] *F. Overbeck*, Über die Anfänge der patristischen Literatur, Darmstadt 1984, 36.

[20] *F. Overbeck*, Werke und Nachlaß 5. Kirchenlexicon Texte. Ausgewählte Artikel J-Z, Stuttgart/Weimar 1995 (i.F. OWN 5), 629.

[21] *F. Overbeck*, Über die Anfänge…, 37.41.

[22] *F. Overbeck*, Ueber das Verhältnis der alten Kirche zur Sclaverei im römischen Reiche, in: ders., Studien zur Geschichte der alten Kirche, Darmstadt 1965 (Nachdruck der Ausgabe Schloß-Chemnitz 1875), 183.

[23] Ebd.

[24] Vgl. *F. Overbeck*, Über die Anfänge der Kirchengeschichtsschreibung, Basel 1892, 15.

[25] OWN 5, 541. Vgl. auch 92 sowie *ders.*, Über die Anfänge der Kirchengeschichtsschreibung, aaO. 47.

[26] Vgl. OWN 4, 138.

[27] OWN 5, 541.

[28] OWN 4, 132f.

[29] OWN 4, 44.

[30] OWN 4, 270.

[31] *F. Overbeck*, Selbstbekenntnisse, aaO. 142.

[32] *J. Taubes*, Entzauberung der Theologie: Zu einem Porträt Overbecks, in: ders., Vom Kult zur Kultur. Bausteine zu einer Kritik der historischen Vernunft. Gesammelte Aufsätze zur Religions- und Geistesgeschicht, hrsg. von A. und J. Assmann, W.-D. Hartwich, W. Minnighaus, München 1996, 182-197, 182.

[33] *E. Jüngel*, Barth-Studien, Zürich/Köln/Gütersloh 1982, 65.

[34] Vgl. *E. Jüngel*, aaO. 69f.

[35] *K. Barth*, Unerledigte Anfragen an die heutige Theologie, aaO. 22.

[36] Vgl. dazu *M. Knapp*, Gottes Herrschaft als Zukunft der Welt. Biblische, theologiegeschichtliche und systematische Studien zur Grundlegung einer Reich-Gottes-Theologie in Auseinandersetzung mit Jürgen Habermas' Theorie des kommunikativen Handelns (BDS 15), Würzburg 1993.

[37] OWN 4, 205.

[38] *J. B. Metz*, Gotteskrise. Versuch zur „geistigen Situation der Zeit", in: ders. u.a., Diagnosen zur Zeit, Düsseldorf 1994, 76-92, 88.

[39] *J. B. Metz*, Glaube in Geschichte und Gesellschaft. Studien zu einer praktischen Fundamentaltheologie, Mainz 1977, 152.

[40] *J. Taubes*, in: F. Rötzer (Hrsg.), Denken, das an der Zeit ist, Frankfurt/Main 1987, 305-319, 318.

ANTON VAN HOOFF

Die Wende vom Sein zum Handeln.
Philosophieren im Labor des Lebens

1. Maurice Blondel

Der französische Philosoph Maurice Blondel lebte von 1861 bis 1949. Er stammte aus einer alten burgundischen Familie, die sich nicht nur durch Wohlstand auszeichnete, sondern vor allem durch eine entschiedene, institutionell verankerte katholische Glaubenspraxis. Diese Familientradition und ebenso seine eigene intensiv gelebte Glaubensüberzeugung bilden den bewusst bejahten Rahmen, innerhalb dessen sein philosophisches Oeuvre sich über mehr als fünfzig Jahre erstreckt. Er verstand sich als Philosoph aus Berufung, wobei das Wort „Berufung" eine ausdrücklich spirituelle Lebensdimension aufwies.

Nach einem Studienjahr an der philosophischen Fakultät seiner Heimatstadt Dijon wechselte Blondel 1881 an die „Ecole normale supérieure" (ENS) an der Pariser rue d'Ulm. Die Staatsprüfung („concours d'agrégation") bestand er 1886. Aus drei Gründen haben die dort verbrachten Jahre seine Person und seine lebenslange philosophische Reflexion geprägt. Zum einen begegnete er, der überzeugte Katholik aus der Provinz, dem aufgeklärten Laizismus der Pariser intellektuellen Milieus. In dieser Konfrontation reifte seine philosophische Identität eines intellektuellen Vermittlers zwischen dem Glaubensleben und der in ihm verwurzelten Sicht auf Wirklichkeit einerseits und der Deutung von Leben und Gesellschaft durch den von Staat und Gesetz propagierten, kämpferischen Laizismus andererseits. Zum anderen traf Blondel in seinem Lehrer Léon Ollé-Laprune eine Gestalt, die die philosophische Vermittlung zwischen Glaubenswelt und säkularer Gesellschaft bzw. universitärem philosophischem Diskurs bereits aufgenommen hatte. Allerdings empfand Blondel die philosophische Dignität dieses Bemühens als ergänzungsfähig. Seine Auseinandersetzung mit Aristoteles wurde durch die Vorlesungen und die Publikationen seines Lehrers bestätigt und vertieft. Schließlich ist der Studienfreund Victor Delbos zu erwähnen, der als Kenner der Philosophie Spinozas, später auch des deutschen Idealismus, einen großen Namen machte. Während der Zeit, in der sein eigenes philosophisches Programm heranreifte, stand Blondel in einem intimen, sich gegenseitig anregenden Gedankenaustausch mit seinem Freund.

Wenige Jahre nach seiner Promotion (1893) erhielt Blondel eine Professur für Philosophie an der Universität Aix[-en-Provence]-Marseille. Einen bleibenden historischen Einfluss gewann er jedoch weniger durch seine philosophischen Vorlesungen. In der Öffentlichkeit war er durch eine Reihe von Publikationen bekannt, in denen er sich als Philosoph mit theologisch gearteten Themen befasste. Er beteiligte sich an den Diskussionen, die unter dem Stichwort „Modernismuskrise" zusammengefasst sind. Vor allem diese Schaffensperiode, die sich bis zum Ausbruch des Ersten Weltkriegs erstreckte, begründete Blondels Wirkungsgeschichte, die sich vorwiegend im Bereich der heute so bezeichneten Fundamentaltheologie abspielt; auch einige rein philosophische Veröffentlichungen aus dieser Zeit, wurden meistenteils von Theologen rezipiert. Folgende Themen sind hervorzuheben: apologetische Me-

thode und Statut einer philosophischen Religions- und Glaubenskritik, Grundlagen der Dog-
mengeschichte, Glaubensanalyse, Theologie des Wunders. All diese Äußerungen festigten
Blondels Ruf; er galt sozusagen als Geheimtipp in französischen theologischen Kreisen. Die
Erneuerung der katholischen Theologie in Frankreich (z.B. Henri de Lubacs Vorstoß in der
Gnadentheologie), die bereits in den dreißiger Jahren einsetzte, verdankte Blondels Einsich-
ten ungemein viel. Auf diese gleichsam anonyme Weise zeitigte sein Werk Früchte in den
Dokumenten des Zweiten Vatikanischen Konzils.

In der Zeitspanne seit dem Ersten Weltkrieg bis zum Ende der zwanziger Jahre hatte die
Öffentlichkeit nicht oft Gelegenheit, Blondel wahrzunehmen. Erst im Laufe der dreißiger
Jahre zeigte sich, welcher konzentrierten Gedankenarbeit Blondel sich da hingegeben hatte.
Emeritus seit 1928, geplagt von einer Augenkrankheit, die Lesen und Schreiben verhinderte,
diktierte er sein so genanntes Spätwerk. In rascher Folge erschienen einige stattliche, tief-
schürfende Bände, die allesamt die philosophischen Themen von 1893 aufgriffen und weiter
entfalteten: „L'Action" (2 Bde.), „L'Etre et les êtres", „La Pensée" (2 Bde.) und schließlich
nach dem zweiten Weltkrieg: „La philosophie et l'esprit chrétien" (2 Bde.). Seine historische
und politische Hellsichtigkeit erwies er mit einer Publikation, in der er sich mit der tödlichen
Ideologie des Dritten Reiches auseinander setzte: „Lutte pour la civilisation et philosophie de
la paix" – Kampf für die Zivilisation und Philosophie des Friedens (1939).

Erst im letzten Jahrzehnt wenden Forscher sich entschiedener diesem Spätwerk zu.
Auch wird stets mehr gefordert, Blondel nicht ausschließlich im Zusammenhang mit funda-
mentaltheologischen Fragestellungen zu rezipieren, sondern ihn in jener Qualität ernst zu
nehmen, in der er sich selbst verstand: Philosoph zu sein. Im eigentlichen philosophischen
Bereich ist sein Oeuvre recht unbekannt geblieben.

2. Erste Konturen

Am 8. Juni 1893 verteidigt Maurice Blondel an der Sorbonne seine beiden – wie damals und
noch lange danach üblich – Dissertationen. Das zweite, lateinisch abgefasste Werk – die so
genannte „thèse complémentaire" – ist dem Denken von Leibniz gewidmet, fokussiert auf
den Briefwechsel zwischen diesem deutschen Philosophen und Pater des Bosses, einem nach
heutigen geografischen Maßstäben belgischen Jesuiten, der in Hildesheim, Köln und Paderborn Theologie und Mathematik lehrte. In dieser Korrespondenz diskutieren beide über die
Vereinbarkeit des Ansatzes der leibnizschen Monadologie mit der katholischen Lehre der
eucharistischen Transsubstantiation. Die Überschrift dieser These enthält das Stichwort, das
für Blondel persönlich die Grundintention seines Denkens zusammenfasst.: „De vinculo
substantiali et de substantia composita apud Leibnitium" – Über das substantielle Band und
die zusammengesetzte Substanz bei Leibniz.[1] Den Grundgedanken des substantiellen oder
einigenden Bandes entfaltet Blondel in seiner ersten Doktorarbeit, in der „thèse principale":
„L'Action. Essai d'une critique de la vie et d'une science de la pratique» – Die Aktion. Versuch über eine Kritik des Lebens und über eine Wissenschaft der Praxis.[2] Die drei Elemente
dieses Titels verwendet Blondel als Synonyma. Die „action", d.h. das alles umfassende
menschliche Handeln ist identisch mit „vie", Leben, ist wiederum identisch mit „pratique",
Lebenspraxis. Sie deuten allesamt die Weise an, in der das einigende Band sich konkret ereignet. Darüber hinaus verweisen die zwei anderen Substantiva auf Blondels philosophische
Ansprüche. Wie das Wort „critique" gezielt an Kant erinnert, so lenkt das Wort „science" auf

Hegel. Solche Anspielungen haben Zeitgenossen verstanden. Der deutsche Hegelianer und Übersetzer des Aristoteles, Adolf Lasson, schreibt bereits einen Monat nach dem Erscheinen von „L'Action": „Dass das Buch, bei dem man unbeschadet seiner Originalität an J.G. Fichte und an Hegel erinnert wird, im heutigen Frankreich geschrieben werden konnte, ist eine sehr merkwürdige Thatsache".[3] Paul Janet, Mitglied der Jury bei der Verteidigung von „L'Action", äußert sich dagegen verzweifelt. Er beanstandet: „Ihre Gedanken sind unverständlich [obscur]; Ihre Schreibweise macht sie noch unverständlicher. Ich brauche eine Stunde für eine Ihrer Seiten, und es ist mir nicht gelungen, sie zu verstehen [...]. Unsere französische Schule hatte einen anderen Denk- und Schreibstil".[4]

Die Komplexität von Blondels philosophischem Unternehmen steigert sich noch, wenn wir sein tiefstes persönliches Anliegen in Betracht ziehen. Er selbst fasst dies 1896 so zusammen: „wichtig ist, nicht für Seelen zu reden, die glauben, sondern etwas zu sagen, das für Geister wertvoll ist, die nicht glauben".[5] Der Philosoph Blondel denkt als Person innerhalb des Rahmens des gelebten katholischen Glaubens. Der praktische Glaube prägt zutiefst seine Wahrnehmung von Wirklichkeit. Darüber hinaus ist es sein erklärtes Anliegen, sein „primum in intentione", die gelebte Glaubenspraxis als menschliche Lebensweise, als konkrete Daseinserfahrung philosophisch zu ergründen und so ihre humane Dignität philosophisch zu rechtfertigen. Zwei Umstände spielen diesbezüglich eine gestaltende Rolle. Zum einen entscheidet Blondel sich nach der Promotion dafür, nicht Priester werden zu wollen. „Weil ich mich vor allem an die richte, die noch außerhalb des Glaubens sind, so scheint es mir, angemessener zu ihnen zu reden, wenn ich außerhalb des Altarraumes [sanctuaire] bleibe".[6] Zum anderen ereignet sich Blondels Denken im damaligen gesellschaftlichen Kontext des militanten französischen Laizismus. Dieser drängt alles Religiöse, d.h. de facto alles Katholische, mit Staatsgewalt aus dem öffentlichen Leben und versieht es außerdem mit der Abqualifizierung des Rückständigen, eigentlich des Inhumanen. Gerade an der „Ecole normale supérieure" und an der Sorbonne tritt solche vorurteilende und verurteilende Mentalität in einem intellektuellen, salonfähigen Gewand auf. So urteilt der Philosoph Léon Brunschvicg, dass Blondels „L'Action" eigentlich die ganze philosophische Zunft beleidigt. „Unter den Verteidigern der Rechte der Vernunft wird er [M. Blondel] auf höfliche, aber entschiedene Gegner treffen".[7]

In dreierlei Hinsicht ist Blondels erstes Opus mit Missverständnissen überhäuft: Ungewöhnlich ist – für damalige akademische Verhältnisse – der unmittelbare Gegenstand der philosophischen Reflexion: das menschliche Handeln als solches; ungewöhnlich ist ebenso – dies führe ich nachher aus – die Methode, der Weg, auf dem das Denken voranschreitet; ungewöhnlich sind schließlich der philosophisch betrachtet jenseitige Ausgangs- und Zielpunkt des Gedankenganges. Beide sind für die innere Stringenz der Gedankengliederung aber keineswegs beliebig. Sie sind gleichsam die zwei Haken, zwischen denen die Kette der Gedanken sich spannt und gliedert.

Um all diesen Missverständnissen und Fehldeutungen zu begegnen, hat Blondel sein Erstlingswerk „L'Action" mit einer Reihe von Beiträgen umgeben. In ihnen legt er seinen Standpunkt dar und wirbt für die philosophische Qualität seines Anliegens. Der Gedankengang, der in „L'Action" sozusagen seinen Weg geht, wird auf einer Meta-Ebene nochmals reflektiert. Einige der wichtigsten dieser Abhandlungen sind auch in deutscher Übersetzung zugänglich. Im Folgenden werde ich vor allem von diesen erläuternden Beiträgen ausgehen, um „L'Action" so etwas näher zu bringen.

3. Die angeborene Schwäche der Erkenntnis

Bereits einer der ersten Kommentatoren der Philosophie Blondels, der auf die Theologie einflussreiche Pierre Rousselot, betrachtet die Erkenntniskritik als ihre innere Bewegungsmechanik.[8] Bewegung, so darf man allgemein behaupten, ereignet sich als Differenzgeschehen. Die Anstrengung, eine Differenz zu überwinden, bringt die nächste, vielfach spiegelverkehrte Differenz hervor. Ein bekanntes Beispiel ist Rad fahren. Mit einer grundlegenden Differenz hebt „L'Action" an: „Oui ou non, la vie humaine a-t-elle un sens et l'homme a-t-il une destinée? ".[9] Diese reflexive Frage nach einem Sinn, nach einer letzten Bestimmung für den ganzen Menschen ist, was ihre eigene Sinnhaftigkeit betrifft, auf die Antwort angewiesen, die das Ganze des Lebens in den Blick nimmt. Solche Selbstvergewisserung des Lebens vermag eine Selbstvergewisserung des Denkens deshalb nicht auszuschließen; als Instrument dieses Prozesses und ebenso als partieller Lebensvollzug ist das Denken Bestandteil dessen, was es reflektiert. Es gelangt zur Klarheit seiner selbst, wenn es sich weder von der umfassenden Lebensdynamik loslöst, noch sich von den Lebensvollzügen isoliert, in denen es eingebettet ist. Gerade in dieser Verschränkung von Leben und Denken enthüllt sich die Differenz, die beide vorwärts treibt. „Man darf wirklich nicht vergessen, dass alles Denken Akt und Erkenntnis zugleich ist. Wenn auch die Erkenntnis der Extrakt und der Restbestand des Lebens ist, das sich darin konzentriert und sich projizierend darstellt, so übersteigt der Erkenntnisakt selbst, der diese Synthese bewerkstelligt, die abstrakte Repräsentation, die vom Leben zurück bleibt".[10]

Gehalt einerseits und Akt der Erkenntnis andererseits sind miteinander nicht identisch, wie auch das Selbstbewusstsein als darstellende Idee nicht mit der umfassenden Wirklichkeit dessen deckungsgleich ist, der dieses Selbstbewusstsein aktiv vollzieht. Wenn Gehalt und Akt der Erkenntnis nicht identisch sind, dann gehört zu ihrer konkreten Konstitution, was sie zugleich überragt. Diese innere Inkongruenz ist von der Erkenntnis selbst nicht auszugleichen. Sie geht einher mit einer anderen Inkongruenz, die ebenfalls konstituierenden Charakter hat. Die Idee einerseits und die in ihr anvisierte Wirklichkeit andererseits sind auch nicht identisch, somit nicht miteinander austauschbar. Anders gewendet: Die erkenntnismäßige Erfassung der Lebenswirklichkeit bildet keinen Ersatz für das Leben selbst. Das Problem, das das Leben uns aufgibt, artikuliert nämlich in der Frage nach Sinn und Vollendung, kann einzig vom Leben selbst gelöst werden. „Denn weil die gedankliche Vorstellung dem Akt gegenüber, aus dem sie hervorgeht, stets heterogen ist, ist die Erkenntnis [...] immer nur ein Mittel, um weiter zu handeln. Jede Statik des Denkens ist verkehrt; jede Philosophie, die sich in ihrer intellektuellen Autonomie vermauert, ist illegitim. [...] Das Denken ist weder alles noch nichts, das heißt, es ist bedingt [durch das vorausgehende Handeln] und bedingend [für das nachfolgende Handeln] zugleich. Aus der bereits in uns verwirklichten Aktivität geboren, behält es seine Vitalität und seinen Wert einzig und allein, wenn es Licht und Kraft im Dienste der Aktivität wird, die es verwirklichen wird".[11] Ein Denken, das sich seiner Differenz zur an-gedachten Wirklichkeit nicht bewusst ist, kommt im Leben nie voran; ein Rad, das sich nicht bewegt, fällt zur Erde. Ein behaupteter Fortschritt im bloßen Denken ist, was die Erfassung von Wirklichkeit betrifft, illusorisch. In einem Brief an André Lalande, dem Herausgeber des „Vocabulaire technique et critique de la philosophie", vergleicht Blondel die Bewegung, die von der abwechselnden Differenz zwischen Denken und Handeln vorangetrieben wird, mit der Drehbewegung eines Rades: Das Rad dreht sich, weil die Speiche Denken und die Speiche Handeln fortwährend ihre Plätze tauschen; abwechselnd geht die eine der anderen voraus oder sie liegt in Bezug auf die andere zurück.[12] „Das Fortschreiten des Handelns bewirkt das Fortschreiten selbst des Denkens, wie das Fortschreiten des Denkens das Fortschreiten des Handelns bedingt und bestimmt".[13]

Die Differenz zwischen Erkennen, Denken, Idee einerseits und Leben, Praxis, Handeln andererseits ist in der philosophischen Systematik vielfach unbeachtet geblieben. Für Blondel jedoch wird diese axiomatische Einsicht – er spricht von „truisme" - Binsenwahrheit[14] – „zum wohlüberlegten Grundsatz der systematischen Organisation einer integralen Philosophie".[15] Er empfindet die Differenz wie einen weißen Flecken auf der Landkarte der philosophischen Themen, wie eine „terra incognita", in die es vorzudringen gilt.[16] Aber das Problem, das somit zu lösen gilt, ist nicht ausschließlich intellektueller Natur. Es weist vielmehr einen grundsätzlichen existentiellen Charakter auf. Was das Erkennen wegen seiner „angeborener Schwäche [insuffisance congénitale]"[17] nicht herbeizuführen vermag, dies ist Aufgabe des Lebens selbst, des ethischen Handelns. „Der wahre Philosoph [...] ist der, der besser handelt, indem er mehr erkennt; der aus seiner Lebenserfahrung selbst einen Überschuss an Licht und Kraft [fürs Denken] zieht, der besser weiß, was er tut, weil er vorher getan hat, was er wusste"[18]: Philosophieren im Labor des Lebens.

4. Auto-Ontologie

Die Wende vom Sein zum Handeln, die sich nach den vorherigen Ausführungen bereits abzeichnet, vollzieht sich gleichsam in Phasen. Der Raum, der sich zwischen der Idee und dem Erkenntnisgegenstand auftut, führt dazu, dass Blondel die Frage nach der Entsprechung an und für sich zwischen diesen beiden als zunächst unangemessen beiseite schiebt. Blieben wir auf der Ebene der Erkenntnis, dann ließe sich der Raum einzig durch andere Erkenntnis auffüllen, die wiederum auch ihrerseits durch die grundsätzliche Differenz geprägt ist und somit aufs neue Raum schafft. „Man muss das trügerische Problem des Verhältnisses der Ideen zu den Objekten oder den Seienden [...] ersetzen durch das ganz andersgeartete Problem des Verhältnisses unseres [konkreten] Denkens zu unserer „action", des Verhältnisses unserer intellektuellen Erkenntnis zu dem impliziten Zustand, den sie sowohl voraussetzt als auch vorbereitet".[19] Wo sonst finden wir die Wirklichkeit, die sich uns zu erkennen gibt, wenn nicht dort, wo wir leben und sterben, unter unseren Ängsten leiden und uns nach Glück sehnen? Das Geheimnis alles Wirklichen ist uns in unseren Handlungen, die Wirklichkeit gestalten, unmittelbar gegenwärtig. In der konkreten Wirklichkeit, die wir uns handelnd gleichsam einverleiben, indem wir loslassend uns in sie hinaus wagen, sucht die Erkenntnis ihre Nahrung.[20] Die Handlungen unserer Wirklichkeit oder die Wirklichkeit unserer Handlungen füllen den Raum aus, den die Idee und das korrespondierende Objekt wie aufgerichtete Wände schaffen.

Dorthin verlegt Blondel auch die Übereinstimmung, die den Kern eines Geschehens ausmacht, dessen innere Qualität wir mit dem Wort „wahr" bezeichnen. „Die methodische Erforschung der adaequatio realis mentis et vitae [der realen Übereinstimmung von Geist und Leben] setzt sich an die Stelle der abstrakten und chimerischen adaequatio speculativa rei et intellectus [der spekulativen Übereinstimmung von Sache und Intellekt]".[21] Diese Formulierung umschreibt genau das Anliegen von Blondels Werk „L'Action": die methodische Erforschung der Übereinstimmung unseres ständig werdenden Lebens mit den Einsichten, die aus dem gleichen Leben selbst gewonnen werden, das sich wiederum mit Hilfe dieser Einsichten

in Handlungen gestaltet, somit seine eigene Wirklichkeit und die Wirklichkeit Anderer
schafft.

Die Übereinstimmung oder Identität hat, weil sie vom Leben selbst zu erbringen ist, ihre eigene Logik. Ihr eigentümlichstes Merkmal ist wohl darin gelegen, dass es im Leben als
bloße Faktizität Widersprüchliches als solches gar nicht gibt; das Widerspruchsprinzip übt
dort zunächst keine Macht aus, zieht keine Trennlinie zwischen Sein und Nicht-Sein.[22] Ständig weist Blondel daraufhin, dass die Wirklichkeit, in der wir uns handelnd vorfinden, aus
völlig heterogenen, aber dennoch eng miteinander verflochtenen Phänomenen besteht: „hété-
rogènes et solidaires“. Das nach den Regeln der abstrakten Logik empfundene Widersprüchliche ereignet sich trotzdem, erweist sich als konkret existent. Wenn wir seufzen, dass die
Welt voller Widersprüche ist, dann verwenden wir diese Bezeichnung im uneigentlichen
Sinne. Und auch das so genannte ausgeschlossene Dritte gibt es als ausgeschlossenes nicht.
Die faktische Welt im Ganzen, die Welt im Großen und im Kleinen umfasst in ihrer Einheit
eine Vielzahl von Phänomenen, die absolut betrachtet sich gegenseitig ausschließen müssten.
Aber gerade solche Absolutsetzung, d.h. die Loslösung aus dem umfassenden Ganzen, ist
eine Abstraktion und deshalb eine Irrealität.

Woher stammt jedoch die Begrifflichkeit, die wir jetzt verwenden, obwohl die uns um-
ringende Faktizität dazu keinen Anlass zu geben scheint? „Es ist das Gespür für die Irrepara-
bilität des Vergangenen. Das Gesetz des Widerspruchs lässt sich nicht auf das Zukünftige
anwenden; es lässt sich nicht auf das Vergangene anwenden, insofern es gedacht, erkannt,
möglich oder denkbar ist, sondern insofern es 'getan' ist, im Wirklichen geschaffen, bestätigt
durch die Aktivität, die es gewollt oder die es erlitten hat [...]. Dieses Widersprüchliche, das
wir überall im Wirklichen verborgen vermuten, bringen wir durch eine subjektive Initiative
selbst hinein“.[23] Was jeder von uns in diesem gegenwärtigen Augenblick ist, das ist, was
vergangen ist. Was wir jetzt sind, dies ist ein Konzentrat all dessen, was vorausgegangen ist.
In diesem vergangenen Sein, das meine Gestalt des jetzigen Zeitpunktes hervorbringt, kann
der Widerspruch als eine schmerzhafte Realität fortdauern, die, eben weil die Tat, die ihn ins
Leben gerufen hat, vergangen ist, deshalb nie mehr vernichtet werden kann. Der reale Widerspruch nistet sich ein, wenn wir nicht das tun, von dem wir wissen, es tun zu müssen. Von
einem Müssen ist allerdings die Rede, das nicht primär auf irgendeine Autorität zurück geht,
sondern vielmehr die augenblickliche Artikulation unseres unbändigen Strebens nach Le-
benssinn ist, die sich abzeichnende Strecke auf unser Lebensziel hin, die es einzig gibt, wenn
wir sie tatsächlich gehen. Als Widerspruch enthüllt sich die vertane Chance, die obwohl sie
nicht ist, unser Leben dennoch spürbar begleitet. Aber nicht jedes Tun, das zugleich mit
Nichtgetanem behaftet ist, trägt den Widerspruch in sich. Es geht hier um Handlungen, denen
nicht eine Wahlmöglichkeit, sondern eine alternativlose Entscheidung vorausgeht. Solche
Handlungen schaffen Lebenswirklichkeit, sie bestimmen die Weise, wie ich im Leben stehe,
die Weise, in der ich der Wirklichkeit zugewandt bin, und Wirklichkeit ihrerseits sich mir
mitteilt. Eine solche Entscheidung nennt Blondel „option“.

Dieser Entscheidungstat eignet eine „auto-ontologische“ Qualität.[24] Blondel deutet damit an, dass Wirklichkeits- oder Seinserkenntnis nicht einzig eine Angelegenheit der Vernunft und der Intelligenz ist. „Das Sein ist niemals in der von der action getrennten Idee; und
sogar die Metaphysik, vorerst unter ihrem spekulativen Aspekt betrachtet, ist nur wahr, insofern sie [...] in die allgemeine Dynamik des Lebens eingeht: Die action begründet die Wirklichkeit der Ordnung der Idee und der Moral; sie enthält die reale Gegenwart dessen, was die
Erkenntnis ohne sie lediglich vorstellen kann, aber was, mit der action und durch sie eine

lebendige Wahrheit ist".[25] Je nachdem wie ich mich der von mir zu verwirklichenden Wirklichkeit gegenüber verhalte, ob ich sie handelnd bejahe oder nichttuend verneine, werde ich von dieser Wirklichkeit „possessiv" oder „privativ" bestimmt sein.[26] Was das Erkennen als solches aus sich selbst heraus nicht vermag, dies ermöglicht ihm die optionale Handlung. Vor einer solchen Handlung enthält die Erkenntnis die Vorstellung einer möglichen, noch zu verwirklichenden Wirklichkeit; nach dieser Handlung ist die getane Wirklichkeit in der Erkenntnis gegenwärtig. Die jeweilige Differenz zwischen Erkennen und Sein ist in der Entscheidungstat aufgehoben. Nachdem das Erkennen sich in das Leben integriert hat, integriert die Handlung das Leben, das Sein in das Erkennen.[27]

5. Die Tragweite von Blondels Ansatz

Die kurze Darstellung einer Grundlinie der Philosophie Blondels lässt gewiss auf manche Fragen stoßen. Sie können mit den Grenzen dieses Exposés zusammenhängen oder auch – inhaltlich – durch die Verkehrung von gewohnten Perspektiven wie von eingeübten Abfolgen der Gedankengängen veranlasst sein. Diesbezüglich will ich zum Schluss eine Beobachtung noch etwas ausführen.

In seinem langen Grundsatzartikel „Le point de départ de la recherche philosophique" (1906) nennt Blondel als Hauptgegenstand der philosophischen Reflexion: „le problème du réel et comment il se fait que la connaissance, au sens fort de Parménide, soit de l'être «.[28] Natürlich verweist er hier auf den berühmten Satz des Parmenides: „denn dasselbe ist Denken und Sein". Diesem, das abendländische Denken prägenden Grundsatz gegenüber stellt Blondel einen anderen Satz auf, der zunächst wie eine Verneinung aussieht: „Die Erkenntnis, sogar die adäquate, ersetzt die action nicht. Auf diese Weise sind die entscheidenden Punkte des Problems von Ethik und von Metaphysik allesamt in ein anderes Licht gerückt".[29] Was dies letztendlich bedeutet, ist mir persönlich erst bei der Lektüre von Georg Pichts Opus „Von der Zeit" klarer geworden. Zum Grundsatz von Parmenides führt Picht Folgendes aus: „Das wichtigste Element in der Formel ‚Wahrheit = Sein' ist das Gleichheitszeichen. Es bezeichnet die Einheit, die die Welt zusammenhält. Die Philosophie hat später diese Einheit das ‚Prinzip der Identität' genannt. Unter ‚Prinzip' versteht man nicht mehr wie die Griechen die archè, d.h. den Ursprung des Seins und der Wahrheit, man macht vielmehr aus dem Prinzip einen ‚Grundsatz'. Damit ist dann das ‚Prinzip' der Identität zu einer Grundregel des Denkens geworden, von der man gewöhnlich nur in ihrer negativen Formulierung als ‚Satz vom Widerspruch' Gebrauch macht. Aber in der griechischen Philosophie bezeichnet das Gleichheitszeichen nicht eine Regel des Denkens, sondern die wirkliche Einheit, in der Alles ruht, von dem wir, in welchem Sinne auch immer, sagen können, dass es ist. Da auch das Denken und das Gedachte *ist*, muß sich das Denken in diese Einheit einfügen. In diesem Sinne bezeichnet das sogenannte ‚Prinzip der Identität' das Grundgefüge allen Denkens".[30] Wenn man sich so vorstellt, dass das abendländische Denken sich zwischen den Klammern entwickelt, dessen Vorzeichen die Grundsatz-Identität von Sein und Denken ist, dann hat Blondel dieses Vorzeichen weggenommen und ersetzt durch „action". Das Gleichheitszeichen zwischen Denken und Sein ist die action, konkret: die Entscheidungstat. Die „action" schlechthin, das vielfältige und vielgestaltige menschliche Handeln, das immer zugleich Be-Handlung und ‚Handlung' von dem Menschen zunächst heterogener Wirklichkeit ist, ist sodann das konkrete Grundgefüge, in dem „Alles ruht" (Picht), nicht nur allen Denkens sondern primär allen Seins. Genau dies deutet Blondel mit dem leicht missverständlichen Begriff der Immanenz an. Die gegenseitige Entsprechung von Sein und Denken findet sich dann zwischen den Klammern wieder, nicht mehr davor. Weil Sein dem Menschen einzig in der konkreten, unausweichlichen Seinsgestalt von „action" begegnet, gibt die „action" die Perspektive für die Seinsbetrachtung ab, nicht umgekehrt.

„Es ist unmöglich, dass der tatsächliche Fortschritt unserer Erkenntnis des Seins von der Kopfarbeit abhinge, ohne dass zuvor, gleichzeitig und danach eine Umwandlung unseres ganzen Seins stattfände [...]. Je nachdem wie man gelebt, gehandelt, gewollt, geliebt hat, ist man anders, kennt man anders, besitzt man [die Wirklichkeit] anders, hat man von den Dinge ein anderes Gespür, dringt man anders in sie durch und genießt man sie anders".[31]

---

[1] In: Blondel, Maurice: Œuvres complètes I. Paris 1995, 531-687. Die französische Übersetzung stammt von C. Troisfontaines, der auch sachkundig in dieses zunächst schwer zugängliche Werk einführt: Blondel, Maurice: Le lien substantiel et la substance composée d'après Leibniz. [Centre d'Archives Maurice Blondel 1]. Löwen 1972.

[2] In: Œuvres complètes I, 15-530; deutsche Übersetzung von Robert Scherer: Freiburg i. Br. 1965.

[3] In: Zeitschrift für Philosophie und philosophische Kritik 104 (1894), 244.

[4] Une soutenance de thèse, in: Œuvres complètes I, 715.

[5] Lettres sur les exigences de la pensée contemporaine en matière d'apologétique et sur la méthode de la philosophie dans l'étude du problème religieux, in: Œuvres complètes II. Paris 1997, 102; deutsche Übersetzung: Maurice Blondel: Zur Methode der Religionsphilosophie. Eingeleitet von Hansjürgen Verweyen. Einsiedeln 1974, 105.

[6] Blondel, Maurice: „Mémoire" à Monsieur Bieil. Présentation de Michel Sales. Texte établi par Emmanuel Tourpe. Paris 1999, 93. auch in: Blondel, Maurice: Carnets intimes I. Paris 1961, 553; deutsche Übersetzung: Tagebuch vor Gott. 1883-1894. Übertragen von Hans Urs von Balthasar. Eingeleitet von Peter Henrici. Einsiedeln 1964, 584.

[7] Compte rendu, in: Œuvres complètes II, 49.

[8] In: Valensin, Auguste: Textes et documents inédits. Paris 1961, 101f.

[9] L'Action, in: Œuvres complètes, 15; Übersetzung, 9.

[10] Blondel, Maurice: L'illusion idéaliste, in: Œuvres complètes II, 211; deutsche Übersetzung: Blondel, Maurice: Der Ausgangspunkt des Philosophierens. Drei Aufsätze [Philosophische Bibliothek 451], Hamburg 1992, 60.

[11] A.a.O., 211f.; Übersetzung, 60f.

[12] In: Œuvres complètes II, 342; auch in: Lalande, André: Vocabulaire technique et critique de la philosophie. Paris 1992, 1231.

[13] A.a.O.

[14] L'Illusion idéaliste, in: Œuvres complétes II, 206; Übersetzung, 53.

[15] A.a.O., 211; Übersetzung , 59.

[16] A.a.O.

[17] Blondel, Maurice: Le point de départ de la recherche philosophique, in: Œuvres complètes II, 561; deutsche Übersetzung: Der Ausgangspunkt des Philosophierens, 115.v

[18] A.a.O.

[19] A.a.O., 555; Übersetzung, 107.

[20] Vgl. Blondel, Maurice: Une des sources de la pensée moderne. L'évolution du spinozisme, in: Œuvres complètes II, 87f; deutsche Übersetzung: Der Ausgangspunkt des Philosophierens, 38f.

[21] Le point de départ de la recherche philosophique, in: Œuvres complètes, 556; Übersetzung, 108f.

[22] Vgl. Blondel, Maurice: Principe élémentaire d'une logique de la vie morale, in: Œuvres complètes II, 371; deutsche Übersetzung in: Reifenberg, Peter: Verantwortung aus der Letztbestimmung. Maurice Blondels Ansatz zu einer Logik des sittlichen Lebens [Freiburger theologische Studien 166], Freiburg 2002, 527.

[23] A.a.O., 373; Übersetzung, 528.

[24] A.a.O., 374; Übersetzung, 329.

[25] Blondel, Maurice: L'Action, in: Œuvres complètes I, 512; Übersetzung, 503.

[26] Vgl. Principe élémentaire, in: Œuvres complètes II, 374; Übersetzung, 529.

[27] Vgl. L'Action, in: Œuvres complètes, 324; Übersetzung, 316.

[28] Le point de départ, in: Œuvres complètes, 561; Übersetzung, 115.

[29] Une des sources de la pensée moderne, in: Œuvres complètes, 87; Übersetzung, 38.

[30] Picht, Georg: Von der Zeit. Mit einer Einführung von Kuno Lorenz [Georg Picht: Vorlesungen und Schriften. Studienausgabe herausgegeben von Constanze Eisenbart in Zusammenarbeit mit Enno Rudolph], Stuttgart 1999, 619.

[31] L'Illusion idéaliste, in: Œuvres complètes II, 213; Übersetzung, 63. Weiterführende deutschsprachige Literatur: Blondel, Maurice: Logik der Tat. Aus der „action" von 1893 ausgewählt und übertragen von Peter Henrici, Einsiedeln 1957, 1986; Henrici, Peter: Glaubensleben und kritische Vernunft als Grundkräfte der Metaphysik des jungen Blondel, in: Gregorianum 45 (1964), 689-738; Raffelt, Albert: Spiritualität und Philosophie. Zur Vermittlung geistig-religiöser Erfahrung in Maurice Blondels „L'Action" (1893) [Freiburger theologische Studien 110], Freiburg 1978; van Hooff, Anton: Die Vollendung des Menschen. Die Idee des Glaubensaktes und ihre philosophische Begründung im Frühwerk Maurice Blondels [Freiburger theologische Studien 124], Freiburg 1983; Henrici, Peter: Maurice Blondel (1861-1949) und die „Philosophie der Aktion", in: Coreth, Emmerich/Neidl, Walter M./Pfligersdorffer, Georg: Christliche Philosophie im katholischen Denken des 19. und 20. Jahrhunderts. Band I: Neue Ansätze im 19. Jahrhundert, Graz 1987, 543-584; Zum vierzigsten Todestag von Maurice Blondel (1861-1949), in: Theologie und Philosophie 64 (1989), Heft 2, 161-251; Favraux, Paul: Der spätere Blondel (1861-1949) und sein Einfluß, in: Coreth, Emmerich/Neidl, Walter M./Pfligersdorffer, Georg: Christliche Philosophie im katholischen Denken des 19. und 20. Jahrhunderts. Band 3: Moderne Strömungen im 20. Jahrhundert, Graz 1990, 384-410; Raffelt, Albert/Reifenberg, Peter/Fuchs, Gotthard (Hg.): Das Tun, der Glaube, die Vernunft. Studien zur Philosophie Maurice Blondels. „L'Action" 1893-1993, Würzburg 1995; Reifenberg, Peter: Verantwortung aus der Letztbestimmung. Maurice Blondels Ansatz zu einer Logik des sittlichen Lebens [Freiburger theologische Studien 166], Freiburg 2002.

Gustav Landauer.
Prophet aus dem Geiste der Nüchternheit

I

In einer Glosse zum 25. Regierungsjubiläums Wilhelms II. beschreibt Gustav Landauer das vorherrschende Lebensgefühl der verflossenen fünfundzwanzig Jahren als eine seltsame „Mischung aus Unbetheiligung und Dabeisein". Von „Ekel gegen das Ganze" dieser dekadenten wilhelminischen Gesellschaft war schon der Schüler erfüllt: „ [...] was mich in Gegensatz zu der umgebenden Gesellschaft und in Traum und Empörung brachte, war [...] das unausgesetzte Anstoßen romantischer Sehnsucht an engen Philisterschranken."[1]

1870 geboren und bei der Niederschlagung der Münchner Räterepublik bestialisch ermordet, umfaßt das Leben Gustav Landauers fast die gesamte Zeitspanne des Deutschen Reiches von 1871.

Gustav Landauer wuchs in einer jüdischen Karlsruher Kaufmannsfamilie auf. Die Eltern stammten aus Familien des schwäbischen Landjudentums, zu denen enge familiäre Bindungen bestanden.[2] Landauer hat diese Lebenswelt seiner Kindheit in der Novelle *Lebenskunst* beschrieben.[3] Die Karlsruher Welt mit „Schabbeslamp und Christbaum", wo jüdische und christliche Feste gleichermaßen gefeiert wurden, kommt im Schülertagebuch und in der Novelle *Ein Knabenleben* vor.[4]

Mit dem Studium der Deutschen Philologie und Philosophie in Heidelberg, Straßburg und Berlin kann Landauer an die ästhetischen Interessen seiner Schulzeit anknüpfen, entwickelt aber, vom Studienbetrieb gelangweilt, schnell schriftstellerische Ambitionen und sucht Eingang in die literarische Welt Berlins. Fritz Mauthner, einflußreicher Literaturkritiker der Hauptstadt, öffnet ihm die Seiten seiner Zeitschriften *Deutschland* und *Das Magazin für Literatur*. Zahlreiche Rezensionen, aber auch eigene Beiträge werden hier gedruckt. Bereits 1893 erscheint sein Roman *Der Todesprediger* als erster deutschsprachiger Nietzsche-Roman.[5] Landauer versteht sich nun als politischer Schriftsteller, schließt sich dem *Verein der Unabhängigen Sozialisten* an und wird Redakteur ihres Organs *Der Sozialist*.[6] Seit der Spaltung der Berliner Freien Volksbühne gehört er neben Bruno Wille, Ernst von Wolzogen, Fritz Mauthner, Otto Erich Hartleben, den Brüdern Hart, Ola Hansson und Wilhelm Bölsche zum Künstlerischen Beirat der *Neuen Freien Volksbühne*.

Es folgen Landauers wilde anarchistische Jahre. *Der Sozialist* wird unter Landauers Einfluß zum führenden anarchistischen Blatt.[7] Konfiskationen, Verhaftungen bestimmen den Alltag.[8] Konflikte wegen des hohen intellektuellen und ästhetischen Niveaus des *Sozialist* führen zur Spaltung, schließlich 1899 zu seinem Ende. Moritz von Egidys plötzlicher Tod und das Scheitern der Ziethen-Kampagne, deren publizistisches Vorbild Zolas *J'accuse* war, bedeuten für Landauer das Ende seiner politischen Existenz, das Scheitern eines Lebensentwurfs.[9] Mit nichts als einem Bücherkoffer, den er bei Mauthner deponiert, erwartet er seine Einbestellung ins Tegeler Gefängnis.

Die Zeit der Haft wird für Landauer zu einer Zeit tiefgreifender geistiger Neuorientierung.[10] Die Redaktion des ersten Bandes von Mauthners *Beiträgen zu einer Kritik der Sprache* führt ihn selbst tief in die sprachkritische Problematik.

Neben den Memoranden für Mauthner entstehen in schneller Folge eigene sprachkritische Reflexionen und eine Übersetzung aus den mittelhochdeutschen Schriften Meister Eckharts.[11] In dem in Hardens *Zukunft* erschienenen Essay *Anarchische Gedanken über Anarchismus* formuliert er das gewandelte anarchistische Selbstverständnis.[12]

Nach der Haftentlassung beginnt Landauer mit Hedwig Lachmann, Lyrikerin und Übersetzerin, die er im Februar 1899 bei einer Lesung Dehmels kennen gelernt hatte, ein neues Leben.[13] Da seine erste Ehe mit der Schneiderin Grete Leuschner noch nicht geschieden ist, leben die beiden zeitweilig in Bromley, Kent, wo sie Peter Kropotkin treffen, dessen Übersetzer Landauer später wird.

Inzwischen hatte sich Landauer der von Heinrich und Julius Hart initiierten *Neuen Gemeinschaft* angeschlossen, einer Künstler- und Intellektuellen-Vereinigung zum Zwecke ethisch-ästhetischer Lebensgestaltung, die sich zu Vorträgen und "Weihefeiern" traf. In ihren Mitgliederlisten finden sich so illustre Namen wie Henry van de Velde, Fidus, Else Lasker-Schüler, Max Reinhardt, Samuel Lublinsky, Erich Mühsam und Martin Buber, die Landauer hier kennenlernte, aber auch der Anarchist Elysée Reclus und natürlich die Friedrichshagener Bruno Wille und Wilhelm Bölsche.[14]

Landauer beteiligt sich zunächst lebhaft am Vereinsleben, hielt Vorträge über Alfred Mombert, Tolstoi, über *Nietzsche und das neue Volk*, begleitet von einer George-Rezitation von Hedwig Lachmann[15] und spricht über *Durch Absonderung zur Gemeinschaft*.[16] Doch klingt schon früh Skepsis an, erhebliche Differenzen führen zu Landauers „Absage an die Friedrichshagener" noch im November des Jahres 1901.[17]

Fortan leben die Landauers mit ihren Töchtern in Hermsdorf bei Berlin und verdienen den Lebensunterhalt mit Übersetzungen, journalistischen Arbeiten, für Maximilian Hardens *Zukunft*, das *Berliner Tageblatt*, die *Vossin*, Jacobsohns *Schaubühne*, *Das literarische Echo* oder *Das Blaubuch*, zeitweilig auch als Lektor und Verlagsbuchhändler bei Axel Junckers in Berlin. Landauers Interesse gilt der literarischen Moderne, Oscar Wilde, Hugo von Hofmannsthal, Richard Dehmel, Richard Beer-Hofmann, Georg Kaiser, für die er sich auch als künstlerischer Beirat der *Freien Volksbühne* einsetzt.

Seit den Tagen der *Neuen Gemeinschaft* ist Gustav Landauer mit dem zionistischen Schriftsteller Martin Buber bekannt. Mit ihm teilt er das Interesse an Fragen der Mystik, das bei beiden aus dem Horizont ihrer Nietzsche-Rezeption kommt, und lernt in seinem an den Begriffen Individuation und Einheit, Ekstase und Erlebnis orientierten Philosophieren auch ein neues Nachdenken über das Judentum kennen, das ihn zutiefst anspricht.[18] Gleichzeitig arbeiten beide an Schüsselwerken ihrer intellektuellen Biographie. Buber, der 1906 seine erste Anthologie chassidischer Legenden, die *Geschichten des Rabbi Nachman*, publiziert hatte, arbeitet an den einflußreichen *Legenden des Baal-Schem* (1908) und sammelt Material für die *Ekstatischen Konfessionen* (1909). Landauer liest die Manuskripte, verfaßt auch eine Rezension,[19] während er selbst an „seiner Broschüre", dem *Aufruf zum Sozialismus* schreibt.[20] Dazu eingeladen, steuert er zu Bubers sozialpsychologischer Reihe *Die Gesellschaft* den Essay *Die Revolution* bei.[21] In kurzer Folge entstehen die *Dreißig sozialistische Thesen, Die zwölf Artikel des Sozialistischen Bundes*.[22] Mit Vorträgen sucht Landauer Gleichgesinnte für den *Sozialistischen Bund*, der sich in loser Assoziationsform in Berlin, Leipzig, Bern und München formiert. Ab Januar 1909 erscheint *Der Sozialist* wieder, zunächst mit der Schweizer Sozialistin Margarete Faas-Hardegger in Bern herausgegeben. Während der *Sozialistische*

Bund nur für kurze Zeit eine respektable Größe erreicht, wird *Der Sozialist,* von Landauer allein redigiert, zu einer anarchistischen Kulturzeitschrift von hohem Niveau, die ihr erscheinen kriegsbedingt 1915 einstellen muß.[23] Zustimmend rezipiert Landauer Bubers Prager *Reden über das Judentum*[24] und nimmt regen Anteil am Entstehen des *Juden,* für der er selbst wichtige Beiträge schreibt.[25] Bewußt wendet er sich jetzt an ein jüdisches Publikum, spricht über *Judentum und Sozialismus* bei der Eröffnung von Siegfried Lehmanns *Jüdischem Volksheim,* vor der Zionistischen Ortsgruppe West-Berlin und mischt sich in die antisemitisch gefärbte Ostjudendebatte der ersten Kriegsjahre ein.[26]

1919 erscheint im Verlag von Paul Cassirer der Band *Rechenschaft,* eine Anthologie von *Sozialist*-Aufsätzen, mit der Landauer Zeugnis ablegen will davon, was er „so öffentlich, wie es [ihm] möglich war", seit den Marokkokrisen warnend gesagt hatte. Die Kriegsbegeisterung der Intellektuellen deprimiert ihn zutiefst. Mit bemerkenswerter Sachlichkeit argumentiert er auch gegenüber den engsten Freunden. Fritz Mauthner pariert er mit den Argumenten seiner eigenen Sprachkritik, stellt sich an die Seite Carl Spittelers und Henri Bergsons, als diese im *Berliner Tageblatt* diffamiert werden.[27] Martin Buber distanziert sich auf Landauers inständiges Einwirken hin von seinen nationalistischen Sympathien.[28] Bewußt hält Landauer den europäischen Dialog über die Fronten hinweg aufrecht, verficht gegenüber Romain Rolland und dem Zürcher Pfarrer Jean Matthieu seine Auffassung der Nationalität als einer Größe jenseits territorialer und historischer Machtentfaltung.[29]

Wieder sind literarische Projekte Medium seiner Kritik. Für eine Geschichte der europäischen Revolution aus subjektiven Zeugnissen wird recherchiert.[30] Essays über Goethe und Hölderlin, Tolstoi und Walt Whitman, Georg Kaiser und Strindberg, vor allem aber die Vorträge über Shakespeare entstehen,[31] manches schon in Zusammenarbeit mit Louise Dumont und Gustav Lindemann, die ihn nach dem plötzlichen Tod Hedwig Lachmanns als Dramaturg für das Düsseldorfer Schauspielhaus gewinnen können.[32] Landauer hat dieses Amt nicht mehr angetreten, sondern ist dem Ruf Kurt Eisners nach München in die erste Räterepublik gefolgt, die vom 7. April, seinem Geburtstag, an eine Woche währte. Als Opfer eines absurden, tiefsitzenden Judenhasses, dessen Manifestationen in den zeitgenössischen Medien nachzulesen sind, wurde Gustav Landauer am 2. Mai 1919 im Hof des Gefängnisses Stadelheim ermordet.[33]

II

So bewegt Landauers Lebensweg erscheinen mag, so klar verläuft die Linie seiner intellektuellen Biographie zwischen den Polen eines übergroßen Bedürfnisses nach Kontemplation und dem nach öffentlicher Wirksamkeit. Die Wirklichkeit, die er in der Welt der dekadenten wilhelminischen Gesellschaft zutiefst ablehnte, bleibt von den Schülertagebüchern bis zu den Shakespeare-Vorträgen Problem, „Traum und Empörung" das leitende Thema seines Nachdenkens.

Nietzsche ...

Vor allem Nietzsche wird seiner Generation zur prägenden intellektuellen Erfahrung. Mit nietzscheanischer Emphase tritt schon der Student vor den Heidelberger Neuphilologischen Verein. Orientierungslos und emotional verarmt komme die Jugend aus Elternhäusern, die 'ohne innere gefestigte und unerschütterliche Überzeugung am mosaischen Glauben' festhielten. Der dekadenten Gründerzeitmentalität hält er die Vision des Übermenschen entgegen.[34] Bemerkenswert differenziert aus Lektüre gespeist ist sein Nietzsche Bild schon jetzt, was sich an den kritischen Stellungnahmen zur neuesten (naturalistischen) Literatur in Karl Kautskys *Neuer Zeit* und an seinen Plädoyers für eine differenzierte Wahrnehmung des Philosophen in den sozialdemokratischen Nietzsche-Debatten zeigt.[35] Auf der Folie Nietzsches werden die Probleme der Adoleszenz, aber auch der eigenen jüdischen Emanzipation erfahr- und formulierbar, zunächst literarisch mit der Novelle *Lebenskunst* und dem Roman *Der Todesprediger*. Beide entwerfen, Nietzsches Metaphorik aufgreifend, in oft schrillen Bildern literarische Befreiungsmodelle.

So sind die Themen des anarchistischen Revolutionärs durch Impulse eines an Schopenhauer und Nietzsche geschulten Unbehagens an der Kultur gespeist. Gegen den marxistischen Ökonomismus spricht er vom Sozialismus als einer „geistigen Bewegung und Gemeinschaft", nicht der Bourgeois, sondern der Philister sei der wirkliche Feind revolutionärer Veränderung, „Selbstdenker und Selbsthandler", nicht das Proletariat bilden das revolutionäre Potential.[36] Von Nietzsche inspiriert sind auch seine im Gefängnis entstandenen Studien zur Geschichte der Reformation, die ihren ersten publizistischen Ausdruck in den Aufsätzen *Die Demagogen der Reformationszeit* finden.[37]

Neue Gemeinschaften ...

Phantasievoll setzt Landauer Darwins Vererbungslehre als strategisches Argument ein sowohl gegen einen stirnerianisch mißverstandenen Anarchismus als auch gegen die Rede von einem durch die Pfeile der Vererbungslehre und des Empiriokritizismus ramponierten Ichs. Die Tatsache der physiologischen Einbindung des Menschen in eine unendliche Geschlechterkette interpretiert er nicht antiaufklärerisch, sondern im Sinne einer rousseauisch befreienden, bislang materialistisch verkannten, allumfassenden und beseelten Natur: „Was diese Betrachtungsweise bringt, das ist die unendlich stärkende, beglückende und befreiende Rückkehr zur Natur. Mehr als aller Egoismus und alles Prunken mit meinem Ich erhebt mich die Gewißheit, einem Ganzen anzugehören, das von der Ewigkeit herkommt und in die Ewigkeit schreitet."[38]

Das Befreiungsprojekt habe nicht vom Individuum auszugehen, sondern von natürlichen „Zwangsgemeinschaften der Körper" und der Gesellschaft. Aus diesen habe sich Individualität zu neuen Gemeinschaften zu befreien, Individualität verstanden im klassischen, an Goethe geschulten Sinn. Gegen den Materalismus wird der alte Natura naturans-Gedanke mit den Zeugen Giordano Bruno und Spinoza auch in der Gedankenwelt der *Neuen Gemeinschaft* formuliert. In *Durch Absonderung zur Gemeinschaft* heißt es: „Dreierlei Gemeinschaft unterscheide ich: erstens die Erbmacht, als die ich mich selbst finde, wenn ich tief genug in mich selbst und die Bergwerksschächte meines Innern hineinsteige [...], zweitens die andere Erbmacht, die von außen her mich umklammern, beengen und einschließen will, und schließlich drittens die freien momentanen Vereinigungen der Einzelnen da, wo sie und ihre Interessen einander berühren."[39]

An Landauers Kritik am weltanschaulichen Monismus der Brüder Hart wird deutlich,[40] dass er, wenn er sich auf derartige Naturvorstellungen bezieht, auf innere Natur bzw. auf ihre innere Repräsentanz abhebt: „An die Stelle der Abstraktion, der tötenden, entleerenden und verödenden Abziehung, setzen wir die Kontraktion, die Zusammenziehung all unserer inneren Kräfte, und die Attraktion, die Hineinziehung des Weltalls in unsern Machtbereich." (8) Der Rückgriff auf die mystische Metaphorik hat hier ihren Ort, denn es geht um die „Annäherung des Jenseits unseres Ichs mit Hilfe unseres Ichgefühls; ein Hinauslangen ins Bereich des Übersinnlichen mit Hilfe unserer Sinne; ein Versuch, [...] mit unseren Leidenschaften und mit unserer tiefsten Stille, die Welt zu begreifen." (8)

Die Sprache, die Skepsis, die Mystik ...

Die sprachkritischen Studien, die Eckhart-Lektüre des Gefängnisaufenthaltes sind in diesen Formulierungen aus *Skepsis und Mystik* fruchtbar geworden. Landauers Denken wird fortan um die Sprache als sein Zentrum konzentriert sein. Das Sprechen über die Sachen wird immer auch Sprechen über die Sprache des Sprechenden sein. Distanzierende Skepsis mit ihren Figuren des Unterbrechens, des Einhaltens, des Bruchs im radikal Anderen wird allen seinen Erörterungen eigen sein und ihn durch die ideologischen Fährnisse seiner Zeit steuern.

Der Nihilismus der Mauthnerschen Sprachkritik fordere eine „neue Art des Sprechens", eine neue Sprache. Ein neues Organ gilt es zu schaffen für die neue Natur- und Welterfahrung: „Es gilt, ein Medium der Welt zu sein, aktiv und passiv zugleich." (9) Ganz bei sich und ganz bei der Sache, so als ob die Welt Rede geworden wäre, diese Figur der Subjekt-Objektivität gilt ihm vor dem Horizont seiner Eckhart-Studien als höchstes Ziel seines Schreibens und Sprechens. Die „vollkommene Sachlichkeit", die Landauer an der Sprache Bubers konstatiert, kann als sein eigenes Credo gelten: „Buber hat [...] eben das erreicht, wovon sein Werk handelt. Es ist ganz Sprache des Sprechenden und doch zugleich ganz sich aussprechende Sache; ganz persönliches Bekenntnis und ganz lautere Sachlichkeit; eine Subjekt-Objektivität, wie wenn die Welt Rede geworden wäre und sich darstellt."[41]

Die Hochschätzung des Stils eines Meister Eckhart ist somit nicht marginal, sondern wesentlich.[42] Voraussetzung des neuen mystischen Sprechens ist „Entsagung", das Loslassen aller Bilder, Begriffe, Metaphern, „in jedem Sinne, Befreiung vom Sagen und Verzicht auf das Verlangen, dem Unmöglichen bequem beizukommen." (38) *Skepsis und Mystik* ist so zu lesen als der sprachliche Versuch, die Erfahrung des sich Absonderns von und der Hingabe an Welt in mystischen Figuren zu umkreisen. „Habe ich denn aber die Organe, um diese Heimkehr in meine Tiefen, um diese Findung meiner selbst bewerkstelligen zu können?" Tastend wird der Versuch unternommen, Welt-Ich in den Dimensionen der Zeit (*Die Welt als Zeit*) und, Schopenhauers Metapher aufgreifend, als Musik, als qualitativ getöntes Zahlenverhältnis zu beschreiben: eine „ungeheure Weltensymphonie".

Der skeptische Charakter dieser Weltich-Imaginationen wird deutlich, wenn Landauer, abrupt die Perspektive wechselnd, auf die radikale Einsamkeit und Fremdheit der so Imaginierenden hinweist: „Seiende in vielerlei Gestaltungen, die trotz Liebe und Haß und allem Verbindenden gegen einander in marmorner Starrheit abgeschlossen sind." Somit „bin ich wirklich die ganze Welt [...], aber ich bin immer nur ich und niemals du. Du -: das bist du Mitmensch: das ist der Kristall und die Palme und der Sternenhimmel." (61/62) Für ihren Wahrheitscharakter gilt: „Wahrheit aber ist ein durchaus negatives Wort, die Negation an sich, und darum in der Tat Thema und Ziel aller Wissenschaft, deren bleibende Ergebnisse immer nur negativer Natur sind." (45/46)

Die Erfahrung der Mystiker indes bleibt fragwürdig, fraglich „ob es möglich ist, einen solchen übernatürlichen Zustand, wo Welt und Persönlichkeit zugleich aufgehoben und vereinigt sind, in sich zu verspüren." (48) Fraglich auch, ob diese radikal subjektive, singuläre Erfahrung sprachlich sich vermitteln läßt. Ganz ausdrücklich bezieht sich Landauer auf die philosophische und theologische Tradition: „Hier geht eine Linie von den Neuplatonikern zu Dionysius Areopagita über Scotus Erigena zu Meister Eckhart, langsam verborgen weiter über Picus de Mirandola, Molinos und Jakob Boehme zu Angelus Silesius, ein anderer Zweig geht nach England zu Berkeley, ein anderer zu Spinoza, Schelling, Goethe." (46/47)

Der Prophetische ...

Das Credo eines integren Sprechens[43] wird auch zum markanten Merkmal seiner Reflexionen über Sozialismus. Vor allem der *Aufruf zum Sozialismus*, an dem Landauer über mehrere Jahre arbeitet, ist in diesem Geiste geschrieben. Bewußt wird hier die Figur des prophetischen Rufers eingesetzt: „Die Form des Vortrags habe ich gewählt, weil unter den Aufgaben der Sprache immer die sein wird, andere zu sich heranzurufen und weil diesmal dies meine Absicht war." Die Sprechsituation des Zusichrufens, Versammelns und mahnenden Aufrufs gehört zu den Sprachgesten des Revolutionärs wie des Propheten, die hier schriftlich vergegenwärtigt wird: „Freilich spreche ich hier anders als in einer Versammlung, spreche vor dem weiten, unbestimmten Kreise, den der Einsame in nächtlichen Arbeitsstunden vor sich sieht."[44]

In prophetisch expressivem Ton werden Thesen vorgetragen („Der Sozialismus ist ..."), werden düstere Gemälde von der luxurierenden Beziehungslosigkeit und armseligen Geldsucht der gegenwärtigen Gesellschaft gezeichnet. Nur, wenn lichtere Gefilde, wie etwa Proudhons Tauschbank- oder Silvio Gesells Geldtheorie als mögliche Alternativen zu kapitalistischem Wirtschaften referiert werden, ebbt der hohe Ton der Mahnrede ab.

Die Inhalte, nicht weniger aber die Form des Sprechens machen den Abstand deutlich, in dem sich Landauers Sozialismus zum Diskurs der wissenschaftlichen Sozialisten befindet. Über seine Verwirklichung entscheiden nicht ökonomische Gesetzmäßigkeiten, sondern die Übereinkunft einer Menschengemeinschaft. Der einsam Rufende muß gehört werden: vor allem „von der Erwartung des Kommenden hängt es ab, wie man die Ansätze und Richtungen, die vorhanden sind, einschätzt".[45] Diese bezeugt der prophetische Rufer durch seine Rede. Sozialismus ist somit zunächst nichts ist als eine Metapher für eine zu schaffende Wirklichkeit.

Landauer war sich des religiösen Vorbilds durchaus bewusst. Die Figur des biblischen Propheten ist charakterisiert durch die besondere Innigkeit des Gefühls, in der ihm die göttliche Gewißheit präsent ist.[46] Aus der gesteigerten Subjektivität seines Glaubens erwächst seiner Seele ein besonderes Echo der göttlichen Stimme, sie distanziert ihn vom Volk, insofern ist die Wüste ein Merkmal seiner Persönlichkeit. Aus seiner Absonderung hat er eine exponierte Perspektive auf das Schicksal des Volkes. Mit seinem Wissen steht er einsam dem Volk gegenüber und muß sich Gehör verschaffen. Bei Landauer scheint die Situation des Propheten mit der des Sozialisten identisch: „Und große Teile des Volkes halten zum Unrecht und zu dem, was ihnen selber an Leib und Seele Schaden tut, weil unser Geist nicht stark, nicht ansteckend genug ist. / Unser Geist muß zünden, muß leuchten, muß verlocken und an sich ziehen."[47]

Vermag sich die Idee des Sozialismus nicht sprachlich zu bewähren, bleibt der Sozialist, wie der Prophet in der Wüste oder der Autor am Schreibtisch, allein: „Das grenzenlose Nichtverstehen und Nichtwollen um uns herum ist wie ein trennender Gürtel zwischen uns und die andern gelegt; und so werden wir von der macht der Tatsachen wie von unsrer eigenen Idee zu einem Bunde [...] gedrängt."[48]

Der Bund ...

Aus der Tradition des biblischen Judentums expliziert Landauer auch den für seinen Sozialismus zentralen Gedanken des Bundes, der im *Aufruf* auf den Sinai-Bund der biblischen Exodus-Erzählung bezogen wird.[49] Sozialismus als „Willenstendenz freier Menschen" wird im Bild des Aufbruchs, des „Auszugs aus dem Kapitalismus" vorgestellt, Siedeln auf herrenlosem Boden ist Bedingung einer Gesellschaft der Gerechtigkeit und Liebe, ist das gelobte Land. Bund nennt Landauer eine aus „Not, Abstammung, Klima oder Geschichte stammende Gleichheit der Seelen" und die aufgrund dieser Erfahrung freiwillig vollzogene Konstitution einer Gemeinde, diese „Einung aus einem Geist" nennt er die „ursprüngliche Idee des Gemeingeistes."[50]

Die biblische Bundesidee spielte in der politischen Philosophie der Neuzeit eine prominente Rolle, auch Landauer steht in dieser Tradition. „Revolutionen kann es nur politische geben"[51], die eigentliche Regeneratio ist davon zu unterscheiden. Befreiung und Aufbruch aus Ägypten verlangen noch nichts vom Volk Israel, sie führen in die Wüste, oder, wie Spinoza formuliert, in den Zustand vorreligiöser, vorgesetzlicher, natürlicher Freiheit. Landauer beharrt auf dem gravierenden Unterschied zwischen der durch politischen Umsturz zu erreichenden negativen Freiheit und jener anderen, positiven Freiheit, die Landauer an den Gedanken des Bundes knüpft.[52] Der Sinai-Bund setzt zu moralischem Handeln fähige Akteure voraus. Sozialismus als Gesellschaftsordnung ohne Ausbeutung und Unterdrückung ist radikal bedingt, er wird getragen (der zentrale Einwand gegen die Marxisten) von freien, zu gerechtem Handeln fähigen und gewillten Individuen, deshalb haben die wahren Sozialisten die 'Schule der Seelen' zu durchlaufen, die für das Volk Israel die Exodus-Geschichte erzählt.

Erinnerung ...

Dem Begriff der Gerechtigkeit aber ist die Struktur der Erinnerung immanent. Landauer assoziiert damit die Figuren des großen Ausgleichs des antiken Judentums und Griechentums (Jobeljahr und Seisachtheia). In der *Revolutions*schrift heißt sie Utopie: „Jede Utopie ... setzt sich aus zwei Elementen zusammen: aus der Reaktion gegen die Topie, aus der sie erwächst, und aus der Erinnerung an sämtliche bekannte frühere Utopien."[53] Der Moment der historischen Erinnerung heißt Revolution. Den Erinnerungscharakter der Revolution hat Landauer ausführlich in seinem *Revolutions*-Essay dargetan. Hier wird das christliche Mittelalter als eine Epoche temporär gelungener, vom Glauben getragener Synthese von gesellschaftlicher Vielheit und bindend transzendentem Geist dargestellt. Aber auch hier repräsentieren die „Stammler, Erweckten und Einsiedler" die negative Bewegung des Geistes, vor der sich jeder große Glauben auch als leerer Wahn erweist.[54]

Menschheit, Dichter ...

Nicht nur den Beschränkungen der Zensur geschuldet ist in den Zeiten des Weltkriegs der rastlose 'Dienst' an den Großen der literarischen Tradition, deren keiner der kommenden Geschichte der Menschheit entbehrlich ist. In der Engführung: „Die kommende Geschichte der Menschheit ist vorgezeichnet in der Geschichte Goethes"[55] liegt eine messianische Perspektive: „Weil die Menschheit ein so schwacher Schüler ist, weil ihr der Weg von der Einsicht zum Willen und vom Willen zum instinktsicheren Tun so schwer fällt, darum verbraucht sie für sich wie für ihre Opfer und Schöpfer der Neubeginne, der Marterungen, der Versuche und Schiffbrüche die Fülle."[56] Ob Shakespeare, Stifter, Kleist, Jean Paul oder Hölderlin, ihre Sache ist perspektivisch die Sache der kommenden Menschheit. Mit der 'mythenschaffenden Kraft' der Dichter nimmt er die liegen gebliebene Stafette der Romantiker wieder auf, jedoch in bestem aufklärerischen Sinn. Zu Ehren des 220ten Geburtstags von Voltaire heißt es im Kriegsjahr 1914: „Zweihundertzwanzigste Geburtstage der großen Geister der

Menschheit zu begehen, mag sonst nicht üblich sein. Aber ein Jahr 1914 war auch noch nicht da, wo kleine Geister den schrecklichsten aller Kriege durch ein absonderliches Bardengebrüll verstärken wollen, [...] wo deutsche Schreiber sich nicht schämen, mitten im Kriege Nationen wie Frankreich und England zuzuschreien, sie hätten ihre geistige Rolle ausgespielt [...], wo der Bombast wütet und aus den Kriegsmännern des Deutschen Reiches Sendboten des Himmelreichs macht. Man muß die Feste feiern, wie sie fallen; und heute ist es Zeit, gegen Rausch und Raserei den Geist der Klarheit, der Nüchternheit, der Ironie anzurufen [...]."[57]

III

Trotz seiner Präsenz bei den Kongressen der sozialistischen Internationale, trotz der Freundschaft zu prominenten Anarchisten wie Elysée Reclus, Rudolf Rocker, Peter Kropotkin oder Domela Nieuwenhuis, trotz der europäischen Perspektive des *Sozialist* ("Wir halten es für unsere Aufgabe, ein internationales Organ zu sein [...], so wie wir hoffen, mit unserm Denken allmählich auch über die deutsche Sprachgrenze hinauszuwirken."[58]) blieb Landauers Wirkung im Anarchismus marginal.[59] Das liegt zum einen daran, dass die anarchistische Bewegung schon zu Zeiten Landauers romanisch orientiert war, zum anderen aber daran, dass Landauers theoretisches Profil trotz seiner frankophilen Vorlieben sich ganz wesentlich aus der Tradition der deutschen Klassik und Romantik speist, die außerhalb Deutschlands, zumal bei Anarchisten, wenig wahrgenommen wurde. Nach seinem Tod wurde Landauer vor allem durch Publikationen aus dem Umkreis der deutschen Anarchosyndikalisten auch international bekannt.[60]

Ein Denker am Rande, keiner politischen oder ideologischen Lagerbildung zuzurechnen, ist Landauer auch im deutschsprachigen Raum geblieben. Indes war er als Persönlichkeit wie mit seinem nichtmarxistischen, auf einem geistigen Anarchismus beruhenden Sozialismus bei den Intellektuellen der Weimarer Republik, vor allem bei der durch die Kriegserfahrung geprägte Generation, oft auch subkutan, präsent, eine in literarischen, autobiographischen oder brieflichen Zeugnissen dokumentierte Wirkung. Das Spektrum umfasst Zeitgenossen wie Julius Bab, Hermann Bahr, die Schauspielerin Tilla Durieux, Maximilian Harden, Karl Kraus und René Schickele, aber auch konservative Geister wie Ernst Niekisch oder Hans Blüher und politische Köpfe wie Theodor Heuß und Herbert Wehner. Unter den Schriftstellern sind neben den anarchistischen Bohèmiens Erich Mühsam, Emil Szittya, Oskar Maria Graf und Franz Jung auch Lion Feuchtwanger, Alfred Döblin oder Jakob Wassermann zu nennen, die ihm in ihren Romanen *Erfolg, November1918* oder *Faber oder die verlorenen Jahre* ein Denkmal setzen. Auch die junge expressionistische Generation kennt ihn, so Else Lasker-Schüler, Alfred Wolfenstein, Kurt Hiller, Kasimir Edschmid oder Ernst Toller. Anderen ist er lebenslang präsent wie Hugo Ball, Hermann Hesse, Arnold Zweig, Manès Sperber oder Paul Celan. In den zwanziger Jahren erschienen auch die wichtigen Editionen Martin Bubers. Neben den Anthologien *Beginnen* und *Der werdende Mensch*[61] ist hier vor allem die Briefausgabe *Ein Lebensgang in Briefen* zu nennen, die weit über ihre Zeit Landauers Bild geformt hat.

Mit Buber ging ein großer Teil von Landauers Leserschaft aus dem liberalen deutschjüdischen Bildungsbürgertum nach Palästina, nicht selten der sozialistischen bzw. zionistischen Jugendbewegung angehörend, Pioniere der Kibbuzbewegung wurden, wie etwa der Arzt Siegfried Lehmann mit dem Jugenddorf Ben Shemen, das zum Anlaufpunkt der Jugendaliga der 30er und 40er Jahre wurde. Einige gehören zu den Pionieren der Hebräischen Universität wie Ernst Simon, Jakob Sandbank oder Hugo Bergmann, anderen war er Wegbegleiter seit den Prager Studententagen wie Hans Kohn oder Robert Weltsch. Selbstverständlich hatten die bedeutenden Geister der deutsch-jüdischen Moderne – Franz Rosenzweig, Gershom Scholem, Ernst Bloch oder Walter Benjamin – Landauer gelesen.

Im deutschsprachigen Raum ist Landauer als Sozialist und als Jude von der Dekanonisierung durch die Vernichtungspolitik der Nationalsozialisten betroffen. Als sozialistischer Theoretiker entging er auch dem weitgehend marxistisch orientierten Interesse der Studentenbewegung.[62] Erst in den Folgejahren setzte mit dem Interesse an deutsch-jüdischer Geschichte und Literatur eine Rezeption ein. Ohne die geretteten Teile des literarischem Nachlasses wäre die in den 70er Jahren in Frankreich und den Vereinigten Staaten einsetzende wissenschaftliche Beschäftigung mit Landauer um sehr vieles ärmer.

IV

Neben diese historischen Gründe der vereitelten Wirkung scheint aber sein Oeuvre selbst sich der Kanonisierung seiner Epoche zu sperren. Die Situation des Außenseiters ist ein Motiv seines Schreibens, Fremdheit, Einsamkeit sind Metaphern seines Denkens. Die forcierte Individualität, die er jenseits jedes Geniekults an Goethe wahrnahm, war bei ihm selbst Ausdruck seiner jüdischen Existenz. Aus tiefer Distanz zur wilhelminischen Gesellschaft war er Aufrührer, Revolutionär und Ankläger, um schließlich in den Denktraditionen der Skepsis und Mystik Figuren zu finden, die seine Haltung fundierten. Der sprachkritische Furor der Negation, der skeptische Bruch und die aus den Quellen der Ekstatiker, Schwärmer und Mystiker gespeiste schöpferische Begeisterung waren für ihn wesentliche Elemente des Erkennens im Medium der Sprache. Auch Sozialismus als eine historische Möglichkeit war für ihn, wie alle Institutionen des objektiven Geistes, sprachlich verfaßt. Der Horizont seines messianischen Sozialismus speist sich aus den Quellen des biblischen Judentums und der christlichen Ketzer und Mystiker.

Bewußt bedient er sich der mündlichen und experimentellen Form: der Rede, des Aufrufs, des Essays, der These. Dieser letztlich poetische Kern seines Sozialismus und sein Insistieren auf dem „subjektiven Faktor", dem Modell eines aus den Quellen einer unterirdischen Geschichte der Seelen gespeisten Sozialismus, verweist auf die Literatur als einer Quelle sozialistischen Hoffnungspotentials.

Im experimentellen Charakter seines Oeuvres, dem Denken unter dem skeptischen Verdikt, in der daraus resultierende Reflexion auf die Form liegt Landauers Modernität, auch in seinem unkonventionellen Zugriff auf Traditionen wie die deutsche Romantik, die er im aufklärerischen Sinne wieder aufnahm. Gerade weil er als deutscher Jude in der Tradition der Aufklärung dachte, vermochte er ihre unterirdischen Gegenströmungen in ihrem Sinne aufzunehmen und weit über ihren Horizont hinaus in die Moderne auszulegen. Gerade darin aber war er Denker am Rande.

[1] *Vor fünfundzwanzig Jahren*, in: *Der Sozialist* 5, Nr. 12 (15.6.1913), S. 89-91, hier S. 90.

[2] Schülertagebuch und Jugendbriefwechsel: Internationaal Instituut voor Sociale Geschiedenis, Amsterdam, NL Gustav Landauer (im folgenden: GLAA). Unter den Monographien vgl. immer noch Lunn, Eugene: *Prophet of Community. The Romantic Socialism of Gustav Landauer*, Berkeley 1973.

[3] *Lebenskunst*, in: *Der Sozialist* 2 (1896), Nr. 40 bis 3 (1897), Nr. 23, aufgenommen in: *Macht und Mächte*, Berlin 1903 unter dem Titel *Arnold Himmelheber*.

[4] Das Briefgedicht 21.12.1889: GLAA 98 und *Ein Knabenleben*, in: *Das Magazin für Literatur* 60, Nr. 52 (26.12.1891), S. 821-825.

[5] *Der Todesprediger*. Roman, Dresden, Leipzig 1893.

[6] Lunn, a.a.O. (wie Anm. 2), S. 35ff., auch: Linse, Ulrich: *Organisierter Anarchismus im Deutschen Kaiserreich von 1871*, Berlin 1969, S. 154ff.

[7] Signatur g. l. Gustav Landauer im „Sozialist" (1892-1899), hg. von Ruth Link-Salinger, Frankfurt a. M. 1986.

[8] Dazu u. a. Cepl-Kaufmann, Gertrude, Kauffeldt, Rolf: *Berlin-Friedrichshagen. Literaturhauptstadt um die Jahrhundertwende*, O.O. 1994, S. 169-241.

[9] *Der Dichter als Ankläger*, in: *Der Sozialist* 8, Nr. 6 (5.2.1898). Zur Ziethen-Kampagne vgl. Delf, Hanna: Einleitung zu: *Gustav Landauer - Fritz Mauthner. Briefewechsel 1890-1919*, hg. von Delf, Hanna, München 1994, S. XXIV.

[10] Landauer verbüßte die Strafe im Strafgefängnis Tegel vom 18.8.1899 - 26.2.1900.

[11] *Meister Eckharts mystische Schriften*. In unsere Sprache übertragen von Gustav Landauer, Berlin 1903, hier zitiert nach dem Reprint von ²1920, Wetzlar 1978. Die Essays zur Sprachkritik wurden in überarbeiteter Form aufgenommen in: *Skepsis und Mystik. Versuche im Anschluß an Mauthners Sprachkritik*, Berlin 1903, hier zitiert nach dem Reprint von ²1923, Wetzlar 1978.

[12] *Anarchische Gedanken über Anarchismus*, in: *Die Zukunft* 10, Bd. 37, Nr. 4 (26.10.1901), S. 134-140.

[13] Walz, Annegret: „Ich will ja gar nicht auf der logischen Höhe meiner Zeit stehen" Hedwig Lachmann. Eine Biographie, Flacht 1993, S. 151ff. Landauer in dieser Zeit das Brieftagebuch Lebenswende: GLAA 117.

[14] Die *Neue Gemeinschaft* verstand sich als ein „Orden vom wahren Leben" im Sinne Nietzsches, Stirners und Giordano Brunos. Man wollte einen Ort „wahrer Menschheitskultur" mit „Natur- und Tempelbühnen" in freier Natur schaffen und Gegensätze des Denkens und Lebens überwinden. Es kam jedoch nur zur Anmietung einer Wohnung, später eines Grundstücks in Schlachtensee, wo man bis zur Auflösung der Gruppe (1904) neue Lebensformen erprobte: Cepl-Kaufmann, Kauffeldt: a.a.O. (wie Anm. 10), S.304-327.

[15] Friedrich Nietzsche, in: Ateneum, Helsongfors 3 (15.12.1900), S. 327-335, 4 (15.1.1901), S. 1-9, deutsch: Nietzsche ist für uns Europäer ... Zwei unveröffentlichte Aufsätze GLs zur frühen Nietzsche-Rezeption, hg. von Delf, Hanna, Teil 2, in: Zeitschrift für Religion und Geistesgeschichte 44 (1992), Heft 4, S. 303-321.

[16] In: Das Reich der Erfüllung. Flugschriften zur Begründung einer neuen Weltanschauung, hg. von Heinrich und Julius Hart, Leipzig 1901, Heft 2, S.45-68.

[17] Z.B. den Brief an Hedwig Lachmann vom 18.8.1900: *GL. Ein Lebensgang in Briefen* (2 Bde.), hg. von Martin Buber, Frankfurt a. M. 1929, Bd. 1, S. 72 und die Briefe in: *Landauer-Mauthner Briefwechsel*, a.a.O. (wie Anm. 10), S.42ff.

[18] Zu Bubers früher Philosophie vgl. Mendes-Flohr, Paul: *Von der Mystik zum Dialog. Martin Bubers geistige Entwicklung bis hin zu „Ich und Du"*, Frankfurt am Main 1978, hier weitere

Literatur. Landauer: *Martin Buber* (1913), in Landauer, Gustav: *Dichter, Ketzer, Außenseiter. Essays und Reden zu Literatur, Philosophie und Judentum*, hg. von Delf von Wolzogen, Hanna, Berlin 1996 (Werkausgabe 3), S. 162ff.

[19] Die Besprechung des *Baalschem* (1910) in: *Dichter, Ketzer*, a.a.O., ebd. S. 158f.

[20] *Aufruf zum Sozialismus*, Berlin 1911, hier zitiert nach der von Heinz-Joachim Heydorn hg. Ausgabe, Frankfurt a. M. 1967.

[21] *Die Revolution*, Frankfurt a. M. 1907 (Die Gesellschaft 13).

[22] Dreißig sozialistische Thesen, in: Die Zukunft 15, Bd. 58, Nr. 15 (12.1.1907), S.56-67, Die zwölf Artikel des Sozialistischen Bundes, in: Die Freie Generation 2, Heft 12 (6.1908), S.317-318 und Was will der Sozialistische Bund? in: Der freie Arbeiter 5, Nr.43 (24.10.1908), S.3/4. Einiges in: Beginnen. Aufsätze über Sozialismus, hg. von Martin Buber, Köln 1924.

[23] Reprint: *Der Sozialist*, 3 Bde., Vaduz 1980. Zur Geschichte des *Sozialistischen Bundes* vgl. Linse, Ulrich: *Organisierter Anarchismus*, a.a.O. (wie Anm. 6), S. 275-301.

[24] Buber, Martin: *Drei Reden über das Judentum*, Frankfurt a. M. 1911, gehalten vor dem Prager Studentenverein *Bar Kochba*, der das Sammelbuch *Vom Judentum* (1914) herausgab, hier auch Landauers *Sind das Ketzergedanken?*

[25] Lappin, Eleonore: Der Jude 1916-1918. Jüdische Moderne zwischen Universalismus und Partikularismus, Tübingen 2000.

[26] Das *Kiew*-Heft des *Sozialist* zur Ritualmordbeschuldigung gegen Mendel Beilis oder *Ostuden und deutsches Reich*, beide in: *Dichter, Ketzer*, a.a.O. (wie Anm. 19).

[27] Seine Briefe vom 29.9.1914, 2.11.1914 und vom 4.5.1915 in: *Landauer-Mauthner Briefwechsel*, a.a.O. (wie Anm. 10), S. 290ff. und 302.

[28] Zur 'Kriegsbuber'-Affäre bei Mendes-Flohr, a.a.O. (wie Anm. 19), S. 131ff.

[29] *An Romain Rolland* (1914) und *Zum Problem der Nation* (1915), beide in: *Dichter, Ketzer*, a.a.O. (wie Anm. 19).

[30] Erschienen sind die Bände *Briefe aus der Französischen Revolution*. Ausgewählt, übersetzt und erläutert von GL, 2 Bde., Frankfurt a. M. 1922.

[31] Die späten Essays in: *Dichter, Ketzer*, a.a.O. (wie Anm. 19). *Shakespeare*. Dargestellt in Vorträgen. Hg. von Martin Buber, 2 Bde., Frankfurt a. M. 1920

[32] Zu seiner Tätigkeit bei Matzigkeit, Michael: *Literatur im Aufbruch. Schriftsteller und Theater in Düsseldorf 1900-1933*, Düsseldorf 1990, S. 141-178, 248-251.

[33] Linse, Ulrich: Gustav Landauer und die Revolutionszeit 1918-19, Berlin 1974, Seligmann, Michael: Aufstand der Räte. Die erste bayrische Räterepublik vom 7. April 1919, 2 Bde., Grafenau-Döffingen 1989 und Matzigkeit, Michael (Hg.): „... die beste Sensation ist das Ewige" Gustav Landauer. Leben, Werk und Wirkung, Düsseldorf 1995, S. 267-291.

[34] Religiöse Erziehung, Neue Rundschau. Freie Bühne für modernes Leben 2, Heft 6 (11.2.1891), S.134-138.

[35] Gerhart Hauptmann und Die Zukunft und die Kunst in: Die neue Zeit 10 (1891/92), Bd. 1. Vgl. Delf, Hanna: „Nietzsche ist für uns Europäer ..." Zu Gustav Landauers früher Nietzsche-Lektüre, in: Jüdischer Nietzscheanismus, hg. von Stegmaier, Werner, Krochmalnik, Daniel, Berlin 1997, S. 209-227.

[36] *Die geschmähte Philosophie* (1893): Signatur: *g. l.*, a.a.O. (wie Anm. 7), S. 275-280, hier weitere Aufsätze zum Thema.

[37] In: *Der Sozialist* 5 (1895): *Signatur: g.l.*, a.a.O. (wie Anm. 7), S. 285-303. Während der Haft (1893/94) schrieb Landauer ein Tagebuch: *Aus meinem Gefängnis-Tagebuch*, in: *Der Sozialistische Akademiker* 1 (1895), Nr. 13, 14, 15, 17 und 18.

[38] Zur Entwicklungsgeschichte des Individuums I-V (1895/96): *Signatur: g.l.*, a.a.O. (wie Anm. 7), S. 317-349, hier: S. 332.

[39] *Durch Absonderung*, a.a.O. (wie Anm. 17), S. 48f.

[40] Vgl. seine Kritik an Harts *Überwindung der Gegensätze* und *Neuer Welterkenntnis* in: *Skepsis und Mystik*, a.a.O. (wie Anm. 12), die folgenden Seitenzahlen im Text hieraus, hier), S. 29–38.

[41] *Martin Buber* (1913), in: *Dichter, Ketzer*, a.a.O. (wie Anm. 19), S. 168.

[42] So im Vorwort zu *Meister Eckharts mystische Schriften*, a.a.O. (wie Anm. 12), S. 7ff.

[43] Mattenklott, Gert: *Gustav Landauer. Ein Portrait*, in: *Dichter, Ketzer*, a.a.O. (wie Anm. 19), S. XVf.

[44] Vorbemerkung zur ersten Auflage: *Aufruf*, a.a.O. (wie Anm. 21), S. 56.

[45] *Die Revolution*, a.a.O. (wie Anm. 22), S. 117.

[46] Zur zeitgenössischen Literatur in: *Jüdisches Lexikon*, hg. von Herlitz, Georg u.a., Berlin 1927, Bd. IV,1, Spalte 1133-1143. Auch Scholem, Gershom: *Religiöse Autorität und Mystik*, in: *Zur Kabbala und ihrer Symbolik*, Frankfurt a. M. 1974, S. 18ff.

[47] *Aufruf*, a.a.O. (wie Anm. 21), S. 184.

[48] *Der Sozialist* 2, Nr. 23/24 (15.12.1910), S. 188.

[49] Vgl. auch Walzer, Michael: *Exodus und Revolution*, Berlin 1988. Ausführlich ging Landauer auf die radikalen hugenottischen Vertragstheorien der *Vindiciae contra tyrannos* (1579) ein: *Die Revolution*, a.a.O. (wie Anm. 22), S. 68ff.

[50] *Aufruf*, a.a.O. (wie Anm. 21), S. 59.

[51] Ebd., S. 49.

[52] Hannah Arendt hebt auf den nämlichen Punkt ab: *Über die Revolution*, [1]New York 1963, München 1974.

[53] *Die Revolution*, a.a.O. (wie Anm. 22), S. 15.

[54] Landauer gebraucht hier ausdrücklich den Begriff „Wahn": ebd., S. 37ff.

[55] Ein Weg deutschen Geistes, in: Dichter, Ketzer, a.a.O. (wie Anm. 19), S. 23.

[56] Ebd., S. 26.

[57] *Zu Ehren Voltaires* mit einem Auszug aus Josef Popper (Lynkeus): *Das Recht zu leben und die Pflicht zu sterben*, in: *Der Sozialist* 6, Nr. 19 (1.12.1914), S. 145.

[58] Vorbemerkung zu Clair, Max: *Neue Formen des Streiks*, in: *Der Sozialist* 3, Nr. 7 (1.4.1911), S. 51.

[59] de Jong, Rudolf: Gustav Landauer und die internationale anarchistische Bewegung. In: Delf, Hanna, Mattenklott, Gert (Hg.): Gustav Landauer im Gespräch. Symposium zum 125. Geburtstag. Tübingen: 1997, S. 215-233, hier S. 223.

[60] Rocker, Rudolf: *Aus den Memoiren eines deutschen Anarchisten*, hg. von Melnikow, Magdalena und Duerr, Hans Peter, Frankfurt a. M. 1974. Nettlau Max: *Geschichte der Anarchie*. Bd. IV: *Die erste Blütezeit der Anarchie 1886-1894*, Vaduz 1981.

[61] Der werdende Mensch. Aufsätze über Leben und Schrifttum, Potsdam 1921.

[62] Mit Ausnahme von Heinz-Joachim Heydorn, vgl. die Neuedition des *Aufrufs* und die Anthologie *Zwang und Befreiung*, Köln 1968, jeweils mit instruktiven Essays.

REINER WIMMER

Simone Weil, Feuergeist

1. Einleitung

Simone Weil wurde am 3. Februar 1909 in Paris geboren und starb während des Zweiten Weltkriegs, nur 34 Jahre alt, am 24. August 1943 im Sanatorium von Ashford, Grafschaft Kent, England. Sie bekannte am Ende ihres kurzen Lebens, dass sie zu keiner besseren Zeit hätte leben können: Da alles verloren gegangen sei, was die Hoffnung mit den Begriffen der Vernunft, der Gerechtigkeit und der Heiligkeit verbunden habe, sei alles auf gänzlich neue Weise wiederzuentdecken und hervorzubringen. Damit meinte sie nicht nur die aktuelle Katastrophe des Zweiten Weltkriegs, sondern auch die latente, schleichende, aber mittlerweile uns allen geläufige Erfahrung des Verlusts an ästhetischer und emotionaler Verwurzelung in Natur und Kosmos, des Verlusts an gesellschaftlicher Verwurzelung in einem die leiblichen, seelischen und geistigen Bedürfnisse befriedigenden sozialen Verbund und politischen Gemeinwesen, schließlich des Verlusts an spiritueller und religiöser Verwurzelung in Gott.

Simone Weil hat in den zwölf Jahren ihres aufreibenden öffentlichen Lebens als Gymnasiallehrerin, als Gewerkschafterin und Streikführerin, als Fabrik- und Landarbeiterin, als Widerstandskämpferin gegen das Vichy-Regime und die deutschen Besatzer und als Beraterin der französischen Exilregierung unter General de Gaulle und Maurice Schumann in London ein wissenschaftliches Œuvre geschaffen, das seinesgleichen sucht. Sie selbst hat nur das tagespolitisch Aktuelle publiziert. Die meisten ihrer größeren gesellschafts-, politiktheoretischen und -kritischen Abhandlungen, alle ihre philosophischen und spirituellen Texte, ihre Arbeitshefte und ihre Korrespondenz wurden erst nach ihrem Tode veröffentlicht. Hier hat sich Albert Camus große Verdienste erworben, als er im Verlag Gallimard in der von ihm herausgegebenen Reihe *Espoir* ein halbes Dutzend Bände mit Texten von Simone Weil herausgab und so zunächst die französische, dann aber, durch Übersetzungen vermittelt, auch die deutsche und die britisch-amerikanische Öffentlichkeit auf die philosophische und religiöse Denkerin und die politische Aktivistin aufmerksam machte. Seither ist das Interesse an ihrer Arbeit und ihrem Leben nicht erloschen. Vielmehr hat gerade die von Simone Weil gelebte Einheit von Denken und Handeln, Reflexion und Praxis, Wissenschaftlichkeit und Spiritualität, Intellektualität und Emotionalität, Selbstbewusstsein und Hingabe, haben ihre in einem Descartsschen Geist der Klarheit und Kühle und mit Pascalscher Leidenschaft formulierten Gedanken eine eigentümliche und anhaltende Faszination ausgestrahlt. Ihr früher deutscher Übersetzer, der uns zu Beginn der 1950er Jahre mit dem spirituellen Werk Simone Weils bekannt machte, Friedhelm Kemp, bemerkte, dass sie uns „ein so bedeutendes wie einzigartiges Werk" hinterließ[1], und einer der prominentesten englischen Philosophen aus der Schule Wittgensteins, der kürzlich verstorbene Peter Winch, nannte sie „thinker of a radically innovative kind"[2]. Das gewaltige denkerische Werk Simone Weils, das innerhalb weniger Jahre entstand, harrt, zumindest in Deutschland, immer noch der philosophischen Aufarbeitung und Auseinandersetzung. Seit der deutschen Übersetzung ihrer Arbeitshefte in vier Bänden[3] und

seit dem Beginn des Erscheinens der kritischen Gesamtausgabe all ihrer Schriften in Paris –
von den geplanten 16 Bänden ist bisher die Hälfte erschienen[4] – sind dafür die entscheidenden Voraussetzungen geschaffen.

2. Leben und Werk

Simone Weils Eltern sind jüdischer Abkunft, stehen aber der Orthodoxie fern, so dass auch
die Tochter mit dem Judentum nicht näher vertraut wird. Der jüdischen Tradition, der hebräischen Bibel und dem sich ihrer Ansicht nach dort als Tyrann zeigenden Gott steht sie zeitlebens fremd, ja manchmal feindselig gegenüber. Der Vater Bernard ist Arzt und stammt aus
Straßburg, die Mutter Salomea, geborene Reinherz, stammt aus Rostow am Don, kommt aber
schon als Kleinkind nach Antwerpen und wohnt seit 1902 in Paris. Dort heiraten die Eltern
im April 1905. Ihr erstes Kind ist André, der am 6. Mai 1906 geboren wird. Dessen mathematische Talente zeigen sich schon früh, und seine Schwester beneidet ihn deswegen. Aber
sie hegen eine herzliche Zuneigung zueinander und bleiben zeit des kurzen Lebens von Simone in enger Verbundenheit. André wurde einer der bedeutendsten Mathematiker des 20.
Jahrhunderts und starb 92jährig im August 1998 in Princeton, New Jersey, USA.

Mit zehn Jahren besucht Simone Weil das Lycée Fénelon in Paris, mit fünfzehn besteht
sie das Bakkalaureat in Latein und Griechisch, mit sechzehn das in Philosophie. Im An-
schluss hieran studiert sie am Lycée Henri IV. vor allem Philosophie bei Émile Chartier,
genannt ‚Alain‘, der auf die Methode ihres Philosophierens großen Einfluss ausübt. Erste
Aufsätze kann sie in Alains Zeitschrift *Libres Propos* publizieren. Ab 1928 besucht sie die
École Normale Supérieure und schließt ihr Studium 1931 mit einem Staatsexamen ab, das sie
zum Gymnasialunterricht befähigt und berechtigt. Im Herbst tritt sie ihre erste Stelle an einer
Mädchenoberschule in Le Puy an, dem Hauptort des französischen Zentralmassivs.

Schon während der Schulzeit hatte sich Simone Weil für die Belange der arbeitenden
Bevölkerung eingesetzt. Sie nahm Kontakt zu Gewerkschaftern auf, beteiligte sich an Wei-
terbildungskursen für Arbeiter und Arbeiterinnen, setzte sich in Diskussionen und Artikeln
mit der sozialen Benachteiligung der Arbeiterschaft auseinander. In Le Puy intensiviert sie
ihre Aktivitäten, macht sich die Forderungen der streikenden Arbeiter und der Arbeitslosen
zu eigen und führt die Protestmärsche an, wodurch sie in der Stadt einen Skandal hervorruft.
Die lokale Presse hetzt gegen sie, beschimpft sie als Agentin Moskaus. In Anspielung auf die
Jungfrau von Orléans nennt man sie „die rote Jungfrau“. Man beantragt ihre Strafversetzung
zunächst bei der Schulbehörde des Départements, dann beim zuständigen Ministerium in
Paris. Doch die Interventionen haben zunächst keinen Erfolg. Sie lässt sich dann doch, allerdings freiwillig, nach Auxerre, das in Burgund liegt, versetzen.

Im August und September 1932 reist Simone Weil nach Deutschland, um die politische
Situation zu analysieren. Über ihre Erfahrungen schreibt sie eine Reihe von Beiträgen in
linken Gewerkschaftszeitungen. Diese Berichte bestechen durch ihre sprachliche Klarheit und
die eindringende Kraft ihrer Analyse. Sie machen Simone Weil in den linken Kreisen Frankreichs bekannt. Auch die theoretischen Schriften aus dieser Zeit – z.B. „Gehen wir einer
proletarischen Revolution entgegen?“ (1933) oder ihre ausgedehnten „Reflexionen über die
Ursachen der Freiheit und sozialen Unterdrückung“ (1934) – spiegeln den tiefen Ernst und
die außerordentliche geistige Kraft Simone Weils[5].

Im Herbst 1934 lässt sie sich vom Schulunterricht beurlauben. Sie macht einen ihrer seit
langem gehegten Wünsche wahr und wird Hilfsarbeiterin in verschiedenen Fabriken, um die

Bedingungen zu studieren, unter denen Arbeiter und Arbeiterinnen zu existieren haben. Zunächst ist sie in einer Elektrofirma tätig, wird jedoch bald entlassen, nimmt nach Wochen der Arbeitslosigkeit eine Tätigkeit in einem metallverarbeitenden Betrieb auf, wird auch hier wieder entlassen und erhält schließlich nach einer Zeit erneuter Arbeitslosigkeit eine Stelle bei Renault. Meist muss sie im Akkord arbeiten, und zwar als Packerin, am Schmelzofen, an der Stanzmaschine oder als Fräserin. Der Zehnstundentag zehrt sie auf; häufig ist sie am Ende ihrer Kraft. Ihre Erfahrungen hält sie in einem Tagebuch fest, das ein einzigartiges Dokument darstellt. Zusammen mit anderen Schriften erschien es 1978 auch in deutscher Übersetzung[6].

In einem mehr als zwanzig Seiten umfassenden Brief, den Simone Weil ein gutes Jahr vor ihrem Tod kurz vor der Abreise mit ihren Eltern nach Amerika dem Dominikanerpater Perrin schreibt, kommt sie auf die für sie unvergessliche Fabrikerfahrung zu sprechen: „Dort ist mir für immer der Stempel der Sklaverei aufgeprägt worden, gleich jenem Schandmal, das die Römer den verachtetsten ihrer Sklaven mit glühendem Eisen in die Stirn brannten. Seither habe ich mich immer als einen Sklaven betrachtet". Ihr sei aufgegangen, „daß das Christentum vorzüglich die Religion der Sklaven ist und daß die Sklaven nicht anders können als ihm anhängen, und ich unter den übrigen"[7]. Aus dieser Berührung mit dem körperlichen und sozialen Elend der Menschen erwächst Simone Weil nach einer atheistischen Phase in ihrer Jugend eine persönliche Verbundenheit mit Christus, der sich ihr in den folgenden Lebensjahren mit wachsender Intensität kundtut.

Im Herbst 1935 tritt Simone Weil die ihr vom Unterrichtsministerium zugewiesene Stelle als Lehrerin am Mädchenlyzeum in Bourges an. Sie lehrt Psychologie und Moralphilosophie. Auch hier nimmt sie Kontakt zu Gewerkschaftern, aber auch Unternehmern auf, um Bildungs- und Reformbestrebungen zu unterstützen. Um auch das Leben der Bauern und Landarbeiter kennenzulernen, arbeitet sie im März und April 1936 auf einem Bauernhof. Sie achtet darauf, dieselben schweren Arbeiten zu verrichten, wie die Bauersleute selber, und lehnt jede Art Erleichterung ab, die man ihr verschaffen möchte.

Bei den Wahlen am 5. Mai 1936 in Frankreich geht die ‚Volksfront' als Siegerin hervor, zu der sich die Sozialisten, die Kommunisten und die 1935 gegründete sozialistisch-republikanische Union zusammengeschlossen hatten. Die erste Volksfront-Regierung wird von Léon Blum geführt; er regiert ein Jahr lang und kann, obwohl die kommunistische Partei ihre Mitarbeit verweigert und zur Unterstützung ihrer Politik Streiks und Fabrikbesetzungen durchführt, eine Reihe wichtiger sozialer Maßnahmen durchsetzen: die Vierzigstundenwoche, bezahlten Urlaub, Lohnerhöhungen, obligatorisches Schiedsgericht in Arbeitskonflikten, betriebliche Mitbestimmung, die Nationalisierung der Bank von Frankreich und der Rüstungsbetriebe sowie die Auflösung faschistischer Organisationen.

Im Juli 1936 bricht in Spanien der Bürgerkrieg aus. Das Militär, gestützt auf Monarchisten, die katholische Kirche und die faschistische Falange, erhebt sich gegen die Volksfrontregierung, die aus Republikanern, Sozialisten, Kommunisten und Syndikalisten besteht, aber nur die großen Städte im Norden und Osten einschließlich Madrid, einen Teil des Baskenlandes sowie Katalonien und Neukastilien kontrolliert, während die Nationalisten und Faschisten den Nordwesten, Westen und Südwesten des Landes beherrschen. Bekanntlich war der Spanische Bürgerkrieg *das* große Vorspiel für den Zweiten Weltkrieg. Ausländische Mächte, allen voran Deutschland auf der einen, die Sowjetunion auf der anderen Seite, greifen ein und erproben ihre neuesten Waffen. Flugzeuge der Legion Condor bombardieren spanische Städte, internationale Freiwilligenbrigaden – ihre Gesamtzahl beläuft sich auf etwa 60000 –

kämpfen für die Volksfront. Auch Simone Weil entscheidet sich für den Kampf mit der Waffe. Anfang August reist sie nach Barcelona und schließt sich Verbänden der Anarcho-Syndikalisten in Katalonien an. Sie lässt sich ausbilden, aber ein Unfall – sie verbrüht sich den linken Fuß durch siedendes Öl – macht ihrem Engagement ein rasches Ende. Nach einem Lazarettaufenthalt in Barcelona ist sie zwei Monate nach Beginn ihres Spanienabenteuers wieder in Frankreich.

Simone Weil ist durch die Strapazen und den Unfall in Spanien so geschwächt, dass sie den Schulunterricht im Herbst nicht aufnehmen kann. Erst im darauf folgenden Jahr, Oktober 1937, beginnt sie wieder zu unterrichten, und zwar am Mädchenlyzeum in Saint-Quentin. In der Zwischenzeit sucht sie sich zu regenerieren und sich auch geistig nach ihren Erfahrungen bei der Fabrikarbeit und auf dem Kriegsschauplatz Spanien neu zu orientieren. Sie verfasst im Auftrag des sozialistischen Gewerkschaftsbundes einen Bericht über die soziale Situation der Arbeiter im nordfranzösischen Industriegebiet, beschäftigt sich mit der Neuordnung der Betriebs- und Arbeitsorganisation und schreibt eine Reihe politischer Artikel, in denen sie das Problem von Krieg und Frieden unter verschiedenen Hinsichten behandelt: einmal in Detailanalysen, etwa über die französische Kolonisation Marokkos oder Indochinas, dann aber auch in eher philosophischen Erörterungen über dehumanisierende Gewalt und die Nichtigkeit der meisten Anlässe für völkermordende Kriege, die auf Grund eines grenzenlosen Prestigebedürfnisses ihr Ende nur noch in der allgemeinen Erschöpfung der Kontrahenten finden. Vor allem der zweiteilige Artikel „Ne recommençons pas la guerre de Troie!" („Beginnen wir nicht wieder den Trojanischen Krieg!"), erschienen in den Nummern 2 und 3 der *Nouveaux Cahiers* vom 1. und 15. April 1937, welcher den Untertitel trägt „Pouvoir des mots" („Macht der Wörter"), thematisiert die Nichtigkeit der Kriegsziele: wie um den Schatten der Helena ein jahrzehntelanger Kampf tobte[8]. Mit dieser Arbeit, deren Thematik sie noch einmal in einer Analyse der *Ilias* als „Dichtung der Gewalt" 1939 für die *Nouvelle Revue Française* aufgreift und erweitert[9],

„erreicht Simone Weil ein neues Stadium ihrer geistigen Entwicklung. In ihrem kraftvollen, ironischen Artikel verhöhnt sie Macht, Nationalismus und Patriotismus viel eindeutiger als je zuvor und geht dabei weit über die Ideologie des Pazifismus hinaus. Sie erreicht hier ihre wahre Tiefe als politische Denkerin: Die Vergangenheit entschlüsselt den Sinn der Gegenwart und erhält selbst von der letzteren ihre Bedeutsamkeit in historischer Perspektive. Diese Reflexionen, die die für Simone Weil so charakteristische prophetische Glut ausstrahlen, vermitteln gleichzeitig einen bemerkenswerten inneren Frieden, der von der Anschauung einer jenseitigen Welt herzurühren scheint"[10].

Von April bis Juni 1937 reist Simone Weil nach Italien: Mailand, Bologna, Ferrara, Ravenna, Florenz, Rom, Assisi. Sie steht voll Bewunderung vor den Erzeugnissen der griechisch-römischen Kultur, des christlichen Mittelalters und der Renaissance. Sie dringt tief in die geistige Bedeutung der Kunstwerke ein, wie ihre Briefe an die Eltern bezeugen. In dem schon erwähnten autobiographischen Brief an Pater Perrin berichtet sie von einer neuerlichen religiösen Erfahrung:

„Im Jahre 1937 verbrachte ich zwei wunderbare Tage in Assisi. Als ich dort in der kleinen romanischen Kapelle aus dem zwölften Jahrhundert von Santa Maria degli Angeli, diesem unvergleichlichen Wunder an Reinheit, wo der heilige Franziskus so oft gebetet hat, allein war, zwang mich etwas, das stärker war als ich selbst, mich zum erstenmal in meinem Leben auf die Knie zu werfen"[11].

Im Oktober 1937 beginnt sie, an der Mädchenmittelschule von Saint-Quentin, einer Industrie- und Arbeiterstadt 100 km nördlich von Paris, zu unterrichten. Doch schon nach wenigen Monaten muss sie sich erneut beurlauben lassen – Kopf- und Nervenschmerzen zwingen sie dazu. Die Kar- und Ostertage 1938 verbringt sie zusammen mit ihrer Mutter in der Benediktinerabtei von Solesmes in Nordfrankreich, wo beide am gesamten Offizium der Mönche teilnehmen. Sie verlässt das Kloster als jemand, dem Christus begegnet ist. Die einzigartige Bedeutung dieser Tage für den Rest ihres Lebens – bis zum Tod als Vierunddreißigjährige sind es noch fünfeinhalb Jahre – wird am besten durch ihre eigene Schilderung beleuchtet, die sie in ihrer „autobiographie spirituelle" für Pater Perrin gegeben hat[12].

Simone Weils religiöse Tiefenerfahrungen vermindern keineswegs ihr Interesse an der Politik. Sie begleitet die aktuellen Ereignisse, wie gewohnt, mit grundsätzlichen Reflexionen, vor allem die sich durch Hitlers Machtpolitik dramatisch zuspitzende Situation in Europa, aber auch die französische Kolonialpolitik, deren baldiges Ende sie erhofft, und zwar einerseits als Folge von Aufständen der einheimischen Bevölkerung, andererseits als Folge der sich anbahnenden Konfrontation mit Hitler-Deutschland, wodurch Frankreich die Kraft fehlen werde, sein ausgedehntes Kolonialreich zu erhalten.

Im Sommer 1939 beantragt Simone Weil erneut einen zwölfmonatigen Urlaub beim Unterrichtsministerium, der ihr gewährt wird. Sie beschäftigt sich mit den Möglichkeiten des Widerstands gegen das kriegerische Deutschland und denkt über die Ursachen von Diktaturen nach. Die staatliche Zensur verhindert teilweise die Veröffentlichung dieser Überlegungen.

Am 10. Mai 1940 beginnt die deutsche Offensive an der Westfront. Der Widerstand französischer Truppen bricht schnell zusammen, schon am 14. Juni wird Paris kampflos besetzt – Simone Weil hatte gehofft, man werde die Hauptstadt militärisch verteidigen. Sie verlässt Paris und setzt sich nach Nevers ab, wird dabei aber von den deutschen Truppen überholt. Trotz einer Wunde am Knöchel überquert sie die Demarkationslinie zwischen dem besetzten und dem unbesetzten Teil Frankreichs zu Fuß und hält sich mit ihren Eltern zwei Monate in Vichy zur Ausheilung der Wunde auf. Dort verfasst sie ein Drama, ihr einziges, das aber Fragment bleibt: „Venise Sauvée", „Das gerettete Venedig", der dichterische Ausgangspunkt für ein neues Thema in ihren philosophischen Reflexionen, nämlich das der Entwurzelung des Menschen und seiner erneuten Einwurzelung in die Natur und die menschliche Gemeinschaft.

Am 14. Mai 1942 bricht Simone Weil mit ihren Eltern von Marseille aus über Algier und Casablanca nach New York auf, wo sie am 6. Juli ankommen. Simones Ziel war nicht eigentlich Amerika, sondern England. Sie begleitete ihre Eltern nur und suchte dann nach einer Gelegenheit, um nach London zu kommen und sich dort den Forces de la France Libre zur Verfügung zu stellen. Ihr sehnlichster Wunsch war es, als Untergrundkämpferin in das durch die deutschen Truppen besetzte Vaterland geschickt zu werden. Aber natürlich konnte und wollte man ihrem Wunsch nicht entsprechen. So machte sie sich auf andere Weise nützlich: Sie dokumentierte und analysierte die politischen Informationen, die sich auf Frankreich bezogen, und die Vorschläge, die für eine zukünftige Nachkriegsordnung in Frankreich gemacht wurden – und auch sie selbst trat mit solchen Vorschlägen hervor. Sie verfasst eine Reihe von Memoranden, die in dem Band *Écrits de Londres*[13] gesammelt sind, so z.B. über die Berechtigung einer provisorischen Regierung, über die Aufhebung der politischen Parteien oder über die Begriffe des gerechten Kampfes, der Revolution und der Person. Sie arbeitet an Entwürfen für eine neue Verfassung und an einer neuen Erklärung der Menschenrechte, die statt des Begriffs des Rechts den der Pflicht in den Vordergrund rückt – ein Anliegen, das in den neueren Debatten um die Auslegung der Menschenrechte vor allem von den ost- und südostasiatischen Regierungen vertreten wird[14]. Simone Weil konzipiert ihre „Studie für eine Erklärung der Pflichten gegen das menschliche Wesen"[15] als Gegenstück zur Erklärung der Menschenrechte durch die französische Nationalversammlung von 1789/90. Diese Studie enthält in ihrem zweiten Teil eine Kurzfassung von Gedanken über die „Bedürfnisse der menschlichen Seele". Diese Gedanken führt Simone Weil in einem großen Werk aus, das als ihr „politisches und geistiges Testament" bezeichnet werden kann[16], das sie aber nicht mehr vollendet. Es trägt den Titel *L'Enracinement, Die Einwurzelung*[17]. In ihm gelangen die gedankliche Arbeit und der moralische Kampf eines trotz seiner Kürze im Letzten erfüllten Lebens zur Synthese und damit zu einem gewissen Abschluss.

Am 14. April 1943 kommt Simone Weil nicht wie sonst ins Büro des Kommissariats der Aktion für Frankreich zur Arbeit. Ihre Freundin Simone Deitz, von ihrer Abwesenheit beunruhigt, sucht sie in ihrer Wohnung auf und findet sie in einem völlig entkräfteten Zustand vor. Die Freundin lässt gegen Simones Widerstand einen Arzt kommen, der sie ins Krankenhaus einweist. Dort stellt man Lungentuberkulose fest. Sie ist so geschwächt, dass sie sich kaum bewegen kann. Trotzdem lehnt sie fast jede Nahrungsaufnahme ab und begründet dies mit dem Hunger und Elend der französischen Kriegsgefangenen und Kinder. Da sie jede Behandlung oder auch nur Kooperation ablehnt, betreibt der verantwortliche Arzt ihre Verlegung. Sie wird in das Grosvenor-Sanatorium in Ashford, Grafschaft Kent, verlegt. Aber auch hier weigert sie sich hartnäckig, Nahrung zu sich zu nehmen. So ist ihr Ende abzusehen: Am 24. August spät abends stirbt sie. Als Todesursache wird „Versagen des Herzens infolge Herzmuskelschwäche, verursacht durch Hunger und Lungentuberkulose" angegeben. Sie wird am 30. August auf dem Friedhof von Ashford beigesetzt.

3. Zu Simone Weils philosophischem Denken

Hier kann es nicht um eine Gesamtdarstellung ihres philosophischen und spirituellen Denkens gehen, aber auch eine bloße Aufzählung von Themen und Begriffen wäre reizlos und unergiebig. Stattdessen sei ein einziges, aber zentrales Thema ihres Denkens aufgegriffen und ein Stück weit systematisch entfaltet. Der Gegenstand der Untersuchung seien die anthropologischen Wurzeln unserer moralischen Lebensform.

Wenn Simone Weil sich mit den anthropologischen Wurzeln der menschlichen Kultur beschäftigt, verankert sie ihre begrifflichen Analysen *phänomenologisch*. Das sei an einem Textbeispiel illustriert. In ihrem Essay „Die *Ilias*: Dichtung der Gewalt" geht sie u.a. den Wurzeln unseres gerechten und ungerechten Verhaltens gegenüber unseren Mitmenschen nach:

> „Die Menschen in unserer Umgebung üben durch ihre bloße Anwesenheit eine einzig und allein ihnen zugehörige Kraft aus, jede Bewegung, die unser Körper andeutet, aufzuhalten, abzuschwächen oder zu verändern. Jemand, der unseren Weg kreuzt, lenkt unsere Schritte nicht in derselben Weise ab wie ein Straßenschild; wer aufsteht, herumgeht oder sich wieder hinsetzt, tut es, wenn er allein in seinem Zimmer ist, niemals in genau derselben Weise wie dann, wenn er Besuch hat"[18].

Das heißt: Spontan, vor jeder Überlegung oder absichtsvollen Handlung verhalten wir uns anders, wenn ein Mensch in unserer unmittelbaren Nähe ist oder wir seine Nähe zumindest vermuten. Tiere veranlassen uns in diesem Sinne nicht zu einer Änderung unseres Verhaltens, Dinge und Sachen überhaupt nicht. Unsere charakteristischen Reaktionen auf andere Personen beruhen somit nicht auf irgendeiner Theorie, die wir über sie aufgestellt hätten, sei es eine behavioristische, mentalistische oder intentionalistische Theorie, eine Theorie über ihre Bewusstheitszustände, ihr wahrscheinliches zukünftiges Verhalten oder ihre physiologische Verfassung. Wir können jedoch diese spontane Reaktion auf die Anwesenheit von Menschen durchkreuzen: Bewusst und absichtsvoll können wir einen Mitmenschen zu einer Sache machen. Das bringt Simone Weil in der Fortsetzung des obigen Zitats so zum Ausdruck:

> Jener angedeutete „undefinierbare Einfluss der menschlichen Gegenwart geht nicht von Menschen aus, denen eine ungeduldige Bewegung das Leben rauben kann, ehe noch der Gedanke Zeit hatte, sie zum Tode zu verurteilen. Als seien sie nicht da, so bewegen sich die anderen vor ihnen; und sie selbst, bedroht, in einem Augenblick in nichts verwandelt zu werden, ahmen dieses Nichts nach. Gestoßen, stürzen sie; gestürzt, bleiben sie liegen, bis zufällig jemandem der Gedanke kommt, sie aufzuheben. Aber doch werden diese Flehenden, wenn sie Erhörung finden, wieder Menschen wie andere. Es gibt Unglücklichere, die, ohne zu sterben, für ihr ganzes Leben ein Ding geworden sind. Dass ein Mensch ein Ding wird, ist ein logischer Widerspruch; wo aber dieses Unmögliche Wirklichkeit wird, bedeutet es ein Zerreißen der Seele. Immer und immer wieder möchte dieses Ding ein Mann, eine Frau sein, und nie gelingt es ihm. Das ist ein Tod, der das ganze Leben durchsetzt, ein Leben, das er hat erstarren lassen, lange ehe er es ausgelöscht hat"[19].

Damit formuliert Simone Weil das spontane Selbstgefühl dessen, der auf Dauer zu einer Sache gemacht, zu einem Ding erniedrigt wird. In ihrem Werk ist dies das Signum der Sklaverei (wobei es ihr nicht um die kontingenten äußeren Umstände geht, die wechseln mögen zwischen eher erträglichen und ganz und gar unerträglichen Bedingungen, sondern um das Grundsätzliche der Situation). An ihr macht sie einen Widerspruch aus, der sich im Selbstgefühl und Selbstbewusstsein des versklavten Menschen von einer Schärfe und Unversöhnlichkeit zeigt, wie es sie eigentlich nur im logischen Widerspruch zu geben scheint: ein die Seele, die Existenz zerreißender Widerspruch. Er beruht auf der spontanen, unveräußerlichen Selbstwahrnehmung und Selbsteinschätzung eines Menschen einerseits und der ihm aufgezwungenen, dann aber u.U. verinnerlichten Fremdwahrnehmung und Fremdeinschätzung andererseits. Hat Simone Weil Recht damit, jenes Selbstwertgefühl als ein anthropologisches Grunddatum anzusehen?

Plausibel erscheint ihr Standpunkt vor dem Hintergrund konkreter Tätigkeiten und Instanzen zuschreibbarer Akte der Ignorierung, Instrumentalisierung, Verdinglichung. Aber wie steht es mit quasi-objektiven Macht- und Gewaltverhältnissen z.B. ökonomischer Art, die ebenfalls Menschen zu Dingen herabwürdigen? Sind solche Verhältnisse, ideologisch oder naturalistisch oder religiös legitimiert, nicht im Stande, besagten Widerspruch erst gar nicht entstehen zu lassen, weil man von vornherein in fundamentalem Einverständnis mit den versklavenden Verhältnissen lebt? An dieser Stelle führen jene Analysen und Erörterungen weiter, die Simone Weil in ihrem schon erwähnten Fabriktagebuch, in ihren politischen Schriften der dreißiger Jahre – hier sind vor allem ihre „Reflexionen über die Ursachen der Freiheit und sozialen Unterdrückung"[20] bedeutsam – und in ihrem letzten Werk über die Einwurzelung angestellt hat. Doch diesen weiterführenden Überlegungen kann ich – aus Raumgründen – hier nicht mehr folgen[21].

4. *Zu Wirkungsgeschichte und Würdigung von Simone Weils Denken*

Während im Frankreich der fünfziger Jahre in rascher Folge eine Fülle von nicht nur spirituellen, sondern gerade auch gesellschaftstheoretischen und -kritischen Texten Simone Weils
erschien, erfolgte die Rezeption in Deutschland trotz Heinz Aboschs Bemühungen[22] doch
recht einseitig mit fast ausschließlicher Betonung der religiösen Dimension ihres Werks. Und
was seine philosophische Dimension betrifft, so blieb sie im Unterschied zum angelsächsi-
schen Raum, in dem sich vor allem Vertreter der Wittgenstein-Schule in ersten Schritten der
Philosophie Simone Weils näherten[23], in Deutschland unterbelichtet[24]. Dagegen wurden sogar
Mitschriften ihres Philosophieunterrichts am Lyzeum in Roanne ins Englische übersetzt[25].
 Von 1941 an bis zu ihrem Tode trug Simone Weil Einfälle, Reflexionen, Lesefrüchte in
Hefte ein. 18 dieser Arbeitshefte sind aus dieser Zeit überliefert. Die in Marseille geschriebenen übergab sie vor der Abreise mit ihren Eltern nach Amerika Gustave Thibon, der 1947
eine nach Themen systematisierte und aphoristisch pointierte Auswahl aus diesen Texten
unter dem Titel *La pesanteur et la grâce* herausgab[26]. Dieser Band machte die französische
Öffentlichkeit mit der spirituellen Dimension ihres Denkens bekannt, und die fünf Jahre
später in Deutschland unter dem Titel *Schwerkraft und Gnade* erschienene Übersetzung
weckte auch in Deutschland das Interesse an Simone Weil, das sich zunächst auf die religiöse
Dimension beschränkte. So bekannt dieser Einblick in ihre spirituelle Lebenswelt wurde – in
Deutschland erlebte *Schwerkraft und Gnade* über die Jahre hin vier Auflagen –, so umstritten
war diese Auswahl, weil sie den Charakter ihrer Notizen verfälschte: Statt der Spontaneität
und Unfertigkeit des Notierten und der Zufälligkeit und Wechselhaftigkeit der Themen und
Thesen gewann man den Eindruck des gedanklich Zugespitzten und sprachlich Ausgefeilten.
Dieser Eindruck wurde erst durch die von 1951 bis 1956 erfolgende dreibändige Ausgabe der
Cahiers selbst korrigiert[27]. Die in New York und London geschriebenen Arbeitshefte, die
Thibon in seiner Auswahl nicht berücksichtigen konnte, erschienen 1950 unter dem Titel *La
connaissance surnaturelle*[28]. Alle diese Arbeitshefte wurden von Elisabeth Edl und Wolfgang
Matz übersetzt und vom Hanser-Verlag zwischen 1991 und 1998 in vier Bänden herausgege-
ben – eine bemerkenswerte übersetzerische und verlegerische Leistung[29].
 Warum ist es nicht abseitig, Simone Weil als ‚*Denkerin am Rande*‘ zu bezeichnen? Der
wesentliche Grund besteht in der Eigenständigkeit ihres reifen Denkens, nachdem sie die
Themen und Methoden ihres Lehrers Alain hinter sich gelassen hatte. Natürlich rezipiert sie
ständig literarische, philosophische, religiöse Texte, exzerpiert sie und sucht sie gedanklich
zu durchdringen. Ständig ist sie dabei, ihren Horizont zu erweitern, vor allem auch auf fremde Kulturen hin. Dort aber, wo sie sich nicht durch Lektüre, sondern durch ihre eigenen gesellschaftlichen, zeitgeschichtlichen, philosophischen und religiösen Erfahrungen anregen
lässt, denkt sie ganz selbstständig, ohne Geländer, ohne Rückgriff auf anerkannte philosophische Autoritäten, und zwar in einer Diktion, die Einwände nicht zuzulassen scheint, dringt
aber zu Einsichten vor, die sich wegen ihrer Neuheit und Grundsätzlichkeit nicht leicht an-
eignen lassen. Deshalb halten sich viele Darstellungen an die interessante Außenseite der
Persönlichkeit und des Lebens Simone Weils und scheuen das Eindringen in ihre an der
Oberfläche – wegen der sprachlichen Brillanz und der Apodiktizität der Aussagen – als leicht
und luzide erscheinenden Gedanken[30].

[1] Nachbemerkung von Friedhelm Kemp zu: Simone Weil: Zeugnis für das Gute. Spiritualität einer Philosophin, Zürich/Düsseldorf 1998, 285.

[2] Winch, Peter: Simone Weil: „The Just Balance", Cambridge UK/New York 1989, 1. – Eine ausführliche Besprechung von Winchs Buch aus meiner Hand findet sich in: Philosophische Rundschau 39 (1992), 59-64.

[3] Weil, Simone: Cahiers/Aufzeichnungen, I-IV, München/Wien 1991-1998.

[4] Weil, Simone: Œuvres complètes. Edition publiée sous la direction d'André A. Devaux et de Florence de Lussy, vol I etc., Paris 1988 etc.

[5] Die Deutschland-Berichte und die beiden genannten Abhandlungen sind auf Deutsch in dem von Heinz Abosch herausgegebenen Sammelband: Unterdrückung und Freiheit. Politische Schriften, München 1975, erschienen.

[6] Weil, Simone: Fabriktagebuch und andere Schriften zum Industriesystem, übers. u. hrsgg. v. Heinz Abosch, Frankfurt a.M. 1978. – Über das Fabriktagebuch schrieb Hannah Arendt: „Man kann fast ohne Übertreibung sagen, daß Simone Weils […] Buch einzigartig in der ungeheuren Literatur über die Arbeitsfrage ist, weil es ohne Vorurteile, ohne Sentimentalitäten und ohne Glorifizierungen einfach Erfahrungen beschreibt und interpretiert" (Vita activa oder Vom tätigen Leben, Stuttgart 1960, 345: Anm. 83 zu S. 118).

[7] Weil, Simone: Das Unglück und die Gottesliebe, München 1953, 48f.; auch in: Zeugnis für das Gute (s. Anm. 1), 109f; frz. Original: Attente de Dieu, Paris 1966, 42f.

[8] In: Écrits historiques et politiques, Paris 1960, 256-272, und in: Œuvres complètes II: Écrits historiques et politiques 3, Paris 1989, 49-66.

[9] L'*Iliade*, ou le poème de la force, in: La source grecque, Paris 1953, 11-42, und in: Œuvres (s. vorige Anm.), 227-253; dt. Teilübersetzung: Die *Ilias*, Dichtung der Gewalt, in: Merkur 5 (1951), Nr. 36, 115-126.

[10] Cabaud, Jacques: Simone Weil: Die Logik der Liebe, Freiburg/München 1968, 171.

[11] A.a.O. (s. Anm. 7), 49 bzw. 110 (frz.: 43).

[12] A.a.O. (s. Anm. 7), 49-52 bzw. 110-113 (frz.: 43-46).

[13] Écrits de Londres et dernières lettres, Paris 1957.

[14] Der Inter-Action Council, ein weltweiter Zusammenschluss ehemaliger Staatsmänner, zu dem auch Helmut Schmidt gehört, möchte die UNO veranlassen, eine „Allgemeine Erklärung der Menschenpflichten" zu verabschieden. Vgl. Schmidt, Helmut (Hrsg.): Allgemeine Erklärung der Menschenpflichten. Ein Vorschlag, München/Zürich 1997. Ein Ausschnitt der deutschen Debatte ist dokumentiert in: ZEIT-Dokument 1 (1998): Menschenrechte/Menschenpflichten.

[15] Étude pour une déclaration des obligations envers l'être humain, in: Écrits de Londres (s. Anm. 13), 74-84; dt. in: Zeugnis für das Gute (s. Anm. 7), 74-85.

[16] So Cabaud, Die Logik der Liebe (s. Anm. 10), 358.

[17] L'enracinement. Prélude à une déclaration des devoirs envers l'être humain, Paris 1949, 1977; dt.: Die Einwurzelung. Einführung in die Pflichten dem menschlichen Wesen gegenüber, München 1956.

[18] Siehe Anm. 9: La source grecque 15; Œuvres 230; Merkur 117; hier jedoch zitiert nach der Übersetzung bei Peter Winch: Eine Einstellung zur Seele, in: ders.: Versuchen zu verstehen, Frankfurt a.M. 1992, 193-212, hier 202f.

[19] A.a.O (s. Anm.9), Merkur , 117f.

[20] Dt. in: Unterdrückung und Freiheit (s. Anm. 5), 151-240; frz. Original: Réflexions sur les causes de la liberté et de l'oppression sociale, in: Oppression et liberté, Paris 1955, 55-162;

auch in: Œuvres complètes II: Écrits historiques et politiques 2, Paris 1991, 27-109, sowie separat: Paris 1955.

[21] Eine Fortführung des Gedankengangs findet sich in meiner Untersuchung: Transzendenz und Übernatur. Zu Simone Weils antimoderner Modernität, in: Internationale Katholische Zeitschrift Communio 32 (2003), 374-388, hier 378-381.

[22] Vgl. auch Abosch, Heinz: Simone Weil zur Einführung, Hamburg 1990. Hier wird allerdings ebenso einseitig die *Religiosität* Simone Weils ignoriert bzw. nicht in den Zusammenhang ihres politischen und gesellschaftlichen Engagements gestellt.

[23] Außer Peter Winch, der schon genannt wurde (s. Anm. 2), wären vor allem Dewi Z. Phillips, Rush Rhees und Eric O. Springsted zu erwähnen: Phillips: Religion and the Hermeneutics of Contemplation, Cambridge UK/New York 2001; Rhees: Discussions of Simone Weil (edited by D.Z. Phillips, assisted by Mario von der Ruhr), Albany N.Y. 2000; Springsted: Christus Mediator. Platonic Mediation in the Thought of Simone Weil, Chico 1983; ders.: Simone Weil and the Suffering of Love, Cambridge N.J. 1986.

[24] Ausnahmen: Ewertowski, Ruth: Das Außermoralische: Friedrich Nietzsche, Simone Weil, Heinrich von Kleist, Franz Kafka, Heidelberg 1994; Haeffner, Gerd: In der Gegenwart leben. Auf der Spur eines Urphänomens, Stuttgart/Berlin/Köln 1996; Kühn, Rolf: Deuten als Entwerden. Eine Synthese des Werkes Simone Weils in hermeneutisch-religionsphilosophischer Sicht, Freiburg/Basel/Wien 1989; Schlette, Heinz-Robert/ Devaux, André-A. (Hrsg.): Simone Weil: Philosophie, Religion, Politik, Frankfurt a.M. 1985; Wicki-Vogt, Maja: Simone Weil: Eine Logik des Absurden, Bern/Stuttgart 1983.

[25] Lectures on Philosophy (Einführung von Peter Winch), Cambridge UK/London 1978; frz. Original: Leçons de philosophie (Hrsg.: Anne Reynaud-Buérithault), Paris 1959, 1989. – Eine weitere Edition von Mitschriften des Unterrichts von Simone Weil in Bourges wird von Julien Molard angekündigt: Simone Weil: sa vie, son enseignement, Sury-en-Vaux 2004.

[26] Paris 1947, 1988; dt.: Schwerkraft und Gnade, München 1952, 1954, 1981; München 1989 (Taschenbuchausgabe). Den deutschen Ausgaben fehlt das Kapitel „Israel", das provozierende Gedanken Weils zur Hebräischen Bibel und zum Judentum enthält.

[27] Paris 1951-1956, rev. 1970-1974.

[28] Paris 1950.

[29] Siehe Anm. 3.

[30] Die Standard-Biographie Simone Weils, von der auch ich profitiert habe, stammt von einer ihrer Schülerinnen: Pétrement, Simone: La vie de Simone Weil, zwei Bände, Paris 1973; ebd. in einem Band 1997. – Ellen Fischer, Heidelberg, bereitet eine Übersetzung ins Deutsche vor.

GREGOR HÄFLIGER

Georges Bataille – Die Kunst und das Opfer

Georges Bataille (1897-1962) hat – sowohl was die Themen anbelangt als auch im Formalen – ein Werk von ungewöhnlicher Vielfalt hinterlassen. Narrative und diskursive Texte gehen nebeneinander her, manchmal verflechten sie sich ineinander. Es gibt Texte, wie „L'Expérience intérieure", der seines disparaten und heftigen Charakters wegen kaum noch einem bekannten Genre zuzuordnen ist, und am andern Ende der Skala findet man einen Text wie den der „Theorie der Religion", der über weite Passagen dürr wie ein Traktat wirkt. Inhaltlich umfasst es Texte zur philosophischen Tradition, Hegel und Nietzsche an erster Stelle, und solche zu den aktuellen Positionen im Umkreis von französischem Surrealismus und Existenzialismus insbesondere. Umfangreicher noch ist die Auseinandersetzung mit Klassikern und Neuerscheinungen von wissenschaftlicher Literatur. Sie erfolgt auf den Gebieten von Soziologie und ökonomischer Theorie, von Ethnologie, Vor- und Frühgeschichte und Religionswissenschaft, bis hin zu den Gebieten von Kunst- und Literaturgeschichte.

Der zugrundeliegenden Intention nach ist das Werk zugleich klar gebündelt. Bei all seinen Gegenständen – sei es ein Graffiti oder sei es ein epochenprägendes Unternehmen vom Ausmaß etwa der Industrialisierung unter Stalin – geht es immer darum, sich auf eine Überschreitung gefasst zu machen, die das Extrem, nicht überbietbar, erreicht, aber nichts Endgültiges hat, vielmehr gebunden ist an den sich erfüllenden und dahinschwindenden Augenblick. Die Wiederholung ist die Form von deren Realisation.

Es ist zu Recht betont worden, dass es „der Wunsch nach einer souveränen Existenz"[1] sei, was die Mitte dieses Werks ausmacht. Fragt man nach den Handlungen, durch die sie zu gewinnen ist, drängen sich andere Begriffe in den Vordergrund. An erster Stelle der Begriff des Opfers. Darunter fallende Phänomene aus Kultur- und Religionsgeschichte weckten bei Bataille ein allerhöchstes Interesse. An Schaltstellen in seinem weitverzweigten Werk greift er solche Phänomene auf und sucht die Auseinandersetzung mit ihnen. Das ist aber nur der dem Umfang nach kleine, offenkundige Teil. Viel mehr Raum nehmen seine Versuche ein, die Struktur der Opferhandlung und deren Gestus aufzuspüren, wo sie bislang keiner gesehen hat, etwa in den Bildern von Edouard Manet. Hegel sucht er zu entgrenzen, indem er ihn dem Opferer gegenüberstellt, und Nietzsches Sonderstellung besteht ihm zufolge darin, dass er „auf der Seite *derer die geben*" (OC VIII, 404)[2] zu finden sei, in einer Zeit, die ganz und gar auf die Akkumulation der erworbenen Reichtümer setzt[3]. Und schließlich findet sich bei Bataille immer noch ein Drittes: der Wille, den Gestus des Opferns im eigenen Schreiben selber, im Umgang mit den Wörtern zu praktizieren.

Dass Batailles Denken sich in der Auseinandersetzung mit einer archaischen Institution bildet und entwickelt, ist bislang kaum ernst genommen worden. Auch Michel Foucault und Jacques Derrida[4], beide von Bataille inspiriert, blenden das in ihrer Rezeption aus. Opfer ist für sie eine Metapher, nicht ein Phänomen. Eine Ausnahme macht Susan Sontag in ihrem Essay über die Kriegsfotografie „Das Leiden anderer betrachten". In einem knappen Exkurs zu Platon, Edmund Burke und Bataille berührt sie dessen Motiv zur Betrachtung von Bildern des Grauens: „Er sagt, dass er sich extremes Leiden als etwas, das mehr ist als Leiden, vorstellen kann – als eine Art von Transfiguration. Dieser Blick auf den Schmerz, auf das Leiden anderer ist im religiösen Denken verwurzelt, das den Schmerz mit dem Opfer und das Opfer mit Erhebung verbindet – eine Ansicht, wie sie dem modernen Empfinden fremder nicht sein könnte, das im Leiden stets einen Fehler, einen Unfall oder ein Verbrechen sieht. Etwas, das repariert, in Ordnung gebracht werden muss. Etwas Abzulehnendes. Etwas, das uns die eigene Ohnmacht spüren lässt."[5]

Die Lage, von der wir auszugehen haben, spiegelt sich im **Gebrauch des Wortes „Opfer"** wieder. Wobei im Deutschen eine Besonderheit hinzukommt. Das Wort „Opfer" bezeichnet sowohl die Handlung wie den Gegenstand der Handlung, das Opfern sowohl wie das Geopferte. Im Englischen und in den romanischen Sprachen wird das unterschieden, mittels der Begriffe, die sich aus den lateinischen „sacrificium" und „victima" herleiten. Mit den romanischen und englischen Äquivalenten aber teilt das deutsche Wort „Opfer" die Verlagerung aus religiösen in profane Zusammenhänge. Das Opfer im Sinn von „sacrificium" meint eigentlich eine öffentliche Handlung. Vor aller Augen werden Güter vernichtet oder Tiere getötet. Sie werden „dargebracht". Im aktuell gängigen Gebrauch ist nichts mehr davon vorhanden. Zu einem Opfer entschließt man sich, weil es nützlich oder unausweichlich erscheint. Analog verhält es sich mit dem Opfer im Sinne von „victima". Wer sich selber oder einen andern als Opfer bezeichnet, denkt nicht an eine öffentliche Stätte, um den sich eine Gemeinschaft versammelt, er denkt an einen Unglücksfall, an eine Fehlentscheidung, an ein Verbrechen. Es geht um Opfer von Naturkatastrophen, von Kriegen, von sexueller Gewalt usw., und diesem Wortgebrauch gemäß ist die Rede von Opferschutz, von Opferrechten, von Opferverbänden usw. Das Wort „Opfer" in diesem Sinn, dessen Widerpart der „Täter" ist, hat zur Zeit Konjunktur, viel mehr noch als das Wort in jenem anderen Sinn der unvermeidlichen Konzession, die jedes auf Nützlichkeit bedachte Handeln einzuräumen sich irgendwann gezwungen sieht – es sei denn, eine Moral oder vielleicht auch Lebenseinsicht gebe ihm eine Grenze vor.

An „Opfern" also mangelt es nicht. Im Gegenteil, das Wort erfährt einen geradezu inflationären Gebrauch. Während andere Wörter aus dem religiösen Feld wie „heilig", „Gebet", „Einkehr", „Busse tun", „Sünde", gar „Erbsünde" aus der Öffentlichkeit weitgehend verschwunden sind, können wir keine Zeitung aufschlagen, ohne auf das Wort „Opfer" zu stoßen. In einem Sinn freilich, der an ihm das Verbrecherische und Katastrophale hervorkehrt. Es ist, als müssten wir mit all dem Unheil und mit all dem Verbrechen, das unsere Zeit begleitet, das Wort „Opfer" belasten, um uns abzustumpfen gegen jenen anderen, irritierenden Sinn. Das Opfer als religiöse Handlung ist uns in der Tat zutiefst fremd. Schon der christliche Gedanke vom Kreuzestod als einer Opferhandlung bereitet uns große Schwierigkeiten. Von unserem Erfahrungsfundus her dann kaum noch erreichbar sind die Blutopfer, von denen etwa das Alte Testament erzählt, oder die ausgeprägte Opferpraxis bei den Griechen, die gerade auch im aufgeklärten Athen der Tragödiendichter und Sophisten vorzufinden war. Vollends ratlos schließlich stehen wir vor den Menschenopfern. Pure Abscheu ist hier die opportune Reaktion, der wir uns kaum entziehen können, auch wenn es um das Indien der Königtümer oder das vorkolumbianische Mexiko geht.[6]

Das Amerika, das die Conquestadores vorgefunden hatten, gehört zu den Themen, die für Bataille als Auslöser fungiert hatten. Sein erster nennenswerter Aufsatz überhaupt widmet sich dem „verschwundenen Amerika"[7]. Kurz davor ist sein erstes Buch, „L'Histoire de l'Œil", eine Erzählung, erschienen, unmittelbar danach die erste Nummer der „Documents", die in den Jahren 1929 und 30 das Organ darstellten, durch das sich Bataille im Paris der Surrealisten als Stimme etablierte. In einem Abriss von wenigen Seiten zeichnet er ein

Bild von jenem Amerika, das wie keine andere Kultur für die Grausamkeit steht, die mit religiösen Handlungen verbunden sein kann.

Die Ausführungen kreisen um die Menschenopfer der Azteken. Bataille liefert hier aber keine Theorie, sondern beschränkt sich darauf, bekannte Daten zu koordinieren. Ausgeprägte Herrschaftsstrukturen, ein nach militärischem Muster aufgebautes Staatswesen, eine Hauptstadt, die einen schmucklosen und uniformen Eindruck hinterlässt... das sind Kennzeichen nicht etwa des Azteken-, sondern des Inkareiches, das sich von Peru aus über weite Teile des südamerikanischen Kontinents erstreckte. Die in Mexiko liegende Hauptstadt des aztekischen Reiches dagegen wird gerne mit Venedig verglichen. Sie war von Kanälen durchzogen, durch Brücken zusammengehalten. Gartenanlagen prägten die Stadt. Blumenschmuck überall, insbesondere an Festen. Das Poetische und der Humor sei – auf dem amerikanischen Kontinent – hier im Mexiko der Azteken zu Hause gewesen. Gegenstand ihrer Erzählungen indes sind Geschichten und Ereignisse ausgesprochen grausamen und gewalttätigen Charakters. Ihre mythischen Figuren, ihre Götter gleichen in nichts den Göttern unseres Kontinents. Wenn es denn ein Pendant gibt, findet man es bei den höllischen und teuflischen Figuren und Schemen des Mittelalters. Hier wie dort ist man geradezu besessen von aufschreckenden und zerstörerischen Dämonen. Aber während sie hier zum Feindbild erhoben wurden, gegen die das Göttliche stand, wurden sie dort bejaht und zum Festmahl eingeladen. „Die Mexikaner", so beschließt Bataille seine Beschreibung, „waren wohl genau so religiös wie die Spanier, doch verbanden sie die Religion mit einem Gefühl des Schreckens, des Terrors, verknüpft mit einer Art von Galgenhumor, der den Schrecken an Furchtbarkeit bisweilen noch überbot." (OC I, 156)

Die Opfer sind öffentliche Veranstaltungen, bestimmt für eine städtische Bevölkerung. Die daran teilnahmen, wandten sich nicht ab, sie sahen hin, sie brauchten offenbar diese Bilder vom eintretenden Tod. Sie brauchten sie um einer Erfahrung willen, die sie, in ihren Augen zumindest, nur auf diese schreckliche Art von tödlichen Akten machen konnten. Das Gepräge der Stadt, dieses Lebendige und in ihrer Schönheit auch uns Bezaubernde, ist Ausfluss der Summe solcher Erfahrungen. Selbst den Untergang Mexikos sieht Bataille im Licht der Erfahrung, die der Opfernde im Opfer macht. Die Azteken hatten sich ja gegen die spanischen Aggressoren nicht gewehrt, „...als hätten diese Menschen dunkel verstanden, dass, mal angelangt bei dem Grad an segensreicher Gewalt, ihnen und ihren Opfern (victimes), mit denen sie die ausgelassenen Götter besänftigten, nur noch ein Tod übrigblieb, der hingenommen wird und in Schrecken versetzt. (…) Schließlich sind sie ebenso plötzlich gestorben wie ein Insekt, das man zerdrückt." (OC I, 158)

Mit dem Aufsatz über das Mexiko der Azteken hatte Bataille im Paris der Surrealisten als Autor theoretischer Texte debütiert. Gut zehn Jahre später befasste er sich von neuem mit diesem Thema, jetzt im Zusammenhang mit einem Buchprojekt, das er insgesamt fast 20 Jahre verfolgen wird, bis er es 1949 schließlich zu einem vorläufigen Abschluss bringt und unter dem Titel „La Part maudite" [8] veröffentlicht. Er befasst sich dort mit dem Opfer und der Gabe allgemein und fordert, dass man sie ökonomisch als zur Basis gehörig betrachte.

Der Angelpunkt von Batailles Untersuchungen ist der **Begriff der Arbeit**. In der Tradition der Epochenanalysen von Hegel und Marx und in der Bindung an sie steht auch im Zentrum von Batailles Denken dieser Begriff. Im Unterschied zu Hegel und Marx aber sieht Bataille im Arbeitsverhältnis des Menschen zur Natur nicht das Ganze, sondern nur einen Teil. Den anderen Teil bilden die Feste. Für die vorindustriellen Gesellschaften gilt im allgemeinen: Sie entstehen und erhalten sich in einem Wechsel von Zeiten der Arbeit und Zeiten des Fests. Zu beachten ist dabei nicht nur der Gegensatz als solcher, sondern die besondere Form des Gegensatzes.

Mit der Arbeit betritt man das Reich der Zwecke. Die Vorstellung davon, was durch den Arbeitsprozess zu erreichen ist, bestimmt jeden einzelnen Arbeitsgang. Das Werkzeug, dessen man sich bedient, hat jedes sein besonderes Verdienst im Blick auf das Resultat, das am Ende herausspringen soll. Das Resultat seinerseits ist nichts Endgültiges. Das Holz zum Beispiel, das man aus dem Wald herausholt, indem man mit schwerem Gerät eine Schneise in den Wald schlägt, ist schließlich für den Abtransport zubereitet: als ein zur Weiterverarbeitung bestimmtes Material. Und wenn dieser für sich zu betrachtende Arbeitsprozess am Ende seinen Anteil daran hat, das große Versprechen einer für alle geltenden Hebung des Lebensstandards einzulösen, ist auch dann kein Endzweck in Sicht. Die mit der Industrie herbeigeführten Veränderungen der Lebensverhältnisse sind ihrerseits wieder Mittel, die Arbeitsprozesse in Gang zu halten. Die Steigerung und Vervielfältigung des Konsums sind als Zweck der Veranstaltung zugleich auch wieder Mittel. Sie sind dazu da, die Beteiligten bei Laune zu halten. Tatsächlich findet sich im Reich der Zwecke nirgends ein Ausgang. Kein einziges Ding oder Ereignis entzieht sich dem Fluch, etwas anderem dienen zu müssen.

Bataille legt sein Augenmerk auf die Zeitstruktur. Im Bereich der Arbeit herrscht das Gesetz des Aufschubs. Nicht der gegenwärtige Augenblick zählt, sondern eine kommende Zeit, auf die hin die Anordnungen und die Arbeitsgänge angelegt sind. Jeder Moment wird um nächstfolgender Momente willen durchlaufen, Gegenwart ist bloß Durchgang, mehr nicht. Das schlägt sich auf das Antlitz der Dinge nieder. Sie sind nur in der Bestimmtheit präsent, in der sie im Gesamtvorgang von Nutzen sind, oder auch hinderlich. Beim Beispiel von vorhin zählt am Baum nur das zur Weiterverarbeitung bestimmte Holz, nicht das Wesen in seiner Umgebung, von Licht durchflutet und Winden bewegt. Auch das vielfältige und zahllose Leben, das er beherbergt, bleibt ausgeklammert, erst recht die Möglichkeiten der emotionalen Teilnahme. Wenn der Baum unter Motorenlärm und Kettengerassel krachend zu Boden stürzt, nehmen *wir* vielleicht, als Betrachter aus der Ferne, die Gewalttätigkeit und den Tod wahr, aber keiner der Tätigen selber dringt zu einer solchen Wahrnehmung durch. Sie haben es mit Objekten im dezidierten Sinn zu tun, mit verfügbaren Gegenständen. Ihr Subjektsein beschränkt sich darauf, dass sie es sind, was dem Prozess letztlich zugrundeliegt. In den Köpfen von Menschen ist der Plan ja herangereift. Menschen ist es zuzuschreiben, dass unter ohrenbetäubendem Lärm die Bäume fallen, nutzbares Holz. Aus der Ferne betrachtet aber wirken sie wie zum Bestand der Vorrichtungen und Maßnahmen gehörig. Verpackt unter Helmen, Ohrschützern und Overalls sind sie Teil des Geräts und der maschinellen Bewegungen. Eingebunden in den Prozess leiden sie unter einem Verlust an Freiheit, der im Grunde unerträglich ist. Ihr Tun ist knechtisch, auch wenn sie sich, vertraglich geregelt, als Lohnempfänger zur Verfügung stellen.

Gewiss, Arbeit muss nicht jene Tätigkeit sein, an der man nichts mag als deren Resultat. Auch für die Arbeit muss gelten, dass sie trotz aller Disziplin mit einem Gewinn an Gegenwart verbunden sein kann. Dazu aber braucht sie das Bewusstsein von einer Grenze, die das Ding, auf das ich Zugriff habe, scheidet von ihm als Erscheinung, die irritiert, bezaubert, auch in Erregung und Schrecken versetzt. Wer das Ding nur als seinen Besitz nimmt, deren Eigenschaften er kennt und von denen er abzuschätzen weiß, wozu sie nützlich sind und wozu nicht, verhält sich als gäbe es eine solche Grenze nicht. Soll nicht Profitmaximierung und Effektivitätsoptimierung Tempo und Charakter der Arbeit bestimmen, braucht es ein immer wieder von neuem folgendes Gegenhandeln, durch das die Grenze sich bemerkbar machen und etablieren kann.

Es gehört zum Problem industrieller Gesellschaften, dass die Notwendigkeit zur Begrenzung bei völliger Verständnislosigkeit bestritten wird. Wir halten es nach wie vor für möglich, eine Gesellschaft im Wesentlichen auf Arbeit zu gründen. In der Summe der Tätigkeiten, durch die eine Gesellschaft sich die Ressourcen der Natur aneignet, müsse diese Gesellschaft auch ihren Sinn erkennen und ergreifen können – dieses Postulat gehört zum festen Bestand der herrschenden Glaubenssätze. Im scharfen Widerspruch dazu besteht Bataille darauf, dass die Arbeit – bei allen Errungenschaften, die ihr zu verdanken sind – eine Entfremdung von der Welt mit sich führt, die von den Menschen unter vorindustriellen Bedingungen im allgemeinen empfunden und erkannt worden ist.

„Mit der Einführung der *Arbeit* in diese Welt trat an die Stelle der Intimität, an die Stelle des tiefen Verlangens und seiner ungehinderten Erfüllung, die Folgebeziehung der Vernunft, wo nicht mehr die Wahrheit des gegenwärtigen Augenblicks zählt, sondern das spätere Ergebnis von *Eingriffen*. Die Arbeit begründet, indem sie einsetzt, die Welt der *Dinge*, der im allgemeinen die profane Welt der Alten entsprach. Mit der Setzung der Welt der Dinge wurde der Mensch selber eines der Dinge dieser Welt, zumindest in der Zeit in der er arbeitete. Eben dieser Herabwürdigung suchte der Mensch zu allen Zeiten zu entrinnen. In seinen befremdlichen Mythen, in seinen grausamen Riten ist der Mensch immer schon *auf der Suche nach einer verlorenen Intimität*." (OC VII, 62)

Dem Arbeiten steht **das Opfern** gegenüber. Das ist eine Kernthese von „La Part maudite". Deswegen weist Bataille den Azteken die privilegierte Stellung eines Antipoden zu den modernen Gesellschaften zu: „Sie waren nicht weniger darauf aus, zu *opfern*, wie wir zu *arbeiten* bestrebt sind." (OC VII, 52) Sie kannten die Schrift, sie hatten Kenntnisse in Astronomie, beides Indizien einer für archaische Verhältnisse hoch entwickelten Arbeitskultur. Aber was sie dabei an Beeindruckendem schufen, war von zweifelhaftem Nutzen. Ihre Baukunst etwa kann man wie nirgendwo sonst an den Stufenpyramiden bewundern, auf denen sie ihre Opferungen vollzogen. Die vornehmsten Früchte erworbener Kenntnisse wurden weggegeben.

Opfern heißt geben, preisgeben. Darin ist eine Negation enthalten. Negiert wird an den dargebrachten Dingen und Wesen deren Verwendbarkeit. Den Verweisungszusammenhang von Mitteln und Zwecken aufzubrechen, ist der Sinn des Handelns. Darauf besteht Bataille mit Nachdruck: „Es ist das Ding, und nur das Ding im zu opfernden Wesen, das durch das Opfer zerstört werden soll." (OC VII, 307) Gesucht wird nicht die Vernichtung des Wesens, vielmehr dessen Verwandlung. Der Akt des Weggebens richtet sich gegen das Wesen, das ich in Besitz genommen habe, und zielt darauf ab, es in dem Sein wiederzugewinnen, das mir verlustig gegangen ist, indem ich von den Wesen Gebrauch machte.

Immer geht es beim Opfer um die Transfiguration eines Dings in eine festliche Erscheinung. Dazu muss das Opfer nicht zerstörerisch, muss es nicht blutig sein. „Der Tod ist nicht notwendig mit ihm verbunden, noch das feierlichste Opfer kann einen unblutigen Verlauf nehmen. Opfern ist nicht töten, es ist preisgeben und geben. Die Tötung ist nur Darstellung eines tiefen Sinns. Worauf es ankommt, ist, von einer dauerhaften Ordnung (...) überzugehen zur Gewalt einer bedingungslosen Verzehrung (....), die Verzehrung, deren Interesse nur dem Augenblick selber gilt. In diesem Sinne ist es Gabe und Preisgabe, aber für den Beschenkten kann die Gabe nicht etwas zum Aufbewahren sein: als Opfergabe wird sie versetzt in die Welt einer Verzehrung, die vor nichts Halt macht. (...) Opfern heißt geben, so geben, wie man Kohle in eine Glut gibt, (...) die in keiner Weise genutzt wird." (OC VII, 310)

Es gehe um die Suche nach einer – wie Bataille es begrifflich fasst – „**Intimität**", die genau dadurch verlorengeht, dass der Mensch Mensch ist, jenes Wesen nämlich, das sich aus Ressourcen der Natur seine künstliche Welt schafft. Aus dem Begriff der Intimität ist die Bedeutung zu tilgen, auf die er im Deutschen im allgemeinen fixiert ist, die Bedeutung nämlich von Geheimem, das man vor der Öffentlichkeit verbirgt, und von inniger Vertrautheit. Der Begriff muss ganz aus dem Feld herausgenommen werden, in das Wortverbindungen gehören wie „Intimsphäre", „Intimverkehr" und dergleichen. Wo der Begriff „intimité" in philosophischen Texten auftaucht, mitunter auch in Hegelübersetzungen, meint er ein „tief innen/zuinnerst", dem Wortsinn des lateinischen „intimus" entsprechend. Richtiger wäre, „intimité" mit „Innerlichkeit" wiederzugeben, wenn nicht dieser Begriff wiederum durch seinen Gebrauch der vergangenen zwei Jahrhunderte so belastet wäre und dadurch noch zu ärgeren Missverständnissen Anlass gäbe. Festzuhalten ist: der „Intimität" steht die Äußerlichkeit (l'éxteriorité) gegenüber. Auch bei Bataille.

Äußerlichkeit indes gibt es für Bataille prinzipiell in zwei Weisen. Einmal in der Qualität der Dinglichkeit, der der Objektivität, der Gegebenheit als Objekt, mit dem ich hantiere. Das Verhältnis zu diesem Äußeren ist das der Negation. Nicht einer Negation, wo das Neue das Alte in die Vergangenheit versenkt, vielmehr einer Negation, die das Negierte nur temporär aussetzt. Die Negation macht eine Grenze kenntlich, die sie, indem sie sie um einer vergehenden Weile willen überschreitet, emphatisch bejaht. Zweitens gibt es das Äußere in der Qualität des Transfigurierten. Mit diesem Äußeren ist die Intimität unauflösbar vereinigt. Das Äußere ist die Oberfläche, ganz und gar Erscheinung, im Verhältnis zum Untergrund, dem Unsichtbaren. Intimität ist das, was sich einstellt, indem ich in einer abrupten Bewegung von der Welt der Dinge abrücke und eintrete in die der Erscheinung, die im Zeichen des eintretenden Todes steht.

Es verhält sich nicht so, dass die Intimität im Äußeren zur Erscheinung käme. Sie hat nämlich nichts Vorstellungshaftes, lässt sich durch Vorstellung schlechterdings nicht erfassen, weshalb Bataille darauf besteht: „Man kann die Intimität nicht diskursiv zum Ausdruck bringen." (OC VII, 311) Über die Relationen aber, in denen sie steht, lässt sich sehr wohl reden. Was Bataille an der Stelle dann auch ausführlich tut. Intimität bedeutet Gewalt und Zerstörung. Denn sie nimmt keine Rücksicht auf den Standpunkt des für sich stehenden Individuums. Dessen Überleben ist für sie nur ein relativer Wert. Sie verschont nicht vor dem Tod und bietet keinen Trost. Das Individuum seinerseits steht im Verhältnis der Angst zu ihm. Denn das Wesen, das sich von der Arbeit her versteht, setzt alles auf seine eigene Fortdauer. Was sich an Leiden und Vernichtung ergibt, ist für es schlechterdings negativen Charakters. Es ist das, wogegen wir uns auflehnen, weil es uns Angst einflößt. Die Angst ist das Verhältnis eines arbeitenden Wesens zur Intimität.

In der „Theorie der Religion"[9] beschränkt sich Bataille, wo er von der Intimität handelt, auf die Beschreibung dieses Zusammenhangs. Auch in „La Part maudite" hält er sich an die Grenzen und spricht nur vom Verhältnis, das das „freie Subjekt" zum „Realen" unterhält, auch wenn er eine Anleihe bei Goya macht: „Die Welt des Subjekts ist die Nacht: jene unbeständige und zwielichtige Nacht, die, wenn die Vernunft schläft, Ungeheuer erzeugt. Ich bestehe darauf, dass auch der Wahnsinn nur ein vages Bild vom freien „Subjekt" abgibt, dem Subjekt, das in keiner Weise der „realen" Ordnung unterworfen und nur mit dem Gegenwärtigen befasst ist." (OC VII, 63)[10]

Mitte der 50er-Jahre beschäftigte sich Bataille von neuem mit dem Opfer, jetzt aber in der Zuwendung zur **Höhlenmalerei der paläolithischen Jäger**. Das erstaunt, gehört die Malerei doch in einen ganz anderen Zusammenhang, nicht den der Religion, sondern der

Kunst. Die Malerei mag von der Religion in Dienst genommen worden sein, ist aber in ihrer Eigenschaft als Ausdruckshandlung doch klar zu trennen von dem Opfer selber, dem Darbringen einer Gabe. Bataille bestreitet das nicht, bringt aber die These ein, dass sich beides ohne einander gar nicht wirklich verstehen lässt, beides erhellt sich wechselseitig: „Was wir vom Tieropfer wissen, verschafft uns Einsicht in die Höhlenmalerei. Die Höhlenmalerei verschafft uns Einsicht ins Opfer." (OC X, 87) Zur Begründung eines solchen Zusammenhangs von Kunst und Opfer gab es nur ein paar Jahre davor noch keine Ansätze.

Batailles Interesse an der paläolithischen Malerei entzündete sich nach einem Besuch der Höhle von Lascaux Ende 1952.[11] Gut zwei Jahre später erschien sein Bildband dazu.[12] Die Arbeit an der Klärung des neuen Phänomens fällt zeitlich zusammen mit dem Aufschub und der schließlichen Verwerfung eines seit länger bestehenden Werkplans. Danach hätte „La Part maudite" drei Bände umfasst: I. *La Consumation*, II. *L'Erotisme*, III. *La Souveraineté*. Band I war 1949 erschienen, Band II lag im Sommer 1951 als Manuskript bereits vor. Im Januar 1954 schließlich ist die Arbeit so weit gediehen, dass Bataille die Manuskripte für beide noch ausstehenden Bände seinem Verleger für Anfang März verspricht[13]. Zu einem Abschluss des Projekts aber kommt es nicht. Das Buch über Lascaux – neben dem über Manet – sorgt für einen einstweiligen Aufschub. Schließlich erscheinen Teile von „La Souveraineté" ab 1956 in Form von Aufsätzen, und „L'Erotisme"[14] wird, nochmals überarbeitet, 1957 ohne jede Bezugnahme auf „La Part maudite" veröffentlicht.

Die Veränderungen im Denken, die sich in diesen Jahren abzeichnen, lassen sich im Vergleich der Endfassung von „L'Erotisme" mit der Fassung von 1951[15] nachvollziehen. Sie betreffen an erster Stelle die Theorie des Opfers. In der frühen Fassung findet sich, was das Opfer anbelangt, nur ein Verweis auf den schon erschienenen 1. Band.[16] In der Tat erscheint ein Buch mit solchem Titel als der genuine Ort, vom Opfer zu handeln. „Consumation" – zu unterscheiden von „consommation", das dem Deutschen „Konsum" entspricht – ist eine Bildung aus dem Verb „consumer", das man zum Beispiel für das Feuer verwendet, das ein ganzes Dorf „einäschert". Inbegriff einer „consumation" ist das Opfer, und die aztekische Gesellschaft steht exemplarisch für eine „société de consumation", eine Gesellschaft der nutzlosen Verzehrung. „L'Erotisme" von 1957 aber verwirft die Rollenverteilung der beiden Bände. Bataille spricht das Thema des Opfers schon in der Einleitung an und verfolgt es später über mehrere Seiten in einem eigens dafür eingerichteten Kapitel. Die Ausführungen kulminieren in der erwähnten These, dass die Malereien von Lascaux und das Tieropfer in ein und denselben Zusammenhang gehören.

Zunächst sind die materiellen Bedingungen zu sehen, unter denen diese Malerei entstanden ist. Es handelt sich um Malerei von Großwildjägern. Die Tiere, die im Fackellicht der Höhlen zur Erscheinung kamen – in Lascaux sind es Pferde, Hirsche, Auerochsen, Steinböcke, Wisente – waren die Tiere, die damals in Herden großer Zahl den frankokantabrischen Raum auf ihren Wanderungen durchquert hatten und den dort ansässigen Menschen Nahrung boten. Daraus leitete man die These ab, die Jäger hätten um des Jagderfolgs willen gemalt. Das Erklärungsmodell dazu lieferten rezente Jäger, die zur Sicherung des Jagderfolgs in der Jagd vorausgehenden Riten gemalte Abbildungen von Tieren mit Pfeilen beschossen. Das stand im offenen Widerspruch zur ergreifenden Schönheit der paläolithischen Malerei. So gab es auch früh schon Stimmen, die zu bedenken einforderten, wie sehr sich die Menschen damals mit den Tieren beschäftigt haben mussten.[17] Ethnographisches Material zu rezenten Jägern vermittelte wenigstens eine Ahnung von den Visionen und Erzählungen, die den Menschen im Paläolithikum zuzutrauen sind.[18] Eine umfassende Bestandsaufnahme der Malerei und die Herausarbeitung von Strukturen in der Anordnung der Bilder dann führte gar zu dem Schluss, es sei von einer hoch entwickelten Religion und von Mythen auszugehen, in denen die Tiere die Rolle von Göttern einnehmen.[19]

Batailles Lascaux-Buch hatte seinen Anteil daran, dass wir heute im allgemeinen die Geistesverfassung jener frühen Menschen nicht mehr so gering einschätzen, wie es in den 50er-Jahren gemeinhin der Fall war, und jenen Menschen auf spirituellem Gebiet mehr zutrauen als nur dumpfes magisches Denken. Bataille hat sich der Frage gestellt, was das Erscheinen der Tiere für die, die sie zum Erscheinen brachten, an Implikationen enthält. Es waren ja keine Zeichen, die auf definierte Gegenstände verwiesen, nicht Konterfeis des für den Verzehr bestimmten Wilds. Vielmehr sind es die Tiere selber im Augenblick ihres höchsten Daseins. Es sind nicht Abbilder bekannter Gegenstände, sondern Visionen, hervorgegangen aus reicher Erfahrung. Eine mit bloß begrifflichen Mitteln nicht auszuleuchtende Bedeutungsfülle stellt sich ein. Es geht um das Tier, dem sich die Menschen verwandt sahen und dem sie zugleich im Gefühl einer gewissen Unterlegenheit begegneten. Es vermittelte ihnen, was ihnen das Antlitz anderer Menschen nicht zu vermitteln vermochte: die Gewissheit von der Existenz einer Souveränität, die unantastbar ist. Der ergreifende Charakter der Bilder wurde noch durch den Ort verstärkt, an dem die Erscheinungen aufzusuchen waren. Sie traten im Licht von Fackeln aus dem Dunkel hervor. Und schließlich darf man die Reaktionen nicht vergessen, die die Bilder bei Jägern hervorgerufen haben mussten. In den Höhlen erschienen ihnen die Tiere, mit denen sie sich auf ihren Jagdzügen auf tödliche Kämpfe einließen. Der Tod war präsent. „Die Erscheinung des lebendigen Tiers rückte es im voraus in die Perspektive des Todes, der Wisent oder der Hirsch erschienen nur, um zu sterben. Der vorsätzlich herbeigeführte Tod, zugleich beweint wie erwünscht, rückte diese Bilder von Tieren in die Sphäre des Opfers." (OC VII, 508)

Der **Zusammenhang von Opfer und Kunst** ist nicht der von Vorgegebenem und Abgebildetem. Es werden ja keine Opfer dargestellt, weder im Sinn von „victima" noch dem von „sacrificium", weder in profaner noch sakraler Bedeutung. Es werden vielmehr Wesen in ihren Momenten höchster Lebendigkeit zur Erscheinung gebracht. Was dieser Vorgang mit der Opferhandlung gemeinsam hat, meldet sich erst, wenn man nach dem Untergrund dieser Erscheinungen fragt. Das Malen ist nicht mit der Herstellung eines Werkzeugs vergleichbar. Ihm liegt vielmehr die Teilnahme an einem Verbrechen zugrunde, es besteht in der Überschreitung eines mächtigen Verbots.

Auf Batailles Begriffsgefüge hin gesehen geht es um das Verhältnis der beiden Begriffe „consumation" und „transgression" zueinander. Der Begriff der nutzlosen Verzehrung steht im Zentrum von „Der verfemte Teil", der der Überschreitung eines Verbots im Zentrum von „L'Erotisme". Unter dem Begriff der Verzehrung handelt Bataille von den Gütern, von den Dingen, die dem nützlichen Gebrauch zu entziehen sind. Unter dem der Überschreitung dagegen ist die Rede von der Angst, die als Schwellenerfahrung jeden Ausbruch aus dem Gefängnis der Zwecke begleitet. Ins Verhältnis zueinander gesetzt sind die beiden Begriffe im Begriff der Arbeit. Zur Arbeit gehört nämlich genauso wie der dienstbare Gebrauch von Dingen auch das Verbot. Nehmen wir den zur Klinge verarbeiteten Stein. Er ist im Bewusstsein des Herstellers und Nutzers das Resultat eines Prozesses, dem ein Entwurf vorausging, und beiseitegelegt ruht er für einen künftigen Einsatz. Er hat für die, die mit ihm umgehen, eine Bestimmung und eben das bringt mit sich hervor und nährt das Bewusstsein von die Zeiten überdauernden Wesen, die von Zerstörung nicht wirklich betroffen sind. Bricht die Klinge, mag das als Schaden empfunden werden. An die Substanz heran aber reicht die Zerstörung nicht. Denn das Substantielle liegt in den Händen des Herstellers. Dank seines Geschicks ist die Klinge durch eine neue ersetzbar. Für ein solches Wesen muss sich der Tod in einer Weise enthüllen, in der er sich für ein Wesen, das nicht arbeitet, nie enthüllen könnte. Er meldet sich in seiner rücksichtslosen Negativität, in seiner Eigenschaft als Gewalt und Zerstörung.

Das ist der Kerngedanke von Batailles Anthropologie, seinem Versuch, den Übergang vom Tier zum Menschen zu begreifen. Das „tool making animal" gerät mit fortschreitender Werkzeugkultur unvermeidlich auf die Bahn eines grundlegenden Wandels im Verhältnis zum Tod. Es kommt am Ende die Zeit, wo der Sterbende und der erstarrte Leib Schrecken verbreiten. Die archaischen Verbote sieht Bataille in diesem Zusammenhang. Sie sind der Ausdruck eines Zurückweichens, sie werden gebraucht, damit in deren Schutz eine Welt der Zweckverhältnisse errichtet werden kann. Die Existenz von Verboten nimmt Bataille spätestens für den Neandertaler in der Spätzeit an. Die Tatsache, dass jene Menschen ihre Toten bestatteten, ist ihm Beleg. Was also den Menschen hinreichend von den Tieren unterscheidet – die Existenz von einer Werkzeugkultur und von den Tod betreffenden Verboten – muss schon bei den Hominiden der Spätzeit, vor dem Erscheinen unserer Menschenart im franko-kantabrischen Raum, zu voller Reife entwickelt gewesen sein. In bedingungsloser Anerkennung der durch und durch menschlichen Züge des späten Neandertalers besteht Bataille aber auf einem revolutionären Schritt, der unserer Menschenart vorbehalten war. Erst deren Vertreter verstanden sich auf die religiöse Überschreitung. Die Gewissheit dafür entnimmt er der Tatsache, dass es an Spuren für eine solche Überschreitung für die Zeit davor gänzlich fehlt. Denn die Überschreitung ist eine Angelegenheit von Festen, begangen mit Musik und Tanz und Aufführungen von Masken, mit Erzählungen und allen Formen des Bildens. Das Fest „muss unvermeidlich, da es ja alle verfügbaren Mittel des Menschen einsetzt und die Mittel darin die Form der Kunst annehmen, im Prinzip Spuren hinterlassen." (OC IX, 41)

Das Malen, das Erzählen, das Tänze Aufführen kommt aus der Überschreitung mächtiger Verbote; ohne sie kommt es zu solchen Handlungen nicht. Das ist die eine Seite von Batailles Kernthese zur Kunst. Die andere Seite: die Überschreitung ist ohne einen Aufbruch an Kunst ihrerseits nicht vollziehbar. „Daran ist gar nicht zu zweifeln, dass die Überschreitung erst ab dem Moment existiert, wo die Kunst aufkommt, und dass die Geburt der Kunst im Jungpaläolithikum zusammenfällt mit einem Aufruhr von Spiel und Fest." (ebd.) Das Opfer seinerseits ist per se auch ein Akt der Überschreitung. „Die Antike sah im Opfer das *Verbrechen* des Opferers, der in der angstvollen Stille derer, die teilnahmen, dem Opfer den Tod gab, sie sah im Opfer das Verbrechen, bei dem der Opferer in voller Kenntnis und selbst von Angst erfasst, das Tötungsverbot verletzte." (OC IX, 40f.) Durch nichts zu rechtfertigen, hielt es dem vernichtenden Urteil des Richters im Gewissen nur stand dank seines Charakters der Gabe. Das macht das Religiöse am Opfer aus. Aufeinander bezogen ist beides, die Kunst und das Opfer, in der Überschreitung. Hinsichtlich der Verzehrung ist beides auseinanderzuhalten. Gewiss, auch Kunst ist Verzehrung, sie entzieht Ressourcen, die produktiv einzusetzen wären, entfesselt Kräfte und entwickelt Fähigkeiten, in die zu investieren sich nicht lohnt, wenn man die Optimierung der Lebenstüchtigkeit zum höchsten Wert erhebt. Kunst ist gewiss eine verschwenderische Angelegenheit, das Opfer aber ist dagegen unmittelbar das Vernichten, das Töten und Verbrennen. Wenn etwas als Spur hinterlassen wird, sind es wiederum nur die Momente, die wir mit dem Wort „Kunst" bezeichnen. Kunst ist, wie auch das Opfertier im Augenblick der Opferung, der Transfiguration: Widerschein der Intimität.

[1] So der Titel des Buchs von Hans-Jürgen Heinrichs, 1999 im Literaturverlag Droschl, Graz-Wien erschienen. Hingewiesen sei insbesondere auch auf Rita Bischof, Souveränität und Subversion, Matthes & Seitz, München 1984.

[2] Ich zitiere hier und im Folgenden in eigenen Übersetzungen nach den Œuvres Complètes, Gallimard, Paris 1970ff., unter dem Sigel OC mit nachfolgender Bandziffer und Seitenzahl.

[3] Zu Batailles Nietzsche-Verhältnis: Gregor Häfliger, Nietzsche... Heraklit... Bataille, in: Doitsu Bungaku (hrsg.v.d. Japanischen Gesellschaft für Germanistik), Nr. 85, Tokyo 1990.

[4] Michel Foucault, Vorrede zur Überschreitung (1963), in: M.F., Von der Subversion des Wissens, Hanser, München 1974, S. 32-53. – Jacques Derrida, Von der beschränkten zur allgemeinen Ökonomie – Ein rückhaltloser Hegelianismus (1967), in: J.D., Die Schrift und die Differenz, Suhrkamp, Frankfurt 1972.

[5] Susan Sontag, Das Leiden anderer betrachten, Hanser, München 2003, S. 115.

[6] Einblick in die Probleme, die der Gegenstand aktuell bietet, verschaffen: 1) Richard Schenk (Hrsg.), Zur Theorie des Opfers – Ein interdisziplinäres Gespräch, frommann-holzboog, Stuttgart-Bad Cannstatt 1995; 2) Bernd Janowski/Michael Welker (Hrsg.), Opfer – Theologische und kulturelle Kontexte, Suhrkamp, Frankfurt 2000. – Den beiden Aufsatzbänden ist gemeinsam, dass sie aus Symposien hervorgegangen sind und dass die Theorie von René Girard eine zündende Rolle gespielt hat. Girard hat seit 1972 in einer Reihe von Schriften die These vertreten, dass das Opfer der Nachhall der Statuierung eines Sündenbocks sei. Siehe "Le mécanisme victimaire" in: R. Girard, Le sacrifice, Bibliothèque nationale de France, Paris 2003, S. 26-28.

[7] L'Amérique disparue (1929), in: OC I, 152-158.

[8] Der verfemte Teil, in: G. B. Die Aufhebung der Ökonomie, Matthes & Seitz, München 1985.

[9] Die „Theorie der Religion" – Matthes & Seitz, München 1997 – ist erst posthum 1974 erschienen. Niedergeschrieben hat sie Bataille im Frühjahr 1948 (siehe OC VII, 598-600).

[10] Gerd Bergfleth sucht in seiner „Theorie der Verschwendung" von 1975 (Matthes & Seitz, München 1985), die Lösung in der „Triebkraft eines Désir" (S. 85): „Eine verschwenderische überschüssige Kraft, die rätselhafterweise immer da ist" (S. 14) liege allem zu Grunde, gerade auch der menschlichen Praxis sowohl in ihren katastrophalen wie befreienden Ergebnissen. Tatsächlich findet sich in „La Part maudite" – später nicht mehr – das Theorem von dem Leben, das unter dem Druck überschüssiger Energie entweder zum Wachstum oder zur Verschwendung gezwungen sei. Es hat Batailles Denken den Ruf „eines im schlechten Sinne metaphysischen Weltbildes" eingetragen (Jürgen Habermas, Der philosophische Diskurs der Moderne, Suhrkamp, Frankfurt 1985, S. 276). Nur nimmt der Vorwurf keine Rücksicht auf den besonderen Charakter von Batailles Denkvollzug. Batailles Philosophie ist eine Philosophie des Nichtwissens, immer auf dem Sprung, Kenntnisse und Theoreme zugunsten von nichts zu verwerfen. Derridas Bataille-Aufsatz (siehe Anm. 4) bietet einen Ausgangspunkt, diesen allen Texten Batailles gemeinsamen, schlechterdings antimetaphysischen Zug herauszuarbeiten und zu diskutieren.

Zu bedenken ist auch, dass Bataille „La Part maudite" unter dem Eindruck von Hiroshima zum Abschluss brachte. Ein geplanter zweiter Teil war zu der Zeit unter dem Titel „Von der sexuellen Angst zum Unglück von Hiroshima" angekündigt (siehe OC VII, 470). Das Motiv war offensichtlich, den Schrecken jener Energieentfesselung kontrastiv auf die angstvolle Erwartung zu beziehen, die dem Opfer vorausgeht.

[11] Siehe OC IX, 481.

[12] Lascaux oder die Geburt der Kunst, Skira, Genf 1955. Ausführlich zu Batailles Gedanken zur paläolithischen Malerei und dem Stellenwert seines Lascaux-Buchs (neben dem über Manet) im Gesamtwerk sei verwiesen auf: Gregor Häfliger, Autonomie oder Souveränität – Zur Gegenwartskritik von Georges Bataille, Mäander, Mittenwald 1981, S. 16f., 106-117.

[13] Siehe OC VII, 470f., OC VIII, 523-534 und 592f.

[14] Die Erotik, Matthes & Seitz, München 1994.

[15] L'Histoire de l'érotisme, in: OCVIII, 7-157.

[16] OC VIII, 92

[17] Genannt sei Meinhard Schuster, Lebensformen der ältesten Zeit, in: Burghard Freudenfeld (Hrsg.), Völkerkunde – Zwölf Vorträge zur Einführung in ihre Probleme, Beck, München 1960, S. 15-26.

[18] Für Bataille an erster Stelle: Eveline Lot-Falck, Les Rites de Chasse chez les Peuples sibériens, Paris 1953.

[19] André Leroi-Gourhan, Prähistorische Kunst (1965), Herder, Freiburg-Basel-Wien 1971.

Verzeichnis der Autorinnen und Autoren

Dr. Thomas BÖHM, Privatdozent für Alte Kirchengeschichte an den Universitäten München und Freiburg.

Dr. Hanna DELF VON WOLZOGEN, Theodor-Fontane-Archiv Potsdam.

Dr. Georg FISCHER, Prof. für Altes Testament am Institut für Bibelwissenschaften und Fundamentaltheologie, Leopold-Franzens-Universität Innsbruck.

Dr. Carl-Friedrich GEYER, Prof. für Philosophie, Kirchliche Hochschule Bethel.

Dr. Gisbert GRESHAKE, Prof. em. für Dogmatik und Ökumenische Theologie an der Albert-Ludwigs-Universität Freiburg.

Dr. Gregor HÄFLIGER, philosophischer Autor, Berlin, bis 2000 Prof. für Philosophie an der Kwansei Gakuin University, Osaka.

Dr. Anton VAN HOOFF, Studienleiter im Dezernat Schulen und Hochschulen des bischöflichen Ordinariats Mainz.

Dr. Markus KNAPP, Prof. für Fundamentaltheologie, Ruhr-Universität Bochum.

Dr. Theo KOBUSCH, Prof. am Philosophischen Seminar, Lehr- und Forschungsbereich II der Universität Bonn.

Dr. Peter KOSLOWSKI, Prof. für Philosophie; Freie Universität Amsterdam.

Dr. Johann KREUZER, Prof. für Geschichte der Philosophie an der Carl von Ossietzky Universität Oldenburg.

Dr. Rolf KÜHN, philosophischer Autor, Gundelfingen.

Dr. Irene LEICHT, Pfarrvikarin der Evangelischen Landeskirche in Baden.

Dr. Thomas LEINKAUF, Prof. für Philosophie an der Westfälischen Wilhelms-Universität Münster.

Dr. Johannes VON LÜPKE, Prof. für Systematische Theologie an der Kirchlichen Hochschule Wuppertal.

Dr. Heinrich NIEHUES-PRÖBSTING, Prof. für Geschichte der Philosophie, Universität Erfurt.

Dr. Christoph MARKSCHIES, Prof. für Ältere Kirchengeschichte, Humboldt-Universität Berlin.

Dr. Gesine PALMER, Mitglied der Forschungsstätte der Evangelischen Studiengemeinschaft e.V. Heidelberg.

Dr. Francois-Xavier PUTALLAZ, Prof. für Philosophie an der theologischen Fakultät, Universität Fribourg (CH).

Dr. Sibylle RUSTERHOLZ, Germanistin, Boll (CH).

Dr. Christiane SCHILDKNECHT, Prof. am Philosophischen Seminar, Lehr- und Forschungsbereich I der Universität Bonn.

Dr. Eberhard SCHOCKENHOFF, Prof. für Moraltheologie, Albert-Ludwigs-Universität Freiburg.

Dr. Dieter SCHULZ, Prof. für Anglistik, Ruprecht-Karls-Universität Heidelberg.

Dr. Peter WALTER, Prof. für Fundamentaltheologie, Albert-Ludwigs-Universität Freiburg.

Dr. Reiner WIMMER, Prof. für Philosophie mit dem Schwerpunkt Praktische Philosophie (Ethik), Eberhard Karls Universität Tübingen.